Reader's Digest
Auswahlbücher

Reader's Digest Auswahlbücher

Verlag DAS BESTE
Stuttgart · Zürich · Wien

Die Kurzfassungen in diesem Buch erscheinen
mit Genehmigung der Autoren und Verleger

576
PRINTED IN GERMANY
ISBN 3 87070 101 3

Inhalt

Ins Deutsche übertragen
von Otto Bayer
Deutsche Buchausgabe:
»Kollisionskurs« (Collision)
Paul Zsolnay Verlag, Wien

KOLLISIONS-KURS

Eine Kurzfassung des Buches von

SPENCER DUNMORE

Illustrationen von Cecil Vieweg

Drei Piloten befinden sich auf Kollisionskurs. Noch haben sie sich nie im Leben getroffen ...

Frank Beatty ist ein stiller Mensch und nicht mehr ganz jung. Er fliegt für eine britische Luftverkehrsgesellschaft. Seit Monaten wird er von Schwindelanfällen geplagt. Sie machen ihm angst, aber er kann das Fliegen nicht lassen. Es ist sein Leben ...

Charles Vaughan ist Flugkapitän der TranState Airlines; ein gutaussehender Mann und liebevoller Familienvater. Doch dann tritt eine hübsche, unabhängige Frau in sein geordnetes Leben, und er kann sich immer schwerer aufs Fliegen konzentrieren ...

Henry Peel hat gerade seinen Flugschein in der Tasche, sieht sich aber schon in seinem Sportflugzeug den Atlantik überfliegen und bei der Landung in Paris von der Menschenmenge umjubelt. Statt auf den Kurs zu achten, liest er im Geiste die Schlagzeilen ...

Hoch über dem Ontario-See kommt es für die drei doch zu einer Begegnung – eine schauerliche und nervenzermürbende, wie sie Piloten in der Luft vielleicht noch nie erlebt hatten.

Erstes Kapitel

Das rechte Hauptfahrwerk einer Boeing 747 der Anglo-World Airways schnitt Lee Chans Kaufladen mittendurch.

Der Vorfall ereignete sich wenige Minuten vor Mitternacht. Der Laden war geschlossen, aber Lee Chan war noch geblieben – wegen der Buchführung und weil er eine frische Sendung verwaschener Jeans mit Preisschildchen versehen und ins Schaufenster legen wollte. Vor über einem Monat waren Lee Chan die verwaschenen Jeans ausgegangen – ein betrüblicher Umstand, denn sie verkauften sich gut. Immer mußte Lee Chan sich darüber ärgern, wie ungebührlich lange man offenbar brauchte, ein paar Waren von London zur afrikanischen Westküste zu transportieren.

Es regnete stark, doch durch das Getrommel auf dem Blechdach hindurch hörte Lee Chan die Maschine kommen. Er achtete nicht weiter darauf. Dauernd flogen Flugzeuge beim Landen oder Starten auf dem internationalen Flughafen über seinen Laden. Er zeichnete weiter seine Jeans aus. Plötzlich aber sah er auf und runzelte die Stirn. Das Flugzeug war ungewohnt laut. Das Dach bebte.

Dann schnitt das Fahrwerk der Boeing durch die Holz- und Wellblechkonstruktion wie ein Messer durch Butter. Es wäre womöglich glatt hindurchgegangen und hätte keinen großen Schaden angerichtet, wenn der Kamin nicht gewesen wäre. Aber der Kamin war aus massivem Stein, und als die Fahrwerksstreben dagegenstießen, rissen sie ab. Ein Laufrad von über einem Meter Durchmesser löste sich, verfehlte Lee Chan um Zentimeter und schlug die ganze hintere Wand des Ladens heraus.

Benommen, doch unverletzt, stand Lee Chan inmitten der Trümmer, als tausend Meter hinter seinem Laden die Boeing aufschlug – acht Kilometer vor der Landebahn des internationalen Flughafens. Blindlings und selbstmörderisch stürzte sie sich wie ein wildes Tier über den Busch hin und riß eine Gasse durch Bäume und Gestrüpp. Nach zwölfhundert Metern kam sie zum Stehen.

Die dreihundertvierundsechzig Passagiere und achtzehn Besatzungsmitglieder waren mit dem Schrecken davongekommen.

Unter den Passagieren gab es kaum Panik. Das mag nach einem hohen Maß an Selbstbeherrschung, sogar nach Heldentum aussehen. In Wahrheit aber reagierten diese Leute ganz typisch. Ein paar hatten die Übersicht behalten und sofort die richtigen Maßnahmen ergriffen. Die meisten aber waren einfach vor Schreck wie gelähmt. Das völlig Unerwartete an der Sache, das Stoßen und Rütteln, der ohrenbetäubende Lärm und dann die Trümmer ließen sie vorübergehend erstarren. Es war, als wolle ihnen gar nicht in den Kopf, daß ihnen das wirklich passiert war. Während die meisten nur verständnislos vor sich hin starrten, eilte die Besatzung durch den riesenhaften Rumpf der 747 und drängte die Passagiere, sich über die Notausstiege und Rutschen in Sicherheit zu bringen. Manche mußten mit Gewalt vom Sitz gerissen werden. Und kaum standen sie, mußte man sie daran hindern, nach ihren Hüten und Taschenbüchern zu suchen.

„Schnell! Bitte beeilen! Es kann einen Brand geben!"

Dann war es, als kämen alle gleichzeitig zu Verstand. Ein Schieben, Drängen, Stoßen setzte ein. Eine Frau glitt aus und fiel. Ein Kind schrie nach seinem Vater. An den Ausstiegen sah man Mut, aber auch Feigheit – und Ritterlichkeit: Man trat zurück, damit Kinder und Alte zuerst springen konnten.

Endlich war das Düsenungetüm leer. Es brannte nicht. Still und stumm lag es im Morast, seine Triebwerke waren von den Tragflächen gerissen und in alle Winde zerstreut. Es blutete Öl. Sein Gerippe lag frei. Mit merkwürdig singendem Ton prasselten die schweren Regentropfen darauf.

„Mensch, es regnet", bemerkte ein hochgewachsener Mann überrascht, und dabei war er schon völlig durchnäßt. Eine Frau öffnete ihren Regenschirm; ein dicker Mann fand das aus irgendeinem Grunde furchtbar komisch. Er schüttelte sich vor Lachen.

Besatzungsmitglieder liefen zwischen den Fluggästen umher und versicherten ihnen, alles sei unter Kontrolle. Kein Grund mehr zur Besorgnis. Alle seien in Sicherheit. Ja, es sei wirklich großartig gelaufen, aber, nein, von einem Wunder dürfe man eigentlich nicht reden. Bald würden Fahrzeuge eintreffen und sie zum Flughafen bringen. Nein, zu diesem Zeitpunkt könne man noch nicht genau sagen, was die Ursache gewesen sei und was Anglo-World Airways zu tun gedächte.

Inzwischen konnten viele Passagiere schon wieder lächeln, manche sogar lachen. Allmählich kam ihnen erst richtig zu Bewußtsein: Sie hatten einen Flugzeugabsturz überlebt, über den man auf der ganzen Welt berichten würde. Sie waren sozusagen berühmt! Aber ein paar reagierten auch anders. Ein siebzehnjähriges Mädchen mußte sich übergeben, und ein kräftiger, einsachtzig großer Mann fiel plötzlich wie tot in Ohnmacht. Andere irrten wie Schlafwandler umher. Die Besatzungsmitglieder versuchten wie besorgte Hirten sie in überschaubaren Gruppen zusammenzuhalten. Aber es regnete so stark, daß man nur ein paar Schritte weit sehen konnte. Ein Traktor erschien, und der Fahrer fragte in singendem Englisch, ob er irgendwie behilflich sein könne.

„Klar", sagte ein Fluggast mit Lancashire-Akzent. „Haben Sie nicht ein bißchen Benzin? Uns ist der Sprit ausgegangen."

Dann kamen die Helfer mit heulenden Sirenen.

Roger T. Thorne tupfte sich mit einem gepunkteten Taschentuch die Stirn ab. Er war ein rundlicher Mann, und nervöse Spannungen machten ihn immer schwitzen. Sein Posten als Leiter des hiesigen Anglo-World-Büros beanspruchte ihn unter normalen Umständen nur mäßig. Aber jetzt war er mit einemmal der wichtigste Mann in der Stadt. Alle Nachrichtenagenturen der Welt wollten ihn sprechen; die örtlichen Zeitungen wollten Fotos von ihm.

Sehr schmeichelhaft natürlich, das alles, aber Thorne kannte die Dienstvorschrift. Keine Erklärungen an die Presse, bevor die Zentrale in London nicht grünes Licht gab. Ein Flugzeugunglück war Dynamit und wollte entsprechend behandelt werden. Auf dem Spiel standen der Ruf der Gesellschaft und die künftigen Buchungen Gott weiß wie vieler Menschen. Dem Himmel sei Dank für die Dienstvorschrift, die einem genau sagte, was man zu tun hatte.

„Helfen Sie der Presse", hieß es darin, „aber gestatten Sie keine Interviews mit Besatzungsmitgliedern. Beschränken Sie Ihre Aussagen auf zweifelsfrei feststehende Tatsachen. Geben Sie keine Namen von Fluggästen bekannt."

Das war leichter gesagt als getan, wie Roger T. Thorne feststellen mußte. Reporter auf der Jagd nach Informationen waren wie Haie, die Blut gerochen hatten.

Stirnrunzelnd blickte er den Summer auf seinem Schreibtisch an. „Mr. Parrone von Reuters auf Apparat eins", sagte die Stimme von Miß Swayze.

Thorne seufzte. „Sagen Sie ihm, wir haben keine weiteren Informationen."

Er wandte sich dem Mann in dunkelblauer, schlammbespritzter Uniform zu, der ihm gegenübersaß. „Die geben mir einfach keine Ruhe."

„Tut mir leid, daß ich Ihnen solche Scherereien mache", sagte der Mann.

„Nicht so schlimm, mein Bester. War schließlich keine Absicht."

„Nein, Absicht nicht."

„Wie fühlen Sie sich? Sie sehen ein bißchen blaß aus."

„Wirklich? Ich werde öfters blaß, wenn ich mit einer Sieben-vier-sieben bruchlande."

„Ich ... ist ja klar." Roger T. Thorne zog die Luft durch die Nase. Ein zynischer Kerl, dieser Beatty. Völlig unnötig. Machte die Situation um keinen Deut besser.

Wieder der Summer. „London auf Apparat eins", sagte Miß Swayze.

Thorne räusperte sich und nahm den Hörer ab.

Zum erstenmal seit zehn Jahren bedauerte Beatty, daß er das Rauchen aufgegeben hatte. Er war versucht, nach den Zigaretten auf Thornes Schreibtisch zu greifen – aber nein, die würden auf jeden Fall scheußlich schmecken.

Am Ende wird mir sogar noch schlecht davon, dachte er.

Er rieb sich die Augen. Warum kreisten seine Gedanken so beharrlich um Belanglosigkeiten? Stand nicht seine ganze Zukunft auf dem Spiel?

Beatty war groß und hager, Ende Vierzig, mit einem Gesicht, das eine Tante einmal aristokratisch genannt hatte – hohe Wangenknochen und ungewöhnlich scharfe Linien, die seine regelmäßigen Züge unterstrichen. Bei Anglo-World galt er als reserviert und sarkastisch. In Wahrheit aber war Frank Beatty nur schüchtern und überkompensierte das manchmal, indem er direkt und kurz angebunden war. Nur wenigen engen Freunden war bekannt, daß er ausgesprochenen Sinn für Humor hatte. Er wirkte jünger, als er war; nur bei Sonnenlicht konnte man sehen, daß in seinen dichten Haaren ebensoviel Grau wie Blond war.

Sie werden dich ans Kreuz schlagen, dachte er. Sie haben ja gar keine Wahl. Mildernde Umstände gibt es nicht. Du hattest das Kommando und hast den Vogel auf Grund gesetzt. So einfach ist das. Nicht ganz so einfach ist das *Warum*. Er schüttelte den Kopf. Er wußte es auch nicht.

Er wußte nur, daß Flugkapitäne, die Fehler machten, wie Krebsgeschwülste waren, die es so schnell und sauber wie möglich aus dem Körper der Fluggesellschaft zu entfernen galt. Wäre ich doch dabei umgekommen, dachte er. Vergessen zu werden erschien ihm so unendlich erstrebenswerter als eine Zukunft voller Erklärungen. Fragen. Seitenblicke. Das ist Beatty. Wißt ihr noch? Hat eine 747 zu Bruch geflogen. Guter Mann zu seiner Zeit, aber ...

Diane, dachte er, wird ein Pfundskerl sein. Diane, die Treue selbst. Keine Sekunde würde sie sich den Gedanken gestatten, es könnte seine Schuld gewesen sein. Sie wird *wissen*, dachte er, daß ich alles Menschenmögliche getan habe. Aber habe ich das?

Er konnte sich nicht erinnern. Die Ereignisse waren so seltsam verschwommen und neblig; es war schwer, zwischen Einbildung und Wirklichkeit zu unterscheiden.

Und Vincent? Ob die Jungen in der Schule es ihn fühlen lassen, ihm die Sünden seines Vaters unter die Nase reiben würden? Schuljungen waren grausam, kleine Teufel. Wenigstens früher. Heutzutage schienen sie anders zu sein mit ihren langen Haaren und der Rockmusik. Sie lebten immerzu für eine *Sache* – meine Güte, mit *zwölf* ...

Er erinnerte sich an dieses Alter. Ein Lehrer hatte sie einmal gefragt, was sie werden wollten. „Pilot“, hatte Frank Beatty geantwortet und in dieser Absicht nie geschwankt. Als der Krieg kam, gab es für ihn überhaupt keine Frage. Er stieg von der Tiger Moth zur Wellington auf. Er flog eine Halifax in einem Dutzend Einsätze. Nach Kriegsende bewarb er sich als Berufssoldat. Sechs Jahre blieb er bei der Royal Air Force. Anfang der Fünfziger stellte er sich dann mit seinem Bordbuch (ein unvorstellbar zerfleddertes Ding, in dem an sechstausend Flugstunden nachgewiesen waren) bei Anglo-World Airways vor. Die Fluggesellschaft nahm ihn gern als Pilot auf Probe an. Er mußte hart arbeiten. Nach endlosen Prüfungen wurde er Kopilot. Vor sieben Jahren hatte er es zum Flugkapitän mit zehntausend Pfund Jahresgehalt gebracht. Er war auf dem Gipfel angelangt.

Und nun das.

Thorne versicherte soeben London, daß alles nach Vorschrift gehandhabt werde. Mittlerweile, dachte Beatty, werden die da oben schon den Namen des Unglückspiloten wissen. Für sie war er schon Bestandteil des Wracks, das die Untersuchungskommission unter die Lupe nehmen und dann verschrotten würde.

„Captain Beatty", sagte Thorne, „der Generaldirektor möchte Sie sprechen."

Beatty nahm den Hörer. „Hallo, Sir. Hier Beatty."

Die Stimme aus London klang wohlartikuliert und scheinbar unberührt von der Tatsache, daß ein Flugzeug im Werte von zehn Millionen Pfund abgeschrieben werden mußte. Unendliches Bedauern. Froh und dankbar, daß niemand zu Schaden gekommen. Die örtlichen Stellen täten hoffentlich alles Notwendige. „Haben Sie sich schon mit Ihrer Frau in Verbindung gesetzt, Captain?"

„Ja, Sir. Ich habe mit ihr telefoniert."

„Ausgezeichnet. Sie war sicher sehr erleichtert, es von Ihnen selbst zu hören. Sie kommen morgen früh nach London zurück, nehme ich an?"

„Ja, Sir."

„Gut, gut. Das wichtigste ist, daß alle wohlauf und in Sicherheit sind. Haben Sie etwas zur Beruhigung bekommen? Gut. Nach einer durchschlafenen Nacht sind Sie wieder putzmunter."

„Ja, Sir", sagte Beatty. Er merkte plötzlich, daß der Direktor nicht so recht wußte, was er noch sagen sollte. „Auf Wiederhören, Sir. Vielen Dank."

Er legte auf. Ein netter Mensch, der Direktor. Aber es wäre naiv gewesen, jetzt zu glauben, alles sei vergeben und vergessen.

Beatty massierte sich das rechte Handgelenk. Es schmerzte. Morgen würde man ihn nach London bringen. Zur Vernehmung.

„Du wirst dir ein paar Antworten einfallen lassen müssen", sagte er sich. „Du mußt dich erinnern."

An den Start in New York erinnerte er sich leicht. Völlig normal. Vor dem Flug die üblichen Kontrollen der wichtigsten Funktionen. Dann wurde Anglo-World-Flugnummer 712 zum Start freigegeben. Bremsen los. Die 747 rollte an, dreihundert Tonnen wurden von der Kraft komprimierter, durch Treibstoffverbrennung ausgedehnter und dann in machtvollem, brüllendem Strahl hinten ausgestoßener Luft in Bewegung gesetzt. Schnell nahm die riesige Maschine Tempo auf, obwohl es aus der luftigen Höhe der Pilotenkanzel immer noch behäbig wirkte. Ein leichter Druck aufs Seitenruderpedal korrigierte ein leichtes Abwandern vom Mittelstreifen der Startbahn.

„Vau-eins", sagte Dowling, der Kopilot. Hundertzwanzig Knoten. Die Geschwindigkeit, bei der man den Start noch abbrechen konnte. Zeit, in Abhebestellung zu gehen, das Bugrad von der Piste zu nehmen, den Koloß sanft vom Boden zu heben. Steuersäule leicht zurück, und das Poltern des Fahrwerks verstummte. Sie flogen.

Der Düsenriese stieß mit der Nase durch Dunst und ein paar vereinzelte Wolken ins helle Sonnenlicht empor. Geschwindigkeit, getreu den amerikanischen Luftverkehrsvorschriften, 250 Knoten bis zur Höhe von zehntausend Fuß. Mühelos trugen die JT9D-Triebwerke sie auf Reiseflughöhe hinauf. Jetzt wurde das Flugzeug von Computern, Fahrtmessern und Kreiseln gesteuert, insgesamt als INS, die Trägheitsnavigation, bekannt. Vor dem Start waren dem INS – von der Besatzung „kleiner schwarzer Kasten" genannt – die geographischen Längen und Breiten des Startpunkts, Zielpunkts und eines halben Dutzends Zwischenpunkte eingegeben worden. Anhand dieser Daten konnte das INS den Autopiloten elektronisch überwachen, Windgeschwindigkeiten und Turbulenzen ausgleichen und Richtung und Höhe erstaunlich genau einhalten.

Die dreiköpfige Cockpitbesatzung hatte jetzt kaum mehr zu tun, als das Funktionieren dieses Systems zu überwachen. Beatty, der Flugkapitän, und sein Kopilot, Oscar Dowling, saßen nebeneinander auf den vorderen Sitzen. Zwischen, vor und über ihnen befanden sich die Skalen, Hebel und Schalter, die das Flugzeug kontrollierten. Hinter den beiden Piloten, das Gesicht nach steuerbord, saß Milden, der Flugingenieur.

Beatty unterdrückte ein Gähnen. Er atmete einmal kräftig durch. Keine Zeit zum Dösen. Er sah die Steuersäule ruhig den unablässigen Befehlen der kleinen schwarzen Kästen gehorchen. Direkt beleidigend, die verflixte Tüchtigkeit dieser Dinger. Tatsache war, daß diese kleinen schwarzen Kästen einen glatteren und genaueren Kurs fliegen konnten als jeder menschliche Pilot. Sie konnten die 747 sogar selbsttätig landen, und zwar hervorragend. Doch manchmal versagten die Kästen. Dann mußten Menschen eingreifen und wieder Ordnung schaffen; der Mensch hatte schon noch seine Daseinsberechtigung.

Beatty bemerkte die Blicke, die Dowling ihm zuwarf, versuchte sie aber zu ignorieren. Er war schon öfter mit Dowling geflogen. Ein netter Kerl, aber schwatzhaft. Wenn man ihn auch nur im geringsten ermunterte, hörte er bis Afrika nicht mehr auf zu reden. Beatty zog einen ruhigen Flug vor.

Dowlings Gesicht war ein einziges komisches, leicht überfüttertes Linienmuster. Er war ein Veteran mit dreißigjähriger Flugerfahrung, ein hervorragender Könner, der in seinem Alter längst hätte Kapitän sein müssen. Niemand, einschließlich Dowling, schien zu wissen, warum er es noch nicht war. Vielleicht lag es an seiner Geschwätzigkeit.

Die Wolken wurden dünner. Jetzt kam der Atlantik in Sicht, ruhelos, unbarmherzig. Wie so oft dachte Beatty an die beherzten Männer, die in den zwanziger und dreißiger Jahren die ersten Versuche unternommen hatten, mit ihren untermotorisierten und überladenen Kisten den Atlantik zu überfliegen. Irgendwo im Wasser da unten hatte auch eine dreiundsechzigjährige Dame von edler Abkunft in ihrem Fliegeranzug aus leuchtendblauem Wildleder den Tod gefunden. An Bord ihres Flugzeugs hatte sie in einem halben Dutzend Hutschachteln all den Putz mitgeführt, den sie auf ihrer Triumphfahrt durch Amerika hatte tragen wollen, als erste Frau, die über den Atlantik geflogen war. Irgend etwas war schiefgegangen. Von ihr, den beiden Piloten und der Maschine war nie eine Spur gefunden worden.

Der Düsenriese jagte dahin. Jede Minute wurde er um 210 Kilo Treibstoff leichter, die seine vier JT9D-Triebwerke durstig verschlangen.

Die Passagiere aßen, sahen einen Film, aßen wieder. Ein Mann machte einer Stewardeß unsittliche Anträge. Zwei Essensportionen landeten auf Schößen. Eine Brieftasche voll Urlaubsgeld wurde verloren. Und wiedergefunden. Ein völlig normaler Flug.

Eine Flugstunde vor der afrikanischen Küste teilte Beatty den Passagieren mit, daß sie kein sehr gutes Wetter erwartete. „Es hat den ganzen Tag geregnet“, sagte er. „Hoffentlich haben Sie alle Ihre Schirme bei sich. Die Temperatur beträgt sechsunddreißig Grad Celsius bei einer Luftfeuchtigkeit von vierundneunzig Prozent. Ein bißchen schwül, fürchte ich. Wir hoffen in achtundfünfzig Minuten genau vor dem Flughafengebäude zu stehen.“

Er ließ den Sprechknopf am Mikrofon los, froh, den lästigen Ansagedienst hinter sich zu haben. Er haßte es, zu unsichtbaren Leuten zu sprechen, die nicht antworteten. Aber angeblich tat es dem Seelenfrieden der Passagiere gut, wenn sie die Stimme des Kapitäns hörten.

Früher wurde für ihren Seelenfrieden gesorgt, indem der große Mann sich persönlich in der Passagierkabine zeigte. Aber einmal war bei einem Atlantikflug der Autopilot ausgefallen, als der Kapitän sich gerade hinten auf Höflichkeitsvisite befand. Der Kopilot, in einen Roman vertieft, bemerkte die Störung erst, als das Flugzeug in den Sturzflug ging. Irgendwie gelangte der Kapitän wieder auf seinen Posten und fing gemeinsam mit dem Kopiloten die Maschine ab. Gerade noch rechtzeitig. Es hieß, die wütenden Wellen seien von unten gegen die Tragflächen geklatscht, bevor die Düsenmaschine wieder hochzog. Von da an mußten die Flugkapitäne im Cockpit bleiben.

Beatty überblickte die Armaturen. Das war ein automatischer Vorgang. Er kontrollierte nicht bewußt jede einzelne Skala oder Anzeige, aber wenn irgendwo eine Störung angezeigt worden wäre, hätte es sich ihm bemerkbar gemacht wie ein rotes Licht.

Ein neuer Wetterbericht: Regen, zeitweise wolkenbruchartig, Sicht zwischen fünfhundert Yards und zwei Meilen – nach der fragwürdigen Meinung der Flughafenleitung. Und heiß wie die Hölle. Beattys Augen prickelten vor Müdigkeit. Er sagte sich: „Du bist kein bißchen müde.“ Aber sein Körper war davon nicht überzeugt. Wie kam es, daß man das eine Mal in einem fremden Bett wie ein Murmeltier schlief, das andere Mal nicht einschlafen konnte? Wer seit zwanzig Jahren im Linienverkehr flog, mußte doch inzwischen daran gewöhnt sein. Gewiß, diesmal hatte das Wetter in Hongkong die Ankunft seiner Maschine verzögert. Dann hatte der Bummelstreik des Wartungspersonals das Auftanken zu einer Halbtagsarbeit gemacht. Als er schließlich mit achtzehn Stunden Verspätung startete, hatte er seit vierunddreißig Stunden kein Auge mehr zugetan. Na ja, bald würde er neben dem Hotelschwimmbecken im Liegestuhl liegen und sich ausruhen, eine köstliche Stunde um die andere.

Dowling plauderte auf seine fröhliche Art mit der Bodenkontrolle, gab Position und Absichten der Anglo-World-Maschine durch. Der Fluglotse antwortete in singendem Englisch: „Sicht eine halbe Meile."

Reichlich über unserm vorgeschriebenen Minimum – wenn's stimmt, dachte Beatty. „Anglo-World sieben eins zwo", tönte die Stimme weiter. „Bleiben Sie auf Kurs eins neun fünf, bis Sie den Landestrahl für Bahn eins sechs empfangen. Ende."

Die Boeing mußte mit Lande- und Bremsklappen verlangsamt werden. Diese Klappen unterbrachen die glatte Strömung über den großen Tragflächen. Düsenflugzeuge verlieren nämlich nicht so schnell an Geschwindigkeit wie Propellermaschinen, wenn die Motoren gedrosselt werden.

„Sagen Sie bitte den Passagieren, daß wir mit Turbulenzen zu rechnen haben."

„In Ordnung", sagte Dowling, während die 747 auf ihre würdevolle Weise zu schaukeln und zu schwanken begann. Beatty beobachtete die Skala des Instrumentenlandesystems, des ILS. Die senkrechte Nadel zeigte die Richtung, die waagerechte den Neigungswinkel zur Landebahn. Das ILS zeigte ein sauberes Kreuz. Sinkgeschwindigkeit und Richtung stimmten haargenau.

„Außenmarke", meldete Dowling.

„Verstanden. Fahrwerk bitte."

„Fahrwerk ausgefahren. Höhe ..."

Beatty hörte die Höhe nicht.

Er wußte, daß er sie hatte wissen wollen. Aber andere Dinge lenkten seine Aufmerksamkeit ab. Die Nadeln des ILS wanderten und sagten ihm unangenehm deutlich, daß die Maschine durch die Waschküche da draußen torkelte und schlingerte. Seine Hände arbeiteten, versuchten dem Autopiloten die Steuerung zu entreißen.

Keine Sekunde zu verlieren. Er wußte es. Aber irgendwo war eine Lücke. Augenblicke schienen zu verstreichen. Stimmen klangen leise und schleppend. Die Nadeln tanzten müde. Dauernd blitzten Lichter auf, aber irgendwie war ihr Rhythmus so träge. Und die Steuersäule leistete beständig Gegendruck – aber sanft und gar nicht drängend. Beatty sah, wie Dowling sich umdrehte und die Hände verkrampfte. Geräusche wurden leiser, verschwanden fast, kamen wieder, verstärkt, ohrenzerreißend, betäubend.

Er sah das Haus direkt vor ihnen.

Plötzlich hörte der Lärm auf. Er fühlte den stauchenden Ruck des Anpralls. Dowlings Hand griff nach dem Instrumentenbrett, als ob er allein verhindern könne, daß die Flugzeugnase ihm entgegenexplodierte. Beatty merkte, daß sein Mund sich geöffnet hatte. Aber kein Wort kam heraus. Der Boden raste ihm entgegen. Metall kreischte auf vor Schmerz.

Ein paar Minuten nach 20 Uhr Ortszeit landete auf dem internationalen Flughafen von Toronto eine DC 8 in den augenfälligen roten und goldenen Farben der TranState Airlines. Die Passagiere gingen von Bord, dann folgten die Mannschaft und der Kapitän, dessen Rang vier goldene Ärmelstreifen anzeigten. Er war mittelgroß und hatte die elastischen Bewegungen eines Menschen, der regelmäßig Gymnastik treibt. Die dunkelblaue TranState-Uniform schmeichelte seiner gepflegten Erscheinung. Er hatte ein angenehmes Gesicht, mehr gutmütig als hübsch; sein Kinn war kräftig und wohlgeformt; seine Augen blau; das dunkelbraune Haar an den Schläfen leicht angegraut.

Sein Name war Charles Vaughan.

„Nach meiner keineswegs unmaßgeblichen Meinung“, sagte Walt Przeczek zu Vaughan, „laufen auf einem durchschnittlichen Flughafen nicht weniger prachtvolle Sächelchen herum als in einem durchschnittlichen Playboy-Club.“ Er sah sich im Empfangsgebäude um und lächelte Damen jeglichen Alters zu. Erstaunlich viele lächelten zurück.

Walt Przeczek war groß, über einsachtzig, häßlich und doch von umwerfendem Charme. Er war auch TranState-Kapitän, genau wie Vaughan, wenn auch in niedrigerem Rang. Man hatte ihn kurzfristig gebeten, mit Vaughan als Kopilot nach Chikago,

Toronto und New York zu fliegen; der planmäßige Kopilot lag mit Grippe im Bett. Beiden paßte diese Regelung; sie waren seit langen Jahren befreundet und schon Dutzende Male zusammen geflogen; jetzt wohnten sie acht Kilometer voneinander entfernt in den San-Bernardino-Bergen bei Los Angeles.

Zusammen begaben sie sich zu dem Büro, das TranState in Toronto unterhielt. Dort hörten sie von Beattys Bruchlandung. Sie fühlten sich, wie auch die Piloten anderer Gesellschaften, unmittelbar betroffen. Jedes Flugzeugunglück war eine denkbar schlechte Nachricht, ganz gleich, um was für eine Maschine es ging. Die Wirkung auf die Reisenden war immer die gleiche. Tausende entschieden sich plötzlich, lieber mit dem Auto zu fahren oder zu Hause zu bleiben – dieselben Leute, denen vierzig- bis fünfzigtausend Verkehrstote im Jahr anscheinend nichts ausmachten.

„Ist einer lebend herausgekommen?“ lautete die erste, wichtigste Frage.

„Alle“, sagte Adler, der Stationsleiter.

„Wie ist es denn passiert?“

Adler hob die Schultern. „Soweit ich gehört habe, hat der Bursche unterflogen und ein Haus gestreift. Hoffentlich hat er eine hieb- und stichfeste Erklärung dafür. Klemmende Spoiler oder wildgewordene Trimmung. Irgendwas. Und hoffentlich kann er's beweisen. Sonst sitzt das arme Schwein ganz schön in der Tinte.“

Vaughan stimmte ihm zu. Die Untersuchungskommissionen schienen nur allzusehr darauf versessen zu sein, dem Piloten eines verunglückten Flugzeugs die Schuld gebirgeweise anzulasten, vor allem anscheinend denen, die nicht lebend davongekommen waren und sich folglich nicht verteidigen konnten. „Menschliches Versagen“ war dann das allzu häufige Urteil.

Vaughan übergab Adler die Flugzeugpapiere, Fracht- und Passagierlisten, die bescheinigten, daß Flugnummer 12 offiziell existierte. In einundfünfzig Minuten sollte die Maschine zur letzten Etappe der Reise von Toronto nach New York starten.

Adler informierte ihn darüber, daß in Toronto dreiundvierzig Fluggäste zusteigen würden. Vaughan nickte. Damit war die magische Zahl von zweiundsechzig Prozent besetzten Plätzen weit übertroffen, von der ab TranState Airlines – gemäß der kaufmännischen Abteilung – an einem Flug zu verdienen begann.

Laut den Meteorologen sollte das Wetter soso sein. Tagsüber war die Ostküste von schweren Gewittern heimgesucht worden. Der Flug durch die von den abebbenden Stürmen hinterlassenen Turbulenzen konnte ein bißchen rauh werden, aber bis Flugnummer 12 New York erreichte, dürfte das Schlimmste überstanden sein.

Leichter Regen fiel, als Vaughan und Przeczek wieder zu ihrer DC 8 hinausgingen und mit der üblichen Außeninspektion begannen. Przeczek war es, der die Flüssigkeit an der Unterseite der linken Tragfläche entdeckte. Er strich mit dem Finger darüber und schnupperte. Kein Zweifel. Düsentreibstoff. Das Leck schien sich im Winkel einer kleinen Kontrollabdeckung zu befinden. Vaughan untersuchte es. Bei allen Düsenflugzeugen waren die Tragflächen gern etwas undicht, besonders nach dem Volltanken. Aber auf den Grad kam es an. Wieviel durfte man hinnehmen?

„Setz dich mal mit der Abfertigung in Verbindung“, sagte Vaughan. „Sag ihnen, es könnte eine Verzögerung geben. Ich spreche mit den Mechanikern.“

Irwin, der Chefmechaniker, sagte, er habe eine Klebemasse, mit der das in Ordnung gebracht werde. „Nur keine Aufregung, Captain. Wenn's ein großes Leck wäre, müßten wir den Flügel auseinandernehmen. Wenn Sie in Los Angeles sind, wird das wahrscheinlich auch gemacht. Aber bis dahin reicht die Klebmasse.“

„Was steht in der Wartungsvorschrift?“

„Da steht zukleben.“

„Wenn die Klebmasse abbindet, wird sie dann trocken und hart?“

„Ich nehm's an. Ist irgend so ein Plastikzeug, wissen Sie.“

„Und was macht das Plastikzeug, wenn die Tragflächen sich stärker durchbiegen als auf einem normalen Flug? In Turbulenzen zum Beispiel?“

Irwin dachte nach. „Schätze, das Leck könnte wieder aufreißen“, gab er zu. „Aber gehört hab ich so etwas noch nie. Hat immer prima geklappt.“

Vaughan ging langsam ins Büro zurück. „Bedaure“, sagte er zu Adler. „Ich annulliere den Flug. Wir haben ein Leck.“

Adler schnalzte mit der Zunge. Im stillen schien er das Geld zu zählen, das TranState dadurch einbüßen würde.

Vaughan rief den Einsatzleiter der Gesellschaft in Los Angeles an und beschrieb ihm die Situation. „Die Wartung hat nur eine Plastikklebmasse anzubieten, die das Leck vorübergehend schließt."

„Und sagt die Wartung, das Zeug tut's?"

„Ja, Sir."

„Dann verstehe ich eigentlich Ihre Sorgen nicht, Captain." Der Flugleiter pflegte sich auf eine unwirsche, schneidende Art auszudrücken. In der Gerüchteküche sah man ihn auf der Leiter zur Vizepräsidentschaft.

„Sir, wir haben Turbulenzen von hier bis New York. Die Tragfläche wird sich stärker durchbiegen als auf einem normalen Flug. Wenn das Zeug inzwischen hart geworden ist, geht das Leck wieder auf."

„Ja, aber wenn doch die Wartung –"

„Die Wartung muß die Maschine nicht fliegen, Sir, sondern ich."

„Gestatten Sie mir eine kleine Zwischenbemerkung, Captain – *wenn* die Wartung sagt, daß die Reparatur im Sinne unserer Betriebsvorschrift ist, würde ich Ihnen raten zu fliegen."

Vaughan fühlte, wie sich Ärger in ihm aufstaute. „Der Mann im Hangar kann ein Leck leicht als unbedeutend einstufen. Aber für den, der damit in dreißigtausend Fuß Höhe fliegt, kann die Sache verteufelt anders aussehen. Ich annulliere den Flug, Sir."

Nach zwei weiteren Telefongesprächen mit Los Angeles trat Vaughan wie ausgelaugt aus Adlers Büro. Drei verantwortliche Leute der TranState hatten ihn hintereinander beschworen, er solle doch an die Umstände für die Fluggäste, den Schaden für den Ruf der Gesellschaft und die Kosten der Flugplanänderung denken. Alle drei hatten es sogar fertiggebracht, versteckt mit einem Disziplinarverfahren zu drohen.

Aber Charles Vaughan wußte, daß er im Recht war.

Adler ging und informierte die Fluggäste, daß der Flug ausfallen müsse; Vaughan füllte inzwischen die notwendigen Papiere aus. Unter „Grund der Annullierung" schrieb er: „Mittlere bis heftige Turbulenzen auf der Flugstrecke zu erwarten (siehe beigefügten Wetterbericht). Turbulenzen machen notdürftige Reparatur eines Lecks in der Tragfläche zu Sicherheitsrisiko. Leck kann nach meiner Ansicht nicht als unbedeutend eingestuft werden. Stetiger Treibstoffverlust sichtbar. Unter herrschenden Wetterbedingungen unzumutbares Risiko für Flugzeug und Passagiere. C. J. Vaughan, Flugkapitän.“

Es las es noch einmal durch. Nur keine Leisetreterei. Wie er es auch immer formulierte, Ärger gab's allemal. Ein Flugzeug am Boden, lautete ein Lieblingssatz der Betriebsleitung, ist ein Passiv-, kein Aktivposten.

In fünf Jahren hatte Vaughan erst ein Dutzend Flüge annulliert, und jedesmal unter Umständen, an denen die Betriebsleitung nicht herummäkeln konnte. Aber diesmal war das Ganze Ansichtssache. Um so wichtiger war es, daß er seine Ansicht bei der unumgänglichen Vernehmung so fundiert wie möglich vortrug. Er nahm sich vor, seine Gründe niederzuschreiben, solange sie ihm noch frisch im Gedächtnis waren.

Er war gerade in diese Arbeit vertieft, als Przeczek vergnügt grinsend ins Büro geplatzt kam. „Prima Neuigkeiten, alter Knabe. Bin eben in einen Schwarm zuckersüßer Bienen von Air Canada geraten. Eine von ihnen heiratet oder so was Ähnliches. Jedenfalls feiern sie eine Party und haben uns eingeladen!“

Vaughan lächelte verdrießlich. „Mußt du denn immerzu mit fremden Frauen anbändeln? Auf mich kannst du nicht zählen.“

„Ich hab aber schon gesagt, daß du kommst. Sie haben ausdrücklich nach dem schicken Captain mit dem Rock-Hudson-Profil gefragt.“

„Hau ab, Walt.“

„Ich will aber, daß du mitkommst, Charles.“

„Walt, ich sage nein. Endgültig und unwiderruflich nein!“

Der Raum war gerammelt voll. Und laut. Und höllisch heiß. Ein paar Stunden hielt Vaughan es aus. Jemand trat ihm auf die Füße; jemand anders goß ihm ein Glas Gin mit irgendwas über die Uniform. Ein junger Mann redete ihn mit „Sir“ an, was ihn ein wenig bedrückte. Wenn er nur wüßte, was aus Walt geworden war. Er arbeitete sich zur Tür durch. „Sind Sie Martin?“ Ein Mädchen hatte die Frage gestellt, ein Mädchen mit sehr blonden Haaren, die ihr glatt bis auf die Schultern fielen.

Vaughan schüttelte den Kopf. „Ich bin nicht Martin. Bedaure.“

„Wissen Sie, ich kenne ihn nämlich noch nicht.“

„Ich auch nicht“, sagte Vaughan.

„Aber Sie müssen Peggy kennen."

„Peggy?"

„Das ist doch die, die Martin heiratet." Das Mädchen zog verwundert die Stirn kraus. „Sagen Sie, um Himmels willen, sind Sie überhaupt auf der richtigen Party?"

Vaughan lachte leise. „Ich bin unbekannterweise eingeladen worden. Ich kenne hier überhaupt niemanden außer dem Witzbold, der mich hierhergeschleppt hat, und der ist verschwunden."

„Sie hat einfach zu viele Leute eingeladen", sagte das Mädchen. Etwas faszinierend Heiseres lag in ihrer Stimme. „Typisch Peggy. Muß immer alles übertreiben. Peggy und ich waren als Stewardessen zusammen."

„Bei welcher Gesellschaft?"

„Air Canada. Gibt's noch andere? Von welcher sind Sie?"

„TranState. Los Angeles."

„Fliegen Sie gern?"

„Immer noch lieber, als für mein Geld zu arbeiten."

Sie lächelte. Den Witz kannte sie schon. Ihre Zähne waren weiß und regelmäßig bis auf den vorderen linken Schneidezahn, der von seinem Partner ein wenig abrückte. Aber die kleine Unvollkommenheit nahm ihr eigentlich nichts von ihrem Reiz; im Gegenteil.

„Jetzt sind Sie keine Stewardeß mehr?"

„Ich bin gegangen, nachdem ich feststellen mußte, daß sogar Kellnerinnen am Boden mehr verdienen. Aber ich liebe das Fliegen. Da habe ich mit der Segelfliegerei angefangen."

„Segelfliegen?" Vaughan horchte interessiert auf.

„Wir sind ein kleiner Klub, etwa sechzig Kilometer vor der Stadt." Sie griff in ihre braune Lederhandtasche und holte ein Etui heraus. Der Flugschein war vom kanadischen Verkehrsministerium auf „Pringle, Rosalie" ausgestellt.

„Ich bin noch nie in einem Segelflugzeug geflogen", sagte Vaughan.

„Wenn es Ihnen vier Dollar wert ist, können wir Sie mal für einen Probeflug einplanen."

„Darauf komme ich vielleicht noch zurück, Rosalie."

„Ist der Name nicht schrecklich? Alle nennen mich Lee." Sie lächelte wieder. „Wohnen Sie in Los Angeles?"

„In den Bergen. Ein kleiner Ort namens Blue Jay."

„Blauhäher. Klingt hübsch."

„Mir gefällt's dort." Warum, dachte Vaughan, sage ich nicht: „Uns gefällt's."? Er fragte: „Und Sie sind in Toronto zu Hause?"

„Ja. Im Westend. Wie gefällt Ihnen Toronto?"

„Gut. Man kann gut essen, kann spazierengehen, ohne überfallen zu werden, und meist gibt's irgendwo in der Stadt guten Jazz."

Sie sah auf. „Lieben Sie Jazz?"

„Mmm."

„Ich auch."

„Ohne Scherz?"

„Wieso wundert Sie das?"

„Nun ja, meist stehen nur Männer wirklich auf Jazz."

„Typisch Mann." Sie schüttelte mißbilligend den Kopf.

„Bitte vielmals um Verzeihung. Welchen Trompeter hören Sie denn am liebsten?"

Sie grinste. „Ach, Sie wollen mir auf den Zahn fühlen? Na schön. Ich mag Miles Davis, Clark Terry und Maynard Ferguson. Übrigens", fuhr sie fort, „Stan Getz ist in der Stadt – im Colonial."

„Ich hab da gerade eine Idee", sagte Vaughan.

NACH der Landung in Los Angeles bekam Vaughan die Aufforderung, sich beim Chefpiloten zu melden. Aber nicht sofort. Erst in zwei Tagen, morgens um neun. Das bedeutete eine anderthalbstündige Fahrt in die Stadt in seiner dienstfreien Zeit. Die Mühlen der Gesellschaft mahlten schon.

Sein weißer Cougar briet auf dem Parkplatz vor sich hin, wo er ihn vor drei Tagen abgestellt hatte. Damals standest du bei der Gesellschaft noch hoch im Ansehen, dachte er. Und ein Ehebrecher warst du auch noch nicht.

Blöder Kerl, dachte er, als der Motor ansprang. „Es tut mir aufrichtig leid, Susan", sagte er im Geiste zu seiner Frau. „Ich wollte dir nicht weh tun. Eigentlich hab ich das Ganze überhaupt nicht gewollt. Zumindest bin ich nicht schon mit der *Absicht* losgezogen." Er schnitt eine Grimasse. Worte konnten seine Schuldgefühle nicht besänftigen.

Er fädelte sich in den dichten, schnellen Verkehrsstrom auf dem Hafenschnellweg ein. Wenn er aus der Luft mit ihrem geregelten Verkehr kam, jagte der Straßenverkehr ihm immer Angst ein. Und heute, mit den Gedanken schon bei der Konfrontation mit Susan, fuhr er genauso gefährlich wie nur irgendeiner.

Würde sie es wissen, sobald er ins Haus trat? Würde die Schuld in seinen Augen die ganze schmutzige Geschichte so sicher verraten wie Worte?

Aber es war nichts Schmutziges daran. Er hatte ein Unrecht begangen, daran gab's nichts zu deuteln. Schmutzig aber war es nicht. Doch wie sollte er das Susan klarmachen? Sollte er's überhaupt versuchen?

Er wechselte die Fahrspur, als die Ausfahrt zur R 10 näher kam. War das alles wirklich *ihm* passiert? Ihm, dem geradlinigen Chuck Vaughan? Der sich am wohlsten fühlte, wenn er sich mit einer Flasche Budweiser Bier und der Zeitschrift der Amerikanischen Historischen Luftfahrtvereinigung gemütlich in eine Ecke setzen konnte? Den man schon den unschuldigen Kopf hatte schütteln sehen über Kollegen, die in Chikago, Atlanta und Montreal ihre heimlichen kleinen Plätzchen hatten?

Jetzt war er genauso ein alternder Don Juan wie die andern, genauso verachtenswert. „Himmel, du könntest fast ihr Vater sein", schalt er sich. „Aber das hast du bequemerweise zu erwähnen vergessen, nicht wahr? Sie hat dir gesagt, daß sie vierundzwanzig ist. Bildest du dir etwa ein, sie hält dich für dreißig, höchstens fünfunddreißig?"

Der Verkehr wurde dünner. Die Berge waren nah. Blue Jay lag achtzehnhundert Meter überm Meeresspiegel, schön hoch über dem Smog. Vaughan hatte das Häuschen vor knapp zehn Jahren gekauft, kurz nach Janes Geburt, um an den Wochenenden aus der Wohnung in Inglewood dorthin zu fliehen. Als dann das Leben in der Stadt immer ungemütlicher wurde, hatten sie einen Entschluß gefaßt. Aus dem Häuschen wurde ihr Zuhause. Es lag am Berghang und war inzwischen auf doppelte Größe gewachsen, hatte Schlafzimmer, Terrasse und Dachgarten hinzubekommen.

Er raste die Bergstraße hinauf. Die Reifen quietschten in den Kurven, die er weit über der zulässigen Höchstgeschwindigkeit durchfuhr, bis er oben war. Es sah aus, als wolle er den Augenblick der Konfrontation mit Macht beschleunigen – dabei drehte sich ihm vor Angst der Magen um.

In der Grundstückseinfahrt begegnete ihm die sechsjährige Lynn. Die Katze der Carters habe Junge bekommen. Ob sie eins haben dürfe? Vaughan sagte, er wolle sich's überlegen. Lynn nickte seufzend. Die Antwort hatte sie erwartet.

„Hallo, Chuck." Susan stand an der Tür. Ihre Jeans und das karierte Hemd bildeten einen vorteilhaften Kontrast zu ihren feinen Gesichtszügen. Sie trug ein hauchdünnes Make-up. Nach ihrer kurzen, dunklen Frisur drehten sich auf dem Wilshire Boulevard immer noch Köpfe um. „Guten Flug gehabt?"

Er lächelte. „Prima." Er küßte sie. Als ob nichts geschehen wäre, nichts sich geändert hätte. So leicht war das. So widerlich leicht.

Zweites Kapitel

Captain Fisher, Chefpilot der Anglo-World Airways, stopfte sich die Pfeife, langsam, methodisch. Manchmal half die Zeremonie des Pfeifeanzündens ihm bei der Lösung eines Problems. Aber diesmal half sie gar nicht. Auf ihn wartete eine scheußliche Aufgabe, der er sich nicht entziehen konnte. So viele Jahre war Beatty in jeder Hinsicht ein ausgezeichneter Mann gewesen. Aber, hol's der Teufel, er hatte Bruch gemacht. Schön, es hatten schlechte Wetterbedingungen geherrscht. Wolkenbrüche konnten den Landeleitstrahl beeinflußt haben. Aber jeder Pilot kannte dieses Problem und war darauf vorbereitet. Kaum zu glauben, daß niemand dabei ums Leben gekommen war.

Dowling, der Kopilot, hatte ihm auch nicht weitergeholfen. Der war mit seinen Instrumenten beschäftigt gewesen und hatte erst kurz vor dem Aufprall gemerkt, daß etwas nicht stimmte. Dowling sagte, er halte Beatty für einen der besten Piloten, mit denen er je geflogen sei.

Fisher mußte seine Pfeife neu anzünden. Sollte man Beatty seine bisherigen ausgezeichneten Leistungen zugute halten? Nein, natürlich nicht. Beatty bekam ein erstklassiges Gehalt, damit er erstklassig flog. Dafür durfte man jederzeit bestmögliche Leistungen erwarten. Das wußte Beatty. Er hatte von Übermüdung gesprochen, von ungenügendem Schlaf. Aber die Vorschriften der Gesellschaft waren eindeutig: Wenn ein Pilot sich aus irgendeinem Grunde nicht flugtauglich fühlte, durfte er nicht aufsteigen. Da gab es keine Entschuldigung.

Aber war es denn möglich, daß Beatty infolge Müdigkeit nicht imstande gewesen war, auf eine Notsituation zu reagieren? Hatte er wirklich infolge Schlafmangels zu langsam begriffen?

Hoffentlich nimmt die Presse diesen Punkt nicht allzu genau unter die Lupe, dachte Fisher. Zu viele Zeitungen meinten ja, am Himmel wimmele es nur so von Düsenriesen, deren Besatzungen vor Erschöpfung fast einschliefen, weil sie viel zu viele Stunden ohne Ablösung hatten fliegen müssen.

Es klopfte. Miß Abbott meldete, Captain Beatty sei da.

Fisher antwortete im ersten Augenblick nicht. Wenn doch nur an dem Flugzeug etwas gewesen wäre. Etwas, dem man die Schuld geben könnte. Herrgott! Jetzt hatte er den Pfeifenstiel kaputtgebissen.

„Bitten Sie Captain Beatty herein."

„EIGENTLICH waren alle furchtbar nett", sagte Frank Beatty zu seiner Frau. „Anständiger hätten sie sich wirklich nicht benehmen können. Aber es bleibt dabei, ich gehöre ab sofort zum Heer der Arbeitslosen."

„Das sind doch gemeine Schufte", erklärte Diane mit geballten Fäusten. „Nach all den Jahren, die du ihnen geschenkt hast..."

„*Geschenkt* habe ich ihnen die Jahre wohl kaum", sagte Beatty. „Sie haben sie zu einem anständigen Preis gekauft. Sie konnten gar nichts anderes tun, als mich zu entlassen."

„Trotzdem ist das gemein von ihnen", sagte Diane. „Wenn du nicht gewesen wärst, wären alle umgekommen."

„So spricht ein treues Weib. Aber zunächst einmal sind sie ja meinetwegen *fast* umgekommen. Das mußt du doch einsehen."

„Wenn du es sagst."

„Es ist zwar auch nicht gerade ein Trost, aber man hat mich nicht einfach hinausgeworfen. Ich durfte von mir aus kündigen. Das hätten sie nicht nötig gehabt."

Diane besänftigte das keineswegs. „Das war ja wohl das mindeste."

Sie war völlig außer sich. Was man natürlich verstehen konnte. Die Frage war, warum war *er* nicht außer sich? Er sagte sich: „Man hat nicht irgendein anderes armes Schwein gefeuert, sondern dich. Und man hat deine Lizenz für drei Monate eingezogen. Du hast Startverbot. Was sagst *du* denn dazu?" Das Schlimmste war ihm passiert, und die Welt drehte sich weiter.

Diane fragte: „Rufst du die Berufsgenossenschaft deswegen an?"

„Wohl kaum. Man hat mir ja keine Rechte verweigert. Ich könnte auch nicht ehrlichen Herzens sagen, daß man mich zum Sündenbock macht. Die Firma hat getan, was sie für das Richtige hielt. Nimm doch mal an, sie hätte mich als Piloten behalten. Und dann hätte ich noch einen Unfall gebaut. Stell dir doch nur mal die Schlagzeilen vor. BEATTY MACHT WIEDER BRUCH. Wieviel Vertrauen hätten die Reisenden dann noch zu Anglo-World?"

„Es ist abscheulich und ungerecht. Mein Gott, wie ich diese großen Firmen hasse!"

Er nahm ihre Hand zwischen seine beiden, und allmählich legte sich ihr Zorn. Und dann war auf einmal sie die Trösterin. Es werde schon alles gut ausgehen, sagte sie. Es gäbe Hunderte von Fluggesellschaften. Die meisten würden sich nach einem Piloten von seinem Können und seiner Erfahrung die Finger lecken. Auf lange Sicht werde sich womöglich alles noch als glückliche Fügung herausstellen. Diane meinte, sie sollten etwas trinken.

Er war einverstanden. Der Whisky tat gut. Vielleicht ist das der erste Schritt zu einer völlig neuen Karriere als hoffnungsloser Alkoholiker, dachte er.

Vincent kam ins Zimmer, brummelte guten Abend und sauste nach oben. Beatty überlegte, wie er seinen Sohn dazu bekommen könnte, sich die Haare schneiden zu lassen, bevor die Schule wieder anfing. Vincent würde bis Anfang September im Haus sein – dann waren es noch neunundzwanzig Tage, bis er seine Lizenz zurückbekam. Komisch, dachte Beatty, was habe ich mir doch für Sorgen gemacht, wie wohl der Junge auf meinen Unfall reagieren würde. Er hatte so gut wie gar nicht reagiert. Es hatte ihn nur gelinde gestört, daß sein Vater da etwas offenbar nicht sehr Tolles geleistet hatte, etwa, wie wenn er auf der Autobahn die falsche Ausfahrt genommen hätte. Was war der Junge doch so unglaublich selbstsicher unter seinen idiotischen Zotteln.

„Noch einen Whisky, Frank?“

„Warum nicht?“ Warum auch wirklich nicht? Er sah Diane zu, wie sie die Gläser füllte. Sie war sehr groß, einsachtundsiebzig, und bewegte sich mit einer Geschmeidigkeit und Eleganz, die sie vor anderen auszeichnete. Beatty hatte sie auf einer Weihnachtsfeier der Fluggesellschaft beim Tanz kennengelernt. Ein Navigator namens Kellaway hatte sie mitgebracht. Kurz vor Mitternacht war Kellaway fortgegangen, um für Getränkenachschub zu sorgen, und hatte sie allein gelassen. Beatty, der sich in Gegenwart fremder Frauen unsicher fühlte, hatte sich dennoch ein Herz gefaßt und war über die Tanzfläche gegangen, als die Kapelle wieder losjaulte. Ein Räuspern, und ob sie nicht Lust hätte, mit ihm zu tanzen? Oh, sie habe wohl nichts dagegen, danke. Nach einer Weile räusperte er sich wieder und meinte, es sei zwar ein bißchen unverschämt, aber ob sie vielleicht Lust hätte, einmal mit ihm abends essen zu gehen? Überflüssigerweise fügte er hinzu, er glaube nicht, daß Kellaway etwas dagegen haben werde. Zum Glück war sie darüber eher belustigt als verstimmt. Doch, sie werde gern mit ihm essen gehen, auch *wenn* Kellaway etwas dagegen habe.

Sieben Monate später waren sie verheiratet. Sie waren beide keine Kinder mehr mit Flausen im Kopf; er war damals sechsunddreißig, sie achtundzwanzig. Sie hielt sich jetzt immer noch wie eine Königin. Beatty liebte sie und schätzte sich glücklich, sie gefunden zu haben. Aber es kam ihm nie in den Sinn, das zu sagen.

„Ich habe mit Mutter gesprochen“, sagte Diane. „Sie ist schrecklich traurig. Du weißt ja, was für große Stücke sie auf dich hält.“

„Und dein Vater?“

„Er hat gemeint ... es sei eine Schande oder so ähnlich.“

„Da hat er recht. Es ist eine Schande oder so ähnlich.“

Beattys Eltern waren schon seit über zehn Jahren tot. Sie hatten seine Fliegerei gehaßt. Die Medizin sei sein Beruf, meinten sie; die Welt brauche Ärzte und gewähre ihnen Hochachtung und einen großartigen Lebensstil. Wie recht ihr hattet, dachte Beatty. Ich werde Vincent nicht denselben Fehler machen lassen; der struppige Rock-'n'-Roll-Jüngling wird tun, was ich sage.

Er lächelte vor sich hin. Der Whisky tat seine Wirkung.

Er wurde wach. Warum? Er lauschte. Nichts. Er lag still. Es war halb fünf. Die kritische Stunde.

„Du hast Startverbot“, hörte er sich sagen. „Könnte sein, daß du nie wieder für eine Fluggesellschaft fliegen wirst. Nie mehr. Für alle Ewigkeit. Du wirst eine Bewerbung nach der andern losschicken und eine Ablehnung um die andere bekommen. Kannst du's ihnen überhaupt verübeln? Du hast Bruch gemacht. Und du bist bald fünfzig. *Fünfzig!* Wenn sie alter Knabe zu dir sagen, meinen sie es wörtlich. Verdammt! Wenn doch nur diese verflixte Bruchlandung nicht gewesen wäre, hättest du noch gut und gern zehn Jahre fliegen können bis zum vorgeschriebenen Pensionsalter.

Noch zehn Jahre. Ein ganzes Leben. Irgendwas mußt du tun! Du hast Verpflichtungen. Aber was? Eine Stelle am Schreibtisch? Wer in aller Welt nimmt dich in deinem Alter, mit deiner Art von Erfahrung? Autos verkaufen? Staubsauger? O Gott, nein! Pilotenausbildung? Aber ausbilden willst du nicht. Was dann? Langsamer, aber sicherer Verfall?“

Die Angst drückte auf seinen Magen wie eine kalte Hand. Sein Herz pochte laut, in Panik. Gleich würde Diane noch davon aufwachen.

„Wie lange kann man von einer Frau verlangen, sich an einen völligen Versager zu ketten? Warum habe ich den Absturz nur überlebt? Warum konnte ich nicht das einzige Todesopfer sein? Es wäre alles soviel einfacher und glatter gelaufen. Mit der Versicherungssumme wäre Diane jetzt einigermaßen wohlhabend. Und ich hätte nicht so eine durch und durch verkorkste Zukunft vor mir.“

Schlimmer wurde alles noch dadurch, daß er noch immer nicht wußte, wie sich der Unfall überhaupt ereignet hatte. Ungewißheit und endlose Fragen nagten an ihm wie Zahnschmerzen. Ein Absturz hatte immer einen Grund.

Um acht Uhr verließ Beatty im Trainingsanzug das Haus. Zu Diane sagte er, er werde in einer halben Stunde zum Frühstück zurück sein. Er schlug seinen gewohnten Weg ein: den Pfad am Fluß entlang, dann über die Brücke, durch den Wald und an der Eisenbahn entlang wieder zurück.

Der Morgen war schön nach dem nächtlichen Regen. Die Welt roch frisch und gut. Beatty schlug ein gemäßigtes Tempo an.

Dauerlaufen machte ihm Spaß; er hatte es sich zur ständigen Gewohnheit gemacht, seit der Arzt der Fluggesellschaft einmal eine Gewichtszunahme von sieben Pfund zwischen zwei halbjährlichen Untersuchungen festgestellt hatte.

Sein Körper kam ihm heute morgen besonders ausgewogen vor; alles beugte und streckte sich und pumpte in vollendeter Harmonie. Er kam an die Holzbrücke. Kaum außer Atem. Lungen wie ein Achtzehnjähriger! Und die dazugehörige Kondition! Asche knirschte leise unter seinen Schuhen. Noch immer atmete er leicht. Nicht schlecht für einen alten Knacker!

Sein Optimismus brachte ihn jetzt in Fahrt. Er *würde* wieder fliegen. Andere waren auch wieder aus dem Dreck hochgekommen, nicht? Zum Beispiel Churchill. Erledigt, hatten 1920 alle gesagt. Und wie redeten sie zwanzig Jahre später? Oder Bader. Hatte bei einer Kunstflugvorführung in Woodley eine Bristol Bulldog kaputtgeflogen; beide Beine dabei verloren. Und hatte er sich durch diese Kleinigkeit davon abhalten lassen, sich wieder in die Royal Air Force hineinzuboxen? Wahrhaftig nicht! Und die Beine zu verlieren war um einiges schlimmer, als neunzig Tage ohne Lizenz zu sein. Das war ja wohl nicht zu leugnen, oder? Herrgott noch einmal, Fluggesellschaften *brauchen* tüchtige, erfahrene Leute wie mich, dachte Beatty im Weiterlaufen. Ich habe einiges anzubieten. Es wird vielleicht nicht einfach sein, irgendwo anzukommen, aber ich schaff's schon. Ich werde es eben so lange versuchen, bis es klappt.

Die Sonne machte sich bemerkbar. Sie schien heiß und flimmernd durch das Geäst über ihm. Immer wieder wurde sie von den Bäumen verdunkelt. Sie schien ihm ins Gesicht und verschwand wieder wie das Flackern eines alten Filmprojektors. Ein Augenblick gleißende Helligkeit, ein Augenblick Dämmerlicht. Helligkeit, Dämmerlicht. Hell. Dunkel. Schwarz. Weiß. Schwarzweißschwarzweiß . . . Schwarz.

Er erinnerte sich nicht an den Sturz.

„Haben Sie sich weh getan?“ fragte ein weißhaariger Mann.

„Nein“, Beatty rieb sich die Augen. „Nicht daß ich wüßte.“

„Freut mich zu hören“, sagte der Mann. „Darf ich Ihnen vielleicht auf die Füße helfen?“

„Mir helfen? Nein... nein danke." So eine unsinnige Frage. Wieso war eigentlich das Gesicht des Mannes so verschwommen? Und warum mußte er sich an einem Baum festhalten, um wieder hochzukommen? Die rauhe, schwarze Rinde schien unter seinen Händen zu pulsieren.

„Sie sind ganz schön hingeschlagen. Aber wenn Sie meinen, es geht wieder, kann ich ja weitergehen."

„Wie?" Beatty hatte die Anwesenheit des Mannes für einen Augenblick vergessen. „Ja, natürlich. Danke. Ich bin gestolpert. Aber jetzt geht's wieder."

Er sah dem alten Mann nach, der zum Fluß zurückging. Anständig von ihm stehenzubleiben. Muß geglaubt haben, ich wäre tot umgefallen. Bin wahrscheinlich gestolpert. Kurz verschnaufen. Alles wieder in Butter. Er atmete ein paarmal tief durch, dann setzte er sich langsam wieder in Trab. Aber es war sinnlos. Aus irgendeinem unbegreiflichen Grunde fühlte er sich aller Kräfte beraubt. Er mußte im Schritt gehen. Langsam.

Diane fragte ihn, was passiert sei.

„Ich bin nur gefallen", sagte er. „Alles in Ordnung."

„Langsam habe ich mir Sorgen gemacht. Du warst über eine Stunde fort."

„Erzähl doch keinen Unsinn", knurrte er.

Sie runzelte die Stirn; sein Ton kränkte sie. „Ich erzähle keinen Unsinn, Frank. Es ist nach neun. Bist du eine andere Strecke gelaufen?"

„Nein", sagte er. „Aber ich habe die Runde zweimal gemacht."

Jetzt lächelte sie wieder. Alles war erklärt und in Ordnung.

Er ging nach oben und zog sich um. Alle Uhren im Haus zeigten dasselbe. Unglaublich! Seit er das Haus verlassen hatte, waren siebzig Minuten vergangen. Und wenn er es Diane auch anders erklärt hatte, wußte er doch genau, daß er die Runde nur einmal gelaufen war. Irgendwo waren also fünfundvierzig Minuten verlorengegangen. Verschwunden. In Luft aufgelöst.

Plötzlich war ihm klamm vor Angst. Verlor er den Verstand? Konnte eine dreiviertel Stunde so einfach weg sein? War er denn gefallen und hatte fünfundvierzig Minuten bewußtlos dagelegen? Aber wieso hatte er dann keine Kopfschmerzen? Keine Wunden und Prellungen? Ging das denn, daß man sich irgendwo bewußtlos schlug und hinterher nichts davon sah? Es mußte aber möglich sein. Es war die einzige Erklärung. So mußte es gewesen sein.

Diane rief nach oben, das Frühstück sei fertig.

„Bin gleich da!“

Alles ganz normal. Wieder der alte Beatty, dem nichts etwas anhaben konnte. Er zog sich an und ging hinunter. Er konnte sogar anerkennend am Schinken mit Ei schnuppern.

Aber Appetit hatte er keinen.

VAUGHAN schloß die Telefonzelle hinter sich. Er legte ein Häufchen Fünf-, Zehn- und Fünfundzwanzigcentstücke vor sich hin. Auf Kreditkarte wollte er diesmal nicht anrufen. Das wäre auf der Monatsrechnung erschienen.

„Vermittlung. Was wünschen Sie?“

„Ein Gespräch nach Kanada. Toronto.“

Er wartete und rechnete im stillen damit, daß ihm der Hörer um die Ohren flog, sowie er sich meldete.

Aber wahrscheinlich war sie gar nicht zu Hause. Wieso sollte ein hübsches Mädchen wie sie nicht ausgegangen sein und sich amüsieren? Eines stand jedenfalls fest: Sie hatte sicher nicht die letzten drei Wochen darauf gewartet, von einem gewissen Charles Vaughan zu hören. Falls sie sich überhaupt noch erinnerte.

Charles wer? Ach ja, jetzt fällt's mir wieder ein – dieser etwas ältere Flugkapitän.

„Macht fünfundvierzig Cent für die ersten drei Minuten.“

Vaughan warf die Münzen ein. Bald ertönte das hohle, ferne Tuten.

„Hallo.“

Nur ein Wort. Und schon konnte er sich ihr Gesicht genau vorstellen (nachdem er sich einundzwanzig Tage lang bemüht hatte, sich an die Einzelheiten ihrer Züge zu erinnern).

„Lee?“

„Ja. Chuck? Chuck!“ Sie lachte auf ihre offene Art. „Du Schuft! Seit ich dich kenne, habe ich einen steifen Nacken, weil ich jedem vorbeikommenden Flugzeug nachschaue. Bist du hier?“

„Nein, in Buffalo.“

„Kommst du nach Toronto? Wie lange hast du Zeit? Es ist so schön, deine Stimme wieder zu hören, wußtest du das?“

Schon fiel das ganze schöne Gebäude von Entschuldigungen und Erklärungen, Gründen und Widersprüchen in sich zusammen.

„Ich miete mir ein Auto“, sagte er. „Brauche ich lange von hier aus?“

„Eineinhalb bis zwei Stunden. Fahr über die Friedensbrücke, dann immer den Queen-Elizabeth-Zeichen nach bis Toronto. Beeil dich.“

EISKALTE Cocktails. Guter Gin in billigen, dicken Gläsern. Plakate für Kunstausstellungen und Stierkämpfe. Ein Dschungel von Zimmerpflanzen, die über Regale und Tische wucherten. Teakmöbel und Ramsch zu gleichen Teilen. Matisse-Drucke und zwei ernsthafte Originale in Öl. Über dem das STOP-Zeichen von einer Kreuzung. Lees Wärme, ihre Ausstrahlung füllten jeden Winkel der kleinen Wohnung.

Weiße Haut auf schwarzen Samtkissen. Der weiche Flaum an ihrem Arm. Die Haare, die ihr über die Brüste fielen. Der Druck ihrer langen Finger auf seinem Rücken, eindringlich, drängend.

Sie lagen schweigend da. Vaughan döste ein wenig vor sich hin, wurde wieder munter und küßte sie, langsam. „Du bist wunderbar“, sagte er.

Sie küßte ihn auf die Nase. „Du bist auch nicht schlecht.“

Plötzlich stand sie auf und ging ins Wohnzimmer. Bald darauf tönten Klavier, Baß und Schlagzeug durch die Wohnung. Oscar Peterson. Lee hatte nicht nur ein hübsches Gesicht und eine blendende Figur, sondern dazu einen ausgezeichneten musikalischen Geschmack. Obendrein war sie Segelfliegerin. Ein seltenes, ein erstaunliches Exemplar.

Vaughan ertappte sich bei der Vorstellung, wie schön es gewesen wäre, wenn sie sich dreizehn Jahre früher kennengelernt hätten. Das war gemein. Und lächerlich; Lee wäre dann genau elf Jahre alt gewesen.

Sie kam mit zwei Gläsern kaltem Bier zurück.

„Du hast also deine Stelle bei Air Canada gekündigt“, sagte er. „Und was machst du jetzt?“

„Ich arbeite in einer Werbeagentur. Texterin.“

„Tüchtiges Mädchen. Macht dir das Spaß?“

„Im großen und ganzen ja. Nur kriegt man als Frau immer

so stumpfsinniges Zeug zu tun. Ich würde gern eines Tages eine Anzeige für ein Flugzeug entwerfen. Das wäre etwas Bleibendes. Was ich so schreibe, ist doch alles für die Katz."

„Hast du Familie?"

„Meine Eltern sind geschieden. Meine Mutter lebt in Toronto, mein Vater in Calgary. Ich war einmal verheiratet."

„Verheiratet?" Das überraschte ihn; er wußte nur nicht, warum.

„Ich war achtzehn", sagte sie. „Er einundzwanzig. Ein gutaussehender Schwächling. Schicke Locken, aber kein Rückgrat. Nach sechs Monaten konnte ich ihn nicht mehr sehen. Schrecklich, nicht, wie man sich verändern kann?"

Vaughan sah sie an. „Ich *bin* verheiratet", sagte er.

„Natürlich", sagte sie seelenruhig. „Und Kinder hast du auch."

„Zwei. Außerdem bin ich schon vierzig, das heißt, ich werd's in ein paar Wochen."

„Und?"

„Ich fand nur, ich sollte dir das sagen. Stört es dich nicht?"

„Was? Daß du vierzig bist oder verheiratet?"

„Beides."

„Das sind Tatsachen", sagte sie. „Es wäre dumm, so tun zu wollen, als gäbe es sie nicht. Aber es wäre ebenso dumm, sich das Leben von ihnen vermiesen zu lassen. Ich bin Realistin durch und durch. Ich weiß, daß aus uns beiden nichts weiter wird. Das ist mir klar – verstehst du? Es geht eben nicht. Also denke ich gar nicht erst über diese Nacht hinaus." Sie sah zu ihm auf. „Ich möchte dir etwas sagen, Chuck. Ich mag dich schrecklich gern. Ich hatte nicht gehofft, dich noch einmal zu sehen. Und ich hatte mir vorgenommen, dich zum Teufel zu jagen, wenn du anriefst."

„Warum?"

„Weil du offensichtlich verheiratet warst und es mir nicht gesagt hast. Da war nicht viel zu erwarten."

„Verstehe."

Sie grinste und zeigte ihre strahlenden Zähne. „Aber kaum habe ich deine Stimme gehört, waren alle meine guten Vorsätze zum Fenster hinaus. Im selben Moment!"

„Wer hätte das gedacht", sagte Vaughan.

Es WAR wie Strafvollzug, ein Urteil, das er abzusitzen hatte. Neunzig Tage erzwungenes Nichtstun, schlechte Laune und verbitterte, törichte Gedanken. Neunzig Tage der Schande; des Neides auf die Besatzung jedes Flugzeugs, das übers Haus flog.

Mancher andere hätte sich unter gleichartigen Umständen eine Teilzeitarbeit gesucht, lange hinausgeschobene Vorhaben zu Hause erledigt oder einen Spanischkurs mitgemacht. Aber Beattys Gedanken drehten sich einzig und allein um seinen Beruf. Fliegen war ein Teil seiner selbst. An die Erde gefesselt, fühlte er sich unvollständig, nur halb am Leben.

Vincent ging wieder zur Schule (mit ungeschnittenem Haar). Das Laub färbte sich. Es wurde kühl. Träge verstrichen die Tage, lästige Stundenbündel.

Diane, die großartige Diane, war tapfer. Sie ignorierte Beattys Launen. Sie überhörte seine Kränkungen. Sie ging ihrer Arbeit nach, als ob er gar nicht im Haus wäre.

In der vorletzten Woche rief Oscar Dowling an. Seine Stimme weckte Erinnerungen an das Unglück, an die Fragen. „Wie geht's Ihnen, Frank?"

„Gut", sagte Beatty. „Ich nehm's nicht tragisch."

„Wie schön. Ich beneide Sie, alter Junge."

Beatty runzelte die Stirn. Glaubte Dowling ein gutes Werk tun und das schwarze Schaf ein wenig aufmuntern zu müssen?

Dowling sagte: „Passen Sie mal auf, alter Junge, es geht mich zwar absolut nichts an, aber ich finde, ich sollte Ihnen den Tip geben." Er räusperte sich. „Jemand, den ich vom Krieg her kenne, hat mich angerufen; er will eine Charterfluggesellschaft aufmachen und hat gemeint, ich wäre vielleicht interessiert. Bin ich aber nicht – na ja, Sie wissen ja, ich gehöre bei AW doch schon zum Inventar. Aber ich habe an Sie gedacht."

„Aha", meinte Beatty gleichgültig. Nur kein Interesse verraten.

„Amory heißt der Mann. Kanadier. War einmal Chef der Provincial Airways, bis ihn die Großen da hinausgekauft haben. Hat aber sein Schäfchen im trocknen, soweit ich weiß. Und jetzt will er hier eine Chartergesellschaft aufmachen. Er hat eine Option auf zwei oder drei Boeing 707, wie er sagt, und jetzt sucht er das Personal dafür. Wie ich den guten Don kenne, wird er Erfolg haben. Ein ungeschliffener Diamant ist er, aber ein feiner Kerl

Jedenfalls schaut er sich gerade nach Piloten um, und da hab ich gedacht, ich sag Ihnen mal Bescheid."

„Das ist nett von Ihnen", sagte Beatty. „Vielen Dank."

„Keine Ursache, alter Junge."

„Ich habe natürlich auch schon bei ein paar anderen Firmen die Fühler ausgestreckt, aber es ist noch nichts fest. Kann nicht schaden, wenn ich mich auch mal mit Ihrem ..."

„Amory."

„Ach ja, Amory. Wo kann ich ihn denn erreichen?"

„Er wohnt im Savoy. Das Beste ist für den alten Don gerade gut genug. Ich habe mir erlaubt, schon einmal Ihren Namen fallenzulassen. Er rechnet also schon mit Ihrem Anruf."

AMORY war ein runzliger Mittfünfziger mit breiten Schultern und riesigen Händen. Er begrüßte Beatty im gestreiften Morgenmantel an der Tür zu seiner Suite. Seine Füße waren nackt; sein schütteres Haar war zerwühlt; auch eine Rasur hätte er brauchen können. „Haben Sie schon zu Mittag gegessen?"

Beatty bejahte.

„Ich nicht. Stört es Sie, wenn ich esse, während wir uns unterhalten?"

„Ganz und gar nicht."

Amory bestellte per Telefon beim Zimmerkellner ein Steak und zwei Kännchen Kaffee. „Sie sind also der Knabe, der mit dem guten Ossie zusammen auf Grund gelaufen ist, ja?"

„Ja, Sir. Die wirklichen Umstände –"

„Über die Umstände weiß ich bestens Bescheid", sagte Amory mit überraschend herzlichem Lächeln. „Ich unterhalte mich nicht mit Leuten, ohne mich vorher ein bißchen umgehört zu haben. Sie waren lange bei Anglo-World?"

„Zwanzig Jahre."

„Wann bekommen Sie Ihre Lizenz zurück?"

„Nächste Woche."

„Fühlen Sie sich ungerecht behandelt?"

„Nicht direkt. Ich meine, wenn alle Fakten zu ermitteln wären, käme vielleicht heraus, daß ich ungerecht behandelt wurde. Aber nach dem heutigen Stand der Untersuchungstechnik, nein. Es wurde kein technischer Fehler gefunden, also war der Pilot schuld.

Das sind die Spielregeln. Ich kannte sie, wie alle anderen auch. Aber daß man meine Lizenz nur für neunzig Tage eingezogen hat, werte ich als Hinweis auf die Zweifelhaftigkeit der ganzen Entscheidung."

„Sie meinen, Sie haben alles Menschenmögliche getan, um den Absturz zu verhindern?"

„Ja, Sir, das glaube ich."

„Das meint Ossie auch. Er hat eine hohe Meinung von Ihnen. Hat er Ihnen gesagt, daß ich eine Chartergesellschaft aufmachen will?"

„Ja, Sir."

„Da sind gute Geschäfte zu machen. Ein paar habe ich schon in der Tasche. Muß vielleicht noch ein paar Nebenverträge abschließen; hängt alles davon ab, wie bald wir unter eigener Regie arbeiten können. Würden Sie mir mal Ihr Bordbuch zeigen?"

Amory studierte es schweigend. „Jede Menge Flugstunden, mein Lieber. Wären Sie daran interessiert, für mich zu arbeiten?"

„Ich ... denke schon, Sir. Ich müßte es mir überlegen ..."

„Behagt Ihnen nicht so ganz?"

„Es ist nur ... ein paar andere Gesellschaften haben auch ..."

Amory hob die Hand, als wolle er sagen, er verstehe vollkommen. „Klar, wenn man zwanzig Jahre für Anglo-World geflogen ist, riecht so ein kleines Charterunternehmen ein bißchen nach Kleinvieh."

„Das ist es nicht unbedingt, Sir."

„Eine angesehene Sache, was, für Anglo-World zu fliegen? Und nun kommt so ein Wilder aus den Kolonien daher, hat nicht einmal Büroräume, aber schwätzt dafür um so mehr. Ich weiß, wie Ihnen zumute ist. Aber bedenken Sie, ich hatte zu meiner Zeit ganz schöne Erfolge. Sie könnten es am Ende noch weiter bringen, als wenn Sie bei AW geblieben wären. Andererseits" – er lächelte –, „wir könnten auch ganz übel auf dem Bauch landen."

Als Beatty eine Stunde später das Hotel verließ, war er glücklich und besorgt zugleich. Es war eine herrliche Vorstellung, in ein paar Tagen vielleicht schon wieder fliegen zu können. Aber für wen? Und für wie lange? Vielleicht dauerte der Spaß nur ein paar Monate. Und laut Amory würde er eine Zeitlang auf der rechten Seite sitzen müssen. Vom Kapitän einer 747 zum Kopiloten einer 707. Wunderbar, dachte er bitter. Welch blendende Karriere! Aber Amory bot ihm *Arbeit* an, und das war mehr, als andere ihm boten.

Er spazierte die Straße hinunter. Auf dem Trafalgar Square fütterten ein paar unvermeidliche Touristen die unvermeidlichen Tauben. Die Sonne kam heraus und spiegelte auf nassen steinernen Löwen. Tief in Gedanken schlenderte Beatty die Charing Cross Road hinauf. Es wurde warm. Er zog den Regenmantel aus und hängte ihn sich über den Arm.

Bis Freitag wolle er über das Angebot nachdenken, hatte er zu Amory gesagt. Aber gab es da wirklich etwas zu überlegen? Ein Antwortbrief nach dem andern war von den Fluggesellschaften gekommen, alle mit dem gleichen Inhalt. Vielen Dank, Mr. Beatty, zu unserem aufrichtigen Bedauern ... Die schlichte Wahrheit war, er trug ein Brandmal. Du hast keine Wahl, Alter. Zumindest nicht, wenn du fliegen willst. Er holte tief Luft. Na schön. Es war nicht ehrenrührig, für eine kleine Gesellschaft zu fliegen. Andere Kollegen taten das ihr Leben lang!

Im Weitergehen steigerte sich seine Begeisterung. Doch, es würde schon klappen. Amory würde mit seinem UK-Charter groß einschlagen, wie damals in Kanada. Und alle Beteiligten hätten den Nutzen davon.

Er bog in die Coventry Street ein. In bester Laune schlenderte er dahin – was er seit Ewigkeiten nicht mehr getan hatte, wie ihm jetzt bewußt wurde. Es war so warm, daß man sich auf dem Leicester Square kurz auf eine Bank setzen konnte, um die Herbstsonne und die innerliche Befriedigung zu genießen. Guter alter Amory; guter alter Oscar Dowling.

Kleinigkeit, sich wieder auf die 707 umzugewöhnen, dachte Beatty. Ein paar Sekunden lang gönnte er sich den Spaß, sich an die genaue Lage der Instrumente zu erinnern: Fahrtmesser, Machmeter, Kompaßkomparator, künstlicher Horizont ...

Er schien einzudösen. Das Instrumentenbrett verzog sich gummiartig, die Skalen wanderten, schwebten, stießen aneinander.

Druck. Etwas drückte auf seine Schulter. Etwas Schweres, Unnachgiebiges. Er schlug die Augen auf. Eine leere Zigarettenschachtel, ein abgebranntes Streichholz, die gestrige Abendzeitung.

„Geh deinen Rausch zu Hause ausschlafen, Freundchen.“

„Wie?“ Ein sengender Schmerz durchzuckte seinen Kopf. Das Sonnenlicht tat ihm in den Augen weh.

„Na los, wir wollen doch keinen Ärger machen.“

Beatty sah den Polizisten vor sich, einen jungen Burschen mit freundlichem Gesicht. „Ärger?“ Beatty bewegte die Schulter, aber die Hand des Polizisten blieb. „Was meinen Sie damit, Wachtmeister?“

„Sie wissen doch genau, was ich meine.“

Er solle gefälligst vernünftig reden, sagte Beatty ungehalten. Der Polizist bückte sich etwas tiefer. „Nun, Sir, wir haben uns doch ein paar zuviel genehmigt, nicht wahr?“ Seine Stimme klang nicht mehr so sicher.

Beatty fuhr ihn an: „Du meine Güte, ich bin nicht betrunken!“

„Ist Ihnen denn vielleicht nicht gut, Sir?“

„Mir zerspringt der Kopf.“

„Ich rufe einen Krankenwagen.“

„Nein!“ Beatty schüttelte den Kopf. „Ich bin nur eingeschlafen.“

Der Polizist nickte ernst. „Sie haben fast auf dem Boden gelegen, Sir, wirklich, Sie hingen halb von der Bank herunter. Ich habe gedacht, Sie hätten sicher ein paar zuviel... Aber wenn nicht... entschuldigen Sie bitte.“

Beatty schluckte. Sein Magen drehte sich. „Nett von Ihnen, daß Sie sich um mich gekümmert haben, Wachtmeister.“

„Fühlen Sie sich auch bestimmt wieder wohl?“ fragte der Polizist mit Nachdruck.

„Ja, ganz bestimmt. Ich nehme ein Taxi.“

„Da drüben ist ein Taxistand. Ich begleite Sie hin, Sir.“

„Nein danke. Ich kann sehr gut allein hingehen.“

Zögernd entfernte sich der Polizist. Beatty stand auf. Eine schreckliche Sekunde lang schien sich die Welt zu drehen. Er faßte an die Banklehne und stützte sich darauf. Einmal tief durchgeatmet, dann machte er sich auf den Weg. Seine Beine benahmen sich so merkwürdig unabhängig, als gehörten sie jemand anderem. Schweißperlen standen auf seiner Stirn. Am liebsten hätte er sich hinfallen lassen, aber nein, zum Teufel auch, er gab nicht nach. „Es ist gar nichts“, sagte er sich immer wieder vor. „Es ist nichts passiert, ich bin nur eingeschlafen...“ Dann fiel ihm der weißhaarige Mann ein. Ob ich verrückt werde? dachte er.

Drittes Kapitel

Henry Peel mußte sich sehr zusammenreißen, um nicht zu strahlen. Dabei mußte man doch ein ernstes Gesicht machen, wenn man seine allererste Flugstunde antrat. Vor allem durfte man jetzt nicht lossprudeln, wie herrlich es sei, nach all den Jahren des Wartens im Pilotensitz einer Piper Cherokee Platz zu nehmen.

Henry Peel war neunzehn.

„Sie müssen ganz bequem und entspannt sitzen."

„Tu ich ... wirklich."

„Schön. Greifen Sie mal mit der Hand übers Armaturenbrett. Fühlen Sie den Griff. Fassen Sie ihn an, und ziehen Sie sich nach vorn, bis Ihre Füße fest auf den Ruderpedalen stehen. So ist es besser. Sie fahren hier keinen Sportwagen."

Der Fluglehrer hieß Joe Machin. Sein Gesicht war verwittert wie alter Stein; er sah aus, als ob er schon im Ersten Weltkrieg an der Westfront gekämpft hätte. Um seinen Mund hatte sich der jahrelange Kummer über die Unfähigkeit seiner Schüler festgesetzt. Aber seine Stimme war sanft.

„Passen Sie auf, das Rad hier bewegt die Querruder da draußen an den Tragflächen. Wenn das eine raufgeht, geht das andere runter. Wenn Sie die Steuersäule zurückziehen, hebt sich hinten am Heck der Maschine das Höhenruder, dann steigt sie. Bei einem Druck nach vorn senkt sich das Höhenruder, und abwärts geht's. Das einzige, worauf es beim Fliegen ankommt, ist Balance. Ungefähr so wie beim Radfahren."

Henry nickte ernst, als nähme er etwas völlig Neues in sich auf. In Wirklichkeit kannte er das alles schon auswendig. Er hatte es zehntausendmal gelesen. So lange Henry zurückdenken konnte, hatte er sich nichts auf der Welt sehnlicher gewünscht, als zu fliegen.

„Wir machen einen kleinen Rundflug", sagte Machin. „Mal sehen, wie es Ihnen gefällt."

„Es gefällt mir bestimmt", versicherte Henry eifrig. Und das Lächeln sprang jetzt doch auf sein Gesicht, ganz von selbst.

Fachmännisch tanzten Machins Finger über das Instrumentenbrett. „Sehen Sie den Zündschalter? Drehen Sie ihn nach rechts, durch die beiden Magnetstellungen durch bis auf Zündung. Jetzt draufdrücken. Richtig."

Der Motor keuchte, sprang an und setzte den Propeller in wirbelnde Bewegung. Machin bat den Kontrollturm um Rollerlaubnis. „Die Bremse ist unterm Armaturenbrett", sagte er zu Henry. „Durch Knopfdruck lösen, und ab geht die Post. Gelenkt wird mit den Ruderpedalen. Sie brauchen sich gar nicht ans Steuer zu klammern; das macht man mit den Füßen. Versuchen Sie's mal."

Im ersten Augenblick erschien es unmöglich; Henry griff automatisch zum Rad an der Steuersäule. Dann stellte er fest, daß es ganz leicht war, mit den Füßen zu lenken.

„Gut", sagte Machin. „Nehmen Sie etwas Gas zurück, wenn Sie sich der Startbahn nähern. Überzeugen Sie sich, ob Ihre Tür verriegelt ist. So, und jetzt fragen Sie den Tower, ob wir starten dürfen."

Er zeigte Henry, wie man beim Starten aufs rechte Ruderpedal drückte, um eine Neigung zum Linksabweichen auszugleichen, und wie man die Steuersäule leicht anzog, um das Bugrad von der Piste zu heben. „Sehen Sie, jetzt schwebt die Maschine ganz von selbst davon. Aufwärts geht's."

Dreitausend Fuß über Südontario, Kanada, übernahm Henry zum erstenmal die Steuerung eines Flugzeugs in der Luft. Er merkte sich die Uhrzeit; die würde er später notieren. Machin sagte ihm, er solle in gleichbleibender Höhe immer geradeaus fliegen und versuchen, den Horizont immer an derselben Stelle zu halten. Es war eine herrliche Stunde; sie verging mit Riesenschritten, immer zehn oder fünfzehn Minuten auf einmal.

„Phantastisch", sagte Henry, als sie landeten.

„Wollen Sie immer noch Ihren Pilotenschein machen?" fragte Machin.

„Mehr als alles sonst", sagte Henry. „Meinen Sie, ich kann's?"

„Natürlich. Sie haben ein gutes Gefühl für die Steuerung. Haben Sie vor, die Fliegerei zu Ihrem Beruf zu machen?"

„Könnte sein; das weiß ich noch nicht. Ich weiß nur, daß ich fliegen möchte. Ich habe gespart. Und bis ich den Schein bekomme, habe ich genug beisammen, um mir ein kleines Flugzeug zu kaufen. Könnten Sie mich beim Kauf beraten?"

Machin nickte mit dem angegrauten Kopf. „Das müßte sich wohl machen lassen. Mittwoch morgen um acht?"

„Ich bin da", sagte Henry.

VIELLEICHT war es reiner Zufall; wahrscheinlicher aber richtete die Flugdienstleitung es auf Weisung von oben absichtlich so ein. Für die meisten Piloten wäre es nämlich eine Strafe gewesen: Samstag abends nach Toronto und dort Aufenthalt bis Montag nachmittag. Für Vaughan hätte es kaum besser kommen können.

Der Sonntag dämmerte strahlend und mild herauf. Lees kleiner MG brachte sie flink nach Brockton, einem kleinen Flugplatz mit nur einem Hangar, einem Klubhaus und etlichen Segelflugzeugen, die seitlich im Wind lehnten. Zwei Piper Cubs zum Hochschleppen der Segler waren die einzigen Motorflugzeuge, die man sah. Die Vereinsmitglieder im Alter zwischen sechzehn und sechzig bildeten eine harmonische Gruppe und redeten endlos von Thermik, Aufwinden und Gleitzahlen. Alle kannten Lee.

Mittags aßen sie einen durchweichten Käsetoast in dem winzigen Schuppen, der als Restaurant diente. Sie teilten ihren Tisch mit einem stämmigen Mann, der sich gerade sein eigenes Segelflugzeug baute, einem Studenten, der noch Flugunterricht bekam, und einem jungen Nachwuchspiloten von Air Canada namens Larry, der zum Wochenendvergnügen Schleppflugzeuge flog. Sie kannten alle nur ein Thema: Segelfliegen. Durchs Fenster sah man Schleppflugzeuge und Segelflugschüler in die Luft schwanken.

Nach dem Lunch gurtete Vaughan sich auf dem Vordersitz einer metallenen Blanik an. Lee stieg auf den Rücksitz. Die Haube schloß sich über ihren Köpfen wie ein durchsichtiger Sargdeckel, dann wurde das Schleppseil unter der Nase der Blanik eingehängt. Arme winkten; die Piper setzte sich langsam in Bewegung. Der Motor heulte auf; ein Ruck, als das Seil sich spannte. Als die Blanik anrollte, drückte Lee den Knüppel leicht nach vorn, um das Heck vom Boden zu bringen und den Segler auf dem Mittelrad zu balancieren. Ein Mann lief ein paar Schritte mit und hielt den Flügel waagerecht. Jetzt ließ er los. Ein kurzes Wackeln, dann verstummte fast augenblicklich das Holpern des Rades. Sie schwebten.

„Wir starten vor dem Schlepper", sagte Lee, „aber wir müssen dicht am Boden bleiben, sonst ziehen wir ihm das Heck hoch, und das wäre unangenehm für den da vorn."

Vaughan nickte. Er sah den unebenen Boden wenige Zentimeter unter ihnen; die Piper, die über den holprigen Rasen fegte. Dann ging's hinauf, hoch in den funkelnden Herbstsonnenschein, immer gehorsam hinter der Piper her und in etwas weiteren Bögen, damit das Seil straff blieb. Lee flog gut, mit der Sicherheit des geborenen Piloten. Was für ein Mädchen!

Auf zweitausend Fuß bat sie ihn, das Schleppseil auszuklinken. Die „Nabelschnur" entfernte sich schlängelnd hinter der wendenden Piper. Es war auf einmal ganz still, bis auf das Singen des Windes an der Haube. „Gefällt's dir?"

„Prima", versicherte er.

Sie fand eine mittelstarke Thermik, die ihnen 450 Fuß einbrachte. Vaughan wollte auch einmal steuern und verlor die Thermik prompt wieder.

„Du mußt ganz enge Kurven fliegen", sagte Lee.

Aber es war zu spät. Lachend über sein Unvermögen, kreisten sie in vollendetem Frieden sanft über der flachen Landschaft. Zehn Minuten später slippten sie seitlich über die Landebahn herein und setzten weich auf. Die Blanik rollte nur wenige Meter, bevor sie sich auf einer Tragflächenspitze niederließ. Vaughan löste seine Gurte, drehte sich auf dem engen Sitz um und gab Lee einen Kuß. Die wollte sich lachend entwinden, als sie merkte, wie interessiert man ihnen zuschaute.

Sie fuhren in die Stadt Niagara, sahen eine Shaw-Aufführung und gingen essen. Sie redeten. Sie hatten einander ja so viel zu erzählen: Vorlieben und Abneigungen, Erinnerungen, Befürchtungen, Hoffnungen. Worte strömten nur so, und die Stunden vergingen wie im Flug, jede Sekunde war herrlich. Auf der Rückfahrt nach Toronto war die Luft kühl und frisch. Es war, als ob dem Leben eine neue Dimension erschlossen worden wäre und nur sie beide das Geheimnis kennen dürften. Es wurde eine zauberhafte Nacht.

DR. MED. T. ROYDON GOODALL, Mitglied des Königlichen Ärztekollegs und des Medizinischen Forschungsrates, seines Zeichens Psychiater, ordnete Füllfederhalter, Kalender und Terminbuch zu

Blanik

einer schnurgeraden Linie entlang der hinteren Schreibtischkante. Dann schob er energisch einen Notizblock in die Mitte. Seine Leidenschaft für Ordnung, überlegte er oft, dürfte aller Wahrscheinlichkeit nach eine unterbewußte Reaktion auf die oft extreme Unordnung im Leben seiner Patienten sein.

Dr. Goodalls äußere Erscheinung war so ordentlich wie sein Schreibtisch, obwohl er klein und deutlich übergewichtig war. Zu dem schwarzen Anzug mit Nadelstreifen trug er ein gestärktes weißes Hemd. Was von seinen dunklen Haaren noch übrig war, trug er in dem beherzten, wenn auch erfolglosen Versuch, seinen Kopf zu bedecken, in einer glatten Frisur quer über dem Schädel. Sein freundliches rundes Gesicht war glatt rasiert.

Mrs. Latham drückte den Summer. „Mr. Carter", meldete sie.

Carter. Ein neuer Patient. Hatte sich gestern telefonisch angemeldet. Dr. Goodall stand auf und ging zur Tür. Durch die spiegelnde Glasscheibe konnte er in aller Ruhe einen Blick auf Mr. Carter werfen, ohne daß der es wußte. Der Mann schien gut in Form zu sein, nichts Schwammiges und Wabbeliges daran. Dr. Goodall zog die Stirn in Falten. Irgend etwas kam ihm an dem Kerl bekannt vor. Er öffnete und bat Mr. Carter herein.

Sie begrüßten sich. Carter sprach wohlgesetzt und sicher, schien aber doch etwas befangen zu sein. Er trug einen Blazer von guter Qualität und eine gestreifte Seidenkrawatte. Sein Haar war ordentlich geschnitten. Man könnte ihn für einen Kommißstiefel in Zivil halten, dachte Dr. Goodall. Und, mein Gott, er *hatte* etwas Bekanntes an sich.

„Sie wissen, daß ich Psychiater bin, Mr. Carter? Ich sage das nur, weil schon Leute mit allem – von Gallensteinen bis Gicht – zu mir gekommen sind."

Mr. Carters Lächeln war kurz. „Ich weiß, daß Sie Psychiater sind. Sie erkennen mich wohl nicht, wie?"

Dr. Goodall hob mit nichtssagendem Lächeln die Schultern.

„In der Schule habe ich dich Hoke genannt – ich weiß nur nicht mehr, warum."

„Großer Gott!" Plötzlich war Dr. Goodall im Bilde. „Frank Beatty! Hätte ich doch gleich wissen müssen. Wie schön, dich mal wiederzusehen!"

Doch dann runzelte er wieder besorgt die Stirn. Warum nannte

Frank sich James Carter? War er ein Verbrecher? Ein Spion? Ein leichtes Quäken schlich sich in Dr. Goodalls Stimme, als er Frank deswegen fragte.

„Das erkläre ich dir gleich, Hoke. Ist ganz harmlos.“

„Davon bin ich überzeugt.“ Dr. Goodall lächelte, gänzlich unbekümmert, wie er hoffte. Aber die Furcht lag ihm wie ein Klumpen im Magen.

„Und hab keine Angst, Hoke. Ich bin nicht hier, um dir etwas zu verkaufen oder dich anzupumpen. Es ist einfach so, ich brauche deinen fachlichen Rat – oder glaube ihn zumindest zu brauchen.“

„Ah.“ Der Klumpen begann sich aufzulösen. Netter Kerl, dieser Frank, schon immer gewesen. „Vielleicht sollten wir mit ein paar persönlichen Angaben anfangen. Da kann man sich besser ein Bild machen. Du bist damals zur Luftwaffe gegangen, nicht? Du warst ja ganz versessen aufs Fliegen.“

„Das weißt du noch? Ja, ich war ein paar Jahre bei der RAF.“

„Und was machst du jetzt?“

„Jetzt? Ich ... bin Handelsreisender.“

„Vertreter.“

„Wie? Ja, richtig. Vertreter.“

„Was verkaufst du?“

„Flugzeugteile. Systeme, Elektronik und so weiter.“

„Interessant. Bist du verheiratet, Frank – Verzeihung, Mr. Carter?“

„Ja, und ich habe einen zwölfjährigen Sohn. Sei ein guter Freund, Hoke, und führ mich in deiner Kartei als James Carter.“

Dr. Goodall hatte über diese Frage schon nachgedacht. Kein Gesetz verlangte von ihm, sich von Privatpatienten den Ausweis zeigen zu lassen. Andererseits würde er vor Gericht kaum behaupten können, er kenne die wirkliche Identität eines Patienten nicht, mit dem er in der Schule eng befreundet gewesen war ...

Frank sagte: „Der Grund für mein Pseudonym ist mein Arbeitgeber, Frank. Das ist ein ziemlich schwieriger Verein, wenn du verstehst, was ich meine. Wenn nun mit mir alles in Ordnung ist, möchte ich lieber, die erfahren nie, daß ich bei dir war. Wenn aber *nicht* alles in Ordnung ist, macht es nicht viel aus, weil ich dann wahrscheinlich sowieso nicht weiter für sie arbeiten kann. Du siehst die Zwickmühle, in der ich sitze?“

„Natürlich“, sagte Dr. Goodall, erleichtert, daß Frank ihm einen Grund geliefert hatte, mit dem er sich notfalls rechtfertigen konnte. Er legte die Fingerspitzen aneinander. „Vielleicht solltest du mir jetzt etwas über dein ... Problem erzählen.“

Frank nickte. „Ich werd's versuchen, Hoke. Es ist nicht ganz einfach, weil ich gar nicht weiß, wovon ich rede, aber ich habe Angst, ich könnte so etwas Ähnliches wie den Verstand verlieren.“

„Wie kommst du darauf?“

„Ich bin in letzter Zeit ein paarmal, wie es scheint ... na ja, einfach weggewesen. Wenn ich aufwachte, mußte ich feststellen, daß ich glatt hinüber gewesen sein muß. Einmal bei einem Dauerlauf. Plötzlich wurde ich auf dem Boden wach. Und gestern bin ich auf dem Leicester Square fast von einer Bank gefallen. Ein Polizist hat mich schon für betrunken gehalten.“

„Na weißt du, Frank, man nickt mit zunehmendem Alter öfter mal ein bißchen ein.“

„Es ist mehr als Einnicken, Hoke. Es ist mehr eine Art ... Bewußtlosigkeit.“

„Hast du schon mal mit deinem Hausarzt gesprochen?“

„Nein.“

„Mit deiner Frau?“

„Nein. Ich möchte sie nicht grundlos beunruhigen.“

Dr. Goodall nickte bedächtig. „Zunächst wäre es vielleicht ganz nützlich, wenn wir schnell einmal Herz, Lungen, Blutdruck und so weiter untersuchen. Merkwürdig oft zeigen Beschwerden an einer Stelle sich in Symptomen an einer ganz anderen ...“

Amory meldete sich am Telefon mit seinem typischen „Ha?“

„Hier ist Frank Beatty, Mr. Amory.“

„Ach ja! Wie geht's? Und wie lautet die frohe Botschaft?“

„Gut, Sir. Ich möchte Ihr, äh, Angebot annehmen.“

Amorys tiefes Lachen dröhnte metallisch aus dem Hörer. „Sie haben sich also für uns entschieden? Wann können Sie anfangen?“

„Jederzeit, Sir.“

„Wie wär's mit morgen früh?“

„Ausgezeichnet.“

„Gut. Flughafen Gatwick. Neun Uhr. Fragen Sie sich einfach zu meinem Büro durch.“

„Jawohl, Sir. Und vielen Dank."

„Bis dann", kam es forsch zurück.

Beatty legte grinsend auf. Er hatte wieder eine Stelle. Immerhin etwas. Guter alter Amory. Er rief ein Taxi heran.

„Sloane Square, bitte."

Hoke hatte nichts Ungewöhnliches an ihm entdecken können. Er hatte sogar etwas von gutem Gesundheitszustand gesagt. „Zum Schluß wird sich das Ganze als irgend so ein idiotisches Virus entpuppen, das sich inzwischen längst verzogen hat", redete Beatty sich ein. Gewiß, er hatte noch einmal einen Untersuchungstermin bekommen; ein paar Fragen seien noch offen, hatte Hoke gesagt. Aber Beatty war überzeugt, daß alles in Ordnung war; er hatte sich nie wohler gefühlt.

Am Eingang zum Kaufhaus traf er Diane. Sie trug einen hellgrünen Mantel, den sie sich eben gekauft hatte und der ihr prächtig stand. „Gefällt er dir?" fragte sie. „Wirklich?"

„Du siehst prima aus", sagte er. „Übrigens, falls ich es eine Zeitlang nicht erwähnt haben sollte, ich liebe dich."

Sie glühte. „Das hast du seit ungefähr zehn Jahren nicht mehr erwähnt. Deine Geschäfte müssen gut ausgegangen sein. Fängst du bei Amory an?"

„Schon morgen. Und das werden wir heute abend feiern. Der alte Herr hat wieder Arbeit. Wir essen im Café Royal zu Abend!"

„Frank, das ist aber furchtbar extravagant!" Diane lachte und schmiegte sich im Weitergehen an ihn. Es war ein Augenblick uneingeschränkten Glücks nach drei trüben Monaten. Frank war wieder ganz er selbst. Er durfte wicder fliegen!

BEATTY saß drei Stunden vor dem Instrumentenbrett in einer von Amorys Boeings 707. Ein Pilot namens Williams sollte mit ihm fliegen, zuerst auf der linken Seite, dann auf dem Platz des Kopiloten. Williams war Australier, ein ausgezeichneter Pilot und bei Amory ranghöchster Mann.

„Sie scheinen sich ja an die Maschine noch gut zu erinnern", meinte Williams, als Beatty fehlerlos ein Triebwerksausfallmanöver durchexerzierte.

Beatty nickte lächelnd. Er hatte dreitausend Flugstunden auf der 707 hinter sich und eine hohe Meinung von dem Flugzeug.

Es war hervorragend konstruiert. Diese Maschine hier war laut Williams schon dreizehn Jahre im Dienst. Amory hatte sie von einer französischen Gesellschaft gekauft und neu anmalen lassen: grau mit kastanienbraunem Leitwerk. Auf dem Rumpf stand AMORY INTERNATIONAL. Der Fluggastraum war neu eingerichtet worden. Nur das Cockpit verriet das Alter des Flugzeugs: An Schaltern und Hebeln war die Farbe mit den Jahren abgegriffen.

„Hat Mr. Amory alle drei Flugzeuge von derselben Gesellschaft gekauft?" fragte Beatty.

Williams schüttelte den Kopf. „Die anderen beiden kommen direkt aus den USA. Alle drei sind in Ordnung. Amory weiß, was ein Flugzeugkauf ist."

Beatty pflichtete ihm bei. Die 707 flog sich gut. Offenbar war sie hervorragend gewartet worden. Flugzeuge sind so individuell wie Menschen. Manche schlichen durch den Himmel wie verdrießliche alte Männer. Manche waren unberechenbar, manche gutmütig und nicht nachtragend. Und manche Cockpits schienen von Leuten konstruiert zu sein, die noch nie geflogen waren. Darin waren sich überhaupt die meisten Piloten einig, daß kein Flugzeug auf der Welt ein richtig gut durchdachtes Cockpit hatte. Da es bei den Herstellern so etwas wie Standardisierung nicht einmal andeutungsweise gab, kam es vor, daß lebenswichtige Bedienungselemente sich bei einem Flugzeug vorwärts, bei einem anderen rückwärts bewegten; es gab sogar Unterschiede bei ein und demselben Modell, wenn es von verschiedenen Fluggesellschaften in Auftrag gegeben worden war. Jede Gesellschaft hatte ihre eigenen Vorstellungen von der richtigen Anordnung der Instrumente und Schalter. Und in keinem Cockpit war Platz genug für die vielen Taschen, Mützen, Jacken, Handbücher, Checklisten und Signalbücher der Besatzung.

Amory wartete an der Rampe. „Wie gefällt sie Ihnen, Beatty?"

„Nicht mehr ganz jung, aber anscheinend an Leib und Seele gesund."

Amory grinste. „Schön, wieder zu fliegen?"

„Herrlich", sagte Beatty.

„Gut. Ihre ersten Flüge machen Sie als Kopilot bei Mr. Williams. Samstag geht's nach Athen. Alles klar?"

„Alles klar, Sir", sagte Beatty aus vollem Herzen.

Es war eine echte Überraschungsparty. „Ehrlich", sagte Vaughan, „Sue hat mir nur gesagt, ich soll mir ein frisches Hemd und eine andere Hose anziehen. Ich dachte schon, sie wollte mit mir ins Kino! Und plötzlich ist die Wohnung voller Leute. Eine Geburtstagsparty für mich!"

„Immerhin dein vierzigster, Alter!" rief jemand. „Das ist kein Geburtstag wie jeder andere!"

Alle lachten. Susans Komplott war gelungen. Das Feinkostgeschäft hatte die Platten zu den Arlens gebracht; die Getränke waren bei den Gregorys abgeliefert worden.

„Du bist ein Glückspilz, Chuck", sagte Maureen Biggin zwischen zwei köstlichen Appetithäppchen. „Das ist eine Elendsarbeit, so etwas vorzubereiten. Davon macht ihr Männer euch gar keine Begriffe."

Lloyd Foreman brabbelte etwas vom Beginn des Lebens mit Vierzig.

Peter McIlvray meinte: „Meinen vierzigsten habe ich mit einem Leichenschmaus gefeiert. Zu Ehren des plötzlichen und unzeitigen Ablebens meiner Jugend!"

Bald sprachen die Gäste nicht mehr von Charles Vaughan und seinem Geburtstag, sondern wandten sich, wie üblich, den Preisen, der Politik und den Verwandten zu. Je leerer die Flaschen, desto lauter wurden die Gäste und um so lustiger scheinbar ihre Witze.

Schließlich waren die letzten gegangen. Die letzten Autotüren schlugen zu. Ein wenig benebelt und angenehm müde schloß Vaughan die Haustür ab. Er ging ins Wohnzimmer zurück, wo Susan am Fenster saß, das auf den See hinausblickte.

„Eine wunderschöne Party", sagte er. „Du bist ja verrückt, dir diese ganze Mühe aufzuladen. Das muß ja eine Heidenarbeit gewesen sein." Er bückte sich und gab ihr einen Kuß auf die Wange.

„Ich wollte aber, daß die Party stattfindet", sagte Susan, noch immer starr auf den See hinausblickend, „weil ich dachte, du würdest mir dann dankbar sein und nett von mir denken."

„Ich bin ja auch dankbar. Natürlich. Aber wie meinst du das denn, nett von dir zu denken?"

„Es ist wirklich komisch", sagte sie und sah ihn jetzt an. „Ich habe mir diese Arbeit aus einem bestimmten Grunde gemacht.

Und zwar, weil ich Angst hatte und mich unsicher fühlte. Ich habe gedacht, wenn ich das alles tue, löst es vielleicht mein Problem. Und weil ich es gemacht habe, bin ich jetzt beschwipst genug, um der Sache, die mich von Anfang an geplagt hat, ins Gesicht zu sehen. Das ist doch komisch, nicht wahr, Chuck?“

„Sehr“, sagte Vaughan, aber er fühlte, wie ihm die Hitze ins Gesicht stieg.

„Ich weiß Bescheid“, sagte sie.

„Du weißt Bescheid? Worüber?“

„Bitte, beleidige jetzt nicht meine Intelligenz mit deinem Leugnen. Du hast etwas mit einer anderen Frau. Schon seit einiger Zeit. Ich weiß es.“

„Susan...“ Der Schein der Lampe auf dem Beistelltischchen hob ihre Wangenknochen hervor. Nur ein kleines Polster unterm Kinn verriet, daß dies nicht das Profil einer Zwanzigjährigen war. Vaughan suchte nach Worten. Er wollte sich entschuldigen, konnte aber nicht.

„Wer... Nein, ich will es nicht wissen. Sag mir nur, wo.“

„Toronto“, sagte er.

„Seit wann?“

Er hob die Schultern. „Ich weiß es nicht... ein paar Wochen.“

„Länger“, sagte sie. „Hast du wirklich gedacht, ich würde nicht merken, daß da etwas nicht stimmt?“

„Warum hast du dann nicht schon früher etwas gesagt?“

„Ich glaube, aus demselben Grunde, aus dem jemand, der verdächtige Schmerzen hat, den Besuch beim Arzt hinausschiebt. Man hofft, es erledigt sich von selbst. Und ich habe gedacht, ich könnte dem ein bißchen nachhelfen, wenn ich etwas für dich tue, zum Beispiel diese dämliche Party zu arrangieren.“

„Es war eine schöne Party.“

„Ich weiß nicht, wie lange ich vielleicht noch geschwiegen hätte. Vielleicht Jahre. Ich glaube, manche Frauen sagen überhaupt nie etwas. Wahrscheinlich hat von allen Frauen auf dieser Party die Hälfte irgendwann schon das gleiche durchgemacht. Aber irgendwie habe ich nie damit gerechnet, daß es mir passieren würde.“

„Es tut mir leid“, sagte Vaughan. „Ich habe es nicht gewollt.“

Susan sah ihn mit wütender Verachtung an.

Betroffen schaute Vaughan einem Motorboot nach, das über den

See schoß, die Lichtkegel der Scheinwerfer wie riesige Antennen in die Dunkelheit gestreckt.

„Liebst du sie?"

„Wie meinst du das?"

„Du weißt genau, wie ich das meine." Susan griff nach der Whiskyflasche und schenkte sich ein. „Also? Kannst du nicht mehr reden?"

„Nein, ich liebe sie nicht ... nicht so, wie du meinst."

„Wie ich meine? Wie meine ich denn, um Himmels willen?"

Vaughan sagte: „Ich liebe sie nicht so, wie ich dich liebe."

Sie drehte sich um und lachte ihm ins Gesicht. „Allerdings."

Es war wie ein Alptraum. Er rieb sich die Stirn über den Augenbrauen. Die Finger schienen sich ihm in den Schädel zu brennen. „Es war die Wahrheit, als ich sagte, ich hätte es nicht gewollt."

„Hilflos im Sturm flammender Leidenschaften. Aber passiert ist es dann doch, nicht wahr? Und was hast du jetzt vor?"

„Ich ... werde sie aufgeben."

„Warum hast du das nicht schon vor Monaten getan?"

„Ich hab's versucht. Ehrlich, ich hab's versucht."

„Wie heldenhaft von dir, mein guter Charlie. Aber du hast es nicht geschafft."

„Nein ..."

„Muß ja wirklich eine tolle Frau sein. Erzähl mir von ihr. Ist sie blond? Brünett? Schöne Beine? Erzähl mal, was sie *tut*, Charlie."

„Bitte, Susan –" Er beugte sich zu ihr hinunter, aber sie wich zurück.

„Nein. Es hört sich abgedroschen an, aber ich mag nicht, daß du mich anrührst."

„Es tut mir aufrichtig leid."

„Das sagst du an einem Stück. Mir tut es auch aufrichtig leid. Verteufelt leid."

Das Telefon klingelte. Vaughan nahm ab. „Ja?"

„Captain Vaughan?"

„Am Apparat."

„Hier ist Mangione, Captain, von der Verwaltung. Ich muß Ihnen sagen, daß wir einen Unfall hatten. Captain Przeczek."

Großer Gott! „Ist er ...?"

„Ja. Ich glaube kaum, daß es Überlebende gibt."

„Weiß es seine Frau schon?"

„Nein. Wir dachten – weil Sie doch sozusagen mit ihm befreundet waren ..."

„Gut", sagte Vaughan, jetzt eisig ruhig. „Ich werde es ihr sagen."

„Danke, Captain."

Vaughan legte auf. Er drehte sich zu Susan um. „Walt Przeczek", sagte er. „Er ist verunglückt. Tot."

„Nein", sagte sie leise.

„Ich muß es May sagen."

„Verstehe", sagte sie mit fast mechanischem Nicken. In ihren Augen schimmerten Tränen. „Nein, nicht Walt ... die arme May."

Es WAREN Stunden der Wut und Verzweiflung. Stunden, in denen kleine Welten für immer zusammenstürzten. May wollte genau wissen, wie es geschehen war, aber Vaughan konnte es ihr nicht sagen. Die offizielle Nachricht kam erst kurz vor Morgengrauen. Nach einem offenbar ganz normalen Start von Bahn 32 des Flughafens einer Stadt im Mittelwesten war die Maschine plötzlich wie ein Stein über dem Mittelstreifen einer Autobahn abgestürzt.

„Diese reichen Schweine haben ihn umgebracht", sagte May.

Vaughan kannte den Flughafen gut. Wenn eine Maschine nach dem Start von Bahn 32 geradeaus weiterflog, kam sie über das vornehmste neue Wohnviertel der Stadt. Die Bewohner dieses Viertels hatten Einfluß im Stadtrat. Sie protestierten gegen den Lärm. Bald kam die amtliche Anweisung an alle Piloten bei Benutzung der Startbahn 32: Zum frühestmöglichen Zeitpunkt nach dem Abheben links auf 290 Grad drehen; Funkfeuer Brewer anfliegen, dann auf 2500 Fuß noch einmal links abdrehen und Funkfeuer Markton anfliegen. So wurden die Flugzeuge um das Stadtviertel herumgeführt. Solange alles glatt verlief und einigermaßen gutes Wetter herrschte, waren diese Manöver nicht schwierig. Aber in Walt Przeczeks Maschine war bei nebligem, feuchtem Wetter nicht alles glattgegangen.

„Er hat mir von dieser widerlichen Startbahn erzählt, Chuck", sagte May. „Er wußte immer, daß er dort eines Tages in Schwierigkeiten kommen würde. Es wäre doch sicher alles gutgegangen, wenn die ihn hätten geradeaus fliegen lassen, nicht wahr?"

May begann leise zu schluchzen. Susan versuchte sie zu trösten, und Vaughan sah das fahle Morgenlicht über die Mauern der benachbarten Häuser kriechen. Bald zog der neue Tag herauf, der erste Tag, den Walt und seine Fluggäste nicht mehr erlebten. Walt. So lebensvoll. Und jetzt tot. Vaughan schüttelte den Kopf, ihm war elend im Herzen. Was war da schiefgegangen? Was hatte Walt in diesen schrecklichen Sekundenbruchteilen gedacht? Hatte er bis zuletzt geglaubt, er könne es noch schaffen, wie er bisher mit allen brenzligen Situationen fertiggeworden war? Piloten schienen eine besonders nützliche Vorrichtung im Gehirn zu haben – etwas, das sich weigerte, den sicheren Tod hinzunehmen. Vaughan hatte schon Tonbandaufzeichnungen gehört, die aus zerschellten Flugzeugen geborgen worden waren; ruhig und zuversichtlich hatten die Stimmen geklungen, bis zum Augenblick des Aufschlags. Kein Schrei. Keine Gebete. Nur manchmal mit leiser Stimme eine Entschuldigung für einen unverzeihlich dummen Fehler, den man gemacht hatte.

Susan stand hinter ihm. „Ich mache uns noch etwas Kaffee", sagte sie leise, und Vaughan nickte.

„Guten Morgen."

Vaughan drehte sich um. Es war der sechsjährige John, noch ganz schlaftrunken. Er freute sich, Onkel Chuck und Tante Sue hier zu sehen, und wollte wissen, wieso seine Mutter schon vor ihm auf den Beinen war. Noch ehe einer der Erwachsenen antworten konnte, tappte er in die Küche zum Kühlschrank.

„Ich sag's ihm nicht", sagte May.

„Du mußt", sagte Vaughan.

„Nein", sagte May. „Chuck, warum gerade Walt? Warum?"

„Weiß der Himmel."

„Er hat's mir manchmal schwergemacht. Aber er war auch lieb und nett, und ich habe ihn sehr geliebt. Ich kann gar nicht sagen, wie sehr er mir fehlen wird."

„Mir auch", sagte Vaughan. „Ich weiß, wie dir zumute ist."

Sie sah ihn an und schüttelte den Kopf. „Nein, Chuck, das kannst du gar nicht wissen."

STARTEN war nach Henry Peels bescheidener Erfahrung gar nicht so schwer; aber das Landen stand auf einem anderen Blatt. Wenn das Flugzeug nur genug Vortrieb und ausreichend Startbahn hatte, hob es sich gutmütig in die Luft, aber wenn es zur Mutter Erde zurückkehren sollte, wurde es ausgesprochen launisch.

Joe Machin hatte Geduld. „Beim Landen werden die Leute immer nervös", sagte er, „dabei braucht man das Ding doch nur zur Erde zurückzusteuern und immer langsamer werden zu lassen, bis es sich nicht mehr in der Luft halten kann. Man fliegt dabei ruhig und geradeaus zwei bis drei Fuß hoch über der Landebahn. Dann nimmt man das Gas weg und die Nase hoch, wenn die Maschine zu sinken anfängt. Dadurch wird sie immer langsamer und kann sich schließlich nicht mehr in der Luft halten. Dann setzt sie auf."

Henry nickte ernst. Die Theorie kannte er. Schwieriger war es schon, die Theorie in die Praxis umzusetzen. Seit er mit Fliegen angefangen hatte, wußte er, daß die Luft selten stillsteht, selten verläßlich ist. Bäume, Häuser und Berge erzeugen in Bodennähe tückische Strömungen, die dem Unachtsamen auflauern wie Glatteis auf den Straßen der Stadt. Und Flugzeuge, das hatte er auch gelernt, konnten eigenwillig sein wie Lebewesen. Sie wanderten gern nach links oder rechts ab, wenn sie glaubten, man passe nicht auf. Unter Machins Händen war die Cherokee fromm und fügsam und ließ sich mit einem ergebenen kleinen Seufzer auf der Landebahn nieder. Wenn Henry steuerte, torkelte sie zu Boden wie ein Betrunkener.

„Langsam kriegen Sie's raus", sagte Machin nach einem besonders unsanften Aufsetzen und kaute entschlossen an seinem Kaugummi.

„Glaube ich nicht."

„Doch. Sie müssen nur üben. Machen wir noch eine Runde. Ich kümmere mich um Landeklappen und Trimmung. Los geht's."

Henry schob den Gashebel vor. Das Flugzeug rollte an; die Startbahn wich unter ihm zurück. Das war ein Augenblick, der ihn unaufhörlich in Erregung versetzte. Er, Henry Peel, am Steuer eines Flugzeuges, das mit halsbrecherischer Geschwindigkeit dahinjagte. Rechten Fuß aufs Ruderpedal, damit es die Richtung hielt. Jetzt sanft die Steuersäule zurück.

Sofort war die Cherokee in der Luft. Die linke Tragfläche hing um ein paar Grad. Henry betätigte das Querruder. Zuviel! Auf – ab... Endlich lag sie gerade. Dreihundert Fuß. Klappen hoch; Hebel zum Boden. Kraftstoffpumpe aus; Kraftstoffdruck noch in Ordnung.

Ein Blick zur Seite hinunter. Vor einem Laden standen zwei Jungen und ignorierten die Piper einfach. Warum starrten sie nicht nach oben und beneideten ihn?

„Immer mit einem Auge auf andere Flugzeuge achten", sagte Machin, während die Cherokee stieg. „Alte Piloten sind deshalb alt geworden, weil sie immer auf den Verkehr geachtet haben."

„Klar", sagte Henry. Er nahm die Nase der Cherokee herunter und blickte von links nach rechts. Nichts als flaches Land.

Machin zeigte nach vorn. „Zwei Uhr", sagte er.

Henry sah auf die Uhr. Ganz automatisch. Wie idiotisch! Er hätte sich ohrfeigen können. Heiliger Strohsack, du blutiger Anfänger!

Zwei Uhr bedeutete rechts und etwas nach vorn. Man mußte sich die Flugzeugnase als Zeiger einer Uhr vorstellen, der auf zwölf stand.

„Sehen Sie sie?" fragte Machin.

„Nun..." Henry suchte angestrengt.

Machin sagte: „Abgedreht. War eine Hundertfünfzig."

Henry hatte nicht einmal einen Schatten des anderen Flugzeugs gesehen. Bevor er zu fliegen anfing, hatte er nicht geahnt, wie schwer es war, andere Flugzeuge am Himmel auszumachen. Jetzt wunderte er sich doch über die scharfäugigen Helden, von denen er gelesen hatte, wie sie in ihren Spads aus fünf Meilen Entfernung feindliche Albatrosse zehntausend Fuß tiefer erspähten. Die mußten Infrarotaugen gehabt haben.

Machin hob lässig die Hand und zeigte nach links. Henry nickte. Es war Zeit, in den Querabflug zu gehen. Geschwindigkeit? Verdammt, zu schnell! Er fühlte, wie nervöser Schweiß ihm das Hemd am Leib kleben ließ. Bitte benimm dich, bettelte er die Cherokee an.

„Höhe beachten", brummte Machin.

Jesses! Zweihundert Fuß zu hoch! Gas zurück. Jetzt war er im Gegenanflug, parallel zur Landebahn, auf der er aufsetzen würde.

In wenigen Augenblicken mußte er wieder in den Queranflug gehen.

„Landekontrollen“, sagte Machin gähnend.

Landekontrollen. Was war das noch? Ein paar Sekunden lang war sein Gehirn wie eingefroren. Ach ja. Treibstoff. Linker Tank. Fast voll. Pumpe an. Vergaserheizung an. Drehzahl verringert? Ja, Gott sei Dank. Kein Eis. Augen auf nach Flugzeugen! Und auf Machin hören, der gerade meint, es wäre doch nett von ihm, den Tower von seinen Absichten zu unterrichten.

Mein Gott, ja! Er griff nach dem Mikro, das am Fensterbalken befestigt war, ließ es fallen, suchte danach und stotterte seine Meldung heraus. „Wende nach links zum Endanflug, und werde auf Bahn null sechs landen.“

Jetzt war er zu nah heran. Er mußte sofort in den Landeanflug gehen. Aber er hatte immer noch gut hundert Meilen pro Stunde drauf. Wenn doch dieses dämliche Flugzeug nur einmal einen Augenblick anhalten und einem Zeit zum Nachdenken lassen würde. Endlich zielte die Nase der Cherokee auf die Landebahn. Die Piste raste Henry entgegen. Wichtig aussehende Lampen reckten dicht über dem Boden die Köpfe empor. Die Landebahn dehnte sich unter ihm aus, ein meilenlanger Teppich aus grauem Beton. Richte den Blick auf einen Punkt vierzig bis fünfzig Meter vor dir, hatte Machin ihm wieder und wieder gesagt. Die Geschwindigkeit sank, aber gleichzeitig entwickelte die Cherokee die Neigung, nach links abzudriften. Ruder, dachte Henry verzweifelt. Tritt doch auf das Ruder!

Aber die Cherokee war schon unten. Auf einem Hauptrad. Jetzt fiel sie mit einem Plumps auf das andere. Dann auf das Bugrad. Endlich rollte sie, sich schüttelnd, auf allen drei Rädern dahin.

Henry fluchte leise.

„Hab’s schon schlimmer gesehen“, sagte Machin.

„Wirklich?“

„Klar“, sagte Machin. „Das ging dann aber nicht ohne Blut ab.“

Wie Beatty feststellte, hatten Charterflüge ihren eigenen Charakter. Zum einen war die Kapazität immer voll ausgelastet. Zum zweiten waren Charterpassagiere eine Sorte für sich, gutmütig und laut, liefen gern im ganzen Flugzeug herum und nahmen Verzögerungen viel gelassener hin als ihre Gesellen vom Linienverkehr. Charterflüge waren Urlaubsflüge. Da kam es auf ein, zwei Stunden nicht so an. Tag für Tag kletterten sie an Bord der Amory-Flugzeuge: Sportvereine, Gesangvereine, Kirchenklubs, Veteranenvereine. Und fast unausweichlich brachen sie in spontanen Applaus aus, sowie das Flugzeug am Ziel der Reise den Boden berührte.

Da Amorys Boeings 707 meist Plätze anflogen, wo die Gesellschaft keine technischen Dienste unterhielt, hatten sie ein ansehnliches Ersatzteilsortiment an Bord. Sie hatten auch einen vierten Mann im Cockpit, einen Flugingenieur, der im Gegensatz zu den meisten Flugingenieuren ein versierter Flugzeugmechaniker war und auch größere Reparaturen durchführen konnte.

Wie die meisten Unternehmen schien auch Amory International etwas vom Charakter des Mannes an der Spitze anzunehmen. In allem lag etwas Draufgängerisches, Wagemutiges. Amory versprach unablässig, Briefpapier mit aufgedrucktem Firmenkopf anzuschaffen, tat es aber nicht. Einmal gingen ihm die Scheckformulare aus; da bezahlte er seine Leute in bar. Dienstpläne hatten die Angewohnheit, hoffnungslos durcheinanderzugeraten; kurz vor Weihnachten sah Beatty sich an ein und demselben Tag für Flüge nach Frankreich und Kanada eingeteilt. Es kam vor, daß keiner im Cockpit den Zielflughafen schon einmal gesehen hatte; oft rätselten sie bei der Flugbesprechung herum, wo er überhaupt lag. Im Liniendienst waren solche Flüge unzulässig. Öfter als einmal flog Amory selbst als Kopilot mit, und keiner hatte den Nerv, ihn zu fragen, ob seine Lizenz noch gültig sei.

Als Diane ihren Mann fragte, wie es ihm in seiner neuen Stelle gefalle, antwortete er wahrheitsgemäß, das Fliegen habe ihm noch nie soviel Spaß gemacht.

Hoke klang ein wenig aufgebracht. „Frank, ich wünschte wirklich, du würdest deine Termine bei mir nicht immer eine halbe Stunde vorher absagen. Das geht wirklich gegen die Spielregeln. Es ist jetzt schon das dritte Mal hintereinander."

Beatty lächelte ins Telefon. Hokes Stimme wirkte so kläglich. „Tut mir schrecklich leid, alter Junge. Das liegt an meinem Beruf. Ich ... muß manchmal ganz unerwartet außer Landes reisen."

„Das merke ich."

„Außerdem fühle ich mich viel besser, Hoke."

„Ganz recht. Trotzdem halte ich diese Untersuchung, über die wir gesprochen haben, wirklich für ratsam. Sie nimmt nicht viel Zeit in Anspruch, könnte aber wichtig sein."

„Du findest sie wirklich notwendig, Hoke?"

„Absolut ja. Ich melde dich in einem Krankenhaus an. Wie ist es – möchtest du da auch unter dem Namen Carter laufen?"

„Ich denke schon."

„Wann bist du wieder im Land?"

„Nächste Woche. Donnerstag."

„Dann melde ich dich für Freitag an. Und jetzt sei so nett, und halte dich daran. Es könnte wichtig sein."

Zwei Stunden nach dem Start in Gatwick summte die Sprechanlage. Eine Stewardeß meldete Schwierigkeiten. Ein Passagier war wild geworden; er war überzeugt, das Flugzeug würde abstürzen.

„Soll ich mal sehen, was ich machen kann?" fragte Beatty Captain Hallman.

Hallman nickte erleichtert. „Gut."

Beatty verließ seinen Platz rechts im Cockpit, zog seine Jacke an und setzte die Mütze auf. In solchen Fällen machte die komplette Uniform manchmal Eindruck.

Er öffnete die Tür zur Kabine. Der Störenfried stand ganz hinten, die Beine gespreizt, die Arme fest über der Brust gekreuzt. Er war etwa fünfundzwanzig, schmal, mit hohlen Wangen. Das Entsetzen ließ ihm die Augen aus dem Kopf quellen. Er schrie, das Flugzeug werde abstürzen. Die Passagiere der hinteren Sitze drängten sich verängstigt und unsicher im Mittelgang zusammen.

„Ich weiß nicht, was ich mit ihm anfangen soll", sagte die Stewardeß zu Beatty. „Plötzlich ist er durchgedreht. Birdlett heißt er."

„Ist seine Frau an Bord?"

„Nein, er reist allein."

„Mist." Beatty holte tief Luft und drängte sich durch den verstopften Gang, bis er kurz vor Birdlett stand. Der Mann zitterte. Der Schweiß strömte ihm über das aschgraue Gesicht.

„Es ist doch alles in Ordnung, Junge“, meinte Beatty in leichtem Plauderton.

„Wir werden alle sterben. Wir sind alle des Todes!“

Beatty lächelte. „Ich kann Ihnen versichern, daß uns nichts passiert. Es ist völlig ungefährlich ...“ Er machte einen Schritt auf Birdlett zu, der wild nach ihm schlug. Beatty duckte sich, doch der Schlag traf ihn an der Schulter. Beatty warf sich nach vorn und versuchte Birdletts Arme zu umfassen. Eine dünne, knochige Faust traf seine Wange. Zornig schlug er zurück und umklammerte den Mann. Beide fielen zu Boden, und Birdlett schlug mit dem Kopf gegen die Toilettentür. Unbeholfen wälzten sie sich herum.

Dutzende von Händen beeilten sich jetzt zu helfen. Beatty rettete seine Mütze zwischen erregt trampelnden Füßen, als er wieder aufstand.

„Ist alles in Ordnung, Mr. Beatty?“

Beatty nickte der Stewardeß zu.

„Er hat Sie geschlagen.“

„Nicht so schlimm.“

Sie banden Birdlett auf einem Sitz fest, der normalerweise der Besatzung vorbehalten war, und ein Fluggast namens Forbes, der sich als Polizist vorstellte, erbot sich, bis zur Landung bei ihm Wache zu halten.

Beatty ging ins Cockpit zurück und machte die Tür hinter sich zu. Dann verlor er das Bewußtsein.

Die Sache war leicht erklärt. Ein böses Handgemenge. Ein heftiger Schlag von einem wildgewordenen Passagier. Ein Schock fürs Nervensystem. Daß einer da in Ohnmacht fiel, war angesichts der Umstände nicht sonderlich überraschend. So sagte die Mannschaft. So sagte der Arzt am Flughafen.

Flinke Finger reinigten die Haut mit Alkohol. In Azeton gelöste Kollodiumwolle bildete an vereinzelten Stellen eine durchsichtige zweite Haut und hielt die Elektroden an ihrem Platz. Von den Elektroden führten dünne Drähte zu einem Apparat.

„Nicht halb so kompliziert wie die Flugzeugsysteme, mit denen Sie zu tun haben, Mr. Carter, aber ganz interessant. Sehen Sie, der Sinn des Ganzen ist, rhythmische Veränderungen im elektrischen Potential des Gehirns festzustellen und aufzuzeichnen. Wir erfahren eine ganze Menge über das Gehirn, wenn wir seine Ströme studieren. Dazu befestigen wir Elektroden an verschiedenen Stellen des Kopfes. Wenn Sie sozusagen fertig verdrahtet sind, können wir die Impulse messen." Die Laborantin schwatzte und schwatzte...

„Nimm bitte Platz, Frank."

„Du meinst doch sicher, Mr. Carter, nicht wahr, mein Alter?"

„Wie? Ach ja, natürlich, Carter." Hoke lächelte nicht. Er rieb sich das Kinn, als ob es ihm weh täte. „Wie fühlst du dich in letzter Zeit?"

„Bestens. Bis auf einen winzigen Zwischenfall."

„Zwischenfall?"

„Ich hab mich auf eine kleine Rauferei eingelassen, und der Kerl hat mir eine verpaßt. Hinterher war ich sozusagen weggetreten, aber das muß man doch wohl nicht als *Anfall* werten, oder?"

„Vielleicht nicht. Aber jetzt fühlst du dich gesund?"

„Völlig. Mach nicht so ein enttäuschtes Gesicht, Hoke."

Hoke schien nicht gehört zu haben. „Ich habe das Ergebnis deines EEGs, Frank. Paß auf, es ist natürlich noch nicht hundertprozentig, aber das Resultat läßt eine Anomalie erkennen."

Beatty räusperte sich. Er fühlte, wie alles in ihm kalt wurde und sich zusammenzog. „Eine Anomalie? Was für eine Anomalie?"

„Das ist wirklich nicht mein Gebiet, Frank. Es handelt sich um ... na ja, eine elektrische Abnormität, mehr etwas für einen Neurologen als für einen Psychiater. Vieles liegt da noch im dunkeln, aber soweit ich weiß, ist dieser Zustand sehr oft heilbar."

Beatty fragte: „Wie heißt die Krankheit?"

„Es ist eine Art Epilepsie, Frank."

„Mein Gott!"

„Sieh mal, diese Krankheit tritt in mehreren Formen auf." Hoke verhaspelte sich förmlich, so schnell wollte er seine Worte loswerden. „Die Leute hören Epilepsie und denken an gräßliche, unkontrollierbare Anfälle. Aber die müssen nicht sein. Auch bei dir nicht, Frank. Ich glaube, es ist bei dir eine milde Form der psychomotorischen oder temporalen Schläfenlappenepilepsie. Ihre Symptome sind kurze Bewußtlosigkeit, wie du sie ein paarmal erlebt hast."

„Bist du sicher, Hoke? Besteht kein Zweifel?"

„Ich glaube nicht. Aber es wäre mir doch lieb, wenn du zu einem Neurologen gingst."

„Einfach unbegreiflich." Beatty schüttelte den Kopf, als könne er die Wahrheit nicht fassen. *Warum ich, warum, warum?*

„Ich melde dich bei einem Neurologen an."

„Nein, ich gehe zu niemand anderem."

„Aber du mußt, Frank. Das ist nicht mein Gebiet."

„Wenn ich nichts unternehme, geht das mit den Anfällen dann so weiter wie bisher?"

„Ich habe keine Ahnung, Frank. Bitte ... ich bin Psychiater."

„Ja, aber du bist auch Arzt. Ich wette, du hast auch im Seminar für Epilepsie nur beste Noten gehabt, nicht?"

„Frank ..."

„Erzähl mir, was du darüber weißt, Hoke. Es interessiert mich wirklich. Ich sage immer, gut, wenn man weiß, was in seinem Gehirn vor sich geht."

Hoke runzelte unglücklich die Stirn. „Also, die medizinische Bezeichnung lautet ‚cerebrale Rhythmusstörung'. Sie tritt infolge von Störungen in den Gehirnströmen auf. Anfälle können durch Veränderungen im chemischen Haushalt des Körpers hervorgerufen werden, durch Hypoglykämie – zu niedrigen Glukosespiegel im Blut –, durch Erschöpfung, psychischen Streß oder durch so etwas Harmloses wie ein stroboskopisch flackerndes Licht."

„Etwa", sagte Beatty, „wenn man durch eine lange Allee läuft, wo die Sonne durch die Äste scheint?"

„Wie? Ja, ich glaube schon. Die Behandlungsmethoden sind verschieden, Frank. Oft werden Phenobarbital und Phenytoin mit Erfolg angewandt, glaube ich. Nur können Nebenwirkungen bei zu hoher Dosis auftreten: Schläfrigkeit, Lethargie und so weiter."

Was bei einem Verkehrspiloten ja nicht weiter schlimm ist.

„Trotzdem, Frank", fuhr Hoke in ernstem Ton fort, „die so behandelten Leute kommen meist ganz gut zurecht. Oft hat ihre nächste Umgebung keine Ahnung, daß mit ihnen etwas los ist."

„Höchstens wenn sie so verrückte Dinge tun, wie sich die Ohren abzuschneiden und sie ihrer Freundin zu schicken."

„Wie bitte?"

„Hat van Gogh das nicht getan? Der war doch Epileptiker. Ich habe das in einem Taschenbuch gelesen, als ich in Boston festsaß und auf besseres Wetter warten mußte. Komisch, es wäre mir im Traum nicht eingefallen ..." Umwerfend komisch.

Beatty lief drei Stunden lang durch den Hyde Park, am Piccadilly entlang, hinunter zum Trafalgar Square und über die Strand. In einer Apotheke löste er Hokes Rezept (für Mr. J. Carter) ein. „Einnahme viermal täglich oder nach Bedarf." Er ging weiter und fand sich schließlich irgendwo im Osten der Stadt wieder. Es regnete jetzt, stumpfsinnig und beharrlich. In einer schmuddeligen kleinen Imbißstube trank Beatty eine Tasse Tee und schluckte eine von Hokes Pillen.

„Was zu essen, Chef?" Ein mißmutiger Farbiger.

„Nein danke." Der Mann zuckte die Schultern.

Mach nicht so ein finsteres Gesicht, dachte Beatty. Du bist kein Epileptiker. Epileptiker! Wie er das Wort schon haßte.

Er legte die Fingerspitzen an die Stirn. Da drinnen, dachte er, arbeiten jetzt fleißig die Gehirnströme, alles funktioniert, streng nach Betriebsanleitung. Aber wie lange noch? Sonderbare Vorstellung, daß dieses Ding in seinem Kopf gelauert und den richtigen Augenblick zum Zuschlagen abgewartet haben könnte. Wie freundlich, sich ausgerechnet den Augenblick auszusuchen, als er mit einem Düsenriesen zur Landung ansetzte.

Es ist einfach so, dachte er, du wirst dir eine andere Arbeit suchen müssen. Aber wie viele Stellen gab es wohl für neunundvierzigjährige Epileptiker, die nie etwas anderes getan hatten, als Flugzeuge zu fliegen?

Ich muß den Tatsachen ins Auge sehen. Die Welt geht nicht unter davon, hatte Hoke gesagt. Sein Problem war's aber auch nicht. Zorn wallte in Beatty auf. Es war so schrecklich unfair. Sowie den Behörden sein Zustand bekannt wurde, mußten sie seine Lizenz für immer einziehen. „Du hast keinen Beruf mehr", sagte er sich. „Du kannst wegen Lizenzverlust aus gesundheitlichen Gründen die Versicherung in Anspruch nehmen. Aber ewig kannst du davon nicht leben. Du mußt etwas anderes anfangen. Sieh es doch mal von der positiven Seite; es gibt tausend Möglichkeiten, sich seinen Lebensunterhalt zu verdienen."

Er bestellte noch einen Tee.

Jedesmal, wenn Beatty sich eine Beschäftigung am Boden vorstellte, glaubte er Herden graugesichtiger, freudloser Menschen zu sehen, wie sie aus U-Bahnstationen quollen, an Bushaltestellen warteten und in Bürohochhäuser strömten, die aussahen wie riesige, aufrecht stehende Särge. Immer in Eile, immer drängelnd. Immer in Sorge vor dem Zuspätkommen. Ein Leben voller Ängste.

„Ich will fliegen", sagte er, als brauche er nur sich selbst zu überzeugen. Das war sein Leben. Ein höllisches Leben, genaugenommen. Unablässige, harte Arbeit. Aber Beatty wollte es nicht anders.

Der Regen tröpfelte trostlos an den Scheiben hinunter.

In drei Wochen war die nächste Gesundheitsüberprüfung fällig, und bis dahin war er für ein rundes Dutzend Flüge eingeteilt. Er flog als Kopilot; infolgedessen standen alle Starts und Landungen, die er durchführte, unter der Aufsicht des Kapitäns. Zum Teufel, eine echte Gefahr bestand doch gar nicht, oder? Selbst in dem unwahrscheinlichen Fall, daß ihm schwummrig wurde, während er gerade flog, würde sofort der Kapitän die Steuerung übernehmen. Dazu hatte man schließlich zwei Piloten an Bord.

Nur noch ein paar Flüge. Das war nicht zuviel verlangt.

Dann würde er zur Untersuchung gehen. Der Arzt würde feststellen, daß er nicht in bester Verfassung war. Beatty würde überrascht tun. Von Hoke brauchte er ja nichts zu sagen. Er brauchte auch keine Symptome zuzugeben. Er brauchte überhaupt nur stumm dazustehen, während er fluguntauglich geschrieben wurde.

Gott, wie er diese letzten Flüge genießen würde!

Mr. Cox stieg auf den Speicher, um bald darauf mit den Koffern wiederzukommen. Staubig waren sie, das konnte man sagen. Ist ja kein Wunder, dachte Mr. Cox, sie hatten seit dem Sommer 1948 auf dem Speicher gestanden, dem Jahr, bevor Joycie nach Kanada gezogen war.

Nachdem Mr. Cox die Treppe gemeistert hatte, untersuchte er die Koffer. Zu seiner Erleichterung fand er sie in Ordnung; er hätte sich in seinem Alter ungern noch teures neues Gepäck zugelegt. „Mit denen kommen wir schon noch nach Toronto und zurück", versicherte er.

Seine Frau kicherte wie ein junges Mädchen. „Ich kann kaum

glauben, daß wir wirklich hinfliegen, ich kann es einfach nicht."

„Natürlich fliegen wir", sagte Mr. Cox, als ob ein Flug über den Atlantik die selbstverständlichste Sache der Welt wäre.

In vier Monaten und zwei Tagen würden Mr. und Mrs. Cox mit Amory International nach Toronto fliegen.

VIERTES KAPITEL

VAUGHAN schaute zu, wie Lee das Fleisch aus den Beinen des Krebses holte. Sie meisterte diese Aufgabe mit derselben totalen Hingabe, mit der sie alles tat. Vor kurzem hatte sie sich eine Gitarre gekauft; jetzt übte sie bis zu fünf Stunden am Tag. Lee stürzte sich kopfüber ins Geschäft des Lebens.

Sie tunkte das letzte Stückchen Krebsfleisch in die zerlassene Butter. „Himmlisch." Lee wischte sich die Finger am mitgereichten feuchten Tuch ab. „Hab ich noch was davon im Gesicht? Ich komme mir vor, als hätte ich mich in dem Zeug gesuhlt."

„Da klebt ein Schnipsel." Er betupfte ihren Mundwinkel.

Sie dankte. Dann sah sie ihn kurz mit festem Blick an. „Meine Antenne sagt mir, daß du etwas auf dem Herzen hast, Chuck."

„Vielleicht irrt sich deine Antenne."

„Vielleicht. Aber sie tut's nicht."

Der Kellner kam. Vaughan bestellte Kaffee und Hennessy.

„Mir fehlt nichts."

„Ich habe auch nicht gesagt, daß dir was fehlt, sondern daß du etwas auf dem Herzen hast."

„Hab ich aber nicht."

„Dann ist es ja gut." Ein leichtes Achselzucken.

Noch einfacher hätte sie es ihm nicht machen können. Warum, zum Teufel, sagte er es ihr nicht? So überraschend käme es doch gar nicht. Geheimnis entdeckt, Frau sauer, Entscheidung zu ihren Gunsten. Der Kinder wegen. Ende. Tiefstes Bedauern. Aber es auszusprechen war ihm so unvorstellbar, als hätte er ihr ein Messer ins Herz stoßen müssen. Er wollte sie behalten und hätte doch gern den Mut gehabt, mit ihr zu brechen.

Bei Kaffee und Kognak glitt die Unterhaltung ins höflich Automatische ab. Endlich sagte sie, und ihr Blick durchforschte dabei sein Gesicht, als wollte sie sich jeden Zug einzeln einprägen: „Deine Frau weiß Bescheid, nicht wahr?“

Er drehte das Kognakglas in der Hand und nickte.

„Warum sagst du’s denn nicht?“

„Ich konnte nicht. Weiß auch nicht, wieso. Es war unmöglich.“

Ihre Augen schimmerten. „Ich wußte, daß es so kommen würde. Irgendwann. Ich meine, es war ja gar nicht zu vermeiden, oder? Ich habe mir da nichts vorgemacht. Ich hatte nur gehofft, es würde ein bißchen länger dauern.“

„Es tut mir so leid“, sagte er unbeholfen.

„Armer Chuck.“ Sie lächelte, aber ihre Lippen zitterten. „Jetzt mußt du dich gleich bei zwei Frauen entschuldigen. Muß ganz schön hart für dich gewesen sein. Sie war wohl ziemlich außer sich deswegen.“

„Ja, das war sie.“

Ihr Blick forschte wieder in seinem Gesicht. „Ich kann es ihr nicht verdenken“, sagte sie. „An ihrer Stelle wäre ich auch außer mir. Du bist ein netter Mann, und so viele nette Männer laufen nicht herum. Wenn man einen ersetzen will, hat man alle Hände voll zu tun.“

Er berührte ihre Hand. „Du sprichst wie von Zündkerzen.“

Eine trügerische Fröhlichkeit kam in ihre Stimme. „Wär’s das also? Das Ende vom Lied? Klingt wie ein Schlagertitel, nicht? Ich möchte nur wissen, wie ich dran bin, Chuck. Der nächste Schritt ist jetzt an dir. Himmel, schon wieder ein Schlagertitel. Ich kann nichts dafür.“ Sie tat sich zuviel Sahne in den Kaffee. „Wir wußten beide, daß es nicht für immer war. Siehst du, schon wieder einer. Menschenskind, wie kann ich diese Platte abstellen? Vielleicht war das der Beginn meiner neuen Laufbahn: Texterin für traurige Lieder.“

Vaughan hörte sich sagen: „Ich will nicht, daß es zu Ende ist, Lee. Du bedeutest mir zuviel. Ich kann mir das Leben ohne dich nicht mehr vorstellen.“

„Das ist nicht fair von dir, Chuck. Du sagst gefährliche Dinge. So etwas weckt in einem Mädchen Hoffnung.“

„Ich bin nur ehrlich“, sagte er. „Ich will dich nicht aufgeben.“

„Bitte sag nicht so etwas, wenn du es nicht wirklich meinst.“

„Das tue ich nicht." Er nahm ihre Hand. „Ich habe keinen Schimmer, was ich jetzt mache. Ich weiß auch nicht, was werden soll. Ich weiß nur, daß ich dich liebe, und ich gebe dich nicht auf."

NUR wenige hundert Meter entfernt kam ein grauhaariges, unscheinbar wirkendes Ehepaar aus einem Kaufhaus in Toronto. Mr. Hardcastle trug zwei große Dosen Farbe. Er wollte am nächsten Morgen darangehen, das Gästezimmer neu zu streichen. Nur noch drei Wochen, dann sollte seine Schwester hier schlafen; sie hatte einen Charterflug von Gatwick nach Toronto gebucht.

Mr. Hardcastle erwartete ungeduldig die Ankunft seiner Schwester; er hatte sie über zwanzig Jahre nicht gesehen und hoffte, sie würde sich in dem Zimmer wohl fühlen. Er und seine Frau hatten sich nach stundenlangem Überlegen für ein zartes Rosa entschieden. Beide dachten sich gar nichts dabei, daß sie mit solcher Sorgfalt eine Farbe für jemanden aussuchten, der von Geburt an blind war.

EIGENTLICH war es ein unverzeihlicher Verstoß gegen die Cockpit-Etikette. Normalerweise gewährte ein Flugkapitän seinem Kopiloten das Starten und Landen als Vergünstigung; ein Kopilot bat nicht darum. Das aber tat Beatty. Als die englische Küste in Sicht kam, wandte er sich an Williams und bat um die Landung.

Williams lächelte verwundert. „Irgendein bestimmter Grund?"

„Ich muß morgen zur Gesundheitsüberprüfung", sagte Beatty. „Vielleicht ist das meine letzte Chance."

„Meinen Sie, es geht schlecht aus?"

„Hoffentlich nicht. Aber die Möglichkeit ist immer drin." Und die verdammte Wahrscheinlichkeit, dachte er.

Wenn Beatty ein frisch gebackener junger Kopilot gewesen wäre und nicht ehemaliger Kapitän einer 747, hätte er bestimmt einen Rüffel für seinen Vorwitz eingesteckt. Statt dessen nickte Williams. „Die Maschine gehört Ihnen."

„Danke. Furchtbar nett von Ihnen."

Autopilot raus. Beatty wollte die Maschine selbst fliegen, durch die Steuerungshebel ihr Leben fühlen. Er setzte sich zurecht. Zeit zur völligen Konzentration. Bei aller Tüchtigkeit und Erfahrung durfte ein Pilot sich bei der Landung nicht die geringste Unaufmerksamkeit erlauben; es konnte zu vieles in zu kurzer Zeit geschehen.

Der Äther war voll geschwätziger Stimmen: Stimmen anderer Flugzeugführer, die ihre Positionen und Absichten meldeten; Stimmen von Fluglotsen, die ein Sinken auf bestimmte Flughöhen, ein Einschwenken in bestimmte Richtungen verlangten. Je näher der Flughafen, desto verzwickter die Manöver. Irgendwo am grauen Himmel flogen Gott weiß wie viele Düsenflugzeuge herum, abfliegend, ankommend, steigend, sinkend. *Rasend.* Die Männer am Boden mußten sie in den richtigen Positionen halten, in sicherem Abstand voreinander. Hinunter ins nächste luftige Stockwerk, das eben erst ein anderer, fünfhundert Meilen schneller Bewohner verlassen hatte. Kurven. Kreisen. Sinken.

„Frei zum Landeanflug. Landeleitstrahl eingeschaltet."

Beatty warf einen Blick auf die ILS-Skala, um sich zu vergewissern, daß die kleine Ausfallflagge nicht erschienen war. Mancher Pilot war schon in den Tod geflogen, indem er vertrauensvoll den Weisungen eines Instruments folgte, das defekt war und verzweifelt versuchte, ihm dies mitzuteilen.

„Klappen fünfzig", meldete Beatty. „Landebahn in Sicht."

Fügsam schwebte das Flugzeug unter seinen Händen sanft der Betonpiste entgegen. Die Erde raste unter ihm vorbei: feuchte, schimmernde Felder, eine Straße voller Spielzeugautos, winzige Häuser, ameisengroße Menschen. Ein tadelloser Endanflug. Stetig sanken die einhundert Tonnen Maschine und Mensch mit der Geschwindigkeit von zweihundert Metern pro Minute. In hundertzwanzig Sekunden würde die 707 über den Anfang der Piste hinweghuschen, ihre Räderbündel würden sich dem Boden entgegenstrecken. Nummer der Landebahn deutlich sichtbar. Ein frischer Seitenwind mußte mit Geschick ausgeglichen werden.

Die Abschiedsvorstellung, meine Damen und Herren. Aufgrund technischer Schwierigkeiten kein Dakapo möglich, bedaure.

Die Kunst des Landens bestand darin, genau zu wissen, wann man das Höhenruder betätigen mußte, um das Flugzeug aus dem Sinkflug abzufangen und dicht über der Piste dahingleiten zu lassen.

Für Beatty war jede Landung eine Herausforderung. Diese hier sollte sein Meisterstück werden, ein Triumph zum Abschluß seiner

Laufbahn. Die Passagiere sollten den Augenblick gar nicht spüren, wenn der Flug zu Ende ging. Eben noch von der Luft getragen, gleich darauf weich auf der Piste dahinschießend.

Beatty zog leicht die Stirn kraus, so sehr war er in seine Aufgabe vertieft. Er hielt den Blick nach vorn auf die Landebahn gerichtet, rechnete im Kopf mit Höhen, Entfernungen und Geschwindigkeiten. Jetzt raste der Boden ihm entgegen. Das war der Augenblick. Steuersäule zurück. Die Piste senkte sich. Schub weg. Er fühlte, wie das Flugzeug nach links abwandern wollte, weil ein starker Seitenwind dagegendrückte. Er zwang es auf Kurs zurück, indem er die Nase ein wenig schrägstellte und eine Tragfläche um ein, zwei Grad senkte. Das Tempo verringerte sich. Unwiderstehlich wirkte jetzt die Schwerkraft auf die Maschine ein; das Fahrwerk berührte die Bahn. Kaum zu spüren. Die Nase senkte sich, das Bugrad saß haargenau auf der Mittellinie.

„Schubumkehr, bitte."

Die 707 wurde langsamer. Sie war ganz Dame, stampfte und hüpfte nicht, wie sie es manchmal tat. Bei jeder Landung war man an diesem Punkt versucht, den Bremsschub vorzeitig wegzunehmen. Wenn ein Flugzeug eben noch mit hundertfünfundzwanzig Knoten dahingerast ist, kommt es einem bei fünfundachtzig ziemlich langsam vor. Beatty wartete, bis die Geschwindigkeit nur noch fünfzig Knoten betrug, erst dann nahm er den Bremsschub weg. So wurden Bremsbeläge und Reifen nicht über Gebühr strapaziert.

Er parkte vor dem Flughafengebäude, die Passagiertür haargenau auf Höhe der Rampe.

Williams sagte: „Viel Glück beim Doktor."

„Danke. Und auch vielen Dank für die Landung."

„Keine Ursache. War übrigens große Klasse."

Beatty nahm Mütze, Jacke und Flugtasche und dachte, das ist dann wohl das letzte Mal, daß ich in einer Pilotenkanzel stehe. Er blickte sich um. Beengt und häßlich. Aber es gab nichts Vergleichbares, und es würde ihm schrecklich fehlen.

„Mach's gut", sagte er stumm.

Sechsunddreissig Stunden später scherte Frank Beatty in der Nähe der Baker Street forsch mit seinem Auto aus der Parklücke heraus und fuhr lächelnd davon. Er fühlte sich wie ein Sträfling, der am Morgen seiner Hinrichtung begnadigt worden war. Er jubelte innerlich. Ich bin durchgekommen! Oder träume ich etwa? Nein, ich bin offiziell flugtauglich!

Kein Zweifel möglich. Er hatte es schwarz auf weiß.

Zugegeben, er hatte den Arzt belogen. Nach seinem Allgemeinbefinden gefragt, hatte er geantwortet, er könne über nichts klagen. Wenn die mir die Flügel stutzen wollen, sollen sie den Grund doch selbst finden. Der Arzt hatte ihm seine Angaben abgenommen. Herz, Lungen, Ohren und Augen waren untersucht und in Ordnung gefunden worden. Nichts hatte den Arzt auf die Idee gebracht, sich um Beattys Gehirnfunktionen zu kümmern.

Viele logen doch bei der Gesundheitsüberprüfung. Beatty fühlte die Schachtel mit den Pillen in seiner Tasche. Die würden ihn schon aus den Schwierigkeiten heraushalten. Guter alter Hoke.

Die Sonne brach durch die Wolkendecke, als er über die Oxford Street fuhr. Strahlend sah er zu ihr empor. Das Leben hatte die ulkige Angewohnheit, ihn in die tiefsten Abgründe zu schleudern und dann ebensoschnell wieder in die Höhe zu tragen. Er hatte bei Amory International angerufen, um Bericht zu erstatten, und man hatte ihn mit Mr. Amory selbst verbunden.

„Glatt durchgekommen?"

„Ja, Sir."

„Freut mich zu hören. Habe soeben noch ein paar Flugzeuge gekauft. Brauche Kapitäne. Hätten Sie Lust voranzukommen?"

„Himmel, ja! Äh, das heißt . . ."

Amory hatte sein heiseres Lachen ertönen lassen. „Ist schon recht, mein Alter. Ich weiß, wie Sie sich vorkommen. Sollte selbst mal Captain werden. Hab gepatzt. Perfekte Landung in Toronto. War aber ein diesiger Tag, und aus irgendeinem trüben Grunde bin ich auf dem falschen Flugplatz runtergekommen. Die beiden Plätze in Toronto liegen ziemlich dicht beieinander, wie Sie wissen. Jedenfalls kamen meine Brötchengeber überein, daß sie ganz gut auf meine Dienste verzichten könnten. Na ja, soweit die alten Geschichten. Ich erhebe Sie hiermit in den schwindelerregenden Rang eines Flugkapitäns bei Amory International Airways. Das hat zwar im Augenblick nicht allzuviel zu sagen, aber wer weiß, eines Tages vielleicht. Über die Mäuse reden wir, wenn Sie das nächstemal hier bei mir sind."

„Einverstanden, Sir. Und wirklich – vielen Dank."

Dann hatte Beatty Diane angerufen – treue, still duldende Diane, an der er noch heute morgen seine ganzen Ängste ausgelassen hatte.

„Du bist ja so freundlich", sagte sie. „Darf ich daraus schließen, daß du durchgekommen bist?"

„Ja. Es – tut mir übrigens leid, daß ich heute früh ein bißchen brummig war."

„Nicht der Rede wert", antwortete sie. „Ich bin's ja inzwischen gewöhnt, als wohlerzogene Pilotenfrau."

Er grinste. „Madame, ich würde es begrüßen, wenn Sie meinem Rang ein Mindestmaß an Respekt entgegenbringen würden. Sei so nett, und rede mich ab sofort als Flugkapitän an."

Diane hatte vor Freude aufgekreischt.

Beatty fühlte sich großartig. Wie nie zuvor. Und er empfand tiefe Dankbarkeit gegenüber Amory und Hoke.

AM MORGEN des 19. April, nach insgesamt zehn Stunden und zwölf Minuten Flugunterricht, flog Henry Peel zum erstenmal solo. Es war nur eine Platzrunde: Start, Linkskurve, Gegenanflug, noch eine Linkskurve in den Queranflug und eine letzte Linkskurve in den Endanflug.

Joe Machin stand neben der Piste und kaute Kaugummi. Er wirkte gelangweilt, aber er war nervös. Man konnte nie wissen, was so ein Junge anstellen würde, wenn er zum erstenmal allein losflog.

Bums. Henry Peel war unten. Seine erste Sololandung war zwar nicht gerade die Vollkommenheit selbst, aber immerhin war er auf den Rädern und mit der Nase nach vorn aufgekommen. Und das war, gemessen an Joe Machins Erfahrungen mit manch anderem erstem Soloflug, schon gar nicht so schlecht. Er schickte Henry zu weiteren Platzrunden los.

VIERZEHN Minuten nach Henry Peels erster Sololandung erzählte in Santa Ana, einer Stadt in Kalifornien, ein Mann namens Earl Gasparac seiner Frau von der Reise, die er gebucht habe. Mit TranState nach New York, dann mit dem Auto nach Providence, Boston, Portland und Maine. „Anschließend", sagte er, „fahren wir nach New Hampshire und Vermont – und dann in den Staat New York und in so einen Ort namens –"

„Utica!" rief sie entzückt.

Sie lachten. Mrs. Gasparac war vor einunddreißig Jahren in Utica geboren, aber jetzt war sie schon seit fast zehn Jahren nicht mehr im Osten gewesen. Für diese Reise mußte Earl Gasparac einen hohen Kredit aufnehmen. Als Fernmeldemechaniker verdiente er zwar nicht schlecht, aber eben auch nicht üppig. Doch die Reise konnte nicht hinausgeschoben werden. Dr. Malcolm hatte sich schrecklich deutlich ausgedrückt: Wenn Mrs. Gasparac nicht bis Ende des Sommers fahre, werde nie mehr etwas daraus.

In Des Moines im Staate Iowa zählte eine Frau namens Lillian Dumont das Geld, das sie ihrem Mann und ihrem Arbeitgeber, einem Hersteller von Fernsehüberwachungsanlagen für Kaufhäuser, so nach und nach gestohlen hatte. Sie kam auf siebzehntausend Dollar. Erstaunlich, wie kleine Beträge aus der Portokasse, vom Haushaltsgeld und Sparbuch sich zusammenläpperten.

Der Besuch bei May Przeczek war eine Qual. May befand sich immer noch halb im Schock. Es wäre so viel zu sagen gewesen, doch die Worte fehlten. Die Unterhaltung war kaum mehr als hin und wieder Erholung vom Schweigen. May und Susan schmiedeten halbherzig Pläne für Einkaufsbummel, Bridge-Partys und Ausflüge mit den Kindern, und beide wußten, daß sie nichts davon verwirklichen würden.

Als die Zeit zum Aufbruch kam, sagten Vaughan und Susan, sie würden bald wiederkommen, und hatten Gewissensbisse, weil sie sich beim Abschied so erleichtert fühlten.

„Der gute Walt muß sich über uns schiefgelacht haben", sagte Vaughan, als sie abfuhren.

„Warum?"

„Wegen unserer Scheinheiligkeit. Wir waren nicht ehrlich zueinander. Walt hat Ehrlichkeit über alles geschätzt."

Susan sagte: „Er hatte May nicht verdient."

„Wie kommst du darauf?"

„Er hatte andere Frauen."

„Woher willst du das wissen?"

„May hat es mir erzählt. Er hat's ja auch bei mir versucht. Sogar mehrmals."

„Walt konnte Frauen nicht widerstehen", sagte Vaughan. „Er war gern in ihrer Gesellschaft, und Flirten gehörte zu seiner Natur wie das Atmen."

„Warum fragst du nicht, was passiert ist? Es ist dir wohl egal."

„Das nicht. Aber der Mann ist tot. Wenn du eine Affäre mit ihm gehabt hättest, würdest du jetzt kaum darüber reden wollen."

„Du scheinst dir sehr sicher zu sein", sagte sie wütend.

„Nein", sagte Vaughan, „das bin ich nicht. Aber ich hielte es für besser, das Thema jetzt fallenzulassen."

Susan schwieg die nächsten Kilometer. Dann meinte sie: „Du triffst dich noch immer mit dieser Frau in Kanada."

Er log. Zu glatt. „Nein, das ist vorbei. Ich hab's dir ja gesagt."

„Und ich glaube dir nicht." Sie drückte sich mit abgewandtem Gesicht gegen die Beifahrertür, und ihre Schultern zuckten krampfhaft. Vaughan sah im Geiste die bitteren Tränen in ihren Augen, ihre zitternden Lippen. Sie haßte ihn, und er konnte es ihr nicht verdenken.

Die Grundfesten seines Lebens zerbröckelten. Und es war seine Schuld. Wie gern hätte er Susan in die Arme genommen und ihr gesagt, ihr klargemacht, daß alles in Ordnung kommen werde. Sie *verdiente* das zu hören. Mein Gott, was war aus ihm geworden – zwei Frauen gleichermaßen zu lieben! Seine Hände faßten das Lenkrad fester. Du bist ein regelrechter Dreckskerl.

Jetzt verfluchte er sogar im stillen Lee dafür, daß sie in sein Leben eingedrungen war, dessen Ausgewogenheit und Ordnung sie störte. Was für ein Vollidiot war er gewesen! Hatte er überhaupt noch Zeit, das Wrack seiner Ehe zu retten? Konnte ihm noch verziehen werden? Er brauchte doch nur Lee anzurufen und ihr Lebwohl zu sagen. Er schluckte, dachte daran, wie er einmal an dem Telefonhäuschen auf dem Wilshire Boulevard angehalten hatte mit dem Vorsatz, auf der Stelle Schluß zu machen. Aber er hatte nur den Hörer abzunehmen brauchen, und schon glaubte er ihre Stimme zu hören, ihr Gesicht zu sehen. Entmutigt hatte er den Hörer wieder sinken lassen.

Du verstehst dich sehr schlecht darauf. Deine Frau ist verzweifelt, weil sie weiß, daß du ihr untreu bist und sie womöglich verlassen könntest. Lee ist nicht besser dran, weil sie eben das nicht glaubt. Warum, dachte er, mußtest du sie in dem Glauben wiegen, euer Verhältnis könne irgendwie von Dauer sein? Welches Recht hattest du, so etwas zu tun? Keines! Null!

„Halt mal an dem Geschäft dort an", sagte Susan, „falls es dir nichts ausmacht. Ich muß Brot kaufen."

Vaughan nickte. Auch in der schwersten Krise mußte die Haushaltsmaschinerie laufen.

Es war eine sonderbare Zeit im Leben der Vaughans, mit viel Schweigen, viel Fernsehen. Vaughan machte lange Spaziergänge allein und dachte darüber nach, wie er sein Leben wieder in Ordnung bringen könne. Unvermeidlich berührte die Situation auch Janet und Lynn. Sie spürten mit dem sicheren Instinkt der Jugend die Spannungen zwischen den Eltern und reagierten, indem sie für ihre Mutter Partei ergriffen. Und irgendwie funktionierte doch noch das Familienleben. Der jährliche Ausflug nach Disneyland fand statt, und Lynns Geburtstag wurde gefeiert. Man schmiedete tapfer Pläne für die Sommerferien. Manchmal wurde sogar gelacht – und mittendrin abgebrochen.

Anfang Mai fuhren sie nach Carmel und besuchten Susans Eltern. „Das müssen wir", sagte Susan. „Es ist schon über drei Monate her. Nachher denken sie noch, bei uns stimmt was nicht." Vaughan war zwar der Ansicht, der Besuch werde dann alle Zweifel beseitigen, aber er schwieg.

Das Haus der Jearards blickte auf den Pazifik; es war ein hübsches, stilles Plätzchen. Harold Jearard, pensionierter Vizepräsident einer Eisenhütte, war ein schlanker, gebeugter Mann mit müden Augen und einem kauzigen Sinn für Humor. Susans Mutter war pummelig, voll Herzlichkeit und eine hervorragende Köchin.

Der Besuch entpuppte sich als bemerkenswerter Erfolg. Bei ihren Eltern schien Susan ruhiger zu werden, fast als biete sie einen stillschweigenden Waffenstillstand an. Als es Sonntag wurde, bereitete Vaughan in gelöster Stimmung alles für die Rückfahrt vor, froh, daß sie den Besuch gemacht hatten. Er mußte anderntags nach Miami fliegen. Kurz nach dem Frühstück fragte er Susan, wann sie gern aufbrechen würde. „Ich fahre nicht mit", sagte sie.

Er sah vom Packen auf. „Wie bitte?"

„Ich bleibe hier." Ihre Stimme klang spröde, und sie mied seinen Blick. „Janet und Lynn auch. Du weißt, warum."

„Und was ist mit der Schule?"

„Es gibt auch in Carmel Schulen. Außerdem sind bald Ferien."

Vaughan schüttelte den Kopf. Warum sorgte er sich als erstes um die Schule der Mädchen? „Was willst du von mir?"

„Das weißt du."

„Ich habe dir doch gesagt, es ist vorbei."

„Bitte lüg mich nicht an."

„Ich meine es ehrlich, Susan . . ."

„Ja, Chuck, ich weiß, daß du es ehrlich meinst, wenn du bei mir bist." Auf ihren Lippen spielte der Anflug eines traurigen Lächelns. „Ich glaube, daß du es völlig ehrlich meinst, wenn du mir so etwas sagst. Aber du hast es nicht in die Tat umsetzen können, nicht wahr? Ich kann mir vorstellen, daß du die Hölle durchmachst. Aber damit mußt du selbst fertigwerden. Es ist dein Problem." Sie ging zur Tür. „Kommt gleich mal her", rief sie ihren Eltern zu. „Wir bringen das am besten hinter uns."

Dann waren Susans Eltern im Zimmer. Ein paar gespenstische Sekunden des Schweigens. Niemand sah den andern an.

Endlich sagte Susan: „Ich habe Charles gesagt, daß ich hierbleibe."

Plötzlich blickten alle auf Vaughan.

„Tut mir leid", sagte er. „Mir ist es genauso peinlich wie euch. Ich weiß nicht, warum Susan euch hineinziehen mußte."

Mrs. Jearard sagte etwas, aber es wurde ein Schluchzen. Mr. Jearard sagte: „Susan, bring deine Mutter bitte auf ihr Zimmer, und gib ihr ein Glas Wasser oder so etwas."

Vaughan schluckte. Ihm war leicht übel. Was nun?

Als die Tür zu war, sagte Mr. Jearard: „Ich muß dir recht geben, Susan hätte uns nicht hineinziehen sollen. Das macht die Situation noch peinlicher. Es gibt Momente, in denen der beste Weg um die Wahrheit herumführt. Ich glaube, uns wäre allen wohler gewesen, wenn wir so getan hätten, als ob du aus beruflichen Gründen heimfahren müßtest."

„Du weißt wahrscheinlich, warum sie das gemacht hat", sagte Vaughan. Er warf die Socken in die Reisetasche. Je eher er fuhr, desto besser.

„Ich möchte dir nur etwas sagen", meinte Mr. Jearard. „Ich glaube, ich kann die Hölle, die du zur Zeit durchmachst, zum Teil verstehen. Natürlich tut es mir auch um das Glück meiner Tochter leid, aber ich glaube kaum, daß du dir den Kummer gesucht hast, der dir jetzt am Hals hängt."

„Wenn ich der Typ wäre, der ihn sich sucht, fände ich jetzt wohl auch leichter heraus."

„Das stimmt wohl, Chuck. Ich glaube, dir steht vor allem dein Gewissen im Wege. Du willst niemandem weh tun, und damit verletzt du nur um so mehr. Ich meine, jetzt ist es an der Zeit, weh zu tun. Ich bin nämlich überzeugt, daß du weitaus besser daran tust, bei Susan zu bleiben, als ... sagen wir, als zu einer andern zu gehen. Es sind ja auch noch die Kinder da. Und ich zum Beispiel. Ich mag dich sehr und wäre sehr traurig, wenn ich dich als Schwiegersohn verlieren würde."

Vaughan lächelte. „Nett von dir, das zu sagen."

„Ich meine es ehrlich. Und du darfst keinen Augenblick glauben, Susan oder ihre Mutter würden dir doch nicht verzeihen. Natürlich werden sie das. Wahrscheinlich denken sie danach sogar noch höher von dir."

„Höher?"

„Gewiß. Denk an die Geschichte vom verlorenen Sohn."

„Die läßt sich wohl auf eine solche Situation nicht anwenden."

„O doch, das kann ich dir versichern", sagte Mr. Jearard. „Und ich kann dir noch etwas versichern – es klingt vielleicht anmaßend –, aber ich kann dir versichern, daß du über den Schmerz, *sie* zu verlieren, hinwegkommen wirst. Du wirst die Erinnerung dann sogar noch mehr genießen. Wenn ein Mann in die Jahre kommt, kann er die eine oder andere kleine Erinnerung brauchen. Glaub mir. Ich kenne mich da aus."

Dr. T. Roydon Goodall kaute an seinem Mittagssandwich, während aus dem Radio Sibelius ertönte. Es summte. Dr. Goodall seufzte kummergewohnt. Lernte Mrs. Latham denn nie, daß die Mittagszeit ihm heilig war? Dann fiel ihm ein, daß Mrs. Latham sich ja im Urlaub befand; irgendeine Mrs. Dingsbums vertrat sie solange.

„Es ist Mr. Carter. Ich habe ihm gesagt, daß Sie gerade Mittag essen" – Dr. Goodall zuckte zusammen –, „aber er sagt, es sei sehr wichtig."

„Carter, sagten Sie?" O Gott, Beatty. „Schön, stellen Sie durch."

Franks Stimme klang aufgeräumt, jedoch irgendwie mechanisch. „Hoke, alter Junge! Tut mir aufrichtig leid, wenn ich deine Mittagspause störe, aber ich brauche wieder mal welche von diesen Pillen."

„Pillen?"

„Die du mir verschrieben hast. Die Dinger sind genau richtig. Keine Spur mehr von einem Anfall, seit ich sie nehme." Frank sprach, als habe er die Rede auswendig gelernt.

„Du darfst nicht glauben, die Pillen seien ein Heilmittel", warnte Hoke. „Sie unterdrücken nur die Symptome; weißt du –"

„Das verstehe ich schon. Aber ich brauche ein neues Rezept."

Hoke seufzte. „Frank, ich habe dir da einen Arzt empfohlen ... du warst nicht bei ihm."

Ein Lachen, etwas hohl. „Ich möchte das Geschäft lieber dir lassen."

„Und ich habe dir doch schon einmal gesagt, daß deine Krankheit außerhalb meiner Kompetenz liegt. Verstehe ich richtig, daß dein Arbeitgeber immer noch nichts davon weiß?"

„Ich habe die frohe Botschaft noch nicht weitergegeben, Hoke. Vorher muß ich noch einiges erledigen. Sieh doch ein, die fegen mich vom Tisch, sobald sie wissen, was mit mir los ist. Jetzt sei ein netter Kumpel und ..."

Frank Beatty schnitt eine Grimasse, als er auflegte. Es war gemein von ihm, Hoke so hinters Licht zu führen. Aber was sollte er machen? Verdrießlich fragte er sich, was wohl eher zu Ende gehen würde, Hokes Pillen oder Hokes Geduld.

Mrs. Latham fühlte sich erst wieder wohler, als das Fahrwerk der Düsenmaschine die Landebahn berührte. Ihr Magen kehrte an seinen gewohnten Platz in der Bauchhöhle zurück. Jetzt konnte sie endlich den Blick von der Papiertüte im Netz vor ihr abwenden und aus dem Fenster sehen. Wie naß und grau England aussah nach dem strahlenden Sonnenschein auf den Bermudas! Aber sie beschloß, sich darüber zu freuen. Es wäre doch ärgerlich gewesen, sich nach der Rückkehr von einem teuren zweiwöchigen Urlaub sagen lassen zu müssen, daß es zu Hause ebenso sonnig und warm gewesen sei.

Sie kam anstandslos durch den Zoll und ging weiter durchs Flughafengebäude. Plötzlich blieb sie stehen. „Nanu, Mr. Carter!"

„Sie müssen sich irren. Mein Name ist nicht Carter."

„Und damit war er weg", erzählte Mrs. Latham andern Morgens Dr. Goodall. „Es war ganz bestimmt Mr. Carter."

Dr. Goodall hob die Schultern. „Soviel ich weiß, reist er viel herum." Er sah auf die Uhr. Ein arbeitsreicher Tag lag vor ihm.

Mrs. Latham lächelte. „Reist viel herum?" Sie machte eine Kunstpause, um den dramatischen Effekt zu erhöhen. „Das kann ich mir vorstellen. Als Pilot."

Dr. Goodall riß die Augen auf. „Ausgeschlossen!"

„Er war in Uniform, mit Mütze und allem. Und er kam mit noch zwei anderen Piloten vorbei. Es war bestimmt Mr. Carter."

„Großer Gott!" Dr. Goodall rieb sich das Kinn. „Haben Sie gesehen, von welcher Gesellschaft die waren?"

„Die Uniform war blau mit Schirmmütze."

„Ich glaube, das tragen alle." Dr. Goodall lehnte sich auf seinem Stuhl zurück. „Er hat mir nie gesagt, daß er ... fliegt."

„Daß er Leute in den Himmel kutschiert! Er hätte womöglich auch mich zu den Bermudas fliegen können. Das ist kriminell in seinem Zustand."

„Ich denke, wir müssen uns mit, äh, mit Mr. Carter in Verbindung setzen und ihm klipp und klar sagen, daß er – äh, ich glaube, man nennt es Startverbot – hat."

„Da haben Sie allerdings recht", sagte Mrs. Latham. „Aber der Schlaumeier hat uns ja weder Adresse noch Telefonnummer angegeben. Sie haben nichts in den Akten. Ich weiß gar nicht, wohin Sie überhaupt die Rechnung schicken wollten."

Dr. Goodall war nahe daran, Carters Identität preiszugeben, damit Mrs. Latham die mühselige Sucherei übernehmen konnte. Aber bei weiterem Überlegen hielt er es doch für besser, das selbst zu tun. Er brauchte über eine Stunde, bis er Frank bei Amory International ausfindig gemacht hatte, aber dort erfuhr er nur, Beatty sei in Rom und komme erst am Mittwoch zurück.

„Bitte sagen Sie ihm, er soll Dr. Goodall anrufen. Es sei sehr wichtig."

„Selbstverständlich, Herr Doktor", antwortete eine überaus höfliche Mädchenstimme.

Aber Frank rief am Mittwoch nicht an. Auch nicht am Donnerstag und nicht am Freitag. Hoke fragte noch einmal bei der Fluggesellschaft an. Eine Woche später meldete sich Frank.

„Hallo, Hoke. Ich höre, du hast nach mir gefragt."

Beattys unbekümmerter Ton klang nicht überzeugend. Hoke fühlte den gerechten Zorn heiß in seine dicken Wangen steigen. Himmel, seine Geduld hatte auch Grenzen. Begriff Frank denn nicht, in was für eine unangenehme, häßliche Lage er seinen Freund brachte? War ihm das denn gleich?

„Das war also deine Sprechstundenhilfe am Flugplatz?"

„Ja. Mein Gott, Frank ... du bist *Pilot*. Ausgerechnet!"

„Für deine Kartei bin ich ein Vertreter namens Carter, Hoke. Du hast nichts damit zu tun. Das war ja der Sinn der Sache. Deshalb benutze ich doch das Pseudonym."

„Frank, es kommt überhaupt nicht in Frage, daß du weiter fliegst. Das ist ungeheuer gefährlich."

„Jetzt hör mal zu, Hoke. Es ist überhaupt nicht gefährlich, weil ich nämlich keine Starts und Landungen selbst durchführe. Ich schenke sie alle meinen Kopiloten. Und das Lustige ist, ich habe jedem gesagt, er soll's nicht weitersagen, weil ich ihn nämlich allein so bevorzugte. Du siehst, es besteht wirklich keine Gefahr."

„Aber wenn dein Arbeitgeber es wüßte ..."

„Er wird's früh genug erfahren, Hoke. Verkehrspiloten müssen regelmäßig zur ärztlichen Untersuchung. Ich möchte nur noch so lange fliegen, wie es eben geht. Weil es mir nämlich riesigen Spaß macht."

„Das weiß ich. Aber du mußt aufhören", sagte Hoke heftig. „Frank, es ist meine Pflicht, dir ... äh, dir ab sofort Startverbot zu geben."

„Willst du Amory International über mich aufklären?"

„Nein, das ist deine Sache. Also, wann sagst du's denen?"

„Bald, Hoke. Bald."

Der Mann von der Ärztekammer sagte: „Wenn ich Sie recht verstehe, haben Sie Ihren Patienten angewiesen, seinen Beruf aufzugeben."

„Aufs eindringlichste“, sagte Hoke. „Aber er will nicht. Meinen Sie, ich sollte seinen Arbeitgeber informieren?“

„Unter den gegebenen Umständen, ja, absolut ja.“

Mißmutig sagte Hoke: „Ich habe gelernt, daß alle Tatsachen, die man während einer Behandlung erfährt, unter die Schweigepflicht fallen.“

„Richtig“, sagte der Mann von der Ärztekammer, „aber ab und zu gibt es, wie in Ihrem Falle, Situationen, in denen der Arzt die moralische oder sogar *gesetzliche* Pflicht hat, sein Schweigen zu brechen, um vorhersehbaren Schaden von anderen abzuwenden. Ich würde Ihnen raten, Doktor, Ihrem Patienten zu sagen, daß Sie die Pflicht haben, seinen Arbeitgeber zu informieren, wenn er es nicht selbst tut.“

Hoke bedankte sich. Morgen würde er an Frank schreiben und ihm reinen Wein einschenken; er würde ihm eine Woche (vielleicht auch zwei) geben, um Amory International zu informieren. Ein Ultimatum.

Beatty flog. Er brachte ein Flugzeug mit Urlaubern ums andere nach Nizza, Rom, Montreal, Lissabon und Miami. Er arbeitete viel und überschritt oft das gesetzliche Monatsmaximum an Flugstunden. Er freute sich über die zusätzliche Arbeit und genoß das Fliegen wie nie zuvor. Das Wissen, daß seine Tage als Pilot gezählt waren, erhöhte noch seine Flugbesessenheit. Er wußte, daß er nur mit unvorstellbarem Glück durch die letzte Gesundheitsüberprüfung gerutscht war. Dieses Glück konnte nicht anhalten. Die Ärzte waren ja nicht dumm. Letzten Endes würde doch einer hinter sein Problem kommen. Dann würden die Fragen nur so prasseln. Verwundert, bestürzt würde er behaupten, er habe sich nie wohler gefühlt. Aber das Spiel wäre aus, ohne Frage – aller Wahrscheinlichkeit nach schon bei der nächsten Untersuchung. Alle würden ihn zutiefst bedauern, und er würde nicht erwähnen, daß er schon bei Hoke gewesen war. Offiziell würde James Carter für alle Beteiligten einfach verschwinden. Fall abgeschlossen.

Henry Peel rollte zur Rampe. Er parkte mit großer Sorgfalt, brachte die Flügelspitze genau in eine Linie mit der des nächsten Flugzeuges. Bremse fest. Funkgerät aus. Gemisch auf mager. Der

Propeller wurde langsamer und blieb gurgelnd stehen. Zündung aus. Hauptschalter aus. Er wischte sich über die nasse Stirn.

Der Mann auf dem rechten Sitz kritzelte etwas auf seinen Notizblock, schnaufte und entriegelte die Tür. Er war schon halb draußen, bevor er sagte: „Ich denke, Sie haben bestanden."

Henry fühlte eine verschämte Träne in sein Auge steigen. Er hatte es geschafft; er hatte es wirklich geschafft. Er war Pilot – mit einer richtigen Lizenz.

Noch in derselben Stunde sprach er am Telefon mit einem Mann in St. Catharines, der eine zierliche, kleine, gelb-weiße Aeronca zum Verkauf inseriert hatte.

Fünftes Kapitel

Lee kam kurz vor Mittag nach Brockton. Es war ein herrlicher Sonntagmorgen. Sie lenkte ihren grünen MG auf den Mitgliederparkplatz, stieg aus und ging aufs Flugplatzgelände. Der Tag versprach gutes Segeln, aber die Kumuluswolken, die die wichtigen Aufwinde brachten, würden sich erst in ein bis zwei Stunden bilden.

Sie setzte sich hinter der Landebahn ins hohe Gras. Die Sonne schien warm, und das Alleinsein tat wohl. Es war Zeit zum Nachdenken. Sich loszureißen oder tiefer und tiefer hineinzugeraten.

Larry, der junge Air-Canada-Pilot, der für den Klub die Schleppflugzeuge flog, unterbrach sie. Was sie denn hier so ganz allein mache?

„Ich denke darüber nach, warum wir nicht unser ganzes Leben lang segelfliegen können. Erst wenn wir wieder auf die Erde runterkommen, wird das Leben unerfreulich."

Er lächelte. „Unser philosophischer Tag, was? Willst du heute fliegen?"

„Sobald die Thermik trägt."

„Da bilden sich schon ein paar Kumuluswolken. Sieh mal."

Wirklich erschienen am blauen Himmel ein paar winzige weiße Wölkchen, wie Wattebäusche. „Larry, würdest du mich auf fünftausend Fuß bringen, ja?"

„Fünf? Das ist über dem Vereinslimit."

„Soll mir egal sein. Bringst du mich rauf?“

„Klar.“

Der auffrischende Wind rüttelte an den schlanken Segelflugzeugen, die in Schräglage auf ihren Plätzen warteten; Quer- und Höhenruder zerrten an ihren Verriegelungen und zeigten an, daß sie befreit sein wollten.

Jemand hielt die Nase der Blanik unten, während Lee ins Cockpit stieg, unförmig mit ihrem Fallschirm, der bei Soloflügen vorgeschrieben war. Sie sortierte die Anschnallgurte – zwei für die Schultern, zwei für die Oberschenkel –, die sich alle in einem Verschluß vor dem Bauch trafen. Es war ein gutes Gefühl, wenn sie alle eng anlagen; man wurde eins mit dem Flugzeug, zu einem der übrigen Bestandteile. Sie prüfte die Steuerungselemente; alle in Ordnung. Die Haube schloß sich über ihr. Die Welt kippte, als ein Helfer den einen Flügel vom Boden hob.

Minuten später war sie in der Luft, den Blick fest auf Larrys Piper Cub, um seine Bewegungen vorauszusehen. Sie bewegte Knüppel und Ruder elegant und instinktiv. Höher. Höher.

Auf fünftausend Fuß erkundete Larry kurz die Luft auf der Suche nach den flüchtigen, warmen Aufwärtsströmen. Er wackelte mit den Flügeln: Erfolg! Zeit zum Ausklinken. Lee bückte sich und zog am Hebel. Die Leine entfernte sich schlängelnd. Der Lärm der Piper verebbte. Ein sanfter Wind erfaßte die Blanik, drückte auf die Haube, hob die weitgespannten Tragflächen.

Lee lächelte. Bald würde auf dem Fluggelände reger Betrieb herrschen, aber im Augenblick hatte sie den Himmel für sich allein. Sie war die Königin, schwebend, kurvend; ihr schlankes Flugzeug blinkte in der Sonne. Sechstausend Fuß, sieben, acht, fast neun, bevor die Tragkraft des Aufwindes nachließ. Es war so unendlich friedlich hier oben. Lee ließ ihre Gedanken schweifen. So ein Segelflugzeug war ein guter Aussichtspunkt, um von oben herab sein Leben zu betrachten. Man sah es aus der Vogelperspektive. Sie dachte über Charles Vaughan nach.

Die Möglichkeit bestand – eine echte Möglichkeit –, daß er ihretwegen Frau und Kinder verlassen würde. Aber wäre damit alles gelöst? Oder würde das nur einen ganzen Schwung neuer Probleme heraufbeschwören? Ausgerissene Ehemänner bereuten manchmal ihren Schritt und begannen den neuen Partner zu hassen. Und dann der Altersunterschied, der sich später bemerkbar machen würde.

Aber, dachte sie, wenn es so etwas wie Liebe gibt, dann muß es welche sein. Chuck ist so ein wundervoller Mensch, der netteste und liebste Mann auf dieser ganzen lausigen Welt. Nur, ich muß ihn aufgeben.

Es war kein nobler Verzicht. Darüber war sie sich klar. Ihr Entschluß war in Wirklichkeit eigennützig. Sie wollte keine Zukunft, die bereits gefährdet war, noch ehe sie begonnen hatte. Es konnte nicht gutgehen. Die Gewinnchancen waren zu gering. Sie würde ihm einen Brief schreiben...

Plötzlich fiel ihr Blick auf den Höhenmesser. Sie war fast dreitausend Fuß gesunken. Die Thermik hatte sie längst verlassen, und sie war Gott weiß wie weit abgetrieben worden. Schon gut, kein Grund zur Panik. Im Norden ist ein See. Der Wind kommt aus Westen, also bist du nach Osten abgetrieben. Gut, folglich hältst du dich jetzt in westlicher Richtung, und früher oder später mußt du den Flugplatz finden. Lieber früher, dachte sie, bitte!

„Überhaupt“, sagte sie laut, und ihre Stimme klang merkwürdig in dem geschlossenen Cockpit, „ich kann ja auf jedem Acker landen. Bloß keine Aufregung, Mädchen.“ Sie mußte nur auf Hochspannungsleitungen und Stacheldrahtzäune achten. Das Segelflugzeug brauchte zum Landen nur ein paar Meter.

Die Blanik sank langsam aber stetig. Der Himmel schien von Kumuluswolken leergefegt. Keine willkommenen Anzeichen von Aufwinden für einsame Segelfliegerinnen. Lees Magen krampfte sich zusammen. „Nun werd nicht gleich zappelig“, rief sie sich zur Ordnung. Der Höhenmesser zeigte keine zweitausend Fuß mehr an. Und da unten kam ihr nichts bekannt vor. Sie zog den Knüppel zurück und nahm die Nase etwas höher, die instinktive Reaktion eines Segelfliegers, der seine Gleitstrecke verlängern möchte. Die Geschwindigkeit der Blanik näherte sich dem Abreißpunkt.

Jetzt lächelte sie. Zwei Pünktchen, mit Sicherheit Segelflugzeuge – wahrscheinlich unmittelbar über dem Flugplatz. Nun sah sie auch den orangefarbenen Hangar und den Luftsack. „Ich komme!“ frohlockte sie. „Jetzt seht mal alle zu, daß ihr aus der Bahn kommt!“

Der Flugplatz war beklemmend nah – und schien sich doch

kaum zu bewegen. Und mit einemmal wußte sie so gewiß, als ob sie ein Diagramm mit Entfernung, Flug- und Sinkgeschwindigkeit und Windstärke vor sich gehabt hätte, daß sie es nicht schaffen würde.

„Na schön“, sagte sie schluckend, „dann muß ich eben jetzt gleich runter. Sofort.“

Aber unter ihr waren lauter Zäune und Schuppen. Lee biß sich auf die Lippen und drehte sich um. Nein. Hochspannungsleitungen. Konnte sie darunter durchkommen? Rüttle doch mal deinen benebelten Verstand wach, Lee!

Da war's – ein kleiner gepflügter Acker, gleich hinter der Straße. Der Wind kam von der Seite, aber jetzt war wohl nicht der Augenblick, auch noch Ansprüche an die Windrichtung zu stellen. Die Hand am Störklappenhebel, drückte sie die Nase nach links. Sie fühlte, wie die Blanik im Seitenwind schwankte.

„Das wär's“, sagte sie. „Zwischen den Bäumen durch, über die Straße, und du hast es geschafft.“

Ihr Anflug war gut. Es gab keinen Grund, warum sie nicht sicher hätte landen sollen – bis auf die Drähte, die sich zwischen den hohen Ulmen spannten. Lee konnte sie nicht sehen, aber sie erwischte die Drähte mit der Tragfläche, als das Flugzeug in Schräglage ging. Ein Schnappen, Knirschen, Krachen. Die Blanik erzitterte und wurde herumgerissen. Lee sah die weißen Fahrbahnmarkierungen auf sich zu rasen. Mit Händen und Füßen bewegte sie immer noch die Hebel im vergeblichen Bemühen, das Flugzeug doch noch abzufangen. Aber es war keine Zeit mehr. Als der Flügel auf die Straße prallte, hörte sie Bremsen kreischen.

Sechzig Kilometer entfernt, landete Henry Peel auf seinem Privatflugplatz – einem zweihundertfünfzig Meter langen, sorgsam planierten Streifen auf der Farm seiner Eltern. Die gelb-weiße Aeronca hüpfte einmal kurz, dann war sie unten. Henry wendete mit heulendem Motor und rollte zu seinem Hangar, einem ehemaligen Geräteschuppen.

Dort warteten seine Eltern auf ihn. Sie schüttelten die Köpfe und sagten, sie hätten nie den Tag zu erleben geglaubt, an dem einer von ihrer Familie sein eigenes Flugzeug fliegen würde.

Es HATTE den ganzen Tag leicht geregnet. Auf dem Wege nach Gatwick sagte Diane, sie erhoffe sich besseres Wetter für Vincents Ferien – in zwei Tagen sollte er aus dem Internat heimkommen. Beatty wünschte, er könnte dann zu Hause sein.

„Um Gottes willen", sagte Diane, „das wäre ein allzu großer Schock für den Jungen, wenn er heimkäme und seinen Vater zu Hause anträfe."

Beatty lächelte. „Ich habe eher das Gefühl, daß er nicht gerade begeistert war, als ich mehr oder weniger ständig im Haus hockte. Zuviel Konkurrenz um deine Aufmerksamkeit."

„Schmeichler." Sie lächelte. Sie hatte ihre Lesebrille auf, ihr privates Logbuch aufgeklappt und den Kugelschreiber gezückt. „Wie lange bist du in Toronto?"

„Sechs Stunden. Wir starten um zweiundzwanzig Uhr vierzig Ortszeit nach Belfast."

„Und dort kommst du an um ..."

„Acht Uhr früh, hiesige Zeit."

„Am Nachmittag geht's dann weiter nach Lissabon?"

„Richtig. Und am Donnerstag nach Hause, wenn's klappt." Im Laufe der Jahre hatte Diane mehrere Notizbücher mit Angaben über die Flüge ihres Mannes gefüllt. Sein jeweiliger Aufenthaltsort hätte sich auch durch einen Anruf bei der Gesellschaft feststellen lassen, aber sie führte lieber selbst Buch und flog im Geiste überallhin mit.

Am Flughafen hielt er den Rover an und nahm seine Tasche vom Rücksitz. Diane setzte sich ans Steuer.

„Fahr vorsichtig", sagte er. „Es ist stellenweise ein bißchen glatt."

Sie nickte. „Fahr du auch vorsichtig."

Er bückte sich und gab ihr durchs offene Autofenster einen Kuß. Sie strich ihm über die Wange; ihre Fingerspitzen waren weich und kühl. „Gute Reise. Und vergiß nicht, die Räder auszufahren." Es waren ihre gewohnten Abschiedsworte.

Beatty nahm kurz ihre Hand, ließ sie wieder los und sah Diane nach, wie sie den Gang einlegte und mit dem Rover davonfuhr.

Jordan, der Flugingenieur, erwartete ihn im Büro.

„Tut mir leid. Nummer vier tut's nicht. Temperatur."

„Mist", sagte Beatty. „Wie lange?"

„Weiß ich nicht. Könnte die Thermostatfeder sein. Wir suchen noch."

„Gut. Halten Sie mich auf dem laufenden, ja?"

„Gemacht." Jordan entfernte sich zur Rampe, eine untersetzte Figur, etwas unordentlich, die Mütze sorglos schief auf dem Kopf. Er war ein guter Ingenieur; wenn einer dieses widerspenstige Triebwerk wieder in Gang brachte, dann er.

Beatty ging zu Webb, dem Navigator; zusammen studierten sie die Karten mit den Wind- und Wetterverhältnissen über dem Nordatlantik. Bei jedem Flug galt es, die günstigste Route und Flughöhe festzustellen und sich zu erkundigen, ob beides frei war. Oft beanspruchte schon ein anderes Flugzeug den Kurs, den man selbst wollte. Der Nordatlantik war stark beflogen; deshalb wurde jedem Flugzeug ein bestimmter Korridor zugewiesen, so daß zwei Flugzeuge einander theoretisch nicht näher kommen konnten als hundertzwanzig Seemeilen. In der Praxis waren die Entfernungen oft geringer.

Der Kapitän hatte zu diesem Zeitpunkt die Verantwortung für eine Reihe wichtiger Entscheidungen. Wieviel Treibstoff sollte er tanken? Welche Ausweichflugplätze sollte er vorsehen? Welche Startbahn sollte er benutzen?

Mr. und Mrs. Cox hatten im Restaurant einen Fensterplatz gefunden. Bei einer Tasse Tee sahen sie jetzt den Flugzeugen beim Starten und Landen zu. Es war wunderbar aufregend, sich vorzustellen, daß sie bald selbst in einem dieser Ungetüme sitzen würden, hoch über dem Atlantik. Beide waren noch nie geflogen.

Ein paar Schritte entfernt saß ein magerer junger Mann mit Cowboystiefeln und verwaschenen Jeans. Len Sparrow war zwanzig Jahre alt und flog für drei Wochen zu seinem Bruder, der in Ontario verheiratet war. Als er sich eine Zigarette anzündete, sah er undeutlich sein Spiegelbild in der Glastür. Es gefiel ihm. Der hagere, einsame Fremde. Der schweigsame Mann mit einem Geheimnis. Er wäre schwer gekränkt gewesen, hätte er gewußt, daß die wenigen Leute, die überhaupt von ihm Notiz nahmen, nur einen unterernährten, nervösen Jüngling sahen, der dringend einen Haarschnitt nebst Kopfwäsche brauchte.

Normalerweise war Miß Hardcastle eine geduldige Person – Geduld lernt man, wenn man von Geburt an blind ist. Doch heute, als sie im Flughafen Gatwick wartete und der Lautsprecher bekanntgab, daß ihr Flug nach Toronto sich um eine Stunde verzögerte, hatte sie den absurden Drang, aufzustehen und zu schreien: „Nun *beeilt* euch doch gefälligst mal!“ Zu lange hatte sie sich auf diesen Tag gefreut. Es war ihre erste Auslandsreise, das erste Mal, daß sie etwas Fremdartiges erleben sollte, und sie wußte gar nicht so recht, was da auf sie zukam. Sie fühlte nach der Mappe in ihrer Handtasche: Paß, Ticket, Reiseschecks, alles in Sicherheit. Eine liebenswürdige junge Dame von der Fluggesellschaft hatte Miß Hardcastle diesen Platz hier gesucht und ihr fest versprochen, wiederzukommen, wenn ihr Flug aufgerufen wurde, um sie durch die Paßkontrolle und zum Flugzeug zu bringen. Wie bei einem hohen Tier. Sie kam sich richtig wichtig vor.

Miß Hardcastle erfreute sich an den Geräuschen des Flughafens. Es waren durchweg fröhliche Geräusche. Es klang alles, als ob die Leute sich freuten, egal, wohin die Reise ging. Das war an Bahnhöfen und Omnibusstationen anders; da hörte man viele negative Geräusche.

Miß Hardcastle fühlte, wie sich jemand neben ihr auf die Bank setzte. Jemand Leichtes, wie es sich anhörte. Und der recht angenehm duftete. Der Jemand mußte einen lobenswerten Geschmack haben. Ob die Person so hübsch war, wie ihre Nähe ahnen ließ?

Wenn Miß Hardcastle Len Sparrow gefragt hätte, würde er mit einem begeisterten Ja geantwortet haben. Er saß ein paar Schritte entfernt und betrachtete das Profil des Mädchens. Sie war fraglos dufte. Len zündete sich noch eine Zigarette an. Unsere Wege haben sich gekreuzt, Mädchen. Sinnlos, sich gegen das Schicksal zu wehren. Es ist größer als wir beide.

Beatty berichtete Amory, das Kühlproblem an Triebwerk vier sei behoben, aber jetzt gebe es Schwierigkeiten mit dem Transponder – dem Sekundärradar, mit dessen Hilfe die Bodenkontrolle die Identität eines bestimmten Flugzeugs auf dem Radarschirm feststellen konnte.

„Nicht gerade mein Glückstag“, sagte Amory. Beatty folgte ihm hinaus in den Nieselregen.

Slattery, der Chefmechaniker, sagte, der Transponder habe heute bei der ersten Überprüfung noch zufriedenstellend gearbeitet. Er sprach in sachlichem, gemessenem Ton. „Wir prüfen den Stromkreis durch, so schnell es geht, Mr. Amory. Und je länger Sie hier mit mir reden, desto weniger bekomme ich getan."

„Unverschämter Kerl, Sie sind entlassen", sagte Amory.

„Schon recht", meinte Slattery grinsend. „Ich bringe das Ding in Ordnung, so schnell ich kann."

„Danke", sagte Amory.

Im Büro ließ er sich in einen Sessel fallen, ohne den nassen Regenmantel abzulegen. „Setzen Sie sich, Frank; stehen Sie sich nicht die Beine in den Bauch." Er sah stirnrunzelnd durchs Fenster in den Regen. „Wir müssen diese Maschine vom Boden kriegen, Frank. Ihr Flugplan ist scharf kalkuliert, und es ist wichtig, daß Sie ihn einhalten. Von Ihnen hängt eine Menge Geld ab, mein Freund." Er schlug sich auf die flache Hand. „Dieser Transponder hätte doch ebensogut in der Luft kaputtgehen können. Dann würden Sie's einfach der Bodenkontrolle mitteilen, nicht?"

„Ganz recht", sagte Beatty. „Und Sie möchten, daß ich das tue."

„Stimmt."

„Es ist *meine* Lizenz, die ich riskiere, wenn ich wissentlich mit einer nicht einwandfreien Maschine starte."

„Das weiß ich", sagte Amory. „Aber es ist wichtig, daß Sie wegkommen. Wenn Sie hier noch länger warten, geht der Ärger in Belfast und dann in Lissabon erst richtig los. Das kann ich mir nicht leisten, Frank. Im wahrsten Sinne des Wortes."

„Machen ein paar Stunden wirklich soviel aus?"

Amory rieb sich über die Augen. „Leider ja." Seine Stimme klang müde und entmutigt. „Um die Wahrheit zu sagen, Frank, ich hänge finanziell ein bißchen in der Luft. Eben erst neue Flugzeuge eingekauft. Neue Leute, die sie fliegen. Höhere Personalkosten. Ich habe mich übernommen, Frank. In Kürze kommt das alles wieder in Ordnung. Wir haben jede Menge Buchungen, und die neuen Maschinen machen sich mit der Zeit mehr als bezahlt. Mit der Zeit. Aber im Augenblick kann ich mir keine Probleme mehr leisten. Das brennt mir alles noch auf den Nägeln."

Beatty war so verlegen, als ob sein Vater ihm eine Sünde gebeichtet hätte. „Es tut mir sehr leid, daß Sie Sorgen haben, Sir."

Amory zuckte mit den Schultern. „So geht's im Geschäft, Frank. Ich weiß nicht, wieso ich nicht die Finger davon lasse. Ich kenne das doch. Ein ewiges Jonglieren mit Personalkosten und Rechnungen, Verträgen und Zinsen. Ein stumpfsinniges Dasein. Das Dumme ist nur, man fühlt sich wie Napoleon, wenn man gewinnt!" Er lachte. „Und meine Bitte an Sie ist nun, laden Sie Ihre 707 voll, und nichts wie weg nach Toronto."

„Ich müßte lügen, wenn ich jetzt sagte, ich flöge gern ohne Transponder. Es ist nicht ganz ungefährlich."

„Natürlich nicht", sagte Amory. „Ein Risiko geht man jedesmal ein, wenn man in ein Flugzeug steigt. Radar und das ganze Navigationszeug ist ja was Wunderschönes. Aber letzten Endes macht es die Arbeit des Piloten schwieriger, weil er damit unter immer schlechteren Bedingungen fliegen muß. Natürlich senken wir die Risiken, so gut es geht, aber Geräte können versagen, Instrumente ausfallen. Und dann sind wir darauf angewiesen, daß der Pilot den Schlamassel wieder in Ordnung bringt. Meist schafft er's. Und Sie sind ein verteufelt guter Pilot, Frank."

Beatty schüttelte lächelnd den Kopf. „Wie könnte ich mich da noch weigern?"

„Danke, Frank", sagte Amory. „Sie werden es nicht bereuen."

Hoffentlich nicht, dachte Beatty.

DIE Stimme im Lautsprecher klang strahlend und heiter.

„Amory International bittet um Entschuldigung für die Startverzögerung bei Flugnummer zehn-zehn; alle für diesen Flug gebuchten Passagiere werden gebeten, jetzt an Bord zu gehen ..."

Miß Hardcastle war schon auf dem Wege durch die Paßkontrolle, geführt von der freundlichen Dame von Amory International. Len Sparrow erhob sich lässig. Das hübsche Mädchen sammelte seine Siebensachen ein. Konnte es sein, daß auch sie die Amory-Maschine nahm? Klasse! dachte er.

„DER Transponder tut's nicht", sagte Beatty zu Corfield, seinem Kopiloten bei diesem Flug. „Wir starten aber trotzdem."

„In Ordnung", sagte Corfield, eine ungewöhnliche Frohnatur.

Die vierköpfige Cockpitbesatzung saß auf ihren Plätzen, während die Passagiere an Bord gingen. Durchs Fenster zur Linken sah Beatty sie durch den Gang auf die vordere Einstiegstür zukommen. Die meisten von ihnen warfen einen neugierigen Blick ins Cockpit, bestaunten die Unzahl von Instrumenten und sahen dann ihn an. Die Reihenfolge war immer die gleiche: erst die Instrumente, dann der Pilot. Erwarteten sie auf dem Pilotensitz ein Mittelding zwischen John Wayne, Charlton Heston und Jack Hawkins? Waren sie enttäuscht?

Beattys Blick huschte über das Instrumentenbrett. Das Flugzeug war eine von Amorys Neuerwerbungen, eine 707-320B; es war in ausgezeichnetem Zustand. Er krempelte die Hemdsärmel hoch und lockerte seine Krawatte. Nur im Film und in Zeitungsanzeigen saßen die Piloten in voller Montur im Cockpit.

Das Lämpchen der Sprechanlage glühte auf.

„Alle Passagiere an Bord, Sir." Das Mädchen hatte einen weichen schottischen Akzent. „Türen und Notausstiege gesichert."

„Danke." Er wandte sich an Corfield. „Triebwerke anlassen."

VAUGHAN ging von einem verlassenen Zimmer ins andere. Die Fenster waren geschlossen und die Stecker von Fernseher, Radios und Heizdecken herausgezogen. Er schrieb Zettel für den Milch- und den Zeitungsmann: Bis auf weiteres keine Lieferungen, danke.

Seine Tasche stand fertig gepackt neben der Haustür wie ein treuer Hund. Sie stand schon eine Stunde dort. Draußen begegnete Vaughan dem Postboten.

„Tag, Mr. Vaughan. Wohin geht's denn diesmal?"

„New York."

„Kann gar nicht sagen, wie ich Sie beneide. Nur ein Brief heute. Guten Flug."

Vaughan nahm den Umschlag. Die kindliche Schrift war von Janet. Sie erlebe schöne Ferien in Carmel, aber sie vermisse ihn und wünsche, er wäre mit seiner Arbeit bald fertig und könne zu ihnen kommen. Lynn habe sich in einem Laden übergeben, und Opa sei erkältet.

Vaughan steckte den Brief wieder in den Umschlag. Plötzlich brannten seine Augen. Als er den Cougar rückwärts die Einfahrt hinuntersetzte, wußte er, daß er die Affäre beenden mußte. Er liebte Susan und die Kinder. Und sie fehlten ihm. Allein war er nur halb am Leben. Er legte den Gang ein und schoß davon.

Zur selben Zeit fuhr auch ein Mann namens Hobbs zum Flughafen. Grant Hobbs lebte seit Jahren recht gut davon, daß er an ausgewählte Firmen in den USA und Kanada Rechnungen verschickte. Es waren Rechnungen für die Aufnahme in verschiedene Unternehmensverzeichnisse – die nie veröffentlicht wurden. Ein erstaunlich hoher Prozentsatz der angeschriebenen Firmen schickte die verlangten Schecks. Grant Hobbs löste sie immer gleich ein.

Jetzt zog er um – er hielt das von Zeit zu Zeit für angezeigt. Der Trick bestand darin, zu wissen, wann man weiterziehen mußte. Er hätte sich nicht ein Dutzend Jahre in diesem Gewerbe halten können, wenn er das nicht gewußt hätte. Hobbs, mager und immerfort ein Runzeln auf der Stirn, wollte im Osten Urlaub machen. Später würde er in der Gegend von New York seine Tätigkeit wieder aufnehmen, aber er ließ die Westküste mit Bedauern zurück; das Klima sagte ihm zu.

In Santa Ana schenkte Earl Gasparac seiner Frau die zweite Tasse Kaffee ein. Sie hatte eine schlechte Nacht hinter sich; die Schmerzen mußten scheußlich gewesen sein; er sah die Spuren davon um ihre Mundwinkel und Augen. Ihr so betont fröhliches Lächeln konnte ihn nicht täuschen. Ebensowenig ihr munteres Geplapper über die Reise und alle die alten Orte, die sie wiedersehen würde. Wut kochte in ihm auf, eine ohnmächtige Wut über ein Schicksal, das einen unschuldigen Menschen zum langsamen Tod verdammt. Wer konnte da noch an etwas glauben?

Bei der Flugplanungsabteilung der TranState klapperten unentwegt die Fernschreiber, bimmelten die Telefone. Vaughan blickte von seiner Ladekarte auf, als ein junger Mann mit weizenblondem Haar und diensteifrigem Blick sich ihm vorstellte.

„Äh, Captain, ich heiße Garten. Ich bin Ihr Kopilot, Sir."

Vaughan nickte. „Guten Tag." Er wußte, wie gereizt und uninteressiert seine Begrüßung klang. „Wie lange sind Sie schon bei TranState?"

„Zwei Monate, Sir. Ich habe letzten Freitag meine Ausbildung beendet."

„Und das ist Ihr erster Einsatz?"

„Ja, Sir."

Vaughan nickte wieder, ganz mechanisch. Er hätte den jungen Mann gern an Bord begrüßt; das hätte sich gehört; aber er schien heute nicht imstande zu sein, irgend etwas Nettes zu tun.

Cutshall, der Navigator, war schon bei der Wetterberatung. „Sieht ganz gut aus, Captain, bis wir in die Nähe von Detroit kommen. Da braut sich was zusammen."

Die Flieger studierten die Wetterkarten. Es sah wirklich gut aus, außer vielleicht auf dem letzten Flugabschnitt. Östlich des Mississippi bauten sich Gewitterzonen auf, aber es war schwer zu sagen, wie stark die sein und wo sie sich genau befinden würden.

„Irgendwelche Flugwettermeldungen?"

„Eine Maschine auf Nordwestkurs meldet Klarluftturbulenzen auf dreißigtausend Fuß."

„Danke." Vaughan beschloß, sich von dieser Höhe fernzuhalten; Klarluftturbulenzen konnten höchst unangenehm und gefährlich werden. Er würde die Luftverkehrskontrolle bitten, ihn auf mindestens fünfunddreißigtausend Fuß fliegen zu lassen, das heißt auf Flugfläche 350. Garten notierte sich die Bedingungen in Chikago, Toronto und New York und berechnete die für den Flug benötigte Treibstoffmenge – einschließlich einer Reserve für den Notfall.

Es war immer ratsam, soviel Treibstoff wie möglich mitzunehmen. Man wußte nie, wann man ihn brauchte. Berühmt ist der Fall einer DC 6, die von einem Flugplatz in Afrika nach Amerika gestartet war, mit Zwischenlandungen zum Auftanken auf den Azoren und in Gander, Neufundland. Die erste Zwischenlandung ging ohne Schwierigkeiten über die Bühne, aber etwa auf halbem Wege zwischen den Azoren und Neufundland kam der Funkspruch: Flugplatz Gander wegen dichten Nebels geschlossen. Es blieb nichts anderes übrig, als zu den Azoren zurückzukehren. Kein Grund zur Aufregung. Aber dann kam ein neuer Schrecken: ein Funkspruch meldete mit Bedauern, daß auch der Flugplatz auf den Azoren unter Nebel lag. Der nächste nebelfreie Flugplatz war Casablanca. Die Treibstoffanzeige stand auf Null, als die Maschine endlich landete; bei der Inspektion wurden noch ein paar dürftige Liter im ganzen System gemessen. Und Casablanca war der Flughafen, von dem das Flugzeug viele Stunden vorher gestartet war. Moral: Immer soviel Treibstoff mitnehmen, wie man tragen kann.

Im Aufenthaltsraum des Flugpersonals wurde Vaughan von der Kabinenbesatzung erwartet: sechs jungen Frauen in blaßblauen Hosenanzügen, in die TranState derzeit ihre Stewardessen kleidete. Jane Meade, Chefstewardeß für diesen Flug, war schon oft mit Vaughan geflogen. Sie begrüßte ihn mit dem lässigen Respekt eines Veteranen für einen anderen. Von den übrigen kannte Vaughan nur drei. Stewardessen blieben ihrem Beruf selten viel länger als ein Jahr treu.

„Das ist Mr. Garten, unser Kopilot, und Mr. Cutshall, unser Navigator“, sagte er. „Bis Chikago dürften wir einen ruhigen Flug haben. Dann könnte das Wetter häßlich werden.“

Während er sprach, ertappte er sich bei dem Gedanken, wieviel diese Mädchen wohl über ihn und sein Privatleben wußten. Er dachte erschrocken daran, wie Walt Przeczeks Abenteuer stets zum Tagesklatsch bei TranState gehört hatten. Ob sie auch über ihn gekichert hatten, bis er in den Aufenthaltsraum trat? Zorn rötete seine Wangen.

Gereizt hörte er den Mädchen die für die DC 8 gültigen Notfallanweisungen ab. Zwei wurden nervös und machten Fehler. Vaughan sagte ärgerlich zu Jane Meade, sie solle dafür sorgen, daß die Vorschriften vor dem Flug gelernt würden. „Ich kann keine Amateure in meiner Mannschaft brauchen.“

Jane errötete, sagte aber nichts.

Kaum war Vaughan draußen, hatte er Gewissensbisse. Wieso ließ er sich an diesen Kindern aus? Warum blamierte er Jane? Höchstwahrscheinlich wußten die Stewardessen gar nichts über Lee oder Susan. Aber er konnte jetzt nicht zurückgehen und sich entschuldigen. Damit würde er alles noch schlimmer machen. Sollten sie ihn lieber für einen Tyrannen als für einen Irren halten.

Garten fragte: „Soll ich die Außenkontrollen machen, Sir?“

Vaughan nickte. „Ich glaube, ich komme mit. Ich kann ein wenig frische Luft brauchen.“ Garten lächelte nervös. Vaughan dachte: Jetzt glaubt er, ich traue ihm nicht. Großartig, wie ich für Selbstvertrauen und Teamgeist in meiner Mannschaft sorge.

Eine dicke Röhre, durch die in Kürze die Passagiere an Bord gehen würden, verband die DC 8 wie eine Nabelschnur mit dem Flughafengebäude. Die Türen des Gepäckraums standen wartend offen. Es war kühl unter den breiten, nach hinten gezogenen Tragflächen. Vaughan sah hinauf zu den Querrudern und Landeklappen, den großen Triebwerksgondeln, die an schlanken Streben unter den Flügeln hingen. Alles schien fest und dicht zu sein. Er inspizierte die Reifen, die zweihundertfünfzig Dollar das Stück kosteten und nur für etwa fünfundsiebzig Landungen gut waren. Sie hatten alle noch genügend Profil; keine Nägel oder spitzen Steine steckten im Gummi. Über ihm verdunkelte der sechzig Meter lange Rumpf den Himmel. Er sah Garten eifrig die Tragflächenunterseiten begutachten.

„Scheint alles in bester Ordnung zu sein, Captain", meldete der Kopilot. In seinem Übereifer schien er drauf und dran zu sein zu salutieren.

„Halten Sie die Kiste für flugtauglich?"

„Jawohl, Sir."

„Captain Vaughan?" Vaughan drehte sich um. Am Eingang zu den Büros stand Wills, einer von der Flugplanung. „Ein Anruf für Sie von Air Canada, Captain."

„Air Canada?" Vaughan ging hinein und nahm den Hörer. Eine weibliche Stimme sagte: „Wir haben ein Fernschreiben aus Toronto bekommen mit der Bitte, Sie zu verständigen."

„Toronto?" Vaughan hielt den Atem an.

„Ja, Captain. Hier ist der Text."

Vaughan hörte zu. Als der Text zu Ende war, bat er die Dame, ihn zu wiederholen. Die Worte mußten eine andere Bedeutung haben. Aber es war nicht an dem.

„Lee bei Segelflugunfall verletzt. Liegt im St.-Michael-Krankenhaus Hamilton. Bedaure. Larry."

Larry. Das war der Pilot des Schleppflugzeugs.

„Ist das alles?"

„Ja, Sir. Das ist alles."

„Gut. Danke."

Die Vermittlung schien Stunden zu brauchen, um ihn zu verbinden. Endlich meldete sich eine Frauenstimme: „St. Michael."

Vaughan sagte: „Ich möchte mich nach einer Patientin erkundigen. Ihr Name ist Lee – nein, Rosalie Pringle."

„Pringle. Einen Augenblick, Sir." Dann wieder die Stimme: „Mrs. Pringle liegt auf der Intensivstation, Sir. Ich verbinde."

Intensivstation! Vaughans Finger umkrampften den Hörer.

„Hören Sie, Madam, ich rufe aus Los Angeles an, Kalifornien ..."

„Sind Sie ein Angehöriger?"

Himmel, was hat denn das ... „Nein, ein Freund der Familie."

„Tut mir leid, auf der Leitung wird gerade gesprochen."

„Ich rufe wieder an", sagte Vaughan. Sein Mund war trocken, und er hatte einen bitteren Geschmack darin.

Amory International Flugnummer 1010 schoß durch die düsteren Wolken empor. Plötzlich blitzte die Sonne auf dem blanken Metall der Tragflächen und blendete manch neugieriges Auge.

Mr. und Mrs. Cox hatten sich während des Starts bei den Händen gehalten. Es war ihnen unheimlich vorgekommen, wie dieser riesige, zitternde Vogel, Gott weiß wie viele Tonnen schwer, mit halsbrecherischer Geschwindigkeit und voller Kraft voraus auf die Eisenbahnlinie London–Brighton zu gerast war, um sich dann mit gewaltigem Schwung – fast senkrecht schien es – in die Lüfte zu erheben. Mr. Cox merkte erst jetzt, daß er seit dem Anrollen die Luft angehalten hatte. Ein paarmal hörte er seine Frau „Na so was" sagen. Er streichelte ihre Hand und lächelte ihr zu. Sie lächelte zurück. Aber es war kein echtes Lächeln der Freude oder der Zufriedenheit. Es war eindeutig ein bißchen gezwungen.

Miß Hardcastle war vor den anderen Passagieren ins Flugzeug geleitet worden. Die Stewardeß hatte ihr einen Fensterplatz ausgesucht, unmittelbar vor der Toilette. Bald drängten sich die andern Fluggäste geräuschvoll durch den Gang. Eine Mädchenstimme sagte „Guten Tag", worauf das unvermeidliche Luftholen folgte. Es muß, dachte Miß Hardcastle, so etwas wie ein Schock sein, wenn man plötzlich merkt, daß man zu einer Blinden spricht.

Sie bot dem Mädchen den Fensterplatz an; er sei schließlich an jemanden, der gar nicht hinaussehen könne, völlig verschwendet. Julie (so hieß das Mädchen) war dankend einverstanden. Es sei ihr erster langer Flug, und sie würde gern alles sehen, was es zu sehen gebe. Bald unterhielten sich die beiden wie alte Bekannte. Julie flog nach Kanada, um eine Tante und einen Onkel zu besuchen und sich zu entscheiden, ob sie auswandern wolle, und Miß Hardcastle erzählte, sie wolle ihren Bruder in Toronto besuchen. So richteten sie sich beide auf eine angenehme Reise in erfreulicher Gesellschaft ein.

Zum Glück wußten beide nichts von der Wut, die in dem jungen Mann auf dem dritten Platz in ihrer Reihe kochte. Nach Len Sparrows Ansicht hatte ihm das Schicksal einen Tiefschlag versetzt. Als der Flug aufgerufen wurde, hatte er sich gleich hinter der Biene mit dem hübschen Profil aufgestellt. (Sie duftete auch recht angenehm.) Er hatte ihr verstohlen über die Schulter geblickt und gesehen, daß ihr Platz die Nummer 8 E hatte. Folglich hatte er um 8 D gebeten. Mit höchsten Erwartungen war er der Menge ins Flugzeug gefolgt – aber man soll's nicht glauben, kaum war er drinnen, da mußte er mit ansehen, wie die Biene ihren Platz tauschte! Jetzt durfte er neben einer blinden alten Schachtel mit dunkler Brille sitzen. So eine Gemeinheit!

An einem Atlantikflug ist nichts weiter Anstrengendes. Im Grunde muß man das Flugzeug nur auf die richtige Höhe und den richtigen Kurs bringen, austrimmen und dem Autopiloten übergeben. Danach nehmen Kreisel und Beschleunigungsmesser einem die Arbeit ab. In fünfunddreißigtausend Fuß Höhe gibt es für den Piloten auch nicht viel zu sehen. Die Wolken hängen tief. Das Meer wirkt, wenn man es sieht, wie ein regloser grauer Tümpel. Theoretisch kann der Pilot in dieser Höhe zweihundert Meilen weit sehen. In der Praxis aber ist der Himmel selten so klar, daß man auch nur annähernd so weit sehen könnte.

Das ist ein Problem für Düsenpiloten, denn die Geschwindigkeit ihrer Flugzeuge macht ihre Augen zu einem schlechten Schutz gegen Luftzusammenstöße. Bevor man das Staubkörnchen auf der Windschutzscheibe als entgegenkommendes Flugzeug erkennt, kann es zu spät sein. Schwere Düsenverkehrsmaschinen sind nicht eben berühmt für ihre Wendigkeit. Gewicht und Tempo multiplizieren sich zu einem ungeheuren Trägheitsmoment. Für Richtungsänderungen benötigen sie weite Strecken. Strecke aber bedeutet Zeit, und eben die gibt es in einem Düsenflugzeug nicht, wenn genau voraus ein anderes Flugzeug auftaucht.

Beatty hörte Corfield die jüngste Positionsmeldung absetzen – Bestätigung für die Flugüberwachung, daß Flugnummer zehn-zehn sich zur richtigen Zeit in der richtigen Position befand und in der richtigen Höhe auf richtigem Kurs flog.

„Captain?“

Beatty sah sich um. Zwischen ihm und Corfield stand Jordan, der Flugingenieur, die Ellbogen auf die Rücklehnen der Pilotensitze gestützt.

„Was gibt's?"

„Ärger gibt's. Die blöde Kühlung in Nummer vier."

Die DC 8 schwang sich in die Lüfte. Los Angeles, die große Stadt, schien unter ihren zitternden Flügeln zu schrumpfen. Trotz der zwei Quadratmeter großen Fenster auf allen drei Seiten des Cockpits konnte die Besatzung außer Himmel nicht viel sehen. Die Flugzeugnase versperrte ihnen die Sicht, bis das Flugzeug auf fünfunddreißigtausend Fuß, der zugewiesenen Reiseflughöhe, in den Geradeausflug ging. Steigflug beendet. Autopilot rein.

Die DC 8 hatte gut vier Tonnen Treibstoff verbraucht. Bei Reisegeschwindigkeit würde sie pro Flugstunde mehr als fünf Tonnen Kerosin verbrennen. Der Computer meldete, daß die Maschine mit vierhundertachtundsiebzig Knoten über Grund flog und den nächsten Meldepunkt in acht Minuten erreichen würde. Am Tisch des Navigators trug Cutshall die Werte in die Formblätter ein.

Es war herrliches Wetter. Wolkenhöhe und Sicht unbegrenzt. Tief unten zogen die Rocky Mountains vorbei, ihre gewaltigen Gipfel und Täler nicht größer als Sandburgen am Strand. Weiter davor erstreckten sich die endlosen Prärien, wo einst ächzende Planwagentrecks stur ihren Weg nach Westen gezogen waren und die Marschgeschwindigkeit in Meilen pro Tag berechneten. Die ostwärts rasende DC 8 verschlang eine Meile in sechs Sekunden.

Jane trat ein und nahm Kaffeebestellungen entgegen. Vaughan schüttelte den Kopf, ohne sie anzusehen. Ich rede später mit ihr, dachte er. Sie wird's schon verstehen. Er fühlte, wie Garten vom Kopilotensitz zu ihm herüberschielte. Kein Wunder, daß der Junge ein wenig verängstigt wirkte. Wahrscheinlich hatte man dem armen Kerl gesagt, was er für ein Glück habe, beim ersten Einsatz an Vaughan geraten zu sein. Jetzt mußte er sich doch fragen, wieviel schlimmer denn die anderen noch sein konnten.

Was war mit Lee los? Was hieß „verletzt", zum Kuckuck? Hatte sie ein Bein gebrochen? Sich ein blaues Auge geholt? Machte er sich unnötige Sorgen? Saß sie jetzt womöglich bei einem Glas Bier im Bett und las im *Playboy*?

Auf der Intensivstation! Was hieß das? Ist das die Strafe? Vaughan zuckte zusammen. Nein, das war absurd. Dummer Aberglaube. Außerdem hatte Lee ja nicht gesündigt. Wenn hier einer hätte bestraft werden müssen, dann er.

Vielleicht werde ich bestraft, dachte er.

Er sah auf die Borduhr. In eineinhalb Stunden würden sie in O'Hare landen. Von dort wollte er noch einmal das Krankenhaus anrufen.

Bitte, habt gute Nachrichten für mich, dachte er. Bitte!

Er sah nach vorn durch die sechseinhalb Zentimeter dicke Scheibe. Der Himmel verlor an Klarheit. Der Horizont wurde diesig. Der Boden unten schien langsam zu sinken, seine Farbtöne wurden dumpfer, je tiefer die Schicht der Feuchtigkeitspartikel sank.

Er wandte sich an Garten. „Möchten Sie auf O'Hare landen?"

Garten strahlte. „O ja, Captain. Danke."

„Gut. Dann bin ich jetzt Ihr Kopilot. Übernehmen Sie."

Der Wetterdienst in Toronto sprach in einer revidierten Vorhersage von der hohen Wahrscheinlichkeit mäßiger bis schwerer Gewitter im Laufe des Nachmittags und Abends.

„Schub wegnehmen nützt auch nichts", sagte Jordan. „Das Öl wird durch den Treibstoff gekühlt. Überhaupt", fuhr er fort, „bin ich so gut wie sicher, daß es nur die dämliche Anzeige ist. Aber hundertprozentig kann ich das erst sagen, wenn wir unten sind."

„Das heißt, Nummer vier ganz ausschalten?"

„Ich fürchte, ja, Chef."

Es waren noch achthundertneunzig Meilen bis Gander. Beatty ließ Corfield Gander rufen und ihr Problem dort melden. „Aber wir erklären keinen Notfall", sagte er. „Wir kommen ohne weiteres mit drei Triebwerken hin." Er warf einen Blick auf die Uhr. Armer Amory, sein Zeitplan geriet ganz schön durcheinander. Gott sei Dank lag Gander auf kanadischem Territorium. Die Kanadier nahmen Landungen mit nur drei Triebwerken meist nicht tragisch. Auf einem britischen oder amerikanischen Flugplatz wären Notfallvorkehrungen erforderlich gewesen, mit teuren Feuerwehr- und Krankenwagen und allem Drum und Dran. Was natürlich alles sehr beruhigend war, in diesem Falle aber kaum nötig.

„Bewölkung über Gander", berichtete Corfield. „Aber keine Probleme."

Die Passagiere merkten nichts vom Abschalten des vierten Triebwerks. Von einem plötzlichen Antriebsverlust war nichts zu spüren. Und kein stillstehender Propeller hielt verräterisch vor einem untätigen Motor Wache.

Beatty räusperte sich und drückte den Sprechknopf. „Hier spricht der Kapitän. Ich muß Ihnen mitteilen, daß leider eine unplanmäßige Zwischenlandung erforderlich ist. Wir haben eine kleine technische Störung. Sie gibt nicht den geringsten Anlaß zur Sorge, aber wir möchten uns das mal ansehen. Wir werden also in einer guten Stunde in Gander, Neufundland, zwischenlanden. Der kurze Abstecher nach Neufundland wird Ihnen aber nicht in Rechnung gestellt; er gehört zum Amory-Service." Beatty stöhnte leise; so etwas lag ihm wirklich nicht besonders.

„Amory zehn-zehn, Sie haben Genehmigung zum Direktanflug."

Die 707 landete und verursachte Amory International Kosten in Höhe von fast tausend Dollar an Landegebühren und dreihundert Dollar für Kleinigkeiten wie das Heranrollen der Treppe und der Bodengeneratoren.

TranState Flugnummer 738 befand sich in diesem Augenblick 2114 Meilen entfernt im Anflug auf Des Moines in Iowa.

In Gander schnitt Jordan ein keilförmiges Stückchen Aluminiumblech zurecht. Es war, wie er mit berechtigtem Stolz betonte, etwa zwei Pence wert und würde die Arbeit der Thermostatfeder übernehmen, die den ganzen Ärger verursacht hatte. Die Mannschaft ließ die Triebwerke laufen; alles wurde gründlich überprüft. Beatty ließ die Tanks füllen. Alles war unter Kontrolle.

Fünf Minuten später klammerte er sich an den Handtuchspender im Waschraum. Seine Glieder waren schwer wie Blei. Er schnappte nach Luft. Der Raum begann sich zu drehen, dann hielt er wieder still, wie ein trudelndes Flugzeug, wenn es abgefangen wird. Gleich ist alles wieder in Ordnung, dachte Beatty.

Das war es auch. Langsam strömte wieder Kraft in seine Glieder und Nerven. Er richtete sich auf. Schwach, aber sicher. Es ging schon wieder.

In Wirklichkeit aber fühlte er sich krank und wacklig. Warum, fragte er, wirken denn die Pillen diesmal nicht? Brauchte er schon ein stärkeres Mittel? Reichte ihm dies hier schon nicht mehr? Er mußte zu Hoke deswegen, sobald er wieder in London war.

Beatty schüttelte den Kopf. Wie sehr hatte er sich doch selbst etwas vorgemacht! „Du bist erledigt“, sagte er sich. „Schluß. Nur ausgerechnet hier? In Neufundland? Nein!“ Aber er würde nicht selbst fliegen. Er würde noch eine Pille nehmen und Kopilot spielen. Wenn er dann tot umfiele, würde es nicht viel ausmachen. Corfield war ein sehr tüchtiger Bursche.

Jetzt fühlte er sich wohler. Von Toronto aus würde er Amory anrufen und ihm die Situation erklären. Der konnte ihn in Toronto viel eher ersetzen als hier in Neufundland.

Über das windige Vorfeld kamen die Passagiere wieder zum Flugzeug, froh, daß es weiterging.

Für die meisten war Neufundland das erste Stückchen Amerika, das sie zu sehen bekamen. Kein sehr erfreulicher Anblick. Len Sparrow gehörte zu den wenigen, denen der unplanmäßige Aufenthalt gelegen kam. Vielleicht bekam er jetzt endlich die Chance, ein bißchen von seinem unbezwingbaren Charme an der Biene mit dem hübschen Profil auszuprobieren. Aber diese alte Schachtel ließ die arme Kleine nicht eine Sekunde aus den Klauen. Damit waren ihm, bildlich gesprochen, die Hände gebunden. Er war sauer.

Als die Besatzung sich zum Start anschnallte, sagte Beatty zu Corfield: „Sie sind der Captain. Seien Sie so nett, und bringen Sie uns nach Toronto.“

Es WAR schwül in Chikago. Die stillstehende Luft war schwer von warmer, klammer Feuchtigkeit. Vaughan erhob sich aus dem Pilotensitz.

„In zwanzig Minuten bin ich wieder hier.“

Die Mannschaft sah bestätigend auf die Uhren.

Im Flughafen liefen lauter gereizte Menschen herum, beladen mit Gepäck oder Kindern. War heute ein Feiertag? Vaughan erinnerte sich nicht an das Datum. Er fluchte, während er Ausschau nach einem freien Telefon hielt. Dann stellte er sich hinter einen untersetzten Mann in zerknittertem Tropenanzug, der gerade jemandem – wahrscheinlich seinem Chef – erklärte, warum das Geschäft an die Konkurrenz gegangen war. Als der Mann auflegte, sah er ausgelaugt und müde aus. Er warf einen Blick auf Vaughans Uniform. „Ich würde mir auch gern mein Geld mit Fliegen verdienen."

„Immer noch besser, als dafür zu arbeiten", sagte Vaughan automatisch und griff zum Telefon.

Er steckte einen Zehner in den Schlitz und nannte der Vermittlung seine Kreditkartennummer und die Nummer des Krankenhauses in Hamilton, Ontario.

Die Krankenhauszentrale meldete sich. Vaughan erklärte, daß er sich gern nach dem Zustand einer Patientin namens Rosalie Pringle erkundigt hätte.

„Einen Augenblick, bitte." Dann: „Sind Sie der Herr, der aus Kalifornien angerufen hat?"

„Stimmt. Und jetzt rufe ich aus Chikago, Illinois, an."

Pause. „Sind Sie ein Angehöriger?"

„Ja. Ein Onkel. Aus Winnipeg."

„Aha". Wieder eine Pause. Dann: „Sir, ich darf eigentlich keine Informationen über ... aber da Sie von so weit anrufen ... Sir, Mrs. Pringle ist um ein Uhr fünfundzwanzig gestorben."

„Ein Uhr fünfundzwanzig", sagte er.

„Ja, Sir."

„Danke."

„Bitte sehr, Sir."

Er legte auf, während der Lautsprecher irgend etwas von Memphis und New Orleans ausrief.

„Wie wär's mit 'ner Tasse Kaffee?" Der Reisende im zerknitterten Anzug stand, leicht schwankend, immer noch da.

„Wie?" Vaughan sah den Mann an und sah ihn doch nicht. Er drehte sich ganz benommen wieder zum Telefon um und suchte in seiner Brieftasche nach dem Zettel, auf dem die Nummer in Carmel stand. Sei bitte da, bitte!

Susans Vater meldete sich.

„Ich muß mit Susan sprechen", sagte Vaughan.

Mr. Jearard spürte die Dringlichkeit. „Bleib dran, Chuck."

Irgendwo im Haus lief die Wiederholung einer Fernsehserie. Gegacker und eingeblendetes Gelache.

„Ja?" Kurz und bündig.

„Sie ist tot, Susan."

Schweigen.

„Susan?"

„Ja, ich bin noch da."

„Hast du gehört, was ich gesagt habe?"

„Ja, ich hab's gehört." Ihre Stimme wurde weicher. „Es tut mir leid, Chuck ... Ich weiß nicht, was ich sagen soll, wirklich nicht."

„Ich mußte einfach mit dir reden."

„Ich bin froh, daß du anrufst. Was ... wie ist es passiert?"

„Ein Unfall beim Segelfliegen. Wie es passiert ist, weiß ich nicht."

„Es tut mir leid", fuhr Susan fort. „Ja, es tut mir leid, weil sie jung war und ... ich meine es ehrlich, aber ..."

„Ich weiß, daß du es ehrlich meinst", sagte er.

„Wie geht es dir?"

„Ich bin ..." Er dachte nach und rieb sich die Stirn. „Ich bin ein wenig vor den Kopf geschlagen. Ich kann wirklich nicht sagen, wie's mir geht. Verstehst du das?"

„Natürlich. Von wo rufst du an, Chuck?"

„O'Hare. Ich muß gleich starten. Toronto, dann New York. Morgen komme ich wieder an die Westküste. Susan, wirst du ..."

„Möchtest du, daß wir dann zu Hause sind?"

„Und wie! Bitte, kommt nach Hause. Ich lande gegen sechs Uhr Ortszeit. Da kann ich gegen acht, halb neun bei euch sein."

„Wir werden dasein", sagte sie.

„Susan, ich weiß, es ist ... verrückt, daß ich dich anrufe ... um dir zu sagen ... du weißt, was ich meine."

Susan sagte: „Ich finde es gar nicht verrückt, Chuck." Es klang, als ob sie Tränen in den Augen hätte. „Eigentlich ist es ... sogar nett, daß du anrufst. So fasse ich es wenigstens auf. Ich weiß nicht, ob ich es so auffassen sollte, aber ich tu's."

„Ich bin froh darüber. Danke."

Sie sagte: „Flieg jetzt nicht, Chuck. Die können doch jemand andern einsetzen."

„Nicht so kurzfristig. Außerdem fehlt mir nichts. Bestimmt. Mach dir keine Sorgen. Grüß die Mädchen, und bis morgen."

„Ja", sagte sie. „Wiedersehen."

„Wiedersehen."

Der Mann im zerknitterten Anzug stand noch immer da, aber Vaughan ging an ihm vorbei, ohne ihn zu bemerken. Tot? War Lee wirklich tot? Und hatte er soeben ein ganz und gar unglaubliches Gespräch mit Susan geführt?

Er setzte sich auf eine Bank und starrte die Schlagzeile einer *Tribune* an, die jemand liegengelassen hatte. Bedeutungslose Worte. Nichts über Lee.

„Sind Sie Pilot?" Die Frage kam von einem kleinen Jungen.

Vaughan nickte. „Ja, mein Junge."

„Fliegen Sie Jumbos?"

„Nein. DC 8."

„Die ist auch nicht schlecht", meinte der Junge ernsthaft. „Ich bin schon mal mit 'nem Jumbo geflogen. Wenn ich groß bin, werde ich selbst einen fliegen."

„Dann darfst du ihn aber nicht mehr Jumbo nennen."

„Warum?"

„Bei ‚Jumbo' denkt man an einen Elefanten, nicht? Und die Boeing sieben-vier-sieben sieht doch nicht aus wie ein Elefant. Nur Leute, die nichts von Flugzeugen verstehen, sagen Jumbo."

Der Junge versprach, sich das zu merken.

„Captain Vaughan, Sir?"

Vaughan sah auf. Garten stand vor ihm, aus allen Poren schwitzend.

„Es ist dreizehn Uhr fünfundvierzig, Sir."

„Was?" Vaughan starrte auf die Uhr. „Entschuldigung", sagte er. „Ich hab gar nicht gemerkt, daß es so spät ist." Jetzt muß ich ein großes Formular ausfüllen, dachte er benommen. „Grund für den verspäteten Start."

„Ist Ihnen nicht wohl, Sir? Sie sitzen hier so . . . allein."

Der kleine Junge und seine Mutter waren gegangen. Vaughan hatte es nicht gemerkt. „Mir fehlt nichts", sagte er zu Garten. „Ich muß nur eingedöst sein."

„Ich habe die Außenkontrollen durchgeführt, Sir."

Vaughan nickte. „Gut. Gehen wir."

Grant Hobbs pflegte in der Economy-Klasse zu reisen, trotz eines Jahreseinkommens von über hunderttausend Dollar durch sein Rechnungsversandunternehmen (wovon er aber rund achtzigtausend regelmäßig dem Finanzamt anzumelden vergaß). Er schätzte die Anonymität der Economy-Klasse – in der ersten Klasse bemerkten einen die Leute. Er hatte Angst vorm Fliegen. Deshalb fuhr er auch lieber mit dem Auto, aber heute hatte ihm ein Instinkt geraten, den Staat Kalifornien mit dem schnellsten verfügbaren Transportmittel zu verlassen. Er hatte das Ticket für TranState Flugnummer 738 erst wenige Minuten vor dem Start gekauft.

Als er an Bord ging, hatte er sich von der Stewardeß erklären lassen, wie man die Notausstiege öffnete. Es war beruhigend, so etwas zu wissen; Überleben war weitgehend eine Frage der Vorausplanung.

Als Hobbs in Chikago wieder an Bord der DC 8 ging, sah er noch einmal nach dem Notausstieg. Dann schlug er ein Buch auf, doch ehe er anfangen konnte zu lesen, erschien über der Sitzlehne vor ihm ein leuchtendroter Kopf, und eine ebenso strahlende Stimme erklärte ihm, er brauche sich nicht um die Notausstiege zu kümmern, diese Flugzeuge seien so sicher wie Häuser.

„Danke für den Hinweis", brummelte Mr. Hobbs und begann mit seiner Lektüre.

Lillian Dumont wandte sich wieder nach vorn, ein Lächeln auf den Lippen. Dieser stille kleine Kerl hatte Format. Format erkannte man immer. Vielleicht würde er nach dem Start eine Unterhaltung mit ihr anfangen. So eine Begegnung wäre ihr jetzt gerade recht gekommen, damit ihr großes Abenteuer auch einen richtig beschwingten Anfang nahm. In wenigen Minuten würde sie aus Chikago heraus sein, fort aus den USA. Sie hielt ihre Handtasche fest an sich gepreßt. Es waren 16 821,37 Dollar darin. Sie hatte Herman einen Zettel hinterlassen, es sei ja wirklich schändlich von ihr, aber sie empfinde ihn nun einmal als Klotz am Bein, und das gelte ebenso für seine Mutter. Dann hatte sie die Haustür so fest zugeschlagen, daß der Briefkasten von der Wand gefallen war. Am Flugplatz hatte sie ein Ticket nach Toronto gelöst. Einfach. Sie war noch nie in Toronto gewesen, hatte aber gehört, es sei eine tolle Stadt, und an der Grenze gebe es keine Schwierigkeiten, wenn man sagte, man wolle nur für ein, zwei Wochen eine Kusine besuchen.

Ein halbes Dutzend Reihen vor ihr half Earl Gasparac seiner Frau mit dem Sicherheitsgurt. Sie lächelte und plauderte, obwohl sie offensichtlich die Hölle durchmachte. Es müßte einen Orden für Leute geben, die leiden, ohne zu klagen, dachte Earl Gasparac bitter. Einen Orden für unvergleichliche Tapferkeit, einen lausigen Tag um den andern.

Die Stewardessen schritten flott durch den Gang. Alle Gurte waren angelegt; in den Gepäckablagen über den Sitzen gab es keine Aktentaschen oder Kameras, die bei einem rauhen Flug hinausgeschleudert werden und jemanden verletzen oder töten konnten. Die Toiletten waren frei, die Notausstiege gesichert, die Türen geschlossen und verriegelt. TranState Flugnummer 738 war fertig zum Start. Die Verspätung betrug zweiundzwanzig Minuten.

Sechstes Kapitel

Am Himmel über Nordamerika befanden sich zehntausenddreihundertundvier Flugzeuge, als TranState Flugnummer 738 in Chikago startete. Eines davon war Amory International Flugnummer 1010, das soeben zwischen Maine und New Brunswick die Grenze zwischen Kanada und den USA überflog. Ein weiteres war Henry Peels kleine gelb-weiße Aeronca. Eben war er im Tiefflug über die Farm hinweggebraust; jetzt schwirrte er in Richtung Niagara-Fälle davon. Äußerst zufrieden kreiste er über dem gewaltigen Wasserfall. Mit den Flügelspitzen durchschnitt er den aufsteigenden Sprühnebel. Die Straßen unter ihm waren vollgestopft mit Autos, in denen heiß und ungemütlich Leute saßen. Henry blickte mit belustigtem Mitleid auf sie hinab.

Ihn packte die Wanderlust. Gab es ein größeres Glück auf der Welt, als am Steuer seines eigenen Flugzeugs zu sitzen? Vielleicht sollte er sich ein größeres kaufen und versuchen, den einen oder anderen Rekord zu brechen. Warum nicht? Einsamer Adler Henry Peel landet in Paris. Er mußte laut über sich selbst lachen, als der winzige Flugplatz Welland durch den Sommerdunst in Sicht kam. Er kannte Welland gut. Der Flugplatz hatte keinen Kontrollturm und stand darum Flugzeugen ohne Funkgerät offen. Gekonnt setzte Henry mit allen drei Rädern gleichzeitig auf. Er tankte voll, startete wieder und wandte sich nordwärts, dem Schiffskanal nach zum Ontario-See. Die Luft war unruhig, aber das – hatte Henry gelernt – sei um diese Jahreszeit ganz normal. Sein kleines Flugzeug tanzte und wackelte, wenn es die Aufwinde kreuzte.

In Welland hatte Henry Peel sich nicht die Zeit genommen, nach dem Wetter zu fragen; sonst wäre er wahrscheinlich nach Hause geflogen.

Er fühlte einen Druck um die Augen und ein Schnüren an der Kehle. Vor ein paar Minuten hatte Beatty noch eine von den Pillen genommen. „Gleich geht's wieder", versuchte er sich immerzu einzureden. Aber er wußte, es war sinnlos. Die Pillen waren kein Allheilmittel. Unten lag Montreal. Er sah auf die Uhr. In einer knappen Stunde ging der Flug zu Ende. Und seine Karriere. *Finito*. Im Augenblick hatte Corfield das Kommando über die Maschine. Und er machte seine Sache ausgezeichnet.

Webb, der Navigator, hatte den neuesten Wetterbericht. „Toronto meldet Gewittertätigkeit, stellenweise schwer. Im Augenblick ist der Flugplatz selbst nicht betroffen, aber sie meinen, es könnte soweit sein, bis wir da sind."

„Verstanden", sagte Corfield. „Wir fragen in einer Viertelstunde noch einmal an."

Vor ihnen verschwammen Erde und Himmel zu einem einzigen Dunst. Typisches Sommerwetter für diesen Teil der Welt: Feuchtigkeit und Hitze – und kühlere Luft, die immer irgendwo für Unruhe sorgte. Beatty dachte, von jetzt an werden die Luft und ihre rastlosen Bewegungen für mich nur noch von akademischem Interesse sein. Er würde sie nie mehr als Flieger sehen und fühlen – die stets sich bewegenden Luftmassen, die über die Erde strichen, zigtausend Tonnen schwer, kalt, warm, feucht, trocken, manchmal friedlich, manchmal zornig; Milliarden Moleküle, stets in Bewegung, dahin und dorthin gejagt von Winden, die unaufhörlich aus Hochdruckgebieten in Tiefdruckgebiete strömten.

Ein Flieger lernt die Luft kennen und respektieren, die Form einer Wolke, die Farbe des Mondes, geradeso, wie ein Seemann die Launen des Meeres kennt. Es ist sein sechster Sinn, der immer dann einspringt, wenn die Instrumente versagen – der ihm sagt, daß *dies* der Weg zurück zum Flugplatz ist, daß *jetzt* der richtige Augenblick ist, durch eine Nebelwand zu schlüpfen. Beatty runzelte die Stirn. Das Wetter da vorn gefiel ihm gar nicht.

TRANSTATE Flugnummer 738 spürte bereits die Turbulenzen. Eine unsichtbare Faust schlug nach der Düsenmaschine, als sie vorbeiraste, schüttelte sie, jagte Spannungen durch ihre zweieinhalb Millimeter dicke Haut. Den Passagieren bot sich der beunruhigende Anblick riesiger, sich unter plötzlicher Beanspruchung biegender Tragflächen. Sie wußten ja nicht, daß die Flügel sich knapp drei Meter weit durchbiegen konnten, ohne Schaden zu nehmen.

„Geben Sie das Leuchtzeichen zum Gurtanlegen", sagte Vaughan zu Garten. „Und machen Sie das bitte mit dem Lautsprecher. Sagen Sie, wir haben Turbulenzen vor uns, und die Leute sollen zu ihrer eigenen Sicherheit die Gurte anlegen."

Garten nickte. „Jawohl, Sir."

Vaughan kontrollierte die Armaturen. Geschwindigkeit, Höhe, Kurs, Temperaturen und Drücke: alles in Ordnung. Aber es wurde von Minute zu Minute ungemütlicher. Die Anzeigenadeln zitterten hinter den Abdeckscheiben.

Lee, Lee! Ich kann es nicht glauben, daß du tot bist, ich kann nicht, ich kann nicht.

Die Erde war fast gänzlich unter der Nebeldecke verschwunden. Vor ihnen lag der Erie-See. Detroit lag unter einer Glocke braungefärbter Luft, die nicht aussah, als ob sie irgendeine Form von Leben beherbergen könne.

„Die Suppe braut sich da drüben zusammen", sagte Vaughan zu Garten und zeigte hinüber.

„Sieht ganz so aus, Sir." Garten war nicht zum Widerspruch aufgelegt.

Vor ihnen türmten sich riesige blauschwarze Wolken übereinander, als wollten sie eine Mauer am Himmel errichten, bevor Flugnummer 738 sie erreichen konnte.

IM NORDOSTEN der Vereinigten Staaten und in den angrenzenden kanadischen Provinzen war es ein schwüler Tag gewesen. Die Luft war schwer von Hitze, feuchtdumpfer Hitze. Entsprechend litten Nerven und Launen der Erdlinge da unten. Aber die Nachrichtenmedien meldeten kommende Erleichterung; von Norden nahte eine Kaltluftfront.

Da kalte Luft schwerer ist als warme, blieb die Front auf ihrem Vormarsch dicht über dem Boden. Sie war ein unsichtbarer Keil, der die warme, feuchte Luft von der Erdoberfläche abdrängte und auf dem Rücken nachrückender weiterer Kaltluft in die Höhe wirbelte. ABKÜHLUNG IN SICHT meldeten die Zeitungen. Sie hatten recht. Der ersten Front folgte eine zweite, noch kältere, auf dem Fuße.

Inzwischen stieg und stieg die feuchtwarme Luft, unablässig nach oben gedrückt. Bald war sie zehn-, fünfzehn-, sogar zwanzigtausend Fuß hoch. Und plötzlich kühlte sie ab. Und wie Dampf aus einem Kessel nahm die Luftfeuchtigkeit unvermittelt eine andere Gestalt an. Sie wurde sichtbar. Winzige Tröpfchen fanden sich zusammen und wurden zu Wolken. Kumuluswolken, Gewitterwolken.

Geschäftig bereitete die Natur dem Sturm die Bühne.

IN DEN dreißiger Jahren waren einmal fünf deutsche Segelflieger bewußt in ein Gewitter geflogen, um es aus der Nähe zu studieren. Das war sehr mutig von ihnen, aber auch leichtsinnig. Minuten später wurden ihre Segelflugzeuge umhergewirbelt wie Laub. Dann zerbrachen sie. Die Piloten sprangen um ihr Leben. Aber sie machten den Fehler, ihre Fallschirme zu früh zu öffnen. Die wilden Aufwinde des Gewitters erfaßten die geöffneten Schirme und rissen sie mitsamt den Männern in die Höhe. Die Flieger waren machtlos. Nach Atem ringend fühlten sie, wie eine Eisschicht sie überzog. Schwerer jetzt, stürzten sie der Erde entgegen, bis die aufwärtsschießende Warmluft wieder ihre Schirme fand und erneut in die Höhe riß. Wie durch ein Wunder überlebte einer, wenn auch mit schweren Erfrierungen. Die anderen blieben Spielbälle des Sturms, bis er sich legte. Dann kehrten sie endlich zur Erde zurück, menschliche Hagelkörner an zerfetzten Fallschirmen.

Gewitter flößen einem Piloten größten Respekt ein, denn sie sind mordlüstern und vermögen unvorstellbare Energien freizusetzen. Das weitaus vernünftigste ist, sie zu meiden. Deshalb verfügen Passagierflugzeuge über Radaranlagen, die eine Gewitterfront schon aus über dreihundert Kilometer Entfernung ausmachen können.

Die Zellen des Gewitters, das Vaughan und Beatty jeweils vor sich entstehen sahen, rasten aufwärts. Wellen von Luft strömten hinter ihnen nach. Wasserpartikel wurden mittlerweile schon so hoch hinaufgeschleudert, daß sie prompt gefroren. Sie fielen; schmolzen; wurden als Tropfen wieder emporgerissen, froren, fielen. Und wieder bremsten neue, stärkere Aufwärtsströmungen warmer, mit Wasser gesättigter Luft ihren Sturz und schleuderten sie in den Himmel. Schließlich waren die Eiskörner so schwer, daß auch die stärksten Aufwinde sie nicht mehr halten konnten. Zu Milliarden stürzten sie zur Erde, mit bis zu zweihundert Stundenkilometern. Und wie eine Lawine, die sich durch die warmen Aufwinde Bahn brach, rissen sie Welle um Welle kalter Luft hinter sich her.

Das war das Signal zum Gewitter. Wie wenn einer auf einen Knopf gedrückt hätte, änderten die Winde schlagartig die Richtung und stürzten übereinander her. Hagel prasselte auf die Erde, der Himmel wurde zum Schlachtfeld. Aufwinde und Abwinde bekämpften einander in tödlicher Umarmung und erzeugten Windscheren wie Guillotinen, die einem Flugzeug die Flügel vom Rumpf reißen konnten.

„Heilige Mutter Gottes", sagte Henry Peel laut und vernehmlich.

Er schluckte. Der Anblick ließ ihn vor Schreck erstarren. Riesenhafte Wolken. Blauschwarz. Brodelnd vor Wut. Wieso hatte er sie nicht sich bilden sehen? Er hatte über den See geblickt, sich eingebildet, es sei der Atlantik, den er überflog, ein berühmter Held, in allen Städten gefeiert ...

Die Sonne verschwand. Es war Nacht. Noch nie hatte Henry sich so winzig gefühlt, so hilflos, so ungeheuer und schrecklich allein. Auf der ganzen Welt gab es niemanden, der ihm helfen konnte. Er hatte kein Funkgerät und konnte sich an niemanden wenden, bevor er landete. *Wenn* er noch einmal landete. Er krampfte eine Hand vor den Mund. In ein paar Minuten kann ich tot sein!

Die Sturmwolken hatten eine riesige bewegliche Mauer gebildet, entschlossen, ihn auf den Ontario-See hinauszudrängen, aber das durfte er nicht zulassen. Er *mußte* landeinwärts fliegen. Richtung zehn Uhr. Dort drüben sah der Himmel etwas heller aus. Mit ein ganz klein wenig Glück würde er einen Landeplatz finden.

Er drückte den Steuerknüppel nach vorn. Das kleine Flugzeug machte einen Hüpfer und legte sich schräg, kämpfte sich tapfer durch die feindselige Luft. Er überflog das Ufer, an dem eine stark befahrene Autobahn entlangführte. Eiliger Verkehr. Die Scheinwerfer waren eingeschaltet. Man rechnete mit dem Schlimmsten. Aber noch war die Erde trocken, und das Gewitter hatte noch nicht richtig losgelegt. Henry spürte jedoch bereits seinen Zorn.

Kein Landeplatz in Sicht. Wo war er überhaupt? Himmel, warum hatte er bloß nicht achtgegeben! Einfach so am Himmel umherzuirren wie ein Landstreicher ... Er flog über Häuserreihen und Straßen, auf denen Leute gingen, die Füße vernünftigerweise auf guter, fester Erde. Ein Einkaufszentrum; Autos in dichten, sauber ausgerichteten Reihen; die Lichter im Innern trotzten dem ungeheuren Schatten über ihnen. Alles dicht bebaut. Nirgends ein Landeplatz. Das mußte Toronto sein. Eine andere Stadt dieser Größe gab es in der Gegend nicht. Großer Gott, wie hatte er sich verflogen. „Du gottverdammter Idiot!"

Die ersten Regentropfen klatschten gegen die Scheibe. Fast gleichzeitig erfaßte eine Riesenhand Henry und seine Aeronca. Aufwärts ging's. Wahnwitzig. Selbstmörderisch.

Er riß den Mund auf wie zum Protest. Nichts, aber auch gar nichts von allem, was er tat, nützte ihm etwas. Knüppel nach vorn. Pedale hart links, dann rechts. Gashebel vor, zurück. Alles umsonst. Aber das Höhenruder *mußte* doch das Heck anheben! Das Seitenruder *mußte* die Flugzeugnase drehen. So hatte er es gelernt. Aber es stimmte nicht mehr. Die Aeronca konnte dem Aufwind nicht entkommen. Sie sauste empor in einem Strudel tosender Luft. Die Erde sank. Darüber nur blaue Schwärze.

„Gott ... o Gott!" Jetzt stand die Aeronca fast senkrecht. Von

Sinnen vor Angst, starrte Henry in eine andere Welt: eine Welt brodelnder schwarzer Wolken.

Das war das Ende. Mußte das Ende sein. Henry fühlte sich gegen die Wand des Cockpits geschleudert. Etwas schlug ihm an den Kopf. Flog er auf dem Rücken? Nein, bestimmt nicht! Aber dann war er nicht mehr so sicher. Überhaupt nicht. Die Luft hatte sich gegen ihn gestellt. Er hatte sie für seinen Freund gehalten, seinen Gefährten im Abenteuer; jetzt gab sie sich alle Mühe, ihn umzubringen.

Mit der Erkenntnis, daß er völlig hilflos war, kam eine Art Friede über ihn. Er konnte nichts anderes mehr tun als auf das Ende warten. Höchstwahrscheinlich würde das Flugzeug bald in Stücke brechen. Tausend Teile würden zur Erde wirbeln, und er wäre eines davon.

„Wird schon alles gutgehen", versicherte Frederic Cox seiner Frau und tätschelte ihre Hand, die zur Faust geworden war. „Ein paar Luftlöcher, sonst nichts. Kein Grund zur Aufregung."

Sie stöhnte. „Fred, sag ihm, er soll runter auf die Erde mit dem Ding."

„Wer?"

„Der Fahrer."

„Geht nicht, Mädchen. Weißt du, der hat da vorn alle Hände voll zu tun. Wir wollen ihm doch nicht ins Handwerk pfuschen, oder?"

Len Sparrow konnte nur denken, was für ein Gottesgeschenk dieses Wetter wäre, wenn er auf dem richtigen Platz säße! Er, der starke, schweigsame Tröster – das hätte sicher Wunder gewirkt. Aber nein, stört mich gar nicht, wenn Sie den Kopf auf meine Schulter legen. Machen Sie sich's nur ... Ohne die mindeste Vorwarnung kam Len Sparrow das Mittagessen hoch. Er hörte das Mädchen sagen: „Oh, der arme Junge!" Gekränkt, beschämt eilte er zur Toilette.

„Fehlt ihm was?" erkundigte sich Miß Hardcastle.

„Ihm ist schlecht geworden", sagte Julie. „Es ist nämlich ziemlich unruhig."

Miß Hardcastle lächelte. „Ja, das merke ich."

Julie errötete. „Natürlich! Wie schrecklich dumm von mir."

VAUGHAN holte tief Luft, als er die finsteren Gebirge am Himmel erblickte. Toronto meldete heftige Gewittertätigkeit mit Regen, Hagel und Windböen bis zu fünfzig Knoten.

„Toronto, hier TranState sieben-drei-acht, wir möchten warten, bis bei Ihnen das Schlimmste vorbei ist."

„Verstanden, bleiben Sie auf Empfang." Bald darauf meldete sich der Fluglotse wieder und wies sie an, über Funkfeuer Ash zu kreisen, wo es keine Gewittertätigkeit gab.

Schon bald lag die Maschine wieder ruhiger. In der Nähe funkelte die Sonne auf dem aufgewühlten Wasser des Ontario-Sees. Vaughan bewegte die Steuersäule und drückte sanft aufs Pedal. Vor den Frontscheiben erschienen die Städte des jenseitigen Ufers und verschwanden wieder, wenn das Flugzeug weiter seinen Kreis beschrieb. Jetzt erstreckten sich hundert Meilen Wasser voraus; die kanadische Küste duckte sich unter drohenden Gewitterwolken. Hin und wieder zuckte ein Blitz zwischen Himmel und Erde.

Vaughan drückte den Sprechknopf. „Hier spricht der Kapitän. Ich muß Ihnen mitteilen, daß wir leider ein paar Minuten später in Toronto landen werden. Über Toronto liegt eine Schlechtwetterfront, die aber bald vorübergezogen sein dürfte. Wir bitten wegen der kleinen Verspätung um Entschuldigung, aber wahrscheinlich kommen Sie lieber ein paar Minuten später unten an als ..."

Als was? Tot? Wie Lee? Er erschrak. Das hatte er nicht sagen wollen. Er drückte wieder auf den Knopf. „Äh, wir sagen Ihnen Bescheid, sobald wir Landeerlaubnis haben. Danke."

Unten drehte sich langsam der Ontario-See.

Niemand konnte ahnen, daß es auf jeden Fall sicherer gewesen wäre, eine Landung im Gewitter zu versuchen.

BEATTY lehnte sich zurück und schaute zu, wie Corfield die 707 zwischen den Wolkentürmen hindurchsteuerte, in leichter Schräglage, um plötzliche Bewegungen zu vermeiden. Die schnittigen Flügelspitzen stachen wie Stilette durch wirbelnde Wolken, die dann plötzlich den Blick wieder fast bis zur Erde freigaben. Beatty sah durch den Dunst die östlichen Ausläufer des Ontario-Sees; dann versperrten Wolken ihm erneut die Sicht.

Beatty fühlte sich wieder besser. Komisch, wie ausgesprochen wohl er sich nach einem von diesen seltsamen Anfällen fühlen konnte. Trotz allem also ein dreifaches Hoch auf Dr. Hokes „Zauberpillen".

Lewis, der Chefsteward, trat ein. Er hielt sein Gleichgewicht mit der Sicherheit eines Menschen, der den größten Teil seines Erwachsenenlebens in fliegenden Flugzeugen herumgegangen war.

„Wie geht's den Passagieren?" erkundigte sich Beatty.

Lewis schnitt eine Grimasse. „Hinten wird ein bißchen gekotzt, Sir, aber wir sind Herr der Lage."

„Etwa in einer halben Stunde dürften wir unten sein", erklärte Beatty ihm.

Webb reichte Beatty eine Karte, auf der er das voraussichtliche Landegewicht und die richtigen Schubwerte für den Fall berechnet hatte, daß sie durchstarten mußten. Jordan kümmerte sich um den Druckausgleich in der Kabine und das Treibstoffgleichgewicht. Die 707 sank Toronto entgegen und passierte Flugfläche 180.

Der Fluglotse runzelte die Stirn. War das ein Echo? Es verschwand, kam wieder und verschwand. Er schüttelte den Kopf. Bei solcher Gewittertätigkeit ringsum konnte man unmöglich etwas erkennen. Wenn das ein Echo war, mußte es von einem kleinen Flugzeug sein. Aber es war kein kleines Flugzeug in der Nähe – zumindest hatte keines sich auf Frequenz 119,3 in Toronto gemeldet.

Die Stimme vom Boden kämpfte mit den atmosphärischen Störungen. „Amory zehn-zehn, Sie haben Erlaubnis, auf fünfzehntausend zu sinken und dort zu warten. Kommen."

Beatty wiederholte die Anweisung. Das Flugzeug sank mit zweitausend Fuß pro Minute, jagte durch die Turbulenzen dahin. Auf beiden Seiten drohten die Gewitterwolken. „Was haben Sie vor?" fragte er Corfield.

Corfield dachte kurz nach. „Die Bodensicht ist fast auf Minimum. Heftige Stürme. Ich habe ein paar Flugzeuge melden hören, daß sie warten wollen. Ich würde sagen, das tun wir auch."

Beatty meinte: „Gewitter können in dieser Gegend verteufelt lange dauern. Wir sind schon weit hinterm Zeitplan."

„Das weiß ich, Sir", sagte Corfield errötend. „Aber wenn Wetterbedingungen eine Landung gefährlich machen . . ."

„Meinen Sie nicht, wir sollten die Landung einleiten und erst aufgeben, wenn feststeht, daß wir nicht können?“

Corfield schluckte. „Ich fürchte, Sir, ich habe mit solchen Wetterbedingungen nicht genügend Erfahrung. Es wäre mir lieber, wenn Sie wieder übernähmen.“

Beatty nickte. „In Ordnung.“

Corfield ließ abrupt das Handrad los, als ob es ihm zu heiß geworden wäre, und blickte starr geradeaus. Der TranState-Kollege hat völlig recht, den Sturm abzuwarten, dachte er. Das war vernünftig und sicher. Aber der schneidige Captain Beatty ließ sich ja durch nichts schrecken. Immer ran an den Feind. Diese alten Bomberpiloten waren doch alle gleich.

Beatty lächelte still vor sich hin. Er wußte, wie dem armen Kerl jetzt zumute war.

Toronto rief: „Amory zehn-zehn, wir empfangen Ihr Transpondersignal nicht.“ Kein Wunder, dachte Beatty, unser Transponder ist nämlich kaputt. Er schaltete demonstrativ auf den Hilfstransponder. Wie zu erwarten, meldete der Fluglotse weiterhin keinen Empfang. Jetzt mußte er herausfinden, welcher von den flimmernden Punkten auf seinem Radarschirm die 707 von Amory war.

„Gehen Sie auf Kurs drei-drei-null ... Danke, Amory zehnzehn, wir haben Sie identifiziert. Bitte melden Sie Ihr Vorhaben.“

„Landung in Toronto.“

„Verstanden. Bleiben Sie auf Empfang.“

Beatty kratzte sich die Nasenspitze. Er war vollkommen zuversichtlich, daß er das Flugzeug landen konnte oder, wenn die Bedingungen auf dem Flugplatz unmöglich waren, wissen würde, wann er den Versuch abzubrechen hatte.

„Gehen wir schon mal die Checkliste durch.“

Nacheinander wurden die Systeme des Flugzeugs durchgeprüft. Keine Probleme – abgesehen von dem ausgefallenen Transponder. Und auf den kam es jetzt gar nicht mehr an; Toronto hatte die Amory-Maschine auf dem Radarschirm identifiziert. Die flimmernden Punkte hatten jetzt alle einen Namen.

Zeit hatte keine Bedeutung. Wenn man Henry Peel gefragt hätte, wie lange er von den Stürmen umhergeworfen worden sei, hätte er vielleicht gesagt, eine halbe Stunde. In Wirklichkeit waren es keine drei Minuten gewesen. Lange war er während dieses grausamen Zwischenspiels auf dem Rücken geflogen. Einmal war er aus einer Wolkenwand geschossen und hatte ein verschwommenes Stückchen Himmel gesehen. Dann war es ohne Vorwarnung wieder finster. Finster, feucht und einsam. Und kalt. Er klammerte sich am Instrumentenbrett fest. Die Armaturen spielten verrückt, die Nadeln drehten durch. Hagel hüllte Henrys kleine Welt in eine feste Eisschicht. Sekunden später schmolz das Eis und flog in unregelmäßig gezackten Schollen fort. Von der Erde war nichts zu sehen. Gab es sie überhaupt noch? Oder war dies das Ende der Welt?

Plötzlich jubelte Henry. Er war frei! Und unter ihm lag die schöne Erde, voll herrlicher Menschen. „Großer Gott", sagte er.

Ein Stoß irgendwo in der Nähe der Stabilisierungsflosse erinnerte ihn, daß der Sturm ihm noch dicht auf den Fersen war. Mit ungebrochener Wut. Die kleine Aeronca befand sich in einer steilen Kurve. Wenn er nicht augenblicklich etwas dagegen tat, würde er geradewegs wieder in die Gewitterwolke zurückfliegen. Henry trat aufs Pedal und stieß den Knüppel zur Seite. Gehorsam richtete die Aeronca sich auf. Gashebel vor! Nichts wie weg hier.

Ihm fiel auf, wie sonderbar kalt es war. Er sah auf den Höhenmesser. Die Nadeln rasten nicht mehr. Es dauerte ein paar Augenblicke, bis er begriff, was ihre Stellung bedeutete.

„Großer Gott", sagte er schon wieder. Er war auf siebzehntausend Fuß.

Sein Bewußtsein verschwamm. Er hörte seine eigene Stimme, die ihm befahl, den Steuerknüppel vorzuschieben. „Der Grund", erklärte seine Stimme dazu, „ist nämlich der, daß du infolge Sauerstoffmangels ohnmächtig wirst. Der Arzt hat dir das im theoretischen Unterricht alles eingehend erklärt. Wenn du nichts dagegen unternimmst, stirbst du."

Und trotzdem war es eine Schande, hier fortzumüssen. In dieser Himmelsnähe waren die Farben so weich und die Laute so sanft. Jetzt versuchten seine Augen sich auf etwas zu konzentrieren. Das war schwierig, weil das Etwas nicht stillhalten wollte. Henry blinzelte. Eine Wolkenschicht raste ihm entgegen und sah so kompakt aus, als ob sie die Aeronca zerschmettern könnte. Dann sah er, daß er durch die eine Wolke hindurch war und daß darunter immer mehr lagen. Mit jedem Atemzug in der dichteren Luft kehrte die Wirklichkeit zurück. Nach und nach, als hätte er unbegrenzt Zeit zur Verfügung, begriff er Einzelheiten seiner Situation. Er befand sich im Sturzflug. Wenn er die Maschine nicht abfing, war er ein toter Mann. Der Steuerknüppel stemmte sich gegen seine Hand. Henry sah jetzt auch, daß der Motor auf vollen Touren raste. Er zog den Gashebel in den Leerlauf.

Allmählich bequemte sich das kleine Flugzeug aus dem Sturzflug heraus. Bald flog es schon fast wieder gerade, und die Tragflächen waren immer noch dran. Durch die Wolken hindurch sah Henry immer mal wieder ein Stückchen Erde oder See. Aber welcher See war das? Er sah sich nach einer Landmarke um. Statt dessen sah er eine Boeing 707.

Die kleine Aeronca schoß plötzlich hinter einer Wolkenwand hervor wie ein selbstmörderisches, gefährliches Spielzeug. Da war sie jetzt, nur ein paar Fuß entfernt – ein schwächliches Ding, das durch die Luft taumelte. Drinnen war deutlich ein junger Mann im buntkarierten Hemd zu erkennen. Sein Gesicht war der auf ihn zu rasenden 707 zugewandt. Sein Blick war ungläubig.

Corfield fand gerade noch Zeit zu einem halberstickten Warnruf.

Beatty hatte schon Quer- und Seitenruder herumgerissen. Aber die Zeit war so knapp. Der Düsenriese legte die Entfernung zwischen den beiden Flugzeugen in Sekundenbruchteilen zurück. Die Aeronca tanzte ihm genau vor der Scheibe, wahnwitzig groß und nah. Dann war sie fort.

In der Passagierkabine kam Len Sparrow eben von der Toilette, wo er sich von neuem übergeben hatte. Er schloß gerade die Tür, als sich ohne Vorwarnung das ganze Flugzeug auf die Seite legte. Len wurde in die Toilette zurückgeschleudert und landete benommen und elend auf dem Sitz. Eine Stewardeß war ebenfalls auf den Beinen, als Beatty die 707 scharf in die Kurve riß. Instinktiv griffen ihre Hände nach irgend etwas und fanden Mr. Cox.

„Wir stürzen ab", keuchte Mrs. Cox.

„Nein ... ganz normal, so ein Manöver kurz vor der Landung", flüsterte ihr Mann tapfer, aber wenig überzeugend.

Die 707 stürzte.

„Helfen Sie doch, Mann!“

Corfield nickte krampfhaft, die Augen blank vor Entsetzen. Seine Hände ergriffen das Steuer. Gemeinsam stemmten sich die beiden Piloten gegen den Sturzflug. Mit jedem Muskel, jeder Faser konzentrierten sie sich darauf, die 707 abzufangen, bevor sie in den Ontario-See stürzte. Wolkenschichten rasten vorüber. Irgendwo brüllte eine erregte Stimme irgend etwas übers Funkgerät. Jemand im Flugzeug las laut die Höhenanzeigen ab. Jordan. Vernünftiger Bursche.

Beatty wußte nicht, ob er die Aeronca getroffen hatte. Würde man so ein zerbrechliches kleines Ding überhaupt spüren? Was hatte dieser Vollidiot da zu suchen, und gerade jetzt?

„Sachte, nicht zwingen.“ Corfield riß zu energisch an der Steuersäule. Sein verzweifelter Wunsch, am Leben zu bleiben, garantierte ihm fast ein vorzeitiges Ableben.

Gott sei gelobt, dachte Beatty, wir *könnten* es schaffen. Er sah den See in die Waagerechte kippen.

„Herrlich!“ schrie Corfield strahlend. „Braves Mädchen! Gutes Mädchen!“ Immerzu tätschelte er das Instrumentenbrett, als wäre es der Rücken eines treuen Hundes.

Ein Streifen Sonnenlicht drang vor ihnen durch die Wolken wie ein Suchscheinwerfer. Beatty merkte, daß er lächelte. Wie viele Leben hatte er jetzt noch? „Sind die Flügel noch alle dran?“

Corfield sah bedächtig zu den Fenstern hinaus. „Alle Flügel dran und nachgezählt, Sir. Auf ein neues.“

„Was ist das für ein Lärm?“ fragte Webb, der Navigator.

„Das Fahrwerksignal. Schalten Sie’s aus.“

Das Signal krächzte wie ein zänkisches altes Fischweib und wollte die Besatzung darauf aufmerksam machen, daß das Fahrwerk noch eingezogen war, obwohl sie schon dicht überm Boden flogen.

Die Steuersäule bäumte sich gegen Beattys Hand. Ein leichter Zug zurück. Etwas höher, mein Mädchen. Wir brauchen etwas mehr Höhe.

„Kann mal einer gehen und nachsehen, was die Passagiere machen? Und ihnen sagen, wir hätten einen Beinahezusammenstoß gehabt ...“ Beinahenahenahenahe ...

Die Skalen auf dem Instrumentenbrett begannen zu wabern

wie Amöben unterm Mikroskop des Wissenschaftlers. Beatty hatte noch Zeit zu denken: Ich bekomme wieder einen Anfall, und zu Corfield zu sagen: „Übernehmen Sie", und dann wurde die Welt zu einem Nebel sich drehender Lichter und Schatten und dumpfer, beharrlicher Geräusche.

DAS Gesicht des Fluglotsen war aschfahl. Sein Radarschirm war wie ein Alptraum. Die hellgrünen Pünktchen – jedes stand für ein Düsenflugzeug voller Menschen – waren zu eigensinnigen, zur Selbstzerstörung entschlossenen Geschöpfen geworden.

Verzweifelt versuchte er sich einen Überblick über die Situation zu verschaffen – und wie sie in zehn oder dreißig Sekunden aussehen würde. Der wildgewordene Punkt links mußte die Amory sein. Aber was hatte sie zum Sturzflug veranlaßt? Jetzt jagte sie in gleichbleibender Höhe über den See dahin. Und stieg.

Mutter Gottes! „Amory zehn-zehn, sofort links abdrehen!"

VERDAMMT, er hat einen Herzinfarkt, dachte Corfield. Er starrte auf Beattys Mund, der krampfhaft Worte zu formen versuchte.

Dann rief Jordan: „Die Bodenkontrolle ruft uns!"

„Wie?"

Kostbare, unersetzliche Sekunden vergingen.

Die Stimme des Fluglotsen drang zum zweitenmal durch die atmosphärischen Störungen, heiser vor Erregung: „TranState sieben-drei-acht, sofort rechts abdrehen! *Sofort!*"

VAUGHAN hörte den Befehl des Fluglotsen, aber im ersten Augenblick reagierte er nicht. Die Worte schienen irgendwie zu dem zu gehören, was Lee gerade zu ihm sagte. Ihre Stimme klang schneidend und eindringlich – wollte buchstäblich nach ihm greifen. Und er wollte ihr antworten und sagen, daß alles sehr wohl eine Bedeutung gehabt habe, daß es nicht nur gedankenlose Sexualität gewesen war; das Geschehene hatte einen tieferen Sinn gehabt.

Es war nur ein Augenblick. Dann riß er Steuer und Seitenruder hart herum, dem „Sofort"-Befehl gehorchend, und jagte die DC 8 in eine riesige Wolkenwand.

„TranState sieben-drei-acht dreht neunzig Grad nach rechts." Die Wolke hüllte sie ein. Eine Sekunde später waren sie im Sonnenlicht.

Und dann stieß Amory Flugnummer 1010 gegen sie.

DUTZENDE von Menschen sahen im selben Augenblick verschiedene Dinge geschehen. Grant Hobbs sah, daß sich vor ihm eine Sitzreihe hob, wie von Riesenhänden getragen. Sekundenbruchteile später ging ein Beben und Krachen durch die Flugzeugwände. Zugleich sah er unter der Tragfläche der DC 8 plötzlich eine zweite erscheinen. Zuerst schoß ihm der absurde Gedanke durch den Kopf, das Flugzeug habe sich in einen Doppeldecker verwandelt. Dann faßte seine Hand verzweifelt nach dem Griff des Notausstiegs.

Jane Meade, die Chefstewardeß, riß den Mund zu einem Schrei auf, nahm sich aber zusammen. Die DC 8 schien mitten in der Luft festgehalten worden zu sein. Vor Jane Meades Augen ging sie in die Brüche. Der Boden hatte sich gehoben und war aufgerissen; die Sitze warfen nicht angeschnallte Passagiere ab; wer angeschnallt war, suchte sich zu befreien.

Earl Gasparac sah, wie die Flugzeugwände sich bogen und verwarfen. Er riß seine Frau an sich und barg ihren Kopf an seiner Brust. Er sah eine Stewardeß gerade in dem Augenblick aus dem Cockpit kommen, als die Amory-Maschine mit ihnen zusammenstieß. Ihre Beine gaben nach, sie schlug zu Boden und rutschte den Gang hinunter, Arme und Beine wie aus Gummi.

Neben Lillian Dumont öffnete sich plötzlich ein Notausstieg – ein großes, türartiges Wandstück. Erschrocken fuhr sie herum. Sie sah Grant Hobbs, aber nur für einen winzigen Augenblick. Er hing mitten in der Luft, ein paar Fuß außerhalb des Flugzeugs. In seinem schmalen Gesicht stand ein Ausdruck milder Überraschung. Seine Hand hielt noch den Griff. Dann war er verschwunden. Lillian schrie auf, als eine Sogwelle sie erfaßte. Ihr Gurt hielt sie fest, doch die Handtasche mit den 16 821,37 Dollar wurde ihr von dem wütenden Luftstrom weggerissen und aus dem Flugzeug geschleudert. Unlogischerweise dachte sie: Hätte ich das blöde Geld doch in Des Moines ausgegeben!

An Bord der Amory-Maschine waren die Passagiere schon zur Landung angeschnallt. Das war ihr Glück, denn die Wucht des

Anpralls riß sie mit unwillkürlich nickenden Köpfen halb aus den Sitzen, während die Decke ihnen von oben entgegenkam.

Ein ohrenbetäubendes Brüllen, Knirschen und Krachen, ein wahres Weltuntergangsgetöse.

Mr. Cox sah nach oben, als ein Teil des Dachs verschwand und dafür die Unterseite eines zweiten Flugzeugs erschien. Es war ein fürchterliches Gewirr von Metallteilen und – lächerlicherweise – Gepäckstücken. Beim Zusammenstoß war der Gepäckraum der DC 8 aufgerissen worden. Ein hauchdünnes Nachthemd flatterte wie ein Fähnchen im Sturm, festgehalten von einer blauweißen Krawatte.

„Mein Gott!" rief Miß Hardcastle. „Was ist denn da passiert?"

„Ich glaube, wir ... sind gegen ein anderes Flugzeug gestoßen." Julie blickte durchs Fenster nach oben und sah eine metallisch schimmernde Masse, auf der in roten Buchstaben das Wort TranState stand.

Vor Mr. Cox' Augen legte sich die Trennwand zwischen Cockpit und Passagierkabine in Falten und fiel in sich zusammen. Er sah vier Mann im Cockpit der 707 sitzen.

Corfield dämmerte plötzlich eine furchtbare Erkenntnis.

Der Befehl zum Rechtsabdrehen war an die TranState gegangen, nicht an die Amory. Er hatte den falschen Befehl befolgt. Er hatte nach rechts statt nach links abgedreht.

Es war seine Schuld.

VAUGHAN warf die Arme hoch, um seinen Kopf zu schützen, als unter ihm der Cockpitboden aufriß und Metallteile, Drähte, Schalter und Hebel sich zu einem einzigen Wirrwarr verknäulten. Ein Teil der Flugzeugnase brach ab. Ein eisiger Orkan jagte durch die Pilotenkanzel. Garten auf dem rechten Sitz versuchte seine Augen vor dem Wind zu schützen.

Der Sturm zerrte an Vaughans Kopfhörern. Vaughan sah nach unten. „Gott steh uns bei", flüsterte er. Der gebrochene Flügel der 707 sah zum Greifen nah aus.

Ein Luftzusammenstoß. Und das mußte ihm passieren.

Aber warum flogen sie noch? Wieso explodierte die Maschine nicht und stürzte brennend ab?

Cutshall, der Navigator, saß zusammengeduckt neben ihm, die

Augen zugekniffen, wegen des Windes. Vaughan beugte sich nach hinten, aus dem Luftzug heraus. „Schäden feststellen."

Cutshall nickte. Vaughan wandte sich seinen Instrumenten zu. Keine Zeit jetzt, sich um Passagiere und Kabinenbesatzung zu kümmern. Es kam einzig und allein darauf an, das Flugzeug sicher zur Erde zu bringen. Erst einmal feststellen, was noch funktionierte. Er griff nach der Steuersäule. Sie war lose. Er faßte die Gashebel an, wagte aber nicht, sie zu bewegen. Die Ruderpedale klemmten.

Vaughan schluckte. Sein Gehirn sagte: Natürlich waren die Bedienungshebel nutzlos; die Hydraulik verlief doch durch den Cockpitboden. Wie sollten sie da noch funktionieren? Eisige Panik ergriff ihn. Er hatte keine Steuerung mehr. Er war machtlos. Und gleich würde die ganze Kiste auseinanderfliegen.

Aber unglaublicherweise blieben Erde und Himmel, wo sie hingehörten, während eine Sekunde um die andere verging.

In seiner Benommenheit glaubte Beatty, das Flugzeug habe etwas am Boden gerammt. Immerzu sah er einen westafrikanischen Kaufladen, mittendurchgeschnitten vom rechten Fahrwerk einer Anglo-World 747.

„Zusammenstoß", krächzte Corfield. „Wir hatten einen Luftzusammenstoß."

Beatty rang ums Bewußtsein. „Was haben Sie gesagt?"

„Wir hatten eine Kollision mit einem andern Flugzeug. Sehen Sie sich doch mal um!"

Beatty sah durchs Seitenfenster. Ein unglaublicher Anblick. Der Flügel einer DC 8 schmiegte sich so eng an den Flügel der 707, daß die beiden Enden sich fast berührten. Das Metall war gerissen und nach hinten geknickt, aber sonderbarerweise so, als ob jemand mit großer Sorgfalt zu Werke gegangen wäre. Treibstoff lief aus und zerstäubte im Wind.

„Sie waren weg", sagte Corfield vorwurfsvoll.

„Er hat uns gerammt", sagte Webb.

„Nein, wir ihn", sagte Jordan.

Das Dach des Cockpits war ein einziges Chaos. Es wölbte sich auf ihre Köpfe herunter. Beatty sah, daß die Trennwand zur Kabine weg war. Er konnte die Passagiere sehen, Reihen weißer, erschrockener Gesichter, Augen, die ihn anflehten, etwas zu tun. Schnell schaute er wieder nach vorn, wie von ihnen gezüchtigt. Dann hörte er über Funk die Stimme des TranState-Piloten.

Es WAR ein ans Wunderbare grenzendes Glück, daß die beiden Flugzeuge im Augenblick des Zusammenstoßes fast in gleicher Richtung und mit annähernd gleicher Geschwindigkeit flogen. In einem Winkel von ein, zwei Grad hatte die 707 von unten den Bauch der DC 8 gerammt. So schob sich das Dach des einen Flugzeugs an der Unterseite des anderen entlang. Der Anprall war verhältnismäßig sanft gewesen, aber die Geschwindigkeit tat das Ihre dazu. Metallteile verbogen sich und wurden fortgerissen, verstreute Zeugen des Unglücks. Bei der Amory-Maschine riß ein großer Teil einer Tragfläche ab, und der auslaufende Treibstoff zerstäubte zu Nebel.

Endlich waren die schrecklichen Kräfte gezähmt. Die beiden Flugzeuge waren eins geworden, ineinander verzahnt durch Knäuel verbogenen Blechs.

Ein Monster war entstanden, eine aeronautische Mißgeburt, eine ächzende, taumelnde Katastrophe, die kein Recht gehabt hätte, in der Luft zu bleiben, wenn ihre Flügel der strömenden Luft nicht noch etwas Auftrieb abgewonnen hätten. Das Monster hatte keine Seitenstabilität und schlenkerte wild, dem Trudeln nah. Aber die Triebwerke liefen noch und bekamen Treibstoff. Sie gaben dem Ungeheuer Vortrieb und ließen es dem Ufer entgegentaumeln.

IN DER Passagierkabine der DC 8 tobte die Hölle. Heulende Winde fegten durch den Rumpf, packten nach allem, was sich bewegen ließ, und schleuderten es durch die ganze Länge der Kabine. Jeder versuchte den umherwirbelnden Gegenständen auszuweichen, so gut er konnte. Earl Gasparac wurde von einem Stück der Wandverkleidung getroffen und verlor das Bewußtsein. Lillian Dumont klammerte sich an die Armlehnen ihres Sitzes und wagte nicht, sich zu rühren.

Die TranState-Stewardessen waren gut ausgebildet. Sie wußten, daß die Passagiere in Notfällen dringend eine führende Hand und reichlich Zuspruch brauchten. Aber weder das eine noch das andere konnten sie ihnen geben, denn in diesem Höllenlärm konnte man ja nicht reden; es war schwer genug, sich überhaupt auf den Beinen zu halten.

Jane Meade konnte ein verletztes Mädchen mit viel Mühe auf eine unbesetzte Sitzreihe bugsieren. Dabei versicherte sie ihm in einem fort, daß alles gutgehen werde. Aber sie wußte nicht, ob sie wirklich zu dem Mädchen oder zu sich selbst sprach. Sie fragte sich, wie lange es noch dauern könnte, bis das Flugzeug völlig auseinanderriß, und ob sie im Augenblick des Todes tapfer sein würde. Ihr war elend vor Angst; ihre Selbstbeherrschung war über Gebühr beansprucht. Aber im Augenblick galt es, diesem Mädchen zu helfen.

Earl Gasparac spürte den eisigen Wind, der ihm ins Gesicht schlug, nur halb. Aber er fühlte die Hände seiner Frau, die sich ihm um den Kopf legten. Er wußte, daß er von etwas Schwerem getroffen und böse verletzt worden war. Aber seine Frau sorgte für ihn. Sie wußte, was zu tun war; sie war Krankenschwester gewesen.

„Ich habe keine Quer- und Höhensteuerung mehr", meldete Vaughan.

„Wie steht's mit der Seitensteuerung?" fragte der Fluglotse. Seine Stimme klang ruhig und sachlich.

„Negativ. Verklemmt."

„Verstanden. Ihre Steuerung, Amory?"

„Unsere Steuerung scheint noch einigermaßen zu funktionieren." Beatty und Corfield mußten das Querruder hart nach links halten, um den fehlenden Tragflächenabschnitt auszugleichen und die unkontrollierten Gewalten in eine Art Balance zu bringen. Schon komisch, sich vorzustellen, daß der TranState-Pilot nur wenige Fuß von ihm saß. „Amory an TranState", sagte Beatty. „Sieht so aus, als ob wir vorläufig miteinander verheiratet wären. Wenn Sie eine Idee haben, wie wir das Ding vielleicht runterkriegen könnten, lassen Sie hören."

„Fehlanzeige, Amory. Bleibt alles an Ihnen hängen. Ich bin nur Zuschauer."

Der Fluggeschwindigkeitsmesser der 707 zeigte 250 Knoten. Bei welcher Geschwindigkeit können sich zwei ineinander verkeilte Düsenflugzeuge noch in der Luft halten? dachte Beatty.

Es gab soviel zu entscheiden, und die Zeit war so knapp. Bis zum Flugplatz, der unter unregelmäßigen Regenschauern lag, waren es nur noch wenige Meilen.

Beatty fühlte, wie ihm der Schweiß von der Stirn lief. Wieso flog das Ding überhaupt noch? Es war erschreckend unstabil. Unentwegt versuchte die wirbelnde Luft, dieses merkwürdige Gestell aus dem Gleichgewicht zu bringen und den ganzen Schrotthaufen, den es darstellte, vom Himmel plumpsen zu lassen.

„TranState an Amory. Sie machen Ihre Sache sehr gut. Ich wünschte, ich könnte Ihnen helfen."

Beatty dankte. Der Kerl sprach so unglaublich selbstverständlich über das Ganze. Typisch Yankee. „Ich halte einfach Kurs auf den Flugplatz und versuche die Kiste so schnell wie möglich aufzusetzen."

„Verstanden, Amory. Wir können Ihnen, wenn nötig, vielleicht mit etwas Schub helfen. Ich habe meine Triebwerke noch nicht ausprobiert, aber sie könnten's noch tun."

„Danke, TranState. Ich sage Bescheid, wenn wir mehr Schub brauchen."

Die Bodenkontrolle meldete alles klar zur Notlandung. Für einen Schaumteppich sei allerdings keine Zeit mehr gewesen.

„Können wir sonst noch etwas tun?" fragte der Lotse.

Webb meinte trocken: „Fragen Sie ihn, ob er ein gutes Gebet kennt."

„Halt die Schnauze", fauchte Corfield.

„Gehen Sie nach hinten", sagte Beatty zu Webb. „Sehen Sie nach, ob Sie etwas für die Passagiere tun können."

Die Geschwindigkeit sank. Beatty nahm sanft die Nase nach unten. Mehr Schub zu geben war gefährlich; das hätte vielleicht die Amory von der TranState losgerissen. Und die DC 8 hatte keine Steuerung. Sie würde einfach ein paar tausend Fuß in die Tiefe stürzen.

Beatty wurde schwindlig von der Anstrengung, die Steuerung am Anschlag zu halten. Das Monstrum wollte sich einfach umdrehen und sterben. Es hatte genug von diesem idiotischen Spiel. Es hatte keine Lust mehr, so zu tun, als wäre es ein Flugzeug.

„Mann, der Treibstoff läuft einfach aus!" brüllte Jordan von der anderen Seite des Cockpits. Es klang, als melde er eine interessante Erscheinung, ein faszinierendes Schauspiel, das alle sich ansehen sollten. Aber der arme Kerl kannte nur zu genau die schreckliche Möglichkeit, daß alles plötzlich in Flammen aufging, ein lodernder Scheiterhaufen am Himmel.

Aber dann würde es immerhin sehr schnell gehen.

Beatty drückte auf den Sprechknopf. Er räusperte sich. Jetzt kam es auf die richtigen Worte an. „Hier spricht der Kapitän. Ich brauche Ihnen nicht zu sagen, was passiert ist. Aber ich kann Ihnen sagen, daß wir die Maschine unter Kontrolle haben und im Landeanflug sind. Es könnte jedoch eine harte Landung werden, also bereiten Sie sich darauf vor, und hören Sie auf die Anweisungen der Besatzung. Wir landen in wenigen Minuten. Es wird alles gutgehen, wenn Sie tun, was man Ihnen sagt. Danke."

Wofür danke ich ihnen? dachte er. Daß sie nicht das Cockpit stürmen und mich lynchen, weil ich eine Gefahr für die Menschheit bin? Er rief den TranState-Piloten. „Ich glaube, Fahrgestell und Klappen funktionieren bei mir noch. Ich lasse aber bis zum allerletzten Moment die Finger davon."

„Verstehe", sagte der Amerikaner. „Sie meinen, wir könnten sonst abschmieren, nicht?"

„Genau. Die Kiste ist jetzt schon wacklig genug." Zum erstenmal fiel Beatty jetzt ein, daß man ihr Gespräch am Boden mithörte. Es wurde im Augenblick sogar auf Band genommen, Wort für Wort, für die Nachwelt und die Untersuchungskommissionen.

Der Regen hörte ganz abrupt auf, typisch für nordamerikanische Sommergewitter. Ein Stück blauer Himmel erschien.

Vom See her nahte ein unvorstellbarer Anblick: zwei große Düsenflugzeuge, anscheinend in der engsten Formation der ganzen Luftfahrtgeschichte.

Auf dem Tower wurden plötzlich die Ferngläser knapp. Einer der Fluglotsen lud in aller Eile seine Kamera. Auf dem Flugfeld patrouillierten die Notfahrzeuge wachsam neben den leeren Pisten auf und ab, ihre Insassen hielten die Augen offen. Eine merkwürdige Spannung wurde überall erkennbar.

„Nein", sagte Mrs. Cox, „ich will nicht. Wenn ich schon sterben soll, will ich wenigstens meine Zähne im Mund haben."

Kurz vorher war eine bleiche Stewardeß von Sitzreihe zu Sitzreihe geeilt und hatte die Passagiere angewiesen, ihre Gurte über den Hüften und nicht über dem Bauch strammzuziehen. „Verschränken Sie die Arme unter den Knien", lautete die Anweisung. „Schützen Sie Ihren Kopf mit einem Kissen. Ziehen Sie Schuhe aus und Brillen ab. Öffnen Sie Ihren Hemdkragen. Nehmen Sie Kugelschreiber und andere spitze Gegenstände aus den Taschen. Und nehmen Sie eventuellen Zahnersatz aus dem Mund."

„Stell dir vor, du verlierst sie", sagte Mr. Cox. „Stell dir vor, wir setzen ein bißchen hart auf – wohlgemerkt, ich sage nicht, daß wir das tun; ich sage nur, wir könnten – jedenfalls fliegen dir dann die Zähne aus dem Mund. Womöglich tritt noch jemand drauf. Und wie ständst du dann da?"

„Wie meinst du das?" fragte seine Frau.

„Du ständst ohne Zähne vor deiner Tochter. Mit leerem Mund!"

Sie erbleichte. „Daran hab ich nicht gedacht. Ich nehme sie raus."

„So ist es recht", sagte er beifällig.

„Wir haben Sichtverbindung mit Ihnen", meldete der Fluglotse. „Sie haben Freigabe zum Direktanflug auf Bahn drei zwo."

„Gut", sagte Vaughan, „eine Platzrunde kriegen wir auch sicher nicht mehr hin."

„Wind zwei acht Grad", sagte der Lotse, als handle es sich um eine alltägliche, ganz normale Landung. „Zwanzig Knoten."

„Verstanden", sagte Vaughan. „Alles klar, Amory?"

„Kleinigkeit", kam die Stimme des Engländers.

Vaughan starrte nach vorn. Es war unheimlich, die Landebahn zu sehen und den Anflug nicht beeinflussen zu können. Allmählich bekam dieser Flug Ähnlichkeit mit seinem Leben; er war nur noch Zuschauer; nichts hatte er mehr selbst unter Kontrolle.

Plötzlich schnitt die Stimme des Engländers in seine Grübeleien.

„Wir sinken zu schnell! Brauche mehr Schub!"

„Gut." Vaughans Hand war an den Gashebeln. Sein Herz klopfte. Wenn die zusätzliche Schubkraft die beiden Flugzeuge auseinanderriß... Das Ende war nur allzu erschreckend klar. Behutsam schob er die Hebel vor. Es dauerte eine Weile. Drei Sekunden, vier, fünf. Häuserreihe um Häuserreihe wackelte heran. Dann gaben mit einem schrecklichen Beben die Triebwerke mehr

Schub. Man hörte das geschundene Metall ächzen. Das Monster schwankte bedenklich, versuchte sich entzweizureißen.

Vaughan sagte laut: „Bleib dran, Mädchen, bleib um Gottes willen dran. Bitte!"

Ein beißender Geruch kam aus der Luke unterm Cockpit, wo die Elektronik und die Funkgeräte untergebracht waren. Garten hatte schon einen Feuerlöscher hineingeleert, aber es rauchte noch immer. Hydraulikflüssigkeit lief über den Boden, und immerzu brüllte der Orkan durch die abgerissene Nase herein.

Jane Meade erschien zwischen den beiden Piloten. Die Haare klebten ihr platt an der verschwitzten Stirn. Sie meldete, daß die Passagiere alle in Bruchlandungsstellung säßen.

„Wie geht's ihnen?"

„Ganz gut", brüllte sie. „Aber es zieht wie Hechtsuppe da hinten. Könnten wir das Fenster nicht zumachen?"

Vaughan lächelte. „Tapferes Mädchen", sagte er.

„Sind Sie noch da?" Die Stimme des Engländers klang, als nähme er Bestellungen für Whisky und Soda entgegen.

„Das schon. Aber nur noch so gerade."

„Ich glaube, wir sollten wieder etwas Schub wegnehmen."

„In Ordnung." Ein unwahrscheinlicher Pilot, dachte Vaughan. Schafft mit dieser fliegenden Mißgeburt tatsächlich noch so etwas wie einen Landeanflug.

EARL GASPARAC begriff, daß er sterben mußte. Er hatte gewußt, daß er verletzt war, aber daß er sterben könnte, war ihm nicht eingefallen. Jetzt wich das Leben aus ihm. Er akzeptierte es ohne Bedauern. Er war's zufrieden. Er brachte es fertig, die Hand seiner Frau zu drücken.

Sie sah ihn an. Ihr Blick war weich und floß über vor Liebe. Auch ohne Worte konnte sie ihm sagen, sie wisse, daß er glücklich sei. Und sie wisse auch, warum.

Len Sparrow kam wieder zu sich. Zum Teufel auch, wo war er? Was tat er in einer Kiste? Es rüttelte und klapperte. Dann erinnerte er sich. Er war auf der Flugzeugtoilette. Was war geschehen? Alles sah hier irgendwie zerdrückt und zerknittert aus. Der Türgriff ließ sich zwar bewegen, aber die Tür selbst gab nicht nach. Er war gefangen.

58
C-F 841

Mr. Cox ergriff die Hand seiner Frau und faßte sich ein Herz. „Falls wir hier nicht mehr, äh, heil herauskommen – du weißt, was ich meine –, will ich dir nur sagen ... ich habe dich immer geliebt, mein Mädchen."

Sie nickte. „Ich dich auch, Fred. Du warst ein guter Mann und Vater. Ich hätte mir keinen besseren wünschen können."

„Lieb von dir, daß du das sagst, Mädchen."

„Und", sagte Mrs. Cox, „diese Geschichte mit George Harris hatte überhaupt nichts zu bedeuten. Wirklich nicht."

„Natürlich nicht", sagte Mr. Cox tröstend. Doch dann, während die fremde Landschaft Südontarios im Kabinenfenster erschien, wurden plötzlich seine Augen ganz groß. Hatte er richtig gehört? Was denn für eine Geschichte mit George Harris?

Je näher die Landung kam, desto heftiger wehrte sich das Monster. Es wand sich, wippte, wollte den einen Augenblick einen zerrissenen, zitternden Flügel senken, im nächsten Augenblick ausbrechen wie ein überladener Lastwagen auf vereister Straße.

Beatty fühlte sich schwach. Ich darf jetzt nicht ohnmächtig werden, dachte er.

Die Landebahn lag direkt vor ihnen.

„Fünfzehnhundert Fuß", sagte Corfield.

„Ob wir ..."

„Kleinigkeit", zwang Beatty sich zu sagen. Er nahm das Mikrofon. „TranState, können wir noch etwas Saft wegnehmen?"

„Gemacht", kam die Antwort.

Beatty grinste spöttisch. Er und der Amerikaner taten beide so, als könne die Katastrophe und ihre drohenden Folgen ihnen überhaupt nichts anhaben, und dabei machte doch keiner dem anderen etwas vor. Beatty dankte Gott, daß er noch steuern konnte. Es war ihm unvorstellbar, in der DC 8 sitzen und warten zu müssen und nichts tun zu können, außer Gas zu geben.

Unten jagten Autos auf guten Straßen dahin, als sei die Welt völlig in Ordnung. In wenigen Augenblicken wird alles vorbei sein, dachte Beatty, so oder so, gewonnen oder verloren. „Bitte", sagte er zu dem Flugzeug, „benimm dich noch ein paar Sekunden. Ich weiß, es ist verdammt viel verlangt, aber nur noch ein paar Sekunden, bitte."

Das Fenster links neben seiner Schulter begann zu zittern und zu rütteln, als fürchte es sich vor der bevorstehenden Rückkehr zur Erde.

„Aufgepaßt!“ stieß Beatty hervor und wußte selbst nicht, was er damit meinte. Die Besatzung brauchte er gewiß nicht daran zu erinnern, daß es nur noch Sekunden bis zur Landung waren.

Der Amerikaner sagte: „Wirklich Klasse, direkt ins Schwarze.“

„Alles klar“, gab Beatty zurück. „Klappen und Fahrwerk kommen jetzt. Viel Glück da oben.“

„Ihnen auch.“

Corfield hatte die Hände an den Hebeln für Landeklappen und Fahrwerk. Beatty nickte. „Jetzt!“ Er verzog das Gesicht, als das Monster schwankte und bockte. O Gott, dachte er, von den Klappen tut's ja nur die eine Hälfte. Steuerung hart herüber und vorwärts. Auf einer Seite Antrieb weg. Die Erde kippte und schwankte. Der dunkelgraue Betonstreifen jagte ihm entgegen wie ein gezücktes Schwert. Wenn die Geschwindigkeit jetzt noch ein paar Knoten sinkt, dachte er, kippt plötzlich der Flügel ab. Das arme Ding kann ja nicht anders. Und dann schlagen wir Purzelbäume über den ganzen Flugplatz, was auf alle Fälle sehr ungesund wäre.

Also korrigierte er schon, noch ehe der Flügel kippen konnte. Corfield an seiner Seite glaubte, Beatty sei verrückt geworden; verzweifelt versuchte er gegenzusteuern.

Beatty schüttelte den Kopf. „Das muß sein“, erklärte er, während die Erde vorbeijagte. „Ich weiß, was ich tue“, fuhr er ganz ruhig fort.

Das Monster wackelte bedenklich. Und dann berührten seine Räder den Beton. Die Reifen hielten etwa fünf Sekunden, dann platzten sie in rascher Folge, und eine Sekunde später brachen das Bugrad und das rechte Fahrwerk. Das Monster drehte von der Piste ab; Dreck und Rasen spritzten auf. Ein JT3D-Triebwerk riß ab und flog in Purzelbäumen davon.

Im selben Augenblick zerrte sich auch die TranState-DC-8 los und glitt nach vorn von der überkippenden 707 herunter. Den Bruchteil einer Sekunde blieben die beiden Maschinen noch durch eine Nachgeburt von zerfetztem Blech, Schläuchen, Kabeln und Drähten miteinander verbunden. Dann trennten sie sich.

Die DC 8 schlug mit dem Schwanz zuerst auf. Eine Tragfläche brach glatt ab und wirbelte, wie von einem großen Finger geschnippt, zur Seite davon. Den entsetzten Zuschauern kam es vor, als ob der Flügel der 707 sich in die DC 8 gebohrt hätte; in Wirklichkeit aber hatten die beiden Flugzeuge sich um einige Fuß verfehlt. Die Boeing schlitterte in halbwegs gerader Linie übers nasse Gras, Rumpf- und Flügelteile von sich abschüttelnd, während aus den zerrissenen Flügeltanks der Treibstoff schoß. Die DC 8 kreiselte herum. Die Piloten konnten nichts tun, um die Kontrolle über ihre Flugzeuge zu behalten. Sämtliche Steuerungselemente – Querruder, Höhenruder, Seitenruder, Landeklappen, Spoiler und Vorflügel – waren nur Ballast, der das Bewegungsmoment verstärkte.

In beiden Maschinen saßen die Passagiere und Besatzungen geduckt auf ihren Plätzen, betäubt vom Schütteln und dem Höllenlärm. Es war gnadenlos, unglaublich, alle Vorstellungskraft übersteigend. Muskeln wurden zu Pudding, Augen traten aus bebenden Höhlen. Sämtliche Mülleimerdeckel der Welt wurden gleichzeitig mit Bleirohren bearbeitet; Milliarden Schlagzeuger tobten sich auf Milliarden Becken aus.

Und plötzlich, wie durch Zauber, war die Welt ganz still.

Siebtes Kapitel

Der feuchte Wind, kalt für die Jahreszeit, zerrte an der feierlichen Kleidung der Trauernden. Dr. T. Roydon Goodall bibberte. Seit Tagen, als er die Schreckensnachricht von dem Flugzeugunglück bei Toronto gehört hatte, fühlte er sich elend. Schwere Flugzeugkatastrophe ... Tod in den Lüften ... Zusammenstoss zwischen britischem und amerikanischem Düsenriesen. Erschrocken hatte er den Artikel nach dem Namen abgesucht, von dem er intuitiv wußte, daß er darin stehen würde. Und er hatte recht, grauenhaft recht. „Bei dem britischen Flugzeug handelte es sich um eine Boeing 707 der Chartergesellschaft Amory International, geflogen von Flugkapitän F. N. Beatty, 49, aus Royston“, berichtete die *Times*.

Jetzt stand er frierend und elend zwischen hundert fremden

Menschen am Grab. Die Zeremonie ging zu Ende, und Hoke sah den Geistlichen mit der Witwe und dem Sohn sprechen. Hoke überlegte, ob er auch hingehen und etwas zu ihr sagen sollte. Aber was? Man fühlte sich in derartigen Augenblicken so hilflos. Er sah jetzt einen Mann mit ihr sprechen, einen Mann in Fliegeruniform. Jemand meinte, es sei der Pilot der amerikanischen Maschine. Er war sonnengebräunt, ein angenehmer Typ. Die Zeitungen hatten ihn zitiert. Sein Name war Vaughan, wenn Hoke sich recht erinnerte. Er hatte von Beattys großartiger fliegerischer Leistung gesprochen, mit der er die beiden Flugzeuge zur Erde gebracht habe.

Hoke schauderte wieder, als er sich zum soundsovielten Male ausmalte, wie Franks Flugzeug auf dem Bauch über das Flugplatzgelände fegte und Feuer aus den abgerissenen Tragflächen schlug; wie die Mannschaft Türen und Luken aufriß, die aufblasbaren Rutschen herausschossen wie große, hängende Zungen; wie die Passagiere hinunterglitten und übereinander im Morast landeten. Und dann die panikartige Flucht vor den Flammen. Rennend, ausrutschend, stolpernd, kriechend. Und nach den Fluggästen die Besatzung, halb erstickt, hustend; die Stewardessen mit aufgelösten Frisuren, die hübschen Gesichter verschmiert; dann die Männer, ihre weißen Hemden angesengt und blutig ...

„Alle waren binnen weniger Minuten gerettet", berichtete die *Times*, „außer Flugkapitän Beatty und einem Passagier, dem zwanzigjährigen Leonard Sparrow aus Streatham, der im Wrack eingeklemmt und von der Besatzung übersehen worden war. Captain Beatty blieb ungeachtet der eigenen Lebensgefahr in der brennenden, rauchgefüllten Maschine, um dem jungen Mann herauszuhelfen."

Die Worte ließen in Hokes Vorstellung schreckliche Bilder entstehen. Wie Frank mit bloßen Händen an dem glühenden Metall riß, den Jungen befreite und über die Notrutsche in Sicherheit stieß.

Die Zeitungen schrieben, Leonard Sparrow liege in Toronto im Krankenhaus. Sein Zustand sei zufriedenstellend, er leide nur noch an den Nachwirkungen der Rauchvergiftung, kleiner Verbrennungen, Schnitte und Quetschungen.

Die Zeitungen bedauerten auch, daß Captain Beatty nicht versucht habe, sich gleichzeitig selbst in Sicherheit zu bringen. „Er kehrte ins Rumpfinnere zurück, wahrscheinlich um nach weiteren Passagieren zu suchen." Sie konnten nicht ahnen, daß Captain Beatty sicher auch dann im brennenden Flugzeug geblieben wäre, wenn es überhaupt niemanden zu retten gegeben hätte, dachte Hoke.

Die Zeitungen hatten keine zuverlässigen Informationen über den Grund des Zusammenstoßes. In einem Bericht wurde auf Fehler in der Elektronik angespielt, wahrscheinlich infolge der heftigen Gewittertätigkeit entstanden. In einem anderen wurde über die eventuelle Beteiligung eines dritten Flugzeugs spekuliert. Die kanadische Regierung habe eine eingehende Untersuchung in die Wege geleitet.

Was würde dabei herauskommen? Hoke war es gleichgültig. Die Gründe für Franks Tod erschienen ihm jetzt unwichtig; nur die Tatsache selbst war von Bedeutung.

Die Autos fuhren davon. Nur eine Handvoll Leute blieb. Die Hände in den Manteltaschen, ging Hoke langsam über den Kiesweg. Unterwegs überholte er zwei Männer in Fliegeruniform. Einer sagte gerade, Frank Beatty sei so ein guter Pilot gewesen, ein verteufelt guter Pilot.

Dem mochte Hoke zustimmen; Frank war wirklich des Teufels gewesen.

INSERAT in *Canadian Aviation:*

ZU VERKAUFEN

Aeronca 7AC-468, unfallfrei. Ernstgemeinte Angebote

an

H. Peel, R. R. # 3, Filden, Ontario

Spencer Dunmore

Spencer Dunmore, geboren und aufgewachsen in England, lebt jetzt mit seiner Frau in Hamilton, Ontario. Tagsüber ist er Werbefachmann, abends Schriftsteller und an Wochenenden Privatpilot. Nach seiner Theorie, sagt Dunmore, sei die Wirklichkeit absonderlicher als alle schriftstellerische Einbildungskraft.

„Kollisionskurs", erklärt er, „beruht auf Tatsachen oder vielmehr auf einer Serie von Tatsachen, zurückreichend bis auf den ersten Luftzusammenstoß zweier Verkehrsflugzeuge. Das war an einem bewölkten Tag des Jahres 1922, als bei Paris zwei Flugzeuge frontal zusammenstießen, als sie – einfachstes Mittel der Navigation – einer Überlandstraße folgten.

Heute gibt es Radar, und solche Zusammenstöße dürften nicht mehr passieren. Aber Geräte können versagen, Menschen können irren; und unerfahrene Piloten kutschieren in ihren Privatmaschinen mehr oder weniger nach Belieben herum. Die Folge: Hunderte von Beinahe-Zusammenstößen pro Jahr. Und hin und wieder ist das Glück nicht zur Stelle.

Aber es kommt auch vor, daß Menschen Luftzusammenstöße überleben. An einem klaren Tag in den Fünfzigern setzte eine Cessna sich auf eine DC 3. Der Cessna-Pilot hatte seinen Fluggästen ihr Haus von oben zeigen wollen; die Besatzung der DC 3 war mit den Landevorbereitungen beschäftigt, als sie plötzlich merkte, daß sie ein Privatflugzeug als blinden Passagier hatte. Beschädigt, aber noch flugtauglich, konnte das Monster sicher landen. Und in noch jüngerer Vergangenheit flog ein Flugzeug von hinten in ein anderes hinein, als beide sich im Landeanflug auf einen Flughafen in Illinois befanden. Wieder konnten die beiden verkeilten Maschinen sicher landen. Entscheidend war natürlich in beiden Fällen, daß die Flugzeuge im Augenblick des Zusammenstoßes in gleicher Richtung flogen.

Daß eine Boeing 707 auch ohne große Teile ihrer Tragflächen noch fliegen kann, wurde 1965 eindrucksvoll demonstriert, als über dem Staat New York eine 707 mit einer Constellation zusammenstieß. Die 707 verlor ein sechs Meter langes Stück ihrer linken Tragfläche und ein Triebwerk. Ein Hoch den großartigen Piloten, die diese Maschinen noch sicher auf die Erde brachten."

Kleine Welt im Tessin

Eine Kurzfassung des Buches von

KATHRIN RÜEGG

Fotos von Kathrin Rüegg
Deutsche Buchausgabe: »Kleine Welt im Tessin«

Gleich nach der ersten Lektüre des Robinson Crusoe wird sich wohl jeder Mensch – oder jedes Kind – ausmalen, wie es wäre, wenn man ganz auf sich gestellt, nur mit der Natur als Partner, leben müßte ... dürfte ... könnte. Viele Menschen verläßt die Sehnsucht nach einem Robinsonleben nie mehr, aber nur wenige verwirklichen ihren Traum vom einfachen Leben. Manche suchen sich so ein Paradies in gemilderter Form, es muß ja nicht gleich in fernsten Fernen liegen. So hat auch Kathrin Rüegg ihre eigene Robinsonwelt gefunden, im Tessin, das angeblich völlig von Touristen überlaufen ist.

Wer nur vom Tessin der sommerlichen Autoschlangen weiß, wird hier eines Besseren belehrt. Nur ein paar Kilometer von der Hauptstraße Bellinzona–Locarno entfernt, nur fünfhundert Meter höher, gibt es schon die reine Wildnis – keine Straße, kein Wasser, keinen elektrischen Strom, dafür einen etwas verfallenen Weiler aus vier urigen Tessiner Häusern. Das ist Kathrin Rüeggs Robinsoninsel, die sie mit eigenen Händen bewohnbar gemacht hat. Eine Kurzlehre beim Maurer und beim Elektriker des nächsten Ortes hat sie selbständig gemacht, wenn auch „Michelangelos" Hilfe fast unersetzlich ist. Der ist ein liebenswürdiger Tessiner Alkoholiker, unberechenbar und poetisch, ein Pan in der Tessiner Bergwelt. Mit ihm, mit sehr gelegentlichen Besuchern und mancherlei Getier – auch mit einer Hexe – besteht Kathrin Rüegg alle Katastrophen, die zu einem Robinsonleben gehören. Ihr Glück jedoch, ihr Lachen, das sich sofort auf den Leser überträgt, hat sie sich ganz allein geschaffen.

Für Michelangelo.
Ohne ihn würde der Monte Valdo
auch heute schlafen.
So schlummert er nur noch.

Es beginnt mit einem Schlußstrich

Am dreissigsten April neunzehnhunderteinundsiebzig, abends um zehn Uhr vierundzwanzig, beschloß ich, mein Leben zu ändern.

Ich war einundvierzig Jahre alt, ledig, gesund, etwas zu dick, hatte eine Manie, alles in Zahlen oder Listen zu fassen, ließ mir meine Haare rotblond färben und galt mit meinem stadtbekannten Einrichtungsgeschäft als gut verdienende Karrierefrau. Aber ich hatte genug. „Genug haben" hat zwei ganz verschiedene Bedeutungen, je nachdem man das erste oder das zweite Wort betont.

Ich hatte *genug* von der Hetze nach Geld. Immer höhere Mietzinsen, die steigenden Löhne für meine sechs Angestellten und meine jedes Jahr luxuriöser werdende Lebenshaltung zwangen mich zu bald unerträglichen Arbeitsleistungen.

Ich hatte auch genug von verstopften Autostraßen, überfüllten Parkplätzen, zu rasch eingenommenen Mahlzeiten in verrauchten Restaurants, von nach Benzin und Öl stinkender Luft, von hastenden Menschen und zuckenden Leuchtreklamen.

So setzte ich mich an jenem Abend hin und notierte mir auf einem Zettelchen, worauf ich eigentlich verzichten könnte. Die einzelnen Punkte stimmen auch heute noch. Ich kann entbehren:

- Leben in der Stadt im allgemeinen
- Elegante Kleider
- Friseur
- Kosmetiksalon
- Teures Auto
- Flugreisen
- Hotelferien
- Reiten und Ski fahren
- Kino

Wenn ich ganz einfach lebte, hatte ich genug finanzielle Mittel, um meinen Traum zu verwirklichen. Seit mehr als einem Jahr besaß ich einen kostbaren Schatz, der darauf wartete, daß ich ihn endlich hebe – den Monte Valdo!

Kein Haus zu verkaufen – oder doch?

FERIEN im Acquaverde-Tal sind zu jeder Jahreszeit ein ganz einmaliges Erlebnis. Seit acht Jahren floh ich bei jeder Gelegenheit aus der Stadt nach Froda, in mein Tessiner Dorf. Alle sechsundzwanzig Einwohner kannten mich so gut, daß sie mich „er Caterina" – die Kathrin – nannten. Ich wußte von den meisten nur den Vornamen und lernte an langen Winterabenden am Kaminfeuer ihre Lebensgeschichten kennen.

Seit etlichen Jahren schon wollte ich irgendwo in der Gegend eines der alten Häuser kaufen. Aber das ist gar nicht so einfach. Wohl sind viele Dörfer halb ausgestorben, weil ihre Bewohner vor zwanzig, dreißig und noch mehr Jahren nach Übersee auswanderten, doch die Besitzer der alten Gebäude ausfindig zu machen ist enorm schwierig.

Nach zwei Jahren vergeblicher Suche dachte ich kaum mehr an meine Pläne.

In der Stadt tobte der Karneval. Ich verzog mich nach Froda. Dort wohne ich stets bei Maria, die ein paar Fremdenzimmer vermietet und Wintergäste am liebsten sieht. Die bringen gefundenes Geld, denn im Sommer ist ohnehin jedes Bett im Tal besetzt.

„Du hast Besuch", rief sie mich schon früh am ersten Morgen. „Guido will dich sprechen."

Guido war in jungen Jahren Holzfäller, wanderte nach Amerika aus und machte dort ein kleines Vermögen. Nach Froda heimgekehrt, bezog er eine Versicherungsrente und vertrat eine Bierbrauerei. Er war wortkarg, hatte krauses Grauhaar und wachsame, ein bißchen mißtrauische Augen.

„Du mußt gute Schuhe und alte Kleider anziehen und mitkommen. Ich habe eine Überraschung für dich."

Ich gehorchte. Wir bestiegen Guidos klapprigen Peugeot und fuhren talabwärts. In San Michele zweigten wir wieder gegen den

Hang ab, durchquerten ein paar Dörfchen. Das Auto keuchte über ein kleines Sträßlein unzähligen Kurven entlang durch einen immer dichter werdenden Kastanienwald aufwärts, aufwärts, aufwärts – fast bis in den Himmel.

Wir überquerten die Brücke des Valle della Colera – des Choleratals – und langten bald auf einer kleinen Ebene an. Dort bog Guido von der Straße ab und hieß mich aussteigen. Er drückte mir ein sichelartiges, schweres Messer – eine *Falce* – in die Hand und stapfte über einen kaum erkennbaren Fußweg durch raschelndes, hellbraunes Laub schräg abwärts in den Wald. Es standen Kastanien darin, so dick, daß drei, vier erwachsene Personen nötig gewesen wären, um ihren Stamm zu umarmen. Die Bäume waren teilweise hohl und hätten spielenden Kindern herrliche Verstecke geboten.

Der Weg wandte sich in einer scharfen Kurve zurück in die Richtung gegen das Valle della Colera, ging zwei- oder dreihundert Meter fast geradeaus dem Hang entlang. Unter mir sah ich durch die Baumstämme die grauen Granitdächer einiger Häuser schimmern.

Unser Pfad wurde steinig, links stiegen mächtige Felsbrocken auf. Wir gingen im Zickzack abwärts und schließlich auf einem wiederum waagrechten Stück geradewegs auf die Häuser zu.

Meine geheime Hoffnung schien sich zu erfüllen. Guido brachte mich zu einem verkäuflichen Haus. Aber ich mußte meine Ungeduld noch eine ganze Weile zügeln. Der letzte Wegrest war zugewachsen mit einem gut zwei Meter hohen Gewirr von Brombeerranken und Ginster. Ginsterholz ist entsetzlich zäh, und trockene Brombeerdornen stechen grausam. Wir schlugen mit unseren *Falci* einen Durchgang und gelangten mit zerrissenen Kleidern und zerrauften Haaren auf einen kleinen, von vier Gebäuden umgebenen Platz.

Guido stieg über ein Treppchen zur Türe des Hauses, das die Jahreszahl 1794 trug. Er begann, die aus ungemörtelten Steinen gefügte Mauer abzutasten.

„Rechts von der Türe in der Mauer gegen Bellinzona, hat sie gesagt“, murmelte er. Nach einigem Suchen hielt er mir einen riesengroßen, rostigen Schlüssel unter die Nase. „*Ecco,* da wäre er.“

Er steckte ihn ins Schloß und drehte ihn mit einiger Kraftanstrengung. Dann mußte er einen Bolzen lösen und einen fast halbmeterlangen, dicken Eisenriegel zurückziehen. Erst jetzt ließ sich die Türe aufstoßen. Sie knarrte und knirschte.

An der gegenüberliegenden Wand des großen Raumes war ein Kamin. Eine Kette hing darin. Es standen zwei rußige Polentapfannen da, vier oder fünf *Zoccoli* (Holzpantinen) lagen herum und eine vergilbte Zeitung mit dem Datum 29. September 1928. In einem Winkel standen zwei mit Heu gefüllte Betten.

Mehr konnte ich nicht erkennen, denn Decke und Wände waren schwarz von Ruß und Alter. Die Fenster waren mit Spinnweben so dicht verhüllt, daß eigentlich nur die offene Türe Licht spendete.

Guido kramte, während ich mich umschaute, in einer Ecke herum und hielt schließlich einen ganzen Bund dieser großen Schlüssel in der Hand.

„*Nem* – komm!"

Ich sagte nichts, ging nur folgsam hinter ihm drein und staunte.

Im untern Haus gab es ebenfalls einen Raum mit Kamin, hübsche kleine Nischen in den Mauern, eine lange dunkle Truhe, ein sehr breites und sehr kurzes Bett aus dicken Holzbohlen. Oben war ein Heuboden, den man wegen der Hanglage des Hauses ebenerdig betreten konnte, unten ein schöner, gewölbter Keller, in dem Fässer in Reih und Glied standen.

Im gegenüberliegenden, langgestreckten Haus war wieder ein solcher Keller, im oberen Geschoß fanden sich zwei Räume. Die Bodenbretter des Dachstocks hatten Löcher. Wir wagten nicht, ihn zu betreten.

Das vierte Gebäude war ein geräumiger Stall, zu dessen Heuboden eine Außentreppe führte.

„Und jetzt mußt du das noch anschauen", wies mich Guido an. Er machte mit der Hand eine umfassende Bewegung über die ganze Gegend.

Da staunte ich noch mehr. Vor lauter Kampf mit dem Gestrüpp und Neugier auf die Häuser hatte ich die Aussicht überhaupt nicht beachtet.

Wir waren auf einer Bergterrasse gegenüber dem Monte Ceneri. Links sah ich durch die nackten Baumstämme weit unten die Burgen und Mauern von Bellinzona, rechts den Lago Maggiore. Die Spitzen der gegenüberliegenden Berge waren mit Schnee überzuckert. Die Abhänge leuchteten in der Februarsonne hellbraun und grau. Dort, wo die Sonnenstrahlen nicht hintrafen, lagen dunkelblaue Schatten. Die Hauptstraße Bellinzona–Locarno verlief, in der Luftlinie gemessen, kaum einen Kilometer weit weg von uns. Der Höhenunterschied betrug aber, wie ich später anhand der Karte feststellte, mehr als sechshundert Meter. Ein steiler, mit Felsen durchsetzter Abhang, bewachsen mit Kastanienbäumen, zog sich bis Sassariente hinunter. Das Dorf selbst konnte man nicht sehen.

Die vier Häuser kuschelten sich in die Ecke einer großen Wiese. Deren stufenförmige Anlage ließ erraten, daß hier einst ein Weinberg gewesen war. Jetzt war alles bedeckt mit honigfarbigem, dürrem Farnkraut.

Wir setzten uns auf die Treppe zum Heuboden des Stalles.

„So, jetzt hast du's gesehen", sagte Guido. „Möchtest du es kaufen?"

„Welches Haus ist denn zu haben?" fragte ich.

Guido zählte auf: „Die vier Gebäude, fünfzehntausend Quadratmeter Weinberg und fünftausend Quadratmeter Kastanienwald."

Ich schluckte leer und schloß die Augen. Quadratmeter und Häuser und Ställe und Schlüssel und *Zoccoli* und Polentapfannen wirbelten in meinem Kopf herum.

Das war viel zu schön. Aber – das würde ich nie bezahlen können.

„Wieviel?" Das kam sehr zaghaft.

„Zehntausendneunhundert Franken. Die neunhundert kannst du noch abmarkten. Sie sind dafür eingebaut."

Ich brauchte einige Zeit, um mich zu fassen. „Aber wieso ist das denn so billig? Würde man diese Häuser heute mit so schönen Bruchsteinmauern bauen und mit Steinplatten decken, die zehnfache Summe würde nicht ausreichen."

„Typisch Frau", brummte Guido, „sieht die Nachteile nicht." An seinen klobigen Fingern zählte er auf: „Erstens hat das Dorf keine Autozufahrt. Eine Straße zu bauen, wäre in dem steilen Gelände sehr teuer, obschon sie nur etwa sechshundert Meter lang sein müßte. Zweitens hat es keinen elektrischen Strom. Und drittens – und das ist der größte Haken – hat es kein Wasser. Da war eine Quelle, aber der Brunnen ist vor mehr als fünfzig Jahren versiegt. Der damalige Besitzer baute sich dann diese Wasserzisterne, die durch das von den Dächern abfließende Regenwasser gespeist wurde."

Er deutete auf ein gemauertes Viereck neben dem Stall, etwa vier Meter lang und drei Meter breit. Der unten angebaute Brunnentrog ließ vermuten, daß es gut zwei Meter tief war. Dann hätten also etwa zwanzig Kubikmeter Regenwasser darin Platz.

„Zum Tränken des Viehs und zum Bewässern des Weinbergs genügte das. Und das Trinkwasser? Ich weiß nicht. Wahrscheinlich tranken sie eben Wein."

Wir schwiegen ein Weilchen. Die Sonne schien warm auf mein kleines Paradies. Ich schaute auf den Wald unter mir. Es waren nicht nur Kastanienbäume da, auch Eichen, Linden, Nußbäume und Birken. Mitten im Weinberg standen ein Apfel-, ein Feigen- und zwei Kirschbäume.

Unterhalb des Stalles, dort, wo der Misthaufen war, würde ich den Garten anlegen. Ich sah Ziegen grasen und hörte Hühner gackern. Ich sah auch blaue Tauben unter rotem und gelbem Weinlaub, braungebrannte Feriengäste, die sich wohlig unter bunten Sonnenschirmen räkelten.

Ich wußte damals nicht, wie sehr sich mein Leben durch meinen Entscheid ändern würde. Aber ich hatte mich entschlossen.

„Ich kauf's, und ich bezahle die gesamten zehntausendneunhundert Franken. Soviel ist es mir wert." Damals wußte ich auch noch nicht, wieviel neunhundert Franken wert sein können.

Beim Abschluß des Kaufvertrages mit Guido und seiner Schwester, die das Gut von ihrem Onkel Delio in Amerika geerbt hatte, erfuhr ich den Namen meines Dorfes: Monte Valdo.

Ganz einfach ist es nicht

BALD waren meine Ferientage vorbei. Ich kehrte zurück in die Stadt, flog nach Frankfurt an die Frühjahrsmesse, nach Paris an den *Salon des Ateliers d'Art* und an die Möbelmesse. Ich erhielt den Auftrag zur Einrichtung eines Golfklubs, dann von zwei Hotels.

Mein Weilerchen schlief unterdessen weiter. Es wurde Spätherbst, bis ich mit Silvia nach dem Monte Valdo fahren konnte. Silvia war in Froda eine Art Dorfhexe, die aus der Hand lesen, mit dem Pendel verlorene Dinge suchen und mit der Rute verborgene Wasserströme feststellen konnte. Warum sollte sie nicht meine versiegte Quelle finden?

Silvia schnitt eine Astgabel. Das unverzweigte Stück war etwa zwanzig, die vergabelten Enden etwa dreißig Zentimeter lang.

Mit tief über das Gesicht gezogenem Kopftuch ging die alte Frau über die Weinbergwiese, einen Fuß ganz nah vor den andern setzend. Sie hielt die Rute mit nach oben gekehrten Handflächen an den beiden Gabeln, das unverzweigte Stück ragte waagrecht geradeaus. Nachdem sie ein gutes Drittel der Wiese überquert hatte, senkte sich die Rutenspitze, wie von einem unsichtbaren Faden gezogen.

Silvia ging im gleichen Schritt weiter. Die Rute hob sich wieder, ging nach einem weiteren Meter wieder nach unten, hob sich wieder, im ganzen viermal.

„Hier hast du vier Wasserstränge für deinen Brunnen!" rief sie.

In gerader Richtung unterhalb von Silvias Standplatz wuchs eine Kopfweide. Diese Bäume gedeihen meist an Bachufern. Offenbar war an Silvias Zauber doch etwas dran. Ich war aber sehr skeptisch.

„Und wie tief unten fließt das Wasser?"

„Das kann ich dir nicht sagen. Da mußt du schon selbst nachsehen."

Wir gingen den Wasseradern entlang bergauf bis zum höchsten Punkt meines Grundstücks. Ich schlug Silvia den Weg mit der *Falce* frei. Hier oben, im Kastanienwald, mußte ich graben. Das Gefälle gab dann genügend Druck für meine Wasserleitung. Wir markierten jeden Wasserstrang mit einem Haselast.

„Du mußt quer zum Hang von der ersten bis zur vierten Markierung einen Graben machen und in der Mitte einen Längsgraben für den Abfluß, also ein T", erklärte mir Silvia.

Die Autostraße entlang war mir ein anderer langer Graben aufgefallen. Ich erfuhr, daß die Gemeinde Sassariente, zu der auch der Monte Valdo gehört, hier eine neue Wasserleitung baue.

Es schien mir einfacher, meine Wasserversorgung derjenigen der

Gemeinde anzuschließen. Und so vergaß ich meine unterirdische Wasserader wieder.

Nun mußte ich für die Baubewilligung meine Baupläne einreichen.

Es WAR leicht, einen Architekten zu finden, der alle meine Wunschträume schön aufs Papier zeichnete:

Das Haus mit der Jahrzahl und der Stall sollten durch einen Korridor miteinander verbunden werden. Im Stall war Platz für eine Wohnküche und ein Badezimmer. Im Heuboden oben sah ich vor meinem geistigen Auge bereits das schönste Schlafzimmer des Jahrhunderts. Das Wohnzimmer und ein weiteres Schlafzimmer waren im alten Hausteil. Die Leute würden sich darum reißen, mein Ferienhaus Nummer eins zu mieten!

Im untern Haus mußte ich vom Wohnzimmer zum Heuboden, der ein Schlafzimmer mit Dusche wurde, eine Innentreppe einbauen lassen. Im Kellergewölbe ergab sich eine wunderschöne Küche mit Eßzimmer, wenn ich ein Fenster aus der dicken Außenmauer brechen ließ. Das wäre das etwas kleinere Ferienhaus Nummer zwei.

Im Keller des langen Hauses war Platz für eine Waschküche, im Parterre für eine Verwalterwohnung, im Dachstock sollte meine eigene kleine Wohnung sein. Für die Stromerzeugung gab es schließlich Generatoren. Und mitten im Weinberg mußte ein Schwimmbad entstehen! So weit würden meine Finanzen reichen. Nachher konnte ich aus den Mietzinsen und dem Ertrag des Gartens leben.

Prachtvoll sah das alles aus. Aber die Baubewilligung ließ auf sich warten, und ich fand keine Baufirma, die die Arbeit übernehmen wollte.

„Der weite Weg ist zu umständlich“, sagten alle.

Es gab nur eine Lösung: ich mußte den Umbau selbst leiten und möglichst viele Arbeiten selbst ausführen.

So WEIT war ich an jenem dreißigsten April neunzehnhunderteinundsiebzig, abends um zehn Uhr vierundzwanzig.

Ich beschloß damals nicht nur mein Leben zu ändern. Ich wußte auch, daß ich mich nochmals auf die Schulbank – und zwar auf eine harte Schulbank – setzen mußte, um verschiedene Bauberufe wenigstens einigermaßen zu erlernen.

Noch am gleichen Abend schrieb ich den Kündigungsbrief für meine Geschäftsräumlichkeiten. Meinen Angestellten mußte ich meine Absichten mündlich mitteilen.

Dann schrieb ich an Marco in Froda. Marco ist Baumeister. Ich fragte ihn, ob er mich während eines halben Jahres als Volontärin beschäftigen könne. Ich würde keinen Lohn verlangen und natürlich meine Versicherung selbst bezahlen.

Die Liquidation meines Geschäftes war einfach. Jedes Stück, das wegging, rechnete ich um in Zementsäcke, in Bodenbretter, in Betonkies, in eine Woche Lebensunterhalt.

Marcos Antwort kam erst nach drei Wochen:

> Liebe Caterina,
> wenn es unbedingt sein muß und wenn es mich nichts kostet, dann komm. Aber einer Frau bezahle ich nichts. Du wirst sehen, die Arbeit ist viel zu schwer.
> Tanti saluti.
>
> Marco

Am Morgen des einunddreißigsten Juli gab ich die Schlüssel meines Geschäftes ab. Am ersten August trat ich meine Stelle bei Marco an. Der Bauplatz lag etwas oberhalb von San Michele.

Meine beiden Kollegen begrüßten mich mit hartem Händedruck. Gildo hatte rotes Kraushaar und eine kugelrunde Gestalt. Er schaute aus wie ein lieber Seehund und war stark wie ein Bär. Luigi war ebenfalls rothaarig, aber feingliedrig. Am Sonntag spielte er in der Kirche von Froda die Orgel.

Ich lernte, wie man Beton, Feinbeton, Mörtel und Abrieb mischt, wie man Waagscheit, Lot und Richtschnur braucht, theoretisch auch, wie man mit Bruchsteinen mauert, wobei man auf die Äderung der Steine achten muß, um sie zurechtzuhauen. Für letzteres habe ich nicht viel Talent.

Dafür hatte ich bald den Schwung heraus, den es braucht, um Verputz an die Wand zu befördern. Weil ich die Maurerkelle immer verlegte, gewöhnte ich mir an, sie in die Gesäßtasche zu stecken. Damit hatte ich auch meinen Übernamen: die Kathrin mit der Maurerkelle.

Es machte mir Spaß, die Betonmaschine zu bedienen. Mir zu

Ehren tauften sie die Maschine „Caterina die Zweite". Sie mischte jeweils Beton für drei Schubkarrenladungen. Pro Schubkarren hatte ich zwei Schaufeln Zement hinzuzufügen. Ein Sack Zement enthält zwölf Schaufeln voll. Bang fragte ich mich, wie ich auf dem Monte Valdo die Betonunterlage für das Schwimmbad erstellen würde.

Ich bekam auch Unterricht, wie man einen Sack Zement trägt. Man muß ihn liebevoll über die Schulter legen, etwa wie ein halbjähriges Kindlein. Nur daß halbjährige Kindlein nicht fünfzig Kilogramm schwer sind. Nach einem Gang über schwankende Bretter in die Baubaracke gab ich dieses Experiment auf.

„Tu das lieber nicht mehr", sagte Gildo, „davon wirst du zu schnell alt."

Neues Monte-Valdo-Problem: ich brauchte jemanden, der einen Sack Zement tragen konnte.

Am Ende meines zweiten Volontärmonats überreichte mir Marco einen Briefumschlag.

„Dein Lohn", sagte er trocken. „Schlechten Handlangern zahle ich sechs Franken pro Stunde, guten acht. Hier drin sind acht Franken für jede Stunde deiner Arbeit. Ich bin sehr zufrieden mit dir."

Ich war gerührt und ganz unbändig stolz. Zur Feier des Tages lud ich Gildo und Luigi zu einem Trunk ein. Seltsam, welch kleine Ursachen große Wirkungen haben können. Denn in der *Trattoria* von San Michele fand ich Michelangelo.

Michelangelo

Er war total betrunken und saß mit weit nach hinten geschobenem Stuhl am Wirtshaustisch. Den von lockigen, dunklen Haaren und einem struppigen Bart umrahmten Kopf hatte er auf die linke Hand gestützt. Seine braunen Augen waren blutunterlaufen.

Ein paar Trinkkumpane amüsierten sich über ihn. Die Kellnerin hatte offenbar den Auftrag, sein leergetrunkenes Schnapsglas sofort wieder durch ein volles zu ersetzen. Sie tat es oft.

Ich verabschiedete mich nach einer Weile von meinen beiden Kollegen, ging auf den Betrunkenen zu und befahl ihm mitzukommen. Woher ich diese Idee und den Mut zu ihrer Ausführung hatte, weiß ich nicht. Ich glaube, reines Mitleid mit dem armen Kerl trieb mich dazu.

„Sì, S'nora", sagte er folgsam, erhob sich und stolperte hinter mir drein, sich an Tischen und Stuhllehnen, am Türrahmen und schließlich am Auto festhaltend. Die zechenden Männer brachen nach einer kurzen, betretenen Pause in ein schallendes Gelächter aus und grölten hinter uns drein: *„Che bella coppia!* – Welch schönes Paar."

Das waren wir auch. Ich in verwaschenen, schlotternden Blue jeans, einem Pullover in undefinierbarer Farbe und vom Zement staubigen Haaren. Er in zerschlissenen Hosen, einem grasgrünen Hemd, ein feuerrotes Tuch um den Hals geschlungen.

Maria wollte ihn gleich wieder hinauswerfen. Erst als ich ihr den doppelten Preis für eine Übernachtung auf den Tisch legte, gab sie ihm mit sichtbarem Widerwillen das schlechteste Zimmer. Dann hörten wir zwanzig Stunden lang nichts mehr von ihm.

Ich war eben von meiner Arbeit heimgekehrt und zog einen frischen Pullover über den Kopf, als es zaghaft an meiner Tür klopfte. Ich öffnete und bat ihn in mein Zimmer.

„Ich weiß nicht, weshalb Sie das für mich taten, und möchte Ihnen danken. Die Wirtin sagte mir, mein Zimmer sei von Ihnen bezahlt worden. Offen gestanden, ich weiß nicht recht, wie ich überhaupt hierhergekommen bin. Darf ich mich Ihnen wenigstens vorstellen? Ich bin Michelangelo."

Er war verlegen. Und ich war noch viel verlegener. Ich holte ihm eine Tasse Kaffee. Als ich aus der Küche zurückkam, stand er beim Fenster, die Hände auf dem Rücken verschränkt.

„Mein Leben ist total verpfuscht. Deshalb trinke ich. Ich habe keine Familie, keine Freunde, nichts. Nur Alkohol. Der läßt mich wenigstens alle meine vierunddreißig beschissenen Jahre vergessen. Ich mag nicht zu vorgeschriebenen Arbeitsstunden arbeiten. Ich mag auch nicht zu vorgeschriebenen Zeiten essen. Lieber, wenn ich Hunger habe. Ich trinke auch lieber, wenn ich Durst habe – aber Durst habe ich eigentlich immer."

„Wo wohnen Sie?"

„Eh, mal da, mal dort. Im Sommer schlafe ich in einem leeren Güterwagen. Oder ganz einfach unter einem Baum. Im Winter ist es schlimmer. Bis um Mitternacht ist der Wartsaal im Bahnhof von Locarno geöffnet. Dort ist es schön warm. Aber nachher... Es gibt bei der Post geheizte Telefonkabinen. Aber sie sind entsetzlich klein. Doch irgendwie geht es immer."

Nach einer Pause fuhr er fort: „Am liebsten möchte ich an einem ganz einsamen Ort leben. Irgendwo in einer abgelegenen Hütte auf irgendeinem Berg. Ich mag die Leute nicht und die Hast und all den Gestank."

Wir sprachen noch ein Weilchen miteinander. Er machte einen recht vernünftigen, nur etwas schwermütigen Eindruck.

Ich konnte es nicht unterlassen, ihn zu ermahnen, weniger zu trinken. Dann ging er hinaus in die Nacht.

„Schade um den Kerl", sagte Marco anderntags zu mir. „Er wäre ein guter Arbeiter, wenn es keinen Grappa und wenig Wein für ihn gäbe. Er kann alles: mauern, Regentraufen setzen, sanitäre Installationen machen, malen, Auto fahren. Eine Zeitlang hat er bei mir gearbeitet."

Es dauerte ein paar Tage, bis sich in meinem Hirn die beiden Sätze zusammenfügten: Michelangelos Bemerkung über seinen Wunschtraum vom einsamen Leben und Marcos Hinweis auf seine Kenntnisse. War er der starke Arm, den ich für den Monte Valdo brauchte?

Aber er war verschwunden. Ich fragte seine Trinkkumpane in San Michele – niemand hatte ihn seit jenem Abend gesehen.

Es wurde November. Das Acquaverde-Tal hatte sein leuchtendes Herbstgewand abgelegt. Die Birkenstämme schimmerten weiß aus den dunklen Tannen und den Lärchen, die wie gelbe Flammen dem Flußufer entlang und in den Wäldern standen. Dann, gegen Weihnachten, senkte sich eine dicke Schneedecke über Froda.

Unsere Arbeit auf dem Bauplatz mußte eingestellt werden. Ich wechselte meine Stelle und wurde auf Marcos Empfehlung von Silvio, dem Elektriker, als Volontärin angenommen.

Und eines Abends fuhr ich bei dichtem Schneegestöber nach Locarno. Im Wartsaal des Bahnhofs fand ich Michelangelo. Er lag auf einer Bank und schnarchte. Sein Gesicht war gerötet. Natürlich war er wieder voll. Nur mit Mühe gelang es mir, ihn aufzuwecken.

Er setzte sich benommen auf, schüttelte den Kopf, öffnete die Augen. „Ach, Sie sind das? Lassen Sie mich in Ruhe!"

Er legte sich wieder auf die Bank, kehrte mir den Rücken zu und schnarchte weiter. Ich schob ihm einen Zettel in die Tasche:

> Wenn Sie immer noch Lust haben, an einem ganz einsamen Ort zu leben und zu arbeiten, dann rufen Sie mich bitte an. Telefonnummer 3 89 24. Caterina Rüegg

Mehr konnte ich nicht tun.

Es WAR April, als er mich eines Abends aufsuchte. Er sei jetzt da, sagte er, und wolle morgen mit seiner Arbeit beginnen. Nichts, wo er bisher gewesen war, keine Frage, wo der einsame Ort sei, was er tun müsse. Einfach so.

Ich solle ihn morgen früh in San Michele abholen. Da hätte er all seine Sachen. Die wolle er gleich mitnehmen.

Silvio gab mir einen freien Tag. Ich wollte meine Lehrzeit als Elektriker nicht vorzeitig abbrechen, sondern Michelangelo zunächst allein auf dem Monte Valdo hausen lassen.

Zwei mit Kleidern vollgestopfte Jutesäcke, ein paar Plastikeimer verschiedener Farbe und Größe, eine mit einer zerfaserten Schnur zusammengebundene Matratze, ein sehr schmutziger Butangaskocher samt Bombe und ein fellbezogener Militärtornister waren Michelangelos ganze Habe. Dazu ein Paar Gummistiefel. Im einen steckte eine Rolle Klosettpapier. Im andern waren ein paar Kochlöffel und eine Käseraffel.

„Vorsichtig“, sagte Michelangelo, als ich die Stiefel packte, „untendrin sind drei *Tazzini.*“

Tazzini, kleine Keramikschalen, sind ein Tessiner Allerwelts-Trinkgefäß. Zuerst benutzt man sie für den Wein, dann den Kaffee und schließlich den Grappa.

Mein Auto platzte beinah aus den Fugen, doch wir mußten noch unsere Einkäufe besorgen. Wir hatten am Vorabend eine lange Liste erstellt. Zwei *Falci* und zwei Kanister für Trinkwasser waren neben Lebensmitteln meiner Ansicht nach das wichtigste.

„Nein, eine Korbflasche Wein“, hatte mir Michelangelo widersprochen.

Dann brauchten wir Kerzen, Streichhölzer, Wolldecken, einen Besen, eine Schaufel und den größten *Gerlo*, den wir finden konnten. Wir banden ihn auf dem Autodach fest. Dieser Tessiner Tragkorb ist etwas enorm Praktisches. Er hat kaum Eigengewicht, aber eine halbe Haushaltung läßt sich bequem darin verstauen. Und auf dem Rücken trägt sich alles viel leichter.

Die Ebene nach der Schlucht des Valle della Colera war nun grasbewachsen. Wir verließen die Straße und fuhren mit dem Wagen zwischen den hell leuchtenden Birken hindurch bis dahin, wo der Fußpfad sich abwärts zu winden begann. Dies war ein vortrefflicher Parkplatz. Man konnte den Wagen von der Straße aus nicht sehen, und das Blätterdach spendete Schatten. Der frisch belaubte Wald war teilweise so dicht, daß der Weg zum Monte Valdo einem Dschungelpfad glich.

Wir gingen am Speicher der inzwischen fertiggestellten Wasserleitung der Gemeinde vorbei. Sobald die schriftliche Bewilligung eintraf, würden wir hier mit unserem Graben beginnen.

Schließlich standen wir vor den Häusern. Jetzt war alles noch viel schöner. Die Wiese war grün, der Apfelbaum blühte, Bienen summten, tausend Vögel zwitscherten. Ein Kuckuck rief: „Cacacù." Er stotterte.

Michelangelo riß die Augen auf und jauchzte: „Hier eröffnen wir den schönsten Grotto des Tessins!"

Er bezog das Haus mit der Jahrzahl. Im Dachstock würde er schlafen. Der ebenerdige Wohnraum mit dem Kamin sollte als Küche, Eß- und Wohnzimmer dienen.

Im untern Haus wollte ich im Heuboden mein Schlafzimmer einrichten, und im dortigen Wohnraum würden wir mit den Instandstellungsarbeiten beginnen, sobald es regnete. Im langen Haus bestimmten wir einen Raum als Magazin. Der Stall wurde vorläufig Holzlager.

Wir setzten uns auf der Stalltreppe in die Sonne, aßen Salami und Käse und tranken aus Michelangelos Tazzini den Wein. Dabei erstellten wir eine Liste der allerdringlichsten Arbeiten:

– Alle Häuser putzen
– *Gabinetto* (Klosett) bauen
– Regentraufen richten, damit die Zisterne wieder vollfließt
– Garten roden
– Im Wohnzimmer der „Casa Caterina" Verputz abschlagen

Michelangelo sagte zu alldem nur ein einziges Wort: *„Farèm!"* Das heißt schlicht und zuversichtlich: „Machen wir!"

Am Himmel zogen drohende Wolken auf. Ich entschloß mich zur Rückkehr nach Froda. Michelangelo begleitete mich bis zum Wagen. Er war bedrückt.

„Bringst du mir übermorgen eine Flasche Grappa mit?" fragte er. „Weißt du, so ganz einfach ist es doch nicht, hier allein im Dschungel zu bleiben und den Robinson zu spielen."

Als ich wegfuhr, sah ich im Rückspiegel, wie er sich mit dem Ärmel über die Augen wischte.

Fräulein Susi Stäubli und weitere Einwohner

MICHELANGELOS traurige Augen verfolgten mich. Aber war es richtig, ihm als Trost eine Flasche Schnaps in die Einöde zu bringen? Etwas Lebendiges wäre doch gescheiter.

Während ich in Froda am Fenster saß und über dieses Problem nachdachte, hüpfte Susi Stäubli auf meinen Schoß und schmiegte sich schnurrend in meinen Arm.

„Fräulein Susi Stäubli" – so hieß meine Katze. Ich hatte sie zu Weihnachten von Maria geschenkt bekommen. Im Februar hatte ich sie in einem Brief an meine Freundin Helen wie folgt beschrieben:

> Den Vornamen Susi habe ich gewählt, weil diese zwei Silben sich in ganz verschiedener Weise formen lassen: Wenn ich Suuusiii rufe, weiß sie, daß sie heimkommen soll. (Ob sie dann auch kommt, ist eine andere Frage.) Sssussi hört sie nicht gern. Das heißt nämlich, daß sie wieder was Dummes angestellt hat.
>
> Der Name Stäubli ergab sich von selbst. Susis Fell hat die gleiche Farbe wie die Staubflöckchen, die einer unordentlichen Hausfrau wie mir beim jährlichen Frühlingsputz unterm Bett entgegenschweben. Oben sind sie mausgrau, unten etwas heller.
>
> Susi ist eine ganz spezielle Katze. Ich behaupte das, weil Susi sprechen kann.
>
> „Mee" heißt: „Steh endlich auf, und laß mich raus."
>
> „Ich habe Hunger", verkündet sie mit „Miii".
>
> „Knknk", warnt sie das Meislein am Futterhäuschen.
>
> Mit einem stolzen „Brrrmmm" legt Susi fast jeden Tag eine Maus vor meine Füße. „Schau mal", heißt das, „bin ich nicht eine fleißige Katze?"

Und wenn sie mit dem Pfötchen bis hinters Ohr fährt, weiß ich auch noch, daß es morgen schneien wird.

Letzte Nacht hat sie mich überrascht wie noch nie: Wir erwachten ob einem fürchterlichen Kreischen. Sämtliche Kater des Dorfes schienen sich ausgerechnet vor meinem Fenster in eine Schlägerei verwickelt zu haben. „Februar", erklärte ich Susi. „Aber du bist noch zu jung, um das zu verstehen."

Susi sprang auf den Sims und schaute interessiert in den mondbeschienenen Hof. Ihre Gestalt hob sich wie ein Scherenschnitt vom Fenster ab.

Zuerst kauerte sie geduckt, wie vor einem Mauseloch, dann stand sie auf, hielt auf langem Hals den Kopf nach vorn, ihn aufmerksam nach rechts und links drehend, gleich einem Zuschauer beim Tennismatch. Dann aber streckte sie mit eingeknickten Vorderbeinen ihr Hinterteilchen in die Höhe. „Mrrraaaooo", rief sie vorwurfsvoll hinaus.

„Geht weg", sollte das wahrscheinlich heißen. „Ihr stört uns. Wir wollen Ruhe haben."

„Laß nur", tröstete ich Susi, „die gehen schon wieder."

Schließlich hörte der Lärm auf. Zögernd hüpfte Susi vom Sims und legte sich neben mich auf die Bettdecke. Sie schnurrte wie ein Nähmaschinchen und hielt mir abwechslungsweise Bauch und Rücken hin, damit ich sie streichle. So zärtlichkeitsbedürftig war Susi noch nie gewesen.

Und dann begann sie plötzlich zu sprechen. Nicht in der Katzensprache. In gutem Deutsch. Ganz deutlich sagte sie zu mir: „Tust du nur so, weil du keine kleinen Kätzchen in unserm Haus willst, oder verstehst du wirklich nicht, daß ich raus zu dem dicken, weißen Kater möchte?"

Aber vielleicht habe ich da schon geschlafen.

Nun ja, Susi entwischte mir doch. Drei Tage lang suchte ich sie zum Gaudium von ganz Froda. Dann erschien sie eines Morgens wieder, als ob nichts geschehen wäre. Und jetzt, Mitte April, wurde sie zusehends rundlicher. Michelangelo war Susi sympathisch. Das hatte ich bei seinem kürzlichen Besuch gesehen.

Für meine nächste Monte-Valdo-Reise übers Wochenende kaufte ich einen Liegestuhl, einen Schlafsack, ein paar fehlende Küchengeräte, zwei Büchsen Katzenfutter und ein paar *Fiaschi* (mit Stroh umhüllte Zweiliterflaschen) Wein.

Carletto, der ehemalige Fußballstar, lieh mir sein aus Weidenruten geflochtenes Trainingskörbchen. Darin hielt Susi Stäubli Einzug auf dem Monte Valdo.

„Hier ist dein Grappa", sagte ich und drückte Michelangelo das Körbchen in die Hand. Er öffnete es.

„Jetzt versteh ich nichts mehr – verspricht sie mir Grappa und bringt statt dessen eine Katze!" Er schüttelte den Kopf.

Susi ist wirklich eine gescheite Katze. Sie umschmeichelte Michelangelos Beine. Als er sie aufhob, leckte sie ihm die Hand. Er streichelte sie, und sie schnurrte selig.

„Glaubst du nicht, daß Susi dir besser Gesellschaft leisten kann als eine Flasche Schnaps?"

Er antwortete nicht. Aber seine Hand fuhr weiter über Susis Fell.

Ich hatte Michelangelo auch Lesestoff mitgebracht, denn er schien mir sehr lernbegierig und hatte mir verraten, daß er sich besonders für Geschichte, Kunst, Sternkunde und vor allem Mystik interessiere. Seine Intelligenz war aber zu drei Vierteln im Alkohol ertränkt worden. Die kindlichsten Ideen standen oft in beinah lächerlichem Gegensatz zu Wissen, das er nicht in der untersten Schulstufe erworben haben konnte.

Michelangelo zeigte mir seine Arbeiten. Der Dachstock seines Hauses war gewischt und gefegt. Die Matratze lag ordentlich bezogen in einem der Betten. Seine beiden Kleidersäcke hingen an zwei rostigen Nägeln an einem Tragbalken des Daches.

Im Wohnraum hatte er eine Art Küchenkombination gebastelt. Der Kocher stand auf zwei mit einem Brett verbundenen Böcken am sauber geputzten Fenster. Links davon hatte er aus Kastanienästen ein Gestell für sämtliche Küchengeräte zusammengefügt. Die Lebensmittel konnten wir in einem eingebauten Schränkchen unterbringen.

Während ich Michelangelos Werk betrachtete, sah ich an der Decke ein graues Tierchen krabbeln, etwa dreimal so groß wie eine Maus. Sein Fell war silbergrau. Es hatte schwarze Äuglein und einen schönen buschigen Schwanz, fast wie ein Eichhörnchen.

„Ein *Ghiro* – Siebenschläfer –, er ist schon fast zahm. Aber wenn man ihn streicheln will, beißt er", erklärte mir Michelangelo.

„Und nun schau dir dein Schlafzimmer an!" Michelangelo ging stolz voran. Er hatte den Heuboden ausgeräumt. Dicke Kastanienbretter waren zum Vorschein gekommen. Der Raum war in seiner

Primitivität eindrucksvoll. Der Dachgiebel stieg in der Mitte etwa viereinhalb Meter hoch. Die jetzt von Spinnweben und Heustaub befreiten Balken waren aus Eichenholz. Die Querleisten aus in der Mitte gespaltenen Kastanienstämmen trugen die regelmäßig geschichteten Steinplatten. Zwischen den Platten glitzerte die Sonne und warf kleine Strahlenbündel schräg durchs Zimmer. Durch die große Dachluke sah ich auf eine Eiche, an der die Reben bis in den Raum hinein rankten. Fenster waren natürlich keine da.

„Schau, das habe ich zwischen den Platten deines Daches gefunden!“ Michelangelo hielt ein etwa achtzig Zentimeter langes, durchsichtiges Band in die Höhe.

Eine Schlangenhaut! Auf dem Dach krochen also Schlangen herum. Mich fror plötzlich. Mein erster Gedanke war, sofort wieder nach Froda zurückzukehren. Wenn ich hier im Bett lag, eine baumelnde Schlange über mir!

Ich gab mir Mühe, Michelangelo meinen Schrecken nicht zu deutlich zu zeigen. Wenn ich so ein Jammerlappen war, war es besser, meine Pläne zu begraben und in die Stadt zurückzukehren.

„Ach geh“, sagte ich also wegwerfend, „hier gibt es keine Giftschlangen, nur Nattern.“

„Ich fürchte mich aber vor allen Schlangen“, gestand mir mein starker Helfer. „Ich bin mal von einer Viper gebissen worden. Das genügt.“

„Dir zuliebe werde ich eine Ampulle Serum kaufen.“

Schon zeitig zog ich mich in mein luftiges Zimmer zurück, schlüpfte in den Schlafsack und legte mich auf meinen Liegestuhl. Bei jeder kleinsten Bewegung knarrte das in einen Metallrahmen gespannte Segeltuch zum Gotterbarmen. Ich schlief schlecht und träumte von Schlangen, die über mir schaukelten.

Gegen Sonntag abend rüstete ich mich wieder zur Heimkehr nach Froda. Michelangelo begleitete mich. Wir hatten jetzt unser Trinkwasserproblem provisorisch gelöst. Etwa zwei Kilometer talwärts plätscherte am Straßenrand ein Brunnen. Wir fuhren dorthin, füllten die beiden Zehnliterkannen. Ich kehrte mit meinem Auto nochmals zurück zum Parkplatz. Von dort trug Michelangelo die Kannen im *Gerlo* nach unten.

Michelangelo wollte den Weg durch den Wald nur noch mit einem Stock bewaffnet gehen. Wegen der Schlangen.

„Schau, da ist eine Smaragdeidechse“, sagte er, als wir, Monte Valdo verlassend, um die Ecke des langen Hauses bogen. Der grasgrüne Reptilkopf erhob sich am Rande eines Mäuerchens. Ob ich die Schlange bannte oder sie mich? Ich weiß es nicht. Wir waren beide regungslos und schauten einander an. Michelangelo hatte noch nicht bemerkt, daß die vermeintliche Smaragdeidechse eine Schlange war.

„Komm schon“, rief er mir zu und machte mit seinem Stock eine Bewegung. Die Schlange zuckte erschreckt und floh abwärts. Ihr grüner Leib quoll aus dem Mauerloch. Sie war gegen anderthalb Meter lang.

„Eine Natter, eine richtige Natter – töte sie, *Dio mio,* töte sie.“ Michelangelo war völlig außer sich.

„Nein, Nattern sind nicht giftig. Laß sie.“

„Alle Schlangen sind giftig, mir graut vor ihnen, so bring sie doch endlich um!“

„Wenn du sie töten willst, dann tu's gefälligst selbst. Du hast schließlich einen Stock, ich bloß eine Einkaufstasche.“

Mit zitternden Händen und ohne richtig zu zielen, schlug er gegen die Schlange, die sich weiter abwärtskriechend im dürren Laub verlor. Ich war froh, daß Michelangelo sie nicht erwischt hatte. Nur – ums Haus herum oder gar über dem Bett baumelnd gefielen mir Schlangen doch nicht besonders.

So holte ich mir Rat bei Guido.

„Schaffe dir einen Hund an oder sogar zwei. Dann hast du Ruhe. Schlangen meiden Orte, wo sich zu vieles bewegt und Lärm macht.“

RADIO MONTE CENERI bringt jede Woche eine Sendung für Tierfreunde. Darin werden entflogene Kanarienvögel und Wellensittiche und entlaufene Hunde und Katzen gemeldet. Wer irgendein Haustier möchte oder zu verschenken hat, kann dies ebenfalls verkünden lassen.

Michelangelo war eifriger Radiohörer und schleppte den kleinen Transistor überall mit sich herum. Er gab mir die Telefonnummer von jemandem, der für zwei junge Jagdhunde ohne Stammbaum ein Plätzchen suchte.

Es war allgemeine Liebe auf den ersten Blick. Die Welpen mochten etwa zehn Wochen alt sein. Das Weibchen war schwarz. Es hatte über jedem Auge einen verschmitzten braunen Punkt und mitten in seiner braunen Brust ein weißes Fleckchen. Ein Krawättchen sozusagen. Seine aufmerksamen Augen hatten einen pfiffigen Ausdruck.

Brust, Pfoten und das Schwanzspitzchen des rotbraunen Männchens waren weiß. Sein Gesicht mit den langen Schlappohren runzelte sich bereits sorgenvoll.

Die erste Reise bekam ihnen schlecht. Sie erbrachen sich. Ich hatte weder eine Leine noch irgendeine Schnur bei mir. Sie folgten mir trotzdem brav durch den Wald, vorsichtig die stachligen Kastanienschalen vermeidend.

Das Weibchen sprang sofort an Michelangelo hoch. Sein Bruder war sehr zurückhaltend und versteckte sich ängstlich hinter mir.

Als erstes mußten sie Bekanntschaft mit Susi Stäubli schließen. Susi machte einen Buckel, fauchte die beiden an und gab jedem eine tüchtige Ohrfeige. Damit war ein für allemal festgestellt, wer hier regierte.

Wie sollten sie nun heißen?

„Das Weibchen schaut aus wie ein verbrannter *Chicco di caffè*", fand ich.

„Wie sagt man *Chicco di caffè* auf deutsch?" erkundigte sich Michelangelo.

„Kaffeebohne."

„Dann hab ich's schon. Wir nennen sie Bona. Tönt weiblich und enorm vornehm. Und wenn sie ausschaut wie eine Kaffeebohne, dann ist er ein Maiskorn – ein *Grano turco.*"

Ich streichelte den maisfarbigen Hund. „*Ciao*, Grano, du wirst mein großer Liebling sein."

Grano schaute ernst und scheinbar tief betrübt in die Welt. Da bemerkte ich, daß er schielte. Wenn er sein Gesicht geradeaus gegen den Monte Ceneri richtete, schaute sein linkes Auge nach Bellinzona. Nun wußte ich wenigstens den Grund seiner Sorgen. Bona hüpfte vergnügt um uns herum.

Bald hatten sie den Schock der Autofahrt überwunden und begannen miteinander zu spielen, stets einen sorgfältigen Bogen um Susi machend, die auf dem Spaltklotz saß und sie nicht aus den Augen ließ.

„Nun sind wir schon vier ständige Einwohner auf dem Monte Valdo." Michelangelo zählte auf: „Das Susi, die Bona, der Grano und der Michelangelo. In vierzehn Tagen, wenn sie ganz zu uns zieht, wird die Caterina die fünfte sein."

Ich war aber die sechste, denn in der Zwischenzeit gebar Susi einen Sohn. Wir nannten ihn Bimbo.

Mein Einzug in den Dschungel

MEIN Koffer war gepackt. Zum Abschluß wusch ich meine Haare und duschte so lange, bis der Boiler in Marias Badezimmer leer war. Eine Dusche würde ich vermissen. Aber hoffentlich nicht für lange.

Meine Post war nach Sassariente, postlagernd, umadressiert. Ich hatte allen meinen Freunden geschrieben, daß ich jeweils am Dienstag und Freitag ihre Briefe abholen werde. Ich wollte mich so einrichten, daß ich die übrigen fünf Tage der Woche nicht vom Monte Valdo wegmußte.

Einen schönen Tag hatte ich für meinen Umzug nicht ausgesucht. Es regnete. Es kann nur im Tessin so regnen. Der Regen rinnt in Fäden vom Himmel.

Auf Michelangelos Rat hatte ich mir einen wasserdichten Umhang gekauft, dazu einen Hut aus dem gleichen Material und die höchsten Gummistiefel.

Ich patschte durch den Wald, beladen mit einem Rucksack und drei an einen Stock gehängten Einkaufstaschen. Über die ganze Last spannte ich meinen mächtigen roten Tessiner Schirm.

Michelangelo hatte mir zum Empfang eine Art Triumphbogen gebastelt. Mühsam eingesteckte Blümlein, an denen Regentropfen herunterkollerten, hingen daran. Sein Willkommensgeschenk war ein Eßtisch. Kopf- und Fußteil des einen Bettes waren irgendwie zusammengefügt und bildeten das Tischblatt. Aus den wenigen noch guten Bodenbrettern des langgestreckten Hauses hatte er zwei gekreuzte Beine und einen Quersteg geschreinert. Anstelle von Stühlen standen rings um den Tisch Stücke eines Baumstamms. Im Kamin prasselte ein freundliches Feuer. Die Hunde saßen davor und wärmten sich. Susi säugte in einer Kartonschachtel ihr Söhnchen und gab zärtliche Gurrlaute von sich.

Weshalb Michelangelos Bett wohl in der Küche stand? Überhaupt – er schien mir bedrückt.

„Schau dir das an", jammerte er. Er führte mich in sein Schlafzimmer unterm Dach. Der Fußboden war an vielen Stellen naß. „Und in deinem Zimmer schaut es nicht viel besser aus. Und im Stall wird das Holz naß, und im Lagerraum baden die Werkzeuge."

Die Dächer waren nicht mehr dicht!

„Wenn es so hereinregnet, dann wird alles morsch. Zuerst die Tragbalken. Dann die Fußböden. Dann krachen die Dächer zusammen, und bald besteht unser ganzes Dorf nur noch aus Ruinen."

„Du lieber Gott, was tun wir da? Kennst du niemanden, der Steindächer reparieren kann?" Ich wußte von meiner Arbeit bei Marco, daß dies eine ganz spezielle Kunst ist, für die es nur noch wenige Spezialisten gibt.

„Doch, ich kenne einen. Das Dumme ist, daß ich mich nicht mehr erinnern kann, wie er heißt."

Michelangelo war den ganzen Tag nicht bei der Sache. Er suchte in sämtlichen Schubladen seines Hirns nach dem Namen dieses Mannes. Beim Nachtessen sagte er plötzlich: „Ich hab's: Ugo Bisi."

So würde ich morgen wieder ins Tal fahren und nach Ugo forschen.

Ich fand Ugo nach ein paar Telefonaten. Umständlich erklärte ich ihm den Weg.

„Ach, Sie meinen den Monte Valdo?" unterbrach er mich. „Den kenne ich gut. Ich war als Kind immer dort, um bei der Weinlese zu helfen. Ich komme."

„Und wann kommen Sie?"

„Am ersten Regentag. Dann sehe ich die Schäden besser."

Am andern Tag schon goß es, und Ugo erschien. Ein typischer Tessiner mit krausem Haar, eckigen Gesichtszügen und langsamen, bedächtigen Bewegungen.

Ugo inspizierte jede einzelne Steinplatte der vier Dächer und kontrollierte auch die Tragbalken. In Michelangelos Haus war einer bedenklich morsch. Er maß die Länge, nahm Axt und Säge, ging in den Wald, fällte einen Kastanienstamm und setzte ihn ein.

So einfach war das.

Ugo sah jede einzelne undichte Stelle nach, verschob hie und da eine Platte. Am Abend, als der Regen wieder in Strömen floß, saßen wir im Trockenen.

Michelangelo entfachte das Feuer, wir schmolzen an Ästchen aufgespießten Formagellakäse und tranken Wein dazu. Ein ganz privates Fest zur Feier der dichten Dächer.

Das war der Moment, um Ugo nach den alten Zeiten auf dem Monte Valdo zu fragen.

Hier lebte während der Sommermonate ein Bauer namens Delio. Er besaß auch in Sassariente ein Gut, zog aber jeweils im Frühsommer mit seinem ganzen Vieh herauf, pflegte den Weinberg, den Kartoffelacker und einen Gemüsegarten.

„Und wie war das mit dem Weg?"

„Von Sassariente aus führte ein gut ausgebauter Fußweg hierher." Heute war er zugewachsen. Aufwärts brauchte man vierzig Minuten, abwärts eine Viertelstunde.

„Soo weit weg von der Zivilisation sind wir eigentlich gar nicht", sagte Michelangelo fast enttäuscht. „Robinson hatte es doch schwieriger."

„Und das Wasser?"

„Zu meiner Zeit war der Brunnen schon versiegt. Es gab einen Pfad ins Valle della Colera. Dorthin trieb Delio das Vieh zur Tränke, wenn es sehr trocken war. Sonst genügte das Wasser der Zisterne. In den Krisenjahren wanderte Delio aus nach Kalifornien."

„Und der Monte Valdo schlief mit seiner Abreise ein", beendete Michelangelo die Geschichte.

Ugo ging erst heim, als es schon dunkel war. „Schafft euch den größtmöglichen Wasservorrat in der Zisterne an", riet er uns vor dem Weggehen. „Es kann hier verdammt heiß werden und wochenlang nicht regnen."

Wir beschlossen, die Zisterne zuerst einmal zu reinigen. Zu Michelangelos Leidwesen mußten wir das seit seiner Ankunft gesammelte Wasser auslaufen lassen. Als er aber auf dem Grund den schwarzen, etwa dreißig Zentimeter hohen Schlamm sah, war er getröstet.

Er stieg mit einer Leiter in den Schacht und lachte über meinen Befehl, eine brennende Kerze mitzunehmen. Ich war besorgt, er könne durch Sauerstoffmangel ohnmächtig werden. Einer meiner eisernen Monte-Valdo-Grundsätze war es, jeglicher irgendwie möglichen Unfallgefahr aus dem Weg zu gehen.

Zum Schluß seiner Aktion schrubbte Michelangelo die Wände ab und spülte mit dem in den Eimern aufgesparten Wasser nach.

Ich bat den strahlendblauen Himmel um Regen, denn jetzt mußten wir auch noch das Waschwasser von dem Brunnen hertragen, der zwei Kilometer talwärts am Straßenrand lag.

UNTERHALB der Häuser war die Erde rot.

„Dorthin müßt ihr Kartoffeln pflanzen. Die gedeihen nirgends besser." Natürlich stammte auch dieser Rat von Ugo. Umsonst nannten wir ihn nicht den „Weisen". Die Sortenwahl machte mir Schwierigkeiten. Ugo konnte mir da nicht helfen. So fragte ich denn Heini, den Mann meiner Freundin Helen aus Basel. Er ist der begeistertste Hobbygärtner, den ich kenne. Bei meinem üblichen Postbesuch am Freitag fand ich ein Paket von Heini.

„Nimm Désirée", schrieb er mir, „und rechne mit einem zehnfachen Ertrag. Weil diese Sorte im Tessin vielleicht nicht bekannt ist, schicke ich Dir hier fünf Kilo. Mehr als fünfzig Kilo wirst Du ja in einem Winter nicht essen."

So rodeten wir denn ein Stück der roten Erde, groß genug, um Heinis Kartoffeln aufzunehmen. Wir taten etwas von dem uralten Mist vom Misthaufen dazu, genau wie es in meinem Gartenbuch stand. Weder Michelangelo noch ich hatten irgendwelche Erfahrungen in Landarbeiten.

„Die dümmsten Bauern weit und breit sind wir ganz sicher", sagte Michelangelo. „Wenn das Sprichwort stimmt, dann müßten wir die größten Kartoffeln ernten."

Aber um das zu erfahren, mußten wir bis Ende September warten. Am nächsten Nachmittag wollten wir mit der Bohnensaat beginnen und Tomatensetzlinge einpflanzen.

Doch da kam der unheilvolle Brief.

Das Quellchen

Die Baubewilligung war immer noch nicht eingetroffen. Ich hatte deshalb vor kurzem wieder an die Gemeinde Sassariente geschrieben. Der Antwortbrief, den ich an jenem Tag erhielt, machte all unsere Arbeitspläne zunichte.

„Wir erteilen Ihnen die Baubewilligung nur", schrieben sie, „wenn Sie sich damit einverstanden erklären, daß wir weder Kinder zur Schule befördern noch die Straße vom Schnee räumen, noch den Kehricht abholen, noch Sie mit Wasser versehen müssen."

Wenn ich kein Trinkwasser bekam, fiel mein ganzes Feriensiedlungsprojekt wie ein Kartenhaus zusammen. Was nützte dann meine ganze Ausbildung? Mußte ich dann Michelangelo wieder entlassen? Und wohin sollte ich mit Susi Stäubli, mit ihrem Kind, mit Grano und Bona? Wer würde die Désirée-Kartoffeln essen? Michelangelo würde wieder herumlungern, sich betrinken und im Wartsaal übernachten. Auch die geflickten Dächer nützten nichts. Ich war dem Weinen nahe und sah beim Aufwärtsfahren die Straße nur durch einen trüben Schleier. Dann riß ich mich zusammen. Jetzt suchen wir eben die Quelle!

Michelangelo wunderte sich über mein grimmiges Gesicht. Ich erklärte ihm, daß wir nur noch die dringendsten Arbeiten in den Häusern verrichten würden, daß der Garten nicht weiter bepflanzt werde. Wasser graben war wichtiger.

„Farèm", sagte er nur.

Ich erinnerte mich, daß der von Silvia angegebene Ort in gerader Linie über den Häusern lag, etwas unterhalb des Fußweges. Wir kämpften uns aufwärts durch den inzwischen mehr als mannshoch gewordenen Farn. Der Pfad, den wir anlegten, war eine kleinere Klettertour. Auf halber Höhe war eine Terrasse, die eine unwahrscheinlich schöne Aussicht bot, bis dort, wo der Lago Maggiore eine Windung nach Süden macht. Dann mußten wir drei Mauern erklimmen, die zur Terrassierung des Geländes gedient hatten. Die Kastanienbäume standen hier schon hoch, doch ganz früher mußte auch hier Weinberg gewesen sein.

Es machte uns viel Mühe, die von Silvia gesteckten Markierungen wiederzufinden. Die Äste hatten in der Zwischenzeit Wurzeln bekommen und ausgeschlagen. Ich war nicht ganz sicher, ob wir am richtigen Ort waren.

So versuchte ich es eben auch: Ich schnitt einen Haselzweig so zurecht, wie ich es bei Silvia gesehen hatte, und ging mit den gleichen sorgfältigen Schritten quer zum Hang, die Rute mit angewinkelten Armen vor mich hin haltend. Michelangelo schaute mit immer runderen Augen zu. Da – wie von einem Magnet gezogen, senkte sich die Rutenspitze bei der ersten der vermutlichen Markierungen. Ich ging weiter. Bei jedem der vier Schößlinge geschah dasselbe.

„*Cristo*", sagte Michelangelo ehrfürchtig, „und eine Hexe bist du auch noch."

Pickel, Schaufeln, zwei Eimer und eine Flasche mit verdünntem Wein hatten wir bereits mitgenommen. Ich sandte ein kleines, flehentliches Stoßgebet zum speziellen Schutzheiligen des Monte Valdo. Wenn ich schon Michelangelo und Ugo gefunden hatte, würde mir auch die Quelle nicht verborgen bleiben – sofern sie wirklich hier unten durchfloß ...

Es ist mühsam, einen Graben zu machen. Es ist noch viel mühsamer, dies im Wald zu tun. Der Boden war durchflochten mit Wurzeln aller Art. An der Oberfläche waren sie dünn und mit der Schaufel zu durchschneiden. Dann aber wurden sie dicker und zäher.

Am Mittag war Michelangelos Grabenstück gut drei Meter lang und einen halben Meter tief, meines halb so lang und halb so tief.

„Das kommt, weil du nicht in die Hände spuckst", erklärte mir der Fachmann. Er mußte es wissen.

Nach einer Tiefe von etwa siebzig Zentimetern hörten die Wurzeln auf. Wir gruben weiter in wunderschön schwarzer, tiefer unten roter Erde. Steine gab es nur wenige. Unterhalb des Grabens häufte sich unser Aushub.

Die Hunde schauten uns neugierig zu und jagten den hinabkollernden Steinchen nach.

Am Abend war unser Graben, der Balken des T, etwa sechs Meter lang und führte von der ersten bis zur vierten Markierung. Wir waren in einer Tiefe von gut einem Meter auf eine mit Lehm durchsetzte Sandschicht gestoßen. Sie war so hart, daß man mit Pickel und Stemmeisen jede Schaufel voll mühsam losschlagen mußte. Michelangelo hätte wahrscheinlich noch lange weitergegraben. Um halb acht Uhr konnte ich aber einfach nicht mehr.

Wasser suchen ist etwas ungeheuer Spannendes. Mit jedem Pickelschlag denkt man: Noch zehn Zentimeter mehr, dann finden wir die Quelle. Noch zwanzig Schaufeln mehr, dann haben wir Wasser. Aber an diesem ersten Tag fanden wir es nicht. Ich schlief herrlich und träumte, wir hätten die Quelle ausgegraben.

Normalerweise stand ich auf, wenn ich den Cacacù, unsern stotternden Kuckuck, zum erstenmal rufen hörte. Am folgenden Morgen klapperten Michelangelos *Zoccoli* schon über die Treppen, als erst ein ganz feiner Lichtschimmer den Tagesanbruch ahnen ließ.

Es klopfte zaghaft. „Bist du schon wach? Mir träumte, wir hätten Wasser gefunden.“

Ich sprang aus dem Bett. Wenn Michelangelo denselben Traum wie ich gehabt hatte, dann mußte er sich einfach erfüllen. Proviant nahmen wir gleich mit. Susi ließ ihr Kind für ein Weilchen allein und begleitete uns auch, hie und da die Hunde mit einem kurzen Fauchen zurechtweisend.

Abends um halb fünf Uhr – unser Graben war in seiner ganzen Länge etwa anderthalb Meter tief – hielt mir Michelangelo einen faustgroßen Stein unter die Nase. Er war naß!

Michelangelo hüpfte wie besessen im Graben hin und her und jauchzte. Dann küßte er den Stein und warf ihn hoch in die Luft. Ich hätte Michelangelo am liebsten umarmt.

Eifrig vertieften und erweiterten wir nun mit dem Stemmeisen die Stelle, wo der Stein gelegen hatte. Ein kleines Rinnsal sammelte sich.

„Heute abend trinke ich nur von diesem Wasser, keinen Wein“, sagte Michelangelo.

Wir schaufelten unserm Quellchen einen schmalen Abfluß, den Mittelstrich des T. Wie schnell das jetzt ging, obwohl die Wurzeln immer noch zäh und die Lehmschicht genau gleich hart war.

Tiefsinnig stellte Michelangelo fest: „Wein muß man trinken, um besoffen zu werden. Beim Wasser genügt es schon, es zu finden.“

Wir blieben lange auf und betrachteten den Sternenhimmel. Die Nacht war wie dunkelblauer Samt, auf dem Brillanten funkeln, der Mond schien wie ein zu einer Feier aufgehängter Lampion.

Die Grillen zirpten ihr fröhliches Lied, und Glühwürmchen ließen ihre freundlichen Lichtlein aufleuchten.

Der Wind trug verwehte Glockenklänge und – das war kaum zu glauben – den weit weg, aber deutlich hörbaren Straßenlärm zu uns herauf. Die Ferienzeit hatte begonnen, und die Brandung des Reisestroms trug den fordernden Klang von Autohupen, das Quietschen von Bremsen, das Brummen von Motoren und hie und da das Heulen eines Polizei- oder Krankenautos bis in die Einöde des Monte Valdo.

„Gute Nacht, Michelangelo. Morgen graben wir die drei übrigen Wasserstränge aus."

Ein paar Stunden später erwachte ich schweißgebadet. In meinen Eingeweiden wühlten tausend Messer. Es war mir sterbensübel. Mühsam erhob ich mich, entzündete mit zitternden Händen eine Kerze und machte mich auf den Marsch zu unserem Klosett.

Bis jetzt war ich immer stolz darauf gewesen, das *Gabinetto* mit der schönsten Aussicht zu besitzen. Michelangelo hatte aus Kastanienstämmchen eine Art Laubhüttlein gebaut, etwa fünfzig Meter von den Häusern entfernt im Wald. Auf drei Seiten hatte er es mit Plastikwänden versehen. Gegen den Monte Ceneri war es offen. Eine Tür brauchten wir in dieser Einsamkeit nicht. Ein anderthalb Meter tiefes Loch, rechts und links ein paar Bretter darübergelegt und zwei kunstvolle Halter aus Draht, einer fürs Papier, der andere für den Kalksack, das war alles.

Solange man gesund ist, geht das wunderbar. Es geht auch, wenn einem schlecht ist.

Man frage nur nicht, wie.

Auch diese längste aller Nächte ging einmal vorbei. Wie oft ich in den Wald und wieder zurückgepilgert bin, habe ich nicht gezählt. Susi begleitete mich jedesmal getreulich.

Ich rief nach Michelangelo, sobald ich seine *Zoccoli* klappern hörte, und bat ihn, mir die Apotheke zu bringen.

Im stillen lobte ich mich selbst. Wie klug war ich doch gewesen, eine Notapotheke anzuschaffen, mit Medikamenten für alle nur möglichen Krankheiten: Kopfweh, Fieber, Erkältungen, Durchfall, Verstopfung, Herzbeschwerden, Insektenstiche, Verstauchungen, Ohrenweh, Augenentzündung, Rheuma.

Es ist nie gut, sich selbst zu loben.

Michelangelo brachte mir die Schachtel mit der Bemerkung, er fürchte, sie sei nicht mehr ganz komplett. Ich öffnete sie. Da war kein Coramin mehr, kein Hustensirup, die Schachteln mit Mitteln gegen Verstopfung, Fieber, Durchfall waren leer. Die Kohlepastillen waren noch da, Gott sei Dank.

„Die schwarzen Tabletten mochte ich nicht. Aber die andern habe ich vorsichtshalber ausprobiert. Ich finde, sie taten mir alle sehr gut." Also sprach mein starker Arm und Helfer.

Ich war viel zu schwach, um mit ihm zu schelten, und auch zu schwach, um zu lachen. Drei Tage lang lag ich mit Fieber im Bett, trank Schwarztee, aß Kohle und Äpfel, die Michelangelo auf der Käseraffel für mich rieb. Er war ein rührender Pfleger, voller Besorgnis und mit vielen Ideen, was mir guttun könnte. Daß ich weder Grappa noch Wein trinken wollte, verstand er nicht.

„Grappa desinfiziert doch, und Wein stärkt. Das hat mein Babbo immer gesagt. Drum bin ich so stark."

Offenbar stimmt es, daß Grappa desinfiziert. Die Ursache meiner Krankheit lag wahrscheinlich darin, daß ich aus lauter Freude an unserem Quellenfund den Salat aus Versehen mit Zisternenwasser gewaschen hatte. Michelangelo trank nach dem Essen immer sein Gläschen Grappa. Ihm hatte der Salat nicht geschadet.

Sobald ich wieder auf den – allerdings wackligen – Beinen stand, entschloß ich mich, auch Grappa zu trinken. Vorbeugen ist besser als eine leere Notfallapotheke.

Strafe

Der erste Einkauf nach meiner Genesung waren siebzig Meter Wasserschlauch, mit dem wir das Wasser unseres Quellchens in die Zisterne leiteten. Etwa einen Liter pro Minute brachte es. Als ich am Brunnen vorbeifuhr, streckte ich ihm die Zunge heraus.

Dann kam ein strahlender Sommersonntag. Ich legte mich in die Sonne, genoß die wohlige Wärme, die Aussicht, den leisen Wind, den Anblick der blühenden Wiese und der vielen tanzenden Schmetterlinge – das Leben überhaupt. Der Lindenbaum duftete betörend. Michelangelo werkelte allerhand um mich herum und setzte sich schließlich auf den Spaltklotz, den Thron des Königs vom Monte Valdo.

„Findest du nicht, daß es schön wäre, ein paar Hühner zu haben? Ein frisches Ei am Morgen wäre etwas Herrliches."

Und ich fuhr fort: „Findest du nicht, daß es schön wäre, ein paar Kaninchen herumhopsen zu lassen? Ein eigener Sonntagsbraten wäre wundervoll."

„Wir könnten auch einen Esel beschaffen. Der könnte Zementsäcke und Sand tragen. Oder wir könnten Fasanen züchten und an die Hotels von Ascona und Locarno verkaufen ...", spann Michelangelo den Faden weiter.

Leider mußte ich diese Luftschlösser (oder sollte man in diesem Fall Luftställe sagen?) brutal zerstören. „Tiere machen Arbeit. Zuerst müssen unsere Häuser so weit sein, daß wir sie vermieten können. Das bringt bares Geld. Und dann suchen wir eine junge, hübsche Gärtnerin. Die kann sich ums Gemüse kümmern, und du wirst Zeit für Tiere haben. Wer weiß, vielleicht finden wir sogar eine, die du heiraten willst."

Michelangelo senkte den Kopf und atmete tief ein. Dann stieß er hervor: „Aber heiraten tu ich sie nur, wenn sie ganz, ganz genau gleich ist wie du!" Sein Gesicht war rot geworden. Nach einer Pause sagte er verlegen: „So, jetzt weißt du, wie es um mich steht."

Ich war gerührt und hätte mich gleichzeitig ohrfeigen können. Ich war das einzige menschliche Wesen, das er während mehr als zwei Monaten gesehen hatte. Dank mir hatte er zu essen, zu trinken, ein Dach über dem Kopf – und dummerweise war ich eine Frau.

Da war ich nun über Hühner, einen Esel und eine Gärtnerin unversehens in Michelangelos Herzensgeheimnis hineingeraten. Aber vielleicht war das gut. So konnte ich die Situation klären, bevor sie kritisch wurde.

„Ach schau, es ist eigentlich ganz normal, daß du dich ein bißchen in mich verliebt hast. Da war einfach keine Auswahl, sonst hättest du eine Jüngere vorgezogen. Ich bin doch mehr wie eine ältere Schwester, koche für dich und mahne dich zu deinem Leidwesen täglich, dir die Zähne zu putzen. Mir scheint, es wird Zeit, daß du wieder einmal unter Menschen kommst. Nächstes Wochenende machst du frei. Ich gebe dir mein Auto und ein bißchen Geld. Du fährst irgendwohin, wo es dir gefällt, und spielst Kurgast."

Ich Idiot bildete mir ein, Michelangelo sei von seiner Alkoholsucht geheilt. Hier war er zufrieden mit seiner täglichen Ration: einem Liter Wein und einem Glas Grappa nach dem Essen. Allerdings – er mußte damit zufrieden sein, weil ich immer nur genau eine Wochenration für uns beide aus dem Tal mitbrachte.

MICHELANGELO zog am Samstag, versehen mit Autoschlüssel, Geld und vielen guten Ermahnungen, angetan mit neuen Blue jeans und einem roten Hemd, vergnügt davon. Er freute sich auf sein freies Wochenende und versprach mir, am Sonntagabend wieder heimzukommen.

Nun war ich zum erstenmal ganz allein auf dem Monte Valdo. Einsam fühlte ich mich nicht. Die Tiere sorgten für genügend Betrieb. Susis Söhnchen Bimbo war jetzt gut zwei Monate alt und das süßeste Ding, das der liebe Gott je erschaffen hat. Seine Öhrchen, die anfänglich scheinbar falsch angeklebt an einem zu großen, runden Köpflein hingen, hatten jetzt die richtige Form angenommen. Bimbos Augen waren von unschuldigstem Himmelblau, und sein Fell war lang und seidig glänzend. Das trug ihm denn auch den Namen Bimbo Seidenglanz ein. Wie Susi es fertiggebracht hat, in Froda einen vornehmen Angorakater als Vater ihres Kindes zu finden, bleibt ungeklärt. Bimbos Rücken war grau-schwarz getigert, Gesicht, Brust und Bauch leuchteten weiß. Die Beinchen schienen in weißen Stiefelchen zu stecken. Sein Wortschatz umfaßte erst ein einziges Wort: „Miii." Damit unterhielt er sich mit Susi so gut wie mit den beiden Hunden.

Alle vier veranstalteten wilde Hetzjagden vom langen Haus über den Platz bis ans Ende des Weinbergs. Wir hatten diese Strecke den „Corso Bimbo" getauft. Falls Susi die Angelegenheit als zu gefährlich für Bimbo erachtete, stellte sie sich mit einem Buckel zwischen ihr Kind und die Hunde. Diese stoppten ihren rasenden Lauf, alle vier kugelten unter- und übereinander.

Es wurde warm und immer wärmer. Die Tiere verkrochen sich irgendwo im Schatten. Das Quellchen tröpfelte regelmäßig in einen Eimer. Ich schlief ein.

Ich erwachte erst wieder, als die Sonne schon untergegangen war und die Tiere, nach ihrem gewohnten Futter bettelnd, um mich herumstrichen, bellten und miauten.

Als ich ihr Trinkgeschirr frisch füllen wollte, merkte ich: die Quelle floß nicht mehr. Sehr besorgt machte mich das nicht. Wahrscheinlich war der Schlauch oben aus der Halterung gerutscht. Ich war so leichtsinnig, die Reparatur auf den folgenden Tag zu verschieben.

Dann saß ich lange an unserem Tisch, den wir auf den Platz hinausgestellt hatten, und schaute in meine Welt. Langsam verdämmerte der Tag. Die Berge hoben sich dunkelblau von einem erst türkisfarbigen, dann immer zarter grün werdenden und schließlich verblassenden Himmel. Die Lichter von Magadino, Vira, Piazzogna flackerten auf. Im Eichenbaum unterhalb des Gartens wisperte ein verschlafenes Vögelchen, die Glocken von Sassariente läuteten mit ihrem Ding-Dong den Sonntag ein. Es war fast zum Heulen schön – und ich war wunschlos glücklich. Nein – vielleicht wäre es noch schöner gewesen, all diese Genüsse mit jemandem teilen zu können. Aber alles auf der Welt kann man ja schließlich nicht haben.

Ich schlief nicht gut. Daran waren die Stechmücken und der *Ghiro* schuld. Stechmücken haben auf italienisch einen äußerst bezeichnenden Namen: *Zanzare*. Wenn man das mit dem weichen italienischen Z ausspricht, hört man sie förmlich schwirren. Ja, sie schwirrten mir um die Ohren, zerstachen mir Gesicht und Arme, so daß ich schließlich trotz der Wärme ein Nachthemd mit langen Ärmeln anzog. Dann kam der *Ghiro,* der Siebenschläfer, um mich zu ärgern. Vielleicht wollte er mich auch nur ein bißchen unterhalten. Er hauste in meinem Zimmer über der Fensterluke in einem Mauerloch, und Susi hatte ihn aus unerfindlichen Gründen verschont.

Es ist schwer, das Geräusch zu beschreiben, das Siebenschläfer von sich geben. Es kommt dem Quietschen von kleinen Schweinchen gleich. Immer wenn man meint, sie hätten jetzt ihr Konzert beendet, fangen sie von neuem an.

Weil Michelangelos Zoccoligeklapper mich nicht weckte, erwachte ich ungewöhnlich spät. Es war wieder ein strahlender Tag. Nun würde ich mir einen schönen Kaffee kochen, die Haare waschen, mich einölen und dann in die Sonne legen. Ein Kurgast-Sonntag also.

Eine ertrunkene Maus riß mich jäh zurück in den harten Alltag. Sie war in den Eimer gefallen, der unter der Schlauchmündung stand. Es floß immer noch kein Wasser.

Ich bin zwar nicht heikel, doch Kaffeewasser mit ertrunkenen Mäusen ist nicht mein Fall. Ich kletterte also hinauf zu unserer Quelle. Aber da war keine Quelle mehr. Der Boden war trocken. Knochentrocken. Der Sand rieselte durch meine Hände. Die Quelle war einfach weg, wie wenn sie nie gewesen wäre.

Einen Moment lang war ich fassungslos und dachte an den Brunnen, dem ich die Zunge herausgestreckt hatte. Dann holte ich Pickel und Schaufel und begann zu graben. Der Kaffee mußte eben warten.

Während des ganzen schönen Sonntags, den ich eigentlich auf dem Liegestuhl zubringen wollte, grub ich nach Wasser. Ich stillte den Durst mit etwas Wein. Die Milchration der Katzen wollte ich nicht angreifen. Wenn Michelangelo zurückkam, mußte er sofort zum Brunnen fahren und die Kanister füllen.

Aber Michelangelo kam nicht. Er erschien auch am Montag nicht.

Ich ging mit einem der Kanister zu Fuß zum Brunnen und kehrte verärgert wieder heim. Anderthalb Stunden hatte es mich gekostet, zehn Liter Wasser hierherzuschleppen. Dann setzte ich meine Grabarbeit fort.

Auch am Dienstagmorgen war Michelangelo noch nicht da. Er mußte einen Unfall erlitten haben! Ich machte mich auf den Weg nach Sassariente, um von dort aus die Polizei zu alarmieren.

Beim Brunnen stand mein Auto. Michelangelo saß zusammengekrümmt am Steuer und – schnarchte.

„'tschuldigung", murmelte er, als ich ihn recht unsanft schüttelte, „k'n B'nzin meh'." Er stank nach Fusel.

Bis zu jenem Augenblick hatte ich nicht gewußt, wie wütend ich werden kann. Ich packte ihn bei den Schultern und schüttelte ihn wie einen Sack voller Kehricht. Sein Kopf baumelte willenlos hin und her. Ich stampfte mit dem Fuß und sammelte meinen gesamten Schatz an schweizerdeutschen und italienischen Flüchen. Die schrie ich ihm ins Gesicht. Sehr beeindruckt hat ihn das nicht.

Dann wies ich auf den mitgebrachten Wasserkanister: „Wir haben seit Sonntag kein Wasser mehr!“

Er hob die Augendeckel etwas und schaute mich mit verschwommenem Blick an. „Eh?“

Es dauerte eine Weile, bis sein mit Alkohol vollgepumptes Hirn meine Worte richtig aufgenommen hatte. Ich füllte den Wasserkanister und schubste Michelangelo auf den Mitfahrersitz. Ich Närrin, ich Dummkopf, ich Trottel, um diesen Nichtsnutz, um diesen Vagabunden und Säufer hatte ich mich gesorgt! Zum Glück hatte ich eine kleine Benzinreserve, die jetzt bis zum Parkplatz und später zurück zur Tankstelle in Sassariente reichen würde.

Zu Hause angelangt, brühte ich starken Kaffee. Michelangelo wollte sich dann hinlegen, um seinen Rausch auszuschlafen.

Ich drückte ihm die Schaufel in die Hand. „Los jetzt, wir müssen unser Wasser wieder ausgraben.“

Ein fleißiger Arbeiter war er an jenem Tag nicht. Aber Strafe mußte sein. Für ihn wie für mich. Ich hätte wissen müssen, daß man einen Alkoholiker nicht mit Geld und einem Auto versieht und ihm empfiehlt, sich einen schönen Sonntag zu machen.

Wir fanden an jenem Tag kein Wasser.

Wir fanden es auch in den nachfolgenden sechs Wochen nicht. Wenn ich mich an jene Zeit erinnere, rieche ich Schweiß, höre ich das Summen der *Zanzare,* die uns im Graben entsetzlich plagten, fühle ich die Müdigkeit in all meinen Knochen.

Es war heiß. Das Thermometer stieg jeden Tag über fünfunddreißig Grad im Schatten. Die Zisterne war leer. Es regnete nie. Die Kirschbäume hingen voller Früchte. Wir pflückten beim Vorbeigehen ein paar Hände voll. Den Rest überließen wir den Vögeln. Wir mußten unsere Quelle finden.

Wenn ein Graben mehr als zwei Meter tief ist, wird die Arbeit mühsam. Wir teilten uns so ein, daß Michelangelo die harte Lehm- und Sandschicht mit Stemmeisen und Pickel löste und den Aushub abwechslungsweise in zwei Eimer schaufelte. Meine Arbeit war es, diese Eimer aus dem Graben zu tragen und auszuleeren.

Dann kam der Moment, wo der Graben so tief war, daß Michelangelo die Eimer nicht mehr zu mir hochheben konnte. Wir banden ein Seil daran. So konnte ich sie hochziehen. Unterhalb des Grabens häufte sich langsam ein Berg.

Die Tiere kamen am Morgen mit uns. Leider hat uns nie jemand gesehen. Es muß ein drolliger Anblick gewesen sein: Die Hunde rannten voraus; dann kam Michelangelo, sein langes Haar ungekämmt, der Bart struppig, in der Hand ein *Fiasco* Wein; dann ich mit meinen hohen Gummistiefeln, auf dem Rücken Michelangelos fellbezogenen Militärtornister mit dem Proviant, und schließlich Susi und Bimbo, eins schön hinter dem andern.

Ich wurde nervös. Was machte ich, wenn der Graben einstürzte und Michelangelo unter sich begrub? Wir hatten den oberen Teil mit Pfählen und Brettern versprießt, und Michelangelo versicherte mir, es könne nichts passieren. Ich hatte trotzdem Angst.

Unser Graben war an die fünf Meter tief, als Michelangelo eines Abends herauskletterte und mir eine Handvoll Lehm vor die Füße pflatschte. Der Lehm war feucht. Man kann auch wegen eines Klumpens feuchten Lehms weinen.

In ein paar Tagen würde es so weit sein, daß wir nicht mehr zum Brunnen gehen mußten, um uns zu waschen, daß ich am Morgen und am Abend meine Dusche nehmen konnte, daß ich kübelweise Wasser verschwenden konnte, um unser Geschirr zu waschen. Würde das schön sein!

Am Dienstag sagte Michelangelo: „Morgen haben wir Wasser. Ab dann werde ich mir meine Zähne sogar zweimal täglich putzen."

Am Mittwoch sagte ich: „Morgen haben wir Wasser, dann werden wir Salat essen und Spaghetti kochen." Ich hatte unsern Speisezettel längst so eingeteilt, daß ich alles vermied, was viel Wasser brauchte. Wir nährten uns deshalb hauptsächlich von Salami, Käse, Brot und Äpfeln.

Am Donnerstag sagte Michelangelo: „Morgen ist Freitag, der dreizehnte, da finden wir Wasser."

Am Freitag sagte ich: „Morgen ist Vollmond, da müssen wir Wasser finden."

Aber wir fanden es nicht, obschon sich die Haselrute um ihre eigene Achse drehte, wenn ich sie im Graben vor mich hin hielt. Silvia konnte ich nicht mehr fragen, was dies bedeute. Sie war vor ein paar Wochen gestorben.

Wie tief unser Graben wohl geworden wäre, wenn sich das Mißverständnis nicht aufgeklärt hätte?

Ich mußte wegen meiner Niederlassungspapiere auf der Gemeindekanzlei von Sassariente vorsprechen und hatte dies immer wieder hinausgeschoben, weil mir außer dem Wasser alles andere unwichtig war.

„Wir würden Ihnen gerne endlich die Baubewilligung zustellen", sagte der Gemeindesekretär. „Warum unterschreiben Sie die verlangte Erklärung nicht?"

„Wie kann ich unterschreiben, daß ich mich damit einverstanden erkläre, von Ihnen kein Wasser zu erhalten?" war meine etwas empörte Gegenfrage.

„Aber davon kann doch gar keine Rede sein", sagte er. „Wir schrieben Ihnen doch nur in dem Sinn, daß Sie die Wasserleitung von der Abzapfstelle bis zu Ihren Häusern auf eigene Kosten bauen müssen ..."

Bis an mein Lebensende werde ich nicht vergessen, daß *„Non intendiamo dotarla dell'acqua"*, also: „Wir haben nicht die Absicht, Sie mit Wasser zu versehen", keineswegs heißt, daß man es nicht bekommt, sofern man es nur selbst holt. Ich unterschrieb die Erklärung.

Kathrin Rüegg, hast du gewußt, daß du so ein Dummkopf bist? fragte meine innere Stimme. In den Wochen, die wir in unserm vermaledeiten Graben zubrachten, hätten wir eine wunderschöne Leitung von der Abzapfstelle auf dem Parkplatz bis zum Monte Valdo fertiggebracht.

Der Gemeindesekretär fügte dann bei, daß ich mit den Grabarbeiten erst beginnen dürfe, wenn ich die Genehmigung schriftlich in Händen hätte. Er konnte mir nicht sagen, wie lange das noch dauern würde.

Also schleppten wir eben unsere Kanister weiterhin. Hoffentlich würde es auch nie mehr eine so lange Trockenperiode geben, daß sich unsere Zisterne ganz leerte.

„Aber nicht wahr, wir schütten das Loch nicht wieder zu", bat mich Michelangelo.

„Vorläufig sicher nicht, aber wieso ist dir das so wichtig?"

„Ach, weißt du, dort gäbe es eine wundervolle geheime Schnapsbrennerei, die nie im Leben jemand finden würde."

„Wann wirst du es endlich fertigbringen, einmal nicht nur an Alkohol zu denken?"

Wir beschlossen, nun ein weiteres Gartenstück zu roden. Da verstauchte ich meinen Fuß. Beim Geschirrwaschen. Auch das muß man können.

Unsere Freiluftküche

Ich hätte meine Küche gegen keine mit allen Schikanen versehene Einbauküche getauscht. Wir hatten sie schon bald nach Beginn meiner Hausfrauentätigkeit auf dem Monte Valdo ins Freie verlegt. Zwischen dem Stall und Michelangelos Haus war ein Brunnentrog, in den eine Regentraufe mündete. Aber es regnete ja nie. So stellten wir die Butangasbombe in den Trog. Der Kocher, Essig, Öl, meine Gewürze und das Salz kamen auf ein darübergelegtes Brett, Geschirr und Abwaschbecken auf die Außentreppe zum Stall.

Die Höhe der Treppenstufe für das Abwaschbecken paßte mir nicht. Entweder war ich zu klein oder die Stufe zu hoch. Deshalb legte Michelangelo eine Steinplatte dorthin, wo ich mich seitlich zur Treppe jeweils aufstellte, um mein Geschirr zu spülen.

Und über diese Steinplatte glitt ich ab, fühlte einen so stechenden Schmerz in meinem Fußgelenk, daß mir die Tränen in die Augen schossen. Ich mußte mich mit dem gesunden Fuß und beiden Händen gegen Michelangelo wehren, der fand *massaggi* würden hier am besten helfen.

Der Fuß schwoll an und schmerzte höllisch. Für eine Weile war ich nun blockiert. Wohl oder übel mußte ich Michelangelo die Einkaufs- und Posttouren überlassen. Wenn nur keine Sauftouren daraus wurden!

Ganz im stillen war ich glücklich darüber, denn ich haßte diese Fahrten. Bei uns war es wenigstens am Morgen noch kühl, weil immer ein Lüftchen über die Berge strich. Wenn ich dann aber hinabtauchte in die Hitze, in die übervölkerte Stadt Locarno, halbstundenlang um die Piazza kreiste, bis endlich irgendwo ein Parkplatz frei wurde, dann bekam ich richtige Platzangst.

In der Hochsaison gab es nur ein einziges Geschäft, in dem ich gerne einkaufte: die Baumaterialhandlung, ein großes Areal, gedeckt wie eine Bahnhofshalle, in die anstatt Eisenbahnen die

Lastwagen donnernd und stinkend einfuhren. Links und rechts von Geleise eins waren Backsteine gestapelt. Für Holzleisten aller Dicken und Längen wurde man ins Geleise zwei geschickt. In Geleise drei fanden sich Isolierplatten und Rollen von Isoliermaterial. Dachpappe, Zement- und Kalksäcke, Kübel mit allen möglichen Arten von Klebstoffen wurden in mit Rolltüren versehenen Räumen aufbewahrt, da sie kälte- oder feuchtigkeitsempfindlich sind.

Vier oder fünf Verkäufer waren da, bereit, gute Ratschläge zu erteilen. Einer war mein besonderer Liebling, ein kraftstrotzender, hübscher Mann von etwa dreißig Jahren. Er hieß Vico. Seitdem ich ihm einmal eine Flasche Barbera verehrt hatte, bediente er mich wie eine Königin.

„Nun, Signorina mit der Maurerkelle, was darf es denn heute sein?“ fragte Vico händereibend.

„Zwei Bund Holzleisten fünfundzwanzig mal fünfzig Millimeter, drei Bund Bodenbretter siebenundzwanzig Millimeter, alle fünf Meter lang, vier Rollen Dachpappe F2 und drei Rollen Glaswolle vier Zentimeter, *per piacere.*“

Dann entbrannte unweigerlich ein Streit zwischen den übrigen Verkäufern einerseits und Vico und mir andererseits.

„Stell der Signorina nicht so viel Zeug hin, das bringt sie doch nie in ihr Maschinchen“, rief einer.

„Bis jetzt haben wir es noch immer geschafft“, beharrte ich. Vico türmte das Gewünschte vor mir auf und erwartete mit verschränkten Armen meine Anweisung für die fachgerechte Beladung. Ein paar Lastwagenführer schauten grinsend zu. Es war üblich geworden, Wetten abzuschließen, ob ich alle bestellte Ware in und auf mein Wägelchen brachte. Vico hatte mir bis jetzt vertraut und immer gewonnen. Bei meiner Glaswollebestellung wurde er unsicher.

„Nein, heute tippe ich nicht auf Sie, ich würde bestimmt verlieren.“

Wir legten die Bodenbretter und die Leisten aufs Dach, stopften die Dachpappe und zwei Rollen der Glaswolle ins Auto, eine weitere Rolle hatte vorne neben dem Führersitz Platz.

„Ecco, Signori!“ sagte ich stolz.

„*Per bacco,* und ich habe verloren“, rief Vico enttäuscht. „Alles ist drin.“

Nun mußte Michelangelo nach Locarno. Endlich konnte ich mich ausruhen, ohne schlechtes Gewissen wegen unerledigter Arbeit die Aussicht genießen, die Tiere beobachten – eigentlich Ferien machen. Und in fünf, sechs Tagen würde die Verstauchung geheilt sein.

Wilhelm Tell auf dem Monte Valdo – Die Regenküche

Als Kind bedeutete mir der erste August – der Tag der schweizerischen Bundesfeier – beinahe gleich viel wie Weihnachten oder Geburtstag. Man zündete Kerzen an, die aber in einen großen Lampion, rot mit dem Schweizerkreuz drauf, gesteckt wurden. Ich durfte aufbleiben, meinen Lampion im nächtlichen Umzug mittragen, das Erste-August-Feuer und oft sogar ein Feuerwerk bestaunen. Meine Mama mußte mir immer die gleiche Geschichte erzählen, die der Männer von Uri, Schwyz und Unterwalden, die am ersten August anno zwölfhunderteinundneunzig auf der Rütliwiese schworen, einander in Not und Gefahr beizustehen und dies sogar schriftlich niederlegten. Anläßlich einer Schülerreise durften wir uns im Bundesbriefarchiv in Schwyz das Original des Briefes anschauen.

Voll tiefer Ehrfurcht bewunderten wir das schön geschriebene Schriftstück mit den beiden Siegeln.

Diese Ehrfurcht behielt ich; in meinem Geschäft war jeweils am ersten August ein Kärtchen an die Schaufenster geheftet „Wegen Feiertag geschlossen", obschon damals noch in der ganzen Schweiz erst am Abend gefeiert und der Tag als normaler Arbeitstag betrachtet wurde. Und hier sollte es nicht anders sein.

Zuerst erhielt Michelangelo seine tägliche Blockflötenlektion. Er wünschte sich sehnlich, dieses Instrument zu spielen. Seit bald einem Monat plagte er mich und ich ihn mit Musikunterricht. Aber er begriff es einfach nicht. Trotzdem übte er mit rührendem Eifer. Grano jaulte leise.

„Siehst du, wie Grano meine Musik gefällt? Er singt mit."

Gegen Mittag besuchten uns zwei alte, liebe Freunde, Ketti und Pitt. Sie kamen beladen mit zwei riesigen Einkaufstaschen und einem ganzen Rucksack voll Wein und Bier. Und unterwegs hatten sie Ugo angetroffen, der ebenfalls mit ein paar Weinflaschen auf dem Weg zu uns war.

„Hurra, unser *Grotto* wird eingeweiht!“ Michelangelo war im Element. Er mußte doch unsern Freunden zeigen, wie gut er seine Sache als Wirt auf dem Monte Valdo machte.

Er tischte Käse auf, Brot und Salami und öffnete gleich drei der mitgebrachten *Fiaschi.* Sechs Liter Wein für fünf Personen. Das würde ja gut werden. Aber heute war schließlich der Tag des Rütlischwurs.

Wir aßen, schwatzten, tranken und sangen, genossen das Lüftchen, das über den Platz strich, und fanden die Welt schön. Michelangelo schenkte fleißig nach. Sein Glas war oft leer, das der andern meist noch fast voll. Aber die sechs Liter Wein genügten nicht. Eine neue Flasche wurde geöffnet. Als sich unsere Gäste verabschiedeten, war Michelangelo wieder in dem Stadium, wo er Vokale kaum mehr aussprechen konnte.

Am Himmel zog ein Gewitter auf. Ich war müde, mein Fuß schmerzte entsetzlich, und zudem war ich wütend auf Michelangelo.

„Gute Nacht“, sagte ich um sieben Uhr. „Ich mag nicht mit einem Betrunkenen den ersten August feiern.“ Ich humpelte in mein Zimmer und schloß geräuschvoll die quietschende Tür.

Michelangelo kramte allerhand herum. Ich hörte, daß er die Butangasbombe verrückte, mit den Hunden sprach. Geschirr klapperte, ein Korken machte „schwapp“. Durch eine Mauerritze sah ich, daß Michelangelo auf dem Rand der Zisterne saß, ein Glas in der Hand. Neben ihm lag die Blockflöte.

Wenn er nüchtern Flöte spielte, war es schon qualvoll genug. Aber sein Konzert zur schweizerischen Bundesfeier, dargeboten nach ich weiß nicht wie vielen Litern Wein, war grauenvoll. Trotz der Hitze verkroch ich mich in den Schlafsack und zog ihn auch noch über den Kopf. Ich döste. Schreckliche Alpträume verfolgten mich.

Vor dem Haus lärmte ein Menschenauflauf. Ein Mann schien sich mit einem zweiten zu streiten. Ein dritter schrie: „Der Knabe lebt!“ Dann schwirrten viele Rufe durcheinander. Von einem Apfel war die Rede.

Mochten die da draußen toben. Nichts konnte mich dazu bewegen, wieder aus dem Schlafsack zu kriechen. Im Halbschlaf hörte ich dem Streit der Männer zu. Auf italienisch streiten, tönt viel dramatischer. Dann sagte einer etwas von einer *seconda freccia* – dem zweiten Pfeil. Ich erwachte, erinnerte mich an mühsames Auswendiglernen in der Schule: „Du stecktest noch einen zweiten Pfeil zu dir."

Schillers Wilhelm Tell auf italienisch!

Das Radio sendete das Drama zur Feier des Tages, und Michelangelo hatte den Transistor auf höchste Lautstärke eingestellt, wahrscheinlich, damit ich auch etwas davon hätte.

Wütend legte ich mein Kissen über den Kopf und hielt mir obendrein die Ohren zu. Die Feuerwerke von Locarno und Ascona knallten auch durchs Kopfkissen. Es war drückend schwül. Wenn es doch nur endlich, endlich regnen würde.

Während der ganzen Nacht zuckten Blitze, hallten Donnerschläge. Doch der Regen kam nicht.

Michelangelo hatte unsere Küche vorsichtshalber ins Haus geräumt. Nach dem gestörten Schlaf und mit dem schmerzenden Fuß sollte ich nun auch noch die unbequeme Kocherei im Haus auf mich nehmen.

„Räum sofort alles wieder ins Freie", befahl ich ihm.

„Wie du willst", antwortete er bescheiden. „Kochen ist schließlich deine Arbeit, und wenn es dir gefällt, naß zu werden..." Er zuckte mit den Schultern.

Kaum war alles wieder an seinem Platz, da begann es zu tröpfeln. Ich spannte meinen roten Schirm auf und hielt ihn über den Kocher, damit es nicht ins bald siedende Kaffeewasser regnete. Dann fand ich in der Mauer ein passendes Loch. Ich steckte den Griff des Schirms hinein.

Aus den Regentröpfchen wurden Tropfen und aus den Tropfen ein Sturzbach. Aus der Traufe, die in den Trog mündete, auf dem der Kocher stand, spritzte das Wasser. Der Schirm hielt dem Regen nicht mehr stand, stürzte herunter, riß Salz, Öl, Essig, alle meine Gewürze und was ich sonst noch auf dem Brett aufgebaut hatte, mit sich. Die Flaschen schwammen wie führerlose Schiffchen im Brunnentrog herum, die Verschlußdeckel lösten sich, und – gluck – der Schiffbruch war geschehen.

Michelangelo schaute grinsend zu. Ich versuchte zuerst, meinen Ärger hinunterzuschlucken, dann den aufsteigenden Lachkrampf zu verbeißen. Wir blickten einander an. Und dann lachten wir. Wir standen im strömenden Regen und lachten wie die Narren.

In der Zisterne rauschte der von den Dächern abfließende Regen.

„Regne, regne", rief Michelangelo zum schwarzen Himmel. Ein greller Blitz und ein schmetternder Donnerschlag waren die Antwort. Es strömte und goß. Wir ließen uns durchnässen. Michelangelo holte seine sämtlichen Plastikeimer und stellte sie in einer Reihe auf.

Der Regen verwandelte das Erdreich auf dem Platz in einen bodenlosen Schlamm. Die Hunde patschten darin herum und schleppten einen schönen Teil davon ins Haus. Es regnete ununterbrochen während einiger Tage.

Mein Fuß schmerzte immer mehr. Schließlich hüpfte ich, gestützt von Michelangelo, auf einem Bein bis zum Auto. Im Spital von Locarno stellten sie fest, daß mein Knöchel nicht verstaucht, sondern gebrochen war. Ich bekam einen Gipsfuß und fühlte mich mitten im Sommer wie ein Ski-As.

Auf ärztlichen Befehl legte ich mich ins Bett. Michelangelo übernahm auch meine Hausfrauenpflichten.

Als er von seinem nächsten Postgang zurückkam, brachte er ein umadressiertes Telegramm mit. Aus London.

Onkel Arthur schrieb:

Ankomme Basel August 15. Gruß.

Mein Onkel Arthur

In meinen Kinderjahren war Onkel Arthur eine sagenhafte Gestalt. Meine Mutter erzählte mir viel von ihrem älteren Bruder, der in jungen Jahren nach England ausgewandert war und in London einen Damen-Frisiersalon führte. Herzoginnen und Gräfinnen seien seine Kundinnen, ja sogar die Königinmutter.

Wir erhielten von ihm jährliche Weihnachtsgrüße, die aber nach Kriegsausbruch ausblieben. Meine Mutter fürchtete, er sei umgekommen.

Vor ein paar Jahren war in meinem Geschäft ein distinguiert gekleideter weißhaariger Herr mit gepflegtem Bart erschienen.

„Du mußt Kathrin Rüegg sein. Du siehst genau wie deine Mutter aus“, stellte er auf englisch fest.

Ich nickte.

Er küßte mich rechts und links auf die Wangen. „Ich freue mich, dich kennenzulernen. Ich bin dein Onkel Arthur.“

Es stellte sich heraus, daß Onkel Arthur kein Wort Deutsch mehr sprechen konnte und auch nichts verstand. Er war ein schrulliges Männchen mit vielen kleinen Eigenheiten. So war er zum Beispiel immer peinlich exakt gekleidet. Ich sah ihn kaum je ohne Krawatte, nie mit dem kleinsten Fleckchen auf dem blütenweißen Hemd. Der Pflege seines Bartes widmete er mehr Zeit als eine sehr eitle Frau dem kunstvollsten Make-up. Er haßte es, irgend etwas anzufassen, was nicht ganz, ganz sauber war. Er geriet in Verzweiflung, wenn irgendwo eine Fliege saß, und hatte eine unheimliche Fertigkeit, sie mit der bloßen Hand zu fangen. Er zerquetschte sie und verschwand dann eine gute Viertelstunde lang, „um sich zu desinfizieren“.

Onkel Arthur besuchte mich nun jedes zweite Jahr. Zu Neujahr hatte ich ihm ein Kärtchen geschickt, aber vergessen, ihm meine neue Adresse anzugeben.

Ich setzte ein Telegramm an meine Freundin Helen in Basel auf mit der Bitte, Onkel Arthur am 15. August am Flughafen abzuholen und in den nächsten Zug nach Bellinzona zu setzen. Dort würde ihn ein schwarzbärtiger Mann in rotem Hemd und Blue jeans erwarten.

Sehr gut fühlte ich mich nicht beim Gedanken, Michelangelo nach Bellinzona zu beordern und dort womöglich stundenlang auf Onkel Arthur warten zu lassen. Anders konnte ich es aber nicht machen, denn der Arzt hatte mir strengste Bettruhe befohlen.

Ich gab Michelangelo mit tausend Ermahnungen zehn Franken fürs Benzin und den Autoschlüssel. Er marschierte vergnügt davon.

Es dunkelte bereits, als zwei schaurig-schöne Männerstimmen durch den Wald hallten. Einer sang „O sole mio“, der andere „It's a long way to Tipperary“, beides gleichzeitig natürlich. Sie erschienen Arm in Arm. Michelangelo beleuchtete den Weg mit einer Sturmlaterne.

Die beiden Männer hatten sich sofort gefunden. Weil es heiß war, hatte Onkel Arthur Michelangelo zu einem Bier eingeladen.

Und aus einem Bierlein seien dann eben noch ein paar weitere geworden.

„Hübsches Fleckchen“, sagte Onkel Arthur, als er sich zum Abendessen niedersetzte. „Nur – der Weg hierher ist nicht besonders bequem. Wenn ich nicht unbedingt muß, werde ich nicht so schnell wieder weggehen. Übrigens – ist dieser Mann nicht ein bißchen zu ungezähmt und – hm – zu jung für dich?“ Er wies auf Michelangelo, der sich eine zentimeterdicke Salamischeibe abschnitt.

Onkel Arthur war der Meinung, ich verbringe auf dem Monte Valdo bloß meine Sommerferien. Es brauchte viele Erklärungen, bis er über alles genau im Bilde war. Ich hätte es richtig gemacht, fand er.

Onkel Arthurs Unterkunft war im Wohnzimmer unter meinem Schlafraum eingerichtet, wo Michelangelo während der Regentage den rußgeschwärzten Verputz abgeschlagen hatte. Die rohen Mauern sahen sehr schön aus. Verglaste Fenster gab es allerdings noch immer nicht.

Michelangelo stellte Onkel Arthur sein Bett zur Verfügung und schlief jetzt auf einem ebenso knarrenden Liegestuhl wie ich.

Daß es primitiv sei, störe ihn nicht, tröstete mich Onkel Arthur, es gebe nur ein sehr heikles Problem: „Deine Toilette ohne Wasser ist nicht sehr bequem. Ich brauche mit meinen sechsundsiebzig Jahren etwas, worauf ich mich niederlassen kann.“

Michelangelo hämmerte und sägte bis um Mitternacht. Dank Onkel Arthur kamen wir zum Luxus, uns am bewußten Örtchen sogar setzen zu können.

Meine Sorge, Onkel Arthur werde sich langweilen, erwies sich als unbegründet. Er vermißte zwar seine tägliche „Times“ und suchte am ersten Morgen vergeblich den Stecker für seinen elektrischen Rasierapparat.

„Macht nichts, Regenwasser ist gut für die Haut, und sicherheitshalber habe ich immer noch Seife und ein Messer bei mir.“

Einen halben Herrensalon kramte er hervor: Serviette und Spiegel, einen Lederriemen, um das Messer zu schleifen, und ein Scherchen. Dann suchte er den bestgeeigneten Platz für seine Toilette und installierte sich schließlich unter der Stalltreppe. Dort sei das Licht am besten.

Michelangelo war förmlich empört, daß man wegen eines Bartes solche Zeremonien durchführen müsse. Seiner sei praktischer. Er habe ihn seit seinem letzten Geburtstag am achtzehnten September des letzten Jahres nicht mehr berührt. Und die Haare auch nicht.

Das Verhalten der beiden so verschiedenen Männer war drollig. Jeder war ein bißchen eifersüchtig auf den anderen. Infolge der verschiedenen Sprachen blieb diese Eifersucht auf Bemerkungen beschränkt, die sie übereinander zu mir machten. Nach ein paar Tagen hatte sich das aber gelegt, und wir bildeten ein fröhliches Trio. Wenn sie sich von mir unbeobachtet glaubten, versuchten sie auch, sich zu verständigen – mit Augen, Händen und Füßen.

Die Tiere waren Onkel Arthurs großes Glück. Bimbo *darling*, Susi *darling*, Grano *darling* und Bona *darling* interessierten sich sehr für das neue Mitglied unserer Familie. Michelangelo und ich zählten nicht mehr. Onkel Arthur beschäftigte sich vom Morgen bis zum Abend mit ihnen. Einzig wenn er auf Schmetterlingsfang ausging, waren sie sich selbst überlassen.

Als Junge habe er eine Schmetterlingssammlung besessen, erzählte er mir. Er war außer sich vor Freude, als er die Schwärme der vielen Falter sah, und wünschte sich sehnlichst ein Schmetterlingsnetz. Michelangelo suchte sämtliche Läden in Bellinzona, Locarno und Ascona danach ab, aber das gab es nirgends mehr zu kaufen. Onkel Arthur entschloß sich, nächstes Jahr Schmetterlinge zu züchten.

Er wußte, daß diese hübschen Geschöpfe am liebsten Appenzeller Käse riechen. Michelangelo brachte uns ein Stück. Wir legten es auf ein Tellerchen, und wirklich, bald ließ sich ein wunderschöner Falter darauf nieder. Die Unterseite der Flügel war unregelmäßig braun-schwarz-weiß gestreift, die Oberseite war dunkelbraun mit weißen Punkten, gegen den Saum zu leuchteten schwarze Augen aus einem goldgelben Fleck. Wenn der Schmetterling die Flügel bewegte, verwandelte sich das dunkle Braun in ein sattes Violettblau.

„Das ist ein Männchen der *Apatura iris*, erklärte mir Onkel Arthur. Als ich dann von meinem Bruder zu Weihnachten ein Schmetterlingsbuch geschenkt bekam, fand ich heraus, daß diese Art auf deutsch Schillerfalter heißt.

Ich verbrachte meine Liegezeit damit, bei Onkel Arthur Unterricht in Schmetterlingskunde zu nehmen. Bei vielen Arten sagte er mir, sie seien sehr selten.

Mein Schmetterlingsparadies mußte ich hüten. Ich würde in meinem Garten niemals Schädlingsbekämpfungsmittel anwenden. Zum Naturschutzgedanken gesellte sich auch die Überlegung, daß Monte Valdo wohl bald als einziger Ferienort der Schweiz seinen Gästen den Anblick so vieler Schmetterlingsarten bieten konnte.

Als Michelangelo aus dem Garten den abgebrochenen Zweig einer Tomatenstaude brachte, der voller grüner Früchte hing, entdeckten wir ein anderes Talent Onkel Arthurs.

„Da fällt mir ein, daß meine Mutter immer eine köstliche Konfitüre machte", sagte er zu mir.

„Aber doch nicht aus grünen Tomaten", protestierte Michelangelo, als ich ihm Onkel Arthurs Vorhaben auseinandersetzte und ihn bat, noch ein paar Tomaten mehr aus dem Garten zu bringen.

Auf unserer nächsten Einkaufsliste standen neben viel Zucker ein paar Gewürze und Zitronen.

Onkel Arthur zerschnitt mit peinlicher Sorgfalt die diversen Ingredienzien und setzte sie aufs Feuer. Der Duft, der seinem Gebräu entströmte, erinnerte stark an Schweinefutter. Michelangelo und ich waren skeptisch. Stundenlang brodelte es im Topf, feierlich wurde die Konfitüre schließlich in Trinkgläser abgefüllt, die unser Koch mit Cellophanpapier und einem Gummiband verschloß.

Ein einziges Glas ließ er offen für Versuchszwecke am morgigen Frühstückstisch. Die andern stellte er in den Keller.

Es muß gesagt sein: die Konfitüre meiner Großmutter war köstlich.

„*Mia maa* – nicht schlecht", sagte Michelangelo. Er, sonst allem Süßen abhold, löffelte sich ein ganzes Fuder aufs Butterbrot, so dick, daß es ihm rechts und links vom Mund in den Bart tropfte.

Gut, daß wir einen Vorrat davon hatten.

Ein paar Tage darauf brachte Onkel Arthur mir die in den Keller gestellten Gläser schreckensbleich ans Bett. Sie waren alle leer. Das ringsum überstehende Cellophanpapier und das Gummiband waren die einzigen Reste. Sonst waren die Gläser so sauber, daß man sie nicht einmal abzuwaschen brauchte. Ein hübsches, graues Tierchen mit einem buschigen Schwanz sei davongehuscht, berichtete Onkel Arthur. Dem *Ghiro* aus dem Mauerloch schien Onkels Konfitüre so zu munden wie uns.

Eine Bank kracht, und was der Kriegsrat beschließt

Wir konnten uns schon gar nicht mehr vorstellen, wie es ohne Onkel Arthur sein würde. Viele kleine Arbeiten hatte er still übernommen. Er wusch das Geschirr, wischte die von den schmutzigen Hundepfoten immer staubigen Fußböden auf, goß die Tomaten und stritt sich mit Michelangelo um die Ehre, die Tiere zu füttern. Er war es auch, der ein System erdachte, mir mit vier Litern Regenwasser die Haare zu waschen. Man mußte nur ein Viertel der üblichen Shampoomenge verwenden, das ablaufende Wasser in einem Becken wieder auffangen und so mindestens zweimal verwenden. Es ging wunderbar.

„Hier ist es so grün, und London ist so grau", sagte er einmal wehmütig. Aus vielen seiner Bemerkungen schloß ich, daß er äußerst bescheiden lebte. Er bediente ein paar seiner alten Kundinnen in ihren Häusern. Ganz geheim hoffte er, die Herzogin von Stoneville werde ihm eine Rente hinterlassen.

„Aber sie will einfach nicht sterben", jammerte er. „Jetzt ist sie schon sechsundachtzig Jahre alt. Seit einundfünfzig Jahren lasse ich mich zweimal wöchentlich von ihr schikanieren."

„Komm doch ganz zu uns", schlug ich ihm vor. „Wegen meiner Frisur wirst du nie geplagt."

Er wollte sich's überlegen, hatte aber einige Bedenken, wenn er daran dachte, auch den Winter hier verbringen zu müssen.

Auch meine Gedanken beschäftigten sich mit den kommenden Monaten. Michelangelo hatte zwar fleißig alles dürre Holz im Wald gesammelt und im Stall einen großen Holzstoß errichtet. Ein Ofen stand im Budget, genau wie der Generator, den ich nun bestellen wollte. Sobald mein Gipsfuß es zuließ, konnte ich mit den Installationsarbeiten beginnen.

Ich war daran, den Auftrag für Kabel, Stecker, Schalter und

Sicherungen zu schreiben, als Michelangelo von der Post die Zeitungen brachte. In dicken Schlagzeilen stand darin, daß die Sparbuchbank AG den Konkurs angemeldet hatte. Dort war fast mein ganzes Vermögen angelegt – und das war jetzt futsch!

Nun konnte ich den Generator in den Schornstein schreiben, das Schwimmbad dazu. Onkel Arthur saß glückstrahlend mir gegenüber und wollte mir irgend etwas Freudiges mitteilen. Michelangelo hatte ihm einen Brief gebracht.

Als er mich ansah, hielt er inne: „O *dear,* was ist denn geschehen? Fühlst du dich schlecht?"

Michelangelo kam schon mit der Grappaflasche und einem Weinglas. Ein Cognac wäre mir lieber gewesen oder ein doppelter Whisky.

Ich stürzte Michelangelos Medizin hinunter. Dann übersetzte ich den Inhalt der Zeitungsnotiz erst ins Englische und dann ins Italienische, jeweils mit meinem Kommentar versehen.

„Damned, damned, damned", sagte Onkel Arthur. Er schenkte sich auch ein Glas Grappa ein.

„Cristo, Madonna", sagte Michelangelo.

Er trank drei doppelte Schnäpse und schüttete den restlichen Inhalt der Flasche in mein Weinglas. Viel war es nicht mehr.

In Onkel Arthur mußten ungeahnte Reserven von Kampfesgeist stecken. Sogar sein Bart reckte sich kriegerisch nach vorn.

„Nur nicht verzweifeln, jetzt wird gekämpft", tröstete er mich und streichelte mir die Hand. Michelangelo, der mir gegenüber saß, fuhr sacht über meine andere Hand. Beinahe hätte ich trotz meines Elends gelacht. Was konnte mir schon passieren, wenn mir ein vermögensloser alter Onkel und der noch ärmere Michelangelo beistanden?

Onkel Arthur nahm den silbernen Drehstift, der immer in seiner Hemdtasche steckte, und legte die Zeitung mit der Hiobsbotschaft so vor sich hin, daß er den Rand für Notizen brauchen konnte.

„Wieviel bleibt dir noch übrig?"

„Ich weiß nicht genau, etwa zehntausend Franken."

Er malte sorgfältig eine Eins und vier Nullen aufs Papier. Darunter setzte er die Zahl zweitausend.

„Was soll denn das sein?" fragte ich.

Onkel Arthur legte den Brief aus England vor mich hin. Ich las:

> Dear Sir,
> es freut uns, Ihnen mitzuteilen, daß wir Ihnen für die beiden Katzenfotos „Her Majesty the Cat“ und „Bimbo Darling“ den ersten Preis unseres diesjährigen Fotowettbewerbs zusprechen können. Einen Scheck über zweihundert Pfund legen wir hier bei.
>
> Very truly yours,
> Katzenklub des Vereinigten Königreichs
> Der Präsident:
> Lord Samuel Kimberley

„*Please excuse me*“, sagte ich zu Onkel Arthur und „*Scusi*“ zu Michelangelo. Dann erst legte ich den Kopf auf die Arme und heulte...

Längst hatte ich vergessen, daß mich Onkel Arthur bald nach seiner Ankunft um die Filme der beiden Fotos gebeten hatte. Ein Bild zeigte Susi Stäubli, wie sie in Froda am Fenster saß, den Blick kühl abwägend direkt dem Betrachter zugewandt. Den Titel „Ihre Majestät die Katze“ hatte Onkel Arthur erfunden. Wahrscheinlich war der schuld, daß meine Fotografie so gut bewertet wurde. Ihre Majestät, das Susi Stäubli! Jetzt lachte ich mit tränenverschmiertem Gesicht.

„Bimbo Darling“ war ein süßes Bild, fast eine Reklame für irgendeine feine Schokolade. Es zeigte das Bimböli im Alter von sechs Wochen auf der Stalltreppe: ein rosarotes Näslein, zwei himmelblaue, erstaunt blickende Augen, eines der Vordertätzchen adrett nach außen gedreht. Die weit abstehenden Schnurrhaare und die langen weißen Haare, die den innern Ohrrändern entlang wuchsen und sich gegen den dunklen Hintergrund abhoben, gaben dem Bild etwas so Plastisches, daß man glaubte, das Kätzchen streicheln zu müssen.

Aber nie hätte ich daran gedacht, mit meinen Fotos einen Preis zu erringen. Auch daran war Onkel Arthur schuld.

Onkel Arthur klopfte mit seinem silbernen Bleistift ans leere Grappaglas. „*Silentium*“, sagte er. „Wir müssen uns jetzt anstrengen und nach weiteren Erwerbsquellen forschen.“ Er wandte sich zu mir: „Wie lange, glaubst du, werden wir mit den zwölftausend Franken leben können?“

Ich holte mein Haushaltungsbuch. Meine Mutter hatte mir beigebracht, daß man sorgsamer wirtschaftet, wenn man die Ausgaben aufschreibt.

Für Nahrung brauchte ich in der Woche durchschnittlich hundert Franken.

„Inklusive Tiere?" fragte der Präsident der Sitzung streng.

„Jawohl."

Er notierte diese Zahl auf dem gegenüberliegenden Zeitungsrand.

Michelangelo bekam pro Woche zehn Liter Barbera (ich hatte seine Ration erhöht, weil er so fleißig war). Das kostete vierundzwanzig Franken. Und eine Flasche Grappa, für die bezahlte ich sechzehn Franken. Die fünf Liter *Vino da pasto* für Onkel Arthur und mich stellten sich auf etwa acht Franken. Das gab total rund einhundertfünfzig Franken pro Woche.

„Von jetzt an trinke ich eben auch *Vino da pasto*", sagte Michelangelo. Wenn ich bedachte, wie sehr er meinen Wein immer verspottete, konnte ich das Opfer nicht hoch genug einschätzen.

Wir notierten alles: Krankenkasse, Versicherungen, Portospesen, Steuern, Kleiderausgaben. Onkel Arthur erinnerte sich noch daran, daß die Katzen gegen Katzenseuche und die Hunde gegen Staupe geimpft werden mußten. Auch dieser Betrag wurde im Budget eingeplant.

Zum Glück hatte ich vier Betten mit extradicker Matratze, mit Decken aus Schafwollvlies und der entsprechenden Bettwäsche bereits bei der Bestellung bezahlt. Die Lieferung sollte im Herbst erfolgen.

Erst im November zeigte es sich, daß ich einen wichtigen Posten schlicht vergessen hatte: den Butangas-Kochherd mit Backofen. Seine Finanzierung wurde besonders schwierig, wird aber möglicherweise Michelangelo zum Ruhm verhelfen.

Doch davon später ...

„Und wieviel verdient Michelangelo?"

Ja, das war so eine Sache. Michelangelo wollte nämlich von Anfang an keinen Lohn. Geld war für ihn auch nicht das richtige. Wir einigten uns so, daß ich monatlich einen Teil seiner Schulden abstotterte. Und Schulden hatte er! Es verging kaum eine Woche, daß er nicht einen eingeschriebenen Mahnbrief erhielt.

Wenn wir mit diversen Unbekannten rechneten, würden die zwölftausend Franken ausreichen, um ein Jahr lang zu leben. Es ging aber nicht nur darum. Wir mußten auch Geld beschaffen für die Instandstellung der Häuser. Wehmütig dachte ich an den Esel und die Gärtnerin. Mußte ich auch die unter meinem zusammengestürzten Kartenhaus begraben?

Michelangelo hob die Hand. „*Signor Presidente,* ich hätte einen Vorschlag."

Onkel Arthur nickte wohlwollend.

Bald würden die Kastanien reif sein. Einen Franken verlangten sie in Locarno für hundert Gramm gebratene Marroni. Wenn wir uns daranmachen würden, Kastanien zu sammeln, hätten wir in ein paar Tagen eine ganze Tonne beisammen. Michelangelo erbot sich, irgendwo im Tal als Marronimann zu amten. Wenn hundert Gramm einen Franken kosteten, dann ergäbe eine Tonne... Er verhedderte sich in vielen Nullen.

„Kastanienvorschlag wird zur Prüfung angenommen", bestätigte Onkel Arthur.

Jetzt hob ich die Hand auf. „Ich könnte während der Wintersaison in einem Wintersportort als Sekretärin arbeiten. Leute mit Sprachkenntnissen sind gesucht."

„So, und wer hilft mir, die Bäume zu fällen, deren Holz wir für die Geländer, Zäune und Balken brauchen? Dagegen erhebe ich Einspruch." Michelangelo wurde energisch.

„Dem Einspruch wird stattgegeben", bestätigte Onkel Arthur. „Michelangelo hat recht." Nach einigem Nachdenken fügte er bei: „Und den Marronimann-Vorschlag lehnen wir ebenfalls ab. Wir müssen Arbeit finden, die sich neben unserm üblichen Tagesprogramm hier durchführen läßt. Sonst haben wir schließlich auf dem Monte Valdo zwar eine Unterkunft, aber die Instandstellung der Häuser geht nicht weiter, die Wasserleitung wird überhaupt nie gegraben – und schließlich schläft das Dörfchen wieder ein."

Michelangelo tröstete er noch mit der Frage, ob er je schon einen reichen Marronimann gesehen habe.

Dann unterbreitete der Präsident des Kriegsrates selbst einen Vorschlag, den wir annahmen: „Wie wäre es, wenn wir versuchen würden, die Konfitüre in einem Delikatessengeschäft zu verkaufen?"

Unsere Tomatenstauden hingen immer noch voller Früchte. Wir pflückten die grünen, und Onkel Arthur kochte ein paar Kilo Konfitüre. Er stutzte Michelangelo die Haare und den Bart, dann warf sich der neuernannte Vertreter der Monte-Valdo-Konfitürenfabrik in den Sonntagsstaat.

In Ermangelung genügender Gläser hatten wir unsere *Tazzini* gefüllt. Offenbar war es diese Verpackungsart, die den Besitzer des großen Delikatessengeschäftes in Locarno zu einer Bestellung bewog. Es waren in verschiedenen Schweizer Städten Werbewochen für Tessiner Spezialitäten geplant. Eine echte Tessiner Konfitüre, verpackt in ein echtes Tessiner Trinkgefäß, das hatte noch gefehlt. Die erste Bestellung lautete auf 2000 (zweitausend!!) Tazzini, gefüllt mit „*La vera marmellata del Monte Valdo*". Stückpreis für Wiederverkäufer zwei Franken zwanzig.

Niemand brauchte zu erfahren, daß das Rezept von einer Großmama aus Coppet stammte und der Koch beinahe ein Engländer war.

Die Tomaten jedenfalls waren echt. Wir erhielten sie meist gratis von den Bauern aus Sassariente und Umgebung. Die waren froh, ihre Felder räumen zu können. Mit den Tazzini war es schwieriger. Ich fand wohl den Grossisten, der sie an alle die kleinen Dorfgeschäftchen verkaufte. Er hatte aber nur noch dreihundert Stück auf Lager. Lieferfrist für die restlichen tausendsiebenhundert – acht Wochen! Bis dann waren unsere Tomaten verdorben.

Es ist unsere Schuld, daß in diesem Herbst weder im Acquaverde-Tal noch im Gambarogno, noch in Locarno oder Bellinzona Tazzini erhältlich waren! Wir grasten alle großen und kleinen Geschäfte ab und kauften jeweils den ganzen Bestand. Michelangelo war eine unschätzbare Hilfe, weil er mit südländischem Temperament feilschte. Ich habe das in meinem Leben noch nie gekonnt.

Zweihundertfünfzig Kilo Tomaten, zweihundertfünfzig Kilo Zucker und die zweitausend Tazzini schleppten wir auf unsern Berg, dazu die übrigen Zutaten, die ich nicht verraten darf, weil Onkel Arthur sein Rezept heilighält.

Wir schafften uns zwei große Pfannen an und eine Reservebombe Butangas. Maria aus Froda lieh mir ihre Fünf-Kilo-Küchenwaage. Ein schönes Etikett, das Michelangelo gezeichnet hatte, war in Druck.

Der Stall wurde zur Konfitürenfabrik. Wir bedeckten die Wände mit Plastik, legten ein ebenfalls mit Plastik bezogenes Brett auf die Futterkrippe, trugen vorerst sechzig Liter Trinkwasser her und wuschen unsere Tazzini. Onkel Arthur kontrollierte jedes einzelne Gefäß beinah mit der Lupe, ob es sauber gewaschen und abgetrocknet sei.

Dann kam seine Arbeit, bei der wir ihm nicht helfen durften. Sie sei zu delikat, sagte er. Neun Tage lang qualmte der Dampf aus der Stalltür. Der Geruch war entsetzlich. Michelangelo und mir wurde übel. Einzig Onkel Arthur hielt mit blendendweißer Schürze und seinem Kochlöffel ohne ein einziges Wort der Klage durch.

Jeden dritten Tag lieferten wir unsere Produktion ab.

Dann kam die Abrechnung. Wenn wir alle unsere Spesen in Betracht zogen, aber keinen Arbeitslohn rechneten, hatten wir zweitausendvierhundertdreiundfünfzig Franken rein netto verdient.

„Siehst du", sagte Onkel Arthur stolz, „wofür so ein alter Onkel gut sein kann."

Ich gab ihm einen Kuß auf die Nase.

„Aber ich", sagte Michelangelo, „ich esse in meinem ganzen Leben nie mehr einen Löffel Tomatenkonfitüre."

Wir ernten

Ende September hatten wir unsere Kartoffeln ernten wollen. Die Bankkatastrophe und die *Marmellata* hatten unser Programm jedoch gründlich auf den Kopf gestellt. Das Laub der Désirées war seit gut zwei Wochen abgefault. Gemäß meinem Gartenbuch war es also höchste Zeit, mit der Ernte zu beginnen. Wir hatten nie eine Staude ausgezupft. Ob unsere Ernte ergiebig sein würde?

„Fang du an", sagte Michelangelo.

Sechzehn Kartoffeln hingen an der ersten Pflanze. Sie waren wie kleine rosa Schweinchen, mit wunderschön glatter Haut.

„Darf ich auch helfen?" fragte Onkel Arthur. Er mochte ja

sonst keine Arbeiten, bei denen man die Hände beschmutzt. Aber unsere Kartoffeln zu ernten war keine Arbeit. Es war wie Goldgräberei, wenn man weiß, daß Gold da ist. Jeder wollte den andern überbieten.

„*Che bella* Désirée", rief Michelangelo und hob mir eine besonders schöne Knolle entgegen.

„Neunzehn Kartoffeln", schrie Onkel Arthur, „oh, nein, das ist ja unmöglich, schaut mal."

Sogar die Hunde wurden von unserem Eifer angesteckt. Sie gruben in dem von uns schon abgeernteten Teil des Äckerleins nach zurückgebliebenen Kartoffeln. Sie fanden noch etliche.

Wir wischten die gröbste Erde ab und sortierten sie gleich nach der Größe. Die kleineren waren für *patati in camisa*, wie man im Tessin die Schalenkartoffeln nennt. Onkel Arthur brachte Marias Waage. Aus fünf Kilo Saat waren in der Erde, der Sonne und dem Regen des Monte Valdo zweiundneunzig Kilo geworden!

„Rechne mit einem zehnfachen Ertrag", hatte Heini geschrieben. Wenn er nun das hörte!

„Jetzt ist es ganz gewiß, daß wir die dümmsten Bauern weit und breit sind", sagte Michelangelo.

SCHON lange freuten wir uns auf die Weinlese. Obwohl während so vieler Jahre kein Mensch sie gepflegt und gegossen hatte, wuchsen in der Nähe der Häuser ein paar Rebstöcke. Derjenige, der am Eichenbaum vor meinem Zimmerfenster emporkletterte, trug viele Früchte. „Americana" nennt man diese Sorte. Beim langen Haus hatte eine andere Pflanze ihre Ranken übers ganze Dach gebreitet und hing ebenfalls voller kleiner blauer Trauben. Das waren „Clinton". Diese Kenntnisse verdankten wir natürlich Ugo.

Er war es auch, der uns erklärte, wie man Wein macht. Wie man Trauben an Reben erntet, die sich an den äußersten Spitzen eines zehn Meter hohen Baumes emporwinden oder über ein Dach klettern, das man nicht betreten soll, konnte er uns allerdings nicht sagen. Alles, was wir pflückten, waren ein paar Körbe voll. Die restlichen herunterzuholen, wäre lebensgefährlich gewesen.

„Lumpige zwanzig Kilo, das muß anders werden", wetterte Michelangelo. Nächstes Jahr wollte ich zu Ugo in die Lehre gehen, um den Weinbau zu studieren. Bis ich alles wußte, was für den Betrieb des Monte Valdo nötig war, war ich hundert Jahre alt!

„Wie man Grappa brennt, brauchst du nicht zu lernen. Das kann ich schon.“ Wenigstens etwas, das mir Michelangelo abnahm.

Kastanien suchen war ein reines Vergnügen, fast so schön wie Kartoffeln graben. In kürzester Zeit war unser Militärtornister jeweils voll. Wir breiteten die Früchte im Stall zum Trocknen aus. Michelangelo übernahm für viele Wochen die Zubereitung des Abendessens, das aus nichts anderem als gerösteten Kastanien und Glühwein bestand. Herrlich duftete es bei uns, wenn wir die frisch gerösteten Marroni aufbrachen. Wir durften die Pfanne ja nicht am Boden beim Kamin stehenlassen, denn die Tiere hatten diese Speise so gern wie wir.

Glühwein braute Michelangelo, weil Kastanien Durst geben und man so den Wein strecken konnte. Er versuchte immer neue Gewürzkombinationen. Als er eines Abends unser Getränk mit Kümmelzusatz servierte, streikten Onkel Arthur und ich. Michelangelo war sehr erbost darüber.

Die schönsten Kastanien legten wir auf die Seite. Onkel Arthurs Idee war es, den Erfolg der *Marmellata del Monte Valdo* mit *Marrons glacés del Monte Valdo* fortzusetzen. Aber – das war der große Haken – wir fanden das Rezept nirgends.

Schließlich kam Onkel Arthurs unwiderruflich letzter Ferientag. Sein Flugbillett lief ab.

„Ich war in meinem ganzen Leben noch nie so glücklich“, gestand er mir. Er wollte nächstes Jahr so bald als möglich wiederkommen. Und seinen Malkasten mitbringen und alles, was er zur Schmetterlingszucht brauchte. Ja, und ein Rezept für *Marrons glacés* würde er mir baldmöglichst schicken.

Zart und zerbrechlich stand er mit seinem Köfferchen am Bahnhof von Bellinzona, den weißen Bart sorgfältig geschnitten. Niemand hätte geahnt, wie kampflustig und zäh Onkel Arthur sein konnte.

„Leb wohl, lieber Onkel Arthur. Ich danke dir.“ Ich mußte mich sehr zusammenreißen, heiß stieg es in meine Augen.

„*Gutt bay, addio, zio* Arthur“, sagte Michelangelo. Er merkte gar nicht, daß ihm Tränen übers Gesicht kollerten.

„Seid tapfer“, sagte Onkel Arthur. „Ich bin ganz sicher, wenn ich wiederkomme, trägt ein Esel mein Gepäck auf den Monte Valdo."

Wenn wir wirklich einen Esel hatten, dann mußte er zu Onkel Arthurs Empfang auf den Bahnhof von Bellinzona mitkommen. Das schwor ich mir.

Spinat, die Pille und noch ein Abschied

November in der Stadt war für mich ein Greuel. Im Tessin ist der ganze späte Herbst eine der faszinierendsten Jahreszeiten. Das Wetter ist meist beständig, die Sicht klar; sobald die Sonne scheint, wird es herrlich warm.

Wir hatten ein großes Stück des Gartens gerodet und Spinat angesät. Die Blättlein sproßten bereits, und wir freuten uns auf unser eigenes Gemüse. Da kamen die Hunde auf die Idee, ihre täglichen Knochen ausgerechnet dort erst zu ver- und später wieder auszugraben. In ein paar Tagen war unser Garten total zerwühlt und die ganze Ernte vernichtet.

Merke: wer Hunde hat, muß seinen Garten einzäunen.

Ich erkundigte mich nach dem Preis von dreißig Meter Maschendraht in einem Meter Breite. Einhundertachtzig Franken!

Das hätte ich mir vor dem Bankkrach bedenkenlos geleistet, so aber entschloß ich mich, von Michelangelo einen Zaun aus Kastanienstämmchen machen zu lassen. Ich mußte mich daran gewöhnen, die Materialien zu verwenden, die auf dem Monte Valdo gratis zur Verfügung standen.

Als Michelangelos Zaun, ein Meisterwerk mit einem Türchen und einem rührend primitiven Riegelchen, fertig dastand, war ich über meinen Geldmangel direkt froh. Der Holzzaun sah so aus, als ob er schon immer dagestanden hätte.

Die Abende wurden lang. Ich hatte meine Strickarbeit, die Tiere saßen am flackernden Feuer, Michelangelo malte beim Schein der Butangaslampe, einer Petrollampe mit reflektierendem Spiegel und zweier Kerzen. Er behauptete, diese Lichtmischung ergebe wunderbare Farben. Michelangelos Bilder berührten mich. Sie waren primitiv, oft in der Perspektive falsch, hatten harte, dunkle Konturen.

TROTZ der Beschlüsse des Kriegsrates nahm ich einen Einrichtungsauftrag an. Eine meiner treuen Kundinnen hatte mich gebeten, sie bei der Einrichtung ihres neuen Hauses zu beraten. Das kostete mich nicht zuviel Zeit, bedingte aber, daß ich Michelangelo und die Tiere etwa zwei Wochen lang allein ließ.

Die Lebensmittelvorräte würden für mindestens einen Monat ausreichen. Zwanzig Liter Wein und zwei Flaschen Grappa waren auch im Keller. Für den Fall, daß ich in vierzehn Tagen nicht zurückkäme, gab ich Michelangelo fünfzig Franken als Notreserve. Er mußte dann zu Fuß nach Sassariente und würde auf der Post einen Brief von mir und eventuell mehr Geld finden.

Was ich ihm täglich ein paarmal einbleute, war Susis Pille. Er hatte zur Sicherheit, damit er das ja nicht vergesse, ein riesengroßes Plakat geschrieben und an die Haustür geheftet: *„Pillola Susi – non dimenticare!!!“* Susi verlangte nach einem Kater. Offenbar wollte sie Bimbo noch nicht ganz allein lassen und kam wenigstens zum Frühstück immer heim. Dann hatten wir Gelegenheit, ihr die Pillola zu verabreichen, die Hälfte eines stecknadelkopfgroßen Kügelchens. Michelangelo übte an Bimbo, wie man einer Katze Tabletten eingibt. Mit seinen klobigen Fingern war das ein schwieriges Unterfangen, doch lieber das, als kleine Kätzchen töten zu müssen.

Bimbo Seidenglanz war nicht nur die hübscheste, sondern auch die gutmütigste Katze, die ich je kennenlernte. Er würgte nach einem guten Dutzend fehlgeschlagener Versuche die vorbereiteten Brotkügelchen brav hinunter. Bis Michelangelo es auch bei Susi fertigbrachte, daß sie die Pille schluckte und nicht gleich wieder ausspuckte, brauchte es ein paar Tage und ein ganzes Röhrchen der kostspieligen Arznei.

Dann kramte ich meinen Koffer mit den Kleidern für die Stadt hervor. Am Abend vor meiner Abreise machte ich eine Art Kostüm-Hauptprobe. Alles schlotterte an mir. Ich mußte mindestens zwölf Kilo abgenommen haben. Bis spät in die Nacht machte ich die Nähte enger. Ich nähe schrecklich ungern. Weil ich aber an meine neue schlanke Linie dachte, war es diesmal ein reiner Genuß.

Während meiner Arbeit rechnete ich aus, wieviel ich in einem Jahr für meine Kleider ausgegeben hatte. Ich kam auf gut zweihundert Franken, für Blue jeans, Gummistiefel und Straßenarbeiterumhang samt Hut.

Zum Leben in der Wildnis braucht man eigentlich nicht mehr als einige Pullover und Blusen und drei Paar Blue jeans – das sauber gewaschene Paar „für schön“, das zweite zum Arbeiten, und das dritte hängt an der Wäscheleine.

Michelangelo und alle Tiere begleiteten mich bis zum Parkplatz. Das kleine Grüppchen stand ein bißchen verloren am Wegrand und wurde im Rückspiegel des Autos immer kleiner. Michelangelo winkte, bis ich in die Straße einbog. Eine Mutter, die fünf Kinder im Wald allein lassen muß, konnte nicht besorgter sein als ich.

DREISSIG Jahre hatte ich in der Stadt gelebt und gemeint, alle ihre Winkel zu kennen. Jetzt, nach einem guten Jahr schon, war sie mir fremd geworden. Der Lärm, den ich schon früher nie mochte, war noch unerträglicher, die benzinverpestete Luft ebenso. Man hatte neue Fahrvorschriften erlassen, neue Einbahnstraßen eingeführt, neue Verbote. Ich war verloren.

Das einzige, was ich wie ein Verschwender genoß, waren Wasser und Elektrizität. Baden, duschen, Haare waschen, sooft ich wollte und mit so viel warmem Wasser, wie ich wollte. Welch herrlicher Luxus! Und am Schalter zu drehen und Licht zu haben, oder den Hörer abzuheben und telefonieren zu können, sogar vom Bett aus. Oder ein Heizkissen anzustecken oder den Backofen einzuschalten.

Was mich mitleidig auf die Städter hinabblicken ließ, waren die neuen Vergnügungen der High-Society. Freunde luden mich ein, den neusten Club kennenzulernen. Es war Mode geworden, in jenem Club zu turnen, auf einem Apparat Rad zu fahren, die Männer durften allerhand Gewichte heben. Man machte Kniebeugen, Rumpfbeugen, dehnte und streckte sich, schwitzte in der Sauna, erholte sich unter der Höhensonne und atmete in einem Extraraum extrasaubere Luft.

Das alles konnte ich auf dem Monte Valdo auch haben. Gartenarbeiten waren so gut wie allgemeine Gymnastik, Kartoffel graben ersetzte Kniebeugen. Anstatt Rad an Ort zu fahren, war ich wöchentlich ein paarmal vom Monte Valdo zum Parkplatz und zurück gelaufen, beladen wie ein Packesel. Meine Sauna war im Wassergraben ohne Wasser, die Sonne war auch da, und extrareine Luft hatte ich sowieso, vierundzwanzig Stunden täglich. Und alles ohne einen Rappen Clubbeitrag.

Ich war immer noch reich. Nur ziemlich arm an Geld.

Mein Einrichtungsauftrag machte mir Spaß. Zum erstenmal arbeitete ich unbelastet von allen Modeströmungen. Besonders für die Farbzusammenstellungen hatte ich neue Ideen. Ich mußte nur an den Monte Valdo denken, an den Waldboden, auf dem hellbraune Kastanienblätter lagen, an die grauen Mauersteine, das Grün der Brombeerranken. Irgendwo setzte ich das rote Tüpfchen einer Feuerlilie. Das waren meine Vorschläge für das Wohnzimmer.

Fürs Schlafzimmer guckte ich die Farben dem Pflaumenzipfelfalter ab: Der Teppich war grau-beige, der Bettüberwurf und die Vorhänge waren hellblau, die Polsterbezüge und kleinen Kissen auf dem Überwurf orange mit feinen schwarzen Borten.

Die Farben der Küche stahl ich der Raupe des Schwalbenschwanzes: Hellgrün, Rosa und Schwarz.

Das Bad war weiß, kastanienbraun und pinkfarben wie der Wolfsmilchschwärmer.

Meine Kundin war begeistert. Sie wollte mich gleich an eine Freundin weitergeben, die ihr Haus umbauen ließ. Zum Glück würde das Haus erst nächstes Jahr fertig sein. Meine vierzehn Tage waren um. Ich mußte zurück auf den Monte Valdo. Michelangelo hatte keinen Wein mehr. Ich sehnte mich auch nach den Tieren, besonders nach Bimbo.

Mit jeder Kurve, die mich näher zum Monte Valdo brachte, wurde mir wohler, und gleichzeitig stieg eine große Bangigkeit in mir hoch. War alles gutgegangen?

Der Weg abwärts durch den Wald war wie immer. Als ich mich

den Häusern näherte, rief ich die Hunde. Sie kamen bellend angestürmt, rissen mich beinahe um, jaulten und tobten. Ich mußte mein Gepäck abstellen, um sie zu liebkosen. Während ich auf dem Mäuerchen am Wegrand saß und sie streichelte, erschienen miauend Susi und Bimbo. Sie drängten sich zwischen die Hunde und schmiegten sich schnurrend an meine Beine. Ich nahm sie auf den Arm, glücklich, alle wiederzuhaben. Als ich den Kopf hob, sah ich Michelangelo. Er stand breitbeinig im Weg, strahlte und fragte: „Hast du mir die versprochene Flasche Baselbieter Kirsch mitgebracht?"

Da war ich sicher, daß es meiner ganzen Monte-Valdo-Familie gutging.

Michelangelo war sehr fleißig gewesen. Er hatte das Dach meines Schlafzimmers zwischen den Balken mit Dachpappe abgedichtet, untendran Glaswolle geheftet, das Ganze mit Isolierplatten gedeckt und schließlich verputzt. Ich jubelte, denn der zeltartige Raum war einzigartig. Die dunklen, zum Giebel aufstrebenden Balken hoben sich wunderbar vom weißen Verputz ab. Die Mauern waren nun innen auszementiert, das Fenster und die Türe eingesetzt. Das Loch, in dem der *Ghiro* schlief, hatte Michelangelo offengelassen, damit der arme Kerl sich nicht im Frühjahr in seinem Nest eingemauert fand.

Der schöne Vorrat

Einmal hatte es bereits leicht geschneit. Der Schnee war zwar sofort wieder geschmolzen, aber wir mußten uns sicherheitshalber doch so einrichten, daß wir zwei, drei Wochen unabhängig von irgendwelcher Warenzufuhr leben konnten.

In ein paar Tagen würden die neuen Betten mit extradicker Matratze eintreffen und die Decken aus Schafwollvlies mit Trikotüberzug. Ein paar Wärmflaschen und warme Hausschuhe für Michelangelo und mich hatte ich in meinem Gepäck, ebenso das Weihnachtsgeschenk meiner Verwandten, zwei Garnituren Angora-Unterwäsche. Mit dieser Ausrüstung würde ich den Winter überstehen, auch wenn es in meinem Schlafzimmer einmal weniger als null Grad war.

Michelangelo hatte am Listenmachen Gefallen gefunden und eine Aufstellung der seiner Ansicht nach lebenswichtigen Waren gemacht. Zuoberst stand natürlich eine Korbflasche Wein. Position zwei waren fünf Liter Grappa. Das änderte ich ab in drei Liter, denn erstens war es unwahrscheinlich, daß wir während mehr als drei Wochen von der Außenwelt abgeschnitten sein würden, und zweitens kostete das zuviel.

Eine Reservebombe Butangas war sicher kluge Vorsorge. Michelangelo hatte auch an Toilettenpapier gedacht, an Reis, Teigwaren, *Polenta,* Salami, Mortadella, *Luganighe,* haltbares Gemüse wie Lauch, Kohl und Rüben, dann Getreideflocken und Dosenfutter für die Tiere.

Ich war schon auf dem Weg zu meinem Auto, als er mir noch nachrief: „Bring noch ein paar *Cicitt* mit!" Schade, daß diese Ziegenfleischwürstchen nicht bekannter sind. Man röstet sie ein paar Minuten lang auf der Glut. Sie sind stark geräuchert und haben ein wundervoll kräftiges Aroma. Und sie sind billig. Ich verdankte die Kenntnis dieser Spezialität der Metzgersfrau in Sassariente. Sie hatte offenbar bemerkt, daß ich mit meinem Geld sparsam umgehen mußte, und half mir rührend, möglichst preiswert einzukaufen.

Michelangelos Frage nach meiner Rückkehr war – wie könnte es anders sein: „Hast du die Korbflasche mitgebracht?"

„Mhm", sagte ich.

Er machte sich sofort auf den Weg, um die ungefähr fünfunddreißig Kilogramm schwere Flasche vom Auto herunterzutragen. Als er nach einer Stunde immer noch nicht zurückgekehrt war, ging ich ihn suchen.

Bei der zweitobersten Wegbiegung fand ich ihn. Er hockte am Boden und schluchzte. Neben ihm lagen die Scherben der Flasche. Fast allen Wein hatte er vergossen und den Rest aus Verzweiflung getrunken.

Den ganzen Tag über war Michelangelo geistesabwesend. Am Abend hatte er die Lösung, ein wahres Ei des Kolumbus, gefunden: „Ich arbeite nun seit mehr als einem halben Jahr bei dir. Du hast doch gesagt, ich könne im Jahr drei Wochen Ferien haben, nicht wahr?"

„Ja, natürlich. Warum?"

„Also gut. Anstatt in die Ferien zu gehen – ich weiß ja doch nicht wohin –, hätte ich lieber eine neue Korbflasche voll Wein."

Daß ich über die zerbrochene Korbflasche glücklich war, sagte ich ihm nicht. Aber seine Ferien hatten mir bleischwer auf dem Herzen gelegen. Ich hatte mir schon alle Dummheiten ausgemalt, die er dann anstellen würde.

WENN die Bäume kein Laub mehr tragen, beginnt die Arbeit der Holzfäller. Wir hatten die Bäume markiert, die uns die Aussicht auf den See zu sehr verdeckten, und diejenigen, die uns jetzt zuviel Abendsonne wegnahmen.

Wir zogen also los mit Säge, Axt und unsern *Falci.* Die Motorsäge zerschnitt mit ihrer Kette die Stämme, mit ihrem Gesumm wie tausend wilde Wespenschwärme auch die Luft. Zum Glück wußte Michelangelo, daß man zuerst einen Keil in den Stamm sägt, wie man mittels Seilen den Fall eines Baumes in eine bestimmte Richtung lenken kann, wie wichtig es ist, den gefällten Baum sofort abzuasten und wegzuräumen, weil man sonst in einem Gewirr von Stämmen und Ästen hilflos hängen- und steckenbleibt.

Wir sortierten die geraden Stämme, die wir als Dachträger brauchten, die dünneren schönen Stücke für den Balkon vor dem Heuboden des Stalles, diejenigen für die Pergola, einen Vorrat für eventuelle weitere Zäune, den Rest als Brennholz.

Das Wetter war seit ein paar Wochen wunderschön. Ein klarer Tag reihte sich an den andern. Morgens bedeckte Reif die Dächer und die Wiese, gegen zehn Uhr wurde es so warm, daß wir draußen aßen.

Das Radio warnte vor der Waldbrandgefahr.

Man muß es mit eigenen Augen gesehen haben, wie staubtrocken ein Kastanienwald im Winter sein kann, wenn das gefallene Laub, vermischt mit dürren Farnkräutern, den Boden fast kniehoch bedeckt.

„Was tun wir, wenn der Wald brennt?" Diese Frage beschäftigte uns beide. Wäre es klug, in den Häusern zu bleiben? Die waren ja aus Stein.

Aber wenn die Tragbalken der Dächer Feuer fingen und die Dächer dann einstürzten?

Wir entschlossen uns, die Wiese ganz sauber zu rechen. Wenn dort nichts lag, das brennen konnte, waren wir in der Mitte der Wiese wahrscheinlich am sichersten. Trotz der mageren Kasse kaufte ich einen Feuerlöschapparat, mit dessen Schaum wir auf der Wiese einen Kreis um uns ziehen konnten.

Eines Abends entdeckten wir hoch über dem Lago Maggiore eine Rauchfahne. Als es dunkelte, wurden auch die Flammen sichtbar. Ein Feuergürtel hatte sich um den Gipfel des Berges gelegt.

Der Wind blies die Glut offenbar aufwärts. Auch am andern Morgen brannte es noch.

Uns schauderte. Wir würden auf unser Feuer achten, es hüten wie eine heilige Flamme. Michelangelo entschloß sich, überhaupt nicht mehr zu rauchen, bis der Schnee fiel. Und ich war dankbar dafür.

Ein vergessener Kochherd und seine Folgen

ICH weiß zwar nicht, ob es so sein wird, aber wahrscheinlich sagt Michelangelo eines Tages zu einem uns interviewenden Reporter: „Wieso ich als Maler entdeckt wurde?" Dann wird er sich in seinem Strubbelbart kratzen, mit der Hand über sein Strubbelhaar fahren, mit einem südländischen Augenrollen gegen den Himmel schauen, nachdenken. „Eine ganz komische Geschichte. Wenn ich mir's genau überlege, war's, weil die Caterina den Kochherd vergessen hat."

„Wie bitte?"

„Also, das war so", sagt Michelangelo, „als die Caterina aus der Zeitung von diesem Bankkrach erfuhr, machten wir eine Liste der während eines Jahres zu erwartenden Ausgaben. Und die Caterina vergaß, auf diese Liste den Kochherd zu setzen. Den schönsten, komfortabelsten, teuersten Kochherd mit Sichtbackofen, den es mit Butangas-Antrieb überhaupt gibt. Den hatte sie im Frühjahr bestellt, als sie noch reich war. Und Anfang November kam dann die Anzeige, der Herd sei jetzt in Locarno und könne abgeholt werden."

Der Reporter, der natürlich unsere Geschichte kennt, wird nicken und selbst fortfahren: „Und da war kein Geld, um den Herd zu bezahlen."

„Genau", werden Michelangelo und ich sagen. „Als Marronimann wollte Caterina mich nicht gehen lassen, also blieb nur noch die Möglichkeit, zahlende Gäste aufzunehmen. Ausgerechnet im November, wo alle Hotels und Ferienhäuser sowieso leerstehen! Die Caterina gab also eine Anzeige auf."

Ich: „Ich brauchte lange, um den Text zu formulieren. Er mußte kurz sein, weil Anzeigen teuer sind. Er mußte auffallen. Ich mußte etwas Besonderes bieten. Schließlich lautete er:

> ROBINSON-Ferien! In abgelegenem Tessiner Dorf sind JETZT vier Betten frei. Einfache, saubere Unterkunft, kein Komfort, kein Telefon, Vollpension. ECHTE TESSINER KÜCHE, absolut verkehrsfreie Lage, gesunde Luft, Gelegenheit zu Wanderungen. Anfragen an Caterina Rüegg, Sassariente.

Daraufhin erhielt ich drei Anfragen. Alle von Hotel- oder Gaststätten-Besitzern. Zu dieser Jahreszeit ist die Sommersaison vorbei, und die Wintersaison hat noch nicht begonnen."

Der Reporter: „Ob Ihr Hinweis auf die Tessiner Küche sehr gelockt hat?"

Ich: „Urs und Betty Padrun haben mir verraten, daß es neben den Robinson-Ferien, die sie sich für ihre Kinder wünschten, wirklich die Tessiner Küche gewesen sei, die sie dazu bewogen hatte, mir zu schreiben."

Der Reporter: „Urs und Betty Padrun waren Ihre ersten Monte-Valdo-Gäste! Jetzt verstehe ich alles." Nun wird die Stimme des Reporters, der bisher im Plauderton gesprochen hat, offizieller. „Liebe Hörerinnen und Hörer: Ich hatte vor einigen Wochen Gelegenheit, Ihnen im Rahmen dieser ‚Aktuelle-Kunst'-Sendung das Ehepaar Padrun-Goetz vorzustellen. Betty Padrun-Goetz hat in Kunstgeschichte promoviert. Ihr Hobby ist die Organisation von Ausstellungen unbekannter Maler in den Räumen der Rotisserie ‚Stüva d'Art' in Arosa, deren Besitzer und Leiter ihr Mann, Urs Padrun, ist.

Dank dem Kochherd suchte Fräulein Rüegg Gäste und fand die Padruns, die ihrerseits nun den Maler Michelangelo entdeckten."

Ende des Interviews, das der Geschichte vorgreift.

Vorläufig wußten wir von den Padruns nur den Namen und daß sie unsere ersten Gäste sein würden.

Als ihre Zusage eintraf, überkam uns das große Lampenfieber. Michelangelo wünschte sich zum Empfang der Gäste sehnlich eine grüne Portierschürze mit Messingkettchen. Ich suchte in sämtlichen Geschäften Locarnos, fand keine und kaufte schließlich Stoff und Kettchen, um meine Abende statt mit Stricken mit dem Nähen dieses wichtigen Uniformstückes zu verbringen. Als Krönung des Ganzen setzte ich eine schöne, halbrunde Tasche vorne drauf – um sie nach Wunsch des Bestellers gleich wieder abzutrennen. Dieses Modell sei für Gärtner.

Portierschürzen hätten nur ein kleines, rechteckiges Täschchen rechts (für Trinkgeld!).

Mindestens so wichtig wie Michelangelos Schürze war mein

Menüplan. Ich hatte echte Tessiner Küche versprochen. Meine Gäste sollten sie erleben, sich daran erlaben!

Die Kochweise der Tessiner Bauern ähnelt derjenigen der Norditaliener, ist aber einfacher. Man bringt *eine* Hauptspeise auf den Tisch, die so nahrhaft ist, daß nachher der Magen höchstens noch für ein Stückchen Käse Platz hat.

Zudem – und das war wichtig für mein Budget – besteht sie fast ausnahmslos aus einfachen, billigen Zutaten. Der Grund ist begreiflich: bis vor wenigen Jahrzehnten waren die Bewohner der Tessiner Bergtäler so arm, daß sie von den Kühen, Kälbern und Schweinen nur die billigsten Stücke selbst behielten und sich sonst mit dem behalfen, was Garten, Wald und höchstens die Jagd lieferten.

Während meiner Aufenthalte in Froda hatte ich mich in den Kochtöpfen des Dorfes umgesehen und Maria, Silvia, Lydia und Teresina die Rezepte abgebettelt. Michelangelo behauptete, ich koche wie eine echte Tessiner Großmutter.

Das Hauptgeheimnis zu ergründen, warum all diese Speisen so herrlich und so speziell tessinerisch munden, brauchte einige Zeit. Und dabei liegt es so sonnenklar da: man muß alles, sei es nun Reis oder Fleisch oder Gemüse, ganz, ganz langsam kochen. Denn die Rezepte stammen aus einer Zeit, wo man nur einen Kochtopf hatte und den über das offene Feuer hängte. Holzfeuer ist nie so heiß wie eine elektrische Kochplatte oder eine Gasflamme, es sei denn, man schalte beide nur auf halbe Stärke.

Die Padruns wollten ihre Urlaubsreise mit dem Auto machen. Wir vereinbarten deshalb einen Treffpunkt in Sassariente, denn ohne Lotsen findet niemand unser Dorf.

„Ich bin die Kathrin", sagte ich. Hier gewöhnt man sich das umständliche Getue mit Herrn Sowieso und Fräulein Weißnichtwie ab.

„In dem Fall bin ich der Urs, und dies ist Betty, meine Frau, und hier sind Reto und Anina, die beiden Ungeheuer."

Urs hatte dunkle, gepflegte Haare und einen dunklen Bart. Betty war blond, zart, blauäugig, liebenswürdig.

Die etwa sechsjährigen Zwillinge – oder die „Ungeheuer" – hingegen, die waren rot-rot-rothaarig. Ihre Haare flammten förmlich. Anina trug sie in zwei abstehenden Zöpfchen, Reto schien ein Käppchen aus versehentlich zu rot gefärbtem Pelz angezogen zu haben. Beide hatten rechts oben eine Zahnlücke und viele Sommersprossen auf der Nase.

Michelangelo hat ein untrügliches Gefühl, sich groß in Szene zu setzen. Wie er da wartend auf dem Parkplatz stand, den Gerlo auf dem Rücken, seine funkelnagelneue grüne Schürze mit dem Trinkgeldtäschchen umgebunden: ein einmaliger Anblick! Zudem trug er eine zwar abgeschabte und zerknitterte, aber doch saubere schwarze Weste und schwarze Hosen, Schätze aus seinem Jutesack. Das einzige, was fehlte, war eine Portiermütze mit der Aufschrift „Monte Valdo". Dafür war er flankiert von Grano und Bona.

Die beiden Hunde zeigten uns neue Charakterzüge. Grano zog den Schwanz ein und versteckte sich ängstlich hinter Michelangelo, als die Kinder aus dem Wagen stürmten. Bona hingegen sprang auf sie zu, leckte ihnen die Gesichter ab, bevor sie auch nur wußten, wie ihnen geschah. Sie gebärdete sich so überglücklich stürmisch, daß schließlich Kinder und Hund in einem wirbelnden Knäuel über den Boden rollten. Mit einer kameradschaftlichen Geste gab Betty Michelangelo einen Koffer und wollte sich ihren Rucksack auf den Rücken schwingen.

„*No, no*", protestierte Michelangelo, „das ist nichts für Frauen", verstaute Rucksack, Schirme, Windjacken, Bergschuhe, Pakete im Gerlo und nahm in jede Hand einen Koffer. Mit dem Kinn deutete er mir zu, den Rest zu tragen. Daß für mich drei Koffer übrigblieben schien ihn keineswegs zu stören. Von mir wußte er, daß ich Lasten tragen konnte. Urs nahm trotz meines Widerspruchs den schweren Koffer und überließ mir den Rest. Dann begab sich der Zug der ersten Feriengäste auf den Monte Valdo.

Die Kinder rannten voraus, verschwanden um die Wegecke und begrüßten uns, als wir zu den alten Kastanien kamen, mit Gebrüll. Sie waren auf einen der Bäume geklettert, hatten entdeckt, daß er hohl war, und sich im Stamm versteckt, bis wir nichtsahnend ganz nahe an ihnen vorbeigingen.

Vor meinem Weggang hatte ich eine Busecca aufs Feuer gesetzt und den Tisch im Wohnraum der Casa Caterina mit Blättern und trockenem Farnkraut geschmückt und festlich gedeckt.

Susi und Bimbo saßen mitten auf dem Tisch, auf dem nun Bestecke, Gläser, Teller und Blätter wild durcheinanderlagen. Wie zwei fauchende, wilde Ungeheuer stoben sie jetzt davon und zeigten den Padruns, vor allem den Kindern, ihre totale Abneigung.

Michelangelo hatte im Kamin ein – wie wir uns vorstellten – idyllisches Feuer vorbereitet und zündete es an. Ein grauenhafter Rauch durchqualmte den Raum. Wir husteten und rannten fluchtartig ins Freie.

Mein Selbstvertrauen als Gastgeberin war zerschmolzen wie Formagellakäse an der Glut.

Urs erlöste mich aus meinen Seelenqualen. Er war schnuppernd dem Duft der Busecca gefolgt und dabei in Michelangelos Haus beim Kochherd angelangt. Dem schönen, neuen.

„Essen wir doch alle da", sagte Urs. „Die Suppe bleibt heißer, wir können miteinander plaudern, dieses Kaminfeuer scheint uns freundlicher gesinnt zu sein, was brauchen wir noch mehr."

Urs war in jenem Moment der liebste Mensch auf Gottes weiter Erde für mich. Für ihn zählte offenbar momentan nur diese Busecca. Schon bevor wir sie kosteten, wollte er das Rezept wissen.

Er verriet mir, daß er neben andern Hotelfachberufen auch als Koch sein Examen abgelegt habe, eigentlich aber Koch aus Leidenschaft sei. Er hatte eine große Sammlung von Rezepten aus allen Teilen der Schweiz, die er gelegentlich veröffentlichen wollte. Das Kapitel „Tessin" sei noch nicht geschrieben.

Kathrin Rüegg, da mußt du dich aber gewaltig anstrengen, sagte ich zu mir selbst.

Wir aßen alle schweigend. Man hörte nur das Klappern der Löffel am Tellerrand, später hie und da ein zufriedenes Seufzen. Nach meiner Erfahrung gibt es kein größeres Kompliment für eine Köchin.

Nachdem unsere Gäste versichert hatten, nun zum Platzen vollgegessen zu sein, nahm Michelangelo mit unnachahmlichem Schwung ein Küchentuch, legte es sich über den linken Arm, fragte zur Sicherheit jeden einzelnen, ob er bedient sei, und räumte den Tisch ab.

Zum Kaffee mit Grappa setzten wir uns rings um den Kamin. Urs fragte nach Tessiner Liedern. Ich kramte meine Blockflöte hervor. Er zog eine Mundharmonika aus der Tasche. Michelangelo versuchte Betty und die Kinder über den Text von *„quattro cavai che trottano“* und anderen zu instruieren. Die Kinder begriffen die einfachen Melodien schnell.

Das Kaminfeuer wurde zur stillen Glut. Bona legte sich davor nieder. Alle waren müde, satt und zufrieden. Ich selbst war wunschlos glücklich. Trotz kleinerer Mißerfolge schienen sich unsere ersten Gäste so wohl zu fühlen wie wir.

Am andern Morgen buk ich zeitig das Brot, dessen Teig ich an der Glut hatte aufgehen lassen. Brot aus Schwarzmehl mit ein bißchen Kümmel drin. Das ist zwar nicht tessinerisch, aber es schmeckt himmlisch. Schön war das, einen Backofen zu haben! Der Geruch von frisch gebackenem Brot ist der liebenswürdigste und wirksamste Wecker. Unsere Gäste begaben sich zur Morgenwäsche an den Brunnen. Um halb neun Uhr schien die Sonne auf den Corso Bimbo, wo wir dampfenden Kaffee, Käse und natürlich *Marmellata del Monte Valdo* aufstellten.

Nach dem Frühstück fragte Urs unternehmungslustig nach dem heutigen Arbeitsprogramm.

„Ja, vielleicht könntet ihr ein bißchen die Gegend erkunden ...“ schlug ich vor. „Und eventuell Kastanien suchen.“

„Ja, aber sonst? Müssen noch mehr Bäume gefällt werden? Oder könnte ich Holz spalten? Oder sollen wir Wasser holen gehen?“

„Mein lieber Urs, ihr seid hier zahlende Gäste. Ihr seid da, um euch zu erholen, nicht um zu schuften“, widersprach ich.

„Wir haben Robinson-Ferien gebucht, also wollen wir wie Robinson und Freitag leben und arbeiten“, ereiferte sich Urs. Tatsächlich, er schien enttäuscht, daß ich ihm keine Arbeit zumuten wollte.

Was blieb denn da schon anderes übrig. Nach einer Lagebesprechung beschlossen wir, noch mehr Bäume zu fällen. Michelangelo und Urs würden diese Arbeit übernehmen, während Betty mit den Kindern – rucksack- und tütenbestückt – auf Kastaniensuche ging. Ich wusch Geschirr, ordnete Betten, fegte Böden, rüstete Berge von Gemüse für unser heutiges Mahl und summte emsig und glücklich vor mich hin.

So vergingen die Ferientage der Padruns. Urs und Michelangelo hatten eine Pergola gezimmert, ein gut zweihundert Quadratmeter großes Landstück gerodet. Nächstes Jahr würden wir viele Tomaten für die *Marmellata* brauchen.

Betty nähte Vorhänge für die Räume der „Casa Caterina“, einen Überwurf für Michelangelos Bett. Sie versprach mir, nach einer Nähmaschine zum Treten Ausschau zu halten.

Die Kinder schleppten Berge von Anfeuerholz von den verschiedenen Holzfällerplätzen und banden es zu handlichen Bündelchen zusammen.

Ich selbst fand noch einen neuen Job. Jeden Abend mußte ich den Zwillingen am Kaminfeuer Indianergeschichten erzählen. Was mir von Karl May her nicht mehr so geläufig war, machte ich mit eigenen Schöpfungen wett. Die Kinder hörten gespannt zu.

Während der ganzen Zeit hatten wir nur zwei Probleme mit unsern Gästen. Da war einmal der Kaugummi. Die Kinder schienen ihn tonnenweise zu konsumieren. Überall lasen wir Einwickelpapierchen auf. Im Hof, im Stall, auf dem ganzen Weg bis zum Parkplatz. Ausgespuckte Kaugummis, auf einer Steinplatte festgetreten, werden bis zum Jüngsten Tag dort haftenbleiben. Weil uns unsere Gäste sonst so lieb waren, schluckten wir unsern Ärger hinunter.

Das zweite, größere Problem war, daß Urs und Betty rauchten. Wir waren vielleicht überängstlich, aber der Anblick der Feuersbrunst am Berg über dem See war nicht vergessen. Unsere Gäste belächelten uns, als wir ein zerbrochenes Glas vorsichtig von der Wiese räumten. Sonnenbeschienene Scherben können wie Linsen wirken und im dürren Gras einen Brand entfachen.

Und dann kam der Moment, wo die Kunsthistorikerin und Ausstellungsorganisatorin, Frau Dr. Betty Padrun-Goetz, Michelangelo, den Maler, entdeckte. Er hatte einen nächtlichen Waldbrand gemalt. Mit Flammen, die sich in einem See spiegelten, und mit qualmendem Rauch. Vor der Ankunft der Gäste hatte er seine Malsachen weggeräumt. Er könne sich, wenn so viele Leute da seien, nicht konzentrieren.

Aber vielleicht – so überlegte er nun – würde das abschrekkende Bild Betty und Urs zu mehr Vorsicht gegenüber Feuer zwingen.

„Da, ich schenke Ihnen das“, sagte er und drückte Betty das Bild in die Hand. Sie schaute es an, lange, prüfend.

„Aber das ist ja – wer hat das gemalt?"

„Ich."

„Haben Sie noch mehr Bilder?"

Michelangelo ging schweigend in den Stall, wo er seine Schätze aufbewahrte. Er brachte alle. Ein Selbstbildnis, eine Pappelallee im Mondschein, eine Tessiner Dorfstraße, eine Kreuzigung. Betty war begeistert. Sie plante im kommenden Jahr eine Ausstellung von naiven Malern. Es waren jugoslawische, polnische, israelische, deutsche Künstler vertreten. Ob Michelangelo sich als Schweizer dazugesellen wolle? Ich war Feuer und Flamme. Michelangelo nahm es gelassen auf. Ich glaube, er malte zum Vergnügen vor sich hin, so, wie ein anderer singt oder pfeift. Ohne Grund, ohne Absicht, vor allem ohne Ehrgeiz. Immerhin versprach er Betty, bis Ende Mai fünfzehn Werke bereitzuhalten. Die vorhandenen könne sie schon jetzt mitnehmen.

„Und daß ich sie vor dem Feuer warnen wollte, hat sie überhaupt nicht gemerkt", sagte er, als wir allein waren, ganz enttäuscht.

Der zweitletzte Ferientag unserer Gäste war angebrochen. Die Sonne schien sanft und freundlich wärmend auf den Frühstückstisch. Die Padruns hatten vor, nun endlich noch die Gegend zu erkunden. Bisher war einfach nie Zeit dazu gewesen. Als Betty und Urs zum Aufbruch bereit waren, fehlten die Zwillinge. Sie waren verschwunden. Wir riefen unzählige Male ihre Namen. Nichts.

„Seltsam, das tun sie sonst doch nicht. Wir müssen sie suchen gehen", sagte Urs.

„Um Himmels willen", rief Betty im gleichen Augenblick und deutete auf eine gelb aufqualmende Rauchwolke im Wald.

„Feuer!"

Was nun folgte, prägte sich in meinem Hirn ein wie ein zu schnell ablaufender Film.

Michelangelo rannte ins *magazzino,* brachte Schaufeln und Rechen. Dann riß er den Feuerlöscher aus der Halterung und drückte ihn mir in die Hand.

Wir banden Bona an die Leine, hielten ihr ein Kinderschühchen vor die Nase und sagten: „Such, Bona, such."

Bona zog uns direkt auf die Rauchwolke zu! Urs und Michelangelo rannten uns voraus. Ich stolperte, fiel, der Feuerlöscher rollte ein großes Stück bergabwärts. Bis ich ihn wieder zurückgeholt hatte, waren die Männer im Wald verschwunden. Betty wartete ungeduldig.

Bona, die Nase schnüffelnd am Boden, wandte sich vom halb zugewachsenen Weglein gegen Sassariente wieder weg. Wir durchquerten eine Senke, es ging wieder aufwärts. Bona zog, zog an ihrer Leine, wir näherten uns immer mehr der Rauchwolke. Ich weiß nicht, wie lange wir den Berg entlang liefen, krochen, fielen, im Dornengestrüpp hängenblieben, uns gegenseitig wieder auf die Beine halfen, keuchten, Bona anfeuerten, die durch den Rauch die Spur verlor, verzweifelt suchte, wieder aufnahm, wieder verlor.

Endlich gelangten wir auf eine Lichtung, in deren Mitte ein kleiner Stall stand. Hier, wo der Wind besser durchdringen konnte, hatte sich das Gras entzündet und prasselte in einem dreißig Zentimeter hohen Flammengürtel gegen den Stall. Und aus dem Stall hörten wir verzweifeltes Kindergeschrei.

Ich dankte dem lieben Gott und Michelangelo für den Feuerlöscher. Mit ihm war es ein leichtes, sich einen flammenfreien Pfad zu bahnen. Die Kinder kauerten im hintersten Winkel des heugefüllten Stalles, flogen förmlich in unsere Arme. Auch jetzt mag ich nicht daran denken, was geschehen wäre, wenn wir sie eine Viertelstunde später gefunden hätten.

Betty nahm sie bei der Hand. Ich bahnte wiederum unsern Weg mit dem Feuerlöscher. Kurz vor dem Waldrand, wo Bona auf uns wartete, war er leer.

Auf dem Rückweg trafen wir auf eine Feuerwehrmannschaft, die mit Äxten, Schaufeln und Rechen das Feuer einzudämmen versuchte. Eine Gruppe machte sich daran, einen riesigen Kastanienbaum zu fällen, aus dessen Stamm-Mitte ein unheimliches, rotglühendes Zyklopenauge blickte. Der ganze Stamm glühte von innen her. Wenn der Wind diese Glut zum Feuer entfachte... Mich fror, trotz der Wärme.

Bald darauf stießen wir auf Michelangelo und Urs. Welche Erleichterung, als sie die Kinder heil bei uns vorfanden. Sie entschlossen sich, den Feuerwehrleuten zu helfen. Ein Flugzeug brummte über unsern Köpfen. Wir hörten ein Zischen und sahen die weißen Dampfwolken, als es seine Wasserlast über der Waldwiese entleerte ...

Als wir uns von unserem Schrecken einigermaßen erholt und die nach Rauch stinkenden Kleider gewechselt hatten, nahmen wir uns die beiden Ausreißer vor.

„Weshalb seid ihr weggelaufen, ohne uns auch nur ein Wort zu sagen?"

Das aufgeregte Gestotter zu entziffern war nicht ganz leicht. Ich begriff es ein paar Sekunden eher und mußte trotz allem schallend lachen:

Winnetou und die Caterina waren schuld!

Winnetou, weil er hinter dem Berg ein ganz kleines Rauchzeichen gegeben hatte, auf das man die Caterina nicht aufmerksam machen wollte, wegen ihrer Angst vor dem Feuer. So einfach war das also, und so tragisch hätte es enden können.

„Aber von jetzt an passen wir auch aufs Feuer auf", beeilten sich die zwei „Ungeheuer" zu versichern.

„Und ich lache euch nie mehr aus", sagte Betty leise, mehr zu sich selbst.

„Und ich werde nie mehr in meinem Leben Indianergeschichten erzählen", versicherte ich.

Unsere Herzen waren schwer, als wir am Tag der Abreise unsere Gäste bis zum Parkplatz begleiteten. Michelangelo trug seine grüne Schürze (wegen dem Trinkgeld). Schade, daß ich bei der Ankunft keine Fotografie gemacht hatte, um sie als Reklame „vor Monte-Valdo-Ferien" und „nachher" zu verwenden. Betty und die Kinder hatten dickere Backen, Urs führte ein kleines Schmerbäuchlein bergan. Er behauptete aber, das sei das vollgeschriebene Rezeptbuch. Alle vier waren braun gebrannt.

Betty überreichte Michelangelo feierlich ein Vertragsexemplar für die Ausstellung. Seine bisherigen Werke waren in ihrem Koffer verstaut. Urs steckte ihm eine Banknote in sein grünes Täschchen. Sie versprachen zum hundertsten Male, bald wiederzukommen, Reklame für uns zu machen, tätschelten noch einmal Bonas Kopf.

Winkend verschwanden sie zwischen den Birkenstämmen.

Gedanken, Gespräche und Marrons glacés

FÜR Michelangelo war die Welt in Ordnung, solange er ein Dach über dem Kopf, ein Stück Brot und eine Flasche Wein hatte. Ein warmes Feuer, ein Stück Salami oder Käse zum Brot, das waren schon Luxusgüter. Glücklicher Mensch!

Von seiner Vergangenheit wußte ich immer noch nichts.

Einmal, als wir die Reportage von der Mondlandung der Apollo 17 verfolgten, sagte er: „Schließlich bin auch ich schon weit herumgekommen, nicht bloß diese Astronauten."

Ich erwartete nun mindestens die Geschichte einer Amerikareise.

Er fuhr fort: „Weißt du, wo ich schon gewesen bin?"

„Du erzählst mir ja nie was."

„Einmal, zum Beispiel, da war ich in Indemini. *Dio mio,* die vielen Kurven bis dorthin. Wir machten eine Schulreise. Fünf Franken kostete sie, stell dir das vor."

„Und wo warst du sonst noch?"

„Eh, dann kenne ich das ganze Locarnese wie meine Hosentasche."

Wenn man weiß, daß Indemini in einer guten Autostunde von hier aus zu erreichen ist und daß das Locarnese, wenn man ganz großzügig schätzt, einen Durchmesser von zwanzig Kilometern hat, versteht man, wie groß Michelangelos weite Welt war.

„Erzähl mir doch ein bißchen, was du früher so gemacht hast", bat ich ihn. Es war seltsam, mit jemand zusammenzuleben, dessen Charakter ich zu kennen glaubte, dessen Vergangenheit aber ein versiegeltes Buch war.

„Wie mich alle beschissen haben, das behalte ich für mich. Ich mag nicht darüber reden."

„So erzähl mir von deiner Familie, wo du zur Schule gegangen bist, zum Beispiel."

„Meine Familie ist für mich tot – oder ich für sie. Das gehört mit zu dem, worüber ich schweige."

Unser Gespräch verstummte. Ich wollte ihn nicht weiter plagen. Er sinnierte irgend etwas. Dann kam es, wie aus der Pistole geschossen: „Aber interessiert es dich vielleicht, daß ich Deutsch sprechen kann?"

„Was, du kannst Deutsch? Es wäre lieb von dir gewesen, mir das früher zu sagen. Ich strenge mich immer so an, versuche sogar, deinen Dialekt zu sprechen. Also, schieß los, zeig mir deine Künste."

Ich erwartete nun: „Bitzeli sbasieren gehn", das ungefähr alle Tessiner können. Er aber sagte: „Sbiegelei mit Schink, Rösti mit Sbiegelei, Rankfurter mit Kartoffelsalat, Sändwitsch ..."

„Halt, halt, Sandwich ist englisch!"

„Schön, in dem Fall kann ich eben auch Englisch." Dann ratterte er weiter: „Eisgrem, Schnissel mit Pomfritt."

„So, jetzt sag mir aber, wo du Kellner gewesen bist."

Im Lido von Locarno hatte er nicht nur serviert, sondern auch gekocht, erzählte er mir nun. Dort hatte er gelernt, wie man einen Tisch deckt und wieder abräumt, daß man die gebrauchten Gläser nicht ineinander-, sondern nur zusammenstellt, daß man nie einen Gang mit leeren Händen macht.

„Bist ein Wunderkerl, Michelangelo, aber deswegen sprichst du die deutsche Sprache noch lange nicht. Oder was kannst du sonst noch?"

„Gumm schöön, zum Beispiel." Er hatte sich gegen Bona gedreht, die darauf aufstand, zu ihm ging und ihm den Kopf aufs Knie legte. „Libi, libi", sagte er zu ihr, und sie leckte ihm die Hand.

„Bösi Susi!" Susi lag in ihrer Schachtel, erhob sich auf seine Worte, machte einen erschreckten Buckel und floh durch das kleine Katzentürchen, das der Schreiner vom Monte Valdo anno 1794 extra für sie ins Tor gesägt hatte.

„Grano, Platz!" Grano legte sich brav und verstand nicht, warum Michelangelo ihm gleich darauf „pfui!" zurief. Als Michelangelo ihn mit „Gum, Guti-guti" lockte, war er wieder zufrieden.

„Bravo, Michelangelo, die Katzen- und Hundesprache in Deutsch beherrschst du ganz perfekt."

„Wart nur, ich kann noch mehr."

Was dann kam, erzähle ich nur der Vollständigkeit halber. Es ist kein Ruhmesblatt für die Lady Kathrin Rüegg. Denn wo anders als bei mir hatte er die folgenden Worte lernen können, die er jetzt hinunterleierte, wobei er sich nur unterbrach, wenn ihm der Schnauf ausging: „Gopferdameveloglinieheubirliabenand,

Immelaschunwolggebrugg, Verdamdesissdreg, Ergottonerundoria ..."

Ein nimmer enden wollendes Vokabular an schweizerdeutschen Flüchen, mit Tessiner Akzent ausgesprochen. Ich hatte diese teils recht üblen Worte bei meinem früheren Chef gelernt – tausend Jahre war das mindestens her. Gut erzogen, hatte ich sie damals zur Kenntnis genommen, aber selbstverständlich nie angewandt. Hier im Dschungel, wo kein Mensch sie verstand, brachten sie mir in Situationen, wo ich vor Wut fast zerplatzte, Erleichterung.

Und da hatte ich nun die Bescherung. Wenn Michelangelo irgendwem erzählte, wer ihm das beigebracht hatte! Es gab nur den Ausweg über die Mystik, die Michelangelo sehr faszinierte. Ich sagte: „Du erinnerst dich, wann ich diese Worte jeweils brauchte?"

„Klar, immer wenn etwas schiefging."

„Also, das sind Zauberworte wie ‚Abrakadabra', aber auf schweizerdeutsch. Ich wandte sie nur an, weil ich glaubte, du verstehst sie nicht. Behalt sie gut für dich. Sonst nützt der Zauber nichts mehr."

„Ich wußte ja immer, daß du eine Hexe bist", sagte Michelangelo und schaute mich bewundernd an.

Erst als ich im Bett lag, merkte ich, wie schlau er mich wieder davon abgelenkt hatte, ihn über sein Leben auszufragen.

Unser Vorrat an auserlesen schönen Kastanien wuchs. Wir waren schon beinahe entschlossen, ihn für unser Nachtmahl anzugreifen, als endlich das Rezept für *Marrons glacés* gleich von drei Seiten her eintraf.

Onkel Arthur schickte mir den Ausschnitt aus dem Briefkasten einer englischen Frauenzeitschrift, bei der er deswegen angefragt hatte. Meine Freundin Helen fand es – wie einfach! – in einem alten Basler Kochbuch, und der Bäcker von Sassariente erklärte mir lang und breit, wie man diese Köstlichkeit herstellt.

Erst muß man die Kastanien einschneiden, dann mit der Schale kochen, dann die dicke Schale abziehen, die Früchte weiterkochen, um die dünne Schale zu entfernen. Laut Basler Kochbuch konnte man das in einem Arbeitsgang machen. Wir fanden aber heraus, daß die Marroni schöner blieben, wenn man dem Rezept des Bäckers folgte.

„Man koche Zucker und Wasser mit Vanille zum Sirup und gieße diesen über die Kastanien", hieß es dann.

„Sehr einfach", sagte Michelangelo voreilig.

Laut Rezept des Bäckers mußte man diesen Sirup nun täglich von den Kastanien abschütten, durch Zugabe von noch mehr Zucker konzentrierter machen, und das während einer Woche. Und während der ganzen Zeit sollte man die Kastanien an einem möglichst warmen Ort aufbewahren. Das englische und das Basler Rezept schrieben nur zwei- bis dreimalige Wiederholung mit aufgewärmtem Sirup vor.

Da wir unsere Marroni verkaufen wollten, entschlossen wir uns, dem Rezept des Bäckers zu folgen, und taten die beiden andern Rezepte als „Hausfrauen-Gebrauchsanweisungen" ab.

Vorerst starteten wir einen Versuch mit einer Menge, die bis auf zwei alle unsere Suppenteller füllte. Schon das Schälen war eine qualvolle Arbeit.

„Ich grabe lieber nach Wasser, auch wenn ich dann keines finde", brummte Michelangelo und warf den Hunden ärgerlich eine zerbrochene Kastanie zu.

„Laß mich das machen, deine Finger sind zu klobig dafür", sagte ich mitleidig.

„Aber ich will auch helfen", entgegnete er hartnäckig.

„Du darfst dafür den Zuckersirup kochen."

„In dem Fall *grazie, grazie tante.* Ruf mich bitte, wenn du soweit bist." Pfeifend ging er in den Stall. Die Schläge der Axt verrieten, daß er Holz spaltete.

Die elfenbeinweißen Früchte auf den roten und blauen Emailletellern sahen jetzt schon zum Anbeißen hübsch aus. Ich stellte sie auf den Kaminsims. Dort war es am wärmsten.

Michelangelo kam mit einem Stoß Holz und entfachte das Feuer. Das Tessiner Kaminfeuersystem faszinierte mich immer aufs neue. Man nimmt drei etwa anderthalb Meter lange, möglichst dicke Holzstücke. Deren Spitzen legt man in den Kamin, der Rest ragt fächerförmig auf den Granitfußboden hinaus. Mit einer Zeitung und einem jämmerlich kleinen Häufchen Ästlein entzündet man unter den Holzspitzen das Feuer, und schon brennt es. Noch nie hatte Michelangelo mehr als einmal anfeuern müssen. Wenn das brennende Stück zerfiel, wurde das Holz ein bißchen nachgeschoben. Das Feuer brannte und wärmte immer schön gleichmäßig und gab überhaupt keine Arbeit.

Als Michelangelo den Sirup vorschriftsgemäß zubereiten wollte, zerriß erst mal der Zuckersack. Ein Teil des Inhalts ergoß sich auf Michelangelos Bett, der Rest rieselte auf den Boden. Michelangelo holte den Besen, wischte brummend auf, stellte den Besen schräg in die Ecke neben den Kocher und holte den Zuckervorrat aus dem Keller. Unter seinen Füßen knirschte es.

„Ich nehme bloß die Hälfte“, sagte er, als er wieder heraufkam. „Man kann nie wissen, was noch schiefgeht, und dann haben wir keinen Zucker mehr.“

Sorgsam maß er das Wasser ab, goß es zum Zucker, gab die Vanilleschoten bei, wollte die Flamme entzünden. Als er sich vorbeugte, trat er auf den schräggestellten Besen, der Stiel schnellte hervor, schlug gegen den Pfannenrand. Die Pfanne rutschte nach vorn und fiel mit großem Geklapper auf den Boden.

Gopferdame . . .“, hub er an, schaute auf mich und stoppte.

Beim dritten Versuch gelang der Sirup.

Erst jetzt wischte er den Boden auf. Aber da war es schon zu spät. Die Hunde hatten eifrig begonnen, die ungewohnte Süßigkeit aufzulecken, und waren dabei auch ein bißchen in die Brühe getreten. Auch Michelangelos Fußspuren zogen sich durch den Raum. Ich wollte ihm helfen, rutschte aus und setzte mich genau dorthin, wo noch am meisten Sirup war. Die Katzen interessierten sich ebenfalls dafür und hatten durch meinen Plumps einige Spritzer abbekommen.

Um es in einem Satz zu beschreiben: der ganze Monte Valdo klebte.

Ich weiß nicht, wie lange wir putzten und fegten.

„Jetzt verstehe ich, weshalb das Zeug so teuer ist“, sagte Michelangelo weise.

Drei Tage lang ging dann alles vorschriftsgemäß. Ich hatte von Sassariente neuen Zucker mitgebracht.

In der vierten Nacht erwachte ich ob einem Getöse, das aus Michelangelos Haus dröhnte. Es tönte genau, wie wenn Emailleteller auf den Boden fallen. Ich hörte Michelangelo fluchen. Diesmal auf italienisch.

Am Morgen zeigte er mir dann die Bescherung. Die Katzen hatten ungefähr sämtliche *Marrons glacés* (sie waren unterdessen schon ganz schön *glacés* geworden) angeknabbert. Diejenigen, die auf den Fußboden gefallen waren, hatten die Hunde gefressen.

Wer nicht glauben will, wie gern Katzen und Hunde *Marrons glacés* haben, der schenke seinem Liebling ein paar zu Weihnachten. Die Viecher können sie pfundweise fressen, es wird ihnen nicht einmal schlecht davon...

Wir aber gaben unsere diesbezüglichen Verdienstpläne wieder auf.

„Nächstes Jahr gehe ich eben doch nach Locarno als Marronimann", sagte Michelangelo stur.

„Vielleicht hätte das mehr eingebracht", entgegnete ich, „aber dann wäre mein Schlafzimmer nicht winterfest geworden. Du weißt doch, daß wir Geld mit Arbeiten verdienen müssen, die wir hier und möglichst abends machen können. Was sollen wir nun tun? Ich bin dagegen, die Hände in den Schoß zu legen und zu jammern. Das Geld für den Esel haben wir beisammen, ein Stück vom Generator auch, aber große Sprünge können wir noch lange nicht machen."

Wieder einmal hatte eine kleine Ursache, die verunglückten *Marrons glacés* nämlich, eine (vielleicht) große Wirkung.

„Du kannst doch schreiben. Schreib doch ein Buch!" sagte Michelangelo.

„Ich? Ein Buch? Über was denn?"

Ich schaute in die Flammen des Kamins. Michelangelos Kopf mit der Knollennase, dem struppigen Bart und den langen, gelockten Haaren hob sich davor ab wie ein Scherenschnitt.

Auf dem Kaminsims saßen die Katzen, leckten ihre Pfötchen und fuhren damit hinters Ohr. Zu unsern Füßen lagen die Hunde. Grano hatte den Kopf zwischen die Vorderpfoten gelegt. Bona war zu einem runden Hundeknäuel zusammengerollt. Beide schliefen.

In eine wunderliche kleine Welt war ich da hineingeraten, lebte zusammen mit einem Vagabunden in der Wildnis. Wenn ich daran dachte, daß während des ganzen Sommers nur zwei verirrte Wanderer bei uns vorbeigekommen waren, dann durfte ich füglich behaupten, in der Wildnis zu leben. Ich hatte in einem Jahr mehr gelernt und erlebt als in den vierzig Jahren vorher zusammengenommen. Ich hatte gelernt, wie einfach man leben kann und wie lebenswert das Leben erst dann wird, auch wenn man gegen tausend Schwierigkeiten kämpfen muß.

Mein inneres Stimmchen fragte: Wie wäre es, wenn du über Michelangelo und die Tiere, über den Monte Valdo ein Buch schreiben würdest?

Ich zögerte und dachte nach. Die Idee wäre gar nicht so dumm.

„Aber", sagte ich zum Stimmchen, „wir sind noch nicht am Ende. Wir haben noch kein Wasser, keinen Generator, keinen Esel. Ich kenne Michelangelos Lebensgeschichte immer noch nicht."

Schreib jetzt! befahl das Stimmchen. Am Ende ist man erst, wenn man stirbt. Wahre Geschichten hören selten beim Happy-End auf. Das Leben fließt schließlich immer weiter, und nie sind alle Rätsel gelöst.

Weil das Stimmchen recht hatte, sagte ich so laut, daß Michelangelo und alle vier Tiere erschreckt zusammenfuhren: *„Farèm!"*

Das Nachtmahl des Jahrhunderts

Eines Abends nestelte Michelangelo in seiner Tasche und zog eine gedruckte Einladung hervor. Der an ihn adressierte Brief hatte bei meiner letzten Einkaufsfahrt auf der Post gelegen.

Michelangelo wurde herzlich gebeten, an der *Cena del secolo* teilzunehmen.

„Was ist denn das für ein Essen? Und wenn es nur alle hundert Jahre einmal stattfindet, wieso kommen die dazu, ausgerechnet dich einzuladen?"

Michelangelo erklärte es mir. Und ich bekam die Tessiner daraufhin noch ein bißchen lieber.

Es ist Brauch, daß ein paar Reiche Locarnos „alle, die gern essen und trinken", jährlich einmal zu einem Mahl einladen. (Das war Michelangelos Version. Ich glaube aber eher, sie tun es für die, die nicht immer genug zum Essen und Trinken haben.)

Man bekommt ein Geschenk und kann von allem haben, soviel man will. Wenn ich an die Portionen dachte, die Michelangelo da vertilgen würde, taten mir die Reichen von Locarno leid.

„Du solltest die Gestalten sehen, die da kommen", schwärmte

er. „Nur schade, daß jedes Jahr ein paar von ihnen fehlen. Ich weiß gar nicht, wo die dann hinkommen."

„Wahrscheinlich in die Trinkerheilanstalt", sagte ich trocken. Michelangelo wollte das nicht wahrhaben.

Er zupfte an seinem Bart und zerwühlte sich sein ohnehin zerzaustes Haar. „Ich muß ins *Bagno pubblico* gehen und dann zum *Barbiere*. Der muß mich schönmachen und parfümieren."

Ich klaubte zwei Zwanzigernoten aus dem Geldtäschchen und gab sie ihm.

Am Samstagnachmittag trottete er davon. Er wollte nicht, daß ich ihn ins Tal brachte, und auch nicht, daß ich ihn morgen früh irgendwo abholte.

„Ich komme per Autostopp mindestens bis Sassariente, den Rest mache ich mit dem Bus. *Ciao*", sagte er und tippte mit dem Zeigefinger von der Schläfe schräg aufwärts gegen den Himmel ein fröhliches Zeichen. Dann verschwand er im Wald. Ich hörte noch ein Weilchen seine Schritte im raschelnden Laub.

In der Nacht kam der große Schnee. Ein fürchterlicher Sturm tobte. Er blies durch den Kamin. Die Asche flog mir ins Gesicht. Die Hunde legten sich als Teppich zu meinen Füßen. Susi lehnte gegen meinen Rücken, und Bimbo hatte es sich auf meinem Schoß bequem gemacht. So schrieb ich Seite um Seite, lachte über die Notfallapotheke, dachte mit Sehnsucht an Onkel Arthur. Mein Fuß begann zu schmerzen, als ich von der Freiluftküche schrieb.

Als ich soweit war mit meinem skizzenhaften Entwurf, dämmerte es. Es schien heller zu sein als sonst. Kunststück: der Monte Valdo war eingehüllt in eine gut halbmeterdicke Decke von feinstem, weichstem Schnee.

Fein, dachte ich als erstes, eine Zeitlang müssen wir kein Wasser mehr tragen. Schneewasser, gekocht und filtriert, tut es auch.

Zur Feier des Tages brühte ich nun Kaffee aus Schnee. Michelangelo würde sich freuen.

Michelangelo! Bei diesem hohen Schnee konnte er gar nicht zu mir gelangen. Die Straße wurde ja nicht gepflügt. Und er hatte nur vierzig Franken bei sich, die sicher längst ausgegeben waren.

Es war mir bang. Ich dachte nicht mehr daran, daß ich die ganze Nacht durchgearbeitet hatte. Ich grübelte nur, was wohl

mit Michelangelo geschehen war. Um mich zu trösten, trank ich aus seiner Ferien-Korbflasche eine ordentliche Portion Barbera. Nachher füllte ich meine drei Wärmflaschen, ging ins Bett und schlief, bis es wieder Nacht wurde. Dann weckten mich die Tiere. Sie hatten Hunger.

Es schneite jetzt nicht mehr. Die Schneedecke war aber noch höher geworden. Mir blieb gar nichts anderes übrig, als zu warten. Zu warten, bis entweder der Schnee wegging oder Michelangelo auftauchte.

Und anstelle eines Generators mußte erst ein Telefon her! Ich tat wieder einmal einen meiner Schwüre.

Nach sechs Tagen, an denen es nicht kalt genug war, daß der Schnee gefror, und nicht warm genug, daß er schmolz, kam die Sonne wieder. Es wurde eisig kalt. Mein Weg wurde begehbar, wenn auch das Auto noch tief im Schnee steckte. Ich ging zu Fuß nach Sassariente, fuhr mit dem Bus nach Locarno und fragte jeden, der aussah, als bekäme er nicht immer genug zu essen und zu trinken, nach Michelangelo. Fest stand jedenfalls, daß er am Nachtmahl des Jahrhunderts teilgenommen hatte – „und wie!" sagte schmunzelnd ein zahnloser Alter. Also würde ich ihn nicht durch die Polizei suchen lassen. Michelangelo sollte nicht wegen Vagabundierens festgenommen werden.

Ich kaufte Knochen und Fleisch für die Tiere und holte die Post ab. Wie zum Hohn sandte mir die Gemeinde Sassariente ausgerechnet heute die Baubewilligung.

Ich war rechtschaffen müde, als ich wieder auf meinem Berg anlangte. Welch eine Weltreise war das doch. Und welch ein Unterschied zwischen der im Vorweihnachtszauber glitzernden Stadt und der Einsamkeit des Monte Valdo.

Es wurde Heiliger Abend. Ich schenkte jedem Hund einen Extraknochen und den Katzen eine Sonderportion Milch. Dann öffnete ich die vielen Briefe und Päckchen meiner Freunde. Mein Christbaum war die Eiche, das Weihnachtslicht spendeten von oben die Sterne, von unten die Lichter der Dörfer am Seeufer. Wäre nicht die Sorge um Michelangelo gewesen, niemand hätte ein schöneres Weihnachtsfest gehabt als ich.

In der Silvesternacht hörte ich die Glocken der Dörfer im Tal. Wie schön wäre es gewesen, Michelangelo hier zu haben. Wo war er?

Waren alle meine Träume um den erfolgreichen Künstler Michelangelo Hirngespinste? Wie sollte ich das der enttäuschten Betty beibringen?

Ich weiß auch heute noch nicht, wohin Michelangelo verschwunden ist. Vielleicht schläft er wieder im Wartsaal von Locarno oder in einer Telefonkabine. Wenn mich nicht alles trügt, wird er eines Tages wieder aufkreuzen.

Dann werde ich nicht schelten und fluchen, nur ein fröhliches Zeichen mit dem Zeigefinger von der Schläfe gegen den Himmel machen und sagen: „*Ciao.*“

Falls er die Gärtnerin mitbringt, werde ich sie mit offenen Armen empfangen. Denn dank Michelangelo schlummert der Monte Valdo nur noch, er schläft nicht mehr.

Auf alle Fälle werde ich diese Geschichte Michelangelo widmen.

Monte Valdo, Mitte Januar 1973

PS: Er ist seit heute morgen wieder da!

Kathrin Rüegg

Ver Kathrin Rüeggs Lebensgeschichte kennt und ihr dann zum erstenmal be-
egnet, wird wohl so überrascht sein wie wir bei unserem ersten Kennenlernen.
)iese strahlende junge Frau in Jeans und schulterlangen blonden Haaren soll die
esetzte Baseler Geschäftsfrau sein, von der man vormals hörte. Vielleicht ist es
.ber genauso schwer gewesen, in der erfolgreichen Geschäftsfrau das junge Mäd-
hen wiederzuerkennen, dem das Leben nie etwas schenken wollte.

Kathrin Rüegg wurde 1931 in Arosa in der Schweiz geboren, wo ihre Eltern ein
Iotel hatten. Das Schicksal sorgte aber dafür, daß sie sehr früh auf sich selbst
estellt und auch noch für ihren jüngeren Bruder verantwortlich war. Sie hatte
ur ein bißchen Handelsschule aufzuweisen, brachte es aber rasch zur Direktions-
ekretärin in der medizinischen Forschungsabteilung einer Baseler Firma. Neben-
er frönte sie einem Hobby: bei Trödlern stöberte sie nach alten Möbeln, kaufte
ie und machte sich daran, sie selbst zu restaurieren. Ihre Freunde waren sehr
eeindruckt von dem Resultat, und aus dem Hobby wurde ein Nebenerwerb.
Cathrin Rüegg war das willkommen: das Abenteuer, die spannende Arbeit und
las Geld. Sie bildete sich weiter, belegte einschlägige Abendkurse und Ferien-
urse in Paris. 1961 wagte sie den Sprung in die Selbständigkeit und eröffnete
hr eigenes Einrichtungsgeschäft. Sie hatte Erfolg und beschäftigte bald eine
nnenarchitektin, vier Verkäuferinnen und einen Lehrling. Am Anfang war es
vieder ein Abenteuer. Sie genoß ihre Selbständigkeit. Aber mit den Jahren spürte
ie, daß ein Geschäft nicht frei und schon gar nicht unabhängig macht.

Wie sie sich nach zehn Jahren die Freiheit erkämpfte, davon handelt ihr Buch.
Jnd wie das Robinsonleben im Tessin sie verjüngte und verwandelt hat, haben
vir eingangs beschrieben. Man fühlt sich an Reklame für Verjüngungskuren er-
nnert: vor der Behandlung – nach der Behandlung. Kathrin Rüegg sagt über sich
elbst: „Ich möchte nichts nicht erlebt haben – auch das Schwere gehört dazu.
Venn ich aber jetzt mein Leben überblicke, stelle ich fest, daß es sich jeweils nach
ehn Jahren in ganz kurzer Zeit gewandelt hat. Nun bin ich neugierig, was sich
nno 1981 ereignen wird."

Illustrationen von

COLORADO SAGA

Eine Kurzfassung des Buches von

James A. Michener

Ins Deutsche übertragen von
Georg Albrecht und Charlotte von Ihering
Deutsche Buchausgabe: »Colorado Saga« (Centennial)
Verlag Fritz Molden, Wien–München–Zürich

Phantasie und Wirklichkeit verbinden sich in diesem Mythos des Westens, als er noch wild war. Centennial im Staat Colorado, die von Pionieren gegründete Stadt, und die riesige Rinderranch des reichen englischen Adligen Venneford in ihrer Nachbarschaft sind eine Erfindung des Autors und werden zu Symbolen Amerikas vor dem Hintergrund wahrer Ereignisse: Die Wagentrecks nach Westen, der Goldrausch, das Treffen der Indianerstämme in Fort Laramie im Jahr 1851, die Sandstürme der dreißiger Jahre – das sind Kapitel der bewegten Chronik Colorados. Die fiktiven Helden und Schurken dieses historischen Gemäldes agieren aus Pioniergeist oder Machtgier, mit Pflug und Brandeisen oder Tomahawk und Gewehr – stellvertretend für ihre echten Vorbilder.

1. DER WAGEN UND DER ELEFANT

Fern im Westen lagen die großen Prärien, auf denen einst riesige Mastodonten umherschweiften. Jetzt wurden sie von wandernden Indianerstämmen und einigen abenteuerlustigen, weißen Pelzjägern bevölkert. Aber lange waren sie gegen die Besiedelung vom Osten her durch die Bergketten des Allegheny-Gebirges und die Furcht vor dem Unbekannten versperrt. Diese Schranken waren jetzt im Begriff zu fallen, aber zu Anfang des neunzehnten Jahrhunderts dehnten sich die westlichen Prärien noch meilenweit unbesiedelt aus, und viele hielten sie für eine Wüste, wertlos und ohne jeden Nutzen.

Es war ein Land, das den unberechenbaren Launen der Natur unterworfen war. Manchmal konnten zwanzig Jahre vorübergehen, ohne daß es richtig regnete. Das Land brauchte Wasser – mein Gott, wie notwendig es Wasser brauchte. Doch wenn man nur Wasser hinschaffen könnte, hätte man ein Paradies.

Und schließlich war da der Fluß, ein trauriges, konfuses Nichts von einem Fluß. Er führte keine großen Wassermengen mit sich, und wenn er Wasser hatte, war er sich nicht klar, wohin er es bringen wollte. Er war nicht schiffbar, nicht einmal mit leidlicher Zuverlässigkeit für ein Kanu. Er war die Zielscheibe von mehr Witzen als irgendein anderer Fluß der Welt, und der größte Witz war der, ihn überhaupt einen Fluß zu nennen. Er war ein Sandbett, ein wandernder, nachträglicher Einfall, aber dann konnte er plötzlich anschwellen und sich eine Meile weit ausbreiten.

Sein Name war so platt wie sein Aussehen – Süd-Platte –, und doch war er eine Weile lang die Heerstraße eines Reiches. Er war der Weg zu aufregenden Abenteuern und bot den Abenteurern ihren Lebensunterhalt. Einmal ist er mächtig genug gewesen, zur Erschließung eines Kontinents beizutragen.

Der Vorhang kann aufgehen.

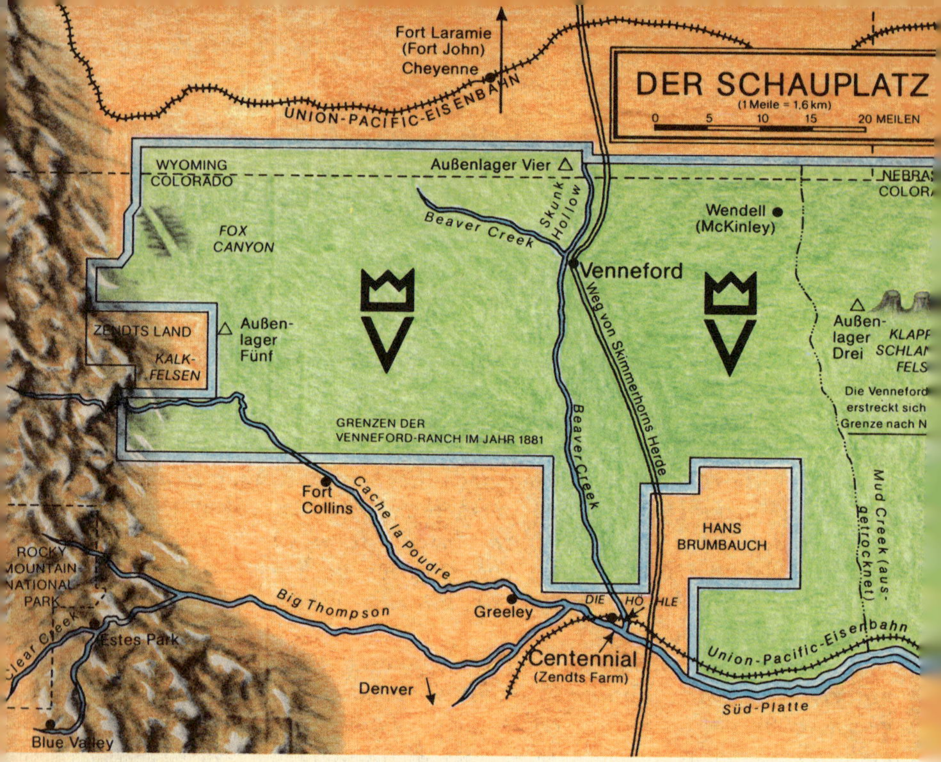

Levi Zendts
Reise nach Westen 1844

Wenn man 1844 eine Gruppe von Fachleuten aufgefordert hätte, die besten landwirtschaftlichen Gebiete der Welt zu nennen, hätten sie dem gesegneten Ackerboden im Appalachenvorland rund um das Städtchen Lancaster im südöstlichen Pennsylvanien einen hohen Rang auf ihrer Liste einräumen müssen. Ein Lancaster-Farmer übertrieb nicht, wenn er rühmte: „Auf diesem Boden kann ein tüchtiger Mann alles anbauen." Und von allem konnte er einen anständigen Gewinn erzielen, denn seine Farm lag in erreichbarer Nähe der Märkte von Philadelphia und Baltimore. Mais, Weizen, Hirse, Heu, Gemüse, Tabak und sogar Blumen konnten auf den Markt geschickt werden, aber Rindvieh und Schweine erzielten die besten Einnahmen.

Anfang des achtzehnten Jahrhunderts kam in den Kreis Lancaster eine Schar von Bauern, die vor der Unterdrückung und dem Hungerdasein aus Deutschland geflohen war. Ihr strenger lutherischer Glaube fand seine extremste Ausprägung bei den Amischbrüdern und Mennoniten.

Die Amischbrüder waren eine streng enthaltsame Gemeinschaft, die jede Zurschaustellung, wie auffallend bunte Kleidung, ja sogar Knöpfe, verabscheute und an ihrer kargen, alttestamentarischen Lebensweise festhielt. Als Zehnjähriger wurde jeder Amischjunge dem Boden angetraut, und ihm widmete er den Rest seines Lebens; früh um vier Uhr stand er auf und arbeitete bis sieben Uhr abends. Er diente Gott mit allem, was er tat, und wenn er alt genug war, daß er seinen eigenen schwarzen Buggy, einen leichten, vierrädrigen Wagen, und eine braune Stute besaß, dann hielt er manchmal ein zu einem Dankgebet, daß das Schicksal ihn in den Kreis Lancaster geführt hatte, ein Land, das seine Mühen lohnte.

Im Vergleich zu den Amischbrüdern waren Mennoniten ausgesprochen leichtfertig, denn sie leisteten sich kleinere, weltliche Vergnügungen, waren gerissene Geschäftsleute und erlaubten ihren Kindern, andere Berufe zu wählen als die Landwirtschaft. Manche Mennonitenkinder gingen sogar zur Schule. Aber wenn sie Farmer wurden, dann waren sie es mit Hingabe und zeigten sich auch wunderbar geschickt, den höchsten Ertrag aus ihrem Boden herauszuholen und ihn mit höchstem Gewinn zu verhökern.

Im Januar 1844 war einer der interessantesten Orte im Bezirk Lancaster die Landgemeinde Lampeter. Sie verdankte ihren Namen einem Fuhrmann, der der Lahme Peter genannt wurde und dort mit seinem schweren Conestoga-Planwagen zu halten pflegte, wenn er landwirtschaftliche Erzeugnisse nach Philadelphia fuhr. Im Laufe der Zeit übernahmen alle Fuhrleute die Gewohnheit, in Lampeter Rast zu machen, und da sie eine rauhe Sippschaft waren, wurde die Hauptdurchfahrt des Ortes unter dem Namen Höllenstraße bekannt.

„Wiedersehen auf der Höllenstraße mit Glockengeläut!" pflegten die Frächter sich zuzurufen. Und wenn die langen Wagen mit ihrer Segeltuchplane, von sechs Schecken gezogen, deren jeder seine vier Glocken trug, ins Dorf hineingeklingelt kamen, dann ging es lustig zu in der Höllenstraße.

An einem Dienstagnachmittag, am 4. Januar, fuhr ein Fuhrmann lautlos in die Höllenstraße ein. Seinen Pferden fehlten die vierundzwanzig Messingglocken, die ein ordentliches Conestoga-Gespann haben mußte, und bald hatten alle Wirtshausgäste die Theken verlassen und standen im Schnee um den unglücklichen Frächter herum. „Wie hast 'n deine Glocken verloren, Amos?“ rief ein Kollege von ihm.

„Das verfluchte linke Hinterrad“, antwortete Amos Bömer und band sein Leitpferd an einen Baum. „Hat sich östlich von Coatesville gelockert. Mußte aus einer Schneewehe rausgeschleppt werden.“

Die Bruderschaft der Conestoga-Fuhrleute hatte strenge Regeln. Wenn ein Fuhrknecht in eine derartige Klemme geriet, daß er fremde Hilfe in Anspruch nehmen mußte, war er verpflichtet, dem Retter seinen Satz Glocken zu geben. Das war die tiefste Demütigung.

„Kaufst du dir 'n neuen Satz?“ fragte ein Wirt.

„Bestimmt nicht“, knurrte Amos. Er fing an, das Hinterrad mit Fußtritten zu bearbeiten, wobei er solche Flüche von sich gab, wie man sie selbst in Lampeter lange nicht mehr gehört hatte. Schließlich warf er seine Arme hoch und blickte die Menge an. „Wer will, kann diesen Mistwagen haben. Ich will ihn nicht mehr sehen.“ Damit stapfte er in den „Weißen Schwan“.

Am Rande der Menge stand ein junger Mennonit in schwarzem Anzug und Hut mit flachem Rand. Er war vierundzwanzig Jahre alt, von untersetzter Statur und trug einen rötlichen Bart, der bei den Ohren anfing und der Linie seines viereckigen Kinns folgte. Mit gleichgültiger Miene musterte er den aufgegebenen Conestoga-Wagen. Alt war er, das konnte er sehen. Das ursprüngliche Dunkelblau des Kutschbocks war zu einem Pastellton verblichen, während sich das leuchtende Rot der Räder und der Deichsel zu einer Mischung von Grau und Orange verwandelt hatte. „Das linke Rad sieht nicht vertrauenerweckend aus“, sagte ein Farmer und trat dagegen. „Hör mal, wie's klappert.“

Der junge Mann mit dem viereckigen Bart ging um den Planwagen herum, prüfte seinen Zustand mit den Blicken und machte sich auf den Heimweg. Vom östlichen Dorfausgang schlug er den Weg zu einem der besten Höfe des Kreises Lancaster ein. Schon von weitem war dessen stattliche, gemauerte Scheune sichtbar, und im Mondschein konnte der junge Mann die stolze Inschrift im Mauerwerk lesen:

JACOB ZENDT
1713
METZGER

Wie bei jeder Farm im Gebiet von Lancaster, die etwas auf sich hielt, war die Scheune sechsmal so groß wie das Wohnhaus.

Der junge Mann ging den gefrorenen Weg an einer Reihe von Bäumen entlang, und der Schnee knirschte unter seinen schweren Stiefeln. Er warf einen kurzen Blick auf die riesige Scheune, dann auf ein kleines, rotes Gebäude und schließlich auf ein noch kleineres, das rauchgeschwärzt war. Versteckt zwischen weiteren Gebäuden lag das kleine, horizontal mit schmalen Brettern verschalte Bauernhaus. In der Küche war Licht, und als er die Tür aufstieß, erblickte er seine Mutter, die das Abendessen vorbereitete, während sein ältester Bruder Mahlon in der Bibel las.

„Amos Bömer hat seine Glocken verloren“, berichtete er, als er seinen Hut aufhängte. „Er hat ganz fürchterlich geflucht.“

„Gott wird ihn zur Rechenschaft ziehen“, sagte Mahlon, ohne aufzublicken.

„Ist östlich von Coatesville in eine Schneewehe geraten.“ Als keine Antwort kam, ging er zum Waschbecken und wusch sich zum Abendessen.

Jetzt ergriff seine Mutter eine schwere Glocke und läutete damit zur Tür hinaus, bis das ganze Gehöft davon dröhnte. Aus der großen Scheune kam Christian, dessen Aufgabe darin bestand, Schweine und Vieh von benachbarten Bauern zu kaufen. Aus den Schweineställen kam Jacob, der dafür verantwortlich war, daß die ständige Zufuhr von Schweinefleisch nie stockte. Aus dem sauberen, weißen Gebäude kam Caspar, der das Schlachten besorgte. Levi, der jüngste Bruder, der die Ankunft des Conestoga-Wagens beobachtet hatte, arbeitete in den beiden kleinsten Gebäuden, dem roten und dem schwarz verrußten. Seine Spezialität bestand darin, Wurstwaren und Scrapple, eine Mischung aus durchgedrehtem Schweinefleisch, Kräutern und Maismehl, herzustellen. Auf diesem

Gebiet war er so tüchtig, daß die Zendtschen Erzeugnisse aus Schweinefleisch die höchsten Preise in Lancaster erzielten. Es wurde sogar davon gesprochen, sie nach Philadelphia zu verfrachten, wenn erst die Eisenbahn fertiggebaut war.

Die vier jüngeren Brüder nahmen ihre Plätze zu beiden Seiten des langen Tisches ein. Ihre Mutter, die in den Sechzigern war, saß an einem Ende, dem Herd am nächsten, und am andern Ende saß Mahlon, ein dunkler, mürrischer Mann in den Dreißigern; er war seit dem Tode des Vaters das Familienoberhaupt.

Als alle sechs versammelt waren, beugte jeder sein Haupt, während Mahlon die feststehende Gebetsformel sprach, die diese Familie durch die vergangenen anderthalb Jahrhunderte geleitet hatte: „Hilf uns, so in Deinem Licht zu leben, daß unser Name in allem, was wir tun, geachtet werde."

Es war seltsam, daß bei diesem Nachtmahl nur eine Frau anwesend war. Jeder der Brüder befand sich in heiratsfähigem Alter. Aber die Zendts hatten immer spät geheiratet, nachdem sich die stürmischen Leidenschaften der Jugend gelegt hatten und sie selbst in aller Ruhe hatten feststellen können, welche benachbarten Farmen günstige Felder besaßen, die dem auserkorenen Mädchen als Mitgift zufallen mochten. Die Zendtfarm hatte 1701 mit knapp hundert Morgen angefangen. Jetzt umfaßte sie über fünfhundert Morgen, und man vergrößerte den Grundbesitz nicht auf die Weise, daß man das erstbeste Mädchen, das einem über den Weg lief, heiratete.

Mahlon, mit seinen dreiunddreißig Jahren, hatte allmählich angefangen, sein Augenmerk auf ein bestimmtes Mädchen zu richten, das wahrscheinlich eine erhebliche Menge Land bekam, wenn ihr Vater starb. Diesen Entschluß hatte er bisher noch keinem verraten, der Erwählten am allerwenigsten, aber er behielt sie im Auge.

Morgen war Freitag, der letzte der drei wichtigen Tage, um die sich die Woche der Mennoniten drehte. Sonntag für den Gottesdienst, Dienstag und Freitag für den Markt. Am Ende der Mahlzeit schob Levi seinen Stuhl zurück und erklärte kurz angebunden: „Ich schau mal nach der Sülze." Als er außer Hörweite war, sagte Mahlon zu seinen Brüdern: „Wir müssen alle auf Levi aufpassen. Er wird zu dreist."

In dem kleinen roten Schuppen ging Levi an den Herd und tauchte einen langstieligen Schöpflöffel in den siedenden Kessel. Die sechsunddreißig Schweinefüße schienen gar zu sein. Er nahm einen Knochen von dem Löffel, und das völlig gare Fleisch glitt von selbst ab. Geschickt löste er alle Knochen aus, wobei er bedacht war, den Knorpel am Fleisch zu lassen, denn der verlieh der Zendtschen Sülze ihren köstlichen Geschmack. Dann warf er in den Kessel sechs Pfund gewürfeltes Schweinefleisch und sechs Schweinezungen, die ebenfalls kleingeschnitten waren. Diese Mischung kochte, während er den Sud vorbereitete, der der Sülze die Würze gab.

Aus dem brodelnden Kessel schöpfte er Brühe in eine irdene Kruke und fügte zwölf Tassen Obstessig, Salz, Pfeffer, eine Handvoll Nelken und Zimtstangen hinzu.

Dann stellte er zwölf Sülzeformen zurecht und legte in jede einzelne runde Scheiben von den sauersten der eingelegten Lancastergurken und hier und da ein einzelnes Scheibchen eingelegter Mohrrüben. Er arrangierte die größeren Fleischstücke zwischen den Gurken- und Mohrrübenscheiben auf dem Boden der Formen. Damit erhielt die Zendtsche Sülze ihr verlockendes Aussehen, denn das Fleisch kam in zwei Farben, weiße Brocken von den fetten Teilen, rotes Fleisch von den mageren, die Levi nun gleichmäßig verteilte.

Als er mit dem Schöpflöffel die Brühe darübergoß, war die Menge so genau berechnet, daß das irdene Gefäß leer war, als er die letzte Form gefüllt hatte. Noch ehe er mit der Reinigungsarbeit fertig war, war die natürliche Gelatine von den Schweinefüßen schon dabei fest zu werden. Bis zum nächsten Morgen war die schimmernde Sülze steif.

Freitag war für Levi ein Tag der Freude. Leute, die zum Markt kamen, waren meist in guter Laune, und die Bäckerei Stoltzfuß ... Sein Herz hüpfte bei dem Gedanken. Er sah den doppelten Marktstand der Bäckerei Stoltzfuß im Geiste vor sich.

Um drei Uhr läutete die schwere Glocke, und die fünf Brüder kamen zu dem herzhaften Frühstück hinunter, das ihre Mutter für sie bereithielt. Scrapple und Wurst, etwas geräucherten Speck, Schweineleber und Brathuhn, achtzehn Spiegeleier mit dicken

Schinkenscheiben, gutes deutsches Brot, Dörräpfel, Kirschkuchen und literweise Milch. Als sie sich vom Tisch wegschoben, sagte Mahlon: „Wie ich sehe, ist Levis Schlitten noch nicht beladen."

„Bin gleich fertig", versicherte Levi rasch.

Er spannte seine beiden grauen Pferde ein, fuhr seinen Schlitten vor den kleinen roten Schuppen und lud die verschiedenen Formen und Töpfe auf. Dann rannte er zum Räucherhaus, holte mehrere lange Ketten von geräucherter Wurst herunter und verstaute sie. Sie verbreiteten ein starkes Aroma von Hickoryrauch, einen der verlockendsten Gerüche der Welt. Dann rief er: „Christian! Caspar! Wir können losfahren." Die drei Brüder lenkten ihren Schlitten den Weg hinunter, dem hinterher, in dem Mahlon und Jacob saßen.

Bei Tagesanbruch näherten sich die Schlitten der Stadt und glitten durch die Straßen. Kleinere Händler machten noch vor der Stadtmitte halt und stellten ihre Schlitten am Straßenrand ab. Dort standen sie dann mit vielen anderen aus Nord und Süd den ganzen Tag lang in der Kälte. Wichtige Geschäftsleute wie Metzger Zendt und Bäcker Stoltzfuß fuhren geradewegs weiter zu einer hochgewölbten, aufregenden Halle, in der sie ihre Waren ausbreiteten.

Nur die Wohlhabendsten konnten es sich leisten, die Miete für die Hallenstände zu bezahlen.

Während Levi seine Sülzformen hineinschleppte, brachten Dutzende von Familien unzählige Waren an, die bald verkauft werden sollten: große braune Eier, zwölf Cent das Dutzend; leuchtendgelbe Butter, neunzehn Cent das Pfund; Winteräpfel aus kalten Kellern, achtzehn Cent der Viertelscheffel; gerupfte Hühner, nach Mitternacht geschlachtet, vierundzwanzig Cent das Stück; Kartoffeln, fünfzehn Cent der Viertelscheffel; prächtige, lebende Puten zu fünfundachtzig Cent; hübsche, gehäkelte Bettdecken zu einem Dollar; ein Eimer Treibhausblumen zu zwanzig Cent.

Es war drei Minuten vor sieben, und bald würde sich die Menge der kauflustigen Hausfrauen in der Halle drängen. Levi, der gerade ein kleines Faß mit gepökelten Schweinefüßen hereinholte, blickte zum Bäckerstand hinüber, aber zu seiner Enttäuschung stand nur Peter Stoltzfuß hinter dem blankpolierten Tisch und legte Obstkuchen aus. Dann teilte sich der Vorhang, der den Stand nach hinten abschloß, und sie erschien.

Rebecca Stoltzfuß, ein achtzehnjähriges, dunkles, bildhübsches Mädchen. Sie hatte eine atemberaubende Hautfarbe und trug ihr kohlschwarzes Haar in zwei Zöpfen, die ihr über die Schultern fielen. Ihre dunkelbraune Bluse war an der Taille eng zusammengezogen, und ihr weiter, schwarzer Rock ließ Schuhe mit schwarzen Knöpfen sehen. Wie die meisten Mennonitenfrauen trug sie eine weiße Schürze und ein Spitzenhäubchen, von dem zwei Bänder herunterhingen. Bei ihr waren diese weiß, ein Zeichen, daß sie unverheiratet war. Levi spürte, daß sein Mund trocken wurde. Die ganze letzte Woche hindurch hatte er kaum an etwas anderes gedacht als an das Stoltzfußmädchen.

Die Einwohner von Lancaster schwärmten in die Halle, und Levi Zendt half seinen Brüdern, frische Ware hereinzuschaffen, während Mahlon und Christian, die jetzt weiße Kittel trugen, die Einkäufe einpackten. „Ich kaufe immer am liebsten bei Ihrem Bruder Mahlon", sagte eine Hausfrau aus Fertility zu Levi. „Der braucht keine Luftpumpe nicht. Der verkauft's so, wie's der Herrgott gemacht hat." Sie wies mit einer Kopfbewegung zu einem anderen Metzger, von dem es hieß, daß er sein altes Fleisch mit Luft aufpumpte, damit es frischer aussah.

Levi war an ein einfaches Mittagessen gewöhnt. Seine Mutter packte ihm immer zwei Scheiben deutsches Schwarzbrot ein und gab ihm eine tüchtige Portion Schmierkäse dazu. Er schnitt sich ein Stück von seiner eigenen Sülze ab, und von der Bäckerei Stoltzfuß kaufte er sich jedesmal für zwei Cent süßes Gebäck. Dabei hatte er dann die kostbare Gelegenheit, ein paar Worte mit Rebecca zu wechseln.

In den letzten drei Wochen hatte er einen kühnen Plan geschmiedet, und heute ging er um zwölf Uhr zum Bäckerstand hinüber. Mit einer leichten, fließenden Bewegung, die Levis Herz zum Schmelzen brachte, schwebte Rebecca herbei, um ihn zu bedienen. Die Bänder ihrer Haube umrahmten ihr schönes Gesicht. „Heute mal Ingwerplätzchen?" Er nickte, und sie zählte sie ab.

Er schluckte. „Rebecca, willst du heute mit mir Mittag halten?"

Sie lächelte strahlend. „Ja!" sagte sie. „Wart, ich hol nur meinen Mantel."

In einem Augenblick war sie wieder da. Er wäre lieber zu einer Hintertür hinausgeschlüpft, aber sie richtete es so ein, daß er sie geradewegs beim Zendtstand vorbeiführen mußte. Dort stand Mahlon hinter dem Tisch und starrte seinen jüngeren Bruder finster an.

Sie gingen in die verschneite Stadt und fanden beim Gerichtsgebäude eine Bank. „Hast du schon mal den Schmierkäse von meiner Mutter gekostet?“ fragte Levi. Er nahm ein Stück von seinem Schwarzbrot und bestrich es mit einer gelblichen, zähflüssigen Masse, die entsetzlich roch.

„Papa ißt Schmierkäse gern“, erklärte Rebecca.

„Du nicht?“ fragte Levi.

„Stinkt zu sehr.“

„Das ist ja das Gute daran.“ Für ihn gab es kaum etwas auf der Welt, was er lieber mochte als den Geruch des Schmierkäses seiner Mutter.

„Amos Bömer hat gestern seine Glocken verloren“, erzählte er, als sie fertiggegessen hatten.

„Tatsächlich?“ Nach einer kurzen, sprunghaften Unterhaltung sagte Rebecca: „Ich muß zurück, um Papa zu helfen.“ Sie klopfte ihm freundlich auf den Arm, wobei Schauer über seinen ganzen Körper liefen, und tänzelte davon. Als sie in der Markthalle war, lenkte sie wieder Mahlons Aufmerksamkeit auf sich und lächelte ihm ins Gesicht.

Am Ende des Tages sortierten Mahlon und Christian die Fleischreste aus, die sie nicht mehr mit nach Hause zurücknehmen wollten, und warfen sie in Körbe für das Waisenhaus. Es war Levis Aufgabe, sie dorthin zu bringen.

An diesem Abend lief Rebecca ihrem Vater unerwartet davon und sprang auf Levis Schlitten. „Ich helf dir, die Geschenke abliefern“, rief sie, und Levi, der im siebten Himmel schwebte, kutschierte hochbeglückt mit ihr an seinen verdutzten Brüdern vorbei.

Im Waisenhaus erwartete ihn bereits die Vorsteherin in Begleitung ihres Mädchens für alles, Elly Zahm, die angewiesen wurde, die Körbe ins Haus zu bringen. Als Levi sich erbot, ihr zu helfen, erwiderte die Vorsteherin: „Du hast genug damit getan, das Fleisch herzubringen. Elly kann es reintragen.“

Kurz vor der Abfahrt des Schlittens geschah etwas, was Levi

Zendt zeit seines Lebens nie begreifen würde. Die Nähe dieses freundlichen und schönen Mädchens überwältigte ihn, und er versuchte, ihr einen Kuß zu stehlen. Dabei benahm er sich grob und ungeschickt, und als sie ihn wegstieß, zerriß er ihr Kleid. Sie fing an zu schreien und sprang vom Schlitten. Einige Mädchen aus dem Waisenhaus, die sie schreien hörten, liefen herbei, um zu sehen, was geschehen war.

Schluchzend sank sie in die Arme von Elly Zahm. „Er ist schrecklich!" wimmerte sie. Dann gelang es ihr, ohnmächtig zu werden.

Sonnabend morgen war die Nachricht bis zur Zendtfarm gedrungen. Als Mahlon davon hörte, mußte er sich hinsetzen, weil ihm ganz schwach wurde. Dann ging er wuterfüllt zum Räucherhaus und brüllte: „Levi! Komm raus!"

Levi hatte schon den ganzen Morgen eine ähnliche Aufforderung erwartet. Von schmerzlicher Scham erfüllt, ging er jetzt hinaus zu seinem Bruder. Als Mahlon Miene machte, ihn zu schlagen, ergriff Levi eine schwere Stange und holte damit aus.

„Er ist wahnsinnig geworden", schrie Mahlon. „Er greift mich an!"

„Tu ich gar nicht", sagte Levi stumpf. „Du greifst mich an."

Die andern drei Zendts kamen herbeigerannt und entwaffneten Levi. Sie schleppten ihn in die Küche und zwangen ihn auf einen Stuhl nieder. Wie eine Gemeinschaft von bärtigen Richtern aus dem Alten Testament umringten sie ihn und warteten darauf, daß Mahlon etwas sagte.

„Du Schwein!" brüllte Mahlon Levi an. „Du Kind des Teufels!"

„Ich hab nichts Böses getan", protestierte Levi.

Daß er noch zu widersprechen wagte, machte seine Brüder vollends rasend, und sie schlugen gemeinsam auf ihn ein.

„Hast du nicht gewußt", fragte Mahlon, „daß ich vorhatte, selbst mit dem Stoltzfußmädchen zu reden?"

Levi blickte auf, sah das wutverzerrte Gesicht seines Bruders und begriff langsam, was geschehen war. Mahlon hatte sich endlich für ein Mädchen entschieden, wollte sich aber nicht voreilig festlegen. Und das Mädchen war ungeduldig geworden und hatte Levi benutzt, um den Topf umzurühren. Wie gut ihr das gelungen war.

„Mahlon hatte vor, um das Stoltzfußmädchen anzuhalten",

wiederholte Christian. Keiner nannte das Mädchen jemals Rebecca. Für sie war es nur das Stoltzfußmädchen, Eigentum von Stoltzfuß, dem Bäcker.

Schließlich verkündete Mahlon das Urteil. „Du kannst nie mehr in der Markthalle arbeiten, das ist klar. Du bleibst hier, und abends kommst du in die Halle und machst sauber. Aber am Dienstag fährst du mit mir hinein und entschuldigst dich bei Peter Stoltzfuß und dem Stoltzfußmädchen. Wo jeder es sehen kann."

DIESER Tag war die reinste Hölle. Levi suchte Trost in dem düsteren Räucherhaus. Am Nachmittag brachte ihm seine Mutter eine kleine Schüssel mit Schmierkäse und etwas Brot. „Mahlon ist furchtbar verletzt", erzählte sie ihm, „aber was mit dem Stoltzfußmädel passiert ist, ist nicht so wichtig. Peter Stoltzfuß verwöhnt sie wahnsinnig, und ich hoffe nur, Mahlon heiratet sie nicht. Vielleicht hast du uns allen einen guten Dienst erwiesen."

Am Sonntag bestanden seine Brüder darauf, daß er zur Kirche ging, damit die Gemeinde seine Schande sehen konnte, und er mußte in der Familienbank sitzen und die zornig starrenden Blicke der Mennoniten ertragen.

„Notzucht", flüsterte ein Vater seinen Töchtern in der Reihe hinter ihnen zu. „Das Werk des Teufels hier in Lampeter."

Das Schlimmste kam beim Essen, als Hochwürden Fenstermacher und Gemahlin zu ihrer gewohnten Gratismahlzeit zu den Zendts kamen. Nachdem alle Platz genommen hatten, blickte Mahlon den Prediger an, der daraufhin begann: „O Herr, wir haben einen Sünder in unserer Mitte." Während er sich über Levi Zendts Vergehen ausließ, tat er einen provozierenden Ausspruch: „Ein solcher Mensch sollte hingehen und unter den Wilden leben."

Diese Worte waren alles, was Levi von dem Gebet im Gedächtnis blieb. Während die anderen sich heißhungrig über das Sonntagsmahl hermachten, blickte Levi die ganze Zeit mit gesenktem Haupt vor sich hin, weigerte sich zu essen und dachte an einen Namen, den er kürzlich gehört hatte: Oregon. Eines Tages hatten auf dem Markt Leute aus Massachusetts gesagt: „Wir wollen nach Oregon. Das ist die neue Welt. Große Mengen freies Land, nur von Wilden besetzt."

Als eine andere Gruppe von Männern und Frauen in Lancaster

erschien, um Wagen und Gewehre zu kaufen, hatte er sie gefragt: „Wo ist Oregon?"

„Zweihundertfünfzig Tagereisen von hier, immer nach Westen. Aber es ist ein großartiges Land. Hier unser Malachi war schon mal per Schiff dort."

Das Oregon der Wilden! Oregon des neuen Lebens!

Am Dienstag um elf, als die Halle gedrängt voll war, führte der strenge Mahlon seinen jüngsten Bruder durch die Menge zum Stand von Peter Stoltzfuß. Mit lauter Stimme rief er: „Bruder Stoltzfuß, hier ist jemand, der dir etwas zu sagen wünscht."

Peter Stoltzfuß, mit einer weißen Schürze bekleidet, starrte finster auf den Mann hinunter, der versucht hatte, seine Tochter zu vergewaltigen. „Becky, komm her!" rief er, und Rebecca erschien, so frisch und schön, daß den Zuschauern der Atem stockte bei dem Gedanken, daß eine Bestie in Menschengestalt versucht hatte, sie zu schänden.

„Ich bedaure, Bäcker Stoltzfuß..." Mehr brachte Levi nicht heraus, und Mahlon erstarrte vor Wut über diese neue Demütigung.

Die peinliche Situation wurde dadurch beendet, daß Peter Stoltzfuß sich vorbeugte und Levi einen Hieb versetzte, der ihn zu Boden streckte.

Als Levi an diesem Abend zum Waisenhaus hinausfuhr, kam Elly Zahm heraus, um ihm zu helfen. Sie war eine magere Sechzehnjährige mit struppigem Haar und einem knochigen Gesicht. Sie hob einen Korb auf, mit dem ein Mann Mühe gehabt hätte, aber als Levi sagte: „Laß mich", trug sie ihn schon hinein.

„Ich hab gehört, was sie von dir und dem Stoltzfußmädchen erzählt haben", sagte sie. „Ich kann es einfach nicht glauben."

Sein Gesicht wurde dunkelrot. Sollte es sein ganzes Leben lang so weitergehen? Er sprang auf seinen Schlitten und schlug auf die Pferde ein.

Am Freitag beschlossen die Mennoniten, Levi mit Mißachtung zu strafen. Er durfte keinen Gottesdienst mehr besuchen und sich mit keinem Menschen unterhalten.

Am Abend lud er die Geschenke auf und fuhr zum Waisenhaus hinaus, wo Elly Zahm wie gewöhnlich erschien. „Ich hab gehört, daß sie dich in Acht und Bann getan haben", sagte sie. Er war zu bekümmert, um zu antworten, und da sagte sie etwas Seltsames: „Mich haben sie mein ganzes Leben lang so behandelt."

Die Worte veranlaßten ihn aufzublicken. Zum erstenmal sah er dieses spindeldürre, unschöne Kind, dessen Hände so rot von zuviel Arbeit waren und dessen Augen so uralt aussahen. Er wußte nichts zu sagen und fuhr stumm davon wie das letztemal. Aber als er durch die einbrechende Dunkelheit nach Lampeter zurückfuhr, dachte er an Amos Bömer und seinen Planwagen.

Zwei Wochen später, als der Schnee geschmolzen war, wanderte Levi zur Höllenstraße. Er ging in den „Weißen Schwan" und stöberte Amos Bömer in seiner Ecke auf. „Ich möchte deinen Conestoga kaufen", sagte er.

„Zwanzig Dollar, und er gehört dir."

„Hier sind die zwanzig Dollar", antwortete Levi und gab ihm Geld, das er sich von seinem Lohn erspart hatte.

„Hat aber keine Glocken."

„Ich brauch keine Glocken."

Auf diese Weise wurde Levi Zendt Besitzer eines Conestogas, der ein Vierteljahrhundert alt war. Er war mit großer Sorgfalt gebaut worden, und sein Besitzer hatte ihn auf der Route nach Philadelphia immer gut instand gehalten. Kein einziges Brett war beschädigt. Werkzeugkasten und Wagenheber waren in brauchbarem Zustand, und der einziehbare, eichene Sitz neben der Bremse war auch noch betriebsfähig.

Levi brauchte sechs Pferde und hatte nur zwei, ein Paar stämmige Grauschimmel. In der nächsten Woche kaufte er zwei weitere Grauschimmel von einem Farmer in Hollinger, sagte ihm aber, er solle sie bis auf Abruf behalten. Die restlichen beiden wollte er sich von Mahlon „ausleihen".

Es war unmöglich, nach dem Westen oder irgendwo anders hin auszuwandern, ohne ein weiteres wichtiges Zubehör, ein Gewehr, aber da befand er sich in einer Zwangslage.

Weil er in Acht und Bann war, konnte er eine Waffe weder kaufen noch verkaufen.

Da fiel ihm Melchior Fordney ein, der ausgezeichnete Gewehre machte, aber bei den achtbaren Leuten von Lancaster in Ungnade gefallen war, weil er sich geweigert hatte, seine Haushälterin zu heiraten, mit der er in Sünde zu leben verdächtigt wurde. Wenn irgend jemand in Lancaster ein Gewehr an Levi verkaufen würde, dann war es Fordney.

Also suchte Levi am ersten Februar heimlich Fordneys Laden auf. Eine selbsttätige Glocke läutete, als er die Tür öffnete, und eine freundliche, schwarzgekleidete Frau erschien. „Mr. Fordney? Der arbeitet hinten. Warten Sie hier. Ich bin Mrs. Tripple."

Gleich darauf erschien ein Mann mit mächtigen, breiten Schultern.

„Möcht mir ein Gewehr ansehen", sagte Levi beinahe angriffslustig.

„Wieviel willst du anlegen?"

„Bis zwölf Dollar könnt ich gehen ..., aber nur für ein gutes."

„Für zwölf kriegst du ein gutes." Er deutete auf ein Gewehr auf seiner Werkbank und sagte: „Das da kostet nur fünf Dollar, aber das würde dir nicht gefallen. Hier hab ich eine ausgezeichnete Büchse, kostet aber achtzehn."

„Zuviel", meinte Levi. Er bemerkte auf dem Regal ein älteres Gewehr mit einem hübschen, wellig gemaserten Ahornschaft und Messingbeschlägen. Ein Meter vierzig lang und mit einem achteckigen, bläulich schimmernden Lauf – wirklich eine schöne Waffe. Leider hatte die Büchse noch den alten Zündmechanismus mit dem Steinschloß.

„Würde das da zuviel kosten?" erkundigte sich Levi.

„Nein. Das könnte ich dir für zwölf Dollar lassen. Aber es hat 'n Steinschloß, wie du siehst. Hab ich vor neunzehn Jahren gemacht."

Fordney holte die Büchse herunter, und Levi brachte sie in Anschlag. „Noch nie so 'n guten Anschlag gehabt", sagte er.

Fordney gefiel die Art, wie Levi die Waffe handhabte. „Bist du nicht der junge Zendt?" Levi errötete. „Der, den sie in Acht und Bann getan haben?" Er rief Mrs. Tripple zu: „Das ist der junge Zendt. Das Füllen, das sich beim Stoltzfußmädel vergaloppiert hat."

„Ganz recht ist ihr geschehen", erklärte Mrs. Tripple aus ihrer Küche.

„Also für zwölf Dollar kannst du die Büchse haben."

„Ich kann mit dem Steinschloß nicht umgehen."

„Ich setz dir ein Perkussionsschloß ein."

„Wirklich?" Levi legte das Gewehr wieder an und fragte: „Schießt diese Büchse so gut, wie sie im Anschlag liegt?"

„Eine der besten, die ich je gemacht habe. Die hat einer sechs Jahre lang geschossen, dann hat er sie mir zurückgebracht und gegen eine mit Perkussionsschloß umgetauscht. Ich hab ihm angeboten, das Schloß auszuwechseln, aber er meinte: ‚Umgearbeitete Sachen mag ich nicht.' So machst du jetzt 'n gutes Geschäft."

Levi schmuggelte seine umgearbeitete Büchse nach Hause und versteckte sie. Jetzt besaß er einen guten Planwagen, ein ausgezeichnetes Gespann und den vagen Plan, sich dem nächsten Wagenzug, der nach dem Westen fuhr, anzuschließen.

Jeden Dienstag und Freitag fuhr er nach Lancaster, um den Stand zu säubern und die Abfälle zum Waisenhaus zu bringen. In der vierten Woche nach seinem Redeverbot fragte er Elly: „Warum haben sie dich ausgestoßen?"

„Ich hab keine Eltern. Sie nennen mich einen Bankert."

„Das ist doch nicht deine Schuld. Wie bist du hierhergekommen?"

„Man hat mich auf den Kirchenstufen gefunden."

An dem Tag sagte er nichts weiter. Aber als die andern Zendts in der Kirche waren, ging er bis zum Ende der Baumreihe am Weg, saß dort lange Zeit und betrachtete die schöne Farm, die seine Familie mit viel Geduld zusammengebracht hatte. Es gab keine bessere Farm im Kreis Lancaster, aber sie war ihm verleidet – sie war ihm so schrecklich verleidet. Er bedeckte sein Gesicht mit den Händen und murmelte: „Noch mehr will ich nicht aushalten. Am Dienstag gehe ich fort."

Beim sonntäglichen Nachtmahl nahm er sich reichlich von allem und war freundlich zu jedermann. Am Montag half er seiner Mutter unaufgefordert beim Zubereiten von Schmierkäse. Wenn er nach Oregon kam, wollte er wissen, wie der gemacht wurde.

Am Dienstag half er um drei Uhr früh beim Beladen der Zendtschen Wagen. Als seine Brüder zur Stadt gefahren waren, ging er hinein und küßte seine Mutter zum Abschied. Sie ahnte, daß er vielleicht weglaufen wollte. Sein Interesse an der Zubereitung von Schmierkäse war so ungewöhnlich gewesen. „Wohin gehst du?" fragte sie. Er gab ihr zur Antwort noch einen Kuß und ging hinaus, um sein Gewehr und die vier Pferde zu holen.

Er brachte die Pferde zum „Weißen Schwan“ und spannte sie vor den Wagen. Noch in der Dunkelheit fuhr er nach Hollinger, um die beiden andern Grauschimmel, die dort noch eingestellt waren, abzuholen. „Ein schöner Sechserzug“, sagte der Farmer anerkennend.

Levi fuhr zum Waisenhaus. Er band sein Leitpferd an einen Baum, trat ins Tor und brüllte: „Elly Zahm! Komm her!“

Es dämmerte gerade, aber die Dienstmagd war schon an ihrer Arbeit, mit rotem Gesicht und ungekämmtem Haar. Sobald sie Levi sah, wußte sie, daß etwas ganz Großes im Gange war, und sie war nicht im geringsten aus der Fassung gebracht, als er sagte: „Hol deine Sachen. Wir gehen in den Westen.“

Sie brauchte nur drei Sekunden, um zu begreifen, daß das Schicksal sie aufforderte, sich diesem Mann anzuschließen. Sie rannte ins Haus und bündelte hastig ihre paar Habseligkeiten zusammen.

Ein Mädchen schrie: „Er entführt Elly Zahm ...“

„Ich gehe von selber“, rief Elly, als sie zum Wagen eilte.

„Soll ich die Polizei holen?“ rief eins der Mädchen der aufgeregten Vorsteherin zu, die im Schlafrock zur Tür gelaufen war.

„Laßt sie gehen. Sie taugt doch nichts“, keifte die Vorsteherin.

Und mit dem Segensspruch hätte Elly das Waisenhaus verlassen, wenn nicht ein großes, lebhaftes Mädchen zu ihr hingerannt wäre und ihr einen kleinen Geldbeutel in die Hand gedrückt hätte.

„Laura Lou!“ schrie die Vorsteherin. „Komm sofort zurück!“

Das große Mädchen ignorierte den Befehl, und als Elly versuchte, Laura das kostbare Geld zurückzugeben, umarmte sie Elly und küßte sie inbrünstig auf die Wange. „Du entfliehst für uns alle“, flüsterte sie.

Das bißchen Geld fest in der Hand haltend, schritt Elly Zahm entschlossen durch das Tor des Waisenhauses und kletterte auf den Planwagen.

Es WAREN nur neunzehn Kilometer bis Columbia, wo eine Brücke über den mächtigen Susquehanna führte, aber weil die Grauschimmel den Wagen noch nicht gewohnt waren, erreichten sie den Fluß erst bei Einbruch der Nacht, und das Brückenzollhaus war schon geschlossen. Daraus ergab sich, daß sie am Ostufer übernachten mußten, und Elly stand vor der ersten Krise ihrer langen Reise nach Westen.

„Wir können nicht beide im Wagen schlafen, ehe wir nicht verheiratet sind", erklärte sie, nahm eine Decke und bereitete sich ihr Nachtlager unter einem Baum.

Levi sah ein, daß er als Gentleman ihr den Wagen überlassen müßte, aber sie wies ihn ab. „Du mußt den Wagen bewachen. Unsere Sachen sind da drin."

Und sie schlief am Susquehanna.

Am Morgen fragte Levi: „Wär es dir lieb, wenn wir uns am andern Ufer trauen ließen?"

„Ja, sehr", sagte sie. „Ich will keine Bankerte haben."

Levi spannte die Pferde an und reihte sich mit dem Wagen zur Fahrt über die Brücke ein. Als sie am westlichen Ende der langen, überdachten Brücke ankamen, sagte Elly: „Der Geistliche dort in der Kirche müßte doch eigentlich jetzt schon auf sein." Und so holten sie morgens um halb acht den hochwürdigen Herrn Aspinwall, einen Baptistenprediger, aus den Federn, der ihnen eröffnete: „Ohne eine ordnungsgemäße Bescheinigung von eurer Kirche und einer rechtsgültigen Genehmigung vom Gericht in York kann ich euch nicht trauen."

„Wie weit ist es bis York?" fragte Levi, und Pfarrer Aspinwall antwortete: „Neunzehn Kilometer." Worauf Levi meinte, das würde einen ganzen Tag brauchen. Elly fing an zu weinen. Als Aspinwall sie nach dem Grund ihres Kummers fragte, erzählte sie ihm: „Man hat mich immer einen Bankert genannt. Meine Kinder sollen nicht so genannt werden."

„Ich will euch was sagen", erwiderte der Geistliche. „Es gibt so etwas wie eine Trauung nach Gewohnheitsrecht. Ihr verkündet der Welt, daß ihr als Mann und Frau zusammenleben wollt, und wenn ihr zwei Zeugen beibringt –"

„Wo sollen wir Zeugen herkriegen?" fragte Elly.

Hochwürden Aspinwall sah ihr reizloses Gesicht und bezweifelte, daß sie je wieder einen Mann zum Heiraten finden würde. „Mrs. Aspinwall und ich werden eure Zeugen sein."

Er rief seine Frau und erklärte ihr: „Mabel, diese jungen Leute müssen jetzt verheiratet werden, drum dachte ich, ob nicht du und ich als Zeugen dienen könnten?"

„Aber sicher.“ Mrs. Aspinwall ergriff Ellys Hand und sagte: „Ein Mädchen braucht jemand, der ihm beisteht, nicht wahr?“

Pastor Aspinwall stellte sich vor seinem Schreibtisch in Positur und sprach: „Vor den Augen der Menschen und in der Gegenwart Gottes verkünden diese beiden jungen Leute ...“

Er stockte und blickte Levi an. „Ich glaube, ich weiß Ihren Namen noch nicht.“

„Levi Zendt.“

Pfarrer Aspinwall japste nach Luft. „Doch nicht der junge Mann, der –“

„Es ist gar nichts passiert“, fiel ihm Elly ins Wort. „Ich weiß es, weil ich ihn liebe. Er ist der einzige Mensch auf dieser Welt, der je freundlich zu mir gewesen ist.“

Sie brach in Tränen aus.

Einen Augenblick herrschte betretenes Schweigen, während der Geistliche seine Nase putzte und seine Frau versuchte, das Mädchen zu trösten. Dann wiederholte Pfarrer Aspinwall noch einmal: „In der Gegenwart Gottes verkünden diese beiden jungen Leute, Levi Zendt und – dein Name, mein Kind? – Elly Zahm, ihre Absicht, Mann und Frau zu werden.“ Er betete: „Herr, sei diesen Kindern gnädig, denn sie werden in fremde Gegenden ziehen. Bewahre sie in Deiner Liebe.“

Damit hob er seine Hände zum Zeichen, daß die Zeremonie, wenn man das so bezeichnen wollte, beendet war. Aber Elly fragte: „Kriegen wir keinen Schein?“

„Dies ist keine amtliche Trauung, weißt du?“ antwortete Pfarrer Aspinwall. „Ich kann ihr nicht den Anschein geben ...“ Er zögerte.

„Aber ich kann's“, erklärte Mrs. Aspinwall.

Sie ging zum Schreibtisch und nahm einen Bogen, der den Briefkopf der Kirche trug. Darauf schrieb sie in deutlicher Schrift:

> Am heutigen Tag erschienen Levi Zendt und Elly Zahm vor meinem Mann und mir und erklärten im Angesicht des allmächtigen Gottes ihre Absicht, als Mann und Frau im heiligen Stand der Ehe zusammenzuleben.
> Als Zeugen:
>
> Mabel Aspinwall
> 14. Februar 1844

Sie reichte den Bogen ihrem Mann und zeigte ihm, wo er unterschreiben solle, was er mit sichtlichem Widerstreben tat.

„Kostet?“ fragte Elly.

„Nein, nein!“ protestierte Aspinwall.

Sie reichte ihm einen von Laura Lous Dollars. „Das macht es korrekter.“ Dann faltete sie den Bogen sorgfältig zusammen, barg ihn in ihrem Kleid, und die Reise nach Westen konnte beginnen.

Die Fahrt nach York wurde dafür verwendet, mit den Pferden vertraut zu werden. Die beiden Leitpferde waren Levis eigene und gehorchten seinen Befehlen tadellos. Geduldig arbeitete er mit den andern, und endlich konnte er Elly versichern: „Das wird noch ein großartiges Gespann.“

Etwa auf dem halben Weg nach York bekam Levi seinen ersten Schock. Ein Reisender hielt an, um die Pferde zu bewundern, und sagte: „Nachbar, wenn Ihr vorhabt, über die Berge da vorne zu fahren, dann würde ich mir ein kleineres Fuhrwerk besorgen.“ Als Levi Gegengründe vorbrachte, sagte der Fremde: „Zum Teufel, Mann, Ihr braucht ja den halben Wagen nicht. Ihr schleppt ja nur totes Gewicht mit Euch.“

Levi besprach die Angelegenheit mit Elly, und zu seiner Überraschung ergriff sie die Partei des Fremden. „Er ist halb leer“, sagte sie.

„Eines Tages werden wir ihn noch brauchen“, beharrte Levi trotzig. Seine wachsende innere Unruhe machte ihn reizbar. Irgendwo westlich von York mußten er und Elly sich im Planwagen zu Bett legen, und dann begann ihr Eheleben. Abgesehen von den groben Witzen in Stall und Markthalle, wußte Levi wenig Bescheid über Frauen. Die Brüder Zendt hatten nie über solche Dinge gesprochen. Der Tag kam ihm ungewöhnlich heiß vor, und er begann zu schwitzen.

Elly ihrerseits kannte eine verblüffende Menge von Tatsachen über die Ehe, weil sie mit dem erstaunlichen Mädchen Laura Lou Booker befreundet war. Sie waren ein beachtliches Paar gewesen. In der Waisenhausschule hatte Laura Lou wissenschaftliche Neugier bewiesen, während Elly mehr literarische Interessen zeigte und das Leben als Fragment eines Gedichts betrachtete. Sie stellten sich gegenseitig Fragen und kamen zu klugen Vermutungen.

Eines Nachts hatte Laura Lou gesagt: „Elly, du bist in Levi

Zendt verliebt! Das hab ich heute gesehen." Sie hatten viel Zeit damit verbracht, auszutüfteln, was ein Mädchen wie Elly wohl tun müßte, um einen von den reichen Zendts einzufangen, und Laura Lou war zu dem Schluß gekommen: „Männer wollen gern geliebt werden, glaube ich. Nur geliebt. Wenn ich einen Mann wie Levi Zendt finde, werde ich ihm sagen, daß ich materiell nichts zu erwarten habe. Alles, was ich besitze, ist Liebe."

„Aber du bist auch hübsch", wandte Elly ein.

„Hübsch ist nicht alles", meinte Laura Lou. „Weißt du noch, was man von Mr. Zierfoss sagt? Er hält sich seine Frau Edith fürs Kochen und sein Liebchen Becky für hübsch." Die beiden Mädchen lachten, und dann sagte Laura Lou ganz ernst: „Wenn ein Mann dich fürs Kochen heiraten würde und mich nebenher für hübsch aushalten, dann würde er letzten Endes bei dir bleiben."

In der Abenddämmerung fuhren sie durch York, ein sauberes deutsches Städtchen. Levi spannte die Pferde auf einer Wiese aus, die ringsum von hohen Bäumen umgeben war. Er nahm sich lächerlich lange Zeit, sie zu striegeln, und Elly wußte, was ihn beunruhigte. Sie ging ihrer eigenen Arbeit nach und beachtete ihn nicht weiter. Auf dem sanft geneigten Boden des Wagens machte sie ihr erstes gemeinsames Bett. Dann holte sie die Pfanne heraus, um Scrapple zu braten, aber sie merkte, daß Levi kein Holz fürs Feuer kleinmachte. „Wo ist das Holz, Levi?" rief sie. „Ich hab keinen Hunger", rief er zurück, worauf sie schweigend die Kochutensilien wieder einpackte. Sie tat so, als ob sie im schwindenden Tageslicht etwas nähte.

„Du verdirbst dir deine Augen", sagte Levi, und seine Stimme drückte so viel Fürsorge aus, daß ihr beinah die Tränen kamen.

„O Levi!" sagte sie leise. „Ich wünschte, ich wär hübsch", und er nahm sie in die Arme und küßte sie zum erstenmal. „Für mich bist du hübsch genug", sagte er sanft, und mit dem größten Aufwand an Unbeholfenheit, Verlegenheit und falsch angewandter Kraft machte Levi Zendt Elly Zahm zu seiner Frau. Viele der Vermutungen, die sie und Laura Lou angestellt hatten, erwiesen sich als beinahe richtig, und als der Morgen kam, rief Levi: „Elly, ich bin am Verhungern. Los, brat den Scrapple!"

Die große Landstraße, auf der sie von York nach Gettysburg fuhren, war eine der besten und belebtesten des Landes, zwölf Meter breit von einem Grasrand zum andern, in der Mitte mit einer soliden Schotterdecke befestigt, der jüngsten Neuerung aus Schottland. Auf so einer Straße war es möglich, an die fünfzig Kilometer am Tag zurückzulegen. Es war klug, vor Einbruch des Frühlingstauwetters zu fahren, weil später die schwächeren Stellen der Straße allmählich weggespült wurden, wie ein Frächter ihnen vor Gettysburg erzählte. „Darf ich Euch noch einen kleinen Rat geben, Fremder?“ hatte er dann gefragt. „Ich würde an Eurer Stelle den Conestoga verkaufen ... mir ein leichteres Fuhrwerk anschaffen. Wenn Ihr nach Pittsburgh kommt, braucht Ihr für den Wagen ein sehr stabiles Flachboot, und das ist sehr teuer.“

„Wir werden das Geld schon zusammenbringen“, erwiderte Levi.

In dieser Nacht schliefen sie in einem Wäldchen westlich von Gettysburg. „Wenn einer nicht grad eine Farm in der Gegend von Lancaster hat“, sagte Levi, „dann ist das hier der ideale Platz. Im Westen gibt's keine solchen Bäume wie hier.“ Und im Zwielicht sah Elly, wie er Zweige und Nüsse von einigen weißen Hickorys aufsammelte. „Wenn diese Hickorys in Lancaster stünden“, rief er ihr zu, „wären sie zum Schinkenräuchern ein Vermögen wert.“ Da wurde ihr klar, daß er ein Leben hinter sich ließ, das sich als ertragreich erwiesen hatte, während sie nichts zurückließ, an dem ihr Herz hing, außer der Zuneigung von Laura Lou Booker.

„Zeit zum Schlafengehen, Levi“, rief sie, und er kam gerne, denn jede Nacht schenkte sie ihm mehr Freude.

Östlich von Chambersburg fing das Rad, dem Amos Bömer den Verlust seiner Glocken zu verdanken gehabt hatte, zu quietschen an. Als Levi es untersuchte, entdeckte er, daß der eiserne Radreifen sich zu lockern begann.

Sie hielten bei einem Stellmacher, und der sagte ihnen: „Wir nennen das einen Kriecher. Die Speichen arbeiten sich los. Das Holz vom Radkranz zieht sich zusammen, und der eiserne Reifen dehnt sich aus. Ich würde das ganze Rad neu fassen.“

„Kostet?“ fragte Levi.

„Zwei Dollar, und du kannst es morgen mittag haben.“

„Wird es dreitausend Meilen aushalten?"

„An diesem Rad hast du viele Teile, mein Sohn, und in diesem Augenblick überlegen die sich allesamt, wie sie dir später eins auswischen können. Behalt es immer im Auge, und jedesmal, wenn du zum Schmied gehst, laß es von ihm nachsehen."

Zwei Tagereisen westlich von McConnellsburg kam die erste große Prüfung, die Durchfahrt durch die breite Furt des Juniata. Als sie den Fluß sah, rief Elly entsetzt: „Du meinst, wir sollen mit dem Wagen tatsächlich da durchfahren?"

Levi watete in den Fluß und merkte, daß das eiskalte Wasser ihm nicht höher als bis zur Hüfte ging. „Die Pferde schaffen's", sagte er. „Bleib du nur im Wagen."

Da sie sich weigerte, das zu tun, blieb Levi auf der linken Seite des Wagens und hielt die Zügel in der Hand, während Elly die beiden Leitpferde führte. Der Einstieg in den Fluß war steil und schlüpfrig. Sie fiel in das eiskalte Wasser und ging sogar einen Augenblick unter. Keuchend kam sie wieder hoch und erschreckte die Pferde. Die Tiere waren schon im Begriff, sich aufzubäumen, aber Elly riß kräftig an den Zügeln. „Ho! Ho!" rief sie, spie Wasser aus und watete weiter hinüber.

„Du siehst ja schön aus!" rief Levi und trieb die Pferde an.

„Ist das Wasser kalt!" rief Elly zurück, während sie zusah, wie die Pferde sich abmühten, die lehmige Uferböschung hinaufzuklettern.

„Ich war froh, daß du da warst, als die Pferde anfingen scheu zu werden", sagte Levi, und als sie ins Wageninnere kletterte, um sich umzuziehen, hatte sie das Gefühl, daß ihre Ehe eine richtige Partnerschaft geworden war.

Hinter Bedford wurden die Bergstraßen so steil, daß sie zweifelten, ob die Pferde es schaffen würden. In zwei Tagen kamen sie an vier zusammengebrochenen Wagen und drei toten Pferden vorbei.

Auf der Höhe eines Berges sagte Levi zu Elly: „Das sind erst die Alleghenies. Tausend Meter hoch. Bist du dir klar, wie hoch die Rocky Mountains sind?"

„Über viertausend", sagte sie, und sie starrten einander an. Sollten sie weitermachen? Sie sprachen nicht offen über das Problem, aber beide wußten, daß dies die letzte Gelegenheit zum

Umkehren war. Die Durchquerung des Juniata war ein Vorgeschmack der größeren Flüsse gewesen, die ihnen noch bevorstanden. Diese schwierigen Berge waren nur ein Vorspiel zu den furchtbaren Rockies. Aber die Zendts waren jung und hatten Mut, und jetzt legte Elly ihre Hand in die ihres Mannes und sagte: „Wir sollten lieber zusehen, daß wir ins Tal kommen, ehe es Nacht wird."

Am vierzehnten März, als der Winter zu Ende war, kamen sie zu der Stelle östlich von Pittsburgh, wo der Youghiogheny in den Monongahela fließt, der dann mit dem Allegheny zusammen in Pittsburgh den breiten Ohio bildet.

Sie trieben die Pferde an und blieben auf dem rechten Ufer des Monongahela, bis sie ein Plateau erreichten, von dem sie auf das Dreieck hinunterschauen konnten, in dem Pittsburgh liegt. Aufgeregt sahen sie die Größe der Stadt zu ihren Füßen, die schwarzen Hochöfen, die die Flüsse säumten und deren mächtige Schornsteine Rauchwolken in die Luft spien, während zahllose Eisen- und Stahlprodukte geschmiedet wurden.

Dann fuhren die Zendts nach Pittsburgh hinab, wo sie schmutzige Häuser sahen und Straßen, in die kein Sonnenschein drang. Während Levi den großen Conestoga zur Flußlände lenkte, blieben manche Leute stehen, um den Wagen mit seinen hohen Hinterrädern anzustaunen, und Levi empfand ein stolzes Gefühl, daß er der Besitzer war. Als er aber die Flüsse erreichte und die vielen prächtigen Dampfschiffe sah, die von hier nach St. Louis und New Orleans ausliefen, begriff er, warum der erste Kapitän, an den er sich wandte, lachend sagte: „Solch einen Wagen können wir nicht an Bord nehmen, junger Mann. Das hier ist für Herrschaften und ihr Frachtgut."

Das zweite Schiff, an das er herankam, die *Königin von Saba,* war noch vornehmer. Es sah aus wie eine Hochzeitstorte mit vielen Lagen: Seine einzelnen Decks wurden von schlanken, weißen Säulen getragen und waren mit grüngestreiften Markisen gegen die Sonne geschützt. Herren in grauen Gehröcken und Damen mit Sonnenschirmen schlenderten auf dem Oberdeck umher. Als Levi sein Gespann zügelte, rief einer der Herren: „Seht mal, ein echter Conestoga!"

„Wohin geht die Reise, Miß?" rief eine Dame hinunter, und

Elly antwortete: „Nach Oregon." Das rief solche Aufregung hervor, daß der Herr zum Pier hinuntergelaufen kam und die Zendts zu Erfrischungen an Bord einlud.

Der Herr rief einen Negerjungen herbei und gab ihm fünf Cent. „Du paßt auf die Pferde da auf", sagte er streng, und ehe sie sich versahen, wurden die Zendts die breite Mahagonitreppe hinaufgeführt, wo neugierige Fremde sie umringten.

„Oregon!" wiederholte eine der Damen. „Sind Sie seine Tochter?" fragte sie Elly.

„Seine Frau."

„Wie alt sind Sie denn?" fragte eine andere Dame, und Levi sagte geradeheraus: „Sechzehn ist sie." Die Zuhörer waren entgeistert. Eine besonders Neugierige brachte durch Fragen aus Elly heraus, daß sie aus einem Waisenhaus weggelaufen war, und veranstaltete eine Sammlung – über sieben Dollar, die Elly als Hochzeitsgeschenk überreicht wurden.

Die Herren bestellten Champagner, um auf das Oregon-Abenteuer anzustoßen. Als Levi ihnen erzählte, daß er vorhatte, den Wagen auf der *Königin von Saba* bis St. Louis mitnehmen zu lassen, deuteten sie auf die unteren Decks, wo Ballen und Koffer verstaut wurden. „Sie werden schwerlich da unten noch Platz für einen Wagen finden", sagte einer von ihnen, „aber da ist hier ein gewisser Finnerty, der Ihnen ein Flachboot bauen kann und Sie darauf flußabwärts fährt. Wenn Sie den Mississippi erreicht haben, können Sie es dann in Cairo verkaufen."

„Ich will nicht in Cairo haltmachen", protestierte Levi, denn er war vor dieser zügellosen Stadt gewarnt worden.

„Das müssen Sie aber. Denn von Cairo an nützt Ihnen Ihr Flachboot gar nichts mehr. Um nach St. Louis zu kommen, müssen Sie den Mississippi hinauffahren. Gegen den Strom." Der Herr ging zur Reling und warf dem Jungen, der auf die Pferde aufpaßte, noch ein Fünfcentstück zu. „Wenn der junge Mann hier runterkommt, führ ihn zum Bootsbauer Finnerty."

Als sie später Finnerty gefunden hatten, stellte der nur eine Frage: „Kannst du vierzig Dollar auftreiben?" Als Levi nickte, schob Finnerty seinen Priem in die andere Backe und sagte: „Die Sache sieht so aus. Ich baue dir das beste Flachboot auf dem ganzen Fluß. Wir lassen uns damit nach Cairo runtertreiben und verkaufen es für dreißig Dollar. Nettokosten für dich: zehn Dollar."

„Wie lange dauert das Bauen?"

„Vierzehn Tage. Und das Boot wird groß genug für drei weitere Wagen. Auf diese Weise können wir noch etwas dazuverdienen – du und ich –, halbe-halbe."

So wurde es abgemacht, und Finnerty machte sich an die Arbeit, die überraschend schnell voranging. Weit vor dem verabredeten Termin war das fünfzehn Meter lange und vier Meter breite Flachboot fertig. Ein primitives Deckshaus nahm etwa die Hälfte der Länge ein, und auf dessen Dach sollte der Wagen festgezurrt werden.

Doch als Levi seinen Conestoga zum Pier hinunterfuhr, entdeckte er, daß auf das Dach schon zwei kleinere Wagen aufgeladen waren. „Ich will meinen dort rauf haben", protestierte Levi, aber Finnerty erklärte leise: „Levi, die bezahlen uns für die Reise. Da mußte ich ihnen natürlich die erste Wahl lassen." Daraufhin wurde der Conestoga quer vor dem Deckshaus vertäut.

Am Morgen des 1. April stakte Finnerty die Schute in die Mitte des Ohios, wo die Strömung am stärksten war, und nun begann die siebzehnhundertsechzig Kilometer lange Fahrt zum Mississippi. Dies war der schönste Teil der Reise nach Oregon – das gemächliche Dahintreiben auf dem Strom durch die bunte, abwechslungsreiche Landschaft. Linker Hand lag Virginia, eine Wildnis, deren Wälder bis zum Ufer reichten, zur Rechten der Staat Ohio mit der Aussicht auf grüne Rasenflächen und Wiesen und schöne Häuser in der Ferne.

Es war üblich, daß Flachboote, die den Fluß hinuntertrieben, einige Tage in Cincinnati Aufenthalt machten, damit die Passagiere sich diese deutsche Stadt ansehen konnten, und hier entdeckte Levi Zendt ein Plakat:

EINZIGER DAMPFER ZU DEN BLACKSNAKE HILLS UND GREAT FALLS
Robert Q. Fell
KAPITÄN FRAKE
Abfahrt 1. Mai 1844, zwölf Uhr mittags
Auch für Reisende nach Oregon
Pier Sieben, St. Louis, Missouri

Levi zeigte Finnerty das Plakat und fragte: „Können wir bis zum ersten Mai in St. Louis sein?“

„Warte mal. Heute ist der zehnte April. Wir müßten etwa am dreiundzwanzigsten April in Cairo eintreffen.“ Er studierte die Schiffahrtspläne und stellte fest, daß am 26. April der Dampfer *Ozarkmaid* unter Kapitän Shaw von Cairo nach St. Louis fuhr, wo er planmäßig am frühen Morgen des 1. Mai ankommen sollte. „Genau das, was du brauchst“, meinte Finnerty.

Als sie Cairo erreichten, wo der Ohio in den Mississippi mündet, fanden sie ein erbärmliches Nest vor, das auf weitem schlammigem Schwemmland gebaut war. Die Einwohner waren vollauf damit beschäftigt, Deiche gegen immer neue Überschwemmungen zu bauen. Es war schwierig, festzustellen, wo die *Ozarkmaid* laden würde, und als das Durcheinander seinen Höhepunkt erreicht hatte, kam Elly angerannt und erzählte Levi, daß die beiden Familien, die Mitpassagiere auf ihrem Flachboot, auf und davon seien, ohne bezahlt zu haben, oder mindestens behaupte Finnerty das.

„Na schön“, meinte Levi resigniert, „wenigstens können wir das Boot verkaufen.“ Aber als es dazu kam, wiesen die Holzhändler von Cairo auf Dutzende von Flößen, die am Ufer festgemacht waren.

„Wir haben mehr Holz, als wir in einem Jahr verwenden können“, brummten sie und boten Levi zehn Dollar für seins. „Im Vertrauen gesagt“, meinten sie, „so macht das Finnerty immer. Er weiß genau, daß wir nicht mehr bezahlen.“

Levi suchte überall nach Finnerty, aber der hatte sich längst auf einem Dampfer zurück nach Pittsburgh eingeschifft. „Immerhin hat er ein gutes Boot zusammengezimmert“, sagte Levi widerwillig, als sie die Pferde zur *Ozarkmaid* führten.

Am Morgen des 1. Mai 1844, um acht Uhr, warf der Neger im Bug der *Ozarkmaid* eine Leine zum Ufer von St. Louis hinüber, wo sie ein Mann auffing und festmachte. Levi sprang an Land, rannte den Uferdamm entlang und fragte jeden: „Wo liegt die *Robert Q. Fell?*“

Am nördlichen Ende der kilometerlangen Anlegestelle für Dampfer wartete ein schmutziger, tief im Wasser liegender Heckraddampfer. Am Heck stand ein kleiner, magerer Mann, Kapitän

Frake, der ein Megaphon am Mund hielt. „Wenn Ihr den Missouri aufwärts mitreisen wollt, müßt Ihr bis zwölf mit allem Gepäck an Bord sein“, rief er, „denn dann legen wir ab.“

„Kostet?“ rief Zendt über das schmutzige Wasser hinüber. „Ich hab einen Conestoga und sechs Pferde.“

„Wie weit?“ fragte Frake.

„Bis Blacksnake Hills.“

„Angehörige?“

„Meine Frau.“

„Wagen und Pferde zweiunddreißig Dollar“, erwiderte Kapitän Frake durch sein Megaphon. „Zwei Personen einundzwanzig Dollar. Was Besseres könnt Ihr nicht finden.“

„Einverstanden“, rief Zendt und kletterte über eine heruntergelassene Planke an Bord, um die dreiundfünfzig Dollar zu bezahlen.

Zendt hatte drei Stunden Zeit. Atemlos hastete er dann zur *Ozarkmaid* zurück, um zu seiner Bestürzung festzustellen, daß das Entladen noch Stunden dauern würde. Zendt rannte hin und her und versuchte, die Schauerleute zu schnellerer Arbeit anzutreiben. Es wurde elf Uhr, aber Wagen und Gespann waren immer noch auf dem Dampfer. Er rannte die lange Strecke zur *Robert Q. Fell* zurück, wo Kapitän Frake durch sein Megaphon rief: „Das ist mir egal. Dieser Dampfer hier legt um Punkt zwölf ab.“

„Und was ist mit meinem Geld?“

„Ihr habt Euer Geld bezahlt, und ich nehme Euch dafür mit. Aber macht lieber schnell, und seht zu, daß Ihr das Gespann an Bord bringt.“

Die kostbare Stunde verstrich. „Kapitän Frake“, flehte Zendt ihn an, „wartet nur noch ein paar Minuten! Wir kommen gleich!“

Der Kapitän blickte den Uferdamm hinauf und hinunter, dann rief er: „Ein paar Minuten werde ich warten.“ Erleichtert rannte Levi zur *Ozarkmaid* zurück und sah mit Freuden, daß sein Wagen gerade abgeladen wurde. Levi und Elly führten die Pferde an Land und spannten sie ein. Levi trieb das Gespann mit der Peitsche an, und seine sechs schönen Grauschimmel trabten den Uferdamm entlang.

„Schönes Gespann habt Ihr da“, rief ein Mann. „Wollt Ihr's verkaufen?“ Levi gab keine Antwort. Sein Blick war auf die beiden Schornsteine der *Robert Q. Fell* gerichtet. Er trieb die Pferde zu einem schnelleren Trab an, aber kaum waren sie eine kurze Strecke weitergefahren, als derselbe Mann sie winkend anhielt.

„Ich heiße Curtis Wainright", stellte er sich vor. „Ich bin ein Pferdeliebhaber und interessiere mich sehr für Euren Sechserzug."

„Mein Dampfer! Der fährt mir noch weg", sagte Levi aufgeregt. „Ich bin unterwegs nach Oregon."

„Mit welchem Dampfer?" fragte der Mann.

„*Robert Q. Fell.*"

Wainright lachte und sagte: „Ich glaube, Ihr könnt ganz beruhigt sein, Euer Dampfer wird warten."

Levi wandte sich zu Elly: „Lauf voraus, und sag ihnen, daß wir kommen."

„Die Sache ist die", erklärte Mr. Wainright, „Ihr solltet so ein gutes Gespann wie das hier nicht in die Prärie mitnehmen. Was Ihr braucht, sind Ochsen. Also ich geb Euch zweihundert Dollar pro Kopf für die Grauschimmel und verkaufe Euch sechs Ochsen für sechzig Dollar im ganzen. Ihr werdet als reicher Mann nach Oregon kommen."

„Ich gebe meine Pferde nicht her", erwiderte Levi, und ohne sich auf weitere Argumente einzulassen, lenkte er sein Gespann weiter auf dem Damm zu Kapitän Frakes Gangway. Als der Wagen an Bord rollte, rief Levi zum Kapitän hinauf: „Jetzt könnt Ihr losfahren!" Aber es rührte sich nichts.

Es wurde zwei Uhr und drei und vier. Um fünf Uhr hielt ein zweirädriger Dogcart auf dem Damm, aus dem ein Armeeoffizier in blauer Uniform ausstieg. Er war etwa dreißig und gut aussehend, hatte einen gestutzten Schnurrbart und ein gewandtes Wesen.

„Hallo, Kapitän Frake!" rief er.

Ein Matrose suchte den Kapitän, der mit seinem Megaphon auf dem Oberdeck erschien. „Ah, Hauptmann Mercy – guten Tag."

„Heute abend findet ein Ball statt, Kapitän Frake. Sie fahren doch noch nicht ab, oder?"

„Wir legen morgen um Punkt zwölf ab", antwortete Frake. Daraufhin stieg der Hauptmann wieder in seinen Wagen, wendete die Pferde stadtwärts und verschwand.

Am nächsten Morgen gingen die Zendts an Land und kauften ein, was ihnen noch fehlte. In den Hafenläden besorgten sie Tauwerk, Äxte, Eimer mit Wagenschmiere und Fässer voll Mehl und Speck. Und Levi erstand ein ausgezeichnetes, gebrauchtes Gewehr für elf Dollar.

Als er mit Elly zum Schiff zurückkam, schwang einer der Stewards eine Glocke und rief: „Platz nehmen zum Mittagessen! Es wird sofort serviert."

„Ich bleibe an Deck", sagte Levi. „Ich möchte gern zusehen, wie wir ablegen."

Ein Mitpassagier lachte. „Wir fahren heute noch nicht ab."

„Nein?"

„Das dauert noch Tage."

An diesem Nachmittag sahen Levi und Elly sich die Stadt an. Beim Abendessen erzählte ihnen ein Passagier: „Um sieben Uhr gehe ich zum Gottesdienst in die Presbyterianerkirche. Haben Sie Lust mitzukommen?"

Elly erklärte sich gerne bereit. „Wir müssen Gott danken, daß wir ohne Zwischenfall so weit gekommen sind", und in der Abenddämmerung spazierten sie zu einer schönen, alten Kirche mit einem weißen Turm.

Der Gottesdienst war wie eigens auf sie abgestimmt. Die Predigt handelte von Ruth, die auf die Felder des Boas gegangen war, und nach der Predigt wandte sich der Geistliche nach rechts, wo der junge Hauptmann, den Levi am Dampfer gesehen hatte, in einer Bank saß, die für reiche Gemeindemitglieder reserviert war. „Einer unserer Söhne verläßt uns bald, um im Westen für die Regierung tätig zu sein", verkündigte der Prediger, „und unsere Wünsche vereinigen sich mit denen seiner hochgeschätzten Familie für eine gute Reise und eine glückliche Heimkehr."

Hauptmann Mercy saß zwischen zwei sehr gut aussehenden Damen, einer jüngeren, die wohl seine Frau war, und einer älteren mit silberweißem Haar.

Jetzt wandte sich der Geistliche an einen anderen Teil der Kirche, wo Männer und Frauen in grober Kleidung saßen, und sprach zu ihnen. „Diese Fremden aus Vermont ziehen hinaus, um Zivilisation und das Wort Gottes in das ferne Oregon zu bringen. Zu den Männern sage ich: ‚Seid stark', und zu den Frauen: ‚Seid getreu.' Und denkt daran, daß es Ruth war, die die unsterblichen Worte sprach, die allen Pilgern als Leitstern dienen: *Rede mir nicht ein, daß ich dich verlassen sollte und von dir umkehren. Wo du hingehest, da will ich auch hingehen; wo du bleibst, da bleibe ich auch. Dein Volk ist mein Volk, und dein Gott ist mein Gott.“*

Levi schob seine Hand in Ellys Hand, und während viele der Frauen in der Gruppe aus Vermont weinten, blickte sie geradeaus und hielt seine Hand so fest, als ob sie ein Mann wäre.

Nach dem Gottesdienst merkte Zendt, daß jemand seinen Arm ergriff, und als er sich umdrehte, sah er Curtis Wainright, den Mann, der sich bemüht hatte, ihm die Pferde abzukaufen. „Hallo!“ sagte Wainright freundlich. „Ich möchte Sie mit unserm Pfarrer bekannt machen“, und er führte Levi und Elly dorthin, wo der Geistliche sich von seinen Gemeindemitgliedern verabschiedete. „Herr Pastor Oster“, sagte Wainright, „würden Sie bitte diese Fremden davon in Kenntnis setzen, daß ich ein Mann von leidlich anständigem Charakter bin. Ich fürchte, ich habe ihnen gestern einen Schreck eingejagt.“

Pfarrer Oster lächelte und schüttelte Levi und Elly die Hand. „Das ist Curtis Wainright, ein guter Freund unserer Kirche. Man kann ihm in jeder Beziehung trauen, wenn er nicht gerade versucht, einen Pferdehandel mit einem abzuschließen.“

„Das durfte nicht kommen, Herr Pastor“, sagte Wainright. „Ich habe versucht, die beiden zu überzeugen, daß sie ihre schönen Pferde nicht auf den Treck nach Oregon mitnehmen sollten.“

„Damit hat er recht“, sagte der Pfarrer. „Nach unseren Erfahrungen müssen Sie dazu Ochsen, aber keine Pferde oder Maulesel nehmen.“

„Was höre ich da von Mauleseln?“ fragte eine neue Stimme, und als sie sich umblickten, sahen sie den jungen Offizier. „Ich nehme Maulesel in den Westen mit. Armeebefehl.“

„Hauptmann Maxwell Mercy“, stellte der Pfarrer vor. „Ich fürchte, ich habe Ihre Namen nicht verstanden.“

„Levi und Elly Zendt aus Lancaster in Pennsylvania.“

„Sind Sie das Ehepaar mit dem Conestoga?“ fragte Mercy.

„Ja, der gehört uns.“

„Dann fahren wir ja zusammen nach dem Westen.“

„Wann?“

Hauptmann Mercy fing an zu lachen. „Mit Kapitän Frake? Wer weiß! Vielleicht schafft er es bis Montag.“

Wenn Kapitän Frake am Freitag nachmittag losgefahren wäre, hätten Levi und Elly Zendt den Elefanten nicht gesehen und wären wahrscheinlich nach Oregon gegangen, ohne je zu erfahren, daß es in Colorado ein Naturdenkmal gab, das Klapperschlangen-Felsen hieß. Aber das Schiff fuhr noch nicht ab, und so bummelten sie denn am Freitag nachmittag durch die Straßen von St. Louis. Als sie um eine Ecke gingen, stießen sie auf ein Gebäude, das von oben bis unten mit Plakaten bedeckt war, auf denen zu lesen stand: LETZTE GELEGENHEIT, DEN RIESENELEFANTEN ZU SEHEN, DER IN DIESER GEGEND VON DR. ALBERT C. KOCH ENTDECKT WURDE.

Levi und Elly kauften Eintrittskarten und gingen hinein. Sie kamen durch einen Vorhang und erwarteten, einen lebenden Elefanten zu sehen. Statt dessen sahen sie das Skelett eines riesigen Mastodons, das vor Jahrtausenden am Flußufer gelebt hatte. Sie waren so überrascht, daß sie kaum den Monolog des Ausrufers hörten: „Jeder einzelne mächtige Stoßzahn über sieben Meter lang ... Ich bitte die junge Dame dort, sich neben den Fuß zu legen ... Wie Sie sehen, meine Herrschaften, könnte der Fuß ihren ganzen Körper mit einem einzigen, brutalen Tritt zerquetschen ... Der Schwanz war drei Meter lang ... Ungeheuer, gewaltig, überwältigend."

Als die anderen Zuschauer längst verschwunden waren, blieben die Zendts noch da und starrten das riesige Skelett an. Als sie wieder auf die Straße traten, gerieten sie in einen wahren Wolkenbruch. Sie waren dabei, im Regen loszumarschieren, als jemand sie anrief: „He, Sie da! Soll ich Sie mitnehmen?" Es war Hauptmann Mercy, der zum Dampfer fuhr.

Als sie in seinem zweirädrigen Wagen saßen, erzählte er ihnen: „Die Armee schickt mich nach dem Westen, um einen Ort für ein neues Fort auszusuchen. Sergeant Lykes, acht Maultiere und mich."

An Bord des Dampfers warnte Kapitän Frake den Hauptmann: „Wir legen morgen um Punkt zwölf ab. Sorgen Sie am besten dafür, daß Ihre Maultiere rechtzeitig an Bord sind, denn dies Schiff wartet nie auch nur eine Minute."

Die Zendts hielten sich noch eine Weile an Deck auf. Elly starrte auf die Lichter der Stadt. Aber Levi hatte nur den Elefanten vor Augen, der massig einherstampfte und den ganzen Himmel ausfüllte.

Am Samstag, den 4. Mai befahl Kapitän Frake endlich seiner Mannschaft, die Kessel anzuheizen, die Gangways einzuholen und abzulegen. Mittags dampfte die vollgeladene *Robert Q. Fell* in die Mitte des Mississippi hinaus und drehte ihren Bug stromaufwärts zum Missouri.

Den Missouri hinaufzuschiffen war ein beachtliches Abenteuer mit all den Sandbänken und zackigen Baumstämmen, die die Bodenplanken eines Schiffes aufreißen konnten, mit seinen plötzlichen Windungen und seinen hohen, romantischen Steilufern. Es war ein wilder, ungezähmter Fluß, der mit jeder Windung neue Probleme brachte.

Nach neun Tagen, am Sonntag, den 12. Mai erreichten sie Independence, die wüsteste Stadt im Westen. Da Kapitän Frake beschloß, mehrere Tage hier liegenzubleiben, um Waren aus Mexiko zu laden, hatte Levi Zendt Gelegenheit, die Pferde zu bewegen. Er erhielt viele Angebote für die sechs Grauschimmel, erklärte aber immer wieder, sie seien nicht verkäuflich.

Am Abend des zweiten Tages wurden sie von einem schlanken, gutaussehenden jungen Mann von Mitte Zwanzig angesprochen. „Ich komme gerade aus Santa Fe", sagte er mit einer ungewohnten Aussprache, „und glauben Sie mir, diese wertvollen Tiere werden sich auf der Prärie nicht lange halten."

„Wer sind Sie?" fragte Levi.

„Oliver Seccombe, Santa Fe, Boston, London, Oxford. Fahren Sie etwa auf diesem elenden alten Seelenverkäufer den Missouri hinauf?" Er deutete auf die *Robert Q. Fell.*

„Ja."

„Reisegefährten!" rief der junge Mann. „Das müssen wir feiern!" Und er führte die Zendts in die nächste Kaschemme. Dort erzählte er ihnen von seinem Treck nach Santa Fe, von dem Staub, den Komantschen, von guten Erlebnissen am Rande des Weges und dem vielen Geld, das man mit Handel im Westen verdienen konnte. „Aber jetzt will ich nach Oregon", sagte er strahlend. „Von dort nehme ich dann ein Schiff heim nach England und schreibe mein Buch *Reisen durch den Wilden Westen.* Mord und Totschlag auf jeder Seite."

Seccombe kannte Gott und die Welt und half den Zendts, ihre allerletzten Einkäufe zu erledigen: Backpulver, Blei zum Kugelgießen, getrocknetes Rindfleisch, eine Haube gegen die Sonne für Elly und einen breitkrempigen Hut für Levi. „Wenn Sie fünf Monate auf der Prärie herumlaufen", erklärte er, „wo die Sonne jeden Tag auf Sie herunterknallt, brennt es Ihnen glatt die Lippen weg." Als alles abreisebereit war, sagte er: „Ich habe Sie beide beobachtet. Sie sind prächtige Leute. Warum tun wir uns nicht zusammen für den Treck nach Oregon?"

„Wir brauchen noch mehr Leute", meinte Levi, deshalb wandten sie sich an Mercy. „Wir würden uns Ihnen gerne anschließen, wenn es Ihnen recht ist", sagte Seccombe.

„Es wird mir eine Ehre sein", erwiderte Mercy. „Aber ich mache nicht den ganzen Weg nach Oregon mit."

„Es wäre schon eine große Hilfe für uns, wenn wir Sie am Anfang begleiten könnten", sagte Seccombe, „und bei den Blacksnake Hills werden wir schon sehen, wer sonst noch bereit ist mitzugehen."

So brachten sie eine komplette Reisegesellschaft zusammen: ein Offizier, ein erfahrener Sergeant, Oliver Seccombe und die geduldigen, fleißigen Zendts.

Das Schiff hielt in Fort Leavenworth, wo einige Offiziere an Bord kamen, um Hauptmann Mercy die allerletzten Instruktionen zu geben. „Die Arapaho und die Cheyenne sind friedlich, aber hüten Sie sich vor den Oglala Sioux." Ein junger Offizier sagte: „Die Brüder Pasquinel reiten mit denen."

Bei der Erwähnung dieses Namens bekam Hauptmann Mercy schmale Lippen. „Wir werden uns vorsehen", sagte er.

„Wer sind die Pasquinels?" erkundigte sich Levi später.

Seccombe fiel ein: „Mischlinge, die die Indianer auf Kriegszügen anführen. Im vorigen August haben sie die Strecke nach Santa Fe drei Tage lang unterbrochen und einige Planwagen verbrannt."

Ein Händler, der in Independence an Bord gekommen war, erzählte Elly: „Weiße in der Prärie können wie die Tiere sein, und Indianer sind auch schrecklich, aber am schlimmsten ist das Halbblut. Wenn diese beiden Brüder die Stämme richtig in Fahrt bringen, dann ist der Teufel los."

„Wer sind sie?" wiederholte Elly.

„Die unehelichen Kinder eines französischen Pelzjägers namens

Pasquinel. Er hatte schon eine Frau und Familie in St. Louis, und dann nahm er sich eine Squaw, und jetzt haben wir die beiden auf dem Hals und müssen uns mit ihnen rumschlagen."

„Haben Sie sie schon mal gesehen?" erkundigte sich Levi.

„O ja. 1839 kam ich mit drei Ballen Büffelfelldecken den Fluß herunter, da haben sie und eine Bande Cheyenne mich ausgenommen."

„Wieso haben die Sie nicht umgebracht?" fragte Elly.

„Manchmal tun sie das, manchmal nicht. Aber wenn ich sie je wiedersehe, sorg ich dafür, daß sie die Wahl nicht mehr haben."

Als die Passagiere bei den Blacksnake Hills ausstiegen, fanden sie die neue Siedlung St. Joseph am Flußufer vor. Am Abend ihrer Ankunft erschien Oliver Seccombe mit einem grauhaarigen Fremden. „Das ist Sam Purchas", sagte der Engländer und schob einen runzeligen Mann von neunundvierzig Jahren vor, der aussah wie neunundsiebzig. Sein Gesicht hatte als besondere Merkmale einen tabakfleckigen Bart, abgebrochene Zähne und eine Nase, deren Spitze mit einem schartigen Instrument abgeschnitten worden war. „Er nennt sich selbst König der Bergbewohner, und ich habe ihn engagiert, daß er uns nach Oregon führt."

„Ist er schon mal dort gewesen?" fragte Hauptmann Mercy.

„Dort gewesen?" Der Führer schnaubte verächtlich. „Junger Mann, ich hab diese Prärie mit vielen berühmten Leuten durchquert. Und die haben mir nur eins beigebracht: Versuch nie, mit Pferden vor deinem Wagen nach Oregon zu kommen." Er fragte: „Wer von euch ist der Zendt?" Als Seccombe auf Levi wies, knurrte der alte Führer ihn an: „Ich nehme keine Gäule auf einen Treck mit. Verkauft sie, und besorgt Euch Ochsen."

Am frühen Morgen des nächsten Tages überraschte Levi Purchas, als dieser einem Farmer der Gegend die großen Grauschimmel vorführte. „Der Handel ist abgeschlossen", erklärte Purchas. „Er nimmt Eure Pferde für fünfhundert Dollar pro Stück. Und er verkauft Euch acht erstklassige Ochsen für fünfzehn Dollar das Stück. Meine Provision beträgt fünfzig Dollar."

Der Farmer hatte das Geld bei sich und auch die acht Ochsen – sechs als Gespann für den Planwagen und zwei Ersatztiere. Als Levi sah, wie der Fremde seine Pferde wegführte, lief er hinterher und nahm von jedem einzelnen Abschied. Dann stand er traurig da, blickte ihnen nach, als sie nach Osten davontrabten, und konnte kaum seine Tränen zurückhalten. Ganz benommen kehrte er zu Elly zurück. „Ich mußte sie verkaufen", sagte er und fügte flüsternd hinzu: „Jetzt können wir nie mehr zurück." In diesem Augenblick merkten die Zendts, was es bedeutete, in den Westen zu gehen.

Am Freitag nachmittag erschien Sam Purchas mit zwei schweren Planwagen, die von Ochsen gezogen wurden und zu denen zwei mürrisch aussehende Familien aus Missouri gehörten. „Die Fischers und die Fraziers", stellte er sie vor. Mrs. Frazier zeigte gleich, wes Geistes Kind sie war, indem sie Purchas fragte: „Die Junge da? Ist die verheiratet?"

„Behauptet sie", erwiderte der Mann aus den Bergen.

„Das bezweifle ich", sagte Mrs. Frazier, und damit ging die Familie zu ihrem Wagen zurück.

„Die werden unerträglich sein", prophezeite Seccombe. Aber Purchas wies darauf hin, daß man für Verteidigungszwecke mindestens drei Wagen brauchte, und so wurden die Fischers und die Fraziers akzeptiert.

Am 25. Mai 1844, einem Samstagmorgen, schob Sam Purchas seinen Priem in die andere Backe, spuckte auf die Straße und verkündete seinen Entschluß. „Zeit zum Losfahren." Die drei Wagen setzten sich hintereinander in Bewegung. Purchas, Mercy und Lykes waren beritten und führten Ersatzpferde mit sich. „Mich haben Sie gezwungen, meine Pferde zu verkaufen, aber Ihre haben Sie behalten", beschwerte sich Levi.

„Wir haben auch keine Wagen zu ziehen", knurrte Purchas.

Es wurde Mittag, bis die ganze Gesellschaft mit der Fähre über den Missouri übergesetzt war. Am nächsten Morgen hatten die Zendts schon früh angespannt, aber in den Wagen aus Missouri regte sich noch nichts. Als Sergeant Lykes hinging, um die Insassen zu wecken, protestierte eine Stimme: „Heute ist Sonntag."

Mr. Fischer und Mr. Frazier erklärten, daß sie unter keinen Umständen am Sabbat reisen könnten. Gott habe diesen Tag zur Ruhe bestimmt. Sam Purchas stellte sich auf ihre Seite. „Ein Tag Ruhe in der Woche kann nicht schaden", sagte er. „Ich hab viele Trecks gesehen, die die erste Hälfte galoppiert sind und denen in der zweiten die Knochen gebleicht wurden."

So kam man überein, daß Hauptmann Mercys Treck sechs Tage reisen und am siebten ruhen würde. An diesem Nachmittag kamen die beiden hageren Frauen aus Missouri zu Hauptmann Mercy gelaufen, um sich in aller Form zu beschweren. „Mrs. Zendt hält die Sonntagsruhe nicht ein. Sie kritzelt was."

Hauptmann Mercy blickte zum Conestoga hinüber und sah, daß Elly einen Briefblock auf ihrem Schoß hatte und schrieb. „Vielleicht schreibt Mrs. Zendt ihre Sonntagsgebete auf", sagte er, und das beruhigte die empörten Frauen. In Wirklichkeit schrieb Elly an ihre Freundin Laura Lou.

Die folgenden Tage waren für Levi Zendt kummervoll. Reisende mit Pferdewagen überholten ihn und wirbelten ihm Staub ins Gesicht, während seine schwerfälligen Ochsen langsam dahintrotteten. Aber Sam Purchas versicherte ihm: „Junger Mann, heut in zwei Wochen wer'n wir an den Pferdeleuten nur so vorbeiflitzen, als wär'n die an der Erde festgeklebt."

Drei Tagereisen von St. Joseph entfernt, erreichten sie die Presbyterianer-Mission für die Sac- und Fox-Indianer. Hier begann Oliver Seccombes Enttäuschung. Nach dem Abschluß seines Studiums an der Universität Oxford hatte er beschlossen, sich durch Augenschein davon zu überzeugen, wie der edle Indianer im Naturzustand lebte, ehe er von dem weißen Mann verdorben wurde. Jedoch die Gruppe der Sac und Fox, die von der Mission herüberkam, um ihn zu begrüßen, war gut angezogen, wohlgenährt und sprach englisch. Sie boten den Reisenden eine Auswahl von Decken, Tomahawks und Mokassins zum Kauf an.

Während der Handel noch im Gange war, erschienen sechs andere Indianer und bettelten um Fleisch. Als sie nichts bekamen, stahlen sie eins von Sergeant Lykes' Maultieren. Sam Purchas schoß mit seinem Gewehr in die Luft und warnte den Anführer der indianischen Händler: „Du bringst das Muli zurück, oder der nächste Schuß geht durch deinen Kopf", und das Tier wurde zurückgebracht.

Der enttäuschte Seccombe kam zu dem Schluß, daß die Sac und Fox erstklassige Beispiele für die Korruption der Rothäute durch die Religion des weißen Mannes waren.

Für unsere Auswanderer lieferte der Treck nach Westen eine aufschlußreiche Reihe von Überraschungen. Die Hügel erschwerten das Vorwärtskommen, aber das wurde durch das ausgezeichnete Gras und gutes Wasser wieder wettgemacht.

Am Ende der ersten Woche fing es an zu regnen, nicht so wie zu Hause im Osten, sondern in wahren Wolkenbrüchen. Die Regentropfen prasselten so stark herunter, daß sie vom Boden wieder abprallten. Das Wetter hielt an, bis die Auswanderer zum ersten großen Hindernis ihrer Reise kamen, dem Big Blue, der aus Nebraska nach Süden fließt, um in den Kansas zu münden. Er hatte Hochwasser und führte in seiner tobenden Strömung ausgewachsene Bäume mit sich.

„Was tun wir jetzt?" fragten die Fischers und Fraziers.

„Wir warten", sagte Purchas.

Also warteten sie, sechzehn endlose Tage lang, und nach ihnen aus St. Joseph aufgebrochene Trecks holten sie ein. Am Abend des 21. Juni begann der Fluß abzuschwellen, und am Morgen verkündete Purchas die willkommene Nachricht: „Jetzt gehen wir rüber!"

Die Wagen der Fischers und Fraziers wurden an den Uferrand gefahren und Baumstämme an ihren Seiten festgelascht, damit sie schwimmen konnten. Die Männer führten die Ochsen und schoben von hinten nach, aber die Frauen blieben in den Wagen und kletterten auf ihr Gepäck, um keine nassen Füße zu bekommen. Die Männer, die neben den Ochsen schwammen, redeten den Tieren beruhigend zu, und bald schwammen die auch mit Zuversicht. Für die Zuschauer war es unheimlich anzusehen, wie die Wagen beinahe in den tosenden Fluten versanken, aber nach einem spannungsgeladenen Augenblick rief Elly: „Sie sind drüben!" Hastig kletternd, stolpernd und schnaubend fanden die Ochsen festen Halt, erklommen den Hang und schleppten mühsam die wassergetränkten Wagen auf sicheren Grund.

Seccombe brach in Beifallsrufe aus. Dann half er Levi Zendt, den Planwagen langsam zum Wasser hinunterzuschieben, wo sie Baumstämme an den Seiten befestigten. Levi führte die Ochsen in den Fluß hinein. Einen gefährlichen Augenblick lang waren sie störrisch, bis sie festen Grund hatten und langsam zu der Stelle kamen, von der aus sie schwimmen mußten. Aber jetzt ging irgend etwas schief. Entweder bekamen die Ochsen Angst, oder Levi führte sie schlecht, jedenfalls geriet der Wagen ins Schwanken und wäre beinahe gekentert, wobei Elly mit ihren behindernden Rökken in die ärgste Strömung stürzte. An diesem Abend schrieb sie an Laura Lou:

> Samstag, den 22. Juni ... Ich hätte es nie für möglich gehalten, daß zwei Männer von so hohem Stand wie Hauptmann Mercy und Oliver Seccombe in einen tobenden Strom springen würden, um ein Mädchen zu retten, für das sie gar nicht verantwortlich sind. Als der Wagen kippte und ich in den Fluß fiel, dachte ich, jetzt bist du bestimmt verloren, weil Levi vorne war und mich nicht fallen sah. Ich schlug mit den Armen um mich und schrie und war dem Tode nah, als diese beiden Männer hineinsprangen, um mich zu retten. Ich komme mir sehr wichtig vor, als ob Gott mich für eine bedeutsame Aufgabe auserkoren hätte und nicht zulassen will, daß ich so jung umkomme.

Purchas führte seine Gruppe jetzt westwärts zum Little Blue, auf dessen linkem Ufer sie sich beinahe zwei Wochen halten würden auf dem langen Anmarsch zum Platte, wo dann der eigentliche Weg nach dem Westen anfing.

Am 2. Juli sahen sie ihren ersten Biberdamm und junge Biber, die am Ufer spielten. Sie feierten den 4. Juli, den Unabhängigkeitstag, mit viel Flintengeknall und einer Rede von Mr. Frazier über die Großartigkeit des amerikanischen Experiments, und Elly backte einen Apfelkuchen aus Dörrobst. Am 5. Juli sahen sie zum erstenmal Büffelgras und fanden, daß so 'n Zeug nicht viel taugen könne.

Als sie am 8. Juli den Kamm eines kleinen, sandigen Hügels überschritten hatten, lag der Platte zu ihren Füßen. Elly faßte ihre Gedanken folgendermaßen zusammen:

> Wie Moses ins Gelobte Land schaute, so standen wir auf einem Hügel und blickten auf den Fluß hinunter, der viele Wochen lang unser Gefährte sein wird. Wie klein kam er uns vor! Bei uns im Osten würden wir ihn einen Bach nennen, weiter nichts. Und wie hoch er stand! Es sieht aus, als wäre er praktisch ohne Ufer flach auf die Erde gelegt. Und du kannst dir nicht vorstellen, wie viele Inseln er hat. Die Frauen aus Missouri machten ein paar abfällige Bemerkungen darüber, und Sam Purchas sagte: „Meine Damen, sehen Sie den steilen Hang da drüben? Und den hinter uns, den wir eben heruntergekommen sind? Nun, wenn der Platte Hochwasser hat, reicht er von Hang zu Hang." Wir waren ganz überwältigt.

Endlich befanden sie sich auf dem richtigen Weg, auf der ebenen, festen, durchgehenden Heerstraße, auf der die Wagen schneller und sicherer fahren konnten als auf den Straßen von St. Louis oder Philadelphia. An manchen Tagen schafften sie sogar über dreißig Kilometer.

Am 11. Juli erspähten sie Büffel. Elly schrieb:

> Wir hörten Mrs. Frazier schreien: „Da sind sie! Da sind sie!", und wir rannten hinauf und sahen unter uns auf der anderen Seite eines kleinen Hügels eine so ungeheure Büffelherde, daß wir ihr Ende nicht sehen konnten. Man konnte sie nicht nach Hunderten, sondern nur nach Tausenden zählen, groß und schwarz, und alle weideten sie da mit gesenkten Köpfen. Sie zogen nach Süden, über unsern Weg hinweg, und es dauerte viele Stunden, bis sie vorbei waren. Sam Purchas und Hauptmann Mercy ritten hinunter zum Rand der Herde und schossen einige jüngere Kühe, deren Fleisch gut schmeckt. Nach einer Weile waren die Büffel vorbeigezogen, und wir hielten an, um die erlegten Tiere zu zerlegen.

Wo Auswanderer auch hinkamen, kündeten sie ihre Gegenwart dadurch an, daß sie auf alles schossen, was sich bewegte: auf Antilopen, Hirsche, Büffel, Präriehunde, Schnepfen, Adler, Biber. Nur wenige machten die Reise ohne traurige Tagebucheintragungen: „Heute haben wir Jacob Dryer aus Framingham begraben. Er zog seine Flinte aus dem Wagen und dachte nicht daran, daß sie geladen war, sie hat ihm die Brust aufgerissen." Oder: „Die kleine Helen Dover ist tot. Ein Mann, der in einem benachbarten Wagen fuhr, hielt sein Gewehr auf den Knien. Es ging aus Versehen los, und die Kugel hat ihr die Schädeldecke weggerissen."

Am 12. Juli fuhren die drei Wagen in auseinandergezogener Formation nach Westen, als zwei Pawneekrieger am Nordufer des Platte entlanggeritten kamen. Sam Purchas ergriff seine Büchse und jagte einem der jungen Männer eine Kugel durch den Kopf. Ein Blutstrahl schoß aus der Stirn des Indianers, und er fiel zu Boden. Der andere Krieger wäre von Purchas auch noch niedergeknallt worden, wenn Hauptmann Mercy den Lauf nicht beiseite geschlagen hätte.

Wie durch ein Wunder griff der aufgebrachte Stamm der Pawnee den Treck nicht an. Aber am nächsten Tag stieß die Gruppe von Purchas auf einen sechsjährigen Jungen und ein vierjähriges Mäd-

chen, die verstört neben einem ausgebrannten Wagen saßen. Dicht bei ihnen lagen die skalpierten und aufgedunsenen Leichen ihrer Eltern im Staub.

„Kinder können wir keine mitschleppen", warnte Purchas. „Laßt sie hier. Irgend jemand wird sie schon finden."

„Ich nehme die Kinder mit", sagte Elly ruhig.

„Hier werden keine Kinder mitgeschleppt", brüllte Purchas. Er zog seinen Revolver, aber Levi packte ihn beim Arm und warf ihn zu Boden. Als Purchas nach seinem Messer griff, versetzte ihm Levi einen Hieb ins Gesicht. „Ich nehme die Kinder", erklärte er und übergab sie Ellys Obhut, die sie im Conestoga unterbrachte.

Hauptmann Mercy ließ Gräber ausheben und las für die beiden Toten eine kurze Grabrede aus seinem Militärhandbuch. An diesem Abend schrieb Elly:

> Wir haben die Kinder in unsern Wagen gebracht, und sie sollen von jetzt an unsere Kinder sein. Dies ist keine gewöhnliche Reise, denn wir ziehen durch die Unendlichkeit.

Jeder, der nach dem Westen reiste, trug falsche Vorstellungen schwerwiegendster Art mit sich, Irrtümer, die hartnäckig bestehenblieben und großen Schaden anrichteten. Hauptmann Mercy konnte keine Verwendungsmöglichkeit für das Land, durch das sie reisten, erkennen und berichtete folgendes nach Washington:

> Das Land jenseits des Missouri ist unfruchtbar, windgepeitscht, ohne Schutz für Mensch und Tier und ohne die geringsten Zukunftsaussichten. Ein zivilisierter Mensch könnte weder in Nebraska noch in Kansas leben, und was die weiter westlich gelegenen Gegenden betrifft, so können vielleicht ein paar Mexikaner in Santa Fe ihr Leben fristen, aber sonst niemand. Es ist eine Wüste, unkultivierbar, unfruchtbar und nutzlos.

Sam Purchas und Oliver Seccombe teilten die üblichen falschen Vorstellungen über Indianer. Sam war überzeugt, daß die Indianer ursprünglich aus Ägypten stammten, wo sie dem Pharao, der Moses verfolgt hatte, gedient hatten. „Sie wurden zur Strafe hierhergeschickt", sagte er, „und es ist unsere Pflicht, sie zu bestrafen, wo es uns nur möglich ist."

Seccombe glaubte – wie viele Intellektuelle seiner Zeit –, die Indianer seien in Wirklichkeit die Elite der Bevölkerung von Wales, die irgendwann nach Amerika ausgewandert sei. Er war überzeugt, daß er irgendwo auf den edlen Waliser-Indianer stoßen würde, den er suchte. Große Hoffnungen hatte er auf die Cheyenne gesetzt, von denen er gehört hatte, daß sie stolze Erscheinungen von hohem Wuchs seien und eine hochentwickelte Gesellschaftsordnung besäßen.

Levi Zendts falsche Auffassung – die seltsamste von allen – war an jenem verregneten Nachmittag in St. Louis geboren worden, als er zum erstenmal den ungeheueren Urelefanten des Westens sah. Nachdem er jetzt am Abend Elly geholfen hatte, die beiden Waisenkinder zu Bett zu bringen, meldete er sich freiwillig für die erste Wache. Während er das Firmament beobachtete, sah er, wie in den Wolken riesige Formen Gestalt annahmen, und ein Gefühl von geheimnisvollem Entsetzen bemächtigte sich seiner.

„Sergeant Lykes!" rief er. „Was ist das?"

„Nur der Elefant . . ., er wedelt mit seinem Schwanz."

Und kaum waren die Worte gesprochen, als Levi sehen konnte, wie das riesenhafte Tier das Firmament auffraß, und wie aus weiter Ferne hörte er die geisterhafte Stimme des Sergeanten Lykes die Geschichte von dem Untier erzählen, das auf der Prärie umherschlich und die Herzen der Auswanderer in Schrecken versetzte. „Er ist höher als die meisten Bäume und hat Stoßzähne, die sind wie Türkensäbel nach hinten gekrümmt. Er hat einen Rüssel, der wie ein Orkan peitscht, und einen Schwanz, der einen Wagen von der Straße fegen kann."

Seccombe, der die Stimmen gehört hatte, trat hinzu. „Es gibt von hier bis zu den Bergen etwa vierzig ganz große. Einer hatte sich am Big Blue versteckt und uns bedroht, als wir hinüberwollten. Aber ihr Sammelplatz liegt weiter westlich, hinter Fort John."

Die Ausgrabungen von Mastodonskeletten, wie in St. Louis eins ausgestellt war, hatten die Sage von einem Elefanten entstehen lassen, der auf der Prärie umherschweifte; und Dutzende von Dokumenten bezeugten die Existenz dieses Untiers. Als Levi nach seinem Wachdienst zum Feuer zurückkehrte, suchte Purchas ihn auf, um den Streit wegen der Kinder beizulegen. Er schenkte

Kaffee ein. „Habt Ihr schon mal den Elefanten gesehen, Deutscher?"

„Ja."

„Wo?"

Levi zögerte. „Ich hab ihn gesehn", sagte er leise.

Etwas in der todernsten Miene des Deutschen verriet die Tatsache, daß er an den Big Blue und den schlingernden Wagen dachte. „Ach, Ihr meint ... Ja, bei Gott, Ihr habt ihn wirklich gesehen, den Elefanten."

Und noch einmal fühlte Levi die Verzweiflung, die ihn am Big Blue gepackt hatte, als es so aussah, als ob Elly vom Strom weggerissen würde. In jenem Augenblick hatte er gefühlt, wie unendlich er sie liebte. Andere Männer, tapferer als er, waren hineingesprungen, um sie zu retten, und er hatte am verdunkelten Himmel den Unheil brütenden Elefanten gesehen, der Männern den Mut aus den Knochen saugte. Er ging zum Planwagen. Drinnen schlief Elly mit den Waisenkindern in ihren Armen. Sie schien die Krönung alles dessen zu sein, was Männer auf Erden lieben, und er beugte sich nieder und küßte sie.

Am 15. Juli begegneten sie Fremden, die den Elefanten gesehen hatten. Es waren Umkehrer, Auswanderer, die so weit nach Westen durchgehalten hatten, wie ihr Mut es erlaubte. Aber der Elefant hatte mit seinem Schwanz zugeschlagen, und nun huschten sie wie verscheuchte Mäuse zurück nach St. Joseph und zur Zivilisation – sechs Wagenladungen mit nur neun überlebenden Ochsen.

Levi warf nur einen Blick auf die völlig verschreckten Frauen und sagte: „Ich geb Ihnen meine beiden Reserveochsen."

„Den Teufel werdet Ihr tun!" schrie Purchas. „Wir brauchen unsere Ochsen selber. Vielleicht zum Essen."

„Ich gebe ihnen zwei Ochsen", sagte Levi so bestimmt, daß Purchas sich zurückzog. Aber im nächsten Augenblick war er wieder da mit einem vernünftigen Vorschlag. „Wenn sie sowieso zurückfahren, können sie doch die beiden Kinder mitnehmen."

Alle waren mit dem Vorschlag einverstanden, und die Vorbereitungen zur Übergabe der Kinder wurden getroffen. Aber Elly fing an zu weinen.

„Sie müssen wirklich zurück", sagte Hauptmann Mercy mit dem Versuch, Elly zu trösten, während Levi die Kleinen dem Führer der Umkehrer übergab. Dann brachte Levi aus seiner Hosentasche fünfzig Dollar zum Vorschein, drückte dem erschöpften Mann das Geld in die Hand und sagte: „Das ist für die Kinder. Und wenn Sie sie in irgendeiner Form schlecht behandeln, dann möge Gott Ihre jämmerliche Seele dafür strafen."

Am 16. Juli hätten sie, nach landesüblicher Berechnung, die kontinentale Wasserscheide überschreiten müssen, aber sie hatten neunzehn Tage Verspätung. Purchas, der Wagenzüge gesehen hatte, die im Schnee umgekommen waren, bestand darauf, daß sie noch am selben Tag den Süd-Platte überquerten. Es gelang ihnen, wenn auch mit Schwierigkeiten, denn der Fluß hatte eine starke Strömung, und der Grund bot keinen sicheren Halt und gab dauernd nach. Genau bei Sonnenuntergang wurde der Conestoga als letzter Wagen auf das Nordufer gezogen.

Etwa um Mitternacht führte Levi seine Frau zum Fluß hinunter und ließ sie ihren Kopf unter Wasser tauchen. „Ich konnte hören, wie der Fluß Sand, Kies und sogar große Felsbrocken auf dem Grund weiterschob", schrieb sie an Laura Lou, „und Levi meinte: ‚Er lebt und hat uns beinahe wie in einer Falle gefangen.'"

Am nächsten Tag mußten sie schnell die Halbinsel zwischen Süd- und Nord-Platte und danach den Steilhang bei Ash Hollow bewältigen. Als sie schließlich den Conestoga hinunterließen, rissen die Stricke. Das Gefährt raste bergab, und das linke Hinterrad brach. Einen ganzen Tag mußten sie dort bleiben, und alle Männer beteiligten sich an den Ausbesserungsarbeiten.

Jetzt lagen zweihundertvierzig Kilometer ebener Strecke vor ihnen. Eines Tages erblickte Purchas bei Einbruch der Dämmerung im Norden eine Schar Indianer auf dem Kriegspfad und gab Hauptmann Mercy ein Zeichen, mit Vorsicht weiterzuziehen. An diesem Abend bestand er darauf, daß die Wagen dicht zusammengeschoben wurden. Levi Zendt hatte die Wache von zwei bis fünf. Vor Morgengrauen hörte er den Ruf von drei erwachenden Vögeln. Als er genauer hinhorchte, kam er zu dem Schluß, daß diese Vogelrufe von Indianern stammten. Er gab einen Warnschuß ab und rief: „Indianer!" Er hatte recht. Sechzehn oder siebzehn Oglala Sioux kamen in donnerndem Galopp herangeritten. Einer hielt eine weiße Fahne hoch.

„Hallo!" rief ihr Anführer, ein Halbblut. „Speck?"

„Das ist Jake Pasquinel“, flüsterte Purchas. „Seht die lange Narbe auf seiner rechten Backe!“

Als Hauptmann Mercy das hörte, hielt er den Atem an. Dann rief er: „Jake Pasquinel! Kommen Sie her! Wir haben Speck.“

Die Sioux waren überrascht, daß der weiße Mann ihren Anführer kannte. „Sie auch, Mike Pasquinel“, rief Mercy. „Kommen Sie ruhig her.“ Die Indianer fingen an zu lachen, und es wurden allerlei derbe Späße gemacht, bis die zwei gutaussehenden Männer, die Mitte Dreißig sein mochten, abstiegen und auf die Wagen zu kamen.

Hauptmann Mercy gab sein Gewehr ostentativ an Oliver Seccombe und ging ihnen entgegen. Die beiden Männer blieben stehen, und Mercy streckte ihnen seine Hand hin, wobei er sagte: „Jake Pasquinel, ich habe schon viel von Ihnen gehört.“

Der Halbindianer beachtete die Hand nicht und fragte mißtrauisch: „Wieso kennen Sie meinen Namen?“

Mercy ergriff die Rechte des Mannes. „Man hat mir erzählt, ich könnte Sie an diesem Finger erkennen“, sagte er und deutete auf einen Finger, an dem ein Glied fehlte. Dann wies er auf die Narbe auf der rechten Wange des Mannes. „Und an dieser Narbe.“

„Wer sind Sie?“

„Hauptmann Maxwell Mercy von der Armee der Vereinigten Staaten.“

„Kommen Sie, um zu kämpfen?“

„Nein, ich bin hergekommen, um ein neues Fort zu gründen. Rufen Sie Ihre Krieger her.“

Auf offener Prärie wurde eine Beratung abgehalten. Hauptmann Mercy, Oliver Seccombe und Sam Purchas saßen auf einer Seite und ihnen gegenüber die beiden Pasquinels und zwei Oglala-Häuptlinge. Hauptmann Mercy versicherte den Indianern, daß die Regierung der Vereinigten Staaten nichts weiter fordere als einen sicheren Durchmarsch für die Auswanderer nach Oregon.

Einer der Oglala brach in eine heftige Rede aus, die Jake Pasquinel übersetzte. „Wildes Pferd sagt, daß man dem hier, Gestutzte Nase“ – er deutete auf Sam Purchas –, „nicht übern Weg trauen kann. Böser Mann. Tötet Indianer.“

„Sagen Sie den Häuptlingen“, erwiderte Purchas, „daß Ihr Pasquinels verdammt mehr Weiße umgebracht habt als ich im ganzen Leben Indianer." Aber Jake Pasquinel schwieg, deshalb versuchte Purchas, sich den Häuptlingen mit Zeichensprache und einigen indianischen Brocken verständlich zu machen.

Das Palaver dauerte mehrere Stunden, wobei Pfeifen geraucht und Speckseiten verschenkt wurden. Schließlich fragte Jake Pasquinel: „Also was für Land wollen Sie für Ihr Fort nehmen?"

„Das wissen wir noch nicht", erklärte Mercy. „Deswegen bin ich ja hier." Nach längerem Schweigen fuhr er fort: „Ich überlege gerade, Jake, ob Sie und Mike wohl für die nächsten drei Monate meine Führer sein wollen?"

Jake überdachte das Angebot einige Minuten, dann machte er einen Gegenvorschlag. „Ich bin ein Halbblut. Wenn ich für Sie arbeite, sagen die Indianer: ‚Pasquinel ist ein Verräter.' Aber der hier, Rote Feder" – er zeigte auf einen der um sie herumstehenden Krieger –, „der kann etwas Englisch. Der wird Sie führen."

Purchas gefiel das Angebot nicht. „Damit Sie freie Hand zu weiteren Mordtaten haben, was, Pasquinel?"

„Der Tag muß kommen", erwiderte Jake ruhig, „wo das Morden aufhört. Wenn Sie aufhören, höre ich auch auf."

„Du könntest nicht mal aufhören, Kaninchen umzubringen", knurrte Purchas bissig.

Jake starrte den Pelzjäger böse an, dann fuhr er mit dem rechten Daumen über seine Kehle. „Sie werden wir doch noch umbringen, Squawmörder", sagte er.

Der Spitzname „Gestutzte Nase" hatte Purchas nicht aufgebracht, aber als der Indianer diese Bezeichnung gebrauchte, die er verdiente und haßte, sprang er auf. Mercy zog ihn wieder herunter. „Wir nehmen Rote Feder", sagte er, „und wenn wir uns für einen Platz entschieden haben, unternehmen wir nichts, ehe wir uns mit Ihnen, Mike und den Oglala-Häuptlingen getroffen haben."

Die Oglala Sioux saßen auf und ritten davon. Ihre Rücken waren den Planwagen zugewandt, als sie eine Stimme entsetzt „Nein! Nein!" schreien hörten. Gleich darauf krachte ein Schuß. Als sie im Sattel herumfuhren, sahen sie, daß Hauptmann Mercy das Gewehr hochgeschlagen hatte, mit dem Sam Purchas Jake Pasquinel in den Rücken schießen wollte. Jetzt holte Mercy mit seinem rechten Arm aus und schlug Purchas zu Boden.

Am 29. Juli erreichte der Wagenzug die Stelle, wo der Laramie in den Platte mündet, und über dem Fluß sahen sie in der Ferne Fort John, einen Handelsposten mit drei Türmen und Lehmziegelwänden. (Später wurde daraus Fort Laramie, ein bedeutender Mittelpunkt der Zivilisation des weißen Mannes zwischen dem Missouri und dem Stillen Ozean.)

Für die Zendts war es höchste Zeit, daß sie hier ankamen. Sie brauchten einen Schmied, der ihnen das beschädigte Rad reparierte. Nachdem sie ihren Conestoga in die Palisadenumzäunung hineingefahren und beim Schmied abgeliefert hatten, suchten sie die Gemischtwarenhandlung auf, wo sie den Inhaber, einen großen, hageren Mann Ende Sechzig, und seine Gehilfin, eine gutaussehende Indianerin, antrafen.

„Levi Zendt aus Lancaster. Ich brauch 'ne Menge Sachen."

„Alexander McKeag aus Schottland. Hier kriegen Sie alles."

„Das ist meine Frau Elly. Geben Sie ihr, was sie braucht."

„Das ist meine Frau Tonschale. Sie wird Ihnen helfen."

Sie begannen ein interessantes Gespräch, zwei Männer, die keinen Sinn für unnützes Geschwätz hatten. Zendt erzählte von den Erlebnissen ihrer Reise, und dann fragte er aus einem ihm selbst unerklärlichen Grund: „Wie kamen Sie dazu, sich hier niederzulassen?" McKeag antwortete: „Ich hätte es nicht getan, wenn der Verkehr weiter südlich durchzöge", und er erzählte von dem guten Land, wo er bei den Klapperschlangen-Felsen am Süd-Platte Biber gefangen hatte und wo seine Frau aufgewachsen war.

„Hauptmann Mercy sagt, das ist alles Wüste."

„Bestärken Sie ihn darin. Er soll das ruhig weiter sagen, dann kommt das Gesindel nicht dorthin."

Als die Zendts später mit Hauptmann Mercy und den anderen Offizieren im Stabsgebäude beim Abendessen saßen, sagte Elly: „Ich war überrascht, daß Mr. McKeag hier solch eine Auswahl an guten Lebensmitteln hat."

„Wer?" fragte Hauptmann Mercy.

„Alexander McKeag", sagte Levi.

Als Mercy diesen Namen hörte, stand er auf, entschuldigte sich und eilte zum Laden hinüber. Als er eintrat, sah er, daß der große Schotte und seine indianische Frau gerade dabei waren, Feierabend zu machen.

„Alexander McKeag?“ fragte er. Der Schotte nickte, und Mercy wandte sich zu McKeags hübscher Indianerfrau. „Tonschale?“ Sie blickte verwundert auf, und er nahm ihre Hände und küßte sie.

„Wer sind Sie?“ fragte sie.

„Maxwell Mercy aus New Hampshire. Ich bin mit Lisette, der Tochter von Pasquinel in St. Louis, verheiratet.“

McKeag ging zur Tür und schloß sie ab, dann zog er die Jalousie herunter. „Wie geht es ihrer Mutter, Lise Pasquinel?“ fragte er.

Lise Pasquinel, geborene Bockweiß, war die Tochter eines wohlhabenden deutschen Silberschmieds und die Witwe des französischen Pelzjägers, von dem sie zwei Kinder hatte, Cyprian und Lisette. Aus Pasquinels ungesetzlicher, bigamistischer Ehe mit Tonschale, der Tochter des berühmten Kriegers Lahmer Biber, waren Jake, Mike und Lucinda hervorgegangen. Pasquinel hatte alle seine Kinder gleich liebgehabt. Nach seinem Tode hatte sein Partner McKeag sich der indianischen Witwe angenommen, deren Tochter Lucinda er wie sein eigenes Kind behandelte. Deren Brüder – der schlanke, temperamentvolle Jake und der rundliche, freundliche Mike – hatten die Familie verlassen und lebten bei den Sioux.

„Lise ist die große Dame in St. Louis“, sagte Mercy in warmem Ton. „Und Cyprian sitzt im Senat von Missouri.“

„Ist Lisette hübsch geworden?“ fragte McKeag.

„Hinreißend!“ Hauptmann Mercy zog eine Miniatur seiner Frau aus der Tasche.

Dann fragte Tonschale: „Sie sind meinen Söhnen in der Prärie begegnet, nicht wahr?“

„Ja“, antwortete Hauptmann Mercy ruhig, „Jake und Mike.“

„Haben sie wieder etwas angestellt?“

„Ich glaube, ja.“

Als er das sagte, strich sie mit den Händen über ihr Gesicht. Hauptmann Mercy stellte fest, daß sie eine sehr würdevolle Frau war.

Er ergriff ihre Hände und sagte: „Dieser Pasquinel, der hat es verstanden, schöne Frauen zu heiraten.“

In diesem Augenblick kam ein siebzehnjähriges Mädchen herein, das in Elchleder gekleidet war. Sie war groß, schwarzhaarig, und ihr Gesichtsschnitt verriet indianische Abstammung. Sie stellte sich als Lucinda McKeag vor und erzählte, daß drüben die Musikanten aufspielten und eine Tanzerei im Gange sei.

Die nächsten Abende gab Hauptmann Mercy Abschiedsgesellschaften für die Auswanderer, die nach dem Westen weiterziehen wollten, aber eines Morgens wurde es ernst, als von dem Wachtturm der Ruf erschallte: „Die Brüder Pasquinel mit einer Rotte kriegerischer Indianer! Arapaho und Cheyenne!“

Alle kletterten auf die Türme, um die Indianer herannahen zu sehen. Es war Sommer, und die Krieger trugen nur einen Lendenschurz, ihre Körper leuchteten wie Bronze in der Morgensonne. Sie saßen auf ihren Pferden, als wären die Schecken ein Teil von ihnen. Wie schön sie waren, wie selbstbewußt. Noch beherrschten sie das Land, Büffel waren reichlich vorhanden, und Indianer waren noch kein Freiwild für die Soldaten.

Oliver Seccombe war hoch erfreut. „Das sind die Indianer, nach denen ich gesucht habe“, rief er, kletterte die Leiter hinunter und rannte ihnen entgegen, um sie zu begrüßen. Der erste Krieger, auf den er traf, war Häuptling Verirrter Adler, ein Enkel von Lahmer Biber, über den die Legende ging, er habe seine Feinde – wie durch einen Zauber – mit goldenen Kugeln getötet. Verirrter Adler war vierunddreißig Jahre alt und hatte eine breite Stirn, tiefliegende Augen und sehr hohe Backenknochen.

Er ritt an Seccombe vorbei und sah zu seiner Freude, daß Tonschale, seine Tante, im Fort war. Er stieg ab und ging mit ausgestreckten Armen auf sie zu. Dann begrüßten Hauptmann Mercy und Häuptling Verirrter Adler einander respektvoll, und Mercy sagte: „Ich bringe euch viele Geschenke von eurem Großen Weißen Vater in Washington.“

„Warum sind wir zu einer Versammlung hergerufen worden?“ fragte Verirrter Adler, und nachdem Jake Pasquinel das übersetzt hatte, antwortete Mercy: „Der Große Weiße Vater in Washington braucht ein Fort für seine Soldaten irgendwo hier im Westen. Nicht, um zu schießen, nicht, um zu töten. Nur zum Beschützen.“

„Wir wollen auch beschützen“, sagte Verirrter Adler. „Wir wollen nicht, daß man unsere Squaws tötet, und nicht, daß unsere Büffel von unserem Gebiet vertrieben werden.“ Er hielt inne. „Und auch nicht, daß man unseren Männern, wie Jake hier, in den Rücken schießt.“

„Ich habe Jakes Leben gerettet", sagte Hauptmann Mercy ernst.

„Das wissen wir. Warum?"

„Weil er mein Bruder ist. Ich bin mit seiner Schwester, Lisette Pasquinel, verheiratet." Diese Erklärung löste einen wahren Sturm von Debatten unter den Indianern aus, und Jake Pasquinel und sein Bruder Mike fragten Mercy, ob es auch wahr sei, was er eben gesagt habe.

Er holte die Miniatur hervor, und sie ging bei allen Häuptlingen von Hand zu Hand.

Am selben Abend kamen Jake und Mike, ihre Schwester Lucinda McKeag und Tonschale mit Hauptmann Mercy zusammen. Jake war dafür, daß die Häuptlinge dem Großen Weißen Vater in Washington Arapaholand für ein Fort zuweisen sollten. Als es jedoch darum ging, dieses Land genauer zu bestimmen, stellten Hauptmann Mercy und Sergeant Lykes fest, daß sie nicht mit Verirrter Adler verhandeln mußten, sondern mit Gebrochener Daumen, einem jungen Häuptling der Cheyenne, einem Mann, der durch die Räubereien und Übergriffe von Auswanderern bis oben hin mit Haß geladen war. „Sie töten unsere Büffel und essen sie nicht. Sie fällen unsere Bäume, aber bringen keine Geschenke."

In seinem Bericht an Fort Leavenworth schrieb Mercy: „Einen Cheyenne-Häuptling, Gebrochener Daumen, wird man im Auge behalten müssen."

Als es soweit war, daß die Auswanderer weiterziehen konnten, verabschiedeten sie sich mit Bedauern von Hauptmann Mercy und Sergeant Lykes. Und jetzt fing der Elefant an, mit seinem Schwanz zu schlagen.

Elly Zendt war etwas hinter einem Hügel zurückgeblieben und suchte nach Büffelfladen, den runden, flachen, getrockneten Überresten von Dung, die so gleichmäßig brennen und solch gutes Feuer zum Kochen abgeben, als sie jemanden hinter sich spürte. Es war Sam Purchas.

Er packte sie und zwang sie zu Boden. Sie wehrte sich mit Händen und Füßen, aber er riß sein Messer aus der Scheide und knurrte: „Ein Laut, und ich bring dich um."

Er zerrte an ihren Kleidern. Sie stieß einen wilden Schrei aus und versuchte, ihn mit Fußtritten abzuwehren. Levi hatte ihren Schrei gehört, kam über den Hügel gerannt und packte Purchas an der Kehle. Wenn Elly nicht eingegriffen hätte, Levi hätte ihn umgebracht.

Noch vor Sonnenuntergang hatten die Fischers und die Fraziers darauf bestanden, allein weiterzuziehen. „Wir wollen nichts mehr mit dieser jämmerlichen Gruppe zu tun haben“, war ihre Erklärung.

Erst Oliver Seccombe fand die Lösung, wie die vier Übriggebliebenen weitermachen konnten. „Ich versichere euch, daß so was nicht wieder vorkommen wird“, sagte er. „Denn wenn das der Fall sein sollte, werde ich persönlich Mr. Purchas eine Kugel durch den Kopf jagen. Verstanden, Sam?“

„Das haben schon viele Männer versucht, junger Mann“, erwiderte Purchas.

Dem ausgebesserten Hinterrad des Conestogas waren sehr bald Anzeichen von Schwäche anzumerken, und am vierten Tag nach der Abreise von Fort John brach es endgültig zusammen. Seccombe war der Meinung, daß die einzige Möglichkeit, die Reise fortzusetzen, darin bestand, den Wagen mittendurch zu sägen, den größten Teil der Ladung wegzuwerfen und mit einem zweirädrigen Karren weiterzurumpeln.

Jetzt kam der schwerste Teil. Elly und Levi mußten sich entscheiden, was sie zurücklassen und was sie behalten wollten. Das Reservefaß mit Speck – weg damit! Das Kochgeschirr aus Cincinnati – raus! Die Reservestoffballen – auch raus! Über diese Entscheidung schrieb Elly an Laura Lou:

> Dienstag, den 6. August ... Als wir damit fertig waren, habe ich geweint. Ich ging zu dem großen Felsen, auf den Leute ihren Namen geschrieben haben, nahm einen Stein und ritzte auf diese Wüstenzeitung folgende Botschaft: „Am heutigen Tag haben Levi und Elly Zendt ihren Conestoga mittendurch gesägt und das meiste ihrer Ladung weggeworfen. Hoffentlich finden Indianer oder Leute in Not den Speck.“

Der zweirädrige Karren ermöglichte es ihnen, schneller zu fahren, und am nächsten Tag schafften sie fünfunddreißig Kilometer, aber am 8. August starb einer der Ochsen. Elly Zendt weinte, als sie dem ausdauernden, ernsten Geschöpf, das sie richtig liebgewonnen hatten, das Geschirr abnahmen.

Am nächsten Tag überquerte die kleine Karawane die kontinentale Wasserscheide, und Purchas rief: „Von hier an geht's dauernd bergab!" Ellys Brief gab die Stimmung wieder, die viele Auswanderer ergriffen hatte:

> Freitag, den 9. August ... Ich kann es nicht glauben. Von Pittsburgh an, das nicht sehr hoch überm Meeresspiegel liegen kann, sind wir, soweit ich mich erinnere, nie einen Berg oder auch nur einen Hügel hinaufgestiegen, und doch befinden wir uns jetzt mitten in den Rockies auf dem höchsten Punkt eines Gebirgszuges, über zweitausendvierhundert Meter hoch. Ich überlege, ob nicht das Leben ganz ähnlich ist. Wir gehen dahin, ohne uns viele Gedanken zu machen, und die ganze Zeit erklimmen wir einen sehr steilen Berg der Einsicht und Erkenntnis.

Dann, als hätte Elly das Schicksal herausgefordert, ging Levi in der Nacht des 10. August, als der Weg nach Oregon ohne Hindernis und leicht vor ihnen lag, in die Dunkelheit hinaus, um nach den Ochsen zu sehen. Da erhob sich aus den Schatten der Elefant. Er war riesengroß, zehn bis zwölf Meter hoch, mit grimmigen, gekrümmten Stoßzähnen und kleinen runden Augen, die glühten. Das gespenstische Untier schien Levi all die Schrecken, die sie durchgemacht hatten, und all das, was auf dem Weg nach Oregon noch vor ihnen liegen mochte, in sich zu vereinigen. Die Drohung, die von diesem riesigen Ungeheuer ausging, war überwältigend, und Levi erkannte, daß ihm bestimmt war umzukehren. Er ging zum Lager zurück, weckte Elly und erzählte es ihr. Sie machte keinen Versuch, ihm abzuraten, und vor Morgengrauen weckte er die andern und sagte ihnen: „Wir kehren um. Ich hab den Elefanten gesehen."

Wenn jemand auf diesem Weg den Elefanten sah, dann mußte er die Warnung beachten.

„Ihr seid also Umkehrer?" fragte Purchas verächtlich.

„Ich hab den Elefanten gesehen", wiederholte Levi. „Und er hat mir Sie gezeigt, wie Ihr Kopf nach einer Seite baumelt, weil man Sie in Oregon todsicher aufhängen wird."

Während er sich von Seccombe verabschiedete, verlor Levi Purchas aus den Augen und entdeckte erst einige Stunden später, als er und Elly schon ein gutes Stück auf dem Rückweg waren, was Purchas angestellt hatte.

„Der alte Schweinehund hat mein Gewehr gestohlen“, sagte er. Elly durchsuchte den Wagen, aber die schöne Fordney-Büchse mit dem Ahornschaft war verschwunden. Ebenfalls ihr gestrickter Geldbeutel und ihre gute Schere. An dem Abend schrieb sie:

> Wir haben viele Namen für das erfunden, was wir mit unserer Umkehr tun, aber der richtige Ausdruck ist einer, den wir noch nicht gebraucht haben. Er heißt *Niederlage,* Verzicht auf all das, worauf wir gehofft hatten. Die Pferde, die wir liebten, sind verloren. Die prächtigen Ochsen, die so gut zu uns waren, sind dem Tode nah und brechen mir das Herz mit ihrem treuen Weitertrotten. Sie können nicht mehr lange durchhalten. Sogar unser Wagen ist ein armes Ding mit nur zwei Rädern. Wir haben die Hoffnung verloren ...

Am 19. August kamen sie wieder in Fort John an. Ihre Vorräte waren knapp geworden. Sie gingen schnurstracks zu dem Laden, wo McKeag sagte: „Ich hätte nie geglaubt, daß Sie aufgeben würden.“ Sie unterhielten sich lange, und am Ende fragte Levi: „Diese gute Gegend da im Süden. Klapperschlangen-Felsen haben Sie's genannt. Haben Sie je daran gedacht, dorthin zurückzugehen?“

„Jeden Tag meines Lebens, aber ich hab nie einen Partner gefunden.“

„Warum versuchen wir's dann nicht zusammen?“

„Ja, warum eigentlich nicht?“ sagte McKeag und rief seine Frau herbei. Mit Tonschale und Lucinda besprachen sie die Gefahren, die damit verbunden waren, und kamen überein, daß sie nach Süden ziehen würden, um einen Handelsposten für Indianer zu eröffnen, sobald McKeag sein hiesiges Geschäft jemand anderem übergeben konnte.

Sie waren drei Tagereisen von Fort John unterwegs, als McKeag den Zendts eröffnete: „In der Bank von St. Louis habe ich dreiundzwanzigtausend Dollar. Wir werden dort drei Wagenladungen Waren besorgen.“

„Woher haben Sie dreiundzwanzigtausend Dollar?“

„Erspart, während mein alter Partner Pasquinel sein Geld verschwendet hat.“

„Ich kann zweitausend Dollar vom Erlös meiner Pferde einbringen", sagte Levi. Auf diese Weise kam eine solide Partnerschaft zustande.

Der Sommer war beinahe vorüber, und McKeag erklärte, es sei zu spät, noch in diesem Jahr Waren aus St. Louis zu beschaffen, und sie sollten deshalb die Zeit dazu ausnutzen, am Beaver Creek ein stattliches Haus auf einer Anhöhe zu bauen; dort waren sie vor Überschwemmungen des Süd-Platte geschützt.

Als die Männer eines Abends über dieses Haus sprachen, nahm Tonschale Elly beiseite und sagte: „Wir müssen auf einem Zimmer mehr bestehen, weil dein Kind es brauchen wird."

„Woher weißt du es?"

„Indianerfrauen beobachten."

Als Elly sich entschloß, es ihrem Mann zu sagen, entdeckte sie, daß er es fast von Anfang an gewußt hatte. „Ich achte auf Kleinigkeiten", sagte er. „Außerdem wirst du immer schöner." Das war richtig. Mit ihrer Schwangerschaft hatte Elly eine stille Heiterkeit angenommen, die sie vorher nie gekannt hatte, und ihr mageres Gesicht war voller geworden. „Es war in Wirklichkeit nicht der Elefant, der mich zum Umkehren brachte", gestand Levi. „Es war der Wunsch, dich und das Kind zu beschützen."

An diesem Abend schrieb Elly an Laura Lou:

> Dienstag, den 27. August ... Schwanger zu sein, nimmt der Niederlage ihren Stachel. Denn ebenso, wie wir eine neue Gemeinde gründen werden, dort, wo die Flüsse zusammenkommen, so gründen Levi und ich eine neue Familie. Heute nachmittag kamen wir über einen Hügel und sahen vor uns die beiden roten, abgeplatteten Felsen, die unser Ziel waren, seit wir Fort John verlassen hatten. Sie standen da wie die Türme einer Burg und riefen ein solch starkes Gefühl von Heimat hervor, daß wir alle auf dem Hügel stehenblieben, um die Stätte zu würdigen, zu der Gott uns geführt hat. Ich glaube, Tonschale hatte Tränen in den Augen, denn hier hat sie als junges Mädchen gelebt, und ihr Vater schlug gern sein Zelt zwischen den beiden Felsen auf. Mr. McKeag hat auch oft hier allein gelagert. Levis und meine Aufmerksamkeit galt dem Hochgebirge im Westen, und wir beide haben gedacht, wenn wir erst im Schatten dieser majestätischen Berge leben, dann werden wir ihnen ähnlich werden. Ich bin überzeugt, daß eine Familie, die in solch außergewöhnlicher Umgebung aufwächst, stark und ungewöhnlich wird, und ich danke Gott, daß ich ein Kind erwarte.

Am nächsten Morgen war Elly schon zeitig auf, um Frühstück zu machen, und als sie rasch zu dem Haufen von Büffelfladen ging, die Levi fürs Feuer gesammelt hatte, stieß eine riesige Klapperschlange mit schrecklicher Geschwindigkeit nach ihr und schlug ihre Giftzähne tief in ihren Hals. Binnen drei Minuten war Elly tot.

Levi rannte herbei, zu spät sogar für einen letzten Kuß.

„Gott war ihr gnädig“, sagte McKeag und ergriff Zendts Schultern. „Ich hab Leute langsam sterben sehen, ganz aufgeschwollen. Es ist besser so.“

Der stämmige Deutsche konnte nicht getröstet werden. Er hatte allmählich Elly so liebgewonnen, wie nur wenige Männer ihre Frau lieben, und sie in dem Augenblick zu verlieren, wo ein neues Leben begann, war unerträglich.

Am Nachmittag schaufelten sie ein schmales Grab im Windschatten des westlichen Felsens, und dort lag sie, Elly Zahm, die Geduldige, Verständnisvolle. Sie hatte die Liebe all derer gewonnen, denen sie begegnet war. Levi gab ihr die Zeilen mit ins Grab, die bestätigten, daß sie verheiratet gewesen war.

Unterwegs zum Platte starb ein weiterer Ochse, und tags darauf brachen Karren und Räder zusammen. Levi war noch zu benommen, um irgend etwas zu unternehmen, aber McKeag und Tonschale luden seine Sachen auf die überlebenden Ochsen und hackten den Wagen zu Kleinholz.

So erreichte Levi Zendt das Westufer vom Beaver Creek, wo der Handelsposten sein sollte, von Kummer gebeugt und all dessen beraubt, womit er ausgezogen war. Doch als die Monate ins Land gingen, half er McKeag, zwei feste Häuser und drum herum einen Palisadenzaun zu bauen. Bis zum November war die Niederlassung gut gesichert, und an einem kalten, windigen Tag ging McKeag zum Platte hinunter und hackte sich mit dem Beil eine Anzahl von Holzpflöcken zurecht. In Gegenwart von Levi und den Frauen schritt er Grundstücke ab, jeweils eine Meile im Quadrat. „Wir erheben Anspruch auf fünf Landparzellen“, sagte er zu der Gruppe. „Eine für mich, eine für Levi, eine für Tonschale, eine für Lucinda und eine für die verstorbene Elly.“

Aber Levi wurde immer deprimierter und entschloß sich, die Einsamkeit zu suchen, um seinen Schmerz zu überwinden. Er lud sich die nötigsten Dinge auf den Rücken und wanderte zwei Tage lang nach Nordwesten, bis er einige Kalkfelsen vor sich sah, von denen ihm Tonschale erzählt hatte. Dort baute er sich eine Hütte. Er wurde ein richtiger Einsiedler und sprach zu den Enten, die sich auf dem kleinen Bach niederließen, als ob sie Menschen wären. Der Schnee kam, und er ging nie aus seiner Hütte hinaus, hörte nie auf, sich Vorwürfe zu machen, daß er Elly in dieses trostlose Land gebracht hatte – zum Sterben.

Tonschale beobachtete unterdessen das Wetter, und als Ende Februar Tauwetter einsetzte, sagte sie zu Lucinda: „Du mußt zwei Pferde nehmen und zu den Kalkfelsen reiten."

„Warum soll sie gehen?" fragte McKeag. „Ich kann ihn holen."

„Dich braucht er nicht", entgegnete sie. Für Tonschale ging es um ein Menschenleben. Ja, sogar vielleicht um zwei Menschenleben, denn in Fort John hatte sie mit Besorgnis beobachtet, wie Lucindas Interesse von einem unnützen Pelzjäger zum andern überging. „Geh zu ihm", sagte sie, und Lucinda sattelte zwei Schecken und ritt nach Westen.

Als sie zu den Kalkfelsen kam, mußte sie eine Weile suchen, bis sie die Stelle ganz am Nordende fand, wo Zendt sich in seinen Bau verkrochen hatte. Sie stand vor dem Eingang zu seiner Hütte und rief seinen Namen.

Endlich erschien augenblinzelnd ein bärtiger Mann, der den Sonnenschein nicht mehr gewöhnt zu sein schien. „Du bist dreckig", sagte sie, ging hinein und sah den fürchterlichen Zustand, in dem er hauste. Sie merkte, daß er viel zu schwach war, um für die Rückkehr ein Pferd zu besteigen, deshalb bereitete sie ihm ein frisches Lager aus sauberen Zweigen. Sie machte Feuer und kochte ihm eine warme Mahlzeit, die er heißhungrig verschlang.

„Warum tust du das?" fragte er mit zitternder Stimme, und sie antwortete: „Meine Mutter hat mich geschickt. Wir haben dich lieb, Zendt, und wollen nicht, daß du stirbst."

Sie pflegte ihn, bis er wieder bei Kräften war, und eines schönen Märztages zwang sie ihn, eine kurze Strecke zu reiten. Es war offensichtlich, daß er beinahe wieder soweit war, den Heimritt antreten zu können. Als er in dieser Nacht schlafen ging, legte sie sich zu ihm, und einen Augenblick trat die Erinnerung an Elly Zahm zwischen sie. Aber er war ja erst fünfundzwanzig, bald überwältigte ihn ihre Leidenschaft, und eine Woche lang erlebte er ungehinderte Freude und fand neue Kraft.

Die Zeit für ihre Rückkehr kam heran. Sie sattelten ihre Pferde und ritten los. Die Prärie war ein Teppich von Knospen, ein Schauspiel der Natur, wie Levi es so schön noch nie gesehen hatte. Sie ließen die Pferde laufen, wie sie wollten, und mit der Zeit witterten die Tiere den Platte und hielten sich nach Süden zum Wasser und folgten dem Fluß zu der Niederlassung.

Levi bat die Familie McKeag, sich mit ihm hinaus in die Sonne zu setzen, und als sie versammelt waren, sagte er: „Alexander, ich möchte deine Tochter heiraten."

„Höchste Zeit", antwortete McKeag.

„Aber das kann ich nicht, wenn sie nicht Christin ist."

„Also gut, sie ist 'ne Christin."

„Erst muß sie konfirmiert werden und imstande sein, die Bibel zu lesen. Drum hab ich mir gedacht, wenn du nach St. Louis gehst, um unsere Waren zu kaufen, solltest du sie mitnehmen und in eine Schule stecken."

Alle hießen diesen Plan vortrefflich. Tonschale wollte gern, daß ihre Tochter lesen konnte. Und Lucinda hatte schon immer St. Louis kennenlernen wollen. Alexander McKeag schlug noch eine Verbesserung des Plans vor. „Seit der Zeit, wo ich noch Pasquinels Partner war, hält seine Frau in St. Louis in ihrem Haus ein Zimmer für mich bereit. Tonschale und ich werden Lucinda hinbringen. Und während wir dort sind, melde ich unsere Ansprüche auf das Land an."

„Ehe ihr geht, möchte ich noch eine Parzelle bei den Kalkfelsen abstecken", sagte Levi. Also sattelten er und Lucinda ihre Schecken und galoppierten dorthin. Sie schnitten sich Schößlinge und steckten ein Viereck ab.

Der Bericht über die Ankunft von Tonschale und ihrer Tochter Lucinda McKeag mit dem Missouridampfer ging in die Chronik von St. Louis ein. Mutter und Tochter folgten McKeag den Hügel hinauf zur Vierten Straße und erschienen um sieben Uhr morgens in Lise Bockweiß-Pasquinels eleganter Villa aus rotem Backstein. „Ich komme wegen meines Zimmers", verkündete McKeag, nachdem Lise sich von ihrer Überraschung erholt hatte. „Nicht für mich selbst, sondern für Tonschale und meine Tochter Lucinda."

Lise Pasquinel befand sich mitten in der gesellschaftlichen Frühjahrssaison, und diese plötzliche Ankunft von Menschen aus ferner Vergangenheit konnte ihr nicht sehr willkommen sein. Aber als sie sah, wie schön Lucinda war und wie würdevoll Tonschale aussah, rief sie: „Welch prächtige Familie, McKeag!“, worauf er, nicht auf den Mund gefallen, erwiderte: „Sie gehören Pasquinel, aber ich sorge jetzt für sie.“

„Das Zimmer steht bereit“, sagte sie entzückt.

Sie stellte die beiden Frauen als „Mrs. Alexander McKeag, die Gattin des Partners meines verstorbenen Mannes, und ihre reizende Tochter Lucinda“ vor und fuhr damit fort, bis die beiden Indianerinnen von der Gesellschaft der Stadt akzeptiert wurden. Sie wußte, daß die Klatschmäuler sagten: „Die ältere Indianerin ist in Wirklichkeit Pasquinels Frau zur linken Hand und Lucinda dadurch die Halbschwester von Hauptmann Mercys Frau.“

„Für mich ist Lucinda wie eine Tochter“, erzählte Lise aller Welt, „und sie geht jetzt in unsere Klosterschule, um lesen zu lernen.“

Wenn Lise mit Tonschale allein war, sprach sie ganz ungezwungen von ihrem Leben mit Pasquinel und ließ sich mit Vergnügen erzählen, wie der kleine Pelzjäger auf der Prärie gelebt hatte. Sie sagte scherzhaft, daß sie und Tonschale Halbgattinnen wären, genau wie Lucinda und Lisette Halbschwestern. „Ich höre direkt die Leute in St. Louis tuscheln: ‚Die arme Lise. Sie war mit einem nichtsnutzigen französischen Pelzjäger verheiratet, der sie verlassen hat.‘ Aber dadurch habe ich jetzt zwei prächtige Kinder.“ Dann runzelte sie die Stirn. „Aber deine Söhne..., wir hören soviel Schlechtes über sie.“

„Es ist nicht leicht, halb Indianer, halb Weißer zu sein“, sagte Tonschale.

Sie wurden von einem Jungen unterbrochen, der mit der Botschaft angelaufen kam, daß Hauptmann Mercy mit dem Dampfer von Fort Leavenworth zurückgekommen sei.

Hauptmann Mercys Ankunft schuf neue Probleme. Er war sehr um Lucindas Unterhaltung besorgt und machte sie mit einer ganzen Schar von Offizierskameraden bekannt, die sich alle in sie verliebten. Es gab Bälle und Picknicks, aber Lucinda ließ sich durch die Aufmerksamkeiten der jungen Leute nicht betören. Sie hatte die Wochen, die sie bei den Kalkfelsen mit dem schlichten Deutschen verbracht hatte, nicht vergessen.

Mittlerweile beschäftigte sich Levi mit dem Bau eines Pferchs, wo die Indianer, die zum Handeln kamen, ihre Reittiere einstellen konnten. Er freute sich, als er eines Tages seine ersten Besucher herankommen sah.

Es waren etwa zehn Mann, die am Platte entlangritten, offensichtlich nicht auf dem Kriegspfad.

„Wir Pawnee", sagten sie zu ihm, und er war beruhigt, denn die Pawnee waren die Prärieindianer, denen die Weißen am meisten trauten.

„Unser alter Freund McKeag schickt uns her, um helfen, den Platz bewachen", erklärten sie. Sie schlugen ihre Tipis auf und teilten mit Levi, was sie an Antilopen erlegten. Sie blieben bis zum August da, als McKeag mit drei Wagenladungen Tauschwaren zurückkam.

Der Handelsposten wurde unter dem Namen Zendts Farm bekannt. Im ersten Sommer, als es viele Büffel gab, stellte Levi eine Menge Pemmikan, eine Art Landjäger, her. Wenn er Hirsch- oder Rehfleisch hatte, mischte er das hinein, und das Ergebnis war so wohlschmeckend, daß ein Pelzjäger oder Treckführer es dem andern sagte: „Mach bei Zendts Farm halt, und hol dir was von dem guten Pemmikan."

Im Winter 1846 kamen zwei Nachrichten zu Zendts Farm durch. Erst ein Brief von Lucinda:

> Liber Levi,
> Dies ist erster brif das ich schriebe. Ich wiess wer Gott isst und Junkfrau maria. Ich libe dich.
> Lusinda

Die Heiterkeit, die dieser Brief hervorrief, wurde getrübt durch einen Zeitungsausschnitt aus dem *Missouri Republican*, den Levi mit Bestürzung las:

> Die Ballkönigin dieser Saison ist fraglos Miß Lucinda McKeag, die Cousine einer unserer ersten Familien, der Bockweiß-Pasquinels. Miß Lucinda ist die Enkelin des Häuptlings Lahmer Biber, des Arapaho-Helden, der eine Goldmine in den Rocky Mountains entdeckt haben soll.

Als gute sechs Monate später die Karawane von St. Louis sich Zendts Farm näherte, krampfte sich Levis Herz vor Angst zusammen. Und als er im vordersten Wagen nur zwei Pelzjäger sah, schwante ihm furchtbares Unheil. Er ritt weiter zum zweiten, und da sah er Lucinda winken und hörte sie rufen: „Levi! Ich bin wieder zu Haus!“ Er zügelte sein Pferd, saß wortlos da und starrte sie an. Er konnte es einfach nicht fassen, daß sie zurückgekommen war.

Es ergab sich nun das Problem, wie man eine Hochzeit halten sollte, wo der nächste Geistliche erst in Fort Leavenworth wohnte. Deshalb setzte Levi einen Heiratsvertrag auf, der den Gottesbegriff der Mennoniten widerspiegelte, und als er damit fertig war, sagte Tonschale: „Ich möchte gern Jake und Mike als Zeugen haben.“ McKeag sattelte sein Pferd, ritt nach Fort John und kehrte nach einer Woche mit den Brüdern zurück.

Jake war stolz, daß seine Schwester so schön aussah, und es war ein zärtlicher Augenblick, als er sie begrüßte und ihr die Hände küßte. Mike schenkte ihr eine übergroße Decke aus Biberfellen, „groß genug, daß ihr beide darunter schlafen könnt“.

Zendt überraschte die andern, indem er zum erstenmal glattrasiert erschien. Seine Schwäger gratulierten ihm und sagten zu ihrer Schwester: „Jetzt ist er ein echter Indianer.“ Und sie gaben ihm den Namen Klares Gesicht, was soviel hieß wie einer ohne List und Tücke.

2. DAS GEMETZEL

Im Frühjahr 1851 entstand in Washington ein aufregendes Gerücht, das sich bis über die Ebenen des Westens verbreitete.

„Jawohl“, bestätigte ein Pelzjäger aus den Bergen in dem Dorf der Pawnee, „die Regierung der Vereinigten Staaten wird 'ne große Versammlung einberufen... alle Stämme der Prärien... und wir werden ein für allemal festlegen, wem was gehört.“

Die Nachricht verbreitete sich wie ein Lauffeuer am Platte entlang, und nirgendwo rief sie mehr Aufregung hervor als im Fort Laramie (seit 1849 der offizielle Name für Fort John), wo eine kleine Abteilung von hundertsechzig Soldaten unter Hauptmann

William Ketchum die Verantwortung für die Sicherheit dieses Riesenreiches trug. Ein Händler, der Waren für Mr. Tutt, den Nachfolger von McKeag, lieferte, berichtete: „Ich hab zuverlässig gehört, daß es zustande kommt. Etwa zweihundert... dreihundert Indianer sollen zu einer großen Versammlung hierhergeholt werden."

„Mit dreihundert Indianern könnten wir gar nicht fertigwerden", protestierte Ketchum. „Das gäbe ein Blutbad." Er sandte jemand nach Joe Strunk aus, einem Mann aus den Bergen, der als Dolmetscher diente, und erzählte ihm von dem Gerücht.

„Die haben die ganzen letzten zehn Jahre Friedensverhandlungen gehabt", bemerkte Strunk, „und wir haben mehr Feindseligkeiten in der Prärie als je zuvor."

Das war nicht richtig. Mitte des neunzehnten Jahrhunderts waren mehr als 350 000 Auswanderer vom Missouri zum Pazifik am Platte entlanggezogen, und weniger als 300 waren von Indianern getötet worden, während ein Vielfaches dieser Zahl versehentlich durch eigene Schußwaffen umkam. Wenige Massenwanderungen der Geschichte sind so friedlich verlaufen, und das lag hauptsächlich am Verhalten der Indianer.

Ketchum rief einen großen Cheyenne an, der in herausfordernder Haltung außerhalb der Tore des alten Forts herumlungerte. „Gebrochener Daumen! Komm mal her!"

Als der Häuptling herangekommen war, sagte Strunk: „Großer Weißer Vater sagt, er will Frieden. Willst du auch Frieden?"

Gebrochener Daumen starrte den Mann aus den Bergen an, dann den Hauptmann, und fuchtelte mit seiner rechten Hand. Sie war zerquetscht worden, als er beim Stehlen von Lebensmitteln unter die Räder eines Auswandererwagens gefallen war. „Was ist das, was ihr Frieden nennt?" fragte er. „Ihr gebt uns Feuerwasser zu trinken, und wir werden ein Volk von Dummköpfen. Und während wir betrunken sind, nehmt ihr unsere Frauen und vertreibt unsere Büffel. Wir können Frieden haben", sagte er ruhig, „wenn die Unterhändler wie Männer hierherkommen und die großen Probleme lösen. Aber die Unterhändler kommen nie. Nur Soldaten. Nur kämpfen." Damit schritt er aus dem Fort hinaus, stieg auf sein Pferd und bahnte sich platschend durch den Laramie seinen Weg zu der Stelle, wo sein Stamm lagerte.

Im Frühsommer brachten Pelzjäger den Pawnee, den Cheyenne, den Arapaho, den Komantschen und den Kiowa, den Mandan, den Hidatsa und den Arikara folgende Botschaft: „Großer Weißer Vater schickt Grüße. Ihr kommt zur Versammlung, er bringt viele Geschenke.“ Der Nachrichtenüberbringer, der am meisten Hoffnung erweckte, war Major Maxwell Mercy, der jetzt als Indianer-Agent tätig war und Sondervollmacht hatte, das große Unternehmen in Gang zu setzen. Eines Morgens im Juli traf er im Fort Laramie ein, begleitet von sieben Kavalleristen und einer Frau von Anfang Dreißig, die alle von St. Joseph aus scharf geritten waren.

„Große Neuigkeit!“ rief der Major, ehe er am Eingang zum Fort vom Pferd sprang. Hauptmann Ketchum kam heraus, um die Ankömmlinge zu begrüßen, und der Major rief: „Der Vertrag soll hier unterzeichnet werden, Hauptmann Ketchum!“

Ketchum runzelte die Stirn. „Wieviel Verstärkung wird man mir schicken?“

„Freuen Sie sich! Man spricht von tausend Mann Nachschub. Siebenundzwanzig Wagenladungen Geschenke für die Stämme. Zwei Regierungskommissare und wer weiß wieviel Dolmetscher.“

„Wir brauchen mehr als tausend Mann Verstärkung ...“, begann Ketchum. Dann wurde ihm seine Unhöflichkeit bewußt, und er sagte: „Ich habe diese bezaubernde Dame noch gar nicht in unserm Fort willkommen geheißen.“

„Meine Frau, Lisette Mercy.“

Ehe der Hauptmann antworten konnte, war Lisette abgestiegen und hatte seine Hand ergriffen. „Ich werde mich hier sehr wohl fühlen“, sagte sie. „Ich kann mir jetzt schon die Indianer vorstellen. Hunderte von Indianern ... auf all diesen Hügeln.“

Hauptmann Ketchum zuckte sichtlich zusammen. Er fand keinen Gefallen an der Aussicht, Hunderte von bewaffneten Indianern auf diesen Hügeln zu sehen, wenn ihm vielleicht nur zwei Kompanien Dragoner und eine Kompanie Infanterie zur Verteidigung des Forts zur Verfügung standen. Als er und Mercy in seinem Quartier saßen, fragte er: „Werden denn alle Stämme Abordnungen schicken?“

„Das will ich gerade feststellen. Wo halten sich die einzelnen Stämme jetzt auf?“

„Nach den letzten Berichten sind die Oglala Sioux westlich der Flußgabelung. Die Schoschonen weit im Westen vom Laramie-Berg. Die Cheyenne unten in der Nähe vom Horse Creek, die Arapaho beim Steilufer . . .“

„Könnten Strunk und ich jetzt gleich zu den Cheyenne reiten?“

„Selbstverständlich“, antwortete Ketchum, und eine Gruppe von neun Mann wurde zusammengestellt.

Sie ritten am Platte entlang nach Osten bis zum Horse Creek und stießen einige Meilen südlich davon auf die hohen, ordentlichen Zelte der Cheyenne.

„Wo ist Gebrochener Daumen?“ fragte Strunk auf cheyenne.

„Das Tipi dort“, sagte ein Junge, und die Männer ritten dorthin.

Als Major Mercy in das Zelt eintrat, sah er die Männer, die in den nächsten vierzehn Jahren das Verhalten der Indianer in dieser Gegend bestimmen sollten. Bei ihnen saß ein Mann, den Mercy bereits kannte – ein Mann mit einer dunklen, senkrechten Narbe auf der rechten Wange. Es war sein Schwager Jake Pasquinel, der jetzt zweiundvierzig Jahre alt war und von Stamm zu Stamm wanderte. Zu seiner Linken saß Häuptling Gebrochener Daumen. Rechts von Pasquinel hockte Verirrter Adler. Er schien weniger angriffslustig zu sein. Seine tiefliegenden Augen waren kohlschwarz, und er trug den hohen Hut eines weißen Mannes.

Gebrochener Daumen stopfte ein Kalumet. Als die Pfeife angezündet war, nahm er sie in die linke Hand und deutete mit dem ausgestreckten Arm in die vier Himmelsrichtungen. Dann strich er mit den Fingern vom Kopf der Pfeife über ihren einen Meter langen Stiel bis zu seinem Hals. Mit einer waagerechten Bewegung der flachen Hand fuhr er über seine Kehle zum Zeichen, daß das, was er jetzt sagen würde, die heilige Wahrheit war.

Während das Kalumet reihumging, fragte Mercy: „Werdet ihr Häuptlinge zu der Versammlung schicken?“

Gebrochener Daumen griff nach der Friedenspfeife, tat langsam einige Züge und hielt sie dann, in beiden Händen geborgen, auf seinem Schoß. „Vor langer Zeit waren die weißen Männer, die über unser Land zogen, gute Leute. Sie wollten Häuser für sich bauen. Aber in den letzten beiden Jahren kam eine andere Sorte Männer, und alles, was sie haben wollten, war Gold. Sie erschießen unsere Leute. Sie brennen unsere Dörfer nieder. Sie bringen uns die Krankheit, die ihr Cholera nennt. In den Siedlungen der Mandan waren voriges Jahr zwölfhundert Einwohner, dies Jahr sind es weniger als vierzig. Weiße Antilope hier hat sechs Angehörige seiner Familie verloren. Meine eigene Frau und zwei Kinder sind tot!"

„Die Krankheit hat bei uns auch gewütet", sagte Mercy ruhig. „Aber sie wird aufhören. In den Forts werden Ärzte sein –"

„Forts?" unterbrach Jake Pasquinel.

„Ja. Wenn wir den Vertrag haben, wird der Große Weiße Vater fünf bis sechs Forts brauchen... hier und dort... ihr wißt schon..."

„Ja, ich weiß", sagte Gebrochener Daumen. „Ihr werdet viele Forts haben, und die Soldaten werden viele Frauen brauchen, und es wird viele Flaschen Schnaps geben, und während wir betrunken sind, werdet ihr die Büffel töten." Hier geriet er in eine Art von Trance. „Und wenn kein Büffel mehr da ist, werden wir Hungersnot haben, und wenn wir die Hungersnot haben, werdet ihr unser Land wegnehmen, und die Gewehre werden schießen, und wir werden nicht mehr sein."

„Nicht mehr", wiederholte Weiße Antilope, und die Worte schienen Gebrochener Daumen zu entflammen. „Nein!" schrie er. „Wir wollen keine Versammlung, keinen Frieden... Krieg wird sein!" Er begann, sich in wilder Erregung hin und her zu werfen, und schüttelte seine verstümmelte Hand vor Mercys Gesicht.

Jetzt streckte Verirrter Adler eine Hand aus, zog Gebrochener Daumen neben sich nieder, beruhigte ihn und sagte auf arapaho: „Nein, es wird keinen Krieg geben. Wenn Großer Weißer Vater noch einmal mit uns sprechen will und wenn er einen Boten wie Mercy zu uns schickt, wollen wir uns mit ihm treffen. Wie Gebrochener Daumen weiß ich wohl, daß der Vertrag geschlossen und dann gebrochen wird. Denn wir haben nie mit demselben weißen Mann zu tun. Einer schließt den Vertrag, und dann geht er. Ein anderer kommt, aber der hat nie von dem Vertrag gehört. Trotzdem müssen wir es versuchen. Deshalb sage ich zu dir, Gebrochener Daumen: ‚Die Cheyenne werden nach Fort Laramie gehen', und zu dir, Mercy, sage ich: ‚Bestelle Großer Weißer Vater, daß unsere Leute bereit sind, noch einmal mit ihm zu sprechen, weil wir ehrlich Frieden wünschen.'"

Verirrter Adler war Häuptling der Arapaho, die diesen Sommer weiter östlich lagerten. Seine Worte forderten Beachtung, denn er war, wie alle wußten, der Enkel von Lahmer Biber, dessen zahlreiche Heldentaten die Chroniken der Arapaho füllten.

Er bat um eine neue Friedenspfeife und sagte: „Wenn der weiße Mann durch unser Land ziehen will, wird er es tun. Wenn seine Söhne einen Teil unseres Landes zum Ackerbau haben wollen, werden sie es sich nehmen. Ich sage, laßt uns mit Mercy gehen, der unser Freund ist, und hören, was er zu sagen hat."

Ehe Mercy antworten konnte, sprang Jake Pasquinel von seinem Sitz auf und schrie auf cheyenne: „Hört nicht auf das alte Weib!" Er packte Gebrochener Daumen beim Arm und bedrängte ihn: „Verirrter Adler ist ein Tor. Der wahre Arapaho will den Krieg . . . wie der wahre Cheyenne."

Jetzt stand Verirrter Adler auf. „Wir werden nach Fort Laramie kommen", sagte er, „und die Cheyenne auch. Und Gebrochener Daumen und ich werden den Vertrag Seite an Seite unterschreiben." Dann fügte er traurig hinzu: „Uns bleibt nichts anderes übrig." Er nahm Mercys Hand und sagte: „Berichte Großer Weißer Vater, daß wir da sein werden."

Mercy und Strunk ritten zum Fort zurück und fanden schlechte Nachrichten vor. Botschafter der Komantschen hatten die verächtliche Antwort gebracht: „Weißer Mann hält nie Versprechen. Und warum sollen wir unsere guten Pferde zwischen die großen Diebe, die Schoschonen und die Crow, bringen? Wir werden nicht kommen." Am selben Nachmittag richteten Boten von den Pawnee Hauptmann Ketchum aus: „Wir haben schon Frieden mit dem weißen Mann. Wir werden nicht unsere Pferde zu den Sioux bringen."

Ketchum berief Major Mercy, Joe Strunk und seine Leutnants zu einer Konferenz in den neuen Offiziersunterkünften und war etwas überrascht, als Mrs. Mercy auch erschien.

Lisette Pasquinel-Mercy war sechsunddreißig, eine Frau von großem Charme, sehr ähnlich ihrer kürzlich verstorbenen Mutter Lise. Während ihr Mann mit Gebrochener Daumen verhandelte, hatte sie Fort Laramie erobert. Jetzt erteilte sie brauchbaren Rat. „Warum gehen Sie nicht zu Zendts Farm und holen sich diesen wunderbaren alten Indianerkenner Alexander McKeag und schikken ihn zu den Stämmen? Er spricht alle ihre Sprachen und könnte sie vielleicht überreden."

Daraufhin wurde beschlossen, daß Major Mercy zum Süd-Platte hinunterreiten und mit McKeag sprechen sollte. Aber ehe Mercy aufbrechen konnte, traf die erste gute Nachricht ein. „Die Oglala-Häuptlinge kommen!" rief der Mann auf dem Ausguck, und alle sahen zu, wie sie erst durch den Platte, dann durch den Laramie ritten und sich schweigend dem aus Lehmziegeln erbauten Fort näherten.

Sie verbeugten sich zeremoniell auf ihren Pferden und sagten: „Die Oglala werden kommen."

„Ich danke euch!" sagte Hauptmann Ketchum. „Ihr werdet mit dem Frieden für alle Stämme nach Hause reiten."

Das war den Oglala gar nicht recht. „Wir werden nicht kommen, wenn die Schoschonen auch kommen", erklärten sie feierlich.

„Die Schoschonen müssen kommen", erwiderte Ketchum energisch. „Erklären Sie ihnen, warum", sagte er zu Strunk.

Strunk tat sein möglichstes, indem er die unzerstörbare Bruderschaft hervorhob, die zwischen den Stämmen bestand. Schließlich sagte der Wortführer der Oglala: „Wenn die Schoschonen kommen, werden wir sie alle töten."

„Oh, zum Teufel!" knurrte Ketchum. „Mercy, reiten Sie los, und holen Sie den – wie heißt er noch? McCabe?"

Also ritt Maxwell Mercy, von vier Scharfschützen begleitet, zu Zendts Farm, wo er nur Trauer vorfand. Denn drei Wochen zuvor hatte die Cholera sowohl McKeag wie seine Frau Tonschale dahingerafft.

„Am Morgen war McKeag noch so gesund wie ich", sagte Levi Zendt. „Ein Schüttelfrost. Übelkeit. Schrecklicher Tod. Am nächsten Morgen fing Tonschale mit Schüttelfrost an. Wir haben sie beide am Fluß begraben."

Mercy war tief erschüttert. Er ging zum Fluß hinunter. Dort kniete er an der Umfriedung von Steinen, die die Grabstätten bezeichnete. Er sprach ein Gebet für den stillen Schotten, dann drehte er sich zu dem Grabhügel, der die Indianerin bedeckte, die Lisettes Vater geheiratet hatte. „Ich hoffe, der Vertrag wird sich als gut erweisen für Frauen wie dich, Tonschale", sagte er und legte auf ihr Grab ein Büschel Salbei, die einzige Blume, die im

Hochsommer blühte und eigentlich kaum als Blume zu bezeichnen war.

Lucinda schlug vor, daß Levi sich als Dolmetscher betätigen sollte. Als die beiden Männer zum Fort zurückritten, sagte Zendt: „Ich höre oft, daß weiße Männer sich über die faulen, nichtsnutzigen Indianer beschweren. Und dann sehe ich mir das Land an, nachdem Weiße durchgezogen sind. Alles, was sie nicht brauchen können, werfen sie einfach neben den Weg. Der Gestank ihrer Tierleichen verpestet die Prärie."

„Die Siedler sind eine verwahrloste Bande", gab Mercy zu. „Aber sie sind's, die das Land erschließen werden. Sie sind unvermeidlich."

„Können Farmer und Indianer nebeneinander leben?"

„Ich hoffe auf einen Vergleich. Land am Ufer des Platte für den weißen Farmer. Unbewohntes Land wie dies hier für den Indianer und seine Büffel."

Sie ritten nach Westen in das Gebiet der Schoschonen, wo sie Häuptling Waschakie einluden. Als sie ihm erzählten, daß es viel zu essen und viele Geschenke gäbe, lächelte Waschakie plötzlich. „Wir werden kommen." Und Mercy fragte: „Wie viele?"

„Wir sind vierzehnhundert", antwortete Waschakie. „Wenn es um eine Entscheidung geht, die unsern ganzen Stamm betrifft, müssen wir alle kommen."

Als Mercy mit Zendt nach Fort Laramie zurückkehrte, herrschte dort große Aufregung. Einer der Regierungsbeauftragten war frühzeitig eingetroffen. „Statt die Geschenke und notwendigen Lebensmittel in St. Louis zu bestellen, hat sie irgendein Beamter in New York gekauft. Billiger. Und dann entdeckte er, daß er mit einer langsameren Bahn noch etwas Geld sparen könnte."

„Ach du lieber Himmel!" stöhnte Mercy. „Wann wird das Zeug hier sein?"

„Sie haben es für den 15. September versprochen. Wird wahrscheinlich am 15. Oktober eintreffen."

Mercy trat ans Fenster und deutete auf das Zeltlager der Indianer auf den Wiesen. „Herr Kommissar", sagte er ruhig, „sie versammeln sich bereits. Wenn sie nichts zu essen haben – Stellen Sie sich das vor! Wir haben nur hundertsechzig Soldaten hier, und tausend sind unterwegs."

Der Regierungsvertreter hustete. „Herr Major, das Kriegsministerium hat es sich anders überlegt. Ihre tausend Mann werden nicht kommen.“

„Wieviel denn?“

„Dreiunddreißig Dragoner. Begleitmannschaft für die Hauptunterhändler.“

Mercy lief hinüber zu dem alten Lehmziegelbau, wo Hauptmann Ketchum seinen Stab versammelt hatte. Ehe Mercy zu Wort kam, fragte Ketchum ernst: „Wieviel Schoschonen kommen?“

„Eintausendvierhundert.“

„Das bringt uns auf über siebentausend, die bestimmt kommen, und wir haben noch keinen Bescheid von den Crow, den Assiniboin und Hidatsa. Ich glaube, wir können zwölftausend erwarten.“

„Und wir haben eine Effektivstärke von hundertsechzig Soldaten.“

„Plus Regierungsleute, Dolmetscher aus den Bergen und Dragoner.“

„Was können wir tun?“ fragte der Regierungsbeauftragte, der Mercy über den Hof gefolgt war.

„Beten“, sagte Hauptmann Ketchum.

In der gesamten amerikanischen Geschichte hatte es noch nie so etwas gegeben wie die Versammlung der Indianer bei Fort Laramie im August 1851.

Zuerst kamen die mächtigen Sioux aus dem Nordosten in der vollen Pracht ihrer Bemalung und ihres Federschmucks. Sie hatten kleine Pferde und waren nur mäßige Reiter. Ihre Größe lag in der erschreckenden Intensität, mit der sie jedes Ziel verfolgten, sei es friedlich oder kriegerisch.

Aus dem Nordwesten kamen die Assiniboin, schlanke Männer, wie die Zentauren verwachsen mit ihren Pferden, Mann und Roß bewegten sich wie ein einziges Wesen in vollendeter Anmut.

Den Platte herauf kamen die großen Cheyenne, der Adel der Prärie. Die rechte Hand auf die Hüfte gestützt, ritten sie einher, als ob ihnen die Prärie gehörte. Aus dem Norden kamen die Mandan, die Hidatsa und Arikara, die Schutz gegen die Auswanderer suchten, die ihre Gebiete durchquerten. Aus dem Westen kamen die dunkelhäutigen Schoschonen, von denen jeder ein geladenes Gewehr im Arm trug. Und aus dem Südwesten kamen die würdigen Arapaho. Diese schönen, ernsten Erscheinungen waren die Philosophen unter ihnen, die Künstler und Dichter, die lauschten, wenn andere sprachen.

Die Stämme waren versammelt, und die Verhandlungen standen kurz vor der Eröffnung, als ein Späher rief: „Da kommen noch welche! Mein Gott, seht euch die an!“ Aus dem Westen, mit der Morgensonne im Gesicht, kamen dreitausend Crow-Indianer angeritten.

Auf ein Zeichen von einem der Häuptlinge brachen aus der Nachhut zweihundert fast nackte Krieger hervor und preschten mit donnerndem Hufschlag nach vorn. Jeder einzelne hatte sich mit einem Bein am Sattelbaum eingehakt, hing auf der rechten Flanke seines galoppierenden Pferdes tief hinunter und feuerte aus einem alten Steinschloßgewehr einen Salutschuß ab. Dann zügelten die dreitausend Crow ihre Pferde zum Schritt und begannen, von der gleißenden Morgensonne angestrahlt, das packende Lied ihres Volkes zu singen, das von den fernen Bergen erzählte.

Ketchum und die Regierungsbeamten kamen mit Mercy, Zendt und Strunk zusammen und fragten: „Wieviel Indianer haben wir auf dem Hals?“

„Ich würde sagen, etwa vierzehntausend“, erwiderte Mercy.

„Und wieviel Pferde?“

„Vielleicht dreißigtausend“, schätzte Zendt.

„Wie können wir soviel Pferde füttern?“ jammerte Ketchum.

„Am Horse Creek, etwa sechsundfünfzig Kilometer den Platte abwärts, liegen große Weiden mit gutem Gras“, sagte Mercy.

Daraufhin wurde der Beschluß verkündet, daß alle Indianer mit einem Verhandlungstrupp zu günstigeren Weidegründen nach Südosten ziehen sollten, und alle waren damit einverstanden. Am nächsten Morgen setzte sich der Zug in Bewegung. Die Marschkolonne, die hier und da von kleinen Trupps Soldaten unterbrochen war, erstreckte sich über fünfundzwanzig Kilometer, und als er sie fortreiten sah, flüsterte Hauptmann Ketchum einem der Regierungsbeamten zu: „Wenn diese Indianer es sich in den Kopf setzen würden, könnten sie uns in zehn Minuten fertigmachen.“

Glücklicherweise hatten die Indianer andere Dinge im Kopf.

Wie die Weißen wollten sie einen gerechten und dauerhaften Friedensvertrag erreichen.

Auf dem neuen Lagerplatz ergriff Major Mercy das Wort. „Ich bin vom Großen Weißen Vater in Washington beauftragt, einen Häuptling von jedem eurer Stämme zu ihm nach Washington einzuladen, wo er euch sein feierliches Versprechen geben wird, daß die Gebiete, die ihr jetzt bekommt, euch gehören sollen, solange die Wasser fließen und das Gras wächst."

„Sag Großer Weißer Vater", erwiderte Verirrter Adler, „daß wir Büffel haben müssen, denn ohne Nahrung werden unsere Körper umkommen. Wir müssen über die weite Prärie reiten können, denn ohne Freiheit wird unser Geist umkommen. Und wir müssen Frieden haben. Hier sitzen die Crow mit den Sioux, die Cheyenne mit den Schoschonen, und alle sitzen mit dem weißen Mann zusammen als ihrem Bruder."

Nach den Friedensbedingungen erwarb die Regierung das Recht, Forts anzulegen, Straßen zu bauen und für den Frieden zu sorgen. Als Gegenleistung war sie verpflichtet, die Indianer gegen Übergriffe durch Weiße zu schützen, während die Indianer Unrecht, das sie begangen hatten, wiedergutmachen mußten.

Die Regierung versprach, der gesamten Indianergemeinschaft jährlich auf fünfzig Jahre hinaus Waren im Gegenwert von fünfzigtausend Dollar zu liefern. Die Prärie wurde in große Abschnitte eingeteilt, die den einzelnen Stämmen zugewiesen wurden. Gut 233 000 Quadratkilometer – oder beinahe dreiundzwanzigeinhalb Millionen Hektar – wurden den Cheyenne und Arapaho zugesprochen. Jeder Indianer erhielt etwa sechsunddreißig Quadratkilometer für eine vierköpfige Familie. In späteren Jahren sollte diese Gebietszuweisung an sechstausendvierhundert Indianer über zwei Millionen Weiße ernähren.

Nur zwei Männer waren nicht bereit, in der allgemeinen Euphorie, die die letzten Tage der Vertragsverhandlungen kennzeichnete, ihren gesunden Menschenverstand zu verlieren. Der eine war Häuptling Gebrochener Daumen. „Geht in Frieden nach Hause", sagte er zu seinen jungen Kriegern, „aber bereitet euch auf Krieg vor. Der Vertrag wird bald gebrochen werden, und Soldaten werden aus den Forts marschieren, die wir ihnen gegeben haben." Er suchte Verirrter Adler auf und warnte ihn: „Geh nach Washington, kleiner Bruder, und erniedrige dich vor Großer Weißer Vater, aber während du hingehst, denke daran, daß ein anderer Vater dort sein wird, wenn die Zeit kommt, das versprochene Geld in Empfang zu nehmen."

Der andere Zyniker war Jake Pasquinel. „Du bist ein großer Narr", sagte er zu Verirrter Adler. „Als wir hierherkamen, hatte uns Hauptmann Ketchum zwei Dinge versprochen: Nahrungsmittel und Geschenke. Und was haben wir bekommen? Sie haben euren Vertrag schon gebrochen, ehe er noch in Kraft getreten ist."

„Wenn ein Mann wie Major Mercy sein Wort bricht", entgegnete Verirrter Adler, „dann hat nichts mehr Bedeutung in der Welt. Wir werden unsere Geschenke bekommen."

Der Mangel an Nahrungsmitteln beunruhigte Hauptmann Ketchum. „Wenn diese verdammten Wagen nicht bald eintreffen", warnte er die Regierungsleute, „fangen die Indianer an zu hungern." Endlich kam ein Kundschafter mit der Nachricht angaloppiert: „Siebenundzwanzig Wagen! Eine halbe Tagereise östlich von hier!"

Eine Begleitmannschaft von zweitausend Indianern schwärmte über die Prärie aus, und als sie die beladenen Wagen sahen, belebte neue Hoffnung ihre Herzen.

Es dauerte drei Tage, die Wagen abzuladen und die Waren zu verteilen. Da gab es Tabak, Kaffee, Zucker, warme Decken, Jagdmesser, auf Karton aufgenähte Glasperlen aus Paris, getrocknetes Fleisch, Mehl, Marmelade und Konserven. Schmausereien wurden veranstaltet, bei denen die Männer aßen, bis ihnen übel wurde.

Aber die wahren Geschenke kamen am letzten Tag. Da ließ Hauptmann Ketchum die wichtigsten Häuptlinge zu sich kommen und verkündete ihnen: „Für jeden von euch Häuptlingen, die den Vertrag unterzeichnet haben, schickt der Große Weiße Vater eine vollständige Uniform seiner Armee. Ihr seid jetzt alle Offiziere der Armee."

Und aus dem Ballen packte Mr. Tutt prächtige Uniformen aus, komplett mit Schuhen, Mützen, Schärpen und Degen. Für die bedeutenderen Häuptlinge gab es Uniformen mit den Sternen eines Brigadegenerals. Und für Waschakie von den Schoschonen, Verlorener Adler von den Arapaho und drei andere die eines Generalmajors mit golden schimmernden Epauletten.

Ehe die Häuptlinge ihre Uniformen anlegen konnten, kam ein Kundschafter der Oglala Sioux angeritten und meldete: „Büffel am Süd-Platte!“, und die neuernannten Offiziere ritten Hals über Kopf zu den Klapperschlangen-Felsen.

Levi Zendt folgte ihnen gemächlicher nach Süden. Als er nach Hause kam, fand er einen Brief aus dem Osten vor:

> Bruder Levi,
>
> ich erhielt Deinen Brief mit den 12 Dollar, für die ich ein Fordney-Gewehr kaufen sollte, weil Deins gestohlen wurde, aber ich kann Dir nicht helfen, weil Gott es für richtig hielt, den Lästerer zu vernichten.
>
> Viermal hat unsere Kirche Melchior Fordney aufgefordert, die Frau zu heiraten, mit der er in Sünde lebte, und viermal hat er die Kirchenältesten verlacht. So hat denn John Haggerty in Gottes Auftrag ein Breitbeil genommen und ist zu dem Sünder Fordney gegangen und hat ihn in Stücke gehackt, und dann ist er zu der großen Hure Mrs. Tripple gegangen und hat sie auch am Schauplatz ihrer Sünden erschlagen.
>
> Ich schäme mich zu berichten, daß die Gerichte es für angebracht hielten, den braven Haggerty für das, was er getan hat, zu verurteilen, und man hat ihn im Gefängnis von Lancaster aufgehängt. Viele anständige Leute sind empört.
>
> Da Fordney tot ist, verrechne ich Deine 12 Dollar auf den Gegenwert der beiden Pferde, die Du mir gestohlen hast. Deine Schulden betragen jetzt 88 Dollar.
>
> Dein Dich liebender Bruder im Herrn
>
> Mahlon Zendt

„Melchior Fordney war einer der besten Männer, die ich gekannt habe“, sagte Levi zu Lucinda. Er ärgerte sich darüber, daß nichts über die Familie in dem Brief stand, und Heimweh überfiel ihn. Doch dann schienen ihm plötzlich die Angelegenheiten von Lancaster in Pennsylvania in weiter Ferne zu liegen. Hier im Westen entschied sich gerade die Zukunft eines großen Teils der Nation. „Wir können einen guten Vertrag aufsetzen“, knurrte Levi, während er den Brief zerknüllte, „aber wenn er erst durch den Kongreß gegangen ist, wird er nicht mehr viel bedeuten.“

Er behielt recht. Der Senat der Vereinigten Staaten weigerte sich, den Vertrag zu ratifizieren, und die Indianer standen ohne gültigen Rechtsanspruch auf ihr eigenes Land da.

DER Mann, der auch noch den letzten Rest des Vertrages zerstörte, war ein dreißigjähriger Landstreicher, der sich 1857 in der Hafengegend von St. Louis herumtrieb. Er war unter dem Namen Spaten-Larkin bekannt, weil er die Gewohnheit hatte, einen Goldgräberspaten mit sich herumzutragen. Es hieß von ihm, er sei Goldgräber in Kalifornien gewesen und, abgesehen von seinem Spaten, mit leeren Händen heimgekehrt.

„Klar, in Kalifornien hab ich Pech gehabt“, gestand er oft. „Aber ich hab da so ’n Stück Papier, da steht schwarz auf weiß drauf, wo der nächste große Goldfund ist.“ Darauf zeigte er einen vergilbten Zeitungsausschnitt: „Miß Lucinda ist die Enkelin des Häuptlings Lahmer Biber, des Arapaho-Helden, der eine Goldmine in den Rocky Mountains entdeckt haben soll.“

Als sich 1858 die Nachricht von Goldfunden am Pikes Peak im Nebraska-Territorium wie ein Lauffeuer durch das Mississippital verbreitete, nahm Spaten-Larkin einen Dampfer nach St. Joseph, das inzwischen zu einer blühenden Stadt geworden war, zu der die Eisenbahnen aus dem Osten täglich Hunderte von Goldgräbern beförderten. Er und einige andere, die knapp an Geld waren, machten sich auf den fast tausend Kilometer langen Fußmarsch zu den neuen Goldfeldern und wanderten in dem Staub, der von den Tausenden aufgewirbelt wurde, die nach Westen fuhren.

Als sie Zendts Farm erreicht hatten, machte Spaten-Larkin einen großen Glückstreffer. In Höhe des Handelspostens waren Steine quer über den Platte gelegt, damit Reisende hinübergehen konnten, um Vorräte für die letzte Wegstrecke bis zu den Rocky Mountains kaufen zu können. Er und fünf andere Fußwanderer hinkten erschöpft in die Palisadenumzäunung hinein, in der sich die Menschen drängten, und mit einem Blick sah Spaten-Larkin, daß dieser Laden ein Riesengeschäft machen mußte. Die andern kauften das Nötigste ein und zogen weiter, aber er blieb zurück.

Levi Zendt stellte ihn an, Waren über den Fluß zu denen zu tragen, die nicht zum Nordufer hinübergehen konnten oder wollten. Als Spaten-Larkin eines Tages Waren einpackte, hörte er, wie Zendt Lucinda zu seiner Frau sagte. Blitzartig ging ihm ein Licht auf, daß diese Frau das Mädchen aus dem Zeitungsbericht sein mußte! Im Geist erwog er hastig Möglichkeiten, wie er ihr das Geheimnis der Goldmine ihres Großvaters entringen könnte. Inzwischen wollte er seine Arbeit fortsetzen, als ob sich nichts geändert hätte. An einem Wintertag des Jahres 1860 fragte er Zendt ganz nebenbei: „Haben Sie je den alten McKeag kennengelernt?"

„Mein Partner. Wir haben hier sieben Jahre zusammen gearbeitet."

„Stimmt es, daß Sie seine Tochter geheiratet haben?"

„Allerdings."

„Ist es wahr, daß sie die Enkelin eines Arapaho-Häuptlings ist?"

„Stimmt."

„Wo ist sie aufgewachsen?"

„Fragen Sie sie doch selbst."

Larkin machte sich an Lucinda heran, als sie Socken stopfte, und fragte sie: „Ist es wahr, daß Sie die Enkelin von Lahmer Biber sind?"

„Ja", sagte sie ruhig. „Das war ein großer Mann."

„Wo sind Sie aufgewachsen?"

„Der erste Ort, an den ich mich erinnern kann, ist Blue Valley, wo mein Großvater gestorben ist." Lucinda blickte den Goldsucher an. „Was soll diese Fragerei, Mr. Larkin?"

„In der Zeitung steht, Sie wären die Enkelin von Häuptling Lahmer Biber, der hier in der Gegend Gold gefunden hat."

„O nein! Levi! Levi!" Als ihr Mann kam, lachte sie und sagte: „Hier ist wieder jemand, der von Großvaters Goldmine gehört hat. Erzähl ihm die Geschichte, ich muß jetzt Abendessen machen."

Levi Zendt erzählte Spaten-Larkin von den beiden Indianern, die Lahmer Biber mit Goldkugeln getötet hatte, und von der Legende über eine Ablagerung von purem Gold im Blauen Tal. Er erzählte ihm auch, wie man das Tal finden konnte. „Gehen Sie den Platte hinauf, bis Sie zum Big Thompson kommen. Halten Sie sich rechts, dann geht's bei den nächsten beiden Gabelungen nach links, und dann steigen Sie ziemlich hoch. Und da ist es, Blaufichten auf einer Seite, gelbe Espen auf der anderen, und in der Mitte fließt der Clear Creek herunter."

In dieser Nacht stahl Larkin, soviel er tragen konnte, aus der Niederlassung, nahm seinen Spaten und machte sich auf seinen einsamen Marsch zum Clear Creek im Blauen Tal. Dort schlug er sein Lager für einen ganzen Winter auf.

Als es 1861 Frühjahr wurde, wußte Larkin nicht einmal, daß ein Bürgerkrieg ausgebrochen war, der die Nation entzweite. Über sechs Monate hatte er keine Verbindung mit anderen Menschen gehabt.

Als er jetzt neben der Blaufichte vor seiner Hütte saß, sagte er sich: „Es muß hier sein! Das ist die Stelle, wo diese goldenen Kugeln herstammten." Und mit verbissener Wut watete er in das eiskalte Wasser, grub in dem Kies und legte endlich vereinzelte Goldkörner frei.

„O Gott!" rief er und fiel auf die Knie. „Ich wußte, es ist hier!"

Er hatte einen der reichsten Goldfunde in der Geschichte Colorados gemacht. Sechs Wochen lang behielt er diese Tatsache für sich und versteckte seine Schätze. Verzweifelt suchte er bachaufwärts nach der Ader, aus der die Goldkörner stammten, konnte sie aber nicht entdecken.

Im Juni sah er eines Tages zu seiner Verzweiflung einen anderen Goldsucher ins Tal hereinkommen. Ehe er etwas Entscheidendes unternehmen konnte, war der alte Bursche schon bei ihm. Er schnitt sich Zweige ab, steckte sich am Bach seinen gesetzlichen Anspruch auf drei Meter ab und stellte seine Siebe auf. „Ich heiße Johnson", sagte er. „Ich seh, du hast Gold gefunden."

„Nichts hab ich gefunden", knurrte Larkin.

Am dritten Tag stieß Johnson auf eine ertragreiche Ablagerung. „Da ist es!" schrie er, und ehe Larkin ihn zurückhalten konnte, rannte er los nach Denver mit der Neuigkeit.

Innerhalb einiger Wochen war das ganze Tal mit Mutungen abgesteckt. Überall schossen primitive Hütten aus dem Boden, und ein Laib Brot wurde für zwei Dollar verkauft. Larkin mußte mit ansehen, wie sein ursprünglicher Fund zu nichts zerrann, und war gezwungen, zu Zendts Laden zurückzukehren, um sich mit Waren zu versehen, mit denen er im Goldgräberlager hausieren ging. In seiner Abwesenheit entdeckte ein Mann namens Foster aus Illinois die Hauptader. Sie brachte 19 000 000 Dollar ein.

Das Tal wurde ausgeplündert, die Espen und Blaufichten verschwanden. Nach drei Jahren war die Hauptader erschöpft, und die Goldgräber zogen ab. Spaten-Larkin trieb sich wieder auf den Straßen von Denver herum und prahlte, daß er, jawoll, mein Herr, der Mann war, der Blue Valley entdeckt hatte.

Wie konnte ein derart verlotterter Landstreicher ein grundsätzlich so vortreffliches Abkommen wie den Vertrag von Fort Laramie zuschanden machen? Zuerst strömten die Goldsucher am Süd-Platte entlang. Einige Reisende studierten jedoch ihre Landkarten und sahen, daß sie sich über dreihundert Kilometer ersparen konnten, wenn sie sich von Kansas City aus genau nach Westen hielten. Mit der Zeit wurde diese neue Route von Tausenden von Einwanderern benutzt – von Goldgräbern, die in die Berge wollten, und kleinen Farmern, die ebenes Land suchten, um für die Goldsucher Gemüse anzubauen. Und wem gehörte dieses Land? Einer Handvoll Indianern. Bronzefarbene Männer wie Verirrter Adler erschienen immer wieder in den neuen Niederlassungen und beschwerten sich über Landraub.

Der neue Reiseweg durchschnitt die riesigen Weideflächen zwischen dem Platte und dem Arkansas. Große Herden konnten nicht mehr zu Fortpflanzungszwecken unbehindert nach Norden oder Süden ziehen.

Binnen kurzer Frist würde der Büffel für immer aus dieser Gegend verschwinden.

Es lag auf der Hand, daß Entscheidungen getroffen werden mußten, um den Frieden zwischen Indianern und Goldsuchern aufrechtzuerhalten. Die Aufmerksamkeit der Regierung war durch den Bürgerkrieg völlig in Anspruch genommen, und erfahrene Offiziere waren kaum entbehrlich. Daher wurden Männer, die nichts vom Westen verstanden, mit der Aufgabe betraut. Sie gelangten zu einer unglaublichen Entscheidung: Man muß den Indianern klarmachen, daß in Fort Laramie ein Irrtum unterlaufen war, und ihnen dann ein kleines Stück Land ohne Wasser, ohne Bäume und ohne Büffel anbieten.

Die Aufgabe, die Indianer zur Annahme eines neuen Vertrages zu überreden, wurde Major Mercy, der jetzt bei der Heeresdienststelle in Denver war, und Albert G. Boone, einem Kommissar für Indianerangelegenheiten und Enkel des berühmten Pioniers Daniel Boone, dem Vorbild des „Lederstrumpf", übertragen.

Tief beunruhigt sattelte Major Mercy sein Pferd und ritt zur Siedlung Zendts Farm, um Levi den Vorschlag zu unterbreiten. „Wie wollen Sie das dem Häuptling Verirrter Adler erklären?" fragte Levi. „Und andern Männern wie ihm, die sich mit ihrem guten Ruf für die ehrlichen Absichten des weißen Mannes verbürgt haben?"

Lucinda erbot sich, dorthin zu reiten, wo die Arapaho lagerten, und die Häuptlinge zur Farm einzuladen.

Als sich alle versammelt hatten, begann Major Mercy zu erklären, was bevorstand, aber er wurde verlegen, und Lucinda löste ihn ab. „Sie wollen den Vertrag ändern", sagte sie. „Sie wollen, daß ihr euer ganzes Land am Platte und euer ganzes Land am Arkansas aufgebt und das kleine Stück an den Klapperschlangen-Felsen behaltet."

Einen derart grausamen Vorschlag von zwei Menschen, denen die Häuptlinge vertrauten, ausgesprochen zu hören war zu schmerzlich. Ein Häuptling, Kahler Schädel, ging empört aus dem Zimmer. Schließlich fragte Verirrter Adler mit leiser Stimme: „Welchen Grund kann Großer Weißer Vater haben –"

Die Frage blieb unbeantwortet, denn es erhob sich Lärm vor der Tür, und die Brüder Pasquinel stürzten mit Kahler Schädel ins Zimmer herein.

„Was soll das?" schrie Jake und rannte auf Mercy zu. Er wandte sich zu Verirrter Adler. „Verräter! Alter Narr, der alles glaubt, was man ihm sagt!" Er war so wütend, daß er den Häuptling anspuckte.

Dann zückte er sein Messer und brachte sich eine klaffende Wunde am linken Arm bei.

Er schwenkte den Arm umher, daß alle Anwesenden mit Blut bespritzt wurden. „Das heißt Krieg! Das heißt Tod!" schrie er. Damit stürzte er hinaus, sprang auf sein Pferd und jagte davon, um die Cheyenne zu verständigen.

Bei einem späteren Treffen in Zendts Farm wies Boone darauf hin, daß viele weiße Männer in die Gegend kämen, daß die Abmachungen von Fort Laramie zu großzügig gewesen seien und es daher nur gerecht und billig sei, wenn der Große Weiße Vater in Washington die Cheyenne und Arapaho auffordere, die Prärie mit dem weißen Mann zu teilen. Der Große Weiße Vater böte als Entgelt dafür auch viele wundervolle Geschenke: Geld und für jeden Indianer vierzig Morgen Neuland zur Urbarmachung, mit Nutzholz und Wasser.

„Wird unser Land am Platte liegen?" fragte Kahler Schädel,

worauf Boone erwiderte: „Der Große Weiße Vater hält es für das beste, wenn das Land der Indianer nicht bis an den Fluß hinunterreicht, weil die weißen Männer am liebsten den Fluß entlangziehen und dadurch Konflikte entstehen könnten."

„Wo bekommen wir dann unser Wasser her?" verlangte Gebrochener Daumen zu wissen.

Das Ergebnis dieser schmachvollen Zusammenkunft war, daß der neue Vertrag zwei Indianerstämmen gewaltsam aufgezwungen wurde, die zu den besten des Westens gehörten. Er wurde nur deshalb angenommen, weil Verirrter Adler seine Leute anflehte, noch einen letzten Versuch zu machen, Frieden mit dem weißen Mann zu halten.

Boone gab ihm eine Bronzemedaille mit einem Relief des Präsidenten Buchanan, während die Soldaten übriggebliebene Anstecknadeln von der letzten Präsidentenwahl im Jahre 1856 mit dem finster blickenden Porträt des Großen Weißen Vaters James Buchanan verteilten. (In kommenden Jahren tauschten manche Krieger zwei Pferde gegen ein Buchanan-Abzeichen.)

Die Gefolgsleute von Verirrter Adler sahen sich in ein Reservat eingepfercht, das ein Sechzehntel so groß war wie das Gebiet, das sie vorher besessen hatten, ohne Nutzholz und ohne Zugang zum Wasser. Das Jahr 1863 stand im Zeichen einer regelrechten Hungersnot. In der Überlieferung der Indianer blieb es als „das Jahr des Hungers" bestehen. Die versprochenen landwirtschaftlichen Geräte wurden nie Wirklichkeit, und die verheißene Jagdmunition wurde mit der logischen Begründung zurückgehalten, daß die Indianer sie auf ihrer Nahrungssuche zu Überfällen auf weiße Ansiedlungen verwenden könnten. Die einst so stolzen Arapaho waren gezwungen, um Nahrungsmittel zu betteln, und tauchten plötzlich neben einem Wagenzug auf und versetzten die Auswanderer in Schrecken, weil die erwarteten, skalpiert zu werden. Die Unterernährung in diesem fürchterlichen Jahr machte die Indianer äußerst anfällig für Krankheiten. Durchfall und Keuchhusten forderten viele Todesopfer unter ihren Kindern.

Der jetzt siebenundvierzigjährige Häuptling Gebrochener Daumen, der ein verantwortungsbewußter Führer war, verbitterte immer mehr. Voller Verzweiflung wanderte er von einer Gruppe zur anderen und versuchte zu regeln, was die Stämme unternehmen sollten. Wo er auch hinkam, traf er die jüngeren Krieger bei Kriegsvorbereitungen an.

Unerträgliche Dinge ereigneten sich.

Am 19. Dezember 1863 gingen zwei Goldsuchern die Lebensmittel aus, und sie waren halb am Verhungern. Als sie fünf Indianer vorbeireiten sahen, die anscheinend wohlgenährt waren, schossen sie zwei von ihnen nieder und verwundeten einen dritten. Bei den Toten fanden sie etwas Pemmikan, der sie am Leben erhielt.

Am 26. März 1864 überfielen Indianer vom Stamm der ermordeten Krieger eine Farm am Süd-Platte, töteten zwei weiße Männer und nahmen drei Frauen gefangen. Dieser Vorfall rief in der weißen Öffentlichkeit von Omaha bis Denver große Bestürzung hervor.

Am 26. Juli sah ein Viehzüchter, der östlich des Ortes Zendts Farm lebte, wie Indianer sich mit zwei von seinen Kühen davonmachten. Leutnant Abel Tanner suchte mit einem Trupp von vierzig Kavalleristen aus Denver die Prärie ab und stieß auf ein Zeltlager.

Sie umzingelten es und schossen siebenundvierzig Indianer nieder.

Am 13. August überfiel eine Schar unbekannter Indianer eine friedliche Farm in der Nähe von Denver und machte Clifford und Belle Barley und ihre beiden Kinder nieder. Ihre Leichen wurden in die Stadt gebracht und unter folgendem handschriftlichen Anschlag zur Schau gestellt:

DAS ERWARTET UNS ALLE,
WENN WIR NICHT ETWAS UNTERNEHMEN

Beim Anblick der schrecklich verstümmelten Kinderleichen brachen Männer wie Frauen in Tränen aus, und die Männer flüsterten sich zu: „Vielleicht müssen wir die Indianer ausrotten.“

Diese Flüsterpropaganda kam Lisette Mercy zu Ohren, und sie war entsetzt, denn sie brachte oft Lebensmittel und Kleidung in das Arapaholager östlich von Denver. Häuptling Verirrter Adler traf sich dort häufig mit Geschäftsleuten aus Denver, um sich mit ihnen über die Zukunft der Gegend zu unterhalten. Schließlich hatte er nach dem Treffen von Fort Laramie Präsident Fillmore und nach dem Vertrag von 1861 Präsident Lincoln besucht.

Verirrter Adler eilte nach Denver, um zu erklären, daß das Niedermetzeln der Barleys eine unverantwortliche Tat war, die anständige Indianer nicht gutheißen konnten, aber am Stadtrand wurde er von bewaffneter Bürgermiliz angehalten und gewarnt: „Wir wollen keine Indianer in der Stadt haben, nicht einmal dich."

Lisette ging zu ihm und zeigte ihm einen Zeitungsausschnitt, in welchem Streifzüge gegen die Indianer gefordert wurden. Der Artikel stammte aus dem *Zendts Farm Clarion*, der kürzlich von Siedlern, die in der Nähe der Niederlassung wohnten, gegründet worden war. „Mein Mann tut, was er kann, die Leute von der Wahrheit zu überzeugen", berichtete sie ihm, „aber wir haben keine Führung."

Während die Nation vom Bürgerkrieg gelähmt war, bestand ein Vakuum im Westen. Zwei Männer, die diese Leere in erschrekkender Weise ausfüllen sollten, waren inzwischen nach Denver unterwegs. Der erste war der leise sprechende, einarmige Vermonter General Laban Asher, der sein Freiwilligenkorps in einigen der blutigsten Schlachten des Bürgerkrieges tapfer geführt hatte.

Jetzt war er damit beauftragt, in irgendeiner Form Ordnung im Territorium Colorado zu schaffen. Was das Indianerproblem betraf, stand Asher gefühlsmäßig auf Major Mercys Seite. Die beiden begannen, einen strategischen Plan zu entwickeln, wie man die Indianer von den Hauptverkehrsrouten wegbringen und ihnen Zugang zum Wasser verschaffen könnte. „Wir müssen sie auch ernähren", erklärte Asher eines Tages. „Sie können nicht über Nacht Farmer werden. Mein Instinkt rät mir, daß wir Zeit gewinnen und warten müssen, bis die öffentliche Angst abgeflaut ist."

Leider war dafür keine Zeit mehr. Im Januar 1864 war ein Mann im Anmarsch auf Denver, der eine klare Vorstellung hatte, was aus dem Westen werden sollte. Er hieß Frank Skimmerhorn, war über ein Meter fünfundachtzig groß, hatte breite Schultern und einen durchdringenden Blick. In Minnesota waren die Sioux wild geworden und hatten seine Eltern und seine Frau und Tochter umgebracht, als sie seine Farm verwüsteten.

Gemeinsam mit seinem Sohn hatte er Minnesota verlassen. In

Nauvoo in Illinois war ihm eines Abends nach einer Andacht in einer Kirche alles klargeworden.

Ein Farmer aus Nauvoo erzählte ihm: „Ich hab nie viel für die Mormonen übrig gehabt, aber sie haben einen Gedanken, der mir sehr vernünftig vorkommt. Gott hat ihnen offenbart, daß die Indianer in Wirklichkeit die Lamaniten sind, die verlorenen Stämme Israels. Jawohl, vor langer, langer Zeit, im Jahre 722 vor Christus, als der Assyrerkönig Sargon II. sie in Gefangenschaft führte ... zehn Stämme ... kehrten nie nach Israel zurück ... sind einfach in der ganzen Welt herumgewandert."

Skimmerhorn packte den Farmer am Arm. „Sie haben gesagt, Lamaniten, nicht wahr? Was bedeutet das genau?"

„So wie ich's verstehe, haben die Lamaniten Gott gekannt und sich von ihm abgewandt, und da hat Er ihnen einen mächtigen Fluch auferlegt. Es ist unsere verdammte Pflicht und Schuldigkeit, ihnen nachzustellen und sie zu töten."

In einem Traum sah Frank Skimmerhorn, daß er dazu ausersehen war, nach Colorado zu gehen, wo die Indianer Schwierigkeiten machten, und den Schwierigkeiten ein Ende zu bereiten. Die Indianer mußten ausgerottet werden.

Das Ergebnis war, daß er nach Denver ging, und als die Zeit kam, eine örtliche Miliz zu bilden, wurde er zum Oberst ernannt. Prompt verhängte er das Standrecht und erließ folgende scharfe Verfügung:

> Alle Indianer, die weiterhin friedlich gesonnen sind, haben sich innerhalb von zwanzig Tagen an einer der unten angegebenen Stellen zu melden und dort ihre Schußwaffen abzugeben.
>
> Nach Ablauf dieser zwanzig Tage kann jeder Indianer, der irgendwo angetroffen wird, ohne Anruf erschossen werden.
>
> Alle materiellen Besitztümer, die an einem toten Indianer gefunden werden, gehören der Person, die ihm sein rechtmäßiges Ende bereitet hat.

Am Tag nach der Verlautbarung dieser Verfügung sammelte der alte Häuptling Magerer Bär eine Gruppe von sieben Arapaho, bestehend aus alten Frauen und alten Männern, um sich. Mit einer weißen Fahne marschierten sie zu einer der angegebenen Übergabestellen in Denver, wo Leutnant Tanner, der heute als einer der schärfsten Indianerverfolger des Westens bekannt ist, den alten Häuptling mit einem Herzschuß erledigte.

Die Arapaho und Cheyenne wurden gesetzlich gezwungen, ein begrenztes Lagergebiet nördlich der Klapperschlangen-Felsen zu beziehen. Und dort sammelte sich der klägliche Rest dieser Stämme, überredet durch die Argumente von Verirrter Adler, der ihnen gesagt hatte: „Alle Männer würden lieber mit Gebrochener Daumen draußen bleiben und in der Prärie kämpfen, aber die Zeit ist vorbei. General Asher ist unser Freund, Major Mercy ist unser Freund, und der hat mir gesagt, daß bald alles besser wird."

Als er nach Norden ritt, um das Lager zu inspizieren, machte Major Mercy in Zendts Farm halt. Als er Levis Palisade erreichte, kamen Levi und Lucinda ans Tor. „Wie wird dieser Wahnsinn noch enden?" fragte er, aber ehe die beiden noch antworten konnten, erschien plötzlich Oberst Skimmerhorn mit sechzehn seiner Milizsoldaten und verkündete: „Diese Niederlassung steht unter Arrest. Zendt, Sie haben mit dem Feind paktiert, und ich befehle, daß niemand diese Palisade verläßt." Er gab seinem tänzelnden Pferd die Sporen und brüllte: „Sergeant, schießen Sie auf jeden, der zu fliehen versucht."

Levi versuchte, Einwände zu erheben, aber Skimmerhorn erwiderte verächtlich von seinem hohen Roß: „Ich unterhalte mich nicht mit Squawmännern." Er ließ eine Abteilung zur Bewachung der Niederlassung zurück und ritt wieder nach Denver.

„Dieser verdammte Narr hat nicht das Recht, mir meine Bewegungsfreiheit zu nehmen", sagte Major Mercy zu Levi, als Skimmerhorn fort war. „Dieser Wahnwitzige will die ganze indianische Rasse ausrotten. Ich muß sie warnen." Mercy bat Zendt, zur Ablenkung am Tor zu erscheinen, während er selbst auf der Rückseite aus der Umzäunung floh und nach Nordosten zum Indianerlager ritt.

Er erreichte die Felsen in der Abenddämmerung, verbrachte die Nacht im Lager und riet den Indianern dringend, Skimmerhorn keine Veranlassung zu geben, sie anzugreifen. „Stehlt keine Rinder", erklärte er, „und wenn ein weißer Mann durch euer Lager kommt, laßt ihn unbehelligt."

„Wann bekommen wir Lebensmittel?" fragte Verirrter Adler.

„Darüber wird gerade verhandelt", antwortete Mercy ausweichend. Die schwindelhaften Tricks, mit denen die reichlich bemessenen Vertragsbestimmungen von 1851 durch die kümmerlichen Verordnungen von 1861 ersetzt wurden, konnten vielleicht noch angenommen werden. Aber vierzehnhundert Indianer auf einer von Felsen eingeschlossenen Wiese ohne Wasser und Nahrung einzupferchen war unmöglich. „Vertrau mir noch einmal", sagte Mercy zu Verirrter Adler.

„Wir hören", sagte der alte Häuptling. Die Längsfalten auf seinen Backen waren jetzt tiefer geworden, die Augen noch mehr eingesunken, aber immer noch bewahrte das wie aus Stein gemeißelte Antlitz seine unübertreffliche Würde. „Bis zum neuen Jahr werden wir dir vertrauen."

„Wo sind Jake Pasquinel und Gebrochener Daumen?" fragte Mercy, als er sich zum Aufbruch rüstete.

„Im Osten, Richtung Julesburg", erwiderte Verirrter Adler und gab ihm zwei Kundschafter mit, die ihn zum Versteck dieser Separatisten führen sollten.

Wie schön der Platte an diesem Tag war – blendendes Weiß auf den schneebedeckten Ufern und schimmerndes Schwarz, wo das dunkle Wasser floß. Wir sollten doch imstande sein, einen Fluß wie diesen mit den Indianern zu teilen, sagte sich Mercy. Als er das primitive Lager erreicht hatte, fragte er eine Frau nach Häuptling Gebrochener Daumen. Sie deutete patzig auf ein Tipi.

Mercy schob den Vorhang am Eingang beiseite und trat ein. „Gebrochener Daumen", sagte er, „ich komme, um dich zu bitten, keinen Krieg gegen die Wagenzüge zu führen."

Gebrochener Daumen zog die dünne Decke dichter um seine Schultern. „Warum sagst du mir: ‚Führe keinen Krieg'? Skimmerhorn führt jeden Tag Krieg."

Ehe Mercy antworten konnte, stürzte Jake Pasquinel herein. Als er Mercy sah, umarmte er ihn überraschenderweise. „Mercy, bringen Sie Vernunft in diesen Wahnsinn", flehte er ihn an. „Unsere Leute sind am Verhungern..." Die Stimme versagte ihm, und zum erstenmal war Mercy Zeuge, daß einer der Brüder Pasquinel vor innerer Qual nicht weiterreden konnte. „Diesem Skimmerhorn muß Einhalt geboten werden, sonst explodiert das ganze Territorium!"

Mike Pasquinel betrat das Zelt. „Mercy", sagte er, „wir werden alle zugrunde gehen – Sie und Lucinda und Zendt, wir alle –, wenn das nicht aufhört." Er sprach mit noch drängenderer Qual als sein Bruder. „Ihr laßt uns keinen anderen Ausweg, als kämpfend zu sterben."

Erschüttert ritt Mercy nach Denver zurück. Als er General Asher im Heereshauptquartier Meldung erstattete, sagte er: „Herr General, eine Katastrophe steht uns bevor. Ich war bei beiden Parteien der Indianer – den freundlichen im Lager und den feindlichen im Versteck."

„Das hätten Sie nicht tun dürfen", erwiderte Asher streng. „Oberst Skimmerhorn hat Ihnen befohlen –"

„Herr General", unterbrach ihn Mercy mit erhobener Stimme. „Wir stehen ganz kurz vor dem totalen Aufruhr!"

„Sehen Sie sich das an", sagte der müde Mann aus Vermont. Er reichte ihm einen schriftlichen Befehl.

> General Laban Asher
> Ortskommandant Denver
>
> Melden Sie sich sofort bei der unten genannten Befehlsstelle zur ausführlichen Berichterstattung über getroffene Maßnahmen zum Schutz des Platte-Tals gegen Indianerüberfälle.
>
> S. J. Comly, Adjutant
> Fort Leavenworth

„Ich reite heute abend mit sechs Soldaten los", sagte Asher.

„Heute abend!" rief Mercy entsetzt. „Wer wird Sie vertreten?"

„Oberst Skimmerhorn. Und über Sie verhänge ich Hausarrest, Mercy. Sie dürfen Denver nicht verlassen, bis ich wieder zurück bin."

„General Asher", sagte Mercy ruhig, „wenn Sie Ihre Truppen Skimmerhorn übergeben, ist Ihr Ruf für alle Zeiten erledigt."

„Sie stehen unter Hausarrest", wiederholte Asher kurz. Er ritt noch am selben Abend mit seiner Begleitmannschaft nach Osten ab.

Jetzt hatte Skimmerhorn den Oberbefehl.

An einem kalten Novembermorgen des Jahres 1864 sammelte er seine Truppen, dreiundsechzig Berufssoldaten unter Abel Tanner, den er mit einer Frontbeförderung zum Hauptmann machte, und 1116 Milizsoldaten unter dem Befehl von Freiwilligen. Sie lagerten bei Zendts Farm. Am nächsten Tag zog Oberst Skimmerhorn mit seinen Truppen während eines heftigen Schneesturms zu den Klapperschlangen-Felsen und ließ sie bei Einbruch der Nacht dort in der Nähe Stellung beziehen, ohne entdeckt zu werden.

Skimmerhorn teilte seine Streitkräfte in drei Gruppen. Das Zentrum, unter seinem Befehl, sollte warten, bis drei Geschützsalven die Zelte getroffen hatten, und dann eine Attacke mit blankem Säbel reiten. Der rechte Flügel unter Hauptmann Tanner sollte die Felsen nach Osten hin umzingeln und alle niederschießen, die in dieser Richtung zu entkommen versuchten. Der linke Flügel mußte Hauptmann Vincent Reed, einem Berufsoffizier, übergeben werden. Skimmerhorn war sich nicht sicher, ob er ihm trauen konnte.

In dem kunterbunten Indianerlager zu ihren Füßen befanden sich 1483 Arapaho und Cheyenne. Das Lager hatte keine Wachtposten aufgestellt.

Kurz nach sechs, als es im Osten hell wurde, krachte die Eröffnungssalve. Fünf Kanonenkugeln flogen als Prellschüsse durch das Lager, töteten vier schlafende Indianer und verstümmelten sieben andere.

Verirrter Adler war überzeugt, daß hier ein schrecklicher Irrtum vorlag. Kein amerikanischer Soldat würde auf ein unverteidigtes ...

Neue Detonation! Eine zweite Salve fegte durch das Lager. Mit zitternden Händen zog er seine Offiziersuniform an. Um den Hals hängte er sich seine Buchanan-Medaille. Von dem Ehrenplatz über seiner Lagerstätte holte er die amerikanische Flagge herunter, die Präsident Lincoln ihm geschenkt hatte. Dann setzte er seinen hohen Hut auf und verließ sein Zelt, als gerade die dritte Salve durch das Lager krachte.

In diesem Augenblick kam Oberst Skimmerhorns Abteilung von den Höhen heruntergefegt. Pferde rannten Kinder über den Haufen, und Soldaten mit brennenden Fackeln setzten die Zelte in Brand.

Inmitten des Aufruhrs und Schreckensgeschreis stand Verirrter Adler, schwenkte seine Flagge und schrie auf englisch: „Halt! Das ist ein Irrtum!“

Als er so dastand, galoppierte Oberst Skimmerhorn auf ihn zu und holte mit seinem Säbel aus, aber die Klinge verfing sich in dem Fahnentuch.

Der Oberst riß seinen Revolver heraus, doch im selben Augenblick erhob sich lautes Geschrei am rechten Flügel, wo Abel Tanner und seine erprobten Indianerkämpfer mordend und sengend durch das Lager stürmten.

Da entdeckte Skimmerhorn mit Entsetzen, daß ein Teil seines großartigen Schlachtplans nicht funktionierte. „Wo ist Hauptmann Reed?" brüllte er.

Hauptmann Reed war bereit, die jungen Krieger auf der linken Flanke zu attackieren. Aber als er sah, daß sie unbewaffnet waren und daß er Mädchen und Frauen niedermetzeln sollte, rebellierte er. „Das Signal zum Angriff ist da!" rief eine Ordonnanz.

„Stillgestanden!"

„Herr Hauptmann, Oberst Skimmerhorn ist schon vorgerückt."

„Stillgestanden!" Er zog die Zügel seines Pferdes fest an und hatte Tränen der Wut in den Augen. Er beging Befehlsverweigerung im Angesicht des Feindes, aber er konnte nicht zulassen, daß seine Leute an diesem Gemetzel teilnahmen.

„Sehn Sie doch, Herr Hauptmann!" rief ein Sergeant. „Da entkommen welche."

„Seht sie euch doch an", erwiderte Hauptmann Reed. „Sehen Sie genau hin, Sergeant."

Die Soldaten sahen, und später dankten sie ihr Leben lang Gott auf den Knien, daß sie an diesem Tag unter dem Befehl von Hauptmann Reed gestanden hatten. Denn die Indianer, die an ihnen vorbeischlüpften und in die Berge entkamen, waren alt oder verkrüppelt, es waren junge Männer mit abgeschossenen Armen – und unter all diesen war nicht ein einziges Gewehr, nicht ein einziger Pfeil zu entdecken.

Die wenigen, die Waffen besaßen, leisteten tapferen Widerstand. Am Ende waren 387 Indianer umgebracht: sieben Häuptlinge, 108 Krieger, 123 Frauen und 149 Kinder; mit Ausnahme von sechzehn wurden alle skalpiert. Ein Milizsoldat namens Gropper wühlte in den Leichenhaufen herum und verstümmelte die Toten auf die grausigste Weise, wobei er schrie: „Das wird sie lehren, weiße Frauen umzubringen."

Alte Männer und Frauen, die versuchten, aus den brennenden Zelten zu entkommen, wurden ins Feuer zurückgestoßen, und vier, die sich ergeben hatten, wurden mit Messerstichen ins Genick erledigt. Auf die Frau des Häuptlings Verirrter Adler wurde elfmal geschossen, aber sie blieb am Leben. Sie lag zwischen den Toten und wimmerte nicht einmal, als einer von Tanners Leuten sie skalpierte. In der Nacht entkam sie nach Norden.

Verirrter Adler, der glaubte, daß seine Frau tot sei, fuhr fort, seine Flagge zu schwenken. Mitten im Kugelregen rief er, wenn auch zusehends schwächer: „Haltet ein! Wartet! Das ist ein Irrtum!" Er zog zu dem Flügel, der von Hauptmann Reed bewacht wurde, und als die Soldaten dort die amerikanische Uniform und die erbarmungswürdige Gestalt sahen, die sie trug, ließen sie ihn gehen.

Zwei Indianerkinder, ein Mädchen und ein Junge, waren durch irgendein Wunder lebend davongekommen. Sie wurden nach Denver gebracht und in Theatern zusammen mit den Skalps ihrer Eltern zur Schau gestellt. Zwei andere Kinder, die Tanners Leute gefangen hatten, wären vielleicht am Leben geblieben, wenn nicht Oberst Skimmerhorn vorbeigeritten wäre und gefragt hätte: „Was wollt ihr denn mit denen anfangen?" Die Männer sagten, sie hätten sie gefangengenommen, und als Skimmerhorn schnauzte: „Aus Nissen werden Läuse", brachten sie sie um.

Die Nachricht von Skimmerhorns Sieg erreichte Denver am nächsten Tag, und als er in die Stadt einzog, fand er Menschenmengen vor, die darauf warteten, dem Mann zuzujubeln, der Colorado vor den roten Teufeln gerettet hatte. Skimmerhorn wurde in den vornehmen Häusern gefeiert, mit Orden und Ehrenzeichen belohnt, und er sprach bei einem besonderen Dankgottesdienst über die durchaus nicht leichte Schlacht und die außerordentliche Tapferkeit, die Hauptmann Tanner und seine Leute auf dem rechten Flügel bewiesen hätten.

Was den linken Flügel betraf, so begannen häßliche Gerüchte in Denver zu kursieren, daß Hauptmann Reed sich alles andere als heldenmütig benommen habe. Die Gerüchte verstärkten sich, und die Sache wurde gerichtlicher Entscheidung überlassen, als Oberst Skimmerhorn vor dem Kriegsgericht Beschuldigungen gegen ihn erhob. Inzwischen kehrte jedoch General Asher aus Fort

Leavenworth zurück und beschloß, es sei besser, Hauptmann Reed zu gestatten, in aller Stille seine Entlassung zu beantragen.

„Was soll ich bloß tun?“ fragte Reed Major Mercy und dessen Frau.

„Kämpfen bis zum letzten“, riet Lisette. „Wenn Sie zulassen, daß man Sie jetzt aus der Armee rauswirft, sind Sie für immer als Verräter gebrandmarkt.“ Sie kannte Reeds Vorgesetzten und schrieb ihm, daß Reed zu Unrecht beschuldigt werde, und die Räder in Washington fingen an, sich in Bewegung zu setzen.

Der Hauptschlag gegen Skimmerhorn wurde jedoch durch Lisettes Mann geführt. Im Februar erzählte er einem Journalisten, daß Häuptling Verirrter Adler versucht habe, sich bei den Klapperschlangen-Felsen zu ergeben, daß keinerlei Waffen im Lager gefunden worden seien und daß Männer unter Hauptmann Tanners Kommando Greueltaten verübt hätten.

Der darauf beruhende Zeitungsartikel spaltete Colorado in zwei Lager. Zwei Angehörige von Skimmerhorns Miliz peitschten den Journalisten aus, und führende Persönlichkeiten scharten sich um Skimmerhorn zu seiner Verteidigung. Er wurde populärer denn je und hielt Vorträge, wie man die Indianer behandeln müsse.

Aber immer wieder wurden Klagen und Vorwürfe laut, und im März 1865 erschien General Harvey Wade mit fünf Beisitzern in Denver, um die schweren Beschuldigungen wegen des Verhaltens amerikanischer Soldaten zu untersuchen.

Nach zweitägigem Verhör waren er und seine Kommission davon überzeugt, daß General Laban Asher sich als unfähig und moralisch minderwertig erwiesen hätte. Der Vermonter verließ das Vernehmungszimmer als geschlagener Mann.

Danach nahm General Wade die Schlacht selbst unter die Lupe. Hauptmann Tanner und sechzehn seiner Männer marschierten als Zeugen auf und berichteten von Skimmerhorns Tapferkeit vor dem Feind.

Ganz Denver stand hinter Skimmerhorn, aber Lisette Mercy war weiterhin überzeugt davon, daß sich eine Möglichkeit finden ließe, diese widersinnige Fassade niederzureißen. In einem Laden hörte sie, wie eine junge Verkäuferin zu einer Freundin sagte: „Wenn die die Wahrheit wissen wollen, müssen sie Jimmy fragen. Der erzählt, es ist einfach grauenhaft gewesen.“

Ohne ihr Interesse zu verraten, brachte Lisette heraus, daß Jimmy der Bruder des Mädchens war, ein junger Angehöriger der Miliz. Die Mercys machten Jimmy Clark ausfindig und berichteten General Wade von seiner Existenz. Jimmy Clarks Zeugenaussage entsetzte nicht nur die Untersuchungskommission, sondern auch das ganze Land.

„Sie haben gesehen, daß Männer Ihrer Abteilung mit ihren Säbeln auf fliehende kleine Mädchen losgingen?"

„Jawohl, Sir, die haben sie glatt in Stücke gehauen."

„Sie haben gesehen, daß Männer, deren Namen Sie kennen, ihre Revolver in die Gesichter von kleinen Jungen abfeuerten?"

„Jawohl, Sir, viermal."

„Haben Sie Männer Ihrer Abteilung mit Messern in der Hand zwischen den Leichen herumgehen sehen?"

„Jawohl, Sir."

„Was haben die getan?"

„Den Frauen die Brüste abgeschnitten."

General Wade holte tief Atem und fragte mit eherner Stimme: „Sie haben mit eigenen Augen gesehen, daß Soldaten toten Frauen die Brüste abgeschnitten haben?"

„Eine von ihnen war noch nicht tot, Sir."

Hier begann Clark zu würgen, und das Verhör wurde vertagt.

Als Jimmy Clark am nächsten Tag erschien, um weiter auszusagen, war deutlich zu sehen, daß er brutal verprügelt worden war. Als er den Zeugenstand betrat, fragte General Wade: „Soldat Clark, wollen Sie diesem Ausschuß erzählen, was Ihnen zugestoßen ist, seit wir Sie zuletzt gesehen haben?"

„Ich bin gestolpert, Sir."

„Sie sind gestolpert?"

„Jawohl, Sir."

„Stenograph, nehmen Sie zu Protokoll, daß der Soldat Clark heute morgen mit gespaltener Lippe, grün und blau geschlagenen Augen, einer starken Schwellung am Kinn und einem schlaff herunterhängenden Arm erschienen ist. Er ist gestolpert."

Es war still im Gerichtssaal. Dann sprach General Wade wieder. „Haben Sie während des Kampfes den Indianerhäuptling, der unter dem Namen Verirrter Adler bekannt ist, gesehen?"

„Jawohl, Sir."

„Erzählen Sie uns, unter welchen Umständen."

„Die Schlacht hatte schon 'ne Weile gedauert, da kam der alte Mann in meine Richtung gegangen, und zuerst dachte ich, er wär einer von uns, weil er eine Offiziersuniform anhatte, aber es war so 'ne altmodische, und dann sah ich, daß es 'n Indianer war. Er trug 'ne Fahne und um seinen Hals 'ne Medaille."

„Soviel ich weiß, hat Hauptmann Reed an dem Tag mit Ihnen gesprochen."

„Jawohl, Sir. Der Kampf war ungefähr halb vorbei, da sah Hauptmann Tanner, daß ein paar Indianerfrauen durch 'ne Lücke zwischen den Felsen wegliefen, und er packte mich am Arm und schrie: ‚Sag dem verdammten Feigling, dem Reed, er soll die aufhalten', und ich bin hingerannt und hab's Reed gesagt. Und da hat Reed gesagt: ‚Laß sie ruhig laufen.'"

„Haben Sie das getan?"

„Jawohl, Sir. Und nach der Schlacht, als ich sah, was die andern mit den Leichen machten, fragte mich Hauptmann Reed: ‚Was ist mit dir los, Clark?', und ich sagte zu ihm: ‚Mir ist schlecht', und da hat er gesagt: ‚Heute sollte uns allen schlecht sein.'"

Jimmy Clarks Aussage war noch nicht durch andere bestätigt, deshalb lud General Wade jeden einzelnen Mann vor, der an diesem Tag hinter Hauptmann Reed gestanden hatte. Die ersten dreißig Milizsoldaten verweigerten die Aussage, aber dann bestätigten Berufssoldaten nicht nur Clarks Bericht, sondern fügten noch weitere grausige Einzelheiten hinzu, wobei ein Mann sogar in Tränen ausbrach.

Die Untersuchung war beendet, und Hauptmann Reed kehrte mit einem Empfehlungsschreiben, in dem bestätigt wurde, daß er sich in Übereinstimmung mit dem strengen Ehrenkodex seines Berufes betragen habe, nach dem Osten zurück.

General Wade war nicht bevollmächtigt, Skimmerhorn zu bestrafen, weil dieser nicht der Armee der Vereinigten Staaten unterstellt war, aber er veröffentlichte eine scharfe Zurechtweisung an die Adresse des selbsternannten Helden. Am Tag nach Wades Abreise aus Denver erschoß ein Anhänger Skimmerhorns Jimmy Clark auf offener Straße. Es waren über sechzig Zeugen vorhanden, doch nicht ein einziger war bereit, gegen den Mörder auszusagen.

Nach dem Gemetzel bei den Klapperschlangen-Felsen wüteten die beiden Stämme unter dem Befehl des Häuptlings Gebrochener Daumen, mit Jake Pasquinel als seinem Unterführer, plündernd und brandstiftend in der ganzen Gegend. Sie fielen über schutzlose Farmen her und machten alles nieder, was lebte, sogar die Hühner. Tag für Tag überrannten sie die Süd-Platte-Gegend mit wilden Angriffen. Telegrafendrähte wurden durchschnitten, die Überlandpostkutschen überfallen und ihre Passagiere umgebracht.

Über den ganzen Westen wurden Steckbriefe verteilt, auf denen die Brüder Pasquinel, als Indianer gekleidet, abgebildet waren, und vom Atlantischen bis zum Stillen Ozean waren die beiden als „die Halbblut-Ungeheuer der Prärie" bekannt.

Schließlich wurde eine Militärabteilung aus Omaha losgeschickt, um die Mordbrenner aufzuspüren. Die Stämme teilten sich in zwei Gruppen. Die eine, unter der Führung von Verirrter Adler, ergab sich den Soldaten in Fort Kearney; die andere, von Gebrochener Daumen und den Pasquinels angeführt, konnte sich noch behaupten.

In einem offenen Gefecht kämpfte Gebrochener Daumen mit sieben standhaften Kriegern, bis die Soldaten sie von allen Seiten umringt hatten. Dann begann er mit erhobenen Armen seinen Sterbegesang: *„Nur die Berge leben ewig, nur der Fluß fließt immerdar."* Er griff sich ein Gewehr von einer der Leichen und feuerte, bis ihm ein Hagel von Geschossen die Brust aufriß.

Die Pasquinels entkamen, und Oberst Skimmerhorn rief einige seiner früheren Milizleute zusammen, um sie aufzuspüren.

An einem frostigen Morgen überraschte eine Abteilung von Skimmerhorns Miliz am Platte, etwa fünfunddreißig Kilometer östlich von Zendts Farm, Jake Pasquinel und fesselte ihn, ehe er sich selbst erschießen konnte.

Skimmerhorn erreichte die Stelle etwa um zwei Uhr nachmittags und brachte binnen zehn Minuten ein Standgericht zusammen. „Schuldig" lautete das einstimmige Urteil, und zwei Männer warfen einen Strick über einen Pappelast, knoteten ihn um Jake Pasquinels Hals und zogen ihn hoch. Der Knoten war schlecht geknüpft, und der Delinquent strampelte und zappelte und erstickte langsam, während die Miliz jubelte.

Am selben Abend traf die Kunde von der Hinrichtung in Zendts

Farm ein. Levi nahm eine Schaufel, gab Lucinda einen Abschiedskuß und ritt nach Osten, um die Leiche abzuschneiden und zu begraben. Als Skimmerhorns Leute das erfuhren, stürmten sie wutentbrannt zu Zendts Anwesen und steckten es in Brand.

Mit stoischer Ruhe sah Zendt zu, wie die Flammen sein Heim verzehrten. Dann machte er die bittere Erfahrung, daß vier verschiedene Nachbarn ihn abwiesen, bis er einen fand, der ihm, seiner Frau und seinen Kindern für die Nacht Obdach gewährte.

Jetzt war nur noch Mike Pasquinel am Leben. Er kam unerkannt bis zum Haus seiner Schwester durch, und als er die ausgebrannte Niederlassung sah, nahm er an, daß sie und ihre Familie tot seien. Aber er verbarg sich im Gebüsch und sah schließlich Levi und Lucinda, als sie kamen und in der Asche herumstocherten.

Er rief sie an, und sie redeten ihm zu: „In diesem Dorf wirst du bestimmt gefangengenommen, also ergib dich lieber freiwillig.“

„Nein!“ fauchte Mike. „Verschafft mir zwei Revolver. Ich kämpfe mich durch.“

„Mike, macht Schluß mit diesem Morden“, redete ihm seine Schwester zu.

Levi traf die Entscheidung. „Du mußt dich ergeben. Hier wohnen anständige Leute, und die werden dafür sorgen, daß dir ein ordnungsgemäßer Prozeß gemacht wird.“

Sie fertigten aus Lucindas Unterrock drei weiße Fahnen und hielten sie an Stöcken hoch. Damit gingen sie langsam die einzige Straße des Dorfes entlang und riefen: „Er ergibt sich! Er ergibt sich! Wir bringen Mike Pasquinel.“

Als sie an den Geschäftsräumen der Zeitung vorbeikamen, krachte ein Schuß, und Pasquinel sank zu Boden. Er war aus dem Fenster der Redaktion des *Clarion* von Oberst Frank Skimmerhorn hinterrücks erschossen worden. Der Zeitungsbesitzer, ein giftiger, rachsüchtiger Mensch, dessen Sohn bei einem Indianerüberfall umgekommen war, schrieb folgenden Augenzeugenbericht:

> Gerechtfertigt! Oberst Frank Skimmerhorn, der in den vergangenen Monaten Schimpf und Schande von seiten des feigherzigen Teils unserer Bevölkerung erlitten hat, wurde gestern nachmittag restlos gerechtfertigt, indem er eigenhändig den letzten der Pasquinels erschoß, als das Halbblut schamlos versuchte, weitere Schandtaten zu begehen.

Jetzt suchten die offiziellen Stellen wahren Frieden zu schaffen. Reichlich spät ging ihnen ein Licht auf, daß sie in Major Mercy jemanden hatten, der möglicherweise Ordnung in das Chaos der letzten Monate bringen konnte. Deshalb schickten sie ihn nach Norden, um mit Verirrter Adler und den wenigen Überlebenden zu verhandeln, die jetzt wieder auf dem verhängnisvollen Platz zwischen den Felsen lagerten.

Verirrter Adler erschien mit der Fahne, die Abraham Lincoln ihm geschenkt hatte. „Ist Mr. Lincoln wirklich erschossen worden?" fragte der alte Mann.

„Ja", antwortete Mercy.

„Mir tun alle guten Männer leid, die ermordet werden", sagte der Häuptling. In diesem Augenblick erschien seine Frau, narbenbedeckt, aber wunderbarerweise genesen von ihren Wunden. „An dem Tag der Mann Oben hat mich beschützt", sagte sie. Die beiden Männer entwarfen neue Pläne, wie die überlebenden Arapaho und Cheyenne Lebensmittel und Decken bekommen könnten.

Mercy befahl, die Waren herzuschaffen, und Soldaten brachten und luden sie ab. Verirrter Adler sagte zu seinem Rat: „Seht! Ein neuer Tag hat begonnen."

Als Major Mercy zwei Tage später nach Denver zurückkehrte, verprügelten ihn Rowdys von der aufgelösten Miliz so brutal, daß er kaum die Kraft aufbrachte, sich nach Hause zu schleppen.

Lisette fand ihn auf der Vortreppe und half ihm ins Bett. Nachdem sie ihn nach besten Kräften mit Salben und Einreibungen versorgt hatte, sagte sie trotzig: „Maxwell, wir haben doch richtig gehandelt", und damit schlief er ein.

3. DIE COWBOYS

Im Spätherbst 1867 war Levi Zendt mit seiner Frau in ihrem neuen Laden beschäftigt. Nach den Indianerunruhen waren sie von ihrem alten Platz in der Nähe des Flusses weiter nach Norden auf höher gelegenes Gebiet gezogen. Mit gutem Gewinn hatten sie viel von dem Land verkauft, das jetzt zu dem wachsenden Städtchen Zendts Farm gehörte.

Levi sah einen Fremden näher kommen, dessen Gang ihm bekannt vorkam, und er erkannte seinen Reisegefährten vom Treck nach Westen im Jahre 1844. Er rief Lucinda herbei. Es war Oliver Seccombe, der aus Oregon zurückgekehrt war, wo er, abgesehen von zwei Reisen nach England, die letzten dreiundzwanzig Jahre verbracht hatte.

„Levi", sagte er, sobald er in der Küche bei einer Tasse Tee saß, „in England gibt es Leute, die eine Menge Geld zu investieren haben. Als ich in Bristol war, mußte ich immer wieder an das unbebaute, weite Land denken, durch das wir gemeinsam gezogen sind."

Levi lauschte interessiert, als Seccombe fortfuhr. „Blitzartig kam mir ein Gedanke. Wenn diese Prärie all die vielen Büffel ernähren kann, dann muß sie das beste Weideland der Welt sein." Er klopfte auf einige Papiere in seiner Tasche. „Hier habe ich die Vollmacht, etwa eine Million Hektar von diesem Land zu erwerben."

„Und was wollen Sie damit anfangen?" fragte Lucinda.

„Ich habe gehört, daß man in Texas Longhorns – diese Rinder mit Hörnern wie Schaukelstühle – für fünfundzwanzig Cent pro Stück kaufen kann. Ich will eine große Herde von denen nach Norden heraufbringen und hier eine Zucht anfangen. Jedes Jahr werde ich die Ochsen für fünf bis sechs Dollar das Stück an die Heeresverwaltung verkaufen." Er schaltete eine dramatische Pause ein. „Verhelfen Sie mir zu dem Land, Levi, und ich werde das Vieh herschaffen, und wir verwenden dazu das Geld von Engländern, die in Bristol auf ihrem edlen Hinterteil sitzen.

Ich habe einem Lord Venneford, Earl of Wye, den Vorschlag unterbreitet, und er hat sofort die Möglichkeiten gesehen. Wir wollen alles Land von den Rockies bis Nebraska und so weit nach Norden, wie wir nur können, für uns haben."

„Hat er denn genug Geld, um das alles zu kaufen?" fragte Zendt.

„Hier treten Sie in Erscheinung. Es wird Sie keinen roten Heller kosten." Seccombe holte eine große Karte des nordöstlichen Territoriums von Colorado hervor, auf der der Platte detailliert eingezeichnet war. „Der Dreh besteht darin, auf Grund des neuen Heimstättengesetzes Besitzrecht für die Parzellen zu bekommen, die Wassernutzungsrecht haben. Nehmen Sie diese Stelle hier, wo der Skunk Hollow in den Beaver Creek mündet. Wenn ich die habe, verfüge ich über vierzigtausend Hektar Weideland nördlich davon. Die vierzigtausend gehören mir zwar nicht, aber wenn ich die Wasserrechte habe, sind sie für jeden anderen völlig nutzlos."

Darauf arbeiteten die Zendts mit ihm die Karte durch, und danach machten sie ihre Pläne. Ein Landarbeiter mußte überredet werden, ein bestimmtes Grundstück zu beanspruchen, seine Braut ein anderes, mit dem Einverständnis, daß die Parzellen an Seccombe verkauft würden, sobald die Eigentumsurkunde ausgestellt war. Durch klugen Erwerb von siebzehn Schlüsselstellungen konnten Oliver Seccombe und seine Hintermänner für relativ wenig Geld ein Königreich gewinnen.

Diese Manipulation war durch das Heimstättengesetz von 1862 ermöglicht worden, wonach Land im Westen in Parzellen von hundertsechzig Morgen an Siedler vergeben wurde. Der Siedler mußte eine Wohngelegenheit auf seinem Land errichten, in der er mindestens die Hälfte des Jahres lebte, und den Boden fünf Jahre lang bewirtschaften. Am Ende dieser Frist gehörte das Land ihm, nachdem er bestimmte Gebühren bezahlt hatte.

Land, das nicht besiedelt war, blieb frei für die beliebige Nutzung durch jeden, der sich Zugang dazu verschaffte, so daß Oliver Seccombe mit dem Besitzanspruch auf die ausersehenen Ländereien das Recht hatte, einige Millionen Morgen zusätzliches Weideland in Gebrauch zu nehmen. Im Laufe einer betriebsamen Woche brachte er einige tausend Morgen zusammen, die über fünf Millionen Weideland nach sich zogen.

Jetzt kam das Problem, wie man das Vieh nach Norden schaffen sollte, um es dort auf die Weide zu bringen, und Levi sagte: „Der Mann, den Sie brauchen, ist John Skimmerhorn."

„Skimmerhorn? Ist das nicht der, der die Indianer niedergemetzelt hat?"

„Sein Sohn."

„Ach ja, der, den ich meinte, ist ja nach Kalifornien gegangen. Kann man dem jungen Skimmerhorn Vertrauen schenken?"

„Er ist sehr zuverlässig", versicherte Levi, und sie gingen hinunter zu dem kleinen Haus am Fluß, wo John Skimmerhorn wohnte. Unterwegs berichtete Levi: „Dieser Ort stand auf Oberst

Skimmerhorns Seite – bis zu dem Augenblick, wo er Mike Pasquinel erschossen hat.“

„Was geschah dann?“ fragte Seccombe.

„’ne ganz verrückte Sache“, sagte Zendt nachdenklich. „Niemand hat ihm übelgenommen, daß er die Indianerfrauen und -kinder ermordet hat, aber als er einen unbewaffneten Mann, der eine weiße Kapitulationsfahne trug, erschoß ..., da hatte er bei ihnen verspielt, weil er gegen das Grundgesetz des Westens verstoßen hat. Man schießt einem Mann nicht in den Rücken. Übrigens, was ist aus Sam Purchas geworden?“

„Sam!“ rief der Engländer. „Nachdem er mich nach Oregon gebracht hatte, stahl er mir fast meine ganze Ausrüstung und verschwand damit. Drei Monate danach wurde er als Pferdedieb aufgehängt.“

Sie trafen Skimmerhorn zu Hause an, einen zurückhaltenden, kräftig gebauten Mann von neunundzwanzig Jahren.

„Was würden Sie davon halten, nächsten Monat nach Texas zu gehen, dort eine Mannschaft anzuheuern und mit der zwei- bis dreitausend Stück Longhorns hierherzubringen?“

„Wär mir schon recht“, meinte Skimmerhorn.

„Ich bezahle das Vieh und die Mannschaft, und Ihnen gebe ich fünfunddreißig Cent für jedes abgelieferte Stück Vieh.“

Im Februar 1868 ritt John Skimmerhorn mit zwei Reservepferden in die Viehgegend von Südtexas. Als er sich nach einem erfahrenen *trail boss* erkundigte, der den Zug einer Herde nach Norden durch das Territorium Oklahoma und den Staat Kansas und dann nach Westen beaufsichtigen sollte, klang die Auskunft nicht sehr ermutigend. Ein grauhaariger *trail boss* sagte: „Im vorigen Jahr haben uns die Komantschen in Oklahoma verdammt viel zu schaffen gemacht, und in Kansas haben uns die Pettis Boys das Hemd vom Leibe gestohlen.“ Skimmerhorn war nicht in der Lage, erfahrene Leute zu überreden, den gefährlichen Treck zu riskieren, und er war sehr enttäuscht.

Als er eines Abends seinen Pferden die Vorderbeine gefesselt hatte und im Begriff war, in seine Decken zu kriechen, sah er einen Lichtschein über dem nahen Kamm eines Hügels. Als er der Sache nachging, fand er einen einsamen Mexikaner, der an einem Feuer kauerte und sich Fleischstückchen mit Zwiebeln, Salbei und

Paprikaschoten briet. Der Mann hielt ihm die Pfanne hin und sagte: „Sie kosten, Señor?“

Skimmerhorn nahm sich ein kleines Stück Fleisch. Es schmeckte köstlich. „Hören Sie!“ sagte er. „Ich hab gutes Rindfleisch bei mir.“

Der Mexikaner strahlte. „Mit richtig Rindfleisch, Señor, wir haben Festessen.“

Eine halbe Stunde später teilten sich Skimmerhorn und der Mexikaner ein Galadiner. „Wer sind Sie?“ fragte Skimmerhorn.

„Ignacio Gómez“, sagte der Mann. „Ich bin Koch.“

„Wollen Sie mit mir reiten? Für die Pferde sorgen und kochen?“

Der Mexikaner lächelte. „Ich bringen meine Sachen rüber ... Mein Freunde sagen Nacho zu mir.“ Das erste Mitglied der Mannschaft war engagiert.

In den nächsten Tagen ritten sie von einer Ranch zur andern auf der Suche nach einem *trail boss.* Ein Rancher sagte ihnen: „Ich hab von einem guten Mann oben im Kreis Palo Pinto gehört – R. J. Poteet. Aber das ist von hier ein strammer Ritt von sechs Tagen.“

Skimmerhorn und Nacho machten sich auf den Weg, und gegen Abend des sechsten Tages hielten sie vor einem mit Brettern verschalten Ranchhaus mit einem niedrigen Dach. „R. J. Poteet?“ rief Skimmerhorn. „Sind Sie zu Hause?“

In der offenen Tür erschien ein hagerer Mann von mittlerer Größe, der etwa vierzig Jahre alt sein mochte. Er hatte einen ungekämmten, rotblonden Haarschopf und schmale Augen. Er trug einen Revolver und enganliegende Hosen, die in Cowboystiefel mit hohen Absätzen gestopft waren. Beide Daumen in seinen breiten, silberbeschlagenen Gürtel gesteckt, musterte er seine Besucher. „Ich bin Poteet“, sagte er.

„Ich heiße Skimmerhorn. Aus Colorado. Ich möchte, daß Sie mir eine gute, gemischte Herde zusammenbringen. Wir wollen bei uns oben eine Ranch anfangen.“

„An wieviel Stück haben Sie gedacht?“

„Zwei-, dreitausend. Können Sie die nach Norden bringen?“

Jetzt überlegte Poteet sorgfältig. „Sie wissen, wenn wir versuchen, sie durch Kansas zu treiben, können wir von Glück sagen, wenn wir die Hälfte der Herde behalten.“

„Was können wir tun?“

Poteet blickte den Mann aus dem Norden prüfend an. „Es gibt einen andern Weg."

„Und der wäre?" fragte Skimmerhorn gelassen.

„Vor zwei Jahren hat ein Mann namens Goodnight zweitausend Biester schlankweg durch die Wüste südlich von Neumexiko getrieben und ist dann nördlich nach Colorado rumgeschwenkt. Dabei war sein größtes Risiko die Natur, und nicht Indianer und Räuber. Ist 'ne höllische Strecke. Man weicht über dreihundert Kilometer nach Westen von seiner Richtung ab, durch den Llano Estacado – die abgesteckte Ebene – hundertdreißig, hundertvierzig Kilometer ohne einen Tropfen Wasser."

„Könnte das wiederholt werden?"

„Das wäre möglich."

„Was sind Ihre Bedingungen?" fragte Skimmerhorn.

„Achtzig Cent für jedes abgelieferte Tier. Ich bezahle die Mannschaft, Sie stellen die Pferde. Wir können in sieben bis zehn Tagen losziehen."

Keiner von beiden hatte seine ursprüngliche Stellung geändert, Skimmerhorn auf seinem Pferd, Poteet von der offenen Tür eingerahmt, und jetzt sagte der Mann aus Colorado: „Morgen werden wir anfangen, die Herde zusammenzubringen."

Bis zum nächsten Nachmittag hatten Poteet und Skimmerhorn dreizehnhundert Stück Vieh und achtzig Pferde in der Umgebung aufgekauft. Auf dem Heimweg zu seiner eigenen Ranch erklärte Poteet: „Den Rest werden wir in Jacksboro zusammentreiben – ich würde gern zweitausendachthundert mitnehmen und zwölf Cowboys, uns beide und den Mexikaner eingeschlossen. Ich brauche zwölf Pferde pro Mann."

„So viele?"

„Wir haben den schwersten Treck der Welt vor uns."

Am nächsten Morgen nahm er noch ein Pferd mit und führte Skimmerhorn zu einem primitiven Blockhaus am Pinto Creek. Nate Person, seine Frau und drei Kinder waren Schwarze und früher einmal Sklaven gewesen. Die Befreiung hatte ihnen wenig eingebracht außer dieser verlassenen Bude und dem Siedlungsrecht auf einem miserablen Stück Land. Poteet warf einem der Kinder ein in Papier eingewickeltes Bündel zu und fragte: „Wo ist dein Pappi, Dora Mae?"

Das Kind schnupperte an dem Paket. „Mammi!“ schrie die Kleine. „Fleisch!“

Aus der Tür der Blockhütte rief eine ganz magere, schwarze Frau: „Vielen Dank, Mr. Poteet. Nate gräbt um für Mr. Goodly.“

„Schick Dora Mae hin, er soll mal herkommen.“

Als Dora Mae mit ihrem Vater zurückkam, sagte Poteet ohne lange Erklärung. „Wir reiten nach Colorado, Nate.“

„Ich hab kein Pferd nich, Mr. Poteet.“

„Leg deinen Sattel auf Baldy hier.“

Und in wenigen Minuten war Nate Person mit seinem zusammengerollten Bettzeug, seiner Pistole und seinem Sattel abmarschbereit. Er nahm Dora Mae auf den Arm, küßte seine Frau und sagte: „Sag den Jungs auf Wiedersehen von mir“, und fort waren sie.

Die drei Männer ritten am Pinto Creek entlang, bis sie zu einem kleinen Hof kamen, der einen gewissen Wohlstand zeigte. „Canby!“ rief Poteet, und über die Wiesen kam ein Cowboy auf einem hübschen Grauschimmel geritten.

„Hab gehört, ihr kauft Vieh wie verrückt“, sagte Canby kurz angebunden.

„Wir gehen nach Colorado.“

„Hab schon gedacht, könntest mich vielleicht brauchen. Wann?“

„Gleich.“

„Klingt gut.“ Canby, ein drahtiger, lebhafter Mann mit sonnenverbranntem Gesicht, sprang von seinem Pferd. Er lief zum Haus und rief: „Emmy, ich geh mit nach Colorado.“ Dann wandte er sich zu Poteet um und fragte: „Willst du meine Koppel Pferde kaufen?“

„Wenn sie was taugen.“

„Guck sie dir an, während ich packe.“

Sie gingen zum Korral, wo Canby elf starke Reitpferde stehen hatte. Poteet erzählte Skimmerhorn: „Canby ist aus Südtexas, also wundern Sie sich nicht, wie er sich anzieht. Aber er versteht was von Pferden und hat ein paar Klassegäule hier. Ich würde Ihnen raten, den ganzen Schwung zu kaufen.“ Dann fügte er hinzu: „Ich möchte Canby gern Spitze reiten lassen. Zusammen mit Nate.“

„Was meinen Sie mit Spitze?“

„Wenn das Vieh unterwegs in einer langen Reihe auseinandergezogen ist, muß man seine beiden besten Leute an der Spitze reiten lassen, rechts und links und ein wenig voraus vom Leitstier. Nate hier ist der beste Spitzenmann, den ich je gesehen habe. Und auf Canby kann ich mich auch verlassen."

Jetzt erschien Canby, ein erstaunlicher Anblick in den schweren, ledernen Überziehhosen und enormen Tapaderos, die man in Südtexas trägt – den Lederfutteralen für die Steigbügel, die Füße und Knöchel gegen dorniges Gestrüpp schützen. „Wie gefallen euch meine Pferde?" fragte er.

„Großartig", sagte Poteet überzeugt. „Kosten?"

„Zehn Dollar das Pferd."

„Ich zahl dir fünfundachtzig für alle", sagte Poteet.

„Gemacht", antwortete Canby mit einem leichten Lächeln. „Und wenn du noch 'n guten Mann brauchst, solltest du an Mike Lasater denken."

„Lasater hat Pferde gestohlen", entgegnete Poteet. „Kommt nicht in Frage." Aber als sie zu Poteets Ranch zurückkehrten, kam ihnen ein schlaksiger Mann mit einer Bettzeugrolle auf einem dicken Pferd entgegen.

„Morgen, Mr. Poteet. Ich bin Mike Lasater und möchte mit Ihnen reiten."

„Ich brauch keine Leute mehr."

„Doch, Mr. Poteet. Sie brauchen mich", beharrte Lasater. Er saß zuversichtlich auf seinem Pferd. „Ich reite Schlepp", sagte er. „Sie brauchen 'n guten Mann da hinten im Staub."

„Nimm ihn", riet Canby.

„Kommen Sie mit." Poteet ritt aufs Haus zu, aber plötzlich riß er sein Pferd herum und sagte barsch: „Aber kein Poker. Kein Schnaps."

Lasater brauste auf. „Verdammt noch mal, wenn man 'n neues Leben anfängt, muß man doch irgendwo anfangen können. Und ich bin der beste Reiter, den Sie haben."

Poteet lächelte. „Wenn Sie so ein guter Reiter sind, Lasater, soll's mir 'ne Ehre sein, Sie dabeizuhaben", und er gab ihm die Hand.

Am selben Nachmittag ritten sie mit einer Herde von dreizehnhundert Longhorn-Rindern und einundneunzig Pferden in der *remuda de caballos* – Herde von Ersatzpferden – nach Jacksboro im Norden.

1868 war Jacksboro der Mittelpunkt von Nordtexas. Es war eine Stadt an der Grenze des besiedelten Gebiets, deren Einwohner für neue Ideen empfänglich waren. Als R. J. Poteet zum Beispiel eine Stellmacherwerkstatt betrat und sagte: „Was ich brauche, Sanderson, ist eine besondere Art von Wagen mit einer Menge Schubladen und einem flachen Tisch, den man herausklappen kann, wenn wir haltmachen", ließ sich Sanderson den Gedanken durch den Kopf gehen und sagte: „Klingt vernünftig."

„Ich lass' meinen Koch bei Ihnen. Es soll ja sein Wagen werden."

„Ein Küchenwagen? Warum haben Sie das nicht gleich gesagt? Da könnten wir überall Haken anbringen..." Er nahm sich ein Stück Papier, und ehe Poteet noch hinausgegangen war, befanden sich Sanderson und Nacho mitten im Planen des Wagens.

Die restlichen Rinder und Pferde zu finden war einfach, aber die Auswahl der Cowboys zu treffen war schwierig, weil jeder Farmersjunge der Gegend mitreiten wollte. Poteet stellte noch vier langaufgeschossene, junge Burschen ein – Calendar, Gompert, Ragland und Savage. Sie trugen Stiefel mit hohen Absätzen, enganliegende Hosen, Revolverholster, undefinierbare Jacken und große blaue oder graue Halstücher – die, übers Gesicht gebunden, als Staubmasken oder Schweißtücher, als Fesseln für die Pferde oder als Signalflaggen verwendet werden konnten – und breitrandige Hüte zum Schutz gegen die Sonne. Jeder Cowboy brachte außerdem seinen Revolver, seine Bettrolle und sein Lieblingspferd mit.

Zur Betreuung der Remuda brauchte Poteet noch einen erfahrenen Pferdehirten. Er bat Sanderson, den Stellmacher, um Rat, und der meinte: „Ein guter Mann für eine Remuda ist Buck, wenn man seinen Gestank aushalten kann."

Als Poteet sich dem Pferdeknecht auf drei Meter näherte, begriff er, was Sanderson gemeint hatte. Der Mann hatte zeit seines Lebens mit Pferden gearbeitet und besaß eine Abneigung gegen Wasser. „Ich hab mir gesagt, wenn wir den engagieren, wird bei Rückenwind sein Gestank allein jede Klapperschlange auf hundert Meter Entfernung umbringen", erklärte Poteet später Skimmerhorn.

Jetzt waren sie elf Mann, und der zwölfte kam eines Abends ins Lager hereinspaziert. Er war einundzwanzig Jahre alt, trug eine Uniform der Südstaaten und schleppte seltsamerweise einen Sattel mit sich, wie ihn die Kavallerie der Nordstaaten viel benutzt hatte, der aber im Süden Gegenstand tiefster Verachtung war. Er besaß keinen Sattelknopf, nur einen einzigen Gurt und, zum Abscheu eines jeden Texaners, in der Mitte des Sitzes einen Längsschlitz zu Ventilationszwecken.

„Wer 's der Boß?“ fragte der junge Mann.

„Ich“, sagte Poteet. „Wo kommen Sie her?“

„South Calinky.“

Poteet hatte bei der Kavallerie der Konföderierten gedient und wußte, daß den Leuten aus Südcarolina keiner gleichkam – sie waren eigensinnig, manchmal unangenehm, aber immer verläßlich. „Wie heißen Sie?“

„Buford Coker. Man nennt mich Bufe.“

„Wo haben Sie den Sattel her?“

„Von 'nem Yankeeoffizier.“

„Können Sie reiten?“

„Hätt ich sonst 'n Sattel?“

„Vielleicht ist da noch ein Platz“, sagte Poteet, „wenn mein Vormann Sie für tauglich hält ... Mr. Person.“ Nate kam herbeigeritten, und Poteet sagte ganz formell: „Mr. Person, glauben Sie, Sie könnten mit diesem jungen Mann arbeiten?“

Nate starrte Coker in die Augen und sagte: „Unser Treck könnte genauso gefährlich werden wie der Krieg, in dem Sie waren, Soldat.“ Der Konföderierte antwortete langsam, ohne seinen Blick abzuwenden: „Mich kann nichts erschüttern“, worauf Nate meinte: „Ich glaub, der ist in Ordnung, Mr. Poteet.“

„Mr. Person wird Ihnen ein Pferd geben“, sagte Poteet, und Nate suchte ihm einen guten Schecken aus. Bei Morgengrauen wählten sich die Männer aus der Remuda ihre Pferde aus, immer jeder der Reihe nach ein Pferd, bis jeder Reiter elf hatte.

Um sechs Uhr traf Nacho Gómez mit vier Maultieren ein, die den neuen Wagen zogen, an dessen Seiten Pfannen, Eimer und Segeltuchbeutel hingen. Die Rückwand konnte heruntergelassen werden und bildete dann einen soliden Tisch, der auf zusammenklappbaren Beinen ruhte. Hinter diesem Klapptisch waren ordentliche Schubladen untergebracht, eine für Mr. Poteets Schreibarbeiten, eine für Arzneimittel und die andern für wichtige Lebensmittel und Nachos mexikanische Kräuter.

Ehe sich die Herde in Marsch setzen konnte, mußten jetzt alle Tiere noch ihr Brandmal bekommen.

„Was für ein Erkennungszeichen verwendet eure Ranch?“ fragte Poteet.

Skimmerhorn war darüber nichts gesagt worden, deshalb schlug er vor: „Nehmen Sie ein V“, aber Poteet wandte ein: „Da ist 'ne Ranch, an der wir vorbeikommen, die das schon benutzt. Warten Sie mal. Sagten Sie nicht, Venneford wär ein König oder so was Ähnliches? Dann hätt er doch 'ne Krone, nicht wahr?“ Skimmerhorn meinte, das könnte schon sein. Am folgenden Tag kam Poteet vom Schmied mit Eisen zurück, die das Brandmal lieferten, das berühmt werden sollte – eine Krone über einem V.

Das Kennzeichnen der Tiere dauerte drei Tage, von Sonnenaufgang bis zum Einbruch der Dunkelheit, und selbst dann wären sie wohl noch nicht damit fertig geworden, wenn nicht Viehzüchter aus der Gegend freiwillig geholfen hätten. Endlich waren alle Tiere mit dem gekrönten V gekennzeichnet – 1810 Kühe und Färsen, 142 Zuchtbullen und 826 Ochsen, dazu 132 Ersatzpferde und 4 Maultiere.

Am 15. März 1868 brach die ganze Karawane von Männern, Pferden und Vieh nach Westen auf. Ganz vorne ritten Mr. Poteet und Mr. Skimmerhorn und hinter ihnen die Cowboys, so postiert, daß sie eine bewegliche Einzäunung um die Herde bildeten. Auf Poteet und Skimmerhorn folgten die Spitzen, Person auf der linken, Canby auf der rechten Seite. Nach dem ersten Drittel des Zuges ritten die beiden Pendler, die zu verhindern hatten, daß Tiere abschweiften oder fremdes Vieh sich anschloß. Zwei Drittel der Zuglänge nach hinten sorgten die beiden Flankenmänner dafür, daß sich der Kern der Herde nicht zu dicht zusammendrängte und zu sehr erhitzte. Und am Ende, wo der Staub am dichtesten war, ritten die beiden Schlepper, Bufe Coker auf der linken und Lasater auf der rechten Seite.

Ein gutes Stück abseits fuhr Nacho Gómez mit seinem Küchenwagen, und weit hinter ihm, wo der Staub der Herde seine Pferde nicht belästigen konnte, kam Buck mit der Remuda.

Sie konnten durchschnittlich zwanzig Kilometer am Tag zurücklegen, sogar mit einer zweistündigen Pause in der größten Sonnenhitze. Bei dieser ersten Rast, während das Vieh friedlich graste, sprach Mr. Poteet zu seiner um ihn versammelten Mannschaft.

„Die Spitzen und die Schlepper bleiben während des ganzen Trecks dieselben. Die vier Pendler und Flankenmänner wechseln sich morgens und nachmittags im Uhrzeigersinn der Reihe nach ab. Poker und Alkohol sind verboten. Wenn ich einen mit 'ner Schnapsflasche erwische, wird er auf der Stelle ausgezahlt, abzüglich der Kosten eines Ersatzpferdes, das er sich mitnehmen kann. Noch eins. Laßt eure Revolver im Gürtel stecken. Um Ochsen abzulenken, ist es viel wirksamer, den Hut zu schwenken."

Für die erste Nacht wollte Mr. Poteet alles so vollkommen wie nur irgend möglich haben. Da er wußte, daß die Rinder darauf erpicht waren, wieder zu ihrer heimatlichen Weide zurückzulaufen, brachte er sie über einen kleinen Bach auf eine Wiese, die von einem Hügel abgeschlossen wurde, so daß jedes Longhorn, das vielleicht heimlaufen wollte, erst die Anhöhe überwinden mußte. Dann ließ er seine Leute die Wiese einkreisen, so daß ein Reiter ein Rind, das sich von der Masse absondern wollte, sanft wieder zurückdrängen konnte.

Es war wesentlich, daß Ruhe herrschte. Schon das Klirren eines Löffels auf einem Blechteller oder ein lautes Niesen konnte das Vieh zu einer panischen Massenflucht bringen. Poteet und Person blieben die ganze Nacht auf, die übrigen wurden zu Zwei-Stunden-Wachen eingeteilt. Zwei Mann, die in entgegengesetzter Richtung ritten, umkreisten die Herde, wobei sie leise sangen. Bei jeder Runde begegneten sie sich zweimal, nickten einander im Vorüberreiten zu und hielten ihre Pferde im Schritt. Die erste Nacht verlief ohne Störung, aber in der zweiten, als eine Nachtschwalbe tief über die Herde entlangflog und ihren melancholischen Ruf ausstieß, sprangen mehrere Rinder auf.

„Schnell!" rief Poteet mit gedämpfter Stimme Lasater zu, und der lange Texaner spornte sein Pferd an und galoppierte zu der Stelle, wo Unruhe drohte. Aber ein struppiger, alter Stier mit Hörnern, die über einen Meter ausluden, von Poteet Steinwall getauft drängte sich mit Gewalt zu den Unruhestiftern hindurch, und seine Anwesenheit schien sie zu beruhigen.

„Dieser Stier ist drei Cowboys wert", sagte Poteet. „Den hab ich früher schon zweimal mitgehabt."

Am vierten Morgen kam ein Junge ins Lager galoppiert und fragte nach dem Anführer des Trecks. „Mr. Poteet", sagte der junge Reiter, „meine Mutter hat gesagt, Sie möchten bitte mal rüberkommen zu ihr."

„Wer ist denn deine Mutter?"

„Emma Lloyd."

„Ist Tom Lloyd dein Vater?"

„Ja, Sir."

„Wie geht's ihm?"

„Er 's tot. Kam nicht mehr aus dem Krieg zurück."

Poteet blickte über das Grasland. Er und Tom Lloyd hatten früher einmal um Emma Staller geworben. „Wie heißt du, mein Junge?"

„Jim."

„Übernehmen Sie die Herde, Mr. Person", sagte Poteet und ritt mit dem Jungen davon.

Als sie über den Hügel kamen, bot sich Poteet ein Anblick, der in jenen Nachkriegstagen nur zu vertraut war: eine Ranch, der der Mann fehlte. Er schüttelte den Staub von seinem Hut und ritt zum Haus.

„Tag, Emma", rief er unbefangen.

„R. J.! Meine Güte, wie schön, dich wiederzusehen!" sagte sie und wischte sich die Hände an ihrer Schürze ab.

„Was kann ich für dich tun?" fragte Poteet. „Euer Jim hat mir erzählt, daß Tom nicht heimgekehrt ist."

„Er nicht und viele andere auch. Du mußt mir unbedingt mein Vieh abkaufen, R. J."

„Emma, wir haben schon mehr, als wir brauchen können."

„Das glaub ich gern. Aber wir haben schon über ein Jahr kein Bargeld mehr gesehen. Ich muß einfach dies Vieh verkaufen ..."

Schließlich sagte Poteet: „Gut, ich nehm dir das Vieh ab, Emma." Es waren zweihundertzehn Stück. „Ich zahle dir jetzt zwei Dollar pro Stück und das, was ich in Fort Sumner noch zusätzlich dafür bekomme."

„Gott sei Dank“, sagte Mrs. Lloyd. Als er ihr das Geld gab, fragte sie leise: „Wärst du bereit, Jim mitzunehmen?“

„Wie alt bist du, Jim?“

„Siebzehn“, sagte der Junge sehr bestimmt.

Vor siebzehn Jahren hatte Tom Emma noch nicht einmal gekannt, dachte Poteet. Der Junge konnte nicht viel mehr als vierzehn sein.

„Kannst du ein Lasso werfen?“ fragte Poteet. Statt einer Antwort sprang der Junge auf sein Pferd und galoppierte auf einen Ochsen zu.

Er warf sein Lasso so geschickt, daß die Schlinge der Länge nach über die beiden riesigen Hörner fiel.

„Du kannst mitkommen“, sagte Poteet, „aber am Schluß des Trecks kriegst du keinen Lohn – weil ich den jetzt deiner Mutter auszahle.“

Auf diese Weise schloß sich Jim Lloyd dem Treck nach Norden an. Er wurde als Schlepper eingeteilt, gemeinsam mit Coker, dem Konföderierten aus Südcarolina. Nate Person wurde zum Kundschafter befördert und streifte weit voraus durch die Gegend, um aufeinanderfolgende Wasserstellen für den vor ihnen liegenden Weg zu suchen. Poteet überraschte alle damit, daß er Mike Lasater an Persons Stelle als Partner von Canby an die Spitze versetzte. Niemand hatte erwartet, daß ein erwiesener Dieb mit einer so verantwortungsvollen Aufgabe betraut würde. Doch Lasater war gewissenhaft, und nach einigen Tagen sagte Skimmerhorn zu Poteet: „Mit dem haben Sie eine gute Wahl getroffen.“

Abends nach dem Essen lauschte Jim staunend der Unterhaltung am Lagerfeuer. Da wurde von Klapperschlangen und von Präriebränden berichtet und von einem weißen Mustang, der verirrte Reiter auf den richtigen Weg gebracht hatte. Und manchmal erzählten diese fahrenden Gesellen der Prärie Geschichten von Frauen, fast immer mit einer unbeholfenen Ritterlichkeit. Als Buck eines Nachts anfing, von einer anderen Sorte Frauen zu erzählen, der er in Kansas begegnet war, warf ihm Poteet einen vorwurfsvollen Blick zu und deutete mit einer Kopfbewegung zu Jim an, daß ein Jugendlicher anwesend war, worauf Buck verlegen mit der lahmen Bemerkung endete: „Na, jedenfalls ’ne tolle Frau“, und seine Zuhörer grinsten.

Die Männer sangen verschiedene Lieder, aber das eine, das Jim am besten gefiel, kam dem Wesen eines Cowboys am nächsten:

Ich reit 'n alten Fuchs, 'n halbtauben Zossen,
Die haben ihm in Kansas ein Ohr weggeschossen ...

Schlaft ein, kleine Kälbchen, stört nicht die andern,
Morgen früh, wenn's Tag wird, heißt's weiterwandern.

Er konnte die Worte und die traurige Melodie nicht oft genug hören. Seinen Lieblingsvers fand Jim ganz große Klasse:

Der alte Billy Jones hatte Tochter und Sohn,
Taugten beide nicht viel und rannten ihm davon.
Seine Frau, die wurde in 'ner Kneipe umgebracht,
Aber er singt munter weiter, bei Tag und bei Nacht.

Bald stand ihnen der gefährliche Treck durch die Wüste bevor. Es war unbedingt notwendig, daß die Tiere in den nächsten beiden Wochen soviel fraßen und tranken wie nur irgend möglich, um den bevorstehenden Strapazen gewachsen zu sein. Die Männer trainierten, mit wenig Wasser auszukommen, und wurden besonders höflich zueinander.

Sie kamen an Fort Chadbourne vorbei, einst eine Garnison mit vierhundert Mann und einer deutschen Militärmusikkapelle, jetzt eine trostlose Wüste, die wegen Wassermangel aufgegeben war. Hier standen Poteet und seine Leute am Rande des Llano Estacado, der abgesteckten Ebene. Manche behaupteten, der Name stamme von spanischen Entdeckungsreisenden, die beim Durchqueren der Wüste Markierungsstangen eingeschlagen hätten, um den Rückweg wiederzufinden.

Mr. Poteet nahm Jim beiseite. „Auf diesem Teil der Strecke ist es besser, eine Waffe bei sich zu haben. Frag Canby, ob er dir nicht einen seiner Revolver leiht."

Daraufhin ging Jim zu dem Spitzenmann und sagte: „Mr. Poteet meint, Sie möchten mir einen Revolver leihen. Aber ich will ihn kaufen."

„Wovon denn? Du kriegst doch keinen Lohn."

„Ich verschaff mir schon irgendwie Geld.“

Canby klatschte mit dem Zügel auf den Hals seines Pferdes. „Weißt du was? Ich hab noch einen Militär-Colt in Reserve, den könnt ich dir leihen.“

„Ich will ihn nicht leihen. Ich will ihn kaufen.“

„Na gut, verdammt noch mal. Zehn Dollar, und die Patronen kriegst du zu.“

„Ich zahl's Ihnen eines Tages“, versicherte Jim. „Mein Ehrenwort.“

Als die Karawane auf den Llano kam, wurde das Vieh unruhig, weil Gras und Wasser schwer zu finden waren. Es kam jetzt darauf an, die Tiere so schnell wie möglich voranzutreiben. Statt sechzehn bis zwanzig Kilometer am Tag wurde das Tempo auf fünfundzwanzig, sogar bis auf neunundzwanzig heraufgesetzt, und auf diese Weise wurden die ersten hundert Kilometer Wüste von Fort Chadbourne bis zum nördlichen Arm des Conchos bewältigt.

Am Nordconchos tranken die Tiere wie besessen und standen bis zum Bauch in dem jämmerlichen Bach, als wollten sie das Wasser mit ihrer ausgedörrten Haut aufsaugen.

Die nächsten fünfzig Kilometer, zwischen den beiden Armen des Conchos, endeten mit einer Enttäuschung, denn der Mittlere Conchos enthielt kaum genügend Wasser für das Vieh. Jeder Mann füllte seine eigene Feldflasche, während Nacho, soviel er konnte, zum Kaffeekochen hamsterte.

Jetzt lag eine Strecke von hundertachtundzwanzig Kilometern vor ihnen, die vom Mittleren Conchos bis zum Pferdekopf-Übergang am Rio Pecos über eine vegetationslose Alkaliwüste führte. Bei normaler Geschwindigkeit beanspruchte der Treck für diese Strecke beinahe sieben Tage, während derer die Herde verdursten mußte. Aber wenn das Tempo verdoppelt oder verdreifacht werden konnte, war es möglich, daß die Longhorns den Pecos erreichten.

Am Abend des 6. April 1868 versammelte Mr. Poteet seine Leute zur letzten warmen Mahlzeit. „Wir brechen auf, sobald es hell wird, und ziehen Tag und Nacht weiter. Mr. Person wird als Kundschafter vorausreiten und dafür sorgen, daß wir auf dem richtigen Weg zum Paß über die Berge sind.“

Der Schwarze nickte. Dazu mußte er an die dreihundert Kilometer hin- und herreiten, um den Zug auf dem rechten Weg zu halten.

„Jetzt schlaft auf Vorrat“, schloß Poteet.

Als die Sonne aufging, bekamen die Männer den Llano zum erstenmal richtig zu spüren, denn über dem Land vor ihnen lag eine grauweiße Schicht von Alkali. Sie konnten keinen einzigen Baum, noch irgendeinen größeren Strauch oder eine Wegspur, geschweige denn das Zeichen einer menschlichen Behausung erblicken.

Um neun Uhr verstärkte sich die Hitze, und das Vieh fing an, nach Wasser zu suchen. Gegen Mittag rief Savage: „Da kommt er!“, und im fernen Westen sahen die Cowboys eine kleine Staubwolke. Dann wurde darin ein Pferd und dann auf ihm ein Mann sichtbar, ein schwarzer Mann, dessen Gesicht mit weißem Alkalistaub bedeckt war.

Nate stieg am Küchenwagen ab und ließ sich Kaffee geben. „Bis jetzt sind wir auf der richtigen Route“, meldete er.

„Ist irgendwo Wasser?“

„Nichts.“ Er trank seinen Kaffee, wechselte das Pferd und ritt wieder los.

An diesem Tag ereignete sich nichts mehr, aber der zweite Tag war eine Qual. Manche Kühe schienen vor Durst halb wahnsinnig zu werden, und die Männer mußten sie peitschen und auf den Kopf schlagen, um sie auf den Weg zurückzuzwingen. Am späten Nachmittag begannen die Kühe jämmerlich zu brüllen. Die Sonne war unerträglich. Alkalistaub bedeckte alles, die Augen der Männer über ihren Halstüchern, die Augen der Tiere.

Gewöhnliche Rinder hätten das nicht überlebt, aber die anspruchslosen Longhorns folgten Steinwall verbissen. In dieser kritischen Lage entwickelte jeder der Cowboys eine ausgesprochene Liebe für den streitsüchtigen alten Stier.

Die Nacht war äußerst schwierig, besonders für die Schlepper. Jim und Coker waren neununddreißig Stunden im Sattel gewesen und todmüde, aber das Vieh war entschlossen, zum Conchos zurückzulaufen. Jim brachte die Nacht damit zu, Ausreißer wieder einzufangen, und dabei merkte er oft, daß Mr. Skimmerhorn im Mondschein neben ihm ritt.

Als die Herde bei Morgengrauen wieder vollzählig beisammen

war, sank Jim zu Boden, und Skimmerhorn sagte: „Laßt ihn schlafen."

Er lag dort, als Nate Person mit tiefliegenden Augen zurückgeritten kam. „Der Paß liegt genau vor uns. Zweiundzwanzig Kilometer weiter ist der Pecos."

„Wasser?" fragte Poteet.

„Haufenweise", antwortete Person, „aber nur beim Pferdekopf-Übergang ist Süßwasser. Auch nur ein kurzes Stück weiter nördlich oder südlich – das reine Alkali. Daran krepiert jede Kuh, die es säuft."

„Ist der Übergang markiert?"

„Die Schädel sind noch da." Das bezog sich auf die Reihe von Pfosten mit aufgenagelten Pferdeschädeln, die den Weg zum Flußübergang bezeichneten.

Die letzten beiden Tage waren beinahe unerträglich. Neunundzwanzig Kilometer bis zum Paß, zweiundzwanzig von dort bis zum Wasser. Eine Kuh, die vor Durst wahnsinnig geworden war, brach seitwärts aus, und Jim versuchte, sie wieder zurückzutreiben. Aber sie lief an ihm vorbei in die Wüste. Er sah sie stolpern, aufstehen und dann endgültig zusammenbrechen, worauf sofort die Aasgeier herunterstießen.

„Da kann man nichts machen", meinte Mr. Poteet, aber Jim hatte Tränen in den Augen.

„Ich hab sie aufgezogen", sagte er. Die Kuh war der Stolz der Lloydschen Herde gewesen.

Sie führten das Vieh über die letzte trostlose Strecke der Alkaliwüste zu den Bergen hinauf und wußten, daß die Tiere, sobald sie das Wasser vor ihnen witterten, hinrennen würden. Aber sie über dies letzte Stück der Wüste zu bringen war natürlich schwierig, und jetzt bewies sich Steinwall als unbezahlbar. Er sorgte dafür, daß die andern Tiere in Reih und Glied weiterstapften.

Auf der Paßhöhe, einem seltsamen Einschnitt zwischen den abgeplatteten Hügeln, witterte das Vieh, daß dort unten Wasser war, und drängte mit neuer Hoffnung vorwärts. Die Rinder streckten ihre abgemagerten Hälse vor und stierten mit staubverklebten Augen durch den Dunst, während ihre Beine mit dem Aufgebot der letzten Kraftreserven ihrer ausgepumpten Körper mechanisch dahinstampften.

„Haltet Schritt mit ihnen!" schrie Poteet. „Haltet sie vom Alkaliwasser weg!"

Die Cowboys wurden von der durchgehenden Herde zum Galopp gezwungen. Jim Lloyd am Ende des Zuges hatte größte Mühe mitzukommen. Nate Person kam vom Fluß heraufgeprescht und rief: „Treibt sie mehr nach Süden!"

Er ritt mit Poteet und Skimmerhorn zur rechten Spitze, um Lasater zu helfen, die wild gewordene Herde vom schlechten Wasser abzudrängen, und durch geschicktes Reiten gelang es ihnen auch.

„Ich glaube, wir haben's geschafft!" rief Poteet, aber da begann die Tragödie. Steinwall roch Wasser und raste in nördlicher Richtung auf die nächstgelegene Stelle des Flusses zu, wo der Alkaligehalt am konzentriertesten war. Und was die Sache am schlimmsten machte, die Kühe folgten ihm. „Lenkt ihn ab!" schrie Poteet.

Lasater gab seinem Pferd die Sporen und ritt direkt auf Steinwall los, aber der große Stier rannte ihn einfach über den Haufen, so daß Mann und Roß am Boden lagen. Jetzt stand nur noch Poteet zwischen dem Vieh und der Katastrophe.

Ohne zu zaudern, jagte er auf Steinwall zu, und wieder versuchte der große Stier den Mann, seinen alten Kameraden Poteet, umzurennen.

Der *trail boss* brachte sein Pferd zum Stehen und wartete, bis das rasende Tier kurz vor ihm war. Dann zielte er sorgfältig mit seinem Revolver, und der Stier stürzte mit einem letzten, erstaunten Blick in den Staub. Mit Skimmerhorns Hilfe lenkte Poteet das Vieh zum guten Wasser hin.

Die Rinder strömten an den Pferdeschädeln vorbei in den Fluß und blieben minutenlang im Wasser stehen, ehe sie tranken. Dann soffen sie in kleinen Zügen und muhten dabei, und bald hallte die schlammige Wasserfläche von ihrem freudigen Gebrüll wider.

Jim Lloyd und Coker fanden Lasater bewußtlos am Boden liegen, aber Mr. Skimmerhorn, der sein Herz abhorchte und ihn nach Knochenbrüchen abtastete, beruhigte sie: „Der ist bald wieder in Ordnung."

Jetzt rief Ragland: „Poteet ist nicht da."

Sie schwärmten aus, und Canby fand ihn weit hinten. Er war abgestiegen und stand neben Steinwall.

Der Rio Pecos war etwa sechs Meter breit und an manchen Stellen nur zehn bis fünfzehn Zentimeter tief. Jeweils zweihundert Rinder drängten sich hinein und schlürften, als ob sie den Fluß leer saufen wollten, aber nach einigen Minuten hatte dieser seinen vorherigen Wasserstand wieder erreicht. Die Männer brachten das Vieh aufs westliche Ufer und lagerten dort drei Tage, bis sich alle wieder erholt hatten.

Als sie dem Fluß weiter nach Norden folgten, war es immer noch schwierig, trinkbares Wasser zu finden, denn der Pecos war gesättigt mit Alkali, und die häufigen kleinen Wasserstellen konnten nicht benutzt werden. Sie zogen jetzt nämlich durch ein Gebiet, das John Chisum, der größte Viehbaron des Westens, für sich beanspruchte. Er hatte einige Tümpel für die ausschließliche Benutzung durch sein eigenes Vieh bestimmt und seine Leute angewiesen, die andern mit Salz ungenießbar zu machen.

Chisum hatte in Neumexiko erreicht, was Seccombe jetzt in Colorado versuchte: Durch den Erwerb von strategisch günstig gelegenen Parzellen von insgesamt sechshundert Morgen mit Wasserzugang hatte er seine unumschränkte Herrschaft über sechs Millionen Morgen ausgedehnt.

Jetzt entstand wieder ein neues Problem für die Cowboys. Schon seit einiger Zeit hatten die erfahreneren unter ihnen beobachtet, daß zwei oder drei Kühe beunruhigend stärker wurden, und eines Morgens entdeckten sie beim Erwachen, daß die eine ein Kalb geworfen hatte.

„Na, Jim", sagte Mr. Poteet, „der Schlepp ist für die Kälber verantwortlich."

„In welcher Hinsicht?" fragte Jim.

„Du mußt sie töten."

Jim wurde blaß.

„Erklär's ihm, Nate." Person nahm Jim und Coker beiseite und sagte: „Kälber können unmöglich mitlaufen. Da würde man Kuh und Kalb verlieren." Er schüttelte den Kopf und sagte zu den Schleppern: „Es ist eure Aufgabe, sie zu töten." Ehe Jim etwas erwidern konnte, war Person weggegangen und hatte Coker mitgenommen.

Jim ging zu der Stelle, wo die Kuh ihr Neugeborenes säugte, und ein Blick auf das weiße Maul und die eifrigen Lippen des

Kälbchens gab ihm den Rest. Er brachte es nicht fertig, seinen Revolver aus dem Holster zu ziehen. Schließlich sah er zu seiner Linken den Küchenwagen und rannte dorthin. „Laß mich das Kalb da reinlegen", bat er Nacho. „Mir wird schon noch was einfallen."

Und Jim fütterte das Kalb und kümmerte sich darum, und als noch eins geboren wurde und Coker es umbringen sollte, erwies der sich als ebensowenig kaltblütig wie Jim, und seins fand auch noch bei Nacho Platz.

Als das dritte zur Welt kam, befahl Mr. Poteet, alle Kälber zu töten, aber Nacho bat um Erlaubnis, sie behalten zu dürfen, bis sie nach Fort Sumner kämen, und Poteet erlaubte es widerwillig.

Als der Zug Fort Sumner, einen gottverlassenen Außenposten am Rio Pecos, erreichte, ließ Nacho Gómez seine große Überraschung aus dem Sack. Er verschaffte sich ein Pferd und ritt geradewegs nach Westen ins Apachengebiet. Nach einigen Stunden kehrte er mit einem Dutzend mexikanischer Bauern zurück, die ein Pferd, vollbeladen mit Tauschwaren, mit sich führten. Er ging zu seinem Wagen, holte die drei Kälber heraus, und die Mexikaner stöhnten vor Freude. „Ein Bulle!" rief einer, und Mr. Poteet beobachtete, wie Nacho gewaltig zu handeln anfing.

Die Mexikaner boten Hühner, lange Schnüre Knoblauch, Paprikaschoten und Kräuter. Nacho nahm alles grinsend entgegen und verkündete den Cowboys: „Jetzt wir schlemmen!" Die Mexikaner bestimmten drei Reiter, die der Herde nach Norden folgen sollten, um weitere Kälber in Empfang zu nehmen.

Als sie wieder unterwegs waren, bereitete Nacho dicke, in der Pfanne schwarz verkrustete Steaks, Hühnerragout und gefüllte Paprikaschoten. Seine Stärke waren eine Art Brötchen, wofür er ständig einen großen irdenen Topf mit Sauerteig hinten in seinem Wagen gären ließ. Eines Abends backte er drei Roste voll dieser Delikatesse und erzählte den Männern: „Für jungen Bullen, was Señor Poteet eingetauscht, seht, was wir haben!" Und er öffnete vier Gefäße mit Salbeihonig. Die Männer brachen die knusprigen Brötchen auseinander, tränkten sie innen mit Honig, und es war für sie wie Weihnachtsgebäck.

Zwei Tage danach, als sie wieder den Pecos überschritten, ehe sie in Colorado einzogen, passierte es Poteet, daß seine Herde getrennt wurde. Die erste Hälfte war sicher über den Fluß gekommen, aber der hintere Teil des Zuges hatte Schwierigkeiten, das Steilufer zum Fluß hinunterzukommen. In diesem Augenblick brachen über zwanzig Komantschen hinter einem Tafelfelsen hervor und griffen den vorderen Teil des Zuges an.

Unter der Führung von Poteet setzte ein wilder Kampf ein. Canby schoß wie eine Maschine, während die Indianer immer wieder angriffen. Mr. Skimmerhorn und Nate Person lösten sich an der Spitze der Herde ab, zogen das Feuer der Indianer auf sich und ritten zurück, um zu verhindern, daß die Herde durcheinandergeriet.

Lange Zeit danach sollte Jim nicht vergessen können, was dann geschah. Sieben Indianer lösten sich von den Angreifern, ritten wutentbrannt auf den Haupttrupp der Weißen los und versuchten anscheinend, Mr. Poteet niederzumachen. Ein Komantsche traf Canbys rechte Schulter mit einem fürchterlichen Hieb seines Tomahawks, der Ärmel samt Oberarm bis zum Ellbogen hinab aufriß.

Eben hatte Canby noch einen Revolver in der Rechten, im nächsten Augenblick verdeckte sein Blut die Waffe.

Jetzt setzten mehrere Komantschen über den Fluß und trieben ihre Pferde zum Angriff auf die Nachhut an. Jim hörte Coker schreien: „Schieß, Lloyd, schieß!“, und halb benommen begann der Junge, den Revolver abzufeuern, den Canby ihm gegeben hatte. Zweimal noch stürmten die Komantschen auf Jim los und hätten ihn vielleicht umgebracht, wenn ihm Coker nicht hastig schießend zu Hilfe geeilt wäre und zwei Indianer getötet hätte. Der Rest floh.

Kein einziges Rind fehlte. Auf dem Nordufer hatten die Indianer einen Mann verloren, auf dem Südufer waren es drei, und plötzlich wurde es Jim Lloyd klar, daß er sich im Mittelpunkt des Kampfgeschehens befunden hatte.

„Unser Jim stand einfach da und feuerte wie ein Alter“, sagten die Cowboys bewundernd, und Gompert fragte Mr. Skimmerhorn: „Haben Sie gesehen, wie unser alter Jim auf den Komantschenhäuptling losballerte? Teufel noch mal, der kann nicht mehr als einen Meter von dir weg gewesen sein, als du ihn umgelegt hast, Jim.“

Die Worte drangen zu ihm durch wie eine Stichflamme. „Ich hab ihn umgelegt?" fragte Jim.

„Na, ich mal sicher nicht", sagte Coker. „Ich hatte genug zu schaffen mit den beiden Kriegern."

Die jungen Cowboys drehten die Leiche mit ihren Fußspitzen um, und Jim sagte: „Ich glaube, Coker hat ihn erschossen", aber er wußte, daß er selbst den Schuß abgefeuert – einen Menschen getötet hatte.

Canbys Arm befand sich in einem jämmerlichen Zustand. Am nächsten Tag fing er an zu eitern, und sogar Jim erkannte, daß nicht viel Aussicht bestand, ihn zu retten. Sie legten Canby in den Wagen, und Jim ritt fast den ganzen Tag neben ihm her, brachte ihm Wasser und zündete ihm Zigaretten an. Er riet dem Südstaatler: „Lassen Sie ihn lieber amputieren, Canby. Er eitert sehr", aber Canby erwiderte: „Lieber sterbe ich, als meinen Schießarm zu verlieren."

Bei den Viehtrecks ging eine Redensart um: „Wenn ein Mann unterwegs krank oder verwundet wird, kann er anständigerweise nur zweierlei tun. Gesund werden oder schnell sterben." Es sah so aus, als ob Canby das letztere vorzog, denn weil er sich weigerte, den Arm zu verlieren, vergiftete der ihm den ganzen Körper. Nach zwei Tagen bekam er Fieberphantasien, und Mr. Poteet sagte zu Nacho: „Lade dein Küchenzeug auf Pferde um. Ich bring Canby mit dem Wagen nach Fort Union." Und Poteet und Skimmerhorn fuhren davon.

Am übernächsten Nachmittag kamen sie mit dem Wagen ins Lager zurück, aber ohne Canby. „Der Arzt hat nur einen Blick auf den Arm geworfen und gesagt: ‚Der muß weg'", erklärte Poteet. „Drei Männer waren nötig, um ihn festzubinden, ehe er chloroformiert werden konnte." Er fügte hinzu. „Wir haben ihn ausgezahlt, und er wird nach Texas zurückkehren."

„Sein Pferd ist noch hier", sagte Buck.

„Mr. Skimmerhorn hat es ihm abgekauft."

Während Nacho seine Küchensachen wieder einlud, wandte sich Mr. Poteet an die andern. „Männer, wir haben ein schweres Stück Weg hinter uns, und Canbys Mißgeschick bedrückt uns alle. Mit Mr. Skimmerhorns Erlaubnis hab ich euch eine Kostveränderung mitgebracht." Damit holte er sechs Flaschen Whisky hervor.

Als die Männer ihrer Begeisterung Luft machten, fügte Poteet hinzu: „Mr. Skimmerhorn ist bereit, die Remuda zu bewachen. Mr. Person und ich werden auf die Herde aufpassen." Die Cowboys machten die Whiskyflaschen auf, setzten sich ums Feuer und tranken. Die Geschichten, die sie erzählten, wurden immer unglaublicher und zusammenhangloser, bis einer nach dem andern sanft entschlief.

Bei Morgengrauen erwachten sie aus ihrer Betäubung. Mr. Poteet holte aus Skimmerhorns Bettrolle eine halbvolle Flasche und reichte sie Nate. Der Schwarze nahm drei tüchtige Schluck, dann bekam er glasige Augen, und Mr. Poteet führte ihn zum Wagen. Nate ließ sich den ganzen Vormittag spazierenfahren.

ZEHN Tage später überquerten sie in der Nähe vom Raton-Paß die Grenze von Neumexiko nach Colorado und zogen weiter zum Apishapa. Poteet folgte diesem Fluß gerne – er hielt seine Leute in sicherem Abstand östlich von Pueblo und Denver, zwei regelrechten Lasterhöhlen für Cowboys. Auf dieser sicheren Strecke befanden sie sich, als Nate aufgeregt zurückgeritten kam. „Santa Fe Trail!" rief er. „Genau vor uns." Und als sie auf eine Anhöhe kamen, sahen sie die berühmte Straße im Norden liegen. Ein Wagenzug von sieben Fahrzeugen, Pferden und Vieh, rollte auf diesem uralten Weg nach Westen.

Einige Nächte danach kam Mr. Skimmerhorn von seiner Herdenwache ins Lager zurück. Beim Absteigen blieb er aus Versehen in dem Schlitz von Cokers Sattel hängen. Er schlenkerte seinen Fuß frei und stieß dabei die Kaffeekanne um. Es gab ein klirrendes Geräusch – und schon stürmte das Vieh los.

Es heißt, daß bisher noch niemand den Anfang solch einer wilden Stampede gesehen hat. Man hört ein ungewohntes Geräusch, sieht einen verschwommenen Schatten, und innerhalb einer Sekunde sind dreitausend Stück Vieh, die eben noch zu schlafen schienen, auf den Beinen und galoppieren davon.

„Stampede!" schrie Calendar. Dann preschte er mit zusammengekniffenen Lippen in die Nacht hinaus. „Stampede!" Der Schreckensruf verbreitete sich durchs Lager. Jeder sprang aus seinen Decken, griff nach den Zügeln seines Nachtpferdes und ritt in die Richtung los, wo der größte Lärm herkam.

Glücklicherweise war das Gelände eben, also bestand keine Gefahr, daß Rinder in ein Trockental hinunterstürzen konnten. Aber die Ebene verlockte sie zum Rennen, und das taten sie auch die ganze Nacht hindurch, in hundert verschiedene Richtungen.

Jeder Cowboy setzte in der Meinung, den Haupttrupp vor sich zu haben, einer bestimmten Gruppe fliehender Longhorns nach. Gompert schnitt einem streitsüchtigen Stier, dem Roten Biest, und seinem Gefolge den Weg ab. Aber als eine andere Gruppe vorüberdonnerte, schlossen sich das Rote Biest und seine Longhorns der fröhlichen Jagd an und wurden in dieser Nacht nicht mehr gesehen.

Zu Poteets Verdruß tobten Vieh und Cowboys stundenlang auf der Prärie herum, und als der Morgen graute, waren die Tiere in alle Winde zerstreut. Es wurde Mittag, bis es den erschöpften Cowboys gelang, die Herde wieder zusammenzutreiben, und als Poteet einen groben Überschlag machte, schätzte er, daß etwas über zweihundert fehlten. „Wo können die nur stecken?" fragte er die Männer, denn die Prärie war so eben, daß jede Erhebung auf acht bis zehn Kilometer sichtbar war.

Da schrie Jim Lloyd, der immer den Horizont nach Vögeln oder Antilopen abzusuchen pflegte: „Seht da drüben!", und dort, auf einem fernen Hügel, weideten die vermißten Rinder, und ihre schwarzen Silhouetten hoben sich gegen die ersten Sonnenstrahlen ab.

„Holt sie", rief Poteet, und Jim und Calendar ritten fast zwölf Kilometer, um die ganz fügsamen Geschöpfe zurückzubringen. Als sie sich dem Lager näherten, setzte sich das Rote Biest, das die Ausreißer angeführt hatte, in Trab, glücklich, wieder in den Schoß der Herde heimzukehren.

„Den Burschen müssen wir loswerden", schimpfte Poteet, aber ehe jemand fragen konnte, wie, kam Nate Person von Norden mit der unheilvollen Meldung zurückgetrabt, daß Indianer im Anzug seien.

„Formiert euch!" kommandierte Poteet. Er plazierte seine Leute auf strategische Posten, um einen Indianerangriff zurückschlagen zu können.

Über die Prärie näherte sich im Gänsemarsch eine Reihe von zerlumpten Indianern auf dürren Kleppern, geführt von einem stämmigen, kleinen Burschen, der einen hohen Hut trug. „Das sind keine Komantschen", flüsterte Lasater.

Es waren Arapaho, ausgemergelt und verzagt. „Essen", bettelte der alte Häuptling.

„Wir haben selbst nichts zu essen", erwiderte Ragland.

„Essen. Wir sind am Verhungern", flehte der Alte von neuem.

Poteet wandte sich an Skimmerhorn. „Es ist Ihr Vieh", sagte er. „Gut, geben wir ihnen ein Rind", meinte Skimmerhorn, und Gompert rief: „Schenken wir ihnen das Rote Biest!", und die Cowboys stimmten begeistert zu. Poteet ritt zu den Indianern und sagte: „Mr. Skimmerhorn hier meint –"

„Haben Sie Skimmerhorn gesagt?"

„Ja", erwiderte Skimmerhorn.

„Ich bin Verirrter Adler."

Die beiden Männer saßen eine Weile verlegen auf ihren Pferden und blickten einander in die Augen. Dann streckte Mr. Skimmerhorn seine Hand aus und deutete auf drei Ochsen, die die Indianer haben könnten.

„Wir sind keine Bettler", erklärte Verirrter Adler. „Wir verhungern. Wir haben keine Möglichkeit mehr, uns zu ernähren." Und er ritt zu jedem einzelnen Cowboy, drückte ihm die Hand und dankte ihm für seine Freigebigkeit.

Auf diese Weise wurde die Herde das Rote Biest los. Jetzt waren die Nächte friedlich, und die Tagesarbeit war auf ein Mindestmaß beschränkt, denn Mr. Poteet hatte es nicht eilig, die letzten dreihundert Kilometer zurückzulegen.

„Er trödelt absichtlich", erklärte Ragland den Cowboys am Lagerfeuer, „damit unsere Viecher noch 'n bißchen Fleisch auf die Rippen kriegen."

Während dieser letzten Tage hatte Jim die erste gute Gelegenheit, sich mit der Prärie von Colorado vertraut zu machen: mit ihren runden Hügeln, dem grenzenlosen Horizont und dem Tag für Tag wolkenlosen Himmel, einem Gewölbe von Blau, das ein unberührtes Paradies umschloß. „Wenn ich je Land gesehen habe, das fürs Vieh geschaffen ist", sagte er zu Savage, „dann ist es das hier." Besonders behagte ihm die kristallklare Luft, die dünner war als die feuchte Atmosphäre von Texas und unendlich viel reiner.

Als der Treck sich seinem Ende näherte, empfand Jim eine Traurigkeit, die er nicht loswerden konnte. Er wünschte, er könnte ewig mit diesen Männern reiten. Einfach weiterreiten – einem fernen Horizont entgegen, hinter dem die Komantschen und die unüberschreitbaren Flüsse lagen. Aber das konnte nicht sein. Trecks enden, und Männergemeinschaften lösen sich auf.

Am Abend des 12. Juli 1868 verkündete Mr. Skimmerhorn am Lagerfeuer: „Morgen erreichen wir unser Weideland.“ Die Cowboys brachten saubere Kleidungsstücke zum Vorschein und polierten sogar ihre Sättel. Als der Morgen graute, hielt sich jeder etwas gerader im Sattel und war weniger hastig und ungenau beim Sprechen. Sie hatten annähernd dreitausend Longhorns über zweitausend Kilometer getrieben – mit ganz geringen Verlusten – und waren stolz darauf.

Als sich die Kunde von ihrer Ankunft in Zendts Farm verbreitete, liefen die aufgeregten Dorfbewohner hinaus, um sie zu sehen. Weil mehr Publikum da war, als sie erwartet hatten, übertrafen sich die Cowboys mit knappen Befehlen und augenfälligen Winksignalen.

Oliver Seccombe stand am Ufer zur Begrüßung bereit, als sie die Herde durch die Furt des Süd-Platte trieben. „Gut gemacht, Männer“, sagte er. „Das Vieh sieht prächtig aus.“

Nachdem Buck seine Remuda herübergebracht hatte, versammelte Mr. Poteet die Cowboys um sich und sagte ihnen: „Jeder von euch soll sich ein Pferd aus der Remuda aussuchen. Ein Geschenk von Mr. Skimmerhorn. Die übrigen Pferde werden morgen mittag hier verkauft.“

Das Vieh drängte beharrlich nach Norden, und die Männer folgten ihm. Jim Lloyd war mit Coker auf dem Südufer geblieben, um die Nachzügler zu sammeln. Als er jetzt auf seinem Pferd das steile Ufer emporkletterte und über den Rand kam, blickte er plötzlich in die Augen eines jungen Mädchens, des allerschönsten Mädchens, das er je gesehen hatte.

Sie hatte eine dunkle Gesichtsfarbe und pechschwarzes Haar, das sie in bänderdurchflochtenen Zöpfen trug. Sie war beinahe so groß wie er, und als er sie anstarrte, blickte sie ebenso unverwandt zurück. Ihre dunklen Augen waren wie Teiche voll klarem

Wasser. Nachdem er an ihr vorbeigeritten war, fragte er Mr. Skimmerhorn: „Wer ist das Mädchen?“ Skimmerhorn erwiderte: „Das ist Clemma, die Tochter von Levi Zendt. Sie ist Halbindianerin.“ Und Jim erklärte ruhig: „Die werde ich heiraten.“

4. DIE JÄGER

An dem Nachmittag im Juli 1868, als John Skimmerhorn seine 2936 Stück Vieh an die im Entstehen begriffene Venneford-Ranch ablieferte, blickte er zufällig über die unruhig ihre Kreise ziehenden Longhorns, und sein Auge fiel auf den jungen Jim Lloyd, der jetzt schon eher wie ein erwachsener Mann als ein ungelenker Junge aussah. Dabei fiel ihm ein, daß er einen erprobten jungen Burschen brauchen könnte, der sich um die weit außerhalb liegenden Teile des Venneford-Besitzes kümmerte, falls er, Skimmerhorn, mit der Leitung der Ranch betraut würde.

Er ritt dorthin, wo Oliver Seccombe die Herde besichtigte. „Mr. Seccombe“, sagte er, „Sie werden vertrauenswürdige Leute brauchen, und ich wüßte keinen besseren als den Jungen, der mit uns hierhergezogen ist.“

Skimmerhorn winkte Jim herbei, und Seccombe war überrascht von dessen Jugend. „Du bist ja noch ein Kind!“ wandte er ein. „Du kannst kaum älter als vierzehn sein.“

„Daß Ihr Vieh jetzt hier ist, Sir“, sagte Skimmerhorn, „ist zum Teil dem Mut dieses Jungen zu verdanken. Er hat die Nachhut durch den Llano getrieben und bei einem Überfall einen Komantschenhäuptling erschossen.“

„Gut, er ist angestellt“, sagte Seccombe.

Jim Lloyd unternahm seinen ersten Ritt über die riesigen Ländereien, als er und Skimmerhorn sich aufmachten, die Lage der sogenannten *line camps*, der Außenstationen, zu bestimmen.

Skimmerhorn war zu der Überzeugung gekommen, daß fünf solche *line camps* notwendig waren, mit einer Blockhütte für sechs Mann und dazu einem gemauerten Stall für die Pferde, und er wollte sie von Osten nach Westen numerieren. An einer Stelle nördlich der Kalkfelsen sagte er: „Hier ist Station Fünf.“ Er markierte den Platz, der im Schutz der Berge lag, mit Holzpflöcken, und später sollte Jim mit einem Bautrupp dorthin zurückkehren. Station Vier steckte er auf einem Hügel in der Nähe der Bahnstrecke der neuen Union-Pacific-Eisenbahn ab. Die Hänge waren mit Pinien bewachsen und mit Felsblöcken übersät, die der Wind so modelliert hatte, daß sie wie Gnomen aussahen. „Sämtliche Cowboys werden sich um dieses Lager reißen", prophezeite er lachend.

Und als sie an diesem Abend ihre Bettrollen ausbreiteten, konnte Jim die Lichter der wilden Stadt Cheyenne sehen, wo es Tag und Nacht hoch herging.

Den Ort für Station Drei legten sie in der Nähe der Klapperschlangen-Felsen fest, in einem der zerklüftetsten Gebiete des Westens. Aber erst als sie in dem ausgedehnten östlichen Bereich nach Lagerplätzen suchten, von denen aus ungeheure Präriestrecken beherrscht werden konnten, bekam Jim das richtige Gefühl für die Größe Colorados. Sobald er in diese grenzenlosen Weiten kam, wo nicht ein einziger Baum oder Pfad zu sehen war, spürte er, daß er seine Welt gefunden hatte, und sagte: „Mr. Skimmerhorn, wenn Sie die Leute einteilen, würde ich gerne hier draußen arbeiten."

Sie steckten Außenstation Zwei etwa auf halbem Weg zur Grenze nach Nebraska ab und Nummer Eins am Anfang einer steilen Schlucht in einer düsteren und abschreckenden Landschaft. Skimmerhorn kniete nieder, um das kräftige Gras zu prüfen. „Dies blaue Haarschotengras wird für unser schwächstes Vieh Wunder wirken. Sobald du alt genug bist, Jim, möchte ich, daß du auf diesem Grund eine Siedlungsparzelle beantragst. Lege deine Grenzen jetzt schon fest."

Und Jim tat es, wobei er Steinhaufen aufschichtete, um annähernd die Ecken der 70-ha-Parzelle zu markieren. „Das wird mein Land!" rief er, aber Mr. Skimmerhorn sagte: „Stimmt nicht ganz. Du beantragst das Siedlungsrecht, aber wenn du die Urkunde kriegst, verkaufst du die Parzelle an die Ranch."

„Ich hab schon immer mein eigenes Land besitzen wollen", erklärte Jim hartnäckig.

„Ich auch", gestand Skimmerhorn.

„Sie haben's doch."

„Einen halben Morgen", sagte Skimmerhorn verächtlich. „Ich

habe mir Land wie dieses hier gewünscht. Leute wie du und ich, Jim, wir bekommen unser Land, indem wir es für andere verwalten."

Von dem Augenblick an, als er in Colorado eingetroffen war, hatte Oliver Seccombe fünfzehn bis achtzehn Stunden am Tag daran gearbeitet, den britischen Besitz Stück für Stück zusammenzubringen. Nun hatte er mit einem relativ geringen Aufwand an britischem Kapital sein Reich gefestigt.

Es hatte beträchtlich mehr als die siebzehn ursprünglichen Parzellen gebraucht, und 1872 erstreckte sich das Vennefordreich zweihundertvierzig Kilometer von Osten nach Westen, achtzig von Norden nach Süden und umfaßte insgesamt 5 760 000 Morgen. Von dem offenen Weideland, das von den Venneford-Cowboys als „unser Land" bezeichnet wurde, besaßen Seccombe und seine abwesenden Geldgeber tatsächlich weniger als ein halbes Prozent.

Dieses geliehene Land stand jedermann zur Benutzung frei, mit zwei Vorbehalten. *Wenn* man sein Vieh an einem der Bäche tränken konnte. Und *wenn* es einem gelang, dabei nicht erschossen zu werden. Sobald Vieh auf dieses Weideland getrieben wurde, kam ein Venneford-Cowboy angeritten mit der Aufforderung, seine Wasserrechte nicht zu verletzen, und wenn jemand weiterhin auf eine Parzelle des offenen Landes Anspruch erhob, dann wurde er eines Tages „abgeschossen". In den ersten Jahren wurden elf Leute, die sich eindrängen wollten, „abgeschossen". Niemand wußte, wer geschossen hatte; bestimmt nicht Mr. Seccombe, und ebenso gewiß nicht Mr. Skimmerhorn, der Seccombe wegen dieser Vorfälle die Hölle heiß machte.

Im Sommer 1873 wurde in Omaha im Staat Nebraska eine Büffeljagd organisiert, eine von mehreren, die das Aussehen des Westens nachhaltig verändern sollten.

Der Veranstalter war ein schwerreicher österreichischer Herzog. In seiner Begleitung befanden sich ein russischer Großfürst, sieben Generäle und andere Offiziere, die im Heer der Nordstaaten gedient hatten, darunter auch ein populärer Unruhestifter namens George Custer. In Custers Stab war der Sohn Major Mercys, Pasquinel Mercy, ein Leutnant aus Fort Laramie.

Die zweite Garnitur der Jagdgesellschaft war eine Gruppe von französischen und britischen Finanzleuten, darunter auch ein Repräsentant des Venneford-Konzerns, der herübergeschickt worden war, um die Besitzungen des Earls zu inspizieren. Er hieß Henry Buckland und war ein Seidenimporteur aus Bristol, der die Tochter eines Vetters des Earl Venneford of Wye geheiratet hatte. Seine einundzwanzigjährige Tochter Charlotte war mit ihm gereist.

Charlotte Buckland, eine eigenwillige, unberechenbare junge Dame von außergewöhnlicher Schönheit, hatte ihre Verlobung mit einem vielversprechenden jungen Mann aus Bristol gelöst und angefangen, mit einer Reihe von Männern zu flirten, darunter ein verheirateter Rechtsanwalt. Es war höchste Zeit, daß sie aus Bristol wegkam, und von ihrem Vater eingeladen, verließ sie England mit erwartungsvoller Spannung, um vielleicht in der Neuen Welt die Erfüllung dessen zu finden, was sie in der Alten Welt vermißt hatte.

New York und Chicago mit ihrer plebejischen Vitalität gefielen ihr, aber erst als sie nach Omaha kam, wurde Charlotte mit dem, was sie „das wahre Amerika“ nannte, bekannt. Sie liebte das weite Land. Sie mochte die Männer, ihr Auftreten ohne jegliche Affektiertheit und die unverhohlene Art, mit der man sie beäugte.

In Omaha wurde die Gesellschaft von Journalisten und Fotografen empfangen, und Charlotte Buckland ließ sich mit einem Cowboy, einem chinesischen Eisenbahnarbeiter und einem Indianer fotografieren. Sie trug einen langen Rock, eine Bluse mit Rüschen und einen großen Hut. An ihrer Seite stand Leutnant Pasquinel Mercy, der beauftragt war, sich um die Bucklands zu kümmern.

Mercy zeigte ihnen den Sonderzug der Union Pacific, der bereitstand, um sie nach Cheyenne zu bringen, von wo sie zur Jagd zum weiter nördlich gelegenen Fort Laramie reiten sollten. Es war schon fast dunkel, als die Gesellschaft den Zug bestieg. Die beiden Fürstlichkeiten nahmen gnädig die Huldigungen der Menge entgegen, die längs der Schienen stand. Häufig ließen sie den Zug halten und holten diesen oder jenen Helden des Bürgerkrieges auf die hintere Plattform herauf, während Fackeln in der Landschaft zu lodern begannen.

Charlotte unterhielt gerade einen leichten Flirt mit Leutnant Mercy, der ihr sehr sympathisch zu sein schien mit seinen Erzählungen von Indianerkämpfen, als sie plötzlich einen Fremden neben sich stehen sah. Sie blickte auf. „Ach, entschuldigen Sie vielmals, wollten Sie Leutnant Mercy sprechen?“

„Nein, ich möchte mit Ihnen sprechen, Miß Buckland“, sagte der Mann. „Mein Name ist Oliver Seccombe. Ich bin der Verwalter der Venneford-Ranch. Ich bin hier, um Sie zum Platte zu bringen.“

„Ist das der Ort, wo die Ranch liegt?“

„Nein, das ist ein Fluß.“

Seine ganze Art gefiel Charlotte nicht, und sie sagte: „Sie finden meinen Vater dort drüben bei dem russischen Großfürsten.“

„Ich habe bereits mit Mr. Buckland gesprochen“, sagte Seccombe ruhig. Er war in diesem Sommer fünfundfünfzig Jahre alt geworden und dachte nicht daran, sich von dieser unmanierlichen Tochter eines Seidenhändlers aus Bristol verwirren zu lassen. „Wenn Sie mich brauchen“, sagte er, „stehe ich Ihnen gerne zur Verfügung. Im Augenblick scheinen Sie gut versorgt zu sein, da kann ich ja ruhig schlafen gehen.“

Am dritten Tag, als sie schon tief in Wyoming waren, geschah etwas Unglaubliches. Ein Rest der letzten Büffelherde, die das Land zwischen den beiden Armen des Platte bevölkerte, war zufällig an die Eisenbahnstrecke geraten und trottete die Schienen entlang. Der Zug fuhr mitten durch die Herde hindurch.

Eine so günstige Gelegenheit konnte man sich nicht entgehen lassen! Die Fürstlichkeiten ließen sich ihre Büchsen geben. Die Generäle holten ihre Winchestergewehre hervor. Sogar Charlotte bekam ein Gewehr aus dem Bürgerkrieg angeboten, aber sie lehnte es ab.

Es war fast unmöglich, einen Büffel zu verfehlen. Plötzlich bemerkte jemand einen kapitalen Bullen, der neben dem Wagen herlief. Er hatte einen mächtigen Schädel und schräg abfallenden Rücken, der auf schnelle Angriffe schließen ließ.

„Den nehm ich!“ brüllte der Großfürst, aber seine Kugel traf nicht, und der alte Bulle galoppierte auf die Prärie hinaus.

„Der darf nicht entkommen!“ rief ein General, und aus dem langsam fahrenden Zug krachten neunzehn Gewehre. Der alte Bulle war mit solcher Gewalt dahingestürmt, daß sein Körper noch fünf Meter auf dem Boden weiterrutschte und eine Staubwolke aufwirbelte.

Dreiundsiebzig Büffel waren erlegt worden. Der Zug, der jetzt nicht mehr behindert war, fuhr schneller.

Er ließ über fünfzig Tonnen erstklassiges Fleisch und dreiundsiebzig vorzügliche Büffelhäute zum Verwesen zurück.

In demselben Jahr standen die wenigen Arapaho, die noch auf dem kümmerlichen Rest des Reservats bei den Klapperschlangen-Felsen am Leben geblieben waren, vor dem Hungertod. Deshalb ritt im Spätsommer die letzte Gruppe, in zerfetzte Decken gehüllt, auf klapperdürren Pferden von den Felsen nach Norden. Als sie den Kamm der weißen Hügel an der nördlichen Grenze ihres Schutzgebiets erreichten, blickte der Häuptling Verirrter Adler zum Platte und zur Prärie zurück, ohne Trauer zu empfinden: „In Dakota werden wir wieder zu Kräften kommen." Er gab seinem Pferd die Fersen.

Die Indianer verschwanden für immer aus dem weiten Land, das sie so sehr geliebt hatten.

Nachdem die Arapaho abgezogen waren, sicherte sich Oliver Seccombe das gesamte Gebiet um die Klapperschlangen-Felsen durch den klugen Erwerb zweier Schlüsselparzellen.

Dieser Sommer des Jahres 1873 war aufregend für ihn. Henry Buckland war ein schlauer und weitblickender Geschäftsmann, und nach dem Besuch eines der Außenlager traf er den Nagel auf den Kopf des ständigen Problems: „Wir brauchen Land, Seccombe! Wir müssen unser Weideland auch *besitzen.*" Und dann war den Engländern das Glück hold. Die Union Pacific kam ihnen freiwillig zu Hilfe.

Als 1862 die amerikanische Regierung zu der Einsicht gekommen war, daß eine Eisenbahn notwendig sei, um Staaten und Territorien miteinander zu verbinden, waren die Vereinigten Staaten zu arm, um das bezahlen zu können. Deshalb beschloß die Regierung, der Bahn Land zu geben, und zwar einen Streifen, der sich von der Mitte des Schienenstrangs nach beiden Seiten hin auf sechzehn Kilometer erstreckte. Wenn die Eisenbahngesellschaft dieses Land an Siedler verkaufte, brächte ihr das mehr als die Baukosten der Bahn ein. Die westlichen Gebiete würden besiedelt, die Nation hätte ihre Verbindung zum Stillen Ozean, Städte würden entstehen – und das alles ohne Unkosten für den Steuerzahler.

11

Es war eins der weisesten Projekte, das sich der Kongreß je ausgedacht hatte.

Außerdem hängte der Kongreß noch eine geschickte Klausel daran. Das Land wurde in sogenannte Townships, das heißt in Bezirke von je etwa 80 Quadratkilometern, eingeteilt. Die Eisenbahn sollte nur einen um den anderen Streckenabschnitt bekommen, während der Staat die übrigen behielt und damit an der Erhöhung der Grundstückswerte, die sich ergeben mochte, teilhatte. Die Union Pacific erhielt die ungerade numerierten Abschnitte, achtzehn in jedem Bezirk.

1873 nun war die Eisenbahn bereit, eine Anzahl ihrer Streckenabschnitte zu verkaufen, und Henry Buckland hatte die Vorarbeiten für den Ankauf der Parzellen südlich des Schienenstrangs auf einer Länge von fast hundert Kilometern von Cheyenne bis zum Außenlager Zwei erledigt. Da das Land sechzehn Kilometer in die Prärie hineinreichte, ergab dies 1600 Quadratkilometer Weideland. Indem die Vennefordleute insgesamt 192 000 Morgen kauften, bekamen sie damit auch praktisch die Kontrolle über die gerade numerierten Abschnitte oder beinahe 400 000 Morgen.

Buckland nahm sich gemeinsam mit Seccombe und Skimmerhorn die Landkarten vor. Folgerichtig kam Skimmerhorn auf eine Grundtatsache zurück: „Wenn wir mit dem Platte unsere Wasserversorgung gesichert haben, und das haben wir, und wir dieses Land im Norden dazubekommen können, dann haben wir alles, was dazwischen liegt, in der Hand. Wir müssen das haben, ganz gleich, was es kostet."

Aber das Land konnte nicht ohne die Genehmigung eines Mannes in Vennefords Büro in Bristol gekauft werden, eines Schotten namens Finlay Perkin.

Die drei Männer schickten über das neue transatlantische Kabel ein Telegramm nach Bristol, in dem sie um Vollmacht ersuchten, das Land für 1,25 Dollar pro Morgen zu kaufen. Binnen eines Tages war die Antwort von Finlay Perkin da. Er hatte Grund zu der Annahme, daß die Eisenbahn noch nicht verkaufen wollte, aber daß sie bereit wäre, eine Option für 60 Cent pro Morgen zu erteilen.

„Wir können ihnen doch nicht weniger als die Hälfte anbieten!" protestierte Seccombe. Aber als er mit Buckland nach Omaha fuhr, unterzeichnete die Eisenbahn einen Kaufvertrag über 55 Cent pro Morgen. Auf der Rückfahrt zur Ranch fragte Seccombe: „Wie kann Perkin in Bristol gewußt haben, was die amerikanischen Eisenbahnleute in Omaha dachten?", worauf Buckland antwortete: „Perkin weiß alles."

CHARLOTTE BUCKLAND hatte ihren Vater zu den Verhandlungen in Omaha begleitet, und als jetzt der Zug wieder nach Westen rollte, fühlte sie stärker als zuvor, daß sie zu diesem lebenssprühenden Land gehörte, wo ein Mann an einem Nachmittag zweihunderttausend Morgen Land an sich bringen kann, und sie fing an, Oliver Seccombe mit mehr Interesse zu betrachten.

Er war ein gutaussehender Mann, etwa so alt wie ihr Vater, aber bedeutend vitaler. Er brauchte offensichtlich eine Frau.

Der junge Pasquinel Mercy hatte sie leidenschaftlich umworben, schien aber ziemlich derselbe Typ zu sein wie die aufgeweckten jungen Männer, von denen es in der britischen Armee wimmelte. Was sie verlockte, war nicht das Leben in einer Garnison, sondern der große Schwung einer neuen Welt. Deshalb konzentrierte sie ihre Aufmerksamkeit auf Oliver Seccombe.

Sie stiegen in Cheyenne aus und blieben im Bahnhofshotel, wo sie auf die Pferde warteten, mit denen sie einen Inspektionsritt zum Außenlager Vier machen wollten. In der rapide wachsenden Stadt begegneten sie vielen Engländern, die hergekommen waren, um ihr Glück als Rancher zu versuchen. Amerikaner hatten einfach nicht so viel überschüssiges Geld zur Förderung der Entwicklung ihres eigenen Landes, und die Engländer besaßen es im Überfluß aus dem Erlös des Handels mit ihrem Weltreich. Charlotte war ständig überrascht von dem phantasiereichen Weitblick, mit dem diese Leute ihr Kapital anlegten. Sie war besonders stolz auf Oliver Seccombe.

Aber sie nahm an, daß er Hemmungen hatte, ein Mädchen zu heiraten, das soviel jünger war. Irrtümlicherweise schloß sie, daß er fürchtete, sexuell nicht mehr leistungsfähig zu sein. In ihrer letzten Nacht im Hotel machte sie sich für die Nacht zurecht, wartete, bis alles schlief, schlich zu Seccombes Tür und öffnete sie leise. Sie stand da, eine dunkle Silhouette gegen das Licht im Korridor. Als sie hörte, wie Seccombe der Atem stockte, trat sie an sein Bett und flüsterte: „So kompliziert ist es gar nicht, Oliver, nicht, wenn man liebt."

Als sie am nächsten Tag zum Außenlager Vier ritten, konnte Seccombe nicht umhin, sich zu dem unerhörten Glück zu gratulieren, daß er eine Frau wie Charlotte Buckland eingefangen hatte – Intelligenz, Reichtum, Familienbeziehung zu den Vennefords und vor allem Liebe zum Westen. Er liebte auch den englischen Tonfall ihrer Stimme, nachdem er jahrelang die klanglose, amerikanische Aussprache gehört hatte. Der Altersunterschied war für ihn kein Hemmnis gewesen, und er wußte, daß seine Manneskraft nicht beeinträchtigt war. Aber er fühlte sich gehemmt durch eine innere Gewißheit, daß ihm eine Katastrophe bevorstand, wenn er in zu enge Beziehung zu den Bucklands geriet.

Schon seit einigen Jahren hatte Seccombe, um seine Kapitalgeber in Bristol bei guter Laune zu halten, Dividenden in bar ausgeschüttet, auch wenn kein entsprechender Gewinn vorhanden war. 1872 hatte er zum Beispiel durch einen Trick glatt acht Prozent gezahlt, indem er einfach 6626 ausgewachsene Longhorn-Rinder von L. D. Kane in Wyoming gekauft und 2493 davon an Großschlächter in Chicago weiterverkauft hatte. Er verbuchte den Verkauf als Gewinn, als hätte er 2493 Kälber auf der Ranch großgezogen.

Inzwischen begann Buckland, der zusehends mißtrauischer gegen Seccombe wurde, Nachforschungen bei den Cowboys anzustellen. Eines Tages zeigte er im Außenlager Vier Skimmerhorn einen Bericht, den Finlay Perkin aus Venneford-Büchern zusammengestellt hatte: „Wenn Sie auf die Ranch kommen, müßten Sie folgende Anzahl von Rindern vorfinden." Dann folgte eine Liste von insgesamt 42282 Tieren, die zwischen 1868 und 1872 gekauft worden waren. Der Bericht endete: „Es wäre wünschenswert, wenn Sie Vorhandensein oder Nichtvorhandensein aller aufgezählten Rinder nachprüfen würden."

Hierbei konnte Skimmerhorn ein Lächeln nicht unterdrücken. „Sir", sagte er, „nicht einmal der Herrgott kann sagen, wo all das Vieh steckt."

Buckland deutete auf zwei Posten, die L. D. Kane abgekauft worden waren. „Das sind elftausend Stück Vieh. Sie haben die doch sicher gezählt, als Sie sie in Empfang genommen haben."

Skimmerhorn lächelte nervös. „Verstehen Sie, Sir, wir nennen das Buchzählung. Wenn man solche Mengen einkauft... Schließlich hatte Kane ja sein Vieh nicht eingepfercht."

„Wo war es denn?"

„Buchzählung heißt, daß soundsoviel Vieh da sein muß. Man hat es mit ehrlichen Menschen zu tun, und wenn Kane sagt, er hat –"

„Ich würde eine derartige Rechnung nicht von dem angesehensten Kaufmann in Indien annehmen. Wenn er sagt, er schickt mir dreihundert Ballen –"

„Rinder sind keine Seidenballen", unterbrach Seccombe.

„Ich glaube allmählich, daß Rinder unsichtbar sind."

Was Skimmerhorn Buckland nicht erzählte, war, daß er und Jim Lloyd schwere Bedenken wegen der Buchzählungen gehabt hatten, die an die Venneford-Buchhaltung weitergeleitet wurden. Die Zahlen von Finlay Perkin erwiesen, daß die Ranch für über zweiundvierzigtausend Stück Vieh gezahlt hatte. Skimmerhorn bezweifelte, daß augenblicklich mehr als fünfundzwanzigtausend Stück vorhanden waren. Und jedes Jahr erhielt Finlay Perkin in Bristol Seccombes Schätzung, wieviel Kälber geworfen worden waren, und diese Summen wichen noch weiter von der Wirklichkeit ab.

Skimmerhorn führte peinlich genau Buch über jede Transaktion, bei der er persönlich beteiligt gewesen war, für den Fall, daß Finlay Perkin je seine Bücher zu sehen wünschte. Unter keinen Umständen konnte Skimmerhorn Oliver Seccombe bloßstellen, aber er wollte andererseits auch nicht in Seccombes Machenschaften hineingezogen werden. Durch die bittere Erfahrung, der Sohn von Oberst Frank Skimmerhorn zu sein, war John ein Mann von felsenfester Rechtschaffenheit geworden, und das wollte er bleiben.

Nach wie vor stand Henry Buckland vor einem Rätsel. Das bedeutet also, überlegte er, daß im Viehgeschäft die Geldgeber dem Verwalter vertrauen müssen. Und er glaubte, daß er Seccombe vertrauen mußte, trotz der Zweifel über die Buchzählungen. Der Mann war sympathisch, und wenn er das war, was Charlotte sich wünschte, hatte sie keine so schlechte Wahl getroffen.

Seccombe hatte sich mittlerweile entschlossen, das Risiko auf sich zu nehmen, diese reizvolle junge Engländerin zu heiraten und ihren Vater so schnell wie möglich nach England zurückzubefördern. Gebt mir sechs gute Jahre, und ich habe die Sache wieder in Ordnung gebracht, sagte er sich.

Die Hochzeit fand in Cheyenne statt, im Haus von Claude Barker, einem Engländer, der am Horse Creek eine riesengroße Ranch aufbaute, und die englische Kolonie hieß die Jungverheirateten willkommen.

Als Henry Buckland nach Bristol zurückgekehrt war, besprach er die Frage der Buchzählungen mit Finlay Perkin, der von da an die schönen Zahlen in seinen Büchern mit einiger Skepsis betrachtete.

Jim Lloyds junge Liebe zu Levi Zendts Tochter Clemma machte kaum Fortschritte. Sie hatte überhaupt nie rechte Fortschritte gemacht.

An jenem Tag des Jahres 1868, als Mr. Seccombe Jim angestellt hatte, war Jim in den Ort geritten und hatte sich in Zendts Laden vorgestellt. „Jim Lloyd ist mein Name“, stotterte er. „Ich möchte gern wissen...“ Er konnte es nicht herausbringen und einfach sagen: Ich möchte um die Erlaubnis bitten, Ihre Tochter kennenzulernen, und er wurde verlegen, als Lucinda Zendt, eine bildhübsche Frau mit dunkler Haut und lachenden Augen, erriet, was das Problem war. „Möchten Sie bei uns ein Kundenkonto eröffnen?“

„Das ist es!“ rief Jim, und sie erklärte, daß sie eine Seite für ihn in ihrem Anschreibebuch reservieren würde. Dann fragte sie ganz nebenbei: „Möchten Sie vielleicht mit meiner Tochter eine Tasse Kaffee in der Küche trinken?“

„Ja!“ stieß er hervor, und dann war er das erste Mal mit Clemma zusammen.

Sie war damals dreizehn Jahre alt, ein entzückendes Kind in erster Jugendblüte. Sie tat, als ob sie keinerlei Interesse an Jim hätte, und setzte sich so in Positur, daß er sie nicht aus den Augen lassen konnte. Die Tatsache, daß sie zum Teil indianisches Blut hatte, äußerte sich in ihren hohen Backenknochen und ihrem fast viereckigen Kinn. Ihre Augen waren dunkel, und ihr schwarzes Haar war zu Zöpfen geflochten. Aber es gab noch etwas, was ihr indianisches Blut verriet – die vollkommene Ungezwungenheit, mit der sie sich bewegte.

Sie hatte auch eine spöttische Lebensauffassung von ihrer indianischen Mutter geerbt, die sie jetzt an ihrem ersten Verehrer demonstrierte.

Zwei Jahre lang verhielt sie sich ablehnend gegen ihn, denn sie konnte in ihm nur einen unbeholfenen Cowboy sehen, und war dabei, ihr Herz an etwas Geschliffeneres und Ebenbürtigeres zu hängen.

Mit sechzehn beschloß Jim, etwas zu unternehmen. Er zog sein bestes Zeug an und suchte Levi in seinem Laden auf. „Könnte ich Sie mal sprechen, Mr. Zendt?" fragte er. Als der Ladenbesitzer nickte, folgte ihm Jim in die gute Stube. Er verkrampfte seine Hände auf dem Rücken und sagte: „Mr. Zendt, ich möchte um Ihre Tochter anhalten."

Levi lächelte nicht. Er hatte Elly, seine erste Frau, geheiratet, als sie nur wenig älter als Clemma war. „In solchen Angelegenheiten, Jim, ist es am besten", sagte er, „wenn man erst mit dem Mädchen spricht."

Aber als er Jim zu ihr schickte, lachte sie ihn aus. „Wer würde denn an so etwas denken?" fragte sie spöttisch, und er floh verwirrt.

1873, als Jim neunzehn Jahre alt war, ging er zu Mrs. Zendt. „Ich bin ehrlich davon überzeugt, daß Clemmas Glück davon abhängt, daß sie mich heiratet", sagte er todernst. „Wollen Sie ihr nicht zureden, Mrs. Zendt?"

„Heiraten ist im Augenblick unmöglich, Jim", antwortete sie ihm. „Clemma geht nach St. Louis."

Vor Jims Augen schien alles zu schwimmen, als hätte ihm jemand einen Gewehrkolben auf den Schädel geschlagen. Wie aus weiter Ferne hörte er die Worte: „Sie geht nach St. Louis, so wie ich seinerzeit. Für ihre Bildung. Um eine Dame zu werden. Und sie wird genauso wie ich zurückkommen."

Und so bestieg die achtzehnjährige Miß Clemma Zendt in Cheyenne den Zug der Union Pacific, um ihren Vetter, den Senator Cyprian Pasquinel, zu besuchen, der sie in die Klosterschule steckte, die ihre Mutter 1845 besucht hatte. Sie gestattete Jim, ihr einen Abschiedskuß zu geben, und dieser Kuß hielt seine Hoffnungen und seinen Entschluß lebendig.

Nach zwei Monaten erschien Jim im Laden mit einem feierlichen Vorschlag. „Wenn Clemma in St. Louis diese gute Erziehung bekommt, glauben Sie nicht, daß es am besten ist, wenn ich hier auch etwas für meine Bildung tue?“ Levi und Lucinda hielten das für eine erstklassige Idee und schlugen vor, daß er bei Miß Keller, der Lehrerin, Stunden nehmen sollte.

Er lernte amerikanische Geschichte, Mathematik und einige Gedichte. Miß Keller, eine Dreißigerin aus Neuengland, hatte durchaus keinen begrenzten Horizont. Nach ihrer Ansicht waren die Unterrichtsstunden über Rom und London so zweckdienlich wie die über New York und Chicago. Jim studierte die Bücher, die sie ihm gab, und verschaffte sich eine recht gute Bildung.

Die Nachrichten, die er aus St. Louis bekam, waren nicht gut. Reisende, die nach Denver zurückkehrten, machten manchmal in Zendts Farm halt, um von Clemma Zendt zu berichten. „Sie geht jeden Abend auf Bälle. Ist sehr beliebt bei den jungen Offizieren.“

Eines Abends nach seinem Unterricht ging Jim beim Laden vorbei und sagte zu den Zendts: „Ich mach mir Sorgen. Clemma beantwortet meine Briefe nicht.“

„Aber Jim!“ sagte Lucinda und schenkte ihm Kaffee ein. „Ich war genauso! Fragen Sie Levi.“ Sie lachte und küßte ihren Mann. „Ich bin überzeugt, er muß geglaubt haben, ich würde nie wieder in ein kleines Nest wie dies hier zurückkommen... nachdem ich St. Louis kennengelernt hatte.“

Clemma kehrte auch wieder zurück, im Sommer 1874, ein großes schlankes Fräulein. Ihr schwarzes Haar trug sie oben auf dem Kopf zu einem Kranz geschlungen. Sie war jetzt eine Dame, neunzehn Jahre alt und auf eine neue Weise schön.

Sie fand Jim Lloyd langweilig, denn wenn er mit ihr zusammen war, wußte er nichts anderes, als ihr Heiratsanträge zu machen und seine neuerworbenen Kenntnisse zur Schau zu tragen.

Als sie für ihr letztes Jahr wieder nach St. Louis zurückmußte, bot sie ihm nicht einmal einen Abschiedskuß an. Aber als sie die Verzweiflung in seinen Augen sah, beugte sie sich aus dem Zugfenster und sagte fröhlich: „Mach nicht so ein finsteres Gesicht, Jim. Ich komm ja wieder.“

Von diesem kleinen Fetzen Hoffnung zehrte Jim drei Monate lang. Aber am Weihnachtsabend konnte er sich nicht länger etwas vormachen. Als er in der Zendtschen Küche saß, gestand er, daß

Clemma ihm nicht ein einziges Mal geschrieben hatte, worauf Mrs. Zendt in Tränen ausbrach.

„Uns hat sie geschrieben!" sagte sie bitter und zeigte ihm den Brief:

> Mammi,
> Lt. Ferguson und ich haben am 10. Dezember geheiratet. Er wohnt in New York und ist sehr nett. Ich kriege bald ein Baby.
> Clemma

Es war noch ein anderer Brief da, von Cyprian Pasquinel:

> ... Von allen jungen Männern, die ihr in unserm Haus den Hof gemacht haben, hat sie mit unfehlbarem Instinkt den labilsten Offizier der amerikanischen Armee gewählt, der je in diesem Bezirk stationiert war. Wenn er nach der Geburt des Kindes länger als einen Monat bei ihr bleibt, ist in ganz Missouri niemand erstaunter als ich.

Zweimal setzte Jim zum Sprechen an. In seinen Augen standen Tränen. Schließlich schob er seinen Stuhl zurück und brachte hervor: „Sie wird mich brauchen. Ich muß sie suchen gehen." Er hob seine ganzen Ersparnisse von der Bank ab und kehrte am Spätnachmittag zur Ranch zurück, wo er sein Pferd sattelte. Er ritt die ganze Nacht hindurch, um so zeitig nach Cheyenne zu kommen, daß er den Frühzug nach St. Louis erwischte. Dort suchte er Cyprian Pasquinel auf.

„Vergessen Sie das wilde Indianermädchen, junger Mann", riet der Senator. „Sie hat sämtliche Schwächen ihrer beiden Onkel geerbt. Und Sie wissen ja, was mit denen geschehen ist."

„Das ist grausam!" protestierte Jim und verbrachte über eine Woche damit, ganz St. Louis abzusuchen – die Hafengegend, die Hotels.

Aber er fand sie nicht.

Der Winter 1875 ging vorüber, und niemand in Zendts Farm hatte die geringste Ahnung, wo Clemma sein mochte. Cyprian Pasquinel forschte im Kriegsministerium in Washington nach und erfuhr, daß Leutnant Ferguson wegen Unterschlagung aus dem Heeresdienst entlassen worden war.

Und dann kam im Frühjahr ein Offizier in den Laden und

erzählte Lucinda: „Ich kannte Ihre Tochter in St. Louis. Sie kann von Glück sagen, daß sie diesen Ferguson losgeworden ist."

„Was ist mit ihm geschehen?" fragte Lucinda ruhig.

„Lebt mit einer Französin zusammen in Boston, glaube ich."

„Und Clemma?"

„Ach, dann haben Sie nicht gehört, daß das Baby gestorben ist?"

„Nein." Die stoische Haltung der Indianerin offenbarte sich. Aber sie kannte auch keine Zurückhaltung. Sie sei für jede Auskunft dankbar, sagte sie.

„Ich habe keine Ahnung, wo sie ist", sagte der Offizier, und Lucinda nickte.

Als Jim die Nachricht hörte, wurde er noch mehr von dem Gedanken besessen, daß er ausersehen war, sie zu finden, und er redete sich ein, daß sie ihm eines Tages schreiben würde. Er machte kein Geheimnis daraus, daß er kein Interesse daran hatte, sich mit Mädchen abzugeben, und auch wenig für anderen geselligen Umgang zu haben war. Er konzentrierte seine ganze Kraft auf die Ranch und wurde ein so tüchtiger Fachmann auf diesem Gebiet, daß er lohnende Angebote von verschiedenen englischen Gesellschaften im Norden erhielt. Er zog es jedoch vor, bei Seccombe und Skimmerhorn zu bleiben.

1876 ERKLÄRTE der Kongreß sein Einverständnis, Colorado als achtunddreißigsten Staat in den Bund aufzunehmen, und es wurde beschlossen, daß der Eintritt am 1. August, gleich nach der Jahrhundertfeier der Nation, stattfinden sollte.

Als das Datum näherrückte, machte Miß Keller, die Lehrerin in Zendts Farm, folgenden Vorschlag: „Zendts Farm ist kein Name für eine Ortschaft, der es bestimmt ist, einmal eine Stadt zu werden. Laßt uns den doppelten Geburtstag damit feiern, daß wir ihr den Namen Centennial geben!"

Der Gedanke fand Anklang, und Levi hielt ihn für großartig. So wurde die Stadt Centennial geboren. Die Bewohner arrangierten eine prächtige Feier am Fluß. Man briet ganze Ochsen, die die Venneford-Ranch gestiftet hatte, am Spieß und schwang patriotische Reden. Aber die festliche Stimmung wurde durch die Nachricht gedämpft, daß auf einem nicht näher bekannten Schlachtfeld in Montana Oberst George Armstrong Custer mit all seinen Leuten von den Sioux und Cheyenne niedergemetzelt worden war.

Die Nation war jetzt hundert Jahre alt, das Städtchen zweiunddreißig, von jenem Tag im August 1844 an gerechnet, als Levi Zendt und die McKeags hier ankamen, um ihren Handelsposten zu errichten.

5. ES RIECHT NACH SCHAFEN

WENN irgendein Teil der Vereinigten Staaten je ein wirklich goldenes Zeitalter genossen hat, dann müssen es die Viehzuchtgegenden des Westens Anfang der 80er Jahre des 19. Jahrhunderts gewesen sein. In jenen Jahren waren die Winter milde, und das Vieh vermehrte sich stark. Geldanlagen in Grundbesitz warfen enorme Dividenden ab, und Bürger aller Schichten sahen einen Horizont vor sich, der sich ständig erweiterte.

Den größten Erfolg hatten jene geschäftstüchtigen Engländer, die ausfindig gemacht hatten, daß dieser Teil der Welt entwicklungsreif war. Die soliden Kaufleute aus Bristol schickten erstklassige Bücherrevisoren aus, um ihre erheblichen Kapitalanlagen bei der Venneford-Ranch nachzuprüfen. Und am Horse Creek bauten Kaufleute aus Liverpool unter der Leitung von Claude Barker eine ausgezeichnete Ranch auf. In diesen Jahren waren in den Grenzgebieten von Colorado und Wyoming englischer und schottischer Lebensstil vorherrschend, und die schwer arbeitenden Briten waren entschlossen, ihr Leben zu genießen.

Im September 1880 kam eine Gruppe junger amerikanischer Rancher von Cheyenne heruntergeritten, um Oliver Seccombe in einer ziemlich wichtigen Angelegenheit zu besuchen. Venneford war jetzt beinahe schon ein Dorf mit soliden Gebäuden, die die Zimmerleute und Maurer der Ranch errichtet hatten. Es gab natürlich Scheunen und Pferche und eine lange Reihe von Schuppen, in denen gehobene Angestellte wie Skimmerhorn und Lloyd arbeiteten. Den Mittelpunkt des Ganzen bildete das zweistöckige, gotische Ranchhaus aus rotem Stein, in dem die Seccombes wohnten. Dies großartige Herrenhaus, das einem Schloß am Rhein glich, wurde im ganzen Westen berühmt.

Ein viereckiger Turm mit Zinnen und drei runde Türme ragten über die Ecken des großen Gebäudes empor, und das Dach war an vielen Stellen von Mansardenfenstern durchbrochen. Achtzehn Gäste konnten bequem untergebracht werden, und vier schwarze Diener standen zu ihrer Verfügung.

Im Schloß erklärte Claude Barker: „Unsere Absicht ist, einen Herrenklub zu gründen. Wir haben schon ein geeignetes Grundstück in Cheyenne ausgesucht, und wir wollen die Mitgliedschaft exklusiv halten." Er zeigte Seccombe die Liste der vorgeschlagenen Mitglieder. Mit Ausnahme des Generaldirektors der Union-Pacific-Eisenbahngesellschaft waren alle wohlhabende Viehzüchter. Gesellschaftlich waren sie einwandfrei.

Am 22. September 1880 erfolgte die amtliche Eintragung, und damit war der berühmte Cactus Club von Cheyenne gegründet. Der Name wurde bald zu Cheyenne Club abgeändert.

Die Klubbeiträge waren hoch bemessen. Es gab Billardzimmer, Spielzimmer, Tennisplätze, Zugang zu einem Polofeld, eine reichhaltige Bibliothek mit Büchern aus Paris und London und einen Speisesaal mit unübertrefflicher Küche, die von Köchen mit internationaler Erfahrung betreut wurde. Aber die eigentliche Bedeutung des Klubs bestand darin, daß von diesen Räumen aus das gesamte Territorium regiert wurde. Hier fielen alle Entscheidungen, die sich auf Grundbesitzrechte, Wassernutzungsrechte, Bestimmungen über die Brandzeichen für das Vieh und Bankvorschriften bezogen. Das Territorium Wyoming war eine Demokratie. Seine Verfassung bestätigte das, und es besaß eine gesetzgebende Körperschaft, die das zeigte, aber ihre ausschlaggebenden Mitglieder gehörten alle zum Cheyenne Club.

Mit einem starken Verantwortlichkeitsgefühl wahrten sie die Interessen des Weidelandes, das sie für die Viehzucht erschlossen und von Raubtieren und Schädlingen befreit hatten, und während eine ferne Regierung in Washington den Besitz dieses Landes beanspruchte, ruhte das praktische Eigentumsrecht bei diesen nüchtern denkenden Männern.

Der Stolz des Klubs war, Mittelpunkt des gesellschaftlichen Lebens zu sein. Bankiers strömten nach Cheyenne, um sich mit Viehgeschäften zu befassen, und speisten im Klub mit den Unternehmern aus England.

Jedesmal, wenn John Skimmerhorn bemerkte, daß Oliver und Charlotte Seccombe ihre vier Braunen zur Fahrt nach Cheyenne einspannen ließen, murmelte er vor sich hin: „Was werden sie bloß diesmal wieder kaufen?“ Er mißgönnte dem Paar seine Extravaganzen nicht, aber was ihn beunruhigte, war die Tatsache, daß Seccombe jedes Jahr mehr vom Grundstock der Ranch verkaufte. Mit jedem Jahr wurde die Diskrepanz zwischen der tatsächlichen und buchmäßigen Viehzählung größer.

„Jim, wieviel Zuchtkühe haben wir nach deiner Schätzung?“ fragte er einmal Lloyd im Herbst, als die Seccombes wieder in Cheyenne waren.

„Ich würde sagen ...“, Jim stockte. Er war damals Ende Zwanzig und sehr zufrieden mit seiner Stellung. „Sie wollen das doch nicht irgendwo verbuchen, nicht wahr?“ fragte er mißtrauisch.

„I wo.“

„Sie haben nicht vor, das gegen Seccombe zu verwenden? Weil er soviel Ranchgeld ausgibt?“

„Ich will deine Meinung wissen!“ sagte Skimmerhorn barsch. „Du hast das Vieh unter dir. Ich hab das Recht, es zu wissen.“

„Also gut“, antwortete Jim schnell. „Wenn ich vor Gericht unter Eid aussagen müßte, würde ich sagen, daß wir alles in allem etwa neunundzwanzigtausend Stück haben.“

„Laut Buchbestand sind's annähernd dreiundfünfzigtausend.“

„Die Bücher stimmen nicht.“ Seit einiger Zeit wußte er schon, daß früher oder später jemand aus Bristol diese Tatsache entdecken würde und daß dann der Teufel los war.

„Ich glaube, wir sollten folgendes tun“, sagte Skimmerhorn. „Alle sechs Monate werden wir beide aufstellen, was nach unserm Dafürhalten der jeweilige Bestand der Herde ist – Bullen, Kühe, Kälber, Ochsen.“

Jim nickte.

„Das geben wir dann an Seccombe weiter. Was er damit macht, ist seine Sache.“ Dann fügte Skimmerhorn hinzu: „Manchmal denke ich, du hast Glück gehabt, Jim, daß du nicht geheiratet hast. Die bringt ihn noch ins Grab, die da.“

Jim wurde rot und blickte weg. Es war ihm klar, daß seinem Chef das Wasser bis zum Hals stand, aber wenn er beobachtete, wie Charlotte Oliver Seccombe mit einem Kuß begrüßte, oder er sah, wie stolz Seccombe war, wenn er Gästen seine Frau vorstellte, wußte Jim, daß das jeden Preis wert war, den der Engländer dafür bezahlen mußte. Charlotte war eine stolze, unternehmungslustige Frau, und weiß Gott, sie gab eine Menge Geld aus. Aber sie bedeutete Heiterkeit und war wie eine frische Brise und der Flügelschlag eines freien Vogels. Und für Jim Lloyd, der keine Frau sein eigen nannte, waren diese Dinge wichtiger als Sollbestand.

DAS Jahr 1881 brachte eine umstürzende Veränderung für Centennial. Zwanzig Jahre lang hatten die Bürger danach verlangt, daß eine Eisenbahnstrecke ihren Ort berührte, aber ihr Wunsch war nicht beachtet worden.

Jetzt gab die Burlington-Eisenbahngesellschaft Pläne für eine neue Linie nach Denver bekannt, die durch das Land südlich des Platte führen sollte, und mit einemmal regte sich bei der Union Pacific eine ungeahnte Betriebsamkeit. Von der Hauptlinie aus wurde bei Julesburg eine Nebenstrecke nach Westen in einem nie dagewesenen Tempo abgezweigt – mehr als zwölf Kilometer Geleise wurden an einem Tag gelegt.

Als die Strecke Centennial erreichte, sahen die Einwohner bei den Geleisebauarbeiten mit derselben Begeisterung zu wie bei einer Zirkusvorstellung. Der neue Bahnhof wurde zum Brennpunkt des Gemeinschaftslebens, und auf dem angrenzenden Gelände, das Levi Zendt stiftete, baute die Gesellschaft ein großes Hotel „Zum Eisenbahnwappen“. Centennial war jetzt mit allen größeren Städten Amerikas verbunden, und die Venneford-Ranch konnte ihr Schlachtvieh direkt zu den jeweils günstigsten Märkten verfrachten. Güterwagen mit Waren konnten angerollt werden, und kaum einer sollte die Aufregung vergessen, die einsetzte, als von Mund zu Mund ging, daß ein Viehzüchter vier Waggons mit Ochsen bringen würde, die er auf öffentliches Weideland treiben wollte. Das Telegramm lautete ganz einfach: EINTREFFE DONNERSTAG MIT VIER BELADENEN VIEHWAGEN MESSMORE GARRETT CARY MONTANA.

Als der Güterzug am Donnerstagnachmittag einfuhr, war fast ganz Centennial am Bahnhof versammelt. Ein schlanker Viehzüchter, der Ende Dreißig sein mochte, sprang vom ersten Güterwagen herunter. „Ich bin Messmore Garrett. Ist hier jemand, der mir beim Ausladen helfen kann?"

Amos Calendar, der nach dem Viehtreck aus Texas hier hängengeblieben und eine Art Landstreicher geworden war, schob sich nach vorn und sagte: „Ich heiße Calendar."

„Freut mich sehr. Kommen Sie, wir wollen die Rampen runterlassen."

Calendar ging zu einem der Güterwagen und schob die Tür auf. Und aus einer Schar von Cowboys rief einer entsetzt: „Heiliger Strohsack! Schafe!"

Die Viehrampen herunter trappelten Hunderte von wolligen Schafen, neugierig, hungrig und schmutzig von ihrer langen Fahrt. Ein Widder lief dorthin, wo die Cowboys standen, und sie wichen vor ihm zurück, als sei er eine Klapperschlange.

Bei Einbruch der Dunkelheit war die Kunde, daß Schafe in das Reich der Rinder eingedrungen waren, bereits über ganz Nordcolorado verbreitet.

John Skimmerhorn drahtete nach Bristol: PERKIN ACHTZEHNHUNDERT SCHAFE IN UNSER GEBIET EINGEDRUNGEN STOP GEBT UMGEHEND ANWEISUNGEN.

Die Antwort lautete kurz und bündig: JAGT SIE RAUS. Es war eine erwiesene Tatsache, daß Rinder und Schafe unmöglich dieselbe Weide benutzen konnten.

„Schafe sind dreckige Biester", behaupteten Cowboys am Abend, als sie sich bemühten, den Geruch der Neuankömmlinge aus der Nase loszuwerden. „Ein Rind rührt kein Gras an, über das Schafe gelaufen sind."

„Was noch schlimmer ist", sagte ein anderer, „Schafe weiden Gras so dicht am Boden ab, daß Kühe noch zwei Jahre danach nichts zu fressen finden."

Und so brach der Krieg aus. Die Viehzüchter waren rücksichtslos in ihrer Entschlossenheit, die Schafzüchter von ihrem Weideland zu vertreiben. Manche planten, die Schafe aus dem Hinterhalt zu erschießen. Andere meldeten Erfolg durch die Methode, sie bei Dunkelheit totzuschlagen oder sie zu vergiften.

Auf der Venneford-Ranch wurde das Problem akut. Calendar hatte die erste Schafherde in das Gebiet östlich der Klapperschlangen-Felsen getrieben, und Buford Coker, der Konföderierte aus

Südcarolina, führte einen großen Haufen Schafe zum Fox Canyon, nordwestlich vom Außenlager Fünf.

Die Tränke beim Fox Canyon war vergiftet worden, und eine ganze Anzahl von Cokers Schafen krepierte, ehe er die andern retten konnte. Calendars Herde wurde von einer Meute scharfer Hunde angegriffen, die man in die Gegend manövriert hatte, und die richteten viel Schaden an. Das Gras in der kleinen Schlucht, die Calendar als Schafhürde benutzt hatte, wurde angezündet, und über zweihundert Schafe verbrannten. Aber Calendar und Coker gaben ihren Job nicht auf, und Messmore Garrett brachte mehr Schafe an.

Die Viehzüchter waren empört, als Angestellte von Garrett zum Grundbuchamt gingen und ihre Absicht kundtaten, sich als Siedler niederzulassen. Drei Familienangehörige Garretts beantragten ebenfalls Siedlungsparzellen, aber ihre Formulare gingen verloren.

Garrett nahm sich einen Anwalt aus Denver, der mit enormem Druck einige Landparzellen erwarb, von denen aus Garrett unter Schwierigkeiten seine Schafranch aufbauen konnte. Der große Durchbruch gelang, als der Anwalt den Ankauf von zweitausend Morgen Land am Kalkfelsen, die Levi Zendt gehört hatten, ins Grundbuch eintragen ließ.

Die gesamten Viehzüchter fielen über den armen Levi her. Sein Laden wurde in Brand gesteckt – das zweite Mal, daß er diese zündende Art einer Auseinandersetzung zu erdulden hatte. Das Feuer wurde von Garrett und seinen Freunden gelöscht. Am nächsten Tag berichtete der *Clarion,* daß „das Feuer leider gelöscht wurde ... Einige Leute aus Pennsylvania scheinen noch viel dazulernen zu müssen."

Als eine Gruppe von Cowboys wissen wollte, wie Zendt dazu gekommen sei, Land an einen Schafzüchter zu verkaufen, sagte er zu ihnen: „Indianer haben mir geholfen, auf diesem Land anzufangen. Ich habe den Vennefordleuten erlaubt, es zu nutzen, um ihnen über den Anfang wegzuhelfen. Ich habe anderes Land an Zuckerrübenfarmer verkauft, um denen auch 'ne Chance zu geben. Und ihr seid verdammte Narren, überhaupt so was zu fragen."

Skimmerhorn kam herbeigeritten, um mit Levi zu diskutieren. „Es ist ein Verbrechen, Schafe auf Weideland für Rinder zu bringen", argumentierte er. „Die vernichten alles. Die fressen alles kahl. Die sind nicht besser als ein Heuschreckenschwarm mit Hufen."

Levi entgegnete, daß er in seinem Leben – er war jetzt zweiundsechzig – eine Menge neuer Ideen habe entstehen und sich entwickeln sehen, und immer hätten Leute gesagt, sie vernichteten die Welt in ihrer bisherigen Form. „Vielleicht ist das unendliche Weideland, wie du es kennst, John, eine Sache der Vergangenheit."

„Aber Levi, du bist doch selber beteiligt an Venneford. Du schneidest dir doch ins eigene Fleisch."

„Tatsache ist, ich würde gerne meine Venneford-Aktien verkaufen. Vielleicht weißt du jemanden, der sie kaufen möchte."

Tags drauf erschien Jim Lloyd im Laden und sagte: „Mr. Zendt, wie ich höre, haben Sie einige Venneford-Aktien zu verkaufen. Ich würde sie Ihnen gerne abnehmen."

„Es wäre viel gescheiter von Ihnen, das Geld in Schafen anzulegen."

Jim zuckte entsetzt zurück. „Ich bin Viehzüchter. Ich hab mit Rindern zu tun."

„Wenn Sie genau wissen, was Sie wollen, bleiben Sie dabei", sagte Levi. „Sie können meine Aktien bei der Bank abholen." Dann fuhr er energisch fort: „Jim, Sie würden jedermann einen Dienst erweisen, wenn Sie Ihren Cowboys nahelegen würden, Coker und Calendar in Ruhe zu lassen. Den beiden reißt auch einmal der Geduldsfaden."

„Das sind nicht meine Cowboys", protestierte Jim. „Die Unruhestifter kommen von Wyoming runter."

„Dann raten Sie denen dringend, auf alle Fälle zu Hause zu bleiben."

Die Venneford-Ranch war bald von verschiedenen Seiten her in Bedrängnis geraten. An ihrer äußersten Grenze, nach Nebraska hin, bauten sich Siedler Hütten aus Grassoden auf öffentlichem Weideland, dessen Vorkaufsrecht die Ranch sich durch ihr dort weidendes Vieh schon längst gesichert hatte. Entlang dem Platte beanspruchten Einwanderer aus Ohio und Tennessee ganz offiziell Siedlungsparzellen, und Ausschüsse kamen tatsächlich zur Hauptverwaltung der Ranch, um über Landerwerb zur Gründung von kleinen Städten zu verhandeln.

„Wir brauchen Städte in unserm Staat", argumentierten sie, worauf Seccombe ihnen erwiderte: „Aber nicht auf unserm Land."

Das Schlimmste war, daß Garretts Schäfer ihre Herden auf Gebiete trieben, die immer als Rinderweiden gegolten hatten. Schließlich forderte Seccombe Skimmerhorn und Lloyd auf, mit ihm hinzureiten, um sie zu warnen: „Verschwindet von hier, oder ihr habt euch die Folgen selbst zuzuschreiben."

Sie ritten nach Osten, wo Amos Calendar seinen Wagen abgestellt hatte. Der hagere Texaner kam ihnen, das Gewehr quer über dem Sattel, entgegengeritten und grunzte eine mürrische Begrüßung. „Ich bin Oliver Seccombe", sagte der Engländer. „Sie sind widerrechtlich auf unserm Gebiet mit Ihren Schafen. Das hier ist Rinderweide."

„Es ist öffentliches Weideland", sagte Calendar.

„Ich warne Sie! Verschwinden Sie mit Ihren Schafen."

„Ich bleib hier, bis Mr. Garrett mir sagt, daß ich weiterziehen soll."

Da sie bei diesem schwierigen Mann nichts erreichten, ritten sie weiter zum Außenlager Vier, das im Piniengehölz lag. Unterwegs sagte Skimmerhorn: „Ein paar erklärende Worte über Buford Coker, Mr. Seccombe. Er ist ein leicht aufbrausender Südstaatler, kommt aus Südcarolina. Wie Sie wohl gemerkt haben, ist Calendar gern für sich allein. Coker gar nicht. Er war Stammkunde in Ida Hamiltons Spiegelhaus in Cheyenne und hat eins der Mädels, die Dicke Laura, beschwatzt, mit ihm hierherzukommen. Coker baut sich eine Hütte am Fox Canyon."

„Er baut!" rief Seccombe wütend. „Wenn wir ihn bauen lassen, haben wir bald die Schafzüchter des halben Westens auf dem Hals ..."

An der Tür des neuen Hauses stand die Dicke Laura, ein Frauenzimmer aus Virginia, Ende Zwanzig. Als junges Mädchen mußte sie ganz hübsch gewesen sein, ein dralles Kind vom Lande, so wie die Cowboys es schätzen, aber nach zehn harten Jahren war sie verschlampt.

Seccombe überließ Skimmerhorn das Wort. „Wo ist Coker?"

„Ausgeritten."

„Bestellen Sie ihm, er soll die Schafe hier wegschaffen. Und diese Bude auch."

„Diese Bude steht auf meiner eingetragenen Heimstättenparzelle."

„Was?" brüllte Seccombe.

Die Dicke Laura starrte ihn mit ihren Basiliskenaugen an und sagte kein Wort, und die drei Rancher ritten zurück und wußten sich keinen Rat mehr. Was sollten sie tun? Ein nobler Lebensstil war bedroht.

„Ich kann nur nicht begreifen", sagte Seccombe, als sie sich dem Herrenhaus näherten, „wie ein anständiger Mann wie Levi Zendt sein Land an Schafzüchter verkaufen konnte."

„Die allgemeine Ansicht ist, mit der öffentlichen Weide sei es jetzt zu Ende", erklärte Skimmerhorn. „Zendt sagt, wir sollten uns auf das Land beschränken, das wir wirklich besitzen; es einzäunen und uns auf ungefähr die Hälfte des Viehs konzentrieren, das wir jetzt haben."

„Aber das hier ist doch Weideland für Rinder!" sagte Seccombe. „Es gehört uns."

Skimmerhorn widerstrebte es, darauf hinzuweisen, daß sie in den letzten sieben Stunden auf öffentlichem Weidegebiet geritten waren – und daß es ausschließlich Rinderweide nur deswegen war, weil das die Viehzüchter immer behauptet hatten.

Verwirrende Tage folgten. Jetzt war die beste Zeit des Jahres, Ende August, vor dem ersten Frost, wo die Kälber von dem fetten Gras groß und kräftig geworden waren. Aber im Cheyenne Club herrschte wenig Fröhlichkeit. Bei einer Planungssitzung beschwerte sich Claude Barker bitter über die Invasion von Schafzüchtern auf seiner Horse-Creek-Ranch, und die andern waren gleicher Meinung. „Dies Land geht zum Teufel", protestierte Barker, und die verschiedensten Ideen wurden vorgetragen, wie man der Tendenz entgegenarbeiten könnte.

„Es müßte öffentliches Weideland bleiben", sagte Seccombe. „Es ist wie für Rinder geschaffen..."

Die jüngeren Rancher wußten, wenn man einer schwierigen Entscheidung gegenüberstand, würde Seccombe geschäftlich verreisen. Und richtig, zwei Tage später beschloß er, nach Kansas City zu fahren.

Er war noch dort an dem Nachmittag, als der Siebzehn-Uhrdreizehn-Zug aus Denver in Centennial einlief. Ein Mann flüsterte: „He, seht mal!“, und alle drehten sich zum letzten Wagen um, wo zwei schmächtige Männer in schwarzen Anzügen und mit breitkrempigen Hüten ausstiegen.

„Die Pettis Boys!“ stieß jemand in heiserem Flüsterton hervor, und die Leute wichen aus, als die beiden Besucher mit finsterer Miene durch den Bahnhof und über die Straße zum Hotel „Eisenbahnwappen“ stolzierten.

Alle möglichen Vermutungen schwirrten durch die Stadt, was wohl die beiden alternden Revolverhelden nach Centennial geführt haben mochte. Die Pettis Boys waren nie richtige Jungen gewesen. Schon mit vierzehn Jahren hatten sie heimtückische Morde auf dem Kerbholz, und jetzt war der siebenundfünfzigjährige Frank ein dürrer Kerl mit schwarzen Zähnen und scharfen, kampfesmüden Augen. Der sechs Jahre jüngere Orvid war ein abgebrühter Meuchelmörder, der mit kleinen Beträgen, die er für Mordaufträge erhielt, kärglich sein Leben fristete. Die Ankunft der beiden in irgendeinem Grenzort des neuen Westens bedeutete, daß einem, der einen Streitfall zu erledigen hatte, der Justizweg zu lange dauerte.

Nach einigen Tagen ritten sie, schwarz und schweigend, gen Osten aus der Stadt hinaus. „Die sind hinter Calendar her“, flüsterten manche, aber die beiden hielten sich nicht in dieser Richtung. Sie schwenkten nach Norden, drangen tief nach Wyoming ein, bis sie zu einem kleinen, schmalen Tal oberhalb des Horse Creek kamen. Dort erschossen sie einen Schafhirten hinterrücks und jagten seine zweitausend Schafe in den Triebsandfluß. Dann ritten sie nach Süden zum Fox Canyon und beobachteten einen Tag lang aus einem Versteck Buford Cokers neue Hütte.

Die Dicke Laura erschien auf der Türschwelle, und Orvid flüsterte: „Ich will kein Weibsstück nich umlegen.“

Dann sahen sie einen Mann, der zur Hütte galoppierte und rief: „Coker! Die Pettis Boys sind im Anrücken! Sind hinter Schafhirten her!“

Sie beobachteten, wie der Mann abstieg und sich aufgeregt mit der Dicken Laura unterhielt.

„Knallen wir sie lieber ab“, meinte Frank sachlich.

Die beiden Killer krochen näher an die Hütte heran, und auf

ein Signal von Frank feuerten sie. Der Mann fiel mit einem Kopfschuß, aber Orvid hatte weniger Glück mit der Dicken Laura. Er schoß ihr nur durch die linke Schulter, und sie kroch in die Hütte zurück. „Daneben", tadelte Frank verächtlich. „Und guck mal da!"

Bufe Coker arbeitete sich vorsichtig das enge Tal hinter der Hütte herunter und schrie: „Halt aus, Laura. Ich komme!"

Ohne getroffen zu werden, schaffte er es, in die Hütte zu gelangen, wo Laura, der das Blut von der Schulter tropfte, an der Wand lehnte. Er verband sie und versicherte ihr, daß die Wunde nicht lebensgefährlich sei. „Wir halten sie uns vom Leib, bis Hilfe kommt", sagte er. „Wer ist das überhaupt?"

„Kellermann hat gesagt, das sind die Pettis Boys. Werden die uns umbringen?"

„Dazu müssen sie erst reinkommen." Er sammelte seine Schußwaffen, gab ein Gewehr an Laura und begann, die Tür mit Möbelstücken zu verrammeln. „Wir haben haufenweise Munition", tröstete Coker sie. „Wenn Kellermann Bescheid gewußt hat, wissen's andere auch, und die werden uns schon zu Hilfe kommen."

So verschanzten sie sich und erwiderten das Feuer nur, wenn einer der Pettis Boys seine Stellung wechselte. Dann kamen gegen Abend allmählich Schafe heran, und sobald sich eins neugierig, aber scheu näherte, wurde es von Orvid Pettis erschossen. Seine Treffsicherheit war unheimlich und veranlaßte die Dicke Laura, Coker zuzuflüstern: „Der kann alles umbringen, was er sich vornimmt."

„Dich und mich nicht", erwiderte Coker grimmig, und mit gutgezielten Schüssen hielt er die Mörder in Schach.

Aber kurz vor Sonnenuntergang arbeitete sich Frank Pettis zu einem Felsen vor, von dem er die Vorderseite der Hütte beherrschte, und während Orvid die Rückseite bepflasterte, nahm Frank das Fenster genau aufs Korn. Dann wartete er mit außerordentlicher Geduld eine halbe Stunde lang, bis jemand innerhalb des Hauses in Sicht kam.

Es war die Dicke Laura. Pettis drückte ab, die Kugel schlug durchs Fenster in ihren Schädel und tötete sie auf der Stelle.

„Oh, mein Gott!" stöhnte Coker. „Laura! Laura!" Er kroch auf dem Boden zu der Stelle, wo sie lag, und barg ihren Kopf in seinen Armen.

„Coker, komm raus, oder wir räuchern dich aus", rief Frank Pettis.

„Kommt her, und holt mich, ihr Schweinehunde", rief Coker zurück.

Es war ein ungleicher Kampf. Die Nacht brach ein, und Coker wechselte dauernd zwischen Vorder- und Rückseite hin und her, wobei er in unregelmäßigen Abständen schoß, um ihnen zu zeigen, daß er auf der Hut war. Die beiden konnten abwechselnd schlafen, aber er nicht.

Beim ersten Sonnenstrahl gab Frank Pettis eine Salve auf die Vorderseite der Hütte ab, während Orvid sich von hinten anschlich und sie in Brand steckte.

Eine halbe Stunde lang kämpfte Coker gegen das Feuer. Zwischendurch hielt er an, um auf Schatten zu schießen, aber es gelang ihm nicht, den Flammen Einhalt zu gebieten. Schließlich packte er sein Gewehr und sprang durchs Fenster hinaus, wobei er auf die Stelle schoß, wo er die Pettis Boys vermutete.

Frank hatte seinen Bruder darauf vorbereitet: „Er wird versuchen, uns vom Fenster aus zu überraschen", und so sprang Coker direkt in das mörderische Kreuzfeuer ihrer beiden Gewehre, als er aus dem Fenster hervorbrach. Er wurde siebenmal ins Gesicht und in die Brust getroffen.

„Das wird ihnen 'ne Lehre sein", sagte Frank.

Als die Morde entdeckt wurden, wandten sich Schafzüchter an die Gouverneure von Wyoming und Colorado und verlangten, beschützt zu werden. Sie erhielten jedoch die Antwort, es sei nicht erwiesen, daß diese Verbrechen gegen Schafhirten als solche gerichtet gewesen seien. Was die Vermutung betraf, daß die Pettis Boys von Viehzüchtern engagiert worden seien, um Auseinandersetzungen über Weiderechte zu regeln, so mußte jeder rechtlich denkende Mensch derartige Theorien mit Abscheu zurückweisen. Der *Clarion* brachte einen Leitartikel über die „böswilligen Gerüchte", die „zwei rechtschaffene Besucher aus Kansas" verunglimpften.

Amos Calendar kam nach Centennial geritten und schickte einen Jungen zur Ranchverwaltung, um Jim Lloyd zu holen. Als der Unterinspektor erschien, sagte Calendar: „Jim, sie haben Coker umgebracht."

„Ich weiß."

„Sie haben sich jetzt in die Kneipe in Blue Valley verkrochen.“

„Was willst du tun?“

„Sie mit deiner Hilfe umlegen.“

Jim befeuchtete seine Lippen. Er wollte Schießereien aus dem Weg gehen, aber im Kampf mit den Komantschen hatte Bufe Coker sein Leben gerettet. „Ich komm mit“, sagte er.

Sie ritten zusammen nach Westen, bis sie zu dem Pfad kamen, der am Clear Creek hinauf nach Blue Valley führt, und von dort wandten sie sich auf dem kürzesten Wege zum Ende des Tales. „Die Pettis Boys schlafen nie“, warnte Calendar. „Niemand darf uns sehen.“

Am Ziel banden die beiden Rächer ihre Pferde an und stiegen langsam und sehr vorsichtig zu dem ehemaligen Goldgräberlager hinunter.

Bei Einbruch der Dämmerung schlüpfte Calendar leise auf die Hauptstraße, um die Kneipe auszukundschaften. Als er zurückkam, leuchteten seine Augen. „Sie sind drin!“ Und dann erläuterte er den Schlachtplan. „Ich übernehme Frank. Den Kerl mit dem Schnurrbart. Du mußt Orvid erwischen.“

Er beschrieb, wo die beiden Revolverhelden standen, und Jim unterbrach ihn. „Ich schieße einem Mann nicht in den Rücken.“

„Das brauchst du auch gar nicht, wenn ich fertig bin.“

Die beiden Männer schlichen sich durch die Dunkelheit zur Kneipe. Endlich standen sie an der Tür, und Calendar holte tief Atem. Dann trat er die Tür auf und stieß einen wilden, schrecklichen Schrei von solcher Lautstärke aus, daß alle in der Bar, einschließlich der Pettis Boys, sich automatisch zum Eingang umdrehten und nach ihren Revolvern griffen.

Calendar feuerte seine Büffelbüchse direkt auf Frank Pettis ab, und das Geschoß riß ein großes Loch in die Brust des Verbrechers. Im selben Augenblick schoß Jim Lloyd Orvid Pettis fünfmal ins Gesicht.

Knapp zehn Sekunden nach Calendars Schrei waren die beiden Eindringlinge aus der Kneipe hinaus und in der Nacht verschwunden. Niemand erbot sich, sie zu verfolgen oder ihre Personalien anzugeben.

Bis zum Frühjahr 1886 war Messmore Garretts Entschlossenheit, seinen Landbesitz zu beschützen und seine Schafherden zu vermehren, so hartnäckig geworden, daß die Bankiers anfingen, ihn zu respektieren, ja sogar der *Clarion* erklärte den Waffenstillstand in seinem Krieg gegen die Schafe. Tatsächlich war die Zeitung in vielen Dingen merklich duldsamer geworden, sogar gegen Engländer, wie aus folgendem Artikel, der im Juni erschien, hervorgeht:

> Kürzlich hat ein Besucher Glanz und Ehre in unsere bescheidenen Redaktionsräume gebracht. Es war kein Geringerer als der hochwohlgeborene Earl Venneford of Wye, der Centennial auf einer Inspektionsreise zu seinen weitverstreuten Besitzungen zum erstenmal besuchte. Der Earl, ein distinguiert aussehender, graumelierter Siebziger, hat eine Aussprache, die den Shakespeare-Aufführungen des Theaters von Denver Ehre machen würde.

Venneford hielt sich drei Wochen auf der Ranch auf, dann ritt er zum Außenlager Vier, wo er sich an den Pinien und den Erosions-Skulpturen erfreute, aber er fühlte sich erst zu Hause, als er im Cheyenne Club mit seinem Polo und Tennis landete. Charlotte war seine ständige Begleiterin und machte ihn mit den übrigen britischen Ranchern bekannt. Als der Besuch zu Ende war und Lord Venneford seinen Zug bestieg, jagte er Oliver Seccombe einen großen Schrecken ein, als er erklärte: „Ich habe wunderbare Dinge gesehen, die ich nie erwartet hätte. Das einzige, was ich nicht gesehen habe, ist Vieh. Ich werde Finlay Perkin herschicken, der soll sich das mal ansehen.“

Als der Zug abgefahren war, fragte Charlotte: „Warum will Venneford Finlay Perkin herschicken?“

„Wir haben etwas mehr ausgegeben, als wir belegen können“, sagte Seccombe ausweichend.

„Was meinst du damit?“

„Buchzählung. Perkin wird an allen Einzelheiten herumtüfteln, bis er jede Unstimmigkeit herausgefunden hat, und schließlich merkt er, daß etwa vierundzwanzigtausend Stück Vieh verschwunden sind.“

„Was um Himmels willen ...“

„Sind einfach verschwunden, Charlotte. Niemand hat sie gestohlen, aber sie sind einfach nicht mehr da. Und wie soll ich das Perkin erklären?"

Ja, wie eigentlich? Perkin kam am 15. September 1886 in Cheyenne an und bestand darauf, sofort zum Außenlager Vier gebracht zu werden. Er war ein schmächtiges Männchen von sechsundsechzig Jahren und hatte so viel Gepäck bei sich, daß zwei Träger es aus dem Zug schaffen mußten. Obwohl er noch nie in den Vereinigten Staaten gewesen war, wußte er genau über Wyoming und das nördliche Colorado Bescheid.

„Ach ja", sagte er mit dünner Stimme, als er mit gefalteten Händen im Wagen saß und sich nach allen Seiten umsah. „Da ist die Union-Pacific-Eisenbahn, und unsere Parzellen einundachtzig bis siebenundachtzig liegen gleich da drüben. Ja, das da ist der tiefe Brunnen, den wir 1881 gebohrt haben, und wie ich sehe, bringt er noch Wasser. Das hier, nehme ich an, ist der neue Stacheldraht von Glidden."

Im Lager ging er schnurstracks auf den niedrigen Stall aus Feldsteinen zu. „Großartiges Gebäude", sagte er. „Als Skimmerhorn 1868 Holz empfahl, riet ich zu Feldsteinen. Sehen Sie nur, wie das standgehalten hat, heute noch so gut wie am Tag, als es gebaut wurde. Clinger hat gute Arbeit geleistet."

„Wer?" fragte Seccombe.

„Clinger. Der Steinmetz aus Cheyenne. Sagen Sie mal, haben Sie welche von den Kurzhornrindern aus Illinois in der Nähe auf der Weide?"

„Die sind weiter östlich."

„Sehr gut."

Während der drei Inspektionstage war alles, was Perkin sehen wollte, entweder weiter östlich oder weiter westlich, aber daß das Gefragte nicht da war, störte ihn offenbar nicht. Er hörte nie zu fragen auf, ehe er eine präzise Antwort hatte, die er in sein Büchlein eintrug.

„Er ist jeder Unstimmigkeit auf der Spur", erzählte Seccombe Charlotte am dritten Tage beim Schlafengehen.

„Er scheint Material gegen dich zu sammeln, Oliver. Ich habe den starken Verdacht, daß er deine Antworten aufgeschrieben hat, um sie Skimmerhorn und Lloyd zu zeigen. Sag mal, werden die beiden zu dir stehen?"

„Skimmerhorn und Lloyd sind die beiden ehrlichsten Männer in unserer Branche. Deswegen haben wir so guten Erfolg gehabt... Wenn bloß nicht die verdammte Buchzählung wäre, auf die Bristol sich verlassen hat." Er ging nervös auf und ab. „Warum können die nicht einsehen, daß man auf einer so großen Ranch nicht einfach rumlaufen und jede einzelne Kuh kennzeichnen kann?"

Sie hatten Perkin richtig eingeschätzt, er sammelte geduldig Beweismaterial gegen sie. Es entsprach den Tatsachen, war aber vernichtend.

„Reiten wir zur Verwaltung rüber", schlug Seccombe eines Morgens vor.

„Nein", antwortete Perkin, „wir wollen im Außenlager Fünf anfangen. Ich will das Vieh zählen."

„Das kann man doch nicht zählen –"

„Sie sind dazu vielleicht nicht imstande, Seccombe, aber ich kann's, und ich beabsichtige, morgen damit anzufangen. Rufen Sie die Cowboys zusammen."

Und als sich die Cowboys im Außenlager Fünf meldeten, entdeckte Seccombe, daß Perkins großes Gepäck eine Menge Dosen mit einer blauen Spezialfarbe, die in Deutschland hergestellt wurde, enthalten hatte. Ein Tupfer dieser Farbe sollte auf den Rücken eines jeden Stück Viehs auf den vier Millionen Morgen der Venneford-Ranch aufgetragen werden.

„Tausende werden uns entgehen", wandte ein Vormann ein. „Man kann nicht jedes kleine Tal hinaufreiten. Und die Hälfte von unserm Vieh ist vielleicht in Wyoming."

„Es wird Ihre Aufgabe sein, alle kleinen Täler abzusuchen und, wenn nötig, nach Wyoming hineinzureiten", sagte Perkin ruhig, und fünf Wochen lang fuhr dieser pedantische kleine Mann in einem leichten Jagdwagen über den östlichen Teil der Prärie und tupfte Farbkleckse auf die Rinder, die man zusammentreiben konnte.

Als er bis zur Grenze nach Nebraska gekommen war, hatte er die peinliche Entdeckung machen müssen, daß die Gesamtzahl bejammernswert weit hinter dem zurückblieb, was die Venneford-Ranch angeblich an Vieh gekauft hatte.

Im Oktober kehrten sie zum Hauptgebäude zurück. „Jetzt

würde ich gerne die Bücher über Ihre Baulichkeiten prüfen", sagte Perkin kurz angebunden. „Ställe und Scheunen zuerst."

Seccombe war imstande zu beweisen, auf welche Weise die roten Wirtschaftsgebäude und die Pferche und Lagerschuppen bezahlt worden waren. Aber als es zum Herrenhaus kam, waren die Konten in bedauerlichem Zustand.

„Lord Venneford hat mich hergeschickt, um gewisse Tatsachen in Erfahrung zu bringen", sagte Finlay Perkin am 15. November zu den Seccombes. „Das habe ich getan. Sie haben unser Geld verschwendet. Sie haben Vieh in Empfang genommen, ohne es zu zählen. Und es steht fest, daß Sie unsere Kälber und Kühe verkauft haben, um davon dieses absurde Schloß zu bezahlen. Ich werde Seiner Lordschaft diese Tatsachen unterbreiten, und ich muß Sie darauf aufmerksam machen, daß er sich vielleicht entschließen könnte, gerichtliche Schritte zu unternehmen." Damit ging er zu Bett.

Es war ihm nicht möglich, den Zug in Cheyenne zu nehmen, denn in dieser Nacht brach ein heulender Sturm los, der fast zwanzig Zentimeter Schnee aufhäufte.

„Im November taut das schnell", versicherte Seccombe seinem Gast. Er wollte den unangenehmen kleinen Mann keinen Tag länger als notwendig dabehalten, aber an diesem Nachmittag wurde der Schneesturm stärker, die Schneehöhe verdoppelte sich beinahe, und in der dritten Nacht fielen noch mal zweiundvierzig Zentimeter Schnee. Von Montana bis zum Platte war der Westen durch die Schneemassen abgeschnitten, und dieser Zustand sollte einen langen, katastrophalen Winter hindurch anhalten.

Am zweiten Tag des Schneesturms, als Verwehungen die Straßen gesperrt hatten, sattelte Jim sein stärkstes Pferd und bemühte sich, die Longhorns auf den nahe gelegenen Weiden aufzusuchen, aber es gelang ihm nicht, durch die Schneemassen durchzukommen.

Am Abend des dritten Tages sah Jim seine ersten Rinder. Sie waren von Norden heruntergekommen und beharrlich mit dem Sturm weitergezogen, den sie im Rücken hatten. Die vordersten, halberfrorenen Tiere drängten sich gegen einen Zaun, und als der Druck der Nachzügler hinter ihnen zu stark wurde, brachen die an der Spitze den Zaun nieder und zogen nach Osten weiter. Tagelang arbeiteten sie sich vorwärts, ohne zu fressen, ohne zu saufen, ohne zu rasten, bis sie auf einen festen Zaun oder ein anderes unbewegliches Hindernis stoßen würden. Dort drängten sie sich dann zu einem Haufen zusammen, und brachte man sie nicht in Sicherheit, würden viele von ihnen erfrieren.

„Sie lassen sich vom Sturm treiben", sagte Jim zu seinen Leuten. „Wir müssen sie aufhalten!"

Die Cowboys verteilten sich über das gefrorene Weideland, meilenweit von Nahrung und Wasser entfernt, und versuchten tapfer, das langsam dahintrottende Vieh abzulenken. Es war eine mörderische Arbeit. Halberfroren kämpften sich die Männer auf ihren Pferden, die tief in den Schnee versanken, durch die Verwehungen. Jim Lloyd führte seine Trupps in die entlegensten Winkel der großen Ranch und rettete, was er an Vieh antraf. Tausende von Rindern waren aus Wyoming herabgewandert, und er schätzte, daß wohl an die zehntausend Venneford-Longhorns nach Nebraska gezogen waren.

Anfang Januar ließ eine Reihe von warmen Tagen den Schnee schmelzen. Dann brach in der Nacht des 15. Januar 1887 der große, historische Schneesturm los. Er häufte vierzig Zentimeter Neuschnee auf die Eisschicht, die sich gebildet hatte, und brachte eine Rekordtemperatur von minus dreiundvierzig Grad Celsius. Während einer Ruhepause im Sturm erbot sich einer von Jim Lloyds Cowboys, ein Texaner namens Red, die Nordgrenze abzureiten. Er war neun Tage unterwegs und kam abgemagert und mit entzündeten Augen zurück.

Finlay Perkin ließ ihn in die Küche des Herrenhauses kommen und Bericht erstatten. Während Red die Worte brockenweise herausbrachte, zitterte seine Unterlippe, und er mußte seine Kaffeetasse hinstellen.

„Ich hab gesehen ..." Er blickte Seccombe hilflos an. „Ich hab gesehen, wie den Pine Creek entlang mindestens tausend Rinderleichen lagen. Ich hab drüben beim Außenlager Zwei eine riesige Eisdecke gesehen, aus der Hörner und Nüstern rausragten ... Unsere halbe Herde muß tot sein."

So war es auch. Aber die Venneford-Ranch kam noch besser weg als die meisten, und zwar lediglich durch Jim Lloyds Fütterungsaktion. In den ersten Stunden des Schneesturms hatte er alles Heu, das er bekommen konnte, aufgekauft. Die Ranchwagen wurden zu behelfsmäßigen Schlitten umgebaut, und damit schaffte er Heuballen zu allen Teilen der Ranch. Er arbeitete achtzehn bis zwanzig Stunden am Tag, und manchmal, wenn er auf eine Herde Longhornrinder stieß, die in irgendeiner Schlucht umgekommen war, und ihre traurigen, vom Wind abgewandten Gesichter sah, war er den Tränen nah.

Auf keiner Ranch waren die Folgen grotesker als im Venneford-Herrenhaus, wo drei einander mißtrauende Menschen zusammen eingesperrt waren – Oliver, Charlotte und Perkin, jeder in seinem Turm. Sie trafen sich nur zu den Mahlzeiten in dem zugigen runden Speisezimmer.

Oliver war jetzt neunundsechzig, und sein Leben ging unrühmlich dem Ende entgegen, mit einem drohenden, häßlichen Gerichtsverfahren. Er würde nicht nur seine Stellung als Leiter der Ranch, sondern auch als der große Herr der Gegend aufgeben müssen.

Klug, wie sie war, sah Charlotte Seccombe voraus, daß bei den großen Verlusten, die alle Viehzüchter während des Schneesturms erlitten hatten – sie beliefen sich in manchen Teilen von Montana bis auf dreiundneunzig Prozent –, der Unterschied zwischen Buchzählung und tatsächlichem Viehbestand auf der Weide ausgelöscht war. Perkin konnte vor Gericht nichts erreichen, wenn er auch vielleicht Unannehmlichkeiten bereiten mochte.

Finlay Perkin ließ sich durch den Sturm nicht für dumm verkaufen. Rancher, die schlecht gewirtschaftet haben, werden jammern, daß die Wetterkatastrophe sie ruiniert hat, überlegte er, während er in seinem Turm vor Kälte zitterte, aber sie waren bereits durch falsche Bestandsangaben, durch Überweiden und leichtsinnige Bewirtschaftung lange vor dem Wetterwechsel zum Untergang verurteilt gewesen. Er sah ein, daß durch das Dazwischentreten des Schnees und die Vernichtung ganzer Betriebe ein Prozeß wegen des Verschwindens einiger tausend Venneford-Rinder ergebnislos verlaufen würde. Unsere Aufgabe besteht darin, etwas Solides für die Zukunft aufzubauen, dachte er. Sechs Jahre lang ehrlicher Betrieb, und wir werden eine Million wieder eingebracht haben ...

Erst Ende März setzte das Tauwetter endlich ein. Seccombe und seine Frau fuhren Perkin nach Cheyenne, wo dieser sich am Bahnhof verabschiedete. „Eine beachtliche Leistung, Oliver, daß

Sie den Betrieb durch diesen Winter gebracht haben. Wir sind Ihnen dankbar dafür."

„Aber Sie sind doch entschlossen, Klage einzureichen?"

„Nicht, wenn Sie zurücktreten. Sie sind beinahe siebzig. Reichen Sie Ihr Rücktrittsgesuch ein."

Als der Zug abgefahren war, sagte Oliver zu Charlotte: „Es endet alles so kläglich, so furchtbar kläglich."

„Denk nicht mehr an Perkin", sagte sie ärgerlich. „Er hat nicht die Macht, uns zu schaden."

„Es geht nicht um Perkin, es geht um mich. Als ich mitansah, wie Jim Lloyd in dem Unwetter den Befehl übernahm und alles das tat, was ein Viehzüchter tun muß..." Mehr sagte er nicht. Er hatte keine Energie mehr und brütete vor sich hin. Jeden Tag trank er unmäßig und bis tief in die Nacht hinein.

Dann, eines Tages im April, schien er wie verjüngt zu sein. Als er aus seinem Turm herunterkam, sagte er zu Charlotte: „Ich will mir mal ansehen, was das Gras macht." Er ging ein weites Stück nach Osten, wo er die endlosen Flächen des Reiches, das er geschaffen hatte, übersehen konnte.

Jim Lloyd hörte den Schuß in der dünnen Frühlingsluft widerhallen. Er sattelte sein Pferd und ritt über den Kamm des Hügels, wo er einen weißhaarigen Mann fand, der vornübergestürzt in der Prärie lag. Nach einer Weile ritt Jim zurück zum Herrenhaus und rief: „Mrs. Seccombe! Mrs. Seccombe! Sie müssen bitte mitkommen."

Sobald Finlay Perkin wieder in Bristol war, entwarf er folgenden Bericht an den Vennefordschen Aufsichtsrat:

1. Wir müssen den Gedanken aufgeben, daß wir eine Ranch von vier Millionen Morgen beaufsichtigen können. Verkaufen Sie alles Land östlich vom Außenlager Zwei, ebenfalls alles Land nördlich der Grenze zwischen Colorado und Wyoming.

2. Verkaufen Sie Außenlager Vier als gesonderte Parzelle.

3. Wenn unser Grundbesitz zusammengelegt ist, lassen Sie ihn einzäunen.

4. Für Ansiedler, die Ortschaften auf unserm Grund und Boden errichten wollen, sollte jede Möglichkeit geboten werden, persönlichen Landbesitz zu erwerben, und wir sollten unentgeltlich Grund-

> stücke für Rathäuser, Kirchen, Schulen und kleine Geschäftsviertel zur Verfügung stellen.
>
> 5. Schafe sind ein Ärgernis. Sie müssen ausgeschlossen bleiben.
>
> 6. Lassen Sie mehr Heu wachsen.
>
> 7. John Skimmerhorn sollte die Oberleitung des Betriebs bekommen. Jim Lloyd sollte sein Assistent werden. Der junge Cowboy namens Texas-Red könnte Lloyds jetzigen Job übernehmen. Die drei sind erprobte Männer, die ihre Loyalität bewiesen haben. Wir sollten uns auf Jahre hinaus auf ihren Rat verlassen.

Und dann fügte er noch einen achten Passus hinzu, der veranlaßte, daß Venneford die Musterranch der nächsten vierzig Jahre wurde:

> 8. Ich glaube, daß unsere Ranch am besten florieren wird, wenn wir uns ganz und gar auf Hereford-Rinder umstellen. Nach dem Eindruck, den ich von unserem Weideland und seinem Klima gewonnen habe, wird das Hereford sich dort kräftig entwickeln. Ich schicke jetzt durch ein Schiff der Cunard-Linie und die Union-Pacific-Eisenbahn einen prächtigen Hereford-Bullen, den ich in Leominster gesehen habe, und sechs der besten Hereford-Kühe hinüber. Skimmerhorn soll weitere erwerben.

Als der erste Transport von Herefords in Centennial ausgeladen wurde und Jim Lloyd diese Tiere mit dem schönen, weißen Kopf und rötlichen Rumpf, den stämmigen Beinen und langen, geraden Rücken sah, wußte er, daß endlich *richtige* Rinder unter seine Obhut kamen. Und als der Bulle die Rampe herunterschritt, stockte Jim und allen Zuschauern der Atem. King Bristol wog fast eine Tonne. Was ihn besonders bemerkenswert machte, war der majestätische Gang, mit dem er seine Hufe gewichtig zu Boden plumpsen ließ, als ob ihm die Welt gehöre.

King Bristol zeugte Kälber mit jeder der sechs Hereford-Kühe und mit achtzehn Longhorns. Unter seiner reinblütigen Hereford-Nachkommenschaft befanden sich vier Bullen, von denen drei für die Zucht bei der Herde bleiben sollten. Die Stiere, die die Longhorn-Kühe geworfen hatten, wurden kastriert, um später als fette Ochsen verkauft zu werden. Die halb Longhorn-, halb Hereford-Färsen wurden wieder von Hereford-Stieren gedeckt, und nach fünf solchen Kreuzungen hatte die Venneford-Ranch Kühe, die zu einunddreißig Teilen Herefords und zu einem Teil Longhorns waren.

Wie schön die Herefords waren! Sauber, empfänglich für gute Behandlung und erstaunlich geeignet, für sich selbst zu sorgen. Es schien, als hätten die klugen Züchter in Herefordshire hundert Jahre früher schon angefangen, dieses einzigartige Tier eigens für den Zweck heranzuzüchten, daß es einmal die Weideflächen von Amerika bevölkerte.

Die Venneford-Herefords litten jedoch unter einer großen Schwäche, die alle amerikanischen Herefords befiel. Ihr kräftiges Vorderteil verjüngte sich zu schnell nach hinten und brachte auf diese Weise ein Hinterviertel hervor, das fast wie bei einer Katze schlank und mager war. Dies verringerte die Zahl der Steaks, die ein Hereford liefern konnte, und das war gerade das, was das Geld brachte.

„Wir müssen diese Katzenschinken ausmerzen", sagte Jim zu Skimmerhorn.

Also begannen die beiden Viehzüchter ihre Suche nach einem Jungstier mit starkem Hinterviertel. Jim reiste bis nach Indiana, aber ohne Erfolg. Dann hatte er einen Einfall. „Bitten wir doch Mrs. Seccombe, die ja bald auf Besuch nach Bristol reist. Sie könnte doch nach Herefordshire fahren und etwas für uns suchen." Jim setzte sich mit der Witwe in Verbindung, und sie versprach, ihr möglichstes zu tun.

Als Jim eines Tages voller Stolz von den neuen Herefords sprach, sagte Levi Zendt: „Ich an Ihrer Stelle, Jim, wär nicht zufrieden mit so 'ner Herde Kühe. Ich würde mir 'n Mädel suchen und heiraten."

„Wenn ich nur Clemma finden könnte, tät ich's auch", erwiderte Jim.

Kurz darauf erfuhren die Zendts von einem Durchreisenden, daß Clemma in einem Restaurant in Chicago arbeitete. Lucinda verständigte Jim, und er nahm den Nachtzug nach Osten. Er fand das Restaurant und beobachtete vom Eingang aus, wie Clemma mit ihren Gästen fertigwurde. Sie besaß immer noch ihren aggressiven, guten Humor.

Als eine Pause in ihrer Arbeit eintrat, ging er auf sie zu: „Ich bin's, Jim Lloyd. Du sollst mit mir nach Hause kommen."

„Jim!" sagte sie vergnügt. „Wie nett, dich wiederzusehen. Setz dich hin. Ich bring dir die Speisekarte."

Nach dem Essen wartete er draußen auf sie, und sie nahm ihn mit in ihr ödes Zimmer. Einen Augenblick war sie durch die standhafte Liebe dieses Cowboys in Versuchung geführt. „Ich würde dich ja heiraten, wenn ich könnte. Aber ich bin ja noch verheiratet."

„Laß dich scheiden. Das ist doch kein Problem."

„Ich könnte nie zurückgehen", antwortete sie ihm. „Ich mag die Großstadt."

Tieftraurig nahm Jim den Zug nach Omaha.

NACH dem Selbstmord von Oliver Seccombe hatte Finlay Perkin folgende Zeilen an Charlotte geschrieben:

> Sie müssen nach Bristol kommen. Der Aufsichtsrat möchte Ihr Herrenhaus kaufen, und was die Ranch betrifft, habe ich unbedingtes Vertrauen zu Skimmerhorn und Lloyd. Sie sind die idealen Persönlichkeiten, Ihre Interessen wahrzunehmen.

Warum hatte er es so ausgedrückt, als ob die Ranch ihr gehörte?

Als sie in Bristol ankam, begriff sie, warum. Lord Venneford war ein sehr alter Mann und hatte seine gesamten Ranchanteile verkauft mit Ausnahme eines großen Aktienpakets, das er Charlotte zu übertragen beabsichtigte, deren Mutter ja mit ihm verwandt gewesen war. Als sie das später ihrem Vater erzählte, überraschte er sie mit der vertraulichen Mitteilung, daß sie eines Tages über die Hälfte der Venneford-Aktien besitzen würde, weil er die Anteile gekauft hatte, die der alte Earl abgestoßen hatte. „Natürlich wirst du mit Viehzucht nie Geld verdienen, aber das Land ist Goldes wert. Mit jedem Jahr wird es wertvoller."

Sie vertrieb sich die Zeit in der Gesellschaft von Bristol. Auf eine amazonenhafte Art war sie schöner denn je, und da außerdem noch bekannt war, daß sie einmal reich erben würde, bemühten sich viele Junggesellen um ihre Gunst.

Und dann ereigneten sich zwei Todesfälle. Der alte Earl fand ein friedliches Ende, und kaum war er beerdigt, als Henry Buckland, ein jüngerer, aber unmäßig korpulenter Mann, an einem Schlaganfall starb. Charlotte fiel die Aufgabe zu, beide Begräbnisse zu arrangieren, und in dieser bedrückenden Zeit sah Finlay Perkin in Jim Lloyds Bitte eine Möglichkeit, sie abzulenken. „Wir müssen unbedingt auf dem Land nach einem Bullen suchen, Miß Charlotte, und wenn wir einen finden, bin ich dafür, daß Sie ihn nach Colorado hinüberbringen."

„Warum?"

„Liegt das nicht auf der Hand, liebes Kind? Bristol ist nichts für Sie. Diese Männer, mit denen Sie Ihre Zeit verschwendet haben ... Von denen würden Sie doch keinen heiraten. Gehen Sie zurück, und suchen Sie sich einen Mann im amerikanischen Westen."

Daß er ihr zu einer neuen Ehe riet, berührte sie nicht, wohl aber der amerikanische Westen.

Dann fanden sie und Perkin eines Tages ihren Bullen, und sie taufte ihn Zuversicht. Jetzt faßte sie einen Entschluß. Sie wollte diesen Stier auf der Prärie heranwachsen sehen. Sie hatte Heimweh nach Colorado.

Als sie mit dem prächtigen Tier in Centennial ankam, begrüßte Skimmerhorn sie mit den Worten: „Miß Charlotte, es kommt mir so selbstverständlich vor, daß Sie wieder im Herrenhaus sind."

Einige Monate später, als sie eines Tages hinausspaziert war, um Zuversicht in Augenschein zu nehmen, sah sie Jim Lloyd auf sich zukommen, und zum erstenmal fiel ihr auf, wie gut er sich hielt und wie geschmeidig er sich bewegte.

„Hallo, Mr. Lloyd", sagte sie, als er an den Koppelzaun herankam. „Was macht unser Stier?"

„Er ist großartig, Madam", antwortete Jim.

Es entspann sich eine Unterhaltung, und sie war beeindruckt von seinen Kenntnissen. Er war auf vielen Gebieten belesen und hatte ein eigenes Urteil. Aber sie entdeckte, daß er sehr einsam war.

Deshalb fragte sie ihn eines Nachmittags: „Mr. Lloyd, hätten Sie Lust, heute abend mit mir zu speisen?"

„Mit dem größten Vergnügen", sagte er und stellte sich prompt um sechs Uhr an der Tür des Herrenhauses ein.

„Ich hatte mit acht Uhr gerechnet", sagte sie, worauf er erwiderte: „Ich muß früh zur Arbeit, Madam."

Sie trieb die Köchin an, sich zu beeilen, und dann saßen sie in geradezu fürstlicher Pracht in dem runden Speisezimmer. Sie unterhielten sich über Verkaufsziffern, Frachtsätze und die Möglichkeit, das Grün der Zuckerrüben als Futter zu verwenden. Plötzlich fragte sie: „Stehen Sie eigentlich noch mit diesem Indianermädchen in Verbindung?“

Jim errötete. „Ich wollte sie heiraten. Aber sie wollte mich nicht.“

Am nächsten Tag sah Charlotte ihn an der Laderampe. „Es war so nett gestern abend, James. Könnten Sie heute wieder zum Abendessen kommen?“ fragte sie.

„Nein“, sagte er. „Heut lade ich Sie nach Centennial auf einen Happen ein.“

Um sechs Uhr war er mit dem auf Hochglanz polierten Wagen, der von zwei Braunen gezogen wurde, vor der Tür. Sie fuhren in die Stadt und aßen im Hotel „Zum Eisenbahnwappen“, wo Bürger des Ortes sie grüßten, um hinter ihrem Rücken über die Ungehörigkeit zu tuscheln, daß eine englische Aristokratin sich mit einem Cowboy abgab.

Derselbe Gedanke machte Jim zu schaffen. In späteren Jahren erregte eine solche Beziehung keinen Anstoß mehr, aber 1889 wurde so etwas als Skandal gebrandmarkt. Jim war auch darüber beunruhigt, daß er jünger war als Charlotte, daß sie mehr Geld als er und mehr Macht im Betrieb besaß. Doch diese Zweifel wurden durch ihre Schönheit und ihre Begeisterung für den Westen wettgemacht. Sie war wirklich eine überdurchschnittliche Frau, fand Jim.

So ließen sie sich durch den milden Winter und Frühling des Jahres 1889 treiben, speisten mal hier, mal dort zu Abend, arbeiteten zusammen und lasen dieselben Bücher. Im Juni lud Charlotte Jim zu einem Picknick ein, und wenn ihr auch das Außenlager Vier, das an einen Geschäftsmann in Cheyenne verkauft war, nicht mehr gehörte, lagerten sie doch dort unerlaubt zwischen den Pinien neben dem kleinen Steinhaus, das Jim nach dem großen Treck aus Texas bewohnt hatte. Nachdem sie davon gesprochen hatte, wie sehr sie es bereue, zugelassen zu haben, daß dieses himmlische Fleckchen Erde verkauft worden war, sagte sie aus heiterem Himmel: „Wenn wir nicht heiraten, James, dann haben wir in den kommenden Jahren viel zu bereuen.“

Er spielte mit einem Grashalm, den er zwischen seine Daumen

klemmte, um darauf zu pfeifen. Er blies einen langen, süßen Ton, dann ließ er seine Hände fallen und sagte, ohne Charlotte anzusehen: „Du hast recht."

„Was können wir dagegen tun?"

„Heiraten, glaub ich."

Sie schlug ihm impulsiv auf den Kopf. „Verdammt noch eins! Soll das ein Antrag sein?"

„Ja!" rief er glücklich. Er hob sie hoch in die Luft und trug sie in das kleine Steinhaus.

Die Trauung in der Gemeinschaftskirche sollte Anfang Juli stattfinden, aber am Ersten des Monats brachte die Union Pacific einen unerwarteten Gast nach Centennial. Es war Clemma Zendt Ferguson, die den Eindruck einer müden und geschlagenen Frau machte.

Sobald Jim hörte, daß sie im Ort war, eilte er zum Haus ihrer Eltern. „Ich bin geschieden", sagte sie gleichgültig. „Jetzt bin ich bereit, dich zu heiraten."

Jim riß sie in seine Arme, und als er sie küßte, hatte er das Gefühl, als ob sein Herz sich weitete. „Ich bin ja so froh, daß du nach Hause gekommen bist", sagte er.

Diese eine Umarmung löste alle Probleme für Jim. Er war sich klar, daß er ernstlich verpflichtet war, Charlotte zu heiraten. Sie war eine ehrenwerte Frau und würde ihm eine gute Gattin sein. Aber mit Clemma zusammen zu sein war so, wie mit der Erde, die er liebte, verbunden zu sein, mit dem indianischen Westen, den er verehrte, und um sie zu gewinnen, war jedes Opfer gerechtfertigt.

„Willst du mich auf der Stelle heiraten?" fragte er.

„Ja", erwiderte sie.

Jim umarmte sie noch einmal, dann entschuldigte er sich mit der Bemerkung: „Ich muß noch etwas auf der Ranch erledigen."

„Das kann man wohl sagen", sagte Levi, als Jim weg war. „Er wollte nächste Woche Charlotte Seccombe heiraten."

Als er das aussprach, merkte er, daß Clemma weder Überraschung noch Reue zeigte.

Auf der Ranch traf Jim Charlotte dabei an, ihre Hochzeitsgarderobe herzurichten, und ohne den geringsten Anflug von Finesse erklärte er: „Clemma ist wieder da. Und ich werde sie heiraten."

Charlotte wurde nicht einmal blaß. Sie zog Jim einfach am Arm herum und fragte: „Du wirst was?"

„Ich muß sie heiraten. Es ist die einzige Rettung für sie."

Charlotte sagte ruhig: „James Lloyd, heute in sechs Tagen soll unsere Hochzeit stattfinden. Benutze diese Tage, um es dir reiflich zu überlegen. Und vergiß eins nicht: Clemma Zendt wird dich zugrunde richten. Sie ist ein unsteter Mensch."

Er versuchte zu erklären, aber sie schnitt ihm das Wort ab. „Bitte geh. Nimm dein Pferd, und reite los, und denk nach." An der Tür küßte sie ihn lange und sagte: „Du bist ein Mann, der viel wert ist, und ich habe fest vor, dich zu heiraten."

Als er bis zu der Furt des Platte geritten war, wo er Clemma, ein bezauberndes kleines Indianermädchen, zum erstenmal gesehen hatte, wurde ihm plötzlich klar, daß er sie sich all die Jahre hindurch immer nur als jenes Märchenkind vorgestellt hatte. Von ihr als Frau wußte er in Wirklichkeit überhaupt nichts.

Am vierten Tag kehrte er zu den Zendts zurück und stellte fest, daß Clemma getrunken hatte. Über die Prärie heulte der Abendzug sein Signal, und er merkte, daß dieser Ton ihr Qualen bereitete. Sie war nicht mehr eine dreizehnjährige Indianerprinzessin aus dem Märchenbuch, sondern eine tragische, von Gespenstern verfolgte Person von vierunddreißig Jahren.

Am Abend des 4. Juli erschien Charlotte bei den Zendts und bat, unter vier Augen mit Clemma sprechen zu dürfen.

„Ich möchte, daß Sie morgen mit dem Frühzug abreisen", sagte sie entschlossen.

„Er will mich doch heiraten."

„Ich bin überzeugt, daß er das glaubt."

„Und ich möchte ihn auch heiraten", sagte Clemma leise.

„Das hätten Sie vor Jahren tun sollen, als Sie die Möglichkeit hatten, aber da fehlte Ihnen der Mut dazu."

Clemma schenkte sich einen kleinen Drink ein. „Ich will Ihnen ja nicht weh tun, Mrs. Seccombe."

„Wir sprechen nicht von mir. Wir sprechen von Jim."

„Ich hab ihm nie weh tun wollen."

„Er wird Sie immer lieben. Aber mit mir kann er sich ein Leben aufbauen. Mit Ihnen ... Wie lange würden Sie bei ihm bleiben?"

„Nun ..."

„Wie lange?“ fragte Charlotte eindringlich. „Wie lange, ehe der Frühzug Sie wieder wegführt?“ Als keine Antwort kam, fuhr sie fort: „Einem Manne zuliebe, der endlich eine Möglichkeit hat, sich ein Leben aufzubauen – reisen Sie ab.“ Sie verließ Clemma, die stumm dasaß und zu Boden starrte, das Glas in ihrer Hand.

Clemma reiste ab, und als Jim Lloyd das erfuhr, ritt er zwei Tage lang planlos auf der Prärie umher. Dann kehrte er zum Herrenhaus zurück und sagte: „Ich hab dich gemein behandelt, Charlotte, und ich bitte dich um Verzeihung. Wenn du mich noch haben willst, laß uns heiraten.“

„Ich will dich haben“, sagte sie. „Ich habe um dich gekämpft.“

Er ergriff ihre Hand und hielt sie fest. „Ehe wir zur Stadt reiten, um mit dem Pfarrer zu sprechen, möchte ich dir diese Urkunde geben. Das ist mein Hochzeitsgeschenk für dich.“

Es war der Kaufvertrag für das einsame Grundstück mit dem Steinhaus, das frühere Außenlager Vier. Er hatte seine gesamten Ersparnisse geopfert, um es zurückzukaufen. „Es ist nicht mehr als recht und billig, daß du es bekommst“, erklärte er. „Ich hab es vor Jahren gebaut . . ., für jemanden wie dich.“

6. DAS VERBRECHEN

IM SOMMER 1889 trug sich in Centennial ein grausiges Ereignis zu, das die Entwicklung der Stadt beeinflußte. Es begann in Minnesota, als ein Mr. Soren Sorenson zu seiner Bank ging, sein Konto auflöste, das Geld in eine kleine, schwarze Reisetasche steckte und zu dem Bankier sagte: „Hier ist es mir zu kalt. Will mein Glück in Colorado versuchen.“

Ein paar Monate davor war Maude und Mervin Wendells Theatertruppe und Wanderbühne in Centennial eingetroffen. Vom ersten Augenblick an, als Mervin Wendell in der Tür des Zuges von Omaha erschien, war ihm der bedeutende Schauspieler anzusehen. Er stand auf der obersten Stufe, den linken Arm auf dem Rücken, den rechten auf die Brust gepreßt. Ein breitkrempiger Filzhut bedeckte sein dunkles Haar, und sein Blick war majestätisch. Er schritt die Stufen mit unnachahmlicher Würde hinab, dann streckte er seine Rechte hinauf zu einer wunderschönen Dame

Anfang der Vierzig und sprach: „Komm, meine Teure. Da drüben ist unser Hotel.“

Während Maude Wendell die Aufmerksamkeit ihres Gatten huldvoll entgegennahm, kam ihr Sohn zum Vorschein, ein Junge mit langem goldenem Haar, der imstande war, sowohl Mädchen- wie Knabenrollen zu spielen.

Als die drei auf dem Bahnsteig standen, wandte sich Mervin Wendell an einen etwas beleibten Mann und eine Frau, die sich um große Kisten mit den Kostümen der Truppe kümmerten. „Murphy, bringen Sie die Sachen zum Theater“, ordnete Wendell an. Als er sich umdrehte, sah er sich plötzlich Sheriff Dumire gegenüber, mit dem er eine unerfreuliche Begegnung in Kansas gehabt hatte und der jetzt Sheriff in Centennial war. Nach den Morden im Weidekrieg zwischen Rinder- und Schafzüchtern hatten die Bürger von Centennial es für gut gehalten, einen Hüter des Gesetzes von außerhalb zu holen, der Ruhe und Ordnung stiften sollte, und Axel Dumire mit seiner sanften Redeweise und eisernen Entschlossenheit hatte das auch besorgt.

Der achtundvierzigjährige Sheriff war in Centennial gelandet, nachdem er in einer Reihe von Städten in Westkansas gewirkt hatte. Er war ein kleiner Mann mit dem Unterkinn einer Bulldogge. Er trug halbhohe Cowboystiefel mit silberner Filigranarbeit, einen Texashut und eine Lederweste. Selten fand er es notwendig, seine beiden 45er Colts zu ziehen, die er in Zwillingsholstern zur Schau trug.

„Guten Abend, Mr. Wendell“, sagte Dumire höflich.

„Ah!“ rief Wendell, als sei er erfreut, einen alten Freund wiederzusehen. „Sheriff Dumire! Darf ich Ihnen ein Billett zu unserer morgigen Darbietung überreichen?“ Damit holte er eine reichverzierte Karte aus seiner Tasche.

Die Wendells wollten ihre Talente in zwei glänzenden Abendvorstellungen darbieten – deren erste durch eine Reihe von Szenen aus Shakespeares Werken bestritten wurde, während am zweiten Abend Rezitationen, Solonummern und Imitationen geboten wurden. Die Gesellschaft bestand aus den drei Wendells, den beiden Murphys und einem jungen Mann von engelhafter Schönheit, namens Chisholm, der aussah, als könne ein Zephirhauch ihn umblasen.

Der erste Abend war nicht stark besucht. (In dem kleinen Theater von Centennial waren erst kürzlich solch berühmte Stars wie Sarah Bernhardt und Edwin Booth aufgetreten.) Bei Eintrittspreisen von fünfzig und fünfundsiebzig Cent war die Kasse gerade ausreichend gewesen, die Hotelkosten zu decken, aber Wendell war keineswegs entmutigt. „Eine großartige Aufführung", versicherte er seiner Truppe.

Am zweiten Abend war das Theater ausverkauft und der Beifall enthusiastisch. „In der Tat", rief Wendell jubelnd aus, „ich habe selten vor einem empfänglicheren Publikum gespielt. War es nicht süperb, Maude?"

Früher einmal waren die Wendells Hauptdarsteller in guten Theaterensembles gewesen, und in den Black Hills von Dakota hatte man sie als das große Paar der amerikanischen Bühne gefeiert. Aber in den letzten Jahren waren ihre Koffer oft beschlagnahmt worden, und auch jetzt überreichte der Sheriff Maude das eben angekommene Telegramm: BESCHLAGNAHMT FÜR ZAHLREICHE UNBEZAHLTE RECHNUNGEN ALLE REQUISITEN UND KOSTÜME DER MAUDE UND MERVIN WENDELL TRUPPE AUFTRETEND IN IHRER STADT SHERIFF ED BANCROFT GRAND RIVER NEBRASKA

„Damit ist die Tournee zu Ende", sagte Maude Wendell zu ihrem Mann.

„Liebste", flüsterte er mit dem Versuch, sie aufzumuntern. Maude war sein ganzes Leben. Als Maude de Lisle hatte sie ihn, einen Mann mit beschränktem Talent, geheiratet, obwohl sie andere hätte wählen können. Sie hatte ihn in den Jahren ihrer Triumphe mitgeschleppt und war bei ihm geblieben, als ihr Lebensstandard zu drittrangigen Hotels herabgesunken war.

„Was ist passiert?" fragte Murphy jetzt.

Trotz Mervins Protest reichte sie dem Iren das Telegramm. „Setzen Sie Chisholm davon in Kenntnis", sagte sie.

„Warte doch!" bat Mervin, aber ihr Entschluß stand fest.

„Wir werden uns hier in dieser Stadt niederlassen, und" – sie sah ihn bedeutsam an – „ich habe das sichere Gefühl, daß sich etwas ereignen wird."

Der junge Philip Wendell, der abseits im Schatten stand, wußte, daß seine Mutter beabsichtigte, ihre Worte wahr zu machen. Das war das Ende der Tournee.

Sheriff Dumire war so freundlich wie nur möglich, aber dabei auch strikt. Nein, die Wendells durften nichts zurückbehalten, nicht einmal ihre Kostüme.

Er nahm an, daß sie in einem Dutzend Staaten Gläubiger hatten, die bezahlt werden mußten.

Die sechs Schauspieler saßen in dem verdunkelten Theater und beratschlagten, was sie zunächst tun sollten. Der junge Chisholm war bei seinem Aussehen auf Jahre hinaus versorgt – er wollte nach Denver gehen. Die Murphys meinten, sie würden nach Chicago zurückfahren und dort eine Gastspieltruppe suchen, die einen irischen Komiker mit einer Frau, die Trompete spielte, brauchen konnte.

„Aber was soll ich in Centennial anfangen?“ jammerte Mervin. Ehe Maude antworten konnte, erschien unerwartete Hilfe in Gestalt eines Mannes, den sie noch nie gesehen hatten. „Ich bin Pastor Holly von der Gemeinschaftskirche“, stellte er sich vor und gab den Wendells die Hand. „Heute nacht werden Sie in unserm Haus schlafen.“

Er beherbergte sie drei Tage lang, dann teilte er ihnen mit, daß er für sie ein möbliertes Haus gefunden habe, das Mr. Delmar Gribben, einem seiner Gemeindemitglieder, gehöre. „Und für Sie habe ich einen Job, Mr. Wendell, am Bahnhof brauchen sie einen Mann bei der Gepäckaufgabe.“

So verließen die Wendells die Bühne, die sie schon seit langem im Stich gelassen hatte, und zogen dankbar in das Gribbensche Haus an der Ersten Straße, Ecke Fünfte Avenue. Am folgenden Sonntag, beim Abendgottesdienst von Pastor Holly, eroberten sich die drei Wendells einen Platz in den Herzen der Bürger von Centennial.

Es war Brauch, daß musikalische Gemeindemitglieder in der Kirche etwas vortrugen. Mervin erbot sich, mit Maude und seinem Sohn etwas zu singen. Er besprach sich kurz mit der Klavierspielerin, und sie schlug tiefe, volle Akkorde als Einleitung zu einem Volkslied an. Es war ein denkwürdiges Lied, in dem die getragenen Noten des Soprans den Bariton herausforderten, sie mit einem hurtigen Kontrapunkt dröhnend zu begleiten, während die dritte Stimme mit ihrer Koloratur zarte Arabesken in das Tongewebe einflocht. Die Wendells sangen so wirkungsvoll, daß die Zuhörer am Schluß applaudierten, obwohl sie doch in der Kirche waren.

Von da an wurden die Wendells bei vielen Gelegenheiten gebeten zu singen. Nur ein Zuhörer war nicht beeindruckt. Sheriff Dumire fragte sich: Woher haben die ihr Geld? Sie waren gut angezogen, aßen regelmäßig und wurden von einer Gesellschaft zur anderen gereicht, wo sie auf Wunsch sangen. Dumire schlenderte beim Bahnhof vorbei und erkundigte sich ganz nebenbei, was Mervin verdiente, und der Vorsteher erzählte ihm: „Wir haben nur Halbtagsarbeit für ihn. Kriegt vier Dollar die Woche."

Während Dumires Verdacht wuchs, nahm die Angelegenheit eine unvorhergesehene Entwicklung. Der kleine Philip hatte sich angewöhnt, den Sheriff zu besuchen. Auf seinen dienstlichen Streifengängen durch die Stadt hielt Dumire immer Ausschau nach dem Jungen. Eines Abends beobachtete er Philip auf einem leeren Grundstück neben dem alten Zendtschen Laden und staunte über seine Treffsicherheit beim Steinewerfen. „Gut gezielt!" rief er ihm zu. Ein andermal beobachtete er ihn, wie er im Bach tauchte. Es kam so weit, daß der Sheriff Philips Besuchen erwartungsvoll entgegensah und sich freute, wenn der Junge ihm sagte: „Sie sind der tapferste Mann, den ich kenne."

Eines Vormittags hockte Philip neben Dumires Schreibtisch und sah zu, wie der Sheriff Akten einordnete, als der Hauswirt der Wendells, Mr. Gribben, das Amtszimmer betrat und fragte: „Sheriff, kann ich Sie mal allein sprechen?"

Dumire schickte Philip hinaus, der im Vorbeigehen Gribben neugierig anstarrte.

„Ich möchte Sie vor etwas warnen, Axel, aber erst möchte ich erklären, daß ich unter keinen Umständen Anklage erheben will. Die Wendells machen Erpressungen mit fingiertem Ehebruch."

„So? Erzählen Sie mal", sagte Dumire. „Wie machen sie das?"

„Ich spreche von meinem eigenen Fall", sagte Gribben. „Und von zwei oder drei anderen, die ich beobachtet habe, obwohl ich mich da vielleicht geirrt haben kann."

„Sie haben die beiden wahrscheinlich auf einer Gesellschaft getroffen", vermutete Dumire. „Sie hat sich bei Ihnen bedankt, daß sie in Ihrem Haus wohnen dürfen. Hat Ihnen schöne Augen gemacht; und hat dann Mr. Wendell nicht so, daß Sie es hören mußten, erzählt, daß er mit dem Nachtzug nach Denver fahren müßte?"

„Woher wissen Sie das?"

„Solche Erpressungen gehen immer so vor sich. Die Frau macht das Opfer scharf, der Ehemann muß an dem Abend verreisen, sie läßt sich von Ihnen nach Hause bringen, und genau im richtigen Augenblick kommt der empörte Ehemann mit Revolver hereingestürmt. Wieviel haben sie Ihnen abgeknöpft?"

„Das Haus. Entweder das oder ein Skandal, und meine Frau ..."

„Sie haben ihnen das Haus gegeben?"

„Ja. Ich hab's ihnen überschreiben lassen."

„War Mrs. Wendell auch daran beteiligt? Sie war natürlich der Köder, aber steckt sie mit ihm unter einer Decke?" fragte ihn Dumire.

„Die? Zum Teufel, sie war ja diejenige, die die ganzen Verhandlungen geführt hat. Sie ist die treibende Kraft. Haben Sie nicht gesehen, wie ihr Sohn mich angeglotzt hat, als ich hereinkam? Ich wäre gar nicht überrascht, wenn der auch mit beteiligt wäre."

In gewisser Weise war er das auch. In jener Nacht war er durch eine fremde Stimme aufgeweckt worden. Er hatte durch einen Türspalt hinausgespäht und seine Mutter mit Mr. Gribben beobachtet und hatte sich ganz gut denken können, was passieren würde. Im kritischen Augenblick stürzte sein Vater ins Zimmer und fuchtelte mit einer Pistole. Dann folgte ein langes Hin- und Hergerede, und als Mr. Gribben fort war, ließ sich sein Vater in einen Sessel fallen und sagte mit heiserer Stimme: „Wir können das nicht mehr tun, Maude. Es ist zu gefährlich." Aber seine Mutter tanzte im Zimmer umher und sang: „Genau das Haus, das ich mir immer gewünscht habe."

Diese Szene hätte Philip schaden können, aber sie bedeutete für ihn nur eine Fortführung der Theaterstücke, die die Familie gespielt hatte. Diese Auffassung war noch bestärkt worden, als er die Requisitenpistole sah, mit der sein Vater herumfuchtelte. Philip hatte noch lange wach gelegen und einen Vergleich angestellt, bei dem sein Vater gegen Sheriff Dumire schlecht abschnitt, weil der ja einen richtigen Revolver trug.

Nach Gribbens Besuch entwickelte der Sheriff viel Interesse für

Philips Familie. Er wollte wissen, was sie aßen, wo sie ihre Einkäufe machten, und Philip erzählte ihm alles. Dumire erkundigte sich, ob seine Eltern je Gäste hätten, wie zum Beispiel Männer zum Abendessen.

Hier wurde der kleine Philip zurückhaltend, denn er hatte den Verdacht, daß dies ein Familiengeheimnis war. „Ich weiß nicht", sagte er. „Mr. Holly, der Pastor, ist neulich zu uns gekommen. Er hat gesagt, Mrs. Gribben möchte gern, daß wir bei der Hochzeit ihrer Tochter singen."

Dumire konnte an der Hochzeitsfeier nicht teilnehmen, weil er eine Dienstfahrt machte. Deshalb war er nicht anwesend, als Mr. Soren Sorenson, der im Hotel wohnte, am Ballsaal vorbeikam, wo der Hochzeitsempfang stattfand. Er spazierte hinein, obwohl er dort mit der schwarzen Reisetasche, die er mit sich trug, nicht ganz am Platze war, und geriet in ein Gespräch mit Mrs. Wendell, einer auffallend attraktiven Frau. Sie bot ihm ein Glas Punsch nach dem andern an und äußerte offensichtliche Enttäuschung, als ihr Mann ihr mitteilte: „Verflixt noch mal! Ich muß den Nachtzug nach Denver nehmen. Diese verdammten Bankiers."

Philip stand an seinem Schlafzimmerfenster, als er seine Mutter und einen Mann mit fröhlichem Geplauder die Straße heraufkommen hörte. Als sie im Haus waren, ging er an die Tür, um sich den spaßigen Ringkampf anzusehen. Dabei beobachtete er, daß sie eine Gelegenheit fand, mit ihrem Arm den Fenstervorhang zu streifen. Philip vermutete richtig, daß bald sein Vater mit der Requisitenpistole hereinstürmen und seinen Text sprechen würde.

Aber in dieser Nacht ging irgend etwas schief. Als sein Vater hereingerannt kam, rief der Besucher: „Was zum Teufel ist das? Das alte Erpressungsspiel mit dem eifersüchtigen Ehemann?"

Philips Vater begann zu sprechen, aber der Besucher sagte verächtlich: „Weg mit dem Spielzeug, und lassen Sie mich raus." Philips Mutter schrie: „Laß ihn nicht weg!" Es gab ein Handgemenge, wobei Mervin Wendell die Pistole fallen ließ. Maude hob sie auf und schlug dem Besucher mit dem Griff auf den Kopf. Er stürzte zu Boden, und sie schlug immer weiter auf ihn ein.

Philip sah, wie sein Vater niederkniete, und hörte ihn mit furchtbarer Stimme sagen: „Mein Gott, Maude! Du hast ihn umgebracht."

Die Wendells stritten sich einige schreckliche Minuten lang. „Wir müssen die Leiche verstecken“, sagte Maude.

Philip beobachtete, wie seine Mutter half, ihrem Mann den schlaffen Körper auf den Rücken zu packen. Dann lief der Junge zum Fenster an der Rückseite des Hauses und sah seinen Vater mit dem Toten über das angrenzende Feld wanken. Als Mervin Wendell endlich zurückkam, fragte Philips Mutter: „Wo hast du ihn hingeschafft?“, und Mervin antwortete: „In den Brunnenschacht geworfen.“

„Das ist die erste Stelle, wo Dumire nachsehen wird“, rief sie, und beide starrten einander entsetzt an.

In diesem Augenblick sah Philip in seinem guten Freund Dumire einen möglichen Feind und erkannte blitzartig, daß er allein seine Eltern vor dem Sheriff schützen konnte. Er trat in das Zimmer und sagte: „Vater, ich weiß, wo wir ihn verstecken müssen.“

Seine Eltern wandten sich zu dem zehnjährigen Lockenkopf um und waren so befangen in ihrem eigenen Drama, daß es ihnen nicht töricht vorkam, einen Rat von ihm anzunehmen.

Mervin griff nach seinem Mantel, aber Philip sagte: „Nein. Nur Mutter und ich.“

An dem ausgetrockneten Brunnenschacht kletterte Philip in den Eimer, und seine Mutter ließ ihn hinunter. Er spürte, wie der Eimer auf einen weichen Körper stieß. Er kletterte hinaus und knotete den Strick fest um die Brust des Toten. Dann stieg er wieder in den Kübel und signalisierte seiner Mutter. Sie zog ihn hinauf, und gemeinsam hievten sie die Leiche empor.

„Was jetzt?“ fragte Mrs. Wendell, und Philip antwortete: „Wir müssen ihn zum Bach bringen.“

„Dort sucht Dumire doch auch!“ rief seine Mutter, aber Philip beruhigte sie: „Nicht dort, wo ich hingehe.“

Als sie die Leiche bis zu der Stelle geschleppt hatten, wo der Beaver Creek seinen großen Bogen nach Osten macht, zog Philip sich aus. Er sagte zu seiner Mutter: „Jetzt muß ich ihn ins Wasser schaffen.“ Er sprang in den Bach. „Schieb ihn dichter ran“, dirigierte er, „damit ich sein Bein greifen kann.“

Die Leiche nach sich ziehend, holte Philip tief Atem und tauchte hinunter zu einem Loch in dem Kalksteinufer, dem Eingang zu einer Höhle. Er zwängte die Leiche durch die Öffnung hinein und tauchte mit fast berstenden Lungen wieder an die Oberfläche empor. „Der ist auf ewig verborgen", verkündete er, als er wieder sprechen konnte. Er kletterte das Ufer hinauf und zog sich wieder an.

Als sie nach Hause kamen, saß Mervin mit Sorensons schwarzer Reisetasche auf dem Schoß da und grinste vergnügt. „Seht euch das an!" rief er. Die Tasche enthielt fünftausendfünfhundert Dollar.

„Das müssen wir versteckt halten", sagte Maude schnell. „Wenn wir jetzt anfangen, viel Geld auszugeben, schöpft Dumire Verdacht!" Philip hörte sich ihren Plan an. „Mervin, du mußt versuchen, mehr Arbeit am Bahnhof zu kriegen. Ich werde bekanntgeben, daß ich Sachen zum Waschen und Flicken annehme. Philip, du mußt dir Gartenarbeit suchen."

„Ihr könnt mir wenigstens sagen, was ihr mit der Leiche gemacht habt", erkundigte sich Mervin schließlich. Aber Maude und Philip schüttelten den Kopf. „Es ist am besten, wenn wir das für uns behalten", erklärte Maude.

Es dauerte eine Woche, bis Sorensons Abwesenheit auffiel. Er hatte Gepäck im Hotel hinterlassen und gesagt, daß er vielleicht erst in einigen Tagen zurückkäme, weil er auf der Suche nach einer Farm sei. Schließlich traf eine Anfrage von der Polizei in Minnesota ein, und Dumire begann nachzuforschen. Das Hotelpersonal erinnerte sich an den Schweden mittleren Alters, der immer eine kleine schwarze Reisetasche mit sich getragen hatte. Das ließ darauf schließen, daß der Mann eine größere Geldsumme bei sich gehabt hatte, und durch ein Telegramm an Sorensons Heimatbank wurde festgestellt, daß er fünfeinhalbtausend Dollar abgehoben hatte.

Dumire vermutete, daß Sorenson vielleicht auf die Prärie hinausgegangen und jemandem wie Amos Calendar begegnet war, den man verdächtigte, die beiden Pettis Boys niedergeknallt zu haben. Dumire ritt zu Calendar hinaus, aber der Schäfer konnte ihm nichts sagen.

Als mehr und mehr Einzelheiten zusammenkamen, überlegte Sheriff Dumire, ob Sorenson vielleicht den Wendells begegnet war, aber trotz all seines Umherfragens konnte er das einfach nicht feststellen.

Philip fuhr fort, den Sheriff zu besuchen, und eines Tages fragte er ihn: „Merken Sie nicht, wie ich mich verändert habe?“ Dumire betrachtete das Kind, dann schlug er mit der Hand auf den Schreibtisch. „Du hast dir's Haar schneiden lassen.“

„Ich wollte es kurz haben wie Sie“, sagte Philip. Und je öfter er mit Dumire zusammen war, um so höher stieg der in seiner Achtung. Der Sheriff gehörte nicht zu der Sorte, die sich mit Erpressungen abgaben.

Der erste Lichtblick für Dumire kam, als ein Zimmermädchen, das er verhörte, sagte: „Jetzt hören Sie bloß auf, so zu tun, als ob ich diese schwarze Tasche geklaut hätte. Mr. Sorenson hat sie noch selber bei der Hochzeitsfeier bei sich gehabt.“

„Bei der Hochzeitsfeier?“

„Er war nicht eingeladen, aber die Tür stand offen, und er hat gehört, wie die Wendells das schöne Lied gesungen haben...“

Mehr brauchte Dumire nicht. Er war überzeugt, daß Sorenson ein Gespräch mit Mrs. Wendell angeknüpft hatte. Er betete um jemanden, der gesehen hatte, daß die beiden zusammen von der Hochzeitsgesellschaft weggegangen waren, aber solche Zeugen waren nicht vorhanden. „Verdammt noch mal!“ rief er. „Sie hat diesen Mann um zehn Uhr in einer mondhellen Nacht die Prärie-straße raufgeführt, und keine Menschenseele hat sie gesehen. Ich kann's nicht glauben.“

Daraufhin nahm er sich den Jungen vor und stellte ihm erst unverfängliche und schließlich direkte Fragen. Eines Tages erhob er sich hinter seinem Schreibtisch und deutete mit dem Zeigefinger auf Philip.

„Du weißt Bescheid!“ sagte er leise. „Du hast es von Anfang an gewußt. Du hast gewußt, weswegen Mr. Gribben an dem Vormittag, als du auch hier warst, zu mir gekommen ist.“

„Wovon sprechen Sie eigentlich?“ fragte Philip unschuldig.

„Du weißt genau, wovon ich spreche! Von einem Mord!“

Bei diesem Wort machte Philip ein entsetztes Gesicht. „Mr. Gribben ermordet? Ich habe ihn doch heute morgen noch gesehen.“

„Hast du auch Mr. Sorenson gesehen?“ brüllte Dumire.

„Wer ist das?“ fragte Philip, die Unschuld selbst.

„Scher dich raus!“ sagte der Sheriff und trat die Tür auf.

Philip behielt diesen Wortwechsel für sich. Seine Eltern würden nur Angst bekommen, und sie mußten an diesem Abend in der Kirche singen.

Dumire konzentrierte sich jetzt auf das Wendellsche Haus. Wenn sie Sorenson dort umgebracht hatten, wie, so fragte er sich, hatten sie dann seine Leiche beseitigt?

Als Maude Wendell später am selben Tag nach Hause kam, überraschte sie ihren Mann im Wohnzimmer dabei, wie er durch die Gardinen spähte. „Schau!“ flüsterte er und deutete auf Dumire und zwei Gehilfen, die eine lange Leiter zu dem alten Brunnen trugen.

In diesem spannungsvollen Augenblick knallte Philip die Hintertür zu und rief: „Was gibt’s heute zu Mittag?“ Er kam gerade noch rechtzeitig zu seinen Eltern, um zu beobachten, wie Sheriff Dumire im Brunnenschacht verschwand. Bald sahen sie ihn wieder heraussteigen und mit einem Achselzucken andeuten, daß er nichts Ungewöhnliches gefunden hatte.

Am nächsten Tag erlebte Philip seinen einzigen Schreckensmoment. Er ging über die Beaver-Creek-Brücke, als er zu seinem Entsetzen sah, daß das Flüßchen von Booten mit Männern wimmelte, die den Grund mit Dreggankern und Stangen absuchten. Im vordersten Boot stand Sheriff Dumire und gab Befehle. Während Philip gebannt vor Schrecken zuschaute, trieben die Boote dicht über dem Eingang zu der Unterwasserhöhle entlang.

„Seht auch nach, ob die Leiche nicht etwa unter dem Überhang des Ufers festgehakt ist“, ordnete Dumire an, und die Männer stocherten mit den langen Stangen vergeblich am Ufer entlang. Dann blickte der Sheriff zufällig zur Brücke hinauf, wo ein Junge mit aschgrauem Gesicht am Geländer stand.

„Hallo, Philip“, rief der Sheriff.

„Wonach suchen Sie?“ fragte der Junge.

„Nach allem möglichen“, antwortete Dumire und trieb mit seinem Boot ahnungslos an der verräterischen Höhle vorbei.

Als dieser kritische Tag hinter ihm lag, konnte Philip seine ganze Geschicklichkeit darauf verwenden, sich beim Sheriff wieder lieb Kind zu machen. Bald lief er wie früher munter in dessen Büro aus und ein. Eines Tages fragte ihn Dumire in einem Anflug von plötzlicher Zärtlichkeit: „Was willst du mal werden, wenn du groß bist, Philip?“

„Sheriff", lautete die prompte Antwort. „Ein Sheriff muß tapfer sein und viel nachdenken."

„Da hast du recht", sagte Dumire ermutigend. „Ich hab viel nachgedacht, und weißt du, was ich glaube?"

„Was?" fragte Philip.

„Mr. Sorenson ist in euer Haus gekommen und hat deine Mutter besucht, und dein Vater hat ihn umgebracht. Du kannst es mir ruhig erzählen, Philip, denn du bist ja noch ein Kind. Der Richter kann dir gar nichts tun."

In Philips Augen trat ein solch schmerzlicher Ausdruck, daß Sheriff Dumire sich nur vorstellen konnte, der Junge schweige, um sich selbst zu schützen. „Ich möchte immer noch Sheriff werden ... wie Sie", erwiderte der Junge und rannte nach Hause.

Aber am nächsten Tag war er wieder im Büro, als Dumire eine telegrafische Warnung aus Kansas erhielt: DREI EHEMALIGE MITGLIEDER DER PETTIS-BANDE ZU IHNEN UNTERWEGS UM CALENDAR UMZUBRINGEN

Jetzt war die Stadt mit einer Verbrecherjagd beschäftigt, und bewaffnete Bürger patrouillierten wachsam durch eine Straße nach der andern. Schließlich entdeckte Philip an der Kreuzung der Vierten Straße und der Fünften Avenue in der Nähe von Zendts Laden einen der bewaffneten Banditen und sah mit Entsetzen, daß Sheriff Dumire ahnungslos in einen Hinterhalt lief.

Philip zögerte. Wenn Dumire starb, würde das Geheimnis von Soren Sorenson mit ihm sterben. Aber es war undenkbar, daß Dumire sterben sollte. „Sher-iff!" schrie der Junge. Dumire sprang zurück und schoß. Er tötete den Verbrecher, trug aber selbst eine schwere Verletzung in der Brust davon.

Drei Tage lang wartete Centennial auf Nachricht aus dem Krankenhaus. Am Freitag wurde öffentlich für Dumire gebetet, und Pastor Holly bat die Wendells zu singen. Nie hatten sie schöner geklungen, aber gegen Ende konnte Philip nicht weitersingen, und er preßte seine Hände aufs Gesicht, um seine Tränen zu verbergen. „Lieber Gott, laß ihn nicht sterben", betete er.

In dieser Nacht äußerte Sheriff Dumire zum Arzt den Wunsch, Philip zu sehen. Als der Junge das Haus verließ, versuchte seine Mutter, ihn festzuhalten, aber er riß sich los und rannte zum Krankenhaus.

Dort lag Axel Dumire in einem kleinen Zimmer, von zwei Schwestern und einem Arzt betreut. Er schickte sie mit einer Handbewegung hinaus, dann sagte er heiser zu dem Jungen: „Philip, ich sterbe. Wo ist die Leiche versteckt?" Philip sagte kein Wort. Ein seltsames Licht trat in die Augen des Sheriffs. „Mein Gott, ich erinnere mich!" rief er mit schwacher Stimme. „Als du damals im Beaver Creek geschwommen bist. Da mußt du ein Versteck ... gefunden haben ..."

Der Sheriff kämpfte gegen einen erstickenden Husten. Philip sah, wie sich Dumires Körper in Schmerzen wand, und das Gesicht des Jungen wurde vor Kummer totenblaß. Als Dumire das aschfahle Gesicht sah, fiel ihm ein, wie der Junge auf der Brücke gestanden hatte.

„Der Tag, an dem wir den Bach abgesucht haben! Du hast Angst bekommen, als du mich so dicht am Ufer sahst. Philip, ich weiß, wo die Leiche ist!"

Endlich paßten alle Stücke des Puzzles zusammen. „Du brauchst nichts zu sagen, mein Sohn."

Nie zuvor hatte er Philip so genannt. „Du brauchst niemand zu verraten. Nicke nur mit dem Kopf, wenn ich recht habe ... Sag mir ... sag mir ..."

Seine inständige Bitte klang in ein flehendes Stöhnen aus, auf das hin der Arzt und die Schwestern ins Zimmer kamen. Sie fanden Dumire tot und neben ihm einen schluchzenden kleinen Jungen mit goldenem Haar, der die Hand des Verstorbenen fest umklammert hielt.

Unmittelbar nach Dumires Tod vergrößerte sich das Glück der Familie Wendell in dramatischer Weise. Mervins ganztägige Beschäftigung hatte eine Beförderung zur Folge. Maudes Wasch- und Flickarbeit führte zu Schneideraufträgen und einer dauerhaften Bekanntschaft mit den besseren Familien der Stadt, und Philips Gelegenheitsarbeiten brachten ihm die Freundschaft des Leiters der Oberschule ein und schließlich ein Stipendium für die Universität.

Und als Bestes von allem hatte Mervin ganz unten in Sorensons Tasche einen angefangenen Brief gefunden, den der Schwede an seine Frau geschrieben hatte:

> Eine kluge Wahl wäre vielleicht eine kleine, bewässerte Farm in der Nähe von Centennial, dazu etwa fünftausend Morgen Trokkenland auf den Verdacht hin, daß wir eines Tages vielleicht lernen, Weizen darauf anzubauen. Ich denke ernstlich daran, die Karpitz-Farm im Norden der Stadt mit ihren vierzig bewässerten Morgen für etwa dreitausend Dollar zu kaufen. Dann alles Trokkenland, das wir brauchen, für fünfundzwanzig Cent pro Morgen dazu.

Mervin ritt nach Norden zu Adam Karpitz, um mit ihm zu reden, und fand ihn sehr bereit zu verkaufen. Mervin nahm an, daß er sich auf Sorensons Folgerungen verlassen konnte. Er machte ein niedriges Angebot, und Karpitz sagte: „Hören Sie mal zu. Ich möchte gern die Farm noch bis etwa nächstes Jahr um diese Zeit behalten. Damit haben Sie ein Jahr Zeit, sich noch weitere tausend Dollar zu beschaffen. Durch Betteln, Leihen oder Stehlen, alles außer Mord.“ Worauf die beiden Männer lachten.

In den letzten Jahren des Jahrhunderts machte die Union-Pacific-Eisenbahn größte Anstrengungen, um neue Kunden zu bekommen, vorzugsweise Farmer, die ihre Produkte per Bahn verfrachteten: Sie hatte Agenten nach Europa geschickt, die Colorado und Utah in den rosigsten Farben schilderten. Diese Leute hatten es bewerkstelligt, daß ganze Eisenbahnzüge voll mit Deutschen, Tschechen, Polen und Iren nach dem Westen kamen und sich in der Prärie niederließen. Die Eisenbahn hatte auch rosenrote Prospekte herausgegeben, die zeigten, was ein fleißiger Farmer aus vierzig bis sechzig Morgen gutem, bewässertem Land herauswirtschaften konnte. Als der Vertreter der Eisenbahngesellschaft in Centennial ankam und nach jemandem suchte, der solche Broschüren schreiben könnte, kam er mit einem Mann von weltoffener Begeisterung und offensichtlicher Kenntnis der Landwirtschaft ins Gespräch.

„Dies Land hier, mein Verehrtester, könnte der neue Garten Eden werden“, sagte der Mann ernst, sein edelgeformtes Gesicht dicht vor dem des Agenten. „Überall, wo ich imstande war, den Boden zu bewässern, habe ich üppige Ernten erzielt. Ich sage üppige, mein Herr, und ich meine nichts Geringeres als das.“

„Wie war doch Ihr Name?“

„Mervin Wendell, Agronom."

„Ich glaube, Sie sind genau der Mann, den ich suche, Mr. Wendell. Wir haben ein Grundstücksmaklerbüro ins Auge gefaßt."

Aus dieser zufälligen Begegnung entstand eins der blühendsten Unternehmen von Centennial: MERVIN WENDELL. *Drück deinen Brand auf ein Stück Land.*

Jedesmal, wenn ein neues Gebiet erschlossen wurde und die Eisenbahn hundert begierige Käufer anlieferte, verkaufte Mervin Wendell zuerst das schlechteste Land und hielt das beste für sich selbst zurück.

Er besaß jetzt die Karpitz-Farm und einige viertausend Morgen. Er war der größte Grundbesitzer im Kreis geworden.

Die Bürger von Centennial waren stolz darauf, wie die Wendells sich herausgemacht hatten. Diese sympathischen Eheleute hatten mit nichts angefangen und waren immer musterhafte Bürger gewesen. Als Maude Wendell älter wurde, entwickelte sie sich zur führenden Persönlichkeit der Gemeinde, und das Diner bei den Wendells wurde zum Höhepunkt einer jeden Woche.

Die Wendells waren jedoch nicht glücklich mit der Entwicklung, die mit Philip vor sich ging. Als Musikstudent an der Universität Boulder war er ein beachtlicher Geiger geworden, aber wenn er zu Hause war, weigerte er sich, bei den Veranstaltungen seiner Eltern aufzutreten. Noch bekundete er das geringste Interesse für das Grundstücksgeschäft der Familie.

Die Eltern Wendell ließen sich in keiner Weise durch den Mord das Gewissen belasten. Von ihrem Sitz am Eßzimmertisch konnte Maude aus dem Fenster blicken und die Stelle am Beaver Creek sehen, wo ihr Sohn die Leiche versteckt hatte, aber sie spürte keine ungesunde Befangenheit dabei.

7. ZENTRAL-ZUCKERRÜBEN

Mit der Eröffnung der Zentral-Rübenzuckerfabrik brachte die Jahrhundertwende eine neue Industrie nach Centennial. Das mächtige Unternehmen lag östlich der Stadt am Beaver Creek, denn der Betrieb benötigte viel Wasser, und die Union Pacific zweigte ein Nebengleis zur Fabrik ab, auf dem Zuckerrüben angeliefert und Zuckersäcke weggeschafft werden konnten.

Im Oktober rollten regelmäßig die ersten Waggonladungen Zuckerrüben an, und das Zerkleinern und Pressen begann. Bald verbreitete sich über Centennial der kräftige, charakteristische Gärungsgeruch. Manche Einwohner fanden ihn beizend scharf oder sogar faulig, aber für die meisten war es der Geruch des Fortschritts. Charlotte Lloyd meinte: „Er putzt sozusagen die Nase aus wie der Geruch von gutem Mist."

Jim Lloyd begrüßte die Gründung der Zuckerfabrik, weil sie eine neue Futtermöglichkeit für seine Hereford-Rinder bot. Wenn die Zuckerrübe ausgepreßt und ihr die Flüssigkeit entzogen war, blieb eine weißgraue, weiche Masse zurück. Gemischt mit minderwertiger Melasse, einem anderen Nebenprodukt der Zuckerherstellung, bildete dies ein ausgezeichnetes Viehfutter. „Die Herefords reißen sich die Beine danach aus", sagte Jim.

Eine der größten Zuckerrübenfarmen der Gegend gehörte einem Einwanderer aus einer deutschen Siedlung in Rußland. Hans Brumbauch hatte 1859 zwanzig Morgen Uferland am Platte von Levi Zendt gekauft, und seine erste Kartoffelernte hatte in Denver so viel Bargeld eingebracht, daß er unter dem Namen Kartoffel-Brumbauch bekannt wurde.

Er war der erste, der den Platte für Bewässerungszwecke anzapfte und später mit einer Gruppe von Farmern den Cache la Poudre weiter westlich.

Das ermöglichte den lohnenden Anbau von Zuckerrüben. Aber sein Traum war, durch Tunnelbauten im Hochgebirge noch mehr Wasser von der anderen Seite der Rocky Mountains zu den Trockengebieten des nördlichen Colorados zu bringen.

Im März 1906 ritt Kartoffel-Brumbauch eines Tages zur Venneford-Ranch, um seine Heuernte zu verkaufen, und warnte Jim Lloyd: „Nächstes Jahr gibt es vielleicht kein Heu mehr für Ihre Herefords."

„Wohin wollen Sie's denn verkaufen?"

„Vielleicht geb ich die Landwirtschaft ganz und gar auf", sagte Brumbauch. „Ich kann keine Leute finden, die auf ihrem Arbeitsplatz bleiben." Er erzählte von den enttäuschenden Erfahrungen, die er und andere Zuckerrübenfarmer der Gegend gemacht hatten.

Viele Männer und Frauen wurden kurzfristig für „Bückarbeit", das Verziehen der jungen Pflanzen mit Hacken, gebraucht. Italiener liefen weg, um in den Stahlwerken von Pueblo zu arbeiten. Deutsche Einwanderer liebten die Scholle so sehr, daß sie sich bald eigenes Land kauften. Indianer aus dem Reservat wollten nur im Frühjahr und mit Pferden arbeiten und verschwanden, wenn die Zeit zum Hacken kam. Und arme, weiße Wanderarbeiter stahlen und betranken sich.

Jim Lloyd war interessiert daran, daß die Zuckerfabrik weiterarbeitete, und wußte, daß ohne verläßliche Hilfe für die Farmer der Gegend die ganze Sache auffliegen würde.

Während des Gesprächs lehnten er und Brumbauch am Gatter zu einer Koppel, auf der weit verstreut Venneford-Kühe und ihre Kälber weideten. Jim, dessen Blick auf einem Kalb am Zaun ruhte, mußte plötzlich an einen Tag beinah vierzig Jahre zurück denken, als R. J. Poteet ihm befohlen hatte, ein Kalb zu töten, und er das nicht übers Herz brachte. Später waren sie den Mexikanern, die dem Treck folgten, überlassen worden. Jim sah im Geiste noch die freudestrahlenden Augen dieser Peons vor sich. „Ich hab's!" sagte er. „Warum stellen Sie nicht ein paar von den mexikanischen Wanderarbeitern ein, die in Denver leben?"

Daraufhin knatterte Kartoffel-Brumbauch mit seinem Ford, Modell K, nach Denver hinunter, fragte sich nach dem mexikanischen Viertel durch und stapfte in die von Tabakrauch erfüllte Cantina.

„'n Abend", sagte er. „Ich heiße Kartoffel-Brumbauch. Baue Rüben an bei Centennial. Ich habe drei gute Arbeitsplätze zu vergeben. Anständige Bezahlung. Anständige Unterkunft."

Die Männer sahen ihn mißtrauisch an.

„Nun?" fragte Brumbauch. Keine Antwort. Sein Blick fiel auf einen mageren jungen Mann, der allein in einer Ecke saß. Brumbauch ging zu ihm, streckte ihm die Hand hin und sagte: „Es ist ein guter Job. Komm ruhig mit."

Der stille Mann blickte auf die große Hand. Dann ergriff er sie und stand auf.

„Wie heißt du?" fragte Brumbauch.

„Tranquilino", antwortete er.

„Hast du noch zwei Freunde?"

Tranquilino blickte sich in der Cantina um, dann bezeichnete er zwei Männer, die vielleicht in Frage kamen. Zu Brumbauchs Freude waren die Männer einverstanden und erklärten sich bereit, gleich loszugehen.

Sie verschwanden ein paar Minuten und kamen mit kleinen Bündeln wieder. Auf der Straße fand noch eine improvisierte Abschiedsfiesta statt, dann stiegen sie in den Ford, und Brumbauch schlug den Weg nach Norden ein.

Die Männer, die Mexiko wegen der dort herrschenden politischen Unruhen verlassen hatten, arbeiteten gern auf dem Land, verstanden was von Bodenproblemen und hatten nichts gegen die Bückarbeit.

Und als die Mexikaner Brumbauch baten, ihnen dabei zu helfen, ihr Geld mit *giros postales* zu ihren Familien zu schicken, fühlte er sich ihnen durch wahre Zuneigung verbunden. „Weiß der Teufel“, sagte er schließlich bei einer kleinen Farmerversammlung, „diese Mexikaner sind Goldes wert. Dieser Bursche Tranquilino, der für mich arbeitet, schickt von jedem Dollar, den ich ihm bezahle, dreiundneunzig Cent an Frau und Kinder. Ich kenn keinen anderen Arbeiter, der jemals so für seine Familie gesorgt hätte.“

Im Laufe des Sommers wahrte Tranquilino Marquez liebevoll Brumbauchs Interessen. Das Modell K wurde poliert, bis es glänzte. Das Vieh wurde unter dem geringsten Vorwand freudig auf andere Weideplätze getrieben, mit solcher Begeisterung spielte Tranquilino Cowboy. Aber seine besondere Leistung bestand in der gewissenhaften Sorgfalt, die er der Bewässerung widmete. Sooft Brumbauch Wasser aus dem Graben ableitete, war Tranquilino zur Hand, setzte die transportablen Stauschützen ein, grub Öffnungen in den Damm und leitete das Wasser zu allen Teilen des Ackers.

Nachdem im Oktober die Rüben geerntet und an die Fabrik geliefert waren, machte ihm Brumbauch ein Angebot. „Bleib den Winter über bei mir. Ich lasse deine Hütte vom Zimmermann winterfest machen.“

„O nein!“ sagte Tranquilino. „Ich will bei den andern in Denver sein.“ Und er kehrte mit den beiden andern nach Denver zurück, aber nicht, ohne Brumbauch vorher versichert zu haben: „Wir kommen wieder, um für Ihre Rüben zu sorgen.“

Denver wurde das Mekka mexikanischer Arbeiter. Auf den Rübenfeldern nördlich der Stadt fanden sie im Sommer Arbeit; in den behaglichen Cantinas von Denver überwinterten sie und fristeten ihr Dasein, so gut sie konnten.

Aber als die Zeit verging und die Zuckerrübenschecks einliefen, merkte Brumbauch, daß er seinen mexikanischen Arbeitern nicht ihren gerechten Anteil an den Einkünften aus seinem Landbesitz zahlte. „Du bist mein Sohn", sagte er zu Tranquilino und meinte es auch, denn sein eigener Sohn Kurt hatte das Landleben aufgegeben, um Jura zu studieren, und war jetzt Syndikus für die Zentral-Rübenzuckerfabrik.

„Ich bin ein alter Mann und brauche dich", sagte „Kartoffel" zu Tranquilino etwas verlegen. „Bring deine Frau und deine Kinder aus Mexiko her. Du kannst auf diesem Land arbeiten, solange du lebst." So kamen Serafina, Tranquilinos Frau, und sein kleiner Sohn in den Norden.

In den letzten Jahren des neunzehnten Jahrhunderts war mit der Venneford-Ranch eine Veränderung vor sich gegangen. Den Anstoß hatte ein vertraulicher Brief von Finlay Perkin an Charlotte Lloyd gegeben:

> Sie und James Lloyd sind jetzt drei Jahre verheiratet, und ich erachte es für unumgänglich, Ihre Aufmerksamkeit auf eine heikle Angelegenheit zu lenken. Die Aktionäre in Bristol halten es für äußerst unklug, John Skimmerhorn als Leiter der Ranch beizubehalten, während Sie und Ihr Gatte, Hauptaktionäre, auf dem Besitz ansässig und durchaus imstande sind, den Betrieb zu leiten. Skimmerhorn ist erst vierundfünfzig und kann leicht eine andere Stellung finden. Wir können ihm die besten Referenzen geben. Ich schlage deshalb vor, daß Sie ab sofort auf seine Dienste verzichten.

Als Charlotte den Brief las, erkannte sie seine Berechtigung. Außer dem Herrenhaus gehörten ihr sechsundvierzig Prozent der Venneford-Aktien, trotzdem mußte sich ihr Mann Anordnungen von John Skimmerhorn beugen.

Sie lief hinaus zum Kälberstall und sagte zu Jim: „Ich hab eben einen Brief aus Bristol bekommen. Du sollst die Leitung der Ranch übernehmen."

Jim stellte den Schlauch ab, mit dem er den Stall gereinigt hatte, und fragte: „Hat Bristol vor, Skimmerhorn vor die Tür zu setzen?"

„Nicht gerade vor die Tür –"

„Charlotte, John Skimmerhorn hat mir die Chance gegeben, Viehzucht zu lernen... Er hat sogar meiner Mutter alles Vieh abgekauft."

„Was soll das heißen?" fragte Charlotte.

„Das heißt, daß John Skimmerhorn nie von dieser Ranch entlassen werden kann", sagte er langsam und mit starker Betonung. „Nie!"

Seine Frau wartete den richtigen Augenblick ab, und etwa elf Monate später bekam Jim Lloyd einen Brief von R. J. Poteet aus Jacksboro, Texas:

> Eine Gruppe von englischen Geldleuten ist dabei, westlich von hier eine große Ranch zu gründen, und sie haben mich aufgefordert, in ihr Unternehmen einzusteigen. Ich bin zu alt, um einen solchen Riesenbetrieb zu leiten, und hab ihnen offen erklärt, ich machte nur unter der Bedingung mit, daß sie mir erlauben, jemanden anzustellen, der mir die Verwaltungsarbeit abnimmt, und der einzige Mann, dem ich das anvertrauen würde, ist Ihr Manager, John Skimmerhorn. Erlauben Sie mir, daß ich ihm die Sache vorschlage?

Es ist fast wie eine Vorsehung, dachte Jim, daß Poteets Angebot gerade jetzt kommt, und er telegrafierte ihm, daß die Venneford-Leute Skimmerhorn freigeben würden, wenn der Jacksboro-Job für ihn vorteilhaft wäre.

Drei Tage später stieg R. J. Poteet, vierundsechzig, aber schlank und drahtig wie einst, aus dem Union-Pacific-Zug und begrüßte seine drei alten Treckkameraden Skimmerhorn, Lloyd und Amos Calendar. Sie gingen in die Bar des „Eisenbahnwappens" und frischten alte Erinnerungen auf. Dann ritten sie zum Herrenhaus, und Poteet sagte zu Charlotte: „Ich habe das Vergnügen, Ihnen mitzuteilen, daß John Skimmerhorn soeben engagiert worden ist, die große neue Ranch zu leiten, die von unsern Freunden in London auf die Beine gestellt wird."

Am nächsten Tag, kurz ehe Poteet in seinen Zug stieg, erzählte er Jim: „Da stand ich nun und konnte keinen Manager finden, und aus heiterm Himmel kommt da ein Brief von diesem Rechtsverdreher aus Bristol in England. Der schreibt mir, er hätte gehört, ich hätte Bedarf an einem tüchtigen Ranch-Manager. War das nicht Dusel?"

„Tja", erwiderte Jim langsam, „man stelle sich vor – ein völlig Fremder."

Als Leiter der Ranch vereinigte Jim die Begeisterung von Oliver Seccombe mit der gesunden Urteilsfähigkeit von John Skimmerhorn. Krone-V-Herefords wurden im ganzen Westen prämiiert. Die Ranch warf nicht viel Gewinn ab, aber die Lloyds verbesserten den Besitz.

Und dann, eines Tages im Jahr 1911, erhielten sie ihren letzten Brief vom greisen Finlay Perkin:

> Mein einundneunzigster Geburtstag erinnert mich daran, James Lloyd, daß Sie auch älter werden und sich um das Nachfolgeproblem kümmern müssen. Ich habe einige wohlüberlegte Erkundigungen über den jungen Beeley Garrett eingezogen. Er scheint verantwortungsbewußt und geschäftstüchtig zu sein und kommt aus einer strebsamen Familie. Das ist immer beruhigend.

Beeley Garrett war Ende Dreißig. Er hatte seinem Vater, Messmore Garrett, bei der Schafzucht geholfen und sich danach gründliche Kenntnisse über Hereford-Rinder erworben. Er war mit einer respektlosen, schwarzhaarigen jungen Frau mit fünf Achtel Indianerblut und dem Aussehen einer Arapahoprinzessin verheiratet. Sie hieß Blasser Stern und war die Tochter von Levi Zendts Sohn, der ein Arapahomädchen geheiratet hatte.

Als Jim Lloyd diesen Garrett aufsuchte und ihn fragte, ob er Lust hätte, die Venneford-Cowboys beim Zusammentreiben des Viehs im Frühjahr zu begleiten, erriet Garrett sofort, was in der Luft lag.

„Die müssen jemand finden, der Venneford leitet, wenn Lloyd sich zur Ruhe setzt", vertraute er seiner Frau an. „Mit ein bißchen Glück könnte ich es werden."

„Warum laden wir sie nicht mal zum Abendessen ein?" schlug sie vor. „Ich möchte nicht, daß Lady Charlotte erst spät im Spiel entdeckt, daß ich eine Arapaho bin."

Es erwies sich als ein sehr zwangloses Essen. Als die beiden

Männer sich zurückzogen, um über Viehzucht zu fachsimpeln, sagte Blasser Stern: „Sie sollen wissen, daß ich indianisches Blut habe, Mrs. Lloyd.“ Charlotte lachte herzlich. „Mein liebes Kind! Ich habe seit drei Generationen das Auf und Ab Ihrer Familie verfolgt. Ich kannte Ihre Tante Clemma...“ Und Blasser Stern sagte: „Großvater Levi hat mir erzählt, daß Sie sich Jim Lloyd eingefangen haben, und das sei das Beste gewesen, was je in dieser Gegend passiert ist.“

Die ersten beiden Nächte des Zusammentreibens brachten sie auf der stillen Nordost-Prärie zu. Als Jim Lloyd die Silhouetten seiner Herefords im Mondschein sah, mußte er an die guten Jahre auf diesem Land denken, und er war zufrieden, die Verantwortung an einen Mann wie Beeley Garrett weiterzugeben. Beeley konnte ein Lasso werfen, er konnte gut mit Pferden umgehen, und sein Urteil, welche Stierkälber zur Zucht bestimmt werden sollten, stimmte mit Jims überein. Es war unwahrscheinlich, daß die Venneford-Ranch einen besseren Leiter fand.

Jim fragte ihn, ob er Lust hätte, ihn ein Stückchen hinaus zu den Pferden zu begleiten.

„Gern“, sagte Beeley, als habe er nicht die leiseste Ahnung, was Jim vorhatte.

„Ich bin nicht mehr der Jüngste“, sagte Jim.

„Wir werden alle älter“, gab Beeley zu.

„Sie haben noch 'ne Menge gute Jahre vor sich, Beeley.“ Garrett gab keine Antwort, und Jim fuhr fort: „Was mir an Ihnen gefällt, ist, daß Sie so vernünftig waren, von Schafen zu Rindern überzuwechseln.“

Beeley beherrschte sich. „Ich mag Herefords“, sagte er ruhig. Sie hörten die Cowboys singen, und Jim sagte: „Ist Ihnen je aufgefallen, Beeley, daß es tausend Cowboylieder gibt und kein einziges Schafhirtenlied?“

Die Beleidigung brachte Beeley in Harnisch. „Schafzucht war gut genug für meinen Vater! Sie können sich Ihre Herefords sonstwohin stecken!“

„Beeley!“ rief Jim, entsetzt, daß er ihn beleidigt hatte. „Ich würde um nichts in der Welt etwas gegen Ihren alten Herrn sagen. Es hat nie einen besseren Menschen in Centennial gegeben als

Messmore Garrett. Ich bin stolz darauf, ihn zum Freund gehabt zu haben. Ich biete Ihnen einen Job an. Wollen Sie ihn annehmen?"

„Ja. Aber kein Wort mehr über Schafe."

8. TROCKENLAND

Bis zum Jahr 1911 hatte Nordcolorado ein gutes Landnutzungssystem entwickelt. Die weiten Ebenen waren der Viehzucht vorbehalten. Da die Ranches eine Größe von siebzig- bis achtzigtausend Morgen erreichten, konnte ein Viehzüchter viele Meilen über seinen Besitz reiten, ohne auf eine Straße, ein Haus oder einen Stacheldrahtzaun zu stoßen. Blaues Haarschoten- und Büffelgras befestigte den Boden auf dem offenen Weideland, so daß selbst der stärkste Wind nur wenig Schaden anrichtete.

Der Bundesgenosse des Viehzüchters war der Bewässerungsfarmer, der die Ländereien an den Flußufern in Besitz genommen hatte und sie geschickt vom Fluß her bewässerte, wodurch er Steppen in Gärten verwandelte. Mit Zuckerrüben brachten diese Männer eine gesicherte Einnahmequelle in die Kommunen zum Unterhalt der Dienstleistungen, die nur Städte oder Dörfer erbringen können. Es war eine fruchtbare Symbiose. Infolgedessen war in den Jahren um 1911 das Leben in Städten wie Centennial nahezu ideal. Dann kam Dr. Thomas Dole Creevey.

Creevey war klein, vierschrötig und trug dicke Brillengläser. Er flößte Vertrauen ein. Er trug sich mit einer wilden, revolutionären Idee, und als er seinen Plan in die Tat umsetzte, war das Ende der sorglosen Alleinherrschaft Viehzüchter – Bewässerungsfarmer da.

In dem kleinen Städtchen Ottumwa in Iowa sprach Dr. Creevey zu einer Farmerversammlung: „Hundert Jahre lang hieß es: ‚Alles, was westlich vom hundertsten Meridian liegt, ist Wüste.' Das ist nicht wahr, und ich habe es bewiesen. In ein paar Minuten verdunkeln wir den Raum, und dann werde ich Ihnen zeigen, was man auf dieser Wüste wachsen lassen kann. Ich werde Ihnen hohe Maispflanzen zeigen, riesengroße Kartoffeln und unübertroffene Weizenfelder."

Der stereoskopische Projektor wurde aufgestellt, und Dr. Creevey führte den Männern aus Iowa vor, was er auf einer Farm im westlichen Kansas mit einer jährlichen Niederschlagsmenge von fünfunddreißig Zentimetern erzielt hatte. Es gab Aufnahmen des Landes vor der Übernahme durch Dr. Creevey und dann solche der Ernten von diesem dürftigen Boden: Mais, Weizen, Kartoffeln, Tomaten und üppige Luzernenfelder.

Der Vorführapparat wurde ausgeschaltet und das Licht wieder angemacht. Dr. Creevey sprach die letzten ermahnenden Worte. „Meine Herren, kommen Sie nicht in den Westen, wenn Sie nicht schwer arbeiten wollen. Wenn reichlicher Regen Sie faul gemacht hat, bleiben Sie zu Hause. Auf diesen Äckern kann nur einer, der von Sonnenaufgang bis Sonnenuntergang arbeitet, reich werden.

Ich habe reich gesagt, und ich meine reich. Jeder einzelne in diesem Raum hat gesetzlichen Anspruch auf dreihundertzwanzig Morgen von Gottes bestem Trockenland. Ich bin bei der Eisenbahn und bei einem Konsortium von Immobilienfirmen, die Land im Westen besitzen, angestellt, und wenn Sie Ihre Heimstättenparzelle in Besitz genommen haben, werden wir Ihnen zusätzliches Land, das beste in der Gegend, für acht Dollar pro Morgen verkaufen. Was zahlen Sie in Iowa für Land? Hundertfünfzig Dollar pro Morgen, und die meisten von Ihnen können es sich nicht leisten, ihre eigenen Farmen zu besitzen. Kommen Sie mit mir in den Westen, und für ein Zwanzigstel des Preises werden Sie zwanzigmal reicher werden."

Als er sich dem Ende seiner Ausführungen näherte, horchten viele seiner Zuhörer auf. „Ich versichere Ihnen", sagte der kleine Doktor mit blitzenden Augen, „daß jeder der hier Anwesenden, wenn er die Grundregeln befolgt, die ich hier skizziert habe, sich auf irgendeinem beliebigen Stück Land im Westen niederlassen kann, sofern es nur Humus und dreißig Zentimeter Niederschlagsmenge im Jahr hat. Und dann kann er das Doppelte erzielen von dem, was Sie eben gesehen haben."

Er ging an die Tafel und deutete auf die zehn Grundregeln:

„Erstens: Das ganze Geheimnis besteht darin, was an Regen fällt, aufzufangen und zu speichern.

Zweitens: Sie müssen etwa sechzig Prozent von Ihrem Land sich ausruhen und Wasser ansammeln lassen.

Drittens: Lernen Sie Ihren Boden kennen. Gehen Sie nicht einen Meter westlich über Iowa hinaus ohne einen Erdbohrer. Damit können Sie unter die Oberfläche bohren und feststellen, was da los ist. Zum Beispiel, wie tief der Mutterboden ist und wie feucht.

Viertens: Halten Sie das ganze Jahr über eine Laub-, Stroh- oder Torfdecke auf Ihren Feldern, um zu verhindern, daß das, was Sie an Feuchtigkeit haben, verdunstet.

Fünftens: Sooft es regnet, müssen Sie Ihre Pferde vor die Scheibenegge spannen und den Boden umeggen, bis die letzten Tropfen fallen. Damit schaffen Sie eine Schutzdecke, die das Wasser einschließt.

Sechstens: Pflügen Sie im Herbst.

Siebtens: Pflügen Sie mindestens ein viertel Meter tief. Dann mit der Scheibenegge und schließlich mit der Egge drübergehen.

Achtens: Säen Sie Weizen nur im Herbst. Und nur Türkischrot.

Neuntens: Nachdem ein Feld ein Jahr lang brachgelegen hat, ist es gut, Luzerne oder Hirse einzusäen und dann unterzupflügen. Solches Rauhfutter durchlüftet die Erde, setzt ihr Nitrate zu und bereichert sie.

Zehntens: Bestellen Sie den Boden jeden Tag Ihres Lebens, als ob das nächste Jahr die Dürre bringt."

Von Dr. Creeveys zehn Grundregeln war nur eine fehlerhaft – wegen einer Naturerscheinung, die die Prärie in seltenen Abständen heimsuchte. Während der ersten zwanzig Jahre seiner Experimente war das Wesen dieses gefährlichen Phänomens noch nicht zutage getreten, aber als es dann eintrat, hätte es um ein Haar einen sehr großen Teil des Landes vernichtet.

Earl Grebe hatte Dr. Creevey aufmerksam zugehört, aber der Gedanke, die Gegend, die er kannte, zu verlassen, beunruhigte ihn. Sein älterer Freund Magnes Volkema jedoch, für den das Auswandern nichts Neues war, glaubte steif und fest, daß Colorado eine gute Lösung sei.

„Sieh dir die Bilder an", sagte er zu Grebe.

Sie studierten den Prospekt, den Creevey verteilt hatte. Der beschrieb ausführlich die großartige Zukunft von Trockenlandwirtschaft in der Nähe von Centennial in Colorado. Der Weizen stand hoch, die Furchen waren wie mit dem Lineal gezogen. Die Seiten wimmelten von Fotografien teurer Häuser, gebaut von Männern und Frauen, die nach dem Westen gezogen waren. Der Prospekt zeigte auch einen dunkel gekleideten, seriösen Geschäftsmann an seinem Schreibtisch unter folgendem Schild:

Drück deinen Brand auf ein Stück Land
MERVIN WENDELL
RANCHES & GRUNDBESITZ
Wenden Sie sich an Wendell

Im Spätsommer machten sich Earl und Alice Grebe und Magnes und Vesta Volkema, begleitet von den beiden halbwüchsigen Volkemakindern, auf die Reise nach Colorado. Als sie im Zug gemächlich durch die Nacht nach Westen zuckelten, unterhielten sie sich über ihre Zukunft.

„Es ist ein neuer Anfang", sagte Alice Grebe. „Wie bei den Pioniersfrauen in den Ochsenkarren vor hundert Jahren. Es ist wirklich ziemlich aufregend." Aber als die Morgendämmerung anbrach und sie diese unendliche Prärie sah, die gewaltigen graubraunen, ausgedehnten Flächen bis zum Horizont, überkam sie das Ungeheuerliche ihres Abenteuers, und Vesta mußte sie beruhigen.

„Earl! Komm her!" rief Vesta, und als Grebe sich zu seiner Frau setzte, sagte er: „Sie ist nur nervös." Aber Vesta erfaßte die Situation klarer. „Sie ist schwanger", erklärte sie.

„Das ist ein Omen", sagte Earl zu den beiden Frauen. „Genau, wie's in der Bibel steht: *Seid fruchtbar und mehret euch, und füllet die Erde und machet sie euch untertan.*" Er saß da, hielt die Hand seiner Frau und blickte hinaus auf das einsame Land.

In Centennial stand Mervin Wendell früh auf und ging zum Bahnhof, weil er die Erfahrung gemacht hatte, daß Neusiedler häufig beruhigenden Zuspruch brauchten, wenn sie ankamen. Aber er erlebte eine unangenehme Überraschung, als er dort schon Jim Lloyd und den alten Brumbauch vorfand.

„Was wollen Sie unsern Besuchern erzählen?" fragte Wendell.

„Wir werden sie warnen, sie sollen wieder nach Hause gehen", knurrte Brumbauch. „Die begehen ja Selbstmord auf diesem unfruchtbaren Land."

„Sie haben sich aber ganz schön gesundgemacht auf ‚diesem

unfruchtbaren Land'." Wendell parodierte Brumbauchs Aussprache, und der alte Mann wurde wütend.

„Ich hab Wasser gehabt", erwiderte er.

Als der Zug hielt, stiegen die vierzig Familien, die Wendell zusammengebracht hatte, zögernd aus. Kartoffel-Brumbauch spürte warmes Mitgefühl für diese Leute, besonders für die Frauen, die unter den Schrecken des neuen Lebens so schwer zu leiden haben würden.

„Wollen Sie sich hier ansiedeln?" fragte Brumbauch ein Paar.

„Ja", antwortete der Mann.

„Wie heißen Sie?"

„Grebe. Earl Grebe."

„Hören Sie auf einen alten Mann, Earl –"

Ehe er seine Warnung aussprechen konnte, klang Wendells Stimme klar durch die Morgenluft. „Hierher, meine Damen und Herren. Mein Name ist Mervin Wendell, und ich habe diese Autos gemietet, um Sie zu Ihrer neuen Heimat zu bringen."

Kartoffel-Brumbauch griff ein. „Ihr guten Leute, hört mir mal zu. Ihr könnt aus dem Trockenland nicht euren Unterhalt herauswirtschaften. Das haben manche schon versucht."

„Aber die haben nicht Dr. Creeveys neue Methode ausprobiert", sagte Wendell.

„Sie werden im ersten Jahr gute Ernten haben, aber das liegt nur an dem jungfräulichen Boden. Denken Sie voraus an die trockenen Jahre."

„Manche Jahre werden furchtbar trocken sein", sagte Jim Lloyd. „Und Sie haben noch nie so etwas erlebt wie unsere Stürme hier in Colorado."

„Sind Sie sicher, daß diese schlechten Jahre kommen?" fragte Alice Grebe.

Brumbauch blickte sie an und sagte ruhig: „Möge Gott Ihnen gnädig sein, denn das Land kennt keine Gnade."

„Hierher!" rief Wendell. „Sie, junge Frau, hier in diesen Wagen."

Und so, auf dem Rücksitz eines eleganten Buicks, näherte sich Alice Grebe, die erst ein Jahr verheiratet war, zum erstenmal ihrem neuen Heim. Als die Karawane den Mud Creek zur Prärie überquerte, stockte mehreren Frauen der Atem. Kein einziges Lebewesen war sichtbar, nur Gras, keine einzige Spur menschlicher Betätigung, nur die gewundene Straße.

„Mein Gott, ist das trostlos!“ rief Vesta Volkema.

„Nicht mehr, wenn hier Scheunen, Windmühlen und hübsche Häuser stehen“, sagte Wendell munter. Es war klar, daß er die Frauen absichtlich alle gesondert in Autos gepackt hatte, um zu verhindern, daß ihre Enttäuschung die Männer ansteckte. „Warten Sie nur, bis Sie Line Camp sehen!“

Er hatte eine Parzelle – etwa sechshundertvierzig Morgen – von den Vennefordleuten für eine Ortschaft gekauft, die sich aus dem alten Außenlager Drei entwickeln sollte. Ein Neusiedler hatte drei Möglichkeiten. Er konnte Land in der projektierten Gemeinde oder dicht dabei erwerben. Er konnte es drei Jahre lang urbar machen und eine halbe Parzelle, dreihundertzwanzig Morgen, umsonst bekommen. Oder er konnte eine Siedlungsparzelle vierzehn Monate lang bearbeiten und sie von der Regierung für 1,25 Dollar pro Morgen kaufen.

Mervin Wendell redete den Leuten zu, die letztere Methode zu wählen, denn sobald sie gesetzlichen Anspruch auf das Land hatten, konnten sie es frei verkaufen, und er war bereit, ihnen soviel wie möglich zu einem Preis von 1,75 Dollar pro Morgen abzukaufen, um es später einmal für sieben bis acht Dollar loszuschlagen.

Earl Grebe wählte die zweite Möglichkeit und fand in der Nordostecke des Gemeindebezirks eine halbe Parzelle, die alles besaß, was er sich wünschte: hügeliges Land mit guter Dränage, fünfunddreißig Zentimeter tiefe, ziemlich feuchte Ackerkrume und einen Blick nach Süden auf zwei rote, abgeflachte Felsen.

„Alice!“ rief er seiner Frau zu. „Sieh dir das an!“ Das Land hatte einen geschützten Hang für das Haus.

Als Alice neben ihrem Mann stand und sich alles ausmalte, überlief sie ein Schauer. „Es ist alles so leer, als ob hier Geister wohnten“, sagte sie.

Eine andere Familie, die Larsens, fanden ein gutes Stück Land im Gemeindebezirk 11, etwas weiter nördlich, und die Volkemas wählten eine schöne Halbparzelle im Südosten.

Earl kaufte sich zwei Holztüren, zwei Tür- und drei Fensterrahmen. Dann schnitt er mit der Hilfe von zwei Jungen aus Line

Camp Grassoden für die Wände und sammelte flache Steine für den Fußboden. Nach zwei Monaten mühsamer Arbeit hatten sich die Grebes eine Hütte aus aufgeschichteten Soden gebaut.

Sie sah nicht hübsch aus, gab aber ausreichenden Schutz gegen Wind und Regen. Als das Haus fertig beziehbar war, holten sie sich einen Geistlichen aus Centennial, der es segnete.

ALS im Frühling des Jahres 1912 die Wintersaat gut aufgegangen war und eine reiche Ernte versprach, hörte Alice eines Tages ein eigenartiges Klappern draußen und rannte zur Tür der Rasenhütte. Hagelkörner, so groß wie Hühnereier, trommelten mit solcher Gewalt herunter, daß sie sich wieder zurückziehen mußte.

In den elf Minuten, die das Unwetter über der Prärie tobte, hatte es alles Wachstum flach zu Boden geschlagen. Als es vorüber war, kamen die Volkemas herüber, um den Schaden zu besichtigen. Der Hagel hatte sich auf einen Streifen nördlich von Line Camp konzentriert, so daß die Volkemas praktisch unberührt geblieben waren.

„Ich hab 'ne Menge Erfahrung mit Hagel“, sagte Vesta, „und Gott sei Dank ist dieses Unwetter noch früh im Jahr gekommen. Morgen pflügt ihr alles, was kaputt ist, unter und habt dann immer noch Zeit, Sommerweizen anzubauen.“ Sie und ihr Mann halfen dabei, und die Grebes nahmen in diesem Jahr doch noch etwas ein.

Es war das Heulen der Kojoten, das Alice am meisten peinigte. Eines Nachts, als die Geburt ihres Babys kurz bevorstand und Earl auf einer anderen Farm aushalf, kam ihr das wehklagende Geheul wie die Stimme des Schicksals vor. Als Earl nach Hause kam, fand er sie betend auf den Knien vor. „Die Wehen haben angefangen“, sagte sie.

„Ich hole Vesta.“ Damit lief er davon.

Magnes und Vesta kamen. Vesta hatte ihren „Medizinischen Ratgeber“ mitgebracht, und nach vielen stümperhaften Versuchen wurde Alice von ihrem Kind entbunden.

Für Alice wurde die Mühsal des Lebens in der Erdhütte durch den ständigen Wandel, den sie auf der Prärie sah, erleichtert. „Anfangs dachte ich, die Prärie sei nur Leere“, erzählte sie Vesta. „Dann hab ich angefangen, die Vögel zu beobachten, und die Falken und Rotdrosseln kamen mir schöner vor als die Blumen zu Hause. Ich hörte die Wiesenstärlinge, und eines Tages sah ich die Balz von Steppenhühnern – die Hähne hatten ihre Brust ganz aufgebläht und ihre Schwanzfedern wie Pfauen ausgebreitet."

In der Nähe befand sich eine Kolonie von Präriehunden, und die Spiele der possierlichen Jungen amüsierten Alice an langweiligen Tagen. Manchmal überraschte sie auch der plötzliche, atemberaubende Anblick von Antilopen, die geheimnisvoll von den Felsen sprangen und an der Rasenhütte vorüberhuschten.

1914 WURDE der Wettkampf im Pflügen an einem prächtigen Oktobertag auf einer einige Meilen nördlich gelegenen Ranch abgehalten. Farmer aus allen Teilen von Nordcolorado hatten sich dazu gemeldet, und Line Camp war durch Earl Grebe vertreten. Die Regeln von Dr. Creevey befolgend, war er ein Fachmann auf diesem Gebiet geworden.

Um zehn Uhr packten neunzehn stramme Wettkämpfer, die Zügel um ihre Nacken gehängt, die Sterze ihrer Pflüge. „Männer", rief der Starter. „Pflügt tief, pflügt gerade. Fertig? Los!"

Es war schwierig für die Zuschauer festzustellen, wer am Gewinnen war, aber nach der vollendeten Geradlinigkeit der Furchen von Earl Grebe stand fest, daß er eine gute Chance hatte.

Am andern Ende jedoch war ein Schwede namens Swenson, dessen Zusammenspiel mit seinen Pferden ans Unheimliche grenzte. Es war ein Genuß zu sehen, wie sie sich in völliger Harmonie die Furchen auf und ab bewegten.

Als am Schluß die vier Schiedsrichter die gepflügten Strecken hin und zurück abschritten, um die Ebenheit des Bodens und die Gleichförmigkeit der Muttererde zu vergleichen, flüsterte Vesta: „Ich glaube, Earl hat's." Alice drückte die Daumen.

Der Vorsitzende trat vor. „Der Gewinner! Ole Swenson aus Sterling." Earl wurde Zweiter. Als die andern weg waren, blieben Jim Lloyd und Kartoffel-Brumbauch zurück und starrten auf die gepflügten Furchen, die mit lockerer Erde, fast so fein wie der Sand vom Grund des Flusses, gefüllt waren.

„Es wär nicht so schlimm, wenn sie wenigstens die Schollen in Klumpen ließen", brummte Brumbauch. „Aber das hier! Alles was sie tun, ist Staub fabrizieren." Er trat gegen die aufgeworfene Erde, daß sie wie Pulver in der Luft umherwirbelte.

Im November konnte Earl Grebe sein Land ins Grundbuch eintragen. Eines Morgens kam Mervin Wendell vor der Hütte vorgefahren. „Sie haben Ihren Besitz zu einer kleinen Oase in der Wildnis gemacht", sagte er zu Mrs. Grebe.

„Wir haben's gern, wenn alles in Ordnung ist", gab sie zu.

„Wo ist Earl?"

„Pflügt am andern Ende Neuland um."

Wendell fuhr querfeldein dorthin. Als Earl ihn kommen sah, ging er ihm entlang einer schnurgeraden Furche entgegen, die er gerade gepflügt hatte.

„Morgen, Mr. Wendell. Was bringt Sie hierher?"

„Eine günstige Gelegenheit, Earl. Die ist für einen würdigen Mann immer vorhanden."

Grebe nickte. „Was für eine Gelegenheit?" fragte er.

„Sie liegt gleich dort drüben."

Grebe blickte in die angezeigte Richtung und sah brachliegendes Land. Es hatte den Arlingtons gehört, war aber von ihnen aufgegeben worden.

„Das ist mein Land", erklärte Wendell. „Gleich hier, anschließend an Ihrs, sechshundertvierzig Morgen vom besten Trockenland."

„Was soll's kosten?"

„Sie sehen den Morgen für fünf Dollar vor sich. Bei den Weizenpreisen durch den Krieg in Europa können Sie mit dem Land ein Vermögen machen."

Als Earl zur Hütte zurückkehrte, erzählte er Alice von Wendells Angebot. „Was hat er verlangt?" fragte sie.

„Fünf Dollar pro Morgen. Das ist zuviel."

„Was wäre ein vernünftiger Preis?"

„Ungefähr drei Dollar vierzig."

„Haben wir das Geld?"

„Wir könnten fünfzehnhundert anzahlen."

Als Mr. Wendell einige Tage später wiederkam, ging er mit dem Preis auf $ 3,60 den Morgen herunter, und dafür kauften sie es. Er gab ihnen eine Hypothek von tausend Dollar, die er freiwillig vorschlug, selbst zu übernehmen.

Earl Grebe besaß jetzt eine Farm, die sich von der Nordwestecke bis zur Südwestecke über vier Kilometer erstreckte, und er konnte seine geraden Furchen so ziehen, daß Alice, wenn sie an einem Ende stand, kaum sehen konnte, wenn er sein Gespann am andern wendete. Alle Farmer pflügten diese tiefen, durchgehenden Furchen, und es gab Stellen im nördlichen Colorado, wo auf fünfundsechzig Kilometer ein Feld ins nächste überging.

Walter Bellamy, der junge Landkommissar, dessen Büro sich im alten Steinhaus in Line Camp befand, hatte in Büchern die Behauptung gelesen, daß mehr Wasser eingefangen würde, wenn man nicht in einer ununterbrochenen Geraden pflügte, sondern in Wellenlinien den Konturen des Landes folgte, außerdem bestand dann geringere Wahrscheinlichkeit, daß die Erde bei starkem Wind weggeblasen würde, und auch die Erosion war viel geringer.

Als Bellamy einen Mann namens Rumsen überredete, auf die neue Art zu pflügen, sahen Grebe und die andern Farmer der Gegend, wie lächerlich die ganze Sache war. Die Furchen des Mannes waren so uneben, daß kein Pflüger, der etwas auf sich hielt, sie hätte haben mögen.

Mittlerweile blühte und gedieh Mervin Wendells Städtchen, das schlicht Line Camp hieß. Es hatte eine Kirche, eine Bank, eine Zeitung, eine Eisenwarenhandlung und ein Hotel mit einer breiten Veranda.

Alice Grebe wollte eine Bücherei und eine größere Kirche haben. Sie organisierte Wohltätigkeitsessen, einen Jahrmarkt im Sommer, bewog den Ausschuß des Pflügerwettbewerbs, einen Teil der Geldgewinne für Bücher abzugeben, und sah mit der Zeit, daß sowohl Bücherei wie Kirche Gestalt annahmen.

1915 WURDE Kartoffel-Brumbauch achtundachtzig. Er hatte kürzlich einen Schlaganfall erlitten und war auf der linken Seite gelähmt.

Jeden Tag bat er Serafina, die Frau von Tranquilino Marquez, seinen Rollstuhl auf den Rasen vor seinem Haus zu schieben, von wo er den Fluß beobachten konnte. Sie wußte, daß sein Verstand nicht beeinträchtigt war, wenn er auch kaum sprechen konnte. Er forderte Serafina und ihre beiden Kinder häufig auf, bei ihm zu sitzen – der Junge, Triunfador, war zehn, und das Mädchen, Soledad, erst vier. Sie hatte dunkle, leuchtende Augen und ganz schwarzes Haar, das ihr in zwei Zöpfen über den Rücken hinunterhing.

Brumbauch sah ein, daß er hier fundamental genug gedacht hatte. Jetzt sprang sein Geist von einem Gedanken zum andern, aber seine Hauptsorge galt immer dem Platte. In den letzten Jahren war der Fluß im Sommer zu früh ausgetrocknet, und Brumbauch wollte das verbessern. Aber wie? Er hatte aus Wyoming und Nebraska jeden Tropfen Wasser abgeleitet, den man ihm gesetzlich erlaubte, doch das Wasser in den Bewässerungsgräben reichte nicht aus.

Dieser verrückte Creevey vernichtete das Land mit seiner Parole, daß Feldfrüchte auch ohne Wasser gedeihen könnten. In den vergangenen drei Jahren hatten die Siedler Glück gehabt. Sie hatten mehr als die normale Niederschlagsmenge erlebt, aber früher oder später würden sich die Durchschnittswerte wieder geltend machen.

„Früher oder später haben wir wieder den Wind", sagte Jim Lloyd, als er einen seiner regelmäßigen Besuche bei Brumbauch abstattete.

Als er das hörte, machte der alte Mann mit dem Mund ein Geräusch, das wie ein hohles „Husch" klang. Er wollte wohl damit die Stürme andeuten, die Staubsäulen vor sich her treiben. „Eine... Sache..." Brumbauch formulierte die Worte mit furchtbarer Anstrengung, während er nach Westen deutete, wo in klarer Schönheit die Berge standen. „Was... wir... brauchen... Tunnel."

„Sie arbeiten bereits an einem Tunnel", sagte Jim, „für die Eisenbahn."

„Wasser", sagte Brumbauch.

„Sie meinen, wir sollten einen Tunnel durch die Berge bauen, der uns Wasser von der Westseite der Rockies bringt –"

Brumbauchs rechtes Auge blitzte in jugendlicher Begeisterung. Lloyd hatte verstanden. Erregt deutete der Alte auf das trockene Flußbett.

„Und Sie wollen, daß das Wasser in den Platte fließt?"

Mit einem ausholenden Schwung seines rechten Arms umfaßte Brumbauch die weite Prärie im Osten, die urbar gemacht werden könnte.

Ehe Jim fortging, schob er den alten Mann im Rollstuhl zu einer Stelle, von der aus er die Vögel in der Nähe des Flusses beobachten konnte. Als Serafina kam, um ihn zurück ins Haus zu schieben, sah sie, daß er tot war. Aus dem zufriedenen Ausdruck auf seinem Gesicht schloß sie, daß er gestorben war, ohne Schmerzen oder Enttäuschung zu empfinden.

SEIT einigen Monaten hatte sich Mervin Wendell nicht sehr gesund gefühlt. Als Vorsitzender des Kriegsanleihe-Komitees für das nördliche Colorado hatte er weit und breit Vorträge gehalten, und er und Maude hatten im stattlichen Wendellschen Haus alle möglichen Würdenträger empfangen, die Colorado besuchten. Aber seine Haupttätigkeit blieb seinen ausgedehnten Grundstücksspekulationen vorbehalten. Er hatte im Norden eine neue Gemeinde gegründet, die er nach dem ermordeten Präsidenten McKinley getauft hatte, „nach unserm Führer, der den Märtyrertod erlitt", wie er mit vor Rührung zitternder Stimme zu erklären pflegte.

Ende 1918 war Mervin Wendell der reichste Mann von Centennial. Sein Herz war schwächer geworden, aber er ließ sich noch gelegentlich in seinem Büro sehen, um seinen Sohn Philip, jetzt ein verheirateter Vierziger, in den Kniffligkeiten des Grundstückmakelns zu unterweisen.

Im Januar 1919 bekam er eine Lungenentzündung und starb binnen weniger Tage. Bei seiner Beerdigung zollten ihm die gegensätzlichsten Menschen Tribut für seinen Einsatz zur Förderung des Fortschritts und seine Liebe zur Menschheit. Die neue Ortschaft McKinley änderte ihren Namen in Wendell.

In diesen Jahren bestand die Venneford-Ranch als eines der bestgeführten Viehzuchtunternehmen des Westens weiter fort. Jim Lloyd schwebte über dem Ganzen, aber die Betriebsleitung blieb Beeley Garrett überlassen.

CHARLOTTE LLOYD war 1924 zweiundsiebzig Jahre alt, aber ihre Begeisterungsfähigkeit war immer noch so frisch wie zu der Zeit, als sie diese herrliche Prärie zum erstenmal erblickt hatte. Nur ein Ärger trübte ihre Freude an der Ranch. Sie und Jim Lloyd begannen sich über die Herefords zu streiten.

Charlotte ließ Viehzüchter aus Herefordshire kommen und trug ihnen auf, ein gedrungenes Rind zu züchten. Sie schufen aus dem langbeinigen, kräftigen Krone-V-Hereford eine besser proportionierte Art, die im ganzen Land prämiiert wurde.

Aber Jim Lloyd war der Meinung, daß die eingeladenen englischen Fachleute die Herefords zu klein züchteten. „Sie sind so versessen auf Schönheit des Kopfes", beklagte er sich, „daß sie die Kraft des Körpers vergessen. Ich will mein Weidevieh groß und stark haben, so daß es imstande ist, in einem schlechten Winter selbständig Futter zu suchen."

Für ihn hatte es keinen Reiz wie für Charlotte, sich mit ihren preisgekrönten Rindern auf Ausstellungen fotografieren zu lassen, er kümmerte sich lieber um die alltäglichen Herefords auf der Weide. Jim hatte sich einen Sohn erhofft, der vielleicht einen Instinkt für Weidevieh gezeigt hätte, aber sein einziges Kind, eine Tochter, hatte nicht viel übrig für die Ranch.

Im Oktober erfuhr einer der englischen Züchter, daß der jüngste Sproß einer berühmten Reihe von Stieren, Emperor IX, geboren war, und Charlotte beschloß, den kleinen Kerl zu dem astronomischen Preis von neuntausend Dollar zu kaufen. Als Emperor IX nach seiner langen Reise von England her über die Rampe herunterschritt, gewann er alle Herzen. Dieser sagenhafte Stier verbrachte die eine Hälfte des Jahres damit, die Kühe zu bespringen, die ihm von nah und fern zugeführt wurden, und die andere Hälfte auf Ausstellungen, wo er mehr blaue Bänder gewann als irgendein anderer Bulle des zwanzigsten Jahrhunderts.

Aber Jim merkte, daß Emperor IX Stiere zeugte, die etwas kleiner waren als er, und deren Nachkommenschaft schien ihrerseits noch um den Bruchteil eines Zolls kleiner geraten zu sein, als sie sein sollte.

Er machte Beeley Garrett darauf aufmerksam, aber der war zu sehr mit Finanzproblemen beschäftigt. Beeleys Sohn Henry, der die Leitung der Ranch eines Tages übernehmen würde, war ein Geschäftsmann, der wenig Sinn für Viehzucht hatte. Also beschloß Jim, eine Kraftprobe mit Charlotte und ihren englischen Ratgebern zu erzwingen. Als sie sich an dem Pferch versammelten, um die Stiere zu mustern, fragte er sie: „Siehst du denn nicht, daß wir die Zucht zugrunde richten?"

„Emperor IX ist die Krönung in der Geschichte der Herefords", erwiderte sie gereizt.

„Emperor IX ist ein Zwerg." Jim holte tief Atem. Er spürte plötzlich Luftmangel. „Ich kann nicht untätig mitansehen, wie eine

Zucht, die ich geliebt habe, versaut wird. Ich glaube, wir sollten die Tiere sich selbst überlassen... und das Land auch..." Er hielt ein, um wieder tief Atem zu holen, denn er war dabei, seine Selbstbeherrschung zu verlieren. „Ich bin zutiefst überzeugt, meine liebe Charlotte, wenn wir auf unserer Ranch eine Generation von Zwergen hervorbringen..." Er griff nach dem Gatter des Pferchs, erreichte es jedoch nicht und brach zusammen. Ehe sie ihn ins Herrenhaus zurücktragen konnten, war er tot.

Es sah so aus, als ob mit dem Tod von Jim Lloyd, der das Land beschützt hatte, die Gegend vom Glück verlassen würde. Trockenheit setzte ein. Das gefürchtete Wort *Hypothek* wurde laut. 1925 sank die Bevölkerungszahl von Line Camp auf unter hundert. Dann, 1928, gab es reichlich Regen, und die Familie Grebe freute sich, daß das Schlimmste überstanden war.

Aber drei Jahre später, in der letzten Märzwoche 1931, begann ein starker Wind aus Nordwesten zu wehen. Stürme hatte es schon vorher gegeben, aber dieser hielt fünf Tage an und strich dicht über den Erdboden hin, als wolle er aus der Erde das bißchen Feuchtigkeit, das der unzureichende Schnee des Winters hinterlassen hatte, auch noch aufsaugen.

Was noch schlimmer war – ein tiefer, heulender Laut wie das Jammern eines verwundeten Präriewolfs hallte über der Ebene wider. Der reizte die Nerven aufs äußerste, kein Wunder, daß manch ein Farmer oder seine Frau plötzlich unerwartet losschrie: „Verfluchter Wind! Hört der denn nie auf?"

Als Alice Grebe Ende Juni mit ihrem Sohn Timmy auf dem Hof arbeitete, blickte sie zufällig zu den Bergen hinüber. Dort türmte sich, den ganzen Himmel ausfüllend, eine riesenhafte Wolke zwölftausend Meter hoch empor.

„Earl!" schrie sie, aber er war auf einem fernen Acker und pflügte Gründünger um.

Als sie das Unwetter herannahen sah, war sie froh, daß es den Äckern Regen bringen würde, aber sie fürchtete sich auch vor der Heftigkeit der Stürme.

Doch dieses Unwetter enthielt keinen Regen, keine zerstörerischen Winde, sondern es führte eine ganze Welt von wirbelndem Staub mit sich, einen erstickenden, alles durchdringenden Triebsand, der durch jede Wand, jedes Fenster eindrang.

Als der mächtige Sandsturm sie umschloß, dachte sie zuerst, sie müßte ersticken. Staub ausspuckend, rannte sie mit Timmy ins Haus, wo sie ihre anderen Kinder keuchend vorfand. Sie saß mit ihnen zwei Stunden lang da, die unheimlichsten Stunden, die sie je erlebt hatte. Denn obwohl es Mittag war, war der Himmel schwarz wie die Nacht, und eine schauerliche Düsternis bedeckte das Land.

Dann zog der Sturm vorbei und hinterließ Haufen von Staub, und Earl kam spuckend und stampfend nach Hause.

„Das war mal ein wilder!“ sagte er.

„Es war fürchterlich. Wie ein Orkan ohne Wind.“

An diesem Abend versammelten sich die Nachbarn, um das Ereignis zu besprechen, auch der Landkommissar Walter Bellamy kam heraus. „Wir müssen uns vielleicht auf eine Katastrophe gefaßt machen“, sagte er. „In Montana gab es eine ganze Reihe von solchen Stürmen.“

„O Gott, nein!“ rief Alice unwillkürlich.

„Nur ruhig, Alice“, sagte Earl. „Solang es kein Tornado ist, können wir's überstehen.“

Das wurde fraglich, als der nächste Sturm heranrollte und die schwarzen Wolken sogar die Rotdrosseln und Habichte vom Himmel verjagten – kein Luftzug, kein Ächzen, kein Regen, nur der entsetzliche Staub, der in jede Spalte eindrang und die Schleimhäute reizte.

„Das halt ich nicht mehr aus“, flüsterte Alice vor sich hin.

In diesem Sommer fielen neun solche Stürme über Line Camp her. Viele Farmersfrauen fanden es beinahe unmöglich, mit dem Staub zu leben, und mehrere mußten in Irrenanstalten gebracht werden. Es war nicht leicht, allein in einer Hütte zu sitzen, dem Seufzen des Windes zu lauschen und zu spüren, wie der erstickende Staub einem die Kleider bedeckte.

1933 und 1934 erntete kein Farmer in Line Camp und Wendell auch nur einen Scheffel Weizen. Ein Farmhaus nach dem andern nahm auch nicht einen roten Heller ein. Farmer schlachteten ihren Viehbestand aus Mangel an Futter, um dann zu entdecken, daß niemand Geld hatte, das Fleisch zu kaufen.

Und die Sandstürme kehrten wieder und fegten die Welt vor sich her. Staub war eine ständige Gegenwart, die erstickte und würgte. Kinder hatten Masken über ihr Gesicht gebunden, wenn sie zur Schule gingen, und viele Farmersfrauen trugen Tag und Nacht Hauben, um ihre Haare gegen den Staub zu schützen.

Im dritten Jahr dieser schrecklichen Heimsuchung wurden die Hypotheken auf neunzehn Farmen in Line Camp von Philip Wendell für verfallen erklärt. Sechzehn weitere Farmen wurden vom Sheriff wegen rückständiger Steuerschulden versteigert, die manchmal nur wenige Dollar betrugen.

Für die Grebe-Farm wurde 1934 das Teufelsjahr. Die Familie von fünf Kindern und zwei Erwachsenen mußte mit sechzehn Dollar im Monat auskommen, und es gab viele Tage, wo sie nur eine Mahlzeit aßen. Manchmal weinte sich Alice in den Schlaf, wenn sie darüber nachdachte, wie das Leben ihrer Kinder langsam zugrunde ging.

Der zwölfjährige Timmy jammerte sie am meisten. Er war in dem Alter, wo ein Junge so viele Dinge entdeckt, die er unternehmen möchte. Und es war kein Pfennig da, den er dafür haben konnte . . ., nichts.

Und dann, im Herbst 1934, brachte Mr. Bellamy eine gute Nachricht. Er rief alle armen Jungen der Gegend zusammen und erklärte ihnen: „Auf der Viehausstellung in Denver im Januar gibt es einen neuen Wettbewerb: ‚Fang es ein, und behalt es!'"

„Was ist das?" fragte Timmy Grebe.

„Es ist nichts für Schwächlinge", warnte Bellamy. „Zwanzig Jungen so wie du gehen in die große Arena mit Tausenden von Zuschauern. Alles, was ihr habt, ist ein Halfter an einem drei Meter langen Strick. Auf ein Hornsignal werden zehn Kälber in die Arena hereingelassen. Und ihr Jungen müßt mit diesen Kälbern ringen, und wer seinen Halfter um den Kopf eines Kalbes festmacht und es ohne Hilfe wegführt, gewinnt es."

„Wirklich?" fragte Timmy.

„Er soll das Kalb nach Hause mitnehmen und füttern und im nächsten Winter zur Ausstellung zurückbringen. Und wenn das Kalb einen Preis gewinnt, wird es versteigert, und der Junge darf das Geld behalten."

Elf Jungen saßen still da und träumten von diesem Wettkampf, als Mr. Bellamy fragte: „Wo könnten wir uns Kälber leihen zum Trainieren?"

Einer der Jungen hatte einen logischen Vorschlag: „Mrs. Lloyd hilft allen Leuten."

Sechs Jungen zwängten sich in Mr. Bellamys Wagen, und er fuhr mit ihnen nach Venneford, wo Mrs. Lloyd sie formell in ihrem Salon empfing. „Was verschafft mir das Vergnügen?" fragte sie.

Timmy räusperte sich, rutschte auf seinem Stuhl vor und erklärte die Sache mit den Kälbern. „Eine großartige Idee!" sagte die strenge alte Dame und versprach, vier kräftige Kälber zur Grebe-Farm liefern zu lassen. „Jungen müssen sich betätigen", sagte sie zu ihnen, während sie sie mit belegten Broten und Zimtkuchen bewirtete. Als sie beobachtete, wie sie alles gierig herunterschlangen, dachte sie: Mein Gott, sind sie so ausgehungert?

Bellamy brachte seinen Jungen bei, wie sie die vier lebhaften Venneford-Kälber anzupacken, niederzuringen und ihnen den Halfter über die Nase anzulegen hatten. Es war keine leichte Arbeit, und da ein Junge ein gewisses Gewicht haben mußte, um das Kalb am Boden zu halten, sah es bald so aus, als könnte Timmy Grebe, der ein Jahr jünger war als die anderen, zu leicht sein.

Aber im Januar wählte Mr. Bellamy Timmy, der sich trotz seines Gewichtsmangels als furchtlos bewiesen hatte, und den Larsenjungen für den Wettkampf aus und fuhr mit ihnen nach Denver. Als sie darauf warteten, in die Arena zu gehen, sagte ein alter Rodeochampion zu Timmy: „Wetten, daß ich weiß, was du vorhast? Wie der Teufel auf das kleinste Kalb loszurennen. Das ist aber keine gute Idee, denn all die älteren Bengels werden sich auch auf die kleinen Kälber stürzen. Also, wenn du den Signalpfiff hörst, renn los, und grapsch dir das größte."

Timmy ließ sich das gesagt sein, und als die übrigen Jungen auf die kleineren Tiere losstürmten, sprang er auf ein starkes Herefordkalb los und brachte es zu seiner Freude auch zu Boden. Aber als Timmy dalag, beide Arme um den Kopf des Kalbs geschlungen, merkte er, daß er zwar das Hereford am Boden halten konnte, aber keine Aussicht hatte, ihm den Halfter anzulegen.

Als die andern Kälber weggeführt waren, konzentrierten sich alle Zuschauer auf Timmys tapferen Kampf. „Halt ihn fest, Kleiner!" brüllte die Menge, und der Rodeoreiter schlüpfte an der

Barriere entlang und rief: „Wirf dein Bein über seinen Hals! Junge! Wirf dein Bein!“

Mit übermenschlicher Anstrengung versuchte Timmy, sein linkes Bein über den Nacken des Kalbes zu zwängen, aber das stämmige Hereford war zu stark, und während Tausende von Erwachsenen mitfühlend stöhnten, merkte Timmy, daß das Kalb sich freiarbeitete.

„Pech gehabt, Kleiner!“ rief jemand, als Timmy aufstand, sich den Staub abklopfte und den langen Weg zum Ausgang antrat. Auf dem Warteplatz biß er sich auf die Lippen und versetzte der Holzwand einen wütenden Tritt.

„Wenn du heulen willst, halt's nicht zurück.“ Es war der Rodeoreiter. Er setzte sich hin und erzählte Timmy, wie oft er selbst um den Preis gekommen war.

Sie saßen noch da, als sich draußen auf den Tribünen ein Tumult erhob. Der Rodeomann lief zum Eingang, dann rief er Timmy zu: „Dich wollen sie haben.“ Er führte Timmy in die Arena hinaus, wo der Junge verwirrt stehenblieb.

Dann hörte er den Lautsprecher dröhnen: „Weil du einen so großartigen Kampf geliefert hast, Timmy Grebe, stiftet dir Charlotte Lloyd von der Krone-V-Hereford-Ranch zur Belohnung ein Kalb als Trostpreis.“ Ein wilder Beifallssturm brach los, als der widerspenstige Jungochse mit dem weißen Kopf hereingeführt wurde. Als er zum Ausgang zurückkehrte, erwartete ihn der Rodeoreiter, um ihm zu gratulieren. „Ich werd ihn Rodeo nennen“, sagte Timmy.

TIMMYS Sieg brachte kein Geld für den Grebeschen Haushalt. Die Sandstürme hielten an, und Timmy mußte einen kleinen Anbau am Haus errichten, um Rodeo vorm Ersticken zu schützen. Schließlich war Alice Grebe am Ende ihrer Kräfte. An einem sehr trockenen Augusttag hörte sie, daß ihre jüngste Tochter Betsy einen merkwürdigen Laut von sich gab. Sie rannte auf den Hof hinaus und sah zu ihrem Entsetzen eine riesige Klapperschlange, die von den flachen Felsen heruntergekommen war, um Wasser zu suchen. Sie war beinahe zwei Meter lang, sehr dick und züngelte mit ihrer schwarzen Zunge suchend voraus. Vor Alices Augen bewegte sie sich auf das Baby zu.

Sie wäre nie imstande gewesen, zu erklären, woher sie den Mut fand, aber sie ergriff eine Hacke und stürzte sich zwischen ihr Kind und die Klapperschlange. Mit ungeschickten, kurzen Hieben schlug sie darauf los und trieb die Schlange mit einer Wut zurück, die sie nie für möglich gehalten hätte. Schließlich hackte sie das Reptil in zwei Stücke und sah von Grauen gepackt zu, wie die beiden Hälften sich hin und her wanden.

Sie blieb, auf die Hacke gestützt, stehen, unfähig, sich vom Fleck zu rühren. Hinter sich hörte sie das Plappern des Kindes, aber sie konnte ihren Blick nicht von der toten Schlange wenden. Wie eine Statue stand sie immer noch da, als Earl vom Feld heimkam.

Er brachte sie zu Bett und holte Vesta Volkema herbei. „Earl, ich nehme sie mit zu uns", sagte sie. „Sie ist am Ende ihrer Kraft."

Er wußte nicht, was er mit den Kindern anfangen sollte, aber am nächsten Tag fuhr ein großes schwarzes Auto vor. Als es mit einem Ruck anhielt, kletterte eine ältere Frau mit zwei Körben heraus. „Ich bin Charlotte Lloyd", sagte sie. „Ich habe gehört, daß mein Freund Timmy Grebe hier ohne Mutter ist."

„Wir haben eine Mutter", sagte Timmy.

„Natürlich", sagte Charlotte schnell. „Aber sie ist für eine Weile weg, nicht wahr?" Und aus einem ihrer Körbe zauberte sie eine große, flache Schüssel mit klebrigen Zimtkuchen hervor. Sie tat, als ob sie zur Familie gehörte. Drei Wochen lang besuchte sie täglich die Farm, versorgte die Kinder und unterhielt sie mit Geschichten von den fremden Gegenden, die sie gesehen hatte.

Sie war in diesem Sommer dreiundachtzig Jahre alt, aber sie interessierte sich immer noch fürs Land und tadelte Earl Grebe wegen seiner Art zu pflügen. „Dabei haben Sie gleich hier in Line Camp einen Mann, der Bescheid weiß", sagte sie. „Walter Bellamy."

„Der? Der könnte keine gerade Furche zustande bringen", protestierte Grebe.

„Genau das ist ja das Gute", sagte sie. Sie veranlaßte, daß Bellamy zu den Farmern von Line Camp sprach.

Er erklärte, was der Fehler gewesen war. „Von den Bergen bis zur Grenze nach Nebraska haben wir eine ununterbrochene Fläche von gepflügtem Land. Der Wind weht vom Gebirge herab und fängt an, den aufgelockerten Boden aufzuwirbeln. Er verbreitet sich und wird stärker, und die ganze Zeit reißt er mehr von unserm Boden mit sich, bis halb Colorado in der Luft herumfliegt."

„Was sollen wir tun?" fragte Magnes Volkema.

„Pflügt nie in einer geraden Linie. Pflügt nie bergab. Pflügt quer zum Gefälle. Laßt ab und zu Grasstreifen dazwischen, und laßt Erdklumpen liegen, die für den Wind zu schwer sind."

Die Farmer begannen einzusehen, daß Bellamy recht hatte; daß der Wind, wenn ein endloser Korridor von geeggtem Boden vor ihm lag, das Land Meile für Meile aufrollen und forttragen konnte.

„Dies Land wird zurückkommen", beharrte Charlotte. Sie berief eine Versammlung ein, die in Line Camp stattfinden sollte, und fuhr selbst nach Centennial, um den Hauptredner abzuholen. Die aus Ottumwa eingewanderten Farmer waren überrascht, denn es war Thomas Dole Creevey. Er wollte sich selbst überzeugen, was schiefgegangen war.

„Ich hatte Ihnen zehn Grundregeln gegeben", sagte er, „und nur eine davon war falsch, die siebte. Was ich nicht voraussah, waren die starken Winde. In jeder anderen Beziehung waren meine Theorien richtig, und künftige Jahre werden auf diesem Flachland Rekordernten von Weizen bringen."

„Was sollen wir jetzt tun?" fragte Earl Grebe.

„Beten Sie um Regen. Werfen Sie Ihre Eggen weg. Und lassen Sie es nie mehr zu einer endlosen Kette von gepflügten Äckern kommen, die dem Wind eine Angriffsfläche bieten."

„Wie tief sollen wir pflügen?"

„Acht Zentimeter. Vielleicht auch zehn. Aber sehen Sie zu, daß der Boden bedeckt bleibt."

Nach der Versammlung fuhr Charlotte Lloyd ihn wieder nach Centennial zurück, wo er in den Zug stieg. Als sie auf dem Heimweg die verdorrten Felder sah, die einst ein Teil der Venneford-Ranch gewesen waren, bekam sie plötzlich einen starken Schwindelanfall. Sie nahm ihren Fuß vom Gaspedal und ließ den Wagen langsam von der Straße hinunter auf eins der ausgetrockneten Felder rollen, wo sie am nächsten Morgen gefunden wurde. Ihre Hände hielten immer noch das Steuerrad umklammert.

Dr. Creeveys Optimismus war ein schlechter Trost für die Leute, deren Ländereien wegen Steuerrückständen verkauft wurden, und an einem winterlichen Tag im November mußten sich auch die Grebes eingestehen, daß sie ihre Farm nicht länger halten konnten. Vor Jahren hatte Earl noch eine weitere halbe Parzelle dazugenommen und ständige Fortschritte gemacht. Aber jetzt konnten sie ihre Steuern nicht mehr aufbringen, die Bank drängte ständig auf Rückzahlung eines kleinen Darlehens, das sie hatten aufnehmen müssen, um Lebensmittel zu kaufen, auch konnte Earl für seinen Traktor kein Benzin mehr auf Kredit bekommen.

So war die Familie darauf vorbereitet, als Sheriff Bogardus vorgefahren kam, um die Ankündigung an die Tür zu nageln: Amtliche Versteigerung wegen Steuerschulden.

Alice Grebe war jetzt wieder zu Hause und befand sich in viel besserem Zustand. Überraschenderweise war sie es, die ihre seelische Stärke bewahrte. „Dann werden wir eben woanders leben", sagte sie unbekümmert, während sie Toast und Kakao auf den Tisch setzte. Nachher wanderten sie alle zu den Volkemas hinüber. „Der Sheriff war bei uns", sagte Alice sachlich, und Vesta brach in Tränen aus.

Magnes fluchte, und als seine Frau ihm den Mund verbot, rief er: „Ich weiß, wen wir brauchen. Jake Calendar."

Am Tag der Versteigerung brachte Sheriff Bogardus drei Hilfspolizisten mit, um Ordnung zu halten. Denn bei diesen Zwangsversteigerungen war es schon zu unliebsamen Vorfällen gekommen. Als Bogardus das Anwesen besichtigte, sagte er zu seinen Gehilfen: „Ich glaub, es wird alles glattgehen."

„Oje", stöhnte einer von ihnen. „Du hast dich zu früh gefreut."

Und alle drehten sich um, als ein Mann mit verschlagenem Blick, der Ende Fünfzig sein mochte, in den Hof geschlendert kam und sich Grebes Geräte ansah. Er wurde begleitet von zwei jungen Männern, die ebenso hager und düster wirkten wie er. Es war Jake Calendar mit seinen beiden Söhnen Floyd und Cisco, Parias der Prärie, wie es Amos Calendar vor ihnen gewesen war. Durch die Menge ging ein Gemurmel: „Die Calendars sind da. Dann ist alles okay."

„Tag, Jake!" sagte Sheriff Bogardus. „Gutes Wetter für die Auktion. Tag, Cisco. Wie war's in Chicago?"

„Okay“, sagte der jüngere der beiden Burschen, die ab und zu Viehtransporte begleiteten und sich manchmal mit Cowboysongs in Chicagoer Kneipen ein paar Extraeinnahmen verschafften.

Die Nachricht von der Versteigerung war weit verbreitet worden und hatte viele Käufer angelockt. Denn hier war eine Möglichkeit, fast dreizehnhundert Morgen erstklassiges Ackerland zu erwerben.

Der Auktionator kam schnell zur Sache. „Wir haben hier ein gutes Haus, eine sehr starke Scheune und eintausendzweihundertachtzig Morgen erstklassiges, welliges Trockenland. Freunde, gebt diesem Land nur ein Jahr mit entsprechendem Regen, dann ist es eine Goldgrube.“

Ein Grundstücksmakler aus Kimball in Nebraska bot fünfzehnhundert. Langsam stieg dieses Angebot auf dreitausendzweihundert. Dann bot ein Landaufkäufer aus Kansas dreitausendvierhundert, und dabei blieb es stehen.

„Dreitausendvierhundert zum ersten ...“

In diesem Augenblick bahnten sich Jake Calendar und seine Söhne ihren Weg durch die Menge zu dem erfolgreichen Bieter, und während sie sich noch durch die Zuschauermenge schoben, fiel der Blick des Sheriffs auf einen kleinen Jungen, der einen Ball gegen das Scheunentor warf. Das bot ihm eine willkommene Ausrede, einen Zusammenstoß mit den Calendars zu vermeiden, und er sagte betont laut: „Das geht nicht, daß dieser Junge unsere Versteigerung stört“, und winkte seinen drei Hilfssheriffs, die sich ihm schweigend im Gänsemarsch anschlossen, um gegen dieses Vergehen gegen die öffentliche Ordnung einzuschreiten.

Als die Hüter des Gesetzes verschwunden waren, packte Jake Calendar den Bieter aus Kansas beim Kragen und zückte eine riesige Pistole. „Wenn du das Angebot nicht zurückziehst, kriegst du 'n Loch in den Schädel.“

Der Fremde wurde blaß und blickte sich nach dem Sheriff um. „Er bittet um Erlaubnis, sich's noch mal überlegen zu dürfen“, sagte Calendar zu der Menge. „Floyd, Cisco, geht mal hin, und helft dem Auktionator.“

Die beiden jungen Calendars drängten sich mit gezogenen Pistolen zum Podium durch, wo sie stehenblieben und mit finsteren Blicken zu dem Auktionator hinaufstarrten, der mit zitternder

Stimme sagte: „Der Herr aus Kansas zieht sein Gebot zurück. Da ist es nur angemessen, daß wir noch einmal anfangen. Höre ich ein Angebot?"

„Fünf Dollar", sagte Vesta Volkema laut und deutlich.

„Fünf zum ersten, fünf zum zweiten, fünf zum dritten – verkauft! An Mrs. Volkema für fünf Dollar." Die Worte kamen in einem Atemzug.

Sheriff Bogardus und seine Polizeimacht kamen zur Versteigerung zurückgewandert. „Wo zum Teufel waren Sie?" fragte der Auktionator.

„Ich habe für Ruhe und Ordnung gesorgt", antwortete der Sheriff und deutete auf den jungen Übeltäter mit dem Ball.

Der Januar 1936 war eine aufregende Zeit für Timmy Grebe. Sein Ochse Rodeo war groß und stark geworden, und sowohl Timmy wie Mr. Bellamy meinten, daß das schöne, stattliche Hereford eine Chance haben könnte, einen ersten Preis auf der Ausstellung in Denver zu gewinnen.

Timmy begriff, was der Preis für seine Familie bedeuten würde. Noch nie war ein Jahr so schlimm gewesen wie dieses. Die ganze Welt stand kopf, und Timmy lauschte erschrocken, wenn seine Eltern darüber sprachen, was geschehen könnte. „Die Banken werden uns sicher kein Geld mehr leihen", sagte sein Vater, „nach dieser Versteigerung bestimmt nicht." Sie waren den Calendars dankbar, daß sie ihnen noch einmal eine Chance verschafft hatten. „Aber wir haben immer noch kein Geld, um den Betrieb weiterzuführen", sagte Grebe.

Es gab Timmy einen Stich ins Herz, wenn er sah, wie verhärmt seine Mutter war und wie tief ihre Augen in den Höhlen lagen. Einmal, gegen zwei Uhr morgens, ging er und legte sich neben sie und sagte ihr, daß er etwas für sie tun werde. Aber er spürte, wie sie zitterte, und schlüpfte verwirrt in sein eigenes Bett zurück, denn sie hatte ihm nicht mit einem Wort geantwortet.

Mr. Bellamy hatte einen Farmer im Ort gefunden, der Rodeo in seinem Lastwagen nach Denver bringen würde. Timmy sollte hinten bei dem Ochsen mitfahren, um aufzupassen, daß Rodeo sich nicht an den Seiten stieß, und er rannte nach Hause, um Decken zu holen, mit denen er die Holzwände polstern wollte.

Als er heimkam, traf er seine Mutter in der Küche an, wo sie in den Bestecken herumkramte. Er hatte kaum Zeit, ihr zuzurufen: „Ich fühle es, Mammi. Ich werde gewinnen."

Sie sah ihn mit leerem Blick an und sagte: „Die Zeiten zum Gewinnen sind für uns vorbei."

Die Beurteilung der Ochsen war am nächsten Morgen auf zehn Uhr angesetzt, und um fünf war Timmy schon in der Box bei Rodeo. Er wusch den großen Ochsen, dann kämmte und striegelte er ihn eine ganze Stunde lang. Als Timmy ihn in den Ring führte, schritt Rodeo mit majestätischer Würde einher.

Die Beurteilung dauerte fast eine halbe Stunde, aber schließlich kamen die Richter einstimmig überein, daß Rodeo der Champion war. Timmy stand neben ihm und hielt den Halfter, während sie fotografiert wurden, dann warf er mit einem Freudenschrei beide Arme um Rodeos Nacken.

Bei der Auktion ging es lebhaft zu, und schließlich ersteigerte das Brown Palace Hotel das Tier für 145 Dollar. Nach Abzug der Auktionsgebühren konnte Timmy seiner Familie 140 Dollar heimbringen.

Er fuhr mit Mr. Bellamy nach Hause, und als sie nach Line Camp kamen, sagte er: „Ich geh zu Fuß nach Haus. Ohne Ihre Hilfe hätte ich nie gewinnen können." Er hatte bisher noch nie große Worte verwendet, aber jetzt war er ein Sieger, der seiner Mutter richtiges Geld nach Hause brachte.

Mr. Bellamy hatte Verständnis dafür, daß der Junge in dieser Nacht allein sein wollte, und er blickte Timmy nach, wie er nach Norden über die Prärie ging.

Es war Mondschein, und die Nacht war milde. Zum erstenmal begriff Timmy, warum sein Vater dieses Land liebte.

Als er zu der Anhöhe kam, von der das Farmhaus zum erstenmal sichtbar wurde, war er beunruhigt, daß kein Licht zu sehen war. Beim Näherkommen fiel ihm auf, daß das Tor offenstand, etwas, was sein Vater nie erlaubte. Er fing an zu rennen, und als er zu dem grausigen Schauplatz kam, blieb er wie angewurzelt stehen und schrie, ohne daß ihn jemand hören konnte.

Dann lief er wieder los, zu den Volkemas hinüber. Vesta hörte sein entsetzliches, jammerndes Geschrei: „Oh, oh! Sie sind alle tot!"

„Was geschehen sein muß, als Timmy sie vor seiner Abfahrt zur Viehausstellung in der Küche gesehen hat", mutmaßte Sheriff Bogardus, „war wohl folgendes: Sie hat nach einem Schlachtermesser gesucht. Nun, dann hat sie's gefunden, und ich glaube, daß sie ihre Tochter Victoria zuerst umgebracht hat. Dann kamen die andern beiden Mädchen, Eleanore und Betsy, an die Reihe. Der kleine Larry wollte weglaufen, aber sie hat ihn im Hof erwischt. Das muß wohl die erste Leiche gewesen sein, die Earl gesehen hat, als er vom Feld nach Hause kam, und als er reinging und die drei Mädels sah und seine Frau noch mit dem Schlachtermesser..., na ja, da hat er die Flinte gepackt und sie ziemlich dicht an ihren Kopf gehalten und geschossen. Dann ging er zurück auf den Hof, hat sich die Gewehrmündung in den Mund gesteckt und abgedrückt."

Timmy zog in das Steinhaus zu Mr. Bellamy. Der Grebehof wurde an Philip Wendell verkauft, der eine klare Vorstellung davon hatte, was kommen mußte. Er sah voraus, daß dieses scheinbar so trockene Land in jedem Jahr bei der normalen Niederschlagsmenge von zweiunddreißig Zentimetern ungeheure Mengen Weizen hervorbringen konnte.

Im Herbst 1937 baute er dreißigtausend Morgen Weizen an. Der Niederschlagswert lag unter dem Durchschnitt, und er erntete nicht mehr als neun Scheffel pro Morgen.

Im folgenden Jahr bebaute er vierzigtausend Morgen und stand dicht vorm Zusammenbruch, ehe die Ernte eingefahren wurde. Er erzielte einen bescheidenen Gewinn, beschloß aber, das Weizengeschäft aufzugeben. Er brachte den Juli und August damit zu, die Einzelheiten der Transaktionen auszuarbeiten, durch die sein Besitz in andere Hände übergehen würde.

Und dann, an einem Donnerstagabend, dem letzten Augusttag des Jahres 1939, begann es zu regnen. Er warf sich die ganze Nacht schlaflos im Bett herum und machte sich Gedanken über das Vermögen, das er im Begriff stand wegzuwerfen, gerade jetzt, wo das Trockenland dabei war, zu seinem Recht zu kommen.

Aus irgendeinem Grund stand Philip Wendell auf und ging nach unten. Er schaltete das Radio ein und hörte die Nachricht, daß Hitler in Polen einmarschiert war. Er wußte, im Krieg brauchen die Menschen Weizen.

Wendell begann, Grundstücksmakler anzurufen, holte sie aus dem Bett und bot ihnen an, jede Trockenlandfarm zu kaufen, die sie auf ihren Listen hatten. „Ich bring Ihnen meinen Scheck noch vor neun Uhr", versprach er ihnen.

Seine Frau kam im Nachthemd herunter und fand ihren Mann dabei, wie er mit den Interessenten telefonierte, die beabsichtigt hatten, seine Farmen zu kaufen. „Aus unserm Geschäft wird nichts, Garrett. Ich hab beschlossen, das Land zu behalten... Ja. Ich weiß, Handschlag, aber wir haben noch nichts unterschrieben. Schwamm drüber."

„Was tust du?" fragte sie. Ihr Sohn Morgan kam verschlafen ins Zimmer. „Was ist los, Daddy?"

„Die Welt hat sich verändert", erklärte Philip. „Über Nacht ist alles anders geworden." Er schaltete das Radio wieder ein, und sie hörten die ernsten Ansagen aus London. „Dein Großvater hat verstanden, was Land bedeutet, und ich weiß es auch, und du mußt es ebenso lernen. Staub, Dürre, Krieg..., das ist alles nichts. Es ist das Land, das zählt, und ab heute wirst du lernen, was man darüber wissen muß."

James A. Michener

Während seiner langen und erfolgreichen Laufbahn als Schriftsteller hatte es den Anschein, als würde James Michener von allen Ländern, nur nicht von seinem eigenen zum Schreiben angeregt. Sein erstes Werk, „Erzählungen aus dem Südpazifik", brachte ihm 1947 den Pulitzer-Preis ein und wurde in seiner Bühnenfassung als das Musical „South Pacific" weltberühmt. In späteren Büchern, wie „Die Brücken von Toko-Ri", „Sayonara" und „Hawaii", kehrte er zu seiner geliebten Südsee zurück. In letzter Zeit hat er über Spanien und Israel geschrieben. Er wurde oft gefragt, weshalb er sich nie die Vereinigten Staaten zum Thema genommen habe, gab aber keine Antwort darauf. Heute sagt er: „Mir lag ein amerikanisches Thema nie so fern, wie meine Fragesteller angenommen haben."

Michener wurde 1907 in New York geboren. Mit vierzehn Jahren verließ er sein Elternhaus und zog, meistens per Anhalter, durch ganz Amerika. Am Ende dieser Wanderjahre hatte er fast sämtliche Staaten des Landes bereist und inzwischen auch die Oberschule absolviert. Nachdem er 1929 seinen Universitätsabschluß in der Tasche hatte, studierte er in Europa und kehrte als Lehrer nach Amerika zurück.

1936 ging er in den Westen, um an der Universität von Nordcolorado, in Greeley, Geschichte zu unterrichten. (Seine fiktive Stadt Centennial liegt nur wenige Kilometer davon entfernt.) Während seiner fünf Jahre dort erforschte er mit einem Freund „die Indianerhöhlen, die höchsten Wege durch die Rockies und die einsame Weite der Prärie . . ."

Michener kehrte nach dem Osten zurück, arbeitete für einen Verlag, meldete sich im Zweiten Weltkrieg freiwillig zur Kriegsmarine und begann schließlich zu schreiben. Aber sein Aufenthalt in Colorado blieb ihm unvergeßlich. Als zwanzig Jahre später die Zweihundertjahrfeier der Vereinigten Staaten heranrückte, nahm Michener den Gedanken auf, der ihn 1936 zum erstenmal beschäftigt hatte: einen Roman des Westens zu schreiben.

Deshalb ging er wieder in den Westen und begann mit den gründlichen Vorstudien, die all seinen Büchern vorangehen. Er unterhielt sich mit Viehzüchtern, Weizenfarmern, Männern, die Bewässerungsanlagen bauen, sogar mit einigen der ursprünglichen Heimstättensiedler. 1972 folgte er den Spuren der Auswanderer auf dem Oregon-Treck. „Ich wollte den Westen in meinem Buch so schildern, wie er wirklich war", schreibt er. „Und um zu erreichen, daß der Leser das Land so sieht, wie ich es gesehen habe, mußte ich Verständnis dafür gewinnen, was solch ein Treck damals mit sich brachte."

Der Schriftsteller war endlich nach Hause gekommen.

Ein Meisterwerk

EINE KURZFASSUNG DES BUCHES VON

JEAN MISTLER

MITGLIED DER ACADÉMIE FRANÇAISE

Ins Deutsche übertragen von Peter Dülberg
Illustrationen von Maurice Grimaud

Originalausgabe: »La Femme nue«. Aus dem Novellenband »L'ami des Pauvres«

Das LOUVRE-MUSEUM ist in Aufruhr. In einem der Seitenkabinette mit flämischen und niederländischen Meistern hat man einen leeren Rahmen entdeckt – das Gemälde ist verschwunden, „Das nackte Mädchen", ein Meisterwerk mit der magischen Signatur des Jan Vermeer van Delft. Für die Kunstwelt ist dieser Diebstahl ein schwerer Schlag; katastrophal wirkt er sich außerdem für eine Handvoll von Amtspersonen aus, die sich über die ganze hierarchische Stufenleiter hinweg, vom Unterrichtsminister bis zum Museumswächter, gegenseitig den für ihre Karriere so gefährlichen Schwarzen Peter zuschieben möchten. Die Polizei ist am Werk, und alles fleht zum Himmel, daß Kommissar Gardel so rasch wie möglich die hüllenlose Dame wiederfinden möge, deren Rückkehr doch wohl das Ende des Skandals zur Folge haben wird . . .

Diese 1932 von Jean Mistler geschriebene Novelle ist ein Juwel, das seinen Glanz bis heute bewahrt hat; zugleich ist sie, nach über vierzig Jahren noch, ein Zeugnis für das leidenschaftliche Interesse, das der Verfasser schon damals für den Maler Vermeer empfand, dem er kürzlich eine hervorragende kritische Studie gewidmet hat. Ohne Zweifel schildert „Ein Meisterwerk" in erster Linie einen Kriminalfall; aber in den Kettfäden der Überraschungen hat Jean Mistler mit viel Humor den „Schuß" einer beißenden Satire auf die Sitten und Gebräuche in Politik und Verwaltung der damaligen 3. Französischen Republik verwoben. Wissen, Begabung, Esprit: in der Literatur gibt es kein besseres Rezept!

1

ZWEIUNDZWANZIG, nein dreiundzwanzig Leute, pro Person fünf Franc, krieg ich also etwas über hundert Franc, nicht gerade üppig für einen Mittwoch, wo am Tag vorher zu war, und das im Mai! 1925 hab ich's täglich auf dreihundert gebracht, und das Leben war nicht so teuer, aber da hatten wir auch keine Wirtschaftskrise!"

Er überließ sich gern seinen Erinnerungen. Damals sah man vornehme Ausländer, kein solches schäbiges Touristikvolk, das auf Pauschale reist, Frühstück, Museen und Trinkgelder inklusive, und dann in seinen Bussen vorm Louvre ankommt, mit bemützten Führern! Bordierten Schirmmützen, um Bilder zu zeigen! Zum Heulen!

Wieder die Rubens-Galerie, so ermüdend und so langweilig wie all die historischen Schinken, weil es immer Leute gibt, die einen nach Daten fragen oder wissen wollen, ob Maria von Medici nicht die Tochter von Katharina ist oder ob Rubens das alles ganz allein gemalt hat. Dann die Seitenkabinette mit den Niederländern, und zum Ausgang bitte hier – fünf Minuten, um die Einnahmen zu zählen, dann ginge er, um sich in der Rue Ste-Anne im „Café du Massif Central" mit seinen Freunden zu treffen.

Von Saal zu Saal folgten mit langem, schleppendem Sohlengeschleife die dreiundzwanzig Touristen Herrn Blanchonnet, dem Senior der am Louvre akkreditierten Museumsführer, der seinen Beruf schon seit fünfunddreißig Jahren ausübte. Langweilig war die Arbeit ja nicht, außer der Warterei im großen Vestibül; davon abgesehen sind die Säle im Winter warm, im Sommer kühl. Wenn er müde war, ließ er mal eine Galerie oder ein paar Säle ausfallen; im allgemeinen merkte das Publikum es gar nicht.

Heute morgen tat Herrn Blanchonnet der eine Fuß weh: das Hühnerauge unter der linken großen Zehe – bestimmt bahnte sich ein Wetterumschlag an. Blanchonnet hatte das genutzt, um seine Besucher mitten in der Galerie auf der Flußseite sich selbst zu überlassen:

„Von hier ab kommen die verschiedensten Epochen und Schulen. Um Ihnen das alles zu erklären, müßte ich mit jedem einzelnen von Ihnen allein sein – also sehen Sie sich selber um. Treffpunkt hier in einer Viertelstunde. Ich gebe Ihnen dann alle gewünschten Auskünfte."

Und er hatte sich auf eine der roten Samtbänke gesetzt und dabei sehr bedauert, daß er sich den Schuh nicht ausziehen durfte. Eine alte Amerikanerin ließ sich, von den Riesenmaßen der Sammlung eingeschüchtert, neben ihm nieder und bot ihm sogar einen Kaugummi an. Beim Sprechen würde ihn dann dieses miese Zeug hindern, aber aus Angst, die Dame zu kränken, wagte er nicht, ihn in einen Spucknapf zu tun.

Dann war der Rundgang fortgesetzt worden: Rubens, worauf die Kabinette der Flamen und Niederländer folgten. In denen darf man die Besucher sich nicht lang aufhalten lassen, sonst sehen die einen sich die Blumenstücke an, die andern die Fische, und das dauert dann eine Stunde. Also scharte Herr Blanchonnet seine Leute um sich und brachte, nach strategischen Überlegungen, alsbald seine Gruppe teils drängend, teils ziehend so weit, daß er die ganzen siebzehn Kabinette innerhalb von fünfundzwanzig Minuten erledigte. Heute klappte alles. Nicht allzu viele Rembrandt-Fragen; halb zwölf, wunderbar, um zwölf also im „Massif Central".

„Hierher, die Damen und Herren, wir sehen jetzt die Vermeers!"

Das Seitenkabinett XIV, tags zuvor frisch gebohnert, roch gut nach dem Wachs; durch das halb von einem Vorhang bedeckte Fenster drang mild-trübes Tageslicht herein, eine Biene summte gegen die Scheibe.

„Der Louvre", begann er, diesmal seine ganze Herde um sich versammelnd, „besitzt nur zwei Vermeers, weniger als London oder Amsterdam – mengenmäßig, versteht sich; aber in puncto Qualität können wir versichern, daß unsere beiden Gemälde keinen Vergleich zu scheuen brauchen. Links von mir, wie Sie sehen, ‚Die Spitzenklöpplerin', ein kleines Bild, doch ein großes Meisterwerk.

Die Signatur steht rechts auf dem Hintergrund, beachten Sie die Feinheit der Zeichnung, den Gesichtsausdruck des Mädchens, die Farben der Garnstränge, mit denen es arbeitet. Man glaubt, lebendige Wirklichkeit zu erblicken, nur in einer Verkleinerung, durch ein umgekehrtes Opernglas."

Hier pausierte er immer einen Augenblick, um Atem zu holen und die Wirkung seiner Worte auszukosten. Dann begann er von neuem und sah dabei seine Zuhörer an, mit einer Spur Feierlichkeit im Ton:

„Vor dem anderen Vermeer, dem gegenüber, muß man sich verneigen, es ist das meisterlichste aller Meisterwerke, ‚Das nackte Mädchen' von Jan Vermeer van Delft. 1921 in den Besitz des Louvre gekommen. Maße: fünfundsiebzig auf sechsundfünfzig Zentimeter. Der Künstler in seinem Atelier, von hinten gesehen, malt sein Modell, eine nackte junge Frau. Sehen Sie, wie das Licht links durch die Scheiben des Fensters fällt und wie die ganze Grazie des weiblichen Körpers –"

„Aber Monsieur!" unterbrach ihn mit einem starken Akzent hier ein junges, blauäugiges Mädchen, „wo ist das Bild denn?"

Erst da blickte Herr Blanchonnet auf die Stelle an der Wand, auf die er mit der Hand gedeutet hatte, und hätte um ein Haar seinen amerikanischen Kaugummi verschluckt: Auf dem Fleck zwischen dem „Holländischen Interieur" von Pieter de Hooch und dem „Galanten Soldaten" von Terborch hing ein leerer Rahmen. Ein schwarzer Holzrahmen, verglast. Und Blanchonnet wußte nichts zu antworten als: „Fünfundsiebzig auf sechsundfünfzig, ganz richtig."

„Wo ist die Alarmglocke?" fragte ein Schwede.

„Glocke? Was für eine Glocke?" wiederholte Herr Blanchonnet. Dann aber kam er zu sich und schrie los: „Diebe! Diebe! Haltet den Dieb!"

Auf diese Weise wurde im Museum des Louvre, am 18. Mai 19..., um elf Uhr sechsunddreißig der Diebstahl des „Nackten Mädchens" von Vermeer festgestellt.

Auf das von Blanchonnet ausgestoßene Geschrei hin kamen die Aufseher herbeigeeilt, so schnell ihr Alter, ihr Rheuma, ihre Holzbeine es ihnen erlaubten; kurz nacheinander erreichte der Alarm die verschiedenen Ausgänge, und fünf Minuten später waren alle geschlossen. Gleichzeitig alarmierte man das Büro des Hauptkonservators der Gemäldeabteilung, die Verwaltung und das Überfallkommando. Um elf Uhr zweiundvierzig kam der erste der Herren: Monsieur Dupetit-Lefour, der stellvertretende Konservator der Gemäldeabteilung. „Was gibt's?" fragte er die Aufseher.

„Man hat das ‚Nackte Mädchen' gestohlen!"

„Den Vermeer! Lassen Sie sof-sofort dden Saal räumen!" stammelte er.

In diesem Augenblick traf der Verwaltungsdirektor, Monsieur Ancelin, ein.

„Was ist denn?" fragte er seinerseits.

„Das ‚Nackte Mädchen' von Vermeer ist gestohlen!" antwortete Dupetit-Lefour. „Ich habe den Saal räumen lassen."

„Na, da bekommen wir wieder eine schöne Geschichte auf den Hals! Wer hat den Diebstahl festgestellt?"

Der Konservator drehte sich fragend zu dem Hauptaufseher um.

„Blanchonnet war das, ein Führer."

„Wo ist er?"

„Sicher in dem Seitenkabinett."

„Doch mordsintelligent", donnerte der Verwaltungschef, „die Zeugen verschwinden zu lassen! Holen Sie ihn her!"

Blanchonnet war, da er hörte, daß von ihm gesprochen wurde, bereits umgekehrt. Er erstattete seinen Bericht, suchte jedoch, durch die Gegenwart des Herrn Verwaltungsdirektors verwirrt, nach den richtigen Worten: „Ich war am Ende meiner Tour. Wir hatten gerade das Kabinett XIV betreten, ich hatte eben die ‚Spitzenklöpplerin' erklärt und wollte zu dem ‚Nackten Mädchen' übergehen, da, in dem Moment ... in dem Augenblick, wo ..."

Er zögerte, da er nicht wußte, wie er gestehen sollte, daß er vor einem leeren Rahmen gesprochen hatte.

„Ja, in dem Augenblick also, wo Sie Ihren Spruch aufsagen wollten!"

„Ganz recht, da habe ich bemerkt, daß das Bild weg war. Und da habe ich ‚Haltet den Dieb!' gerufen."

„Weshalb ‚Dieb'?" fuhr ihn Herr Ancelin an. „Wieso konnten Sie das wissen? Ein Bild kann ja auch in der Fotografischen sein, im Labor, in der Restauration, was weiß ich –?" Er drehte sich zu dem Konservator um und fragte ihn streng: „Wo ist das Bild denn? Wissen Sie es, ja?“

„Keine Ahnung“, murmelte der arme Dupetit-Lefour.

„Natürlich! Bevor Sie mal eine haben, muß erst die Welt untergehn! Und wo ist Kahn-Valmy? Bestimmt irgendwo zum Teetrinken!“

„Nein, Herr Generaldirektor, vormittags trinke ich niemals Tee“, sagte ein Eintretender. Und Monsieur Kahn-Valmy, Hauptkonservator der Gemäldeabteilung, verneigte sich mit dem Lächeln eines Erzengels.

„Alle erzählen sie mir, das ‚Nackte Mädchen‘ von Vermeer sei gestohlen. Ist es denn nicht in der Fotografischen oder beim Restaurieren?“ fragte Ancelin.

„In der Fotografischen“, antwortete Kahn-Valmy, „haben wir Nummer 1370, ‚Mondscheinlandschaft‘ von van Goyen; Nummer 2674, eine ‚Wirtshausschlägerei‘. Im Labor: Nummer 704, Nummer 2122 – Entschuldigung, ein Velásquez, ein Reynolds. In der Restauration: Nummer 311, Bellini, Nummer 1413, Rembrandt, Nummer 1021, Fragonard. Das ist alles.“ Er schloß den Mund wie einen Aktenordner.

„Also ein Diebstahl?“

„Ich fürchte“, erwiderte Herr Kahn-Valmy ganz friedlich.

„Aber Sie sind doch der Hauptkonservator der Gemäldeabteilung!“

„Gewiß, Herr Verwaltungsdirektor, unter Ihrer Ägide; deshalb habe ich vor zwei Jahren schon um die Installierung einer Warnanlage mit Infrarotstrahlern gebeten. Ich bedauere“, fügte er hinzu, indem er die Stimme eben ausreichend senkte, um desto größere Aufmerksamkeit zu erregen, „daß Sie sich meine Ansichten damals keineswegs zu eigen –“

„Aus Finanzgründen, lieber Freund“, unterbrach ihn Ancelin sehr herzlich. „Sie wissen es doch; wenn es an mir gelegen hätte, dann hätten Sie sie bekommen, Ihre Alarmleitungen! Entschuldigen Sie, wenn ich eben ein bißchen nervös war.“

Eine Unruhe entstand, die Polizei traf ein. Kriminalkommissar Gardel, die Oberinspektoren Pontois und Flory, drei oder vier Inspektoren und Schutzleute. Hinter ihnen die Fotografen. Kommissar Gardel war guter Laune: Foto auf der ersten Zeitungsseite,

Interviews, eine goldrichtige Sache. Bei einem geklauten Bild wird immer über das Ministerium hergezogen, während es bei geknackten Safes oder ausgeplünderten Juwelierläden auf die Polizei losgeht. Lächelnd stellte er Fragen an alle und begann damit bei Verwaltungsdirektor Ancelin. Als der anfangen wollte, ihm das „Nackte Mädchen" zu beschreiben, wehrte er mit Kennergebärde ab: „Aber hören Sie, Herr Direktor, das wäre ja, als schilderten Sie mir die ‚Mona Lisa'!"

In seiner Ecke wartete Herr Blanchonnet trübsinnig darauf, an die Reihe zu kommen, und dachte, daß ihm nun keine Chance mehr bleibe, um zwölf, nicht mal um eins im „Café du Massif Central" zu sein. Neben ihm las die junge Holländerin, die ihn vorhin nach dem Bild gefragt hatte, in ihrem Kunstführer.

Kommissar Gardel erkannte sehr schnell, daß es schwierig sein werde, den exakten Zeitpunkt des Diebstahls zu fixieren. Entdeckt hatte man ihn genau um elf Uhr sechsunddreißig. Einer der von Herrn Blanchonnet geführten Touristen hatte auf die Armbanduhr gesehen – ein Schweizer, also war kein Irrtum möglich, aber auch keine Hoffnung, mehr darüber zu erfahren. Der Aufseher hatte vier Kabinette zu überwachen, ein Hirnverletzter aus dem Krieg, der sich nicht mehr erinnern konnte, ob am Morgen bei der Öffnung das Bild noch an Ort und Stelle gehangen hatte oder nicht. Wen er durch die Säle habe kommen sehen? Nicht viele Leute, fünf oder sechs Frauen, einen Geistlichen, zwei alte Herren im Gespräch ... „Keine Kopisten?"

„Aber ja. Den Vater Barthélemy, der wie gewöhnlich um elf weg ist, und Fräulein Constant, die Blumenstücke macht."

„Ich bin aber da, Herr Kommissar!" meldete sich eine alte Jungfer in einem ehemals weißen, in allen Regenbogenfarben mit Pinselstrichen bekleckten Arbeitskittel.

„Und dieser Barthélemy?" erkundigte sich Gardel.

Der Oberaufseher erwiderte, der sei wohlbekannt; er arbeite seit dreißig Jahren in den Sälen, verkaufe seine Kopien jedoch kaum, weil er einige hübsche kleine Renten und einen Besitz im Departement Orne habe, wo er dienstags zuweilen hinfahre.

„Warum nicht sonntags?"

„Na ja, weil der Louvre am Sonntag doch auf hat."

Um halb zwei war der Kommissar mit seinen Vernehmungen

fertig, der Fotograf hatte ein Dutzend Aufnahmen gemacht und der Spezialist eine ganze Menge Fingerabdrücke auf Rahmen und Glasscheibe des Bildes festgestellt. Kahn-Valmy meinte ironisch: „Unter den Abdrücken werden Sie meine finden und die von sämtlichen Besuchern, die den Bildern am liebsten unter den Firnis kriechen möchten."

„Ich kümmere mich um meinen Beruf, Monsieur", entgegnete ihm der Kommissar. Und Oberinspektor Pontois, eine alte Kratzbürste, setzte hinzu: „Wenn jeder sich um seinen kümmern wollte, wäre das Bild noch auf seinem Platz."

„Geht das etwa auf mich?" begehrte Herr Kahn-Valmy zu wissen.

„Nein, Monsieur – Anwesende ausgeschlossen, wie gewöhnlich."

In diesem Augenblick wurde eine Visitenkarte bis zu Ancelin weitergereicht; der wischte sich die Stirn und zeigte die Karte dem Kommissar.

„*Paris-Soir*", las dieser. „Lassen Sie ihn raufkommen. Und das Publikum können Sie laufenlassen, aber einzeln durchs Drehkreuz, und alle durchsuchen! Was das schon nützt", fuhr er leise fort, „das ‚Nackte Mädchen' muß längst über alle Berge sein!"

Während die Besucher unter den Augen der Inspektoren hinausgingen, tat Kommissar Gardel ein paar Schritte auf den Rahmen zu. Der Fingerabdruckmann sagte zu ihm: „Auf der Vorderseite bin ich fertig. Kann ich ihn jetzt abnehmen und mir die Rückseite ansehen?"

„Natürlich", antwortete Gardel. „Nimm ihn mit ins Polizeipräsidium, wenn's für dich bequemer ist."

Der Beamte nahm mit seinen Gummihandschuhen den Rahmen von der Wand; etwas fiel dabei zu Boden. Der Inspektor bückte sich. „Kleine blaue Blume, Chef." Gardel nahm sie; sie war noch frisch.

„Ein Vergißmeinnicht!" rief die junge Holländerin erstaunt. „Wie hübsch!"

UM VIERTEL vor drei brüllten die Zeitungsverkäufer: „Sensationeller Bilderraub im Louvre! Hier die Einzelheiten! Das ‚Nackte Mädchen' gestohlen!"

Auf der ersten Seite des *Paris-Soir* stand quer über fünf Spalten in Schlagzeilen: „Heute vormittag stahl im Louvre ein Unbekannter Vermeers ‚Nacktes Mädchen'. Einziger Hinweis: Vergißmeinnicht. Junge blauäugige Ausländerin schlug Alarm. Beaux-Arts schweigt."

Der Generaldirektor der „Akademie der schönen Künste", der „Beaux-Arts", Monsieur Bernard, hörte von dem Ereignis durch einen Anruf in dem Restaurant, wo er bei einem Festessen anläßlich der Jahresausstellung der französischen Künstler präsidierte. Den Unterstaatssekretär, den Abgeordneten Frichoux, zu erreichen gelang nicht: der Telefonist hatte vergebens in den acht oder neun Lokalen angerufen, in denen seiner Vermutung nach Frichoux zu Mittag essen könnte. Kampfesmüde hatte er schließlich nochmals Ancelin angerufen und ihm geraten, er möge doch eine Nachricht für Frichoux tippen lassen und sie ihm auf seinen Schreibtisch legen – da fände er sie dann bei seiner Rückkehr.

Ancelin dankte ihm für den guten Einfall und wollte gleich den Text diktieren, brachte aber auf Anhieb keinen Satz zustande, so daß die am Bleistift lutschende Sekretärin nur mit Mühe an sich hielt, um ihn nicht auszulachen. Zu guter Letzt diktierte er ihr fünfzehn Zeilen für den Unterstaatssekretär, verbesserte, stellte um, strich aus, fügte wieder ein und ließ das Ganze dreimal neu tippen; das Blatt wurde in den Beaux-Arts deponiert, gerade als Generaldirektor Bernard von seinem Bankett zurückkam. Man meldete ihm Herrn Kahn-Valmy, Hauptkonservator der Gemäldeabteilung des Louvre; er empfing ihn sofort.

„Ich hielt es für richtig, Herr Generaldirektor, einen Bericht vorzubereiten, den Sie, falls Sie ihn für brauchbar halten sollten, Herrn Frichoux vorlegen könnten. Ich schmeichle mir nicht, Ihren Stil getroffen zu haben, aber es mußte ja rasch gehen: Der Herr Minister findet da ein paar Worte über Vermeer und seine Werke, die Beschreibung des Bildes, die Umstände, unter denen es in den Louvre gekommen ist, und eine Übersicht über die wichtigsten Diebstähle in ausländischen Museen. Falls er die Presse empfangen will, hat er dann alle Unterlagen beisammen."

Herr Bernard las Kahn-Valmys Bericht. Ein bißchen lang, aber gar nicht so schlecht. Auf Seite drei ersetzte er ein „übrigens" durch ein „außerdem", tilgte auf Seite sechs das zu häufig wiederkehrende Wort „Meisterwerk" und setzte statt dessen „epochale Leistung".

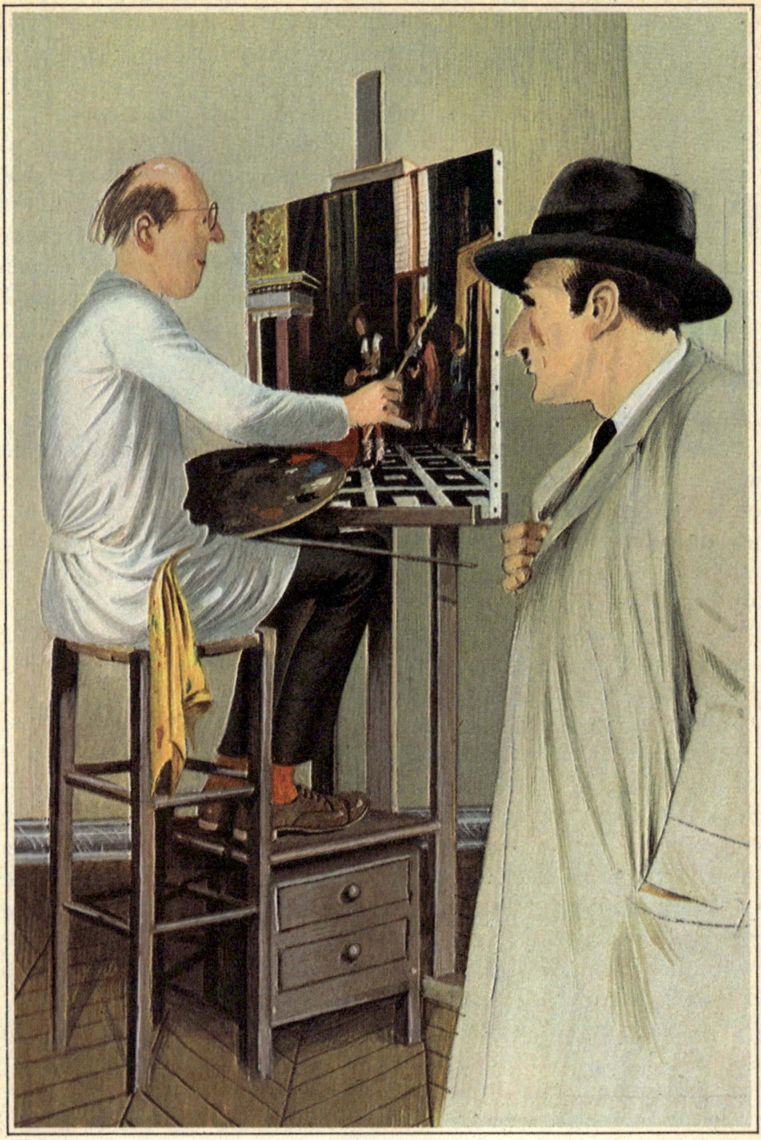

„Vielen Dank, lieber Freund“, sagte er. „Eifersüchtige behaupten, Sie hätten es immer eilig, ich dagegen sage, daß Sie prompt sind, und mache Ihnen dieses Kompliment ohne Vorbehalt.“

Der Amtsdiener trat ein. „Der Herr Minister bitten Herrn Generaldirektor, sogleich bei ihm im Arbeitszimmer vorzusprechen.“

„Ich komme.“

Unterstaatssekretär Frichoux saß auf seinem Mahagonisessel, blicklos, mit dem Aussehen eines, der mit dem Knüppel eins hinter die Ohren bekommen hat. Er ließ Bernard bis an sich herankommen und schob ihm dann mit matter Handbewegung den Zettel von Ancelin hin. Seine Lippen bewegten sich, und undeutlich vernahm der Generaldirektor: „Katastrophe. ‚Nacktes Mädchen‘. Ancelin. Blöder Wisch.“

Behutsam nahm Bernard den Text und las ihn; dann lächelte er bitter, hob den Blick zum Kronleuchter und bemerkte: „Unfähig, auf seine Bilder aufzupassen. Unfähig zur Abfassung einer Benachrichtigung!“

„Nicht wahr?!“ brüllte der Unterstaatssekretär. „Was kann ich den Zeitungsleuten jetzt sagen? Doch klar, daß da eine Stellungnahme erforderlich ist.“

Mit einer Geste beruhigte ihn Bernard. „Herr Minister, ich habe auf gut Glück einen kleinen Bericht diktiert, aus dem Sie Anregung schöpfen könnten.“

„Zeigen Sie mal her.“

Bedächtig las Frichoux den Text und unterstrich dabei einige Sätze mit dem Blaustift. Schließlich sagte er: „Ist ja enorm interessant! Von alledem habe ich gar nichts gewußt. Moderne Malerei hab ich sehr gern, aber mit den Alten, da kenne ich mich nicht so aus. Ich werde aber doch von Zeit zu Zeit mal in den Louvre gehen müssen; und zwar in Ihrer Begleitung!“

„Mit Vergnügen, Herr Minister.“

„Aber damit ist es nicht getan. Die Journalisten werden uns einheizen! Zwanzig Anrufe haben wir schon gehabt. Was raten Sie mir? Und dabei ist der Unterrichtsminister in Genf!“

„Vielleicht wäre es am besten, alle Journalisten auf einmal zu empfangen, am Spätnachmittag.“ Der Kabinettschef, der lautlos eingetreten war, nickte zustimmend.

„Ja – aber was sage ich denen? Denn mein Gebiet ist doch nicht die Kunst, sondern die Landwirtschaft, und ich habe das am Tag der Kabinettsbildung auch dem Ministerratsvorsitzenden gesagt! Daß ich für diesen Diebstahl nichts kann, liegt auf der Hand; trotzdem wird man mir einen Strick draus drehen, die Presse wird mich attackieren. Man muß denen gleich heute abend schon mit einer Presseerklärung das Maul stopfen. Es darf nicht so aussehen, als wollte ich mich verteidigen, aber man muß dem Angriff zuvorkommen. Wie Sie sagen, ist dieses ‚Nackte Mädchen' also ein Meisterwerk?"

„Leider ja, Herr Minister!"

„Also müssen Gegenmaßnahmen ergriffen werden. Dieser Schrieb vom Verwaltungsdirektor der Staatlichen Sammlungen ist blöd."

„Schwach ist er, Herr Minister, gewiß. Herr Ancelin wird heftig angegriffen werden."

„Er ist der tatsächlich Verantwortliche", meinte der Kabinettschef.

„Einer der Verantwortlichen, jedenfalls", entgegnete Herr Bernard korrigierend. „Er ist vierundsechzig, in einem Jahr hat er die Altersgrenze erreicht. Man könnte ihn vielleicht um seine Pensionierung ersuchen lassen."

„Nein, nein! Um seinen Rücktritt!" zischte Frichoux. „Das hat er verdient. Wäre doch nur der Minister aus Genf zurück!"

Genau in diesem Moment summte das Telefon. Der Kabinettschef ging an den Apparat und sagte dann, mit einer Hand auf der Sprechmuschel: „Der Herr Minister – der Minister ruft Sie aus Genf an!"

Frichoux ergriff den Hörer. „Ja, ich bin's, guten Tag. Das ‚Nackte Mädchen' – ganz recht; Bernard sagt, es ist ein Meisterwerk. Wie bitte? Sie glauben, daß es in der Deputiertenkammer zu einer Interpellation kommt? Kann sein. Ich empfange heut abend die Journalisten. Es müssen Maßnahmen angekündigt werden. Ich habe daran gedacht, die Pensionierung von Ancelin anzudeuten. Sind Sie einverstanden? Nein? Oh, warum? Hat starken Rückhalt? Gut. Die Presse vertrösten? Werde es versuchen. Bis bald, auf Wiedersehn."

Er besann sich einen Augenblick und wandte sich dann an

Bernard: „Nun, ich danke Ihnen, mein Lieber; meine Stellungnahme zeige ich Ihnen nachher."

Herr Frichoux blieb mit seinem Kabinettschef allein zurück; einen Augenblick sah er die Tür an, durch die Bernard hinausgegangen war, und sagte dann zuletzt: „Dies miese Stück, haben Sie das gesehn? Rücktritt von Ancelin – da wollte er mich schön hereinfallen lassen!"

„Zum Glück haben Sie sich vorgesehen, Herr Minister", sagte sein ergebener Mitarbeiter.

„Zum Glück! Hier geht's zu wie auf dem Jahrmarkt: Trau keinem, weder Vieh noch Volk!"

UNTERDESSEN setzte im Louvre Kommissar Gardel seine Nachforschungen fort. Die Überprüfung der Besucher an den Ausgängen hatte nichts erbracht. Ebensowenig die Durchsuchung der Abstellräume, Wandschränke und Garderoben. Die einzige Aussage von einigem Interesse war die von Vater Barthélemy, dem Kopisten, gewesen; er war um zwei ins Museum zurückgekehrt und sogleich von Gardel ausgefragt worden.

Barthélemy arbeitete seit einem Vierteljahr im Kabinett XVI, um einen Gabriel Metsu zu kopieren: eine schwierige Aufgabe, bei der er sich häufig einer Lupe bedienen mußte und kaum die Möglichkeit hatte, auf das zu achten, was um ihn herum vorging, geschweige denn im übernächsten Raum. Wie jeden Morgen war er um zehn Uhr eingetroffen; das „Nackte Mädchen" hatte an seinem Platz gehangen, das glaubte er bestätigen zu können. Als er wie immer um halb zwölf wieder gegangen war, hatte er nichts Ungewöhnliches bemerkt. In dem Vermeer-Kabinett hatte er haltgemacht, um einen Augenblick die „Spitzenklöpplerin" zu betrachten.

„Voriges Jahr hab ich den ‚Galanten Soldaten' von Terborch kopiert, der links neben dem ‚Nackten Mädchen' hängt. Ich habe oft Leute vor der ‚Nackten' stehenbleiben sehen, viel häufiger als vor der ‚Spitzenklöpplerin'."

„Warum? Wegen des Themas?" fragte Gardel.

„Die jungen Leute sicherlich und auch ein paar alte. Aber, Herr Kommissar, die beiden Bilder sind nicht miteinander zu vergleichen! Die ‚Spitzenklöpplerin' ist eine reizende Sache, mit der Mörtelwand und dem seidenen Kleid, aber weiter als ein junges Mädchen, das sich über seine Arbeit beugt, ist es nicht. Das ‚Nackte Mädchen' dagegen, das ist achtmal so groß, und die Fläche – die zählt bei Vermeer! Der Maler ist vom Rücken her gesehen, von ihm erscheinen nur die Schulter, der Kopf und die eine Hand, die mit einem Pinsel Maß nimmt, und diese ganze Partie ist so nah vor einem, daß man das Gefühl hat, es ist ein am Fenster sitzender Mann, und durch das Fenster sieht man einen Akt, den einzigen, den Vermeer jemals gemalt hat. Diese Haut, dies Perlmutter!"

Der Kommissar hörte amüsiert dem guten Alten zu, der sich offenbar viel mehr für die Malerei interessierte als die Herrschaften, die mit ihrer Erhaltung beauftragt waren. Er wollte ihn noch weiterreden lassen. „Selbst haben Sie dieses ‚Nackte Mädchen' nie kopiert?"

Herr Barthélemy schüttelte den Kopf. „Niemals. So was läßt sich nicht kopieren. Das arme Fräulein Constant hat es einmal versucht. Wenn Sie das gesehen hätten! Und dabei versteht sie ihr Handwerk."

„Und zu dem Diebstahl fällt Ihnen nichts ein?"

„Gar nichts."

„Schön", sagte der Kommissar abschließend, „ich danke Ihnen, Herr Barthélemy! Aber um eine Gefälligkeit werde ich Sie vielleicht doch bitten. Man sagt, Diebe und Mörder kehrten oft an den Schauplatz ihres Verbrechens zurück; das stimmt zuweilen. Würde es Ihnen sehr viel ausmachen, wenn Sie Ihre Staffelei für ein, zwei Monate im Kabinett vierzehn aufstellten, um dort irgend etwas Ihnen Zusagendes zu kopieren und dabei die Leute zu beobachten, die vor dem leeren Rahmen stehenbleiben? Sollte etwas dabei Ihre Aufmerksamkeit erregen, so wären ständig zwei Polizeibeamte in der Nähe, die Sie nur zu verständigen brauchten. Darf ich auf Sie zählen?"

Barthélemy schien einen Moment zu zögern, streckte dann aber dem Kommissar die Hand hin: „Einverstanden! Wenn ich Ihnen behilflich sein kann, das Bild wieder in den Louvre zu bringen, mach ich es; ich hab ein wenig das Gefühl, als wär es meines."

„Wieso denn?" fragte der Kommissar.

„Ich war mit Herrn Laspeyres befreundet, der es dem Louvre gestiftet hat. Wenn Sie wollen, erzähle ich Ihnen die Geschichte."

„Sehr gern, nur heute nicht. Ich muß dem Leiter der Kriminalpolizei meinen Bericht erstatten. Bis bald!"

Sie trennten sich. Vater Barthélemy richtete sich an seiner Staffelei ein und machte sich daran, weiter an dem linken Flügel eines roten Schmetterlings zu malen, als wäre nichts geschehen.

Bei der Pressekonferenz in der Rue de Valois ging anfangs alles ganz glatt. Unterstaatssekretär Frichoux verlas seinen Text in festem Ton, ließ für jede Zeitung ein Exemplar verteilen und fragte sehr leutselig, ob jemand Fragen zu stellen habe. Ein Redakteur des *Réveil* ergriff das Wort, dankte namens seiner Kollegen und sagte sodann:

„Herr Minister, selbstverständlich gibt es Diebe in allen Ländern; aber kein Museum ist derartig von ihnen heimgesucht worden wie der Louvre: gestern die ‚Mona Lisa' von Leonardo, ‚Der Gleichgültige' von Watteau, heute das ‚Nackte Mädchen' von Vermeer. Der öffentlichen Meinung nach ist diese Liste bereits zu lang. Gewiß ist es nicht Ihre Schuld, denn Minister kommen und gehen, während die Ämter bleiben; aber wir haben den Eindruck, daß morgen ebensogut auch die ‚Venus von Milo' geraubt werden könnte."

Frichoux hielt den Augenblick, den großen Coup zu landen, für gekommen. Er konnte Bernard die Gemeinheit nicht vergessen, daß er ihn hatte veranlassen wollen, Ancelin zum Rücktritt zu nötigen.

„Was die Ämter angeht, da haben Sie recht, aber wenn ich da auch nur ‚Passant' bin, so wird doch eine Spur von meinem Durchgang bleiben! Wir sind für die großen Kunstwerke verantwortlich, nicht nur der Öffentlichkeit gegenüber, sondern auch gegenüber den Meistern, die sie geschaffen haben, und ich kann es Watteau und Leonardo und Milo schwören, daß ihre Meisterwerke künftig gut bewacht sein werden!"

Eine unsichtbare Woge durchrann den Kreis der Journalisten, aber keinen von ihnen kam auch nur ein Lächeln an, und der als erster gesprochen hatte, bat mit Leichenbittermiene den Herrn Minister um die Wiederholung seiner Verlautbarung. Frichoux, mit seiner Formulierung sehr zufrieden, diktierte sie Wort für Wort, und die Konferenz endete sehr rasch, als hätte jeder der Herren es eilig, seinen Bericht abzufassen.

DER Sekretär im Ministerialbüro der Beaux-Arts, der die Presse auszuwerten hatte, entledigte sich dieser Aufgabe stets gewissenhaft und leidenschaftslos. „Lesen tu ich die Zeitungen nie", pflegte er zu sagen, und es stimmte: wenn er die dreißig oder vierzig Morgenblätter und die dreizehn Abendausgaben ausgeschlachtet hatte, indem er alles heraussuchte, was sich auf das Amt des Unterstaatssekretärs und diesen selbst bezog, und seine Ausschnitte sorgfältig auf dünnes Schreibpapier geklebt hatte, wäre er doch in Verlegenheit gewesen, wenn er hätte sagen sollen, ob der Papst lebendig oder tot sei, in China Frieden herrsche oder Krieg, selbst ob Frankreich eine Republik oder eine Monarchie sei. An diesem Morgen aber trat der würdige Mann aus seiner gewohnten Bahn, beugte sich zu dem Schreibfräulein, das ihm abwechselnd Schere und Kleisterpinsel reichte, und bemerkte: „Was ist denn mit Frichoux passiert, heute morgen, das habe ich ja noch nie erlebt!"

Von *La Tradition* angefangen bis zu *La Commune* zog die gesamte Presse über den armen Frichoux her. „Ein Analphabet in den Beaux-Arts" lautete die Überschrift des Leitartikels in *Le Peuple. La Liberté* begann ihren mit den Worten: „Wenn einst in der Fabel La Fontaines ein Affe den Piräus für einen Menschen hielt, was ist es dann für ein Tier, das da gestern Milo für einen Künstler gehalten hat? Ein *Minister* ist es, und zwar ein französischer. Die Schamröte tritt einem ins Gesicht..." Alle Zeitungen ohne Ausnahme verlangten einen Wechsel im Ministerium, *La Tradition* und *La Commune* einen des Regimes.

Nach Beendigung dieser Lektüre bot Frichoux dem Ministerpräsidenten Charvin seine Demission an, aber der nahm sie nicht an:

„Nein, mein lieber Freund, wir gehen entweder alle, oder wir bleiben. Wenn wir nicht gestürzt werden, können Sie in drei oder vier Wochen aus dem Amt scheiden – aus Gesundheitsgründen oder privaten Motiven –, aber ich erkläre mich solidarisch mit Ihnen, ausgenommen, was Milo angeht, das zu meiner Zeit noch eine Insel war."

„Doch ein todanständiger Kerl", murmelte Frichoux.

Tatsächlich war Charvin gar nicht so ärgerlich über die Geschichte; er wußte, daß gegen Mitte Juni seine Politik auf dem Kongreß der Staatsbeamten heftig angegriffen würde und daß er sich nur mit Mühe bis zu den großen Ferien werde halten können. Als Ministerpräsident mit vierundvierzig Jahren war er jetzt ein Jahr lang ohne ernstere Zwischenfälle an der Macht gewesen und spürte, daß der Augenblick gekommen war, den Platz zu räumen; kein Kabinett könnte ohne ihn gebildet werden, er bliebe im Außenministerium und sähe von dort aus sehr interessiert zu, wie sein Nachfolger es anstellen würde, einen defizitären Haushalt auszugleichen, indem er die indirekten Steuern herabsetzte und die Bezüge der Beamten und Angestellten um zwölf Prozent erhöhte, wie die Gewerkschaften es verlangten – aber das brauchte Frichoux ja durchaus nicht zu wissen.

Die Sitzung der Deputiertenkammer am 21. Mai wurde zum Tribunal. Sie begann als Komödie, außer für den bedauernswerten Frichoux, der von jedermann mit mehr oder minder gelungenen Späßen eingedeckt wurde. Stumm, da Charvin ihm verboten hatte, den Mund aufzumachen, hörte er die Redner an, die ihn fragten, woher er die Unverfrorenheit nehme, noch zu bleiben, wo sein Platz doch viel besser in einem Abendkurs wäre. Der Führer der Rechten richtete eine glänzende Anklagerede wider das Regime: „Könige", sagte er, „haben den Louvre errichtet, aber Geduld, Ihnen wird es schon gelingen, ihn zu zerstören!" Und er fügte, als gelacht wurde, hinzu:

„Wir haben heute jedoch erfahren, daß jetzt ein elektrisches Sicherungssystem installiert wird. Diese Maßnahme zielt ohne Zweifel darauf ab, den Dieb daran zu hindern, das ‚Nackte Mädchen' zurückzubringen, falls er Gewissensbisse bekommen sollte..."

Bei diesen Worten erschütterte ein Lachsturm das Haus. Ministerpräsident Charvin unterbrach ihn von seinem Platz aus mit schneidender Stimme: „Was Sie da sagen, mein lieber Herr, ist höchst amüsant, aber" – fuhr er fort, diesmal zur äußersten Linken gewandt – „gestehen Sie es nur, meine Herren, Ihnen ist doch jeder Vorwand recht, um sich in Ihren negativen Bemühungen zu verbünden! Den einen Tag ein Eisenbahnunglück, am nächsten der Ausrutscher eines ehrenhaften Mannes. Stellen Sie sich auf den Kopf, wenn Sie wollen, ich möchte denn doch sehen, wie Sie morgen, um die Mehrheit zu bekommen, Ihre Programme aufeinander abstimmen wollen!"

Worauf Charvin, seiner Kabinettskrise gewiß, sich setzte. Frichoux schüttelte ihm zu Tränen gerührt die Hände; eine Dreiviertelstunde später wurde die Regierung mit 286 gegen 278 Stimmen gestürzt.

Der Machtwechsel vollzog sich ohne Schwierigkeiten: Charvins Vorgänger folgte ihm, Charvin selbst ging ins Außenministerium; nur einige Statisten, darunter Frichoux, blieben auf der Strecke. Aber Charvin, dem Frichoux eine grenzenlose Dankbarkeit bewahrte, klopfte ihm auf den Rücken und sagte:

„Das nächstemal sprechen wir von Landwirtschaft."

Das neue Kabinett stellte sich am 25. Mai den Abgeordneten vor. In der Regierungserklärung des Ministerpräsidenten wurde ein Satz – über den notwendigen Schutz des künstlerischen Erbes Frankreichs – von allen Bänken mit Beifall bedacht; aber im Verlauf der Interpellationen war dann nur noch von den Absatzschwierigkeiten für Rinder und vom Streik der Gaswerkmänner die Rede.

2

Während sich diese politischen Ereignisse abspielten, ging die Untersuchung des Kriminalkommissars Gardel weiter. Man fragte die Parkettwichser und die Fliesenscheurer aus; unterdessen wurde die Überwachung der Landesgrenzen verschärft. Die Zeitungen mischten sich ein, und ihre Reporter verfolgten die verschiedenartigsten Fährten. Die Öffentlichkeit regte sich über den Diebstahl mehr auf als über die Regierungskrise – was ohne weiteres verständlich ist, denn letzten Endes war es erst der fünfte oder sechste Diebstahl im Louvre, dagegen die hundertzwanzigste oder -dreißigste Krise im Staatswesen.

Nach acht Tagen mußte man sich im Polizeipräsidium notgedrungen eingestehen, daß man auf der Stelle trat. „Ärgerlich", sagte der Leiter der Kriminalpolizei zu Gardel. „Ich weiß ja schon, was Sie mir antworten werden: Abgesehen von den Rückfalltätern, die noch immer von Zeit zu Zeit so dämlich sind, ihre Diebstähle mit ihren Fingerabdrücken zu signieren, können wir nur noch auf Denunziationen oder auf einen Zufall hoffen, um die Schuldigen ausfindig zu machen. Nur tut eben die Öffentlichkeit nicht mehr mit, nach all diesen Komödianten, die ihr Kriminalromane am laufenden Band liefern. Das hat mal mit Sherlock Holmes angefangen, der anhand eines Hutfutters und eines Zigarrenstummels einem Mörder auf die Spur gekommen ist."

„Und nicht mal so was habe ich!" jammerte Gardel.

„Und weitergegangen ist es mit Simenons Inspektor, der seinerseits alles auseinanderfitzt, während er seine zehn oder zwölf Päckchen Caporal bleu verqualmt. Resultat: man wird uns aufs Kreuz legen! Ich kriege jetzt schon wegen dieser Geschichte mehr beleidigende Briefe als vertrauliche Hinweise. Der Innenminister läßt uns zwar momentan ungeschoren, aber sowie er mit den Gasleuten Frieden gemacht hat, nimmt er sich den Polizeipräfekten her, und was soll der Chef denn antworten? Nicht mal ein Spürchen, das was verspricht, mit dem man die Leute etwas beschwichtigen könnte!"

Sehr mißmutig faßte Gardel die Sache zusammen: „In puncto Zeugenaussagen: nichts, was der Erwähnung wert wäre. In puncto materieller Indizien: Fingerabdrücke – Fehlanzeige! Nichts dabei, was in das Archivmaterial der Rückfalltäter paßte. Das Vergißmeinnicht scheint am Morgen des Diebstahls gepflückt worden zu sein, wahrscheinlich im Innenhof des Louvre, wo ein ganzes Beet damit eingefaßt ist. Damit läßt sich nichts anfangen. Überwachung im Seitenkabinett: bisher kein Ergebnis; der Kopist, den ich dort hingesetzt habe, und meine Inspektoren haben nichts gemeldet."

„Und ebensowenig unsere gewöhnlichen Spitzel", erklärte Gardels Vorgesetzter.

„Zwangsläufig! Der Dieb hat das ‚Nackte Mädchen' sich ja nicht geholt, um es weiterzuverkaufen; er weiß genau, daß es unverkäuflich ist. Also könnten wir es zu tun haben a) mit einem geisteskranken Sammler, b) mit einem Sexualneurotiker, drittens mit einem chauvinistischen Holländer, der das Meisterwerk zurück ins Vaterland bringen wollte. Ich schließe diese Hypothese aber aus, denn die holländische Polizei ist vom ersten Tag an von allem unterrichtet. Bleiben die beiden anderen. Sie werden zugeben müssen, Herr Direktor, daß wir, um jede der beiden Spuren zu prüfen, imstand sein müßten, in sämtlichen Häusern von Paris und der Provinz Durchsuchungen zu veranstalten!"

„Das stimmt leider“, gab der Direktor zu. „Ich fürchte doch, daß wir dabei hereinfallen würden. Man wird in diesem Fall von dem nächsten besten Verbrechen profitieren müssen, das etwas Aufsehen erregt, um die Aufmerksamkeit darauf abzulenken und unsere Sache einschlafen zu lassen; aber ganz so einfach wird das nicht werden, wenn ich nach der Zahl der Briefe urteilen soll, die sie uns einträgt. Da – die Post von heut morgen! Natürlich, schon um nichts unterlassen zu haben, überprüfen wir alles, was drinsteht, aber ich habe da weiter keine Sorgen.“

In bitterem Ton las er vor:

„Herr Polizeipräsident! Teilen Ihnen hierdurch mit, daß das ‚Nackte Mädchen‘ an die Amerikaner verkauft worden ist...“

„Sehr geehrter Herr Polizeipräsident! Haben Sie schon einmal an die eingesparten Beamten und Angestellten gedacht? Es könnte doch sein, daß von denen jemand...“

„Sehr geehrter Herr Direktor! Das ‚Nackte Mädchen‘ wurde auf Befehl der Freimaurer gestohlen und soll künftig zur Abhaltung von schwarzen Messen dienen...“

„Herr Präsident! Das ‚Nackte Mädchen‘ ist von dem Abbé J.-H. Perrigny aus dem Louvre entwendet und auf Grund der Unsittlichkeit des Bildgegenstandes in den Kellerräumen des in der Rue d'Ulm gelegenen Hauses Nr. 35 vor Zeugen verbrannt worden...“

Beide brachen in Gelächter aus – Rue d'Ulm Nr. 35 war das Lehrerseminar! Ein typischer Studentenulk. Der Direktor ging zum nächsten Brief über:

„Sehr geehrter Herr Präfekt! Von dem Dieb weiß man nichts; hat man jedoch das gestohlene Gemälde bereits hinlänglich studiert? Die Zeitungen berichteten, es sei 1921 von einem Herrn Laspeyres dem Louvre gestiftet worden. Ist dieser Herr vernommen worden, falls er noch lebt? Hat er nicht Lust verspürt, seinen Vermeer einmal wiederzusehen? Oder, falls er das Werk auf einer Versteigerung erworben hat, hätte nicht ein anderer, weniger glücklicher Sammler sich seiner bemächtigen können, nachdem er, um jedes Mißtrauen einzuschläfern, lang genug gewartet hätte? Sollte dieser Herr Laspeyres verstorben sein, ist dann bei seinen Leibeserben nachgeforscht worden?...“

Der Brief, mit der Maschine geschrieben, aber nicht unterschrieben, war am Boulevard St-Germain auf die Post gegeben worden.

„Immerhin, dumm ist das nicht, dieser Ratschlag! In zwei, drei Tagen könnten Sie über diesen Laspeyres Auskünfte haben."

„Ich hoffe, sie schon heute abend zu bekommen", entgegnete Gardel, sprang in ein Taxi und ließ sich in den Louvre fahren.

Im Kabinett XIV saß Monsieur Barthélemy vor seiner Staffelei und kopierte das „Holländische Interieur" von Pieter de Hooch, wobei er sich mit minutiöser Sorgfalt der Marmorierung der Kaminsäulen widmete. Mit einem kaum übertrieben natürlichen Ausdruck studierte ein Polizeiinspektor äußerst gründlich die „Wassersüchtige Frau" von Gérard Dou, trat dicht an das Bild heran, tat einen Schritt zurück, um besser urteilen zu können, sei's über ein Detail, sei's über das Ganze. Sein Kollege hockte auf einer Bank und las *L'Aurore*. Gardel winkte sich die beiden heran. „Haben Sie nichts bemerkt?"

„Nichts, Chef."

Herr Barthélemy sah hoch und erkannte ihn. Der Kommissar wandte sich vergnügt an ihn: „Hübsch, was Sie da malen! Von wem ist das?"

„Von Pieter de Hooch, erinnert etwas an Vermeer. Im 18. Jahrhundert wurde so was viel höher geschätzt; oft hat man ihm Vermeers zugeschrieben. Bei zweien oder dreien hat man sogar die Signaturen geändert, um den Preis hinaufzutreiben; jetzt ist es umgekehrt – ein Vermeer ist zehnmal soviel wert wie ein de Hooch. Im übrigen..."

Aber Gardel war nicht gekommen, um einen Lehrgang über die niederländischen Interieurmaler mitzumachen; er unterbrach Barthélemy etwas brüsk: „Haben Sie zufälligerweise über Mittag nichts vor? Ich würde mich gern mit Ihnen unterhalten."

Vater Barthélemy, zweifellos ein wenig ärgerlich darüber, daß er seinen kleinen Vortrag nicht loswerden konnte, ließ sich bitten – er habe so seine Gewohnheiten, er halte Diät, er wolle nur erst noch sein Pensum fertigmachen; schließlich sagte er zu und ließ sich von dem Kommissar mit in den „Bœuf à la Mode" nehmen.

Das Restaurant war fast leer. Die Kassiererin saß zwischen zwei Hortensien und mopste sich. In einer Ecke träumte ein einzelner

Herr vor einer Platte mit Horsd'œuvre; Gardel grüßte ihn, aber er bemerkte ihn überhaupt nicht, indes seine Hand mechanisch den Deckel des Salzfäßchens auf- und wieder zuschraubte.

„Das ist Frichoux, der Unterstaatssekretär, den sie wegen unserer Affäre abgesägt haben. Armer Kerl!“

„Den bedauern Sie?“ fragte Barthélemy erstaunt.

„Mein Gott – er ist Minister gewesen, hat sich für 'nen großen Mann gehalten, und jetzt, da ist er genauso schlau wie zuvor und lächerlich obendrein.“

Ein schwaches, doch recht grausames Flämmchen flackerte für einen Moment in den Augen des alten Kopisten.

„Ich“, sagte er, „bedauere die großen Maler, die in ihren Dachkammern gehaust haben, ich bedauere Vermeer, der seinem Bäcker über sechshundert Gulden schuldete, als er starb; ich bedauere Géricault, der im Wahnsinn gestorben ist – oder Manet, der es erleben mußte, wie die Hohlköpfe geehrt wurden, die Auszeichnungen kriegten und ins Institut de France aufgenommen wurden. Aber ich werde nicht wegen irgendwelcher Trottel weich, die einen Posten verloren haben, auf den sie niemals gehört hätten! Außerdem – auf einen eingebüßten Minister kommen zehn neugebackene, während das ‚Nackte Mädchen‘, falls Sie das nicht wieder zu fassen kriegen ...“ (Er seufzte und trank sein Glas aus.) „Sehr ordentlich, dieser Chablis. Nun gut, Herr Kommissar, auf jeden Fall hat mir die Sache das Vergnügen Ihrer Bekanntschaft verschafft. Man begegnet ja nicht alle Tage einem intelligenten Menschen ...“

Gardel korrigierte ihn: „Intelligent? Pah! Ich wäre vielleicht nicht dümmer als sonstwer, aber in unserem verflixten Beruf, da gibt's keine Ferien, keinen Abend für sich, wo man in Ruhe, die Füße am Kamin, lesen könnte oder ein gutes Theaterstück sehen! Das halbe Leben verbringt man damit, Schafsköpfe zu verhören oder Schurken nachzustellen. Geht man in die Oper, dann nur, um ein Diadem zu bewachen; fährt man nach Cannes, geschieht's, um einen Gauner zu beschatten. Ach! Wenn ich mal in Pension gehe, ich mache kein privates Detektivbüro auf!“

„Und was machen Sie statt dessen? Die Tage sind mit sechzig genauso lang wie mit vierzig. Erst wenn man sehr alt geworden ist, kommt es einem vor, als verginge die Zeit sehr viel schneller.

So ist zum Beispiel, ach ja, sehen Sie, mein Freund Laspeyres, von dem ich Ihnen, glaub ich, erzählt habe, der ist mit achtundachtzig gestorben. In seinen letzten Lebensjahren brauchte er drei Stunden, um seine Zeitung zu lesen, und hatte dabei immer das Gefühl, nur fünf Minuten damit zugebracht zu haben."

„Ja, den Herrn haben Sie erwähnt; der war es doch, nicht wahr, der das ‚Nackte Mädchen' dem Louvre vermacht hat?"

„Ah, das ist eine ganze Geschichte! Eine amüsante, aber sie würde Ihnen doch ein bißchen zu lang werden."

„Durchaus nicht", protestierte Gardel, „mich würde das sehr interessieren, und so beim Essen..."

„Gut, ich erzähle sie Ihnen zum Nachtisch."

Vater Barthélemy schien es jetzt gar nicht mehr eilig zu haben. Ganz offensichtlich war ihm wohl zumute, er genoß kennerisch den Bordeaux – sehr guten Médoc habe er in seinem Landhaus in La Ville-aux-Nonnains in Orne. Wenn der Kommissar da einmal dienstags, jetzt im Sommer, hinkommen wolle, nachdem er das ‚Nackte Mädchen' wiederhabe! Da gingen sie dann zusammen Forellen angeln!

Einen Augenblick fragte Gardel sich, ob der gute Alte sich über ihn lustig mache, aber der sog sich mit dem Duft seines Gruaud-Larose mit so deutlichem und gänzlichem Genuß voll, daß für Ironie offensichtlich kein Platz mehr in ihm verblieb.

Zuletzt wurden ihnen Crêpes Suzette serviert.

„Na, Herr Kommissar, ich will Sie nicht länger schmachten lassen! Gut also, ich habe die Bekanntschaft von Monsieur Laspeyres 1904 im Louvre gemacht. Schon damals kopierte ich Bilder, Niederländer natürlich, und Herr Laspeyres blieb oftmals stehen, um mir bei der Arbeit zuzusehen. Er fragte mich, ob ich auch Gemälde restaurierte, weil er eine Sammlung von niederländischen und flämischen Kleinmeistern habe, an die fünfzig Stück, die er sich so im Lauf seiner Amtszeit als Stadtrat zusammengekauft habe. Ich sagte nein; das Risiko sei zu groß, daß man die Kunden nicht zufriedenstellen könne und daß ich meines Berufs zum Lebensunterhalt nicht bedürfe. Herr Laspeyres nahm mich mit zu sich nach Haus, wir redeten über Malerei, diskutierten über seine Bilder; er hatte sieben oder acht wirklich hübsche, vor allem eine ‚Wirtshausschlägerei' von Jan Sten und den ‚Kanal' von van

Goyen, die er dem Louvre vermacht hat, zusammen mit dem ‚Nackten Mädchen', das Sie interessiert."

„‚Das mich interessiert!' – auch eine Art, es auszudrücken", knurrte der Kommissar, den dies lange Geschwafel etwas ärgerte.

„Also gut: das Sie beschäftigt. Nun, hier die Geschichte zu diesem ‚Nackten Mädchen'! Eines Tages im August 1910 waren wir zusammen in den Louvre gegangen, und ich begleitete Herrn Laspeyres hinterher wieder nach Haus. Er hatte in der Rue de l'Université, Nummer siebzehn, ein schönes Appartement, und ich sagte immer zu ihm: ‚Herr Stadtrat' – er ließ sich so gern mit seinem Titel anreden! –, ‚ich liebe diese Niederländer genauso wie Sie, aber bei Ihrer Zimmerhöhe müßten Sie trotzdem einige große Bilder haben. Ich hab da grade eine sehr schöne mythologische Darstellung gesehen, bei einem Antiquar in der Rue des Saints-Pères. Es würde mich nicht wundern, wenn man da irgendwo in der Ecke auch eine gute Signatur entdeckte.' Er hat mir geantwortet: ‚Das seh ich doch jetzt schon – Weiber mit Schenkeln wie Schinkenkeulen und Busen wie Luftballons, die es im Warenhaus als Zugabe für die Kinder gibt! Na gut, gehen wir mal hin!' Das Bild gefiel ihm nicht: ‚All die Nuditäten dann in meinem Salon! Ich würde ja meiner alten Haushälterin nicht mehr ins Gesicht zu sehen wagen!' Wir sind dann noch in andere Läden gegangen, und bei einem kleinen Trödler in der Rue de Seine blätterte ich grad in einer Mappe mit Drucken, während Herr Laspeyres ein paar an der Wand abgestellte Gemälde umdrehte. Plötzlich ruft er mich und flüstert mir durch die zusammengebissenen Zähne zu: ‚Sehn Sie sich das hier mal an, und vor allem, sagen Sie nichts!' ‚Das hier', Herr Kommissar, war das ‚Nackte Mädchen' von Vermeer van Delft, aber verdreckt und verstaubt, unter einem Firnis aus Kutschenlack!"

„Und dann?" fragte Gardel.

„Daraufhin spielte sich die übliche Komödie ab: Herr Laspeyres fragt nach dem Preis, der Trödler verlangt fünfhundert, wir schreien Zeter und Mordio, bieten zweihundert, und zuletzt nimmt der Stadtrat es für dreihundert mit.

Bei ihm zu Haus haben wir das ‚Nackte Mädchen' in seinem Arbeitszimmer auf einen Stuhl ans Fenster gestellt, und der Stadtrat hat gestammelt: ‚Für – für mich ist das – ist das ein Ver-

Ver-Vermeer van Delft!‘ In der damaligen Zeit war von diesem Maler viel weniger die Rede als heute, aber trotzdem, es war doch ein toller Fund, und ich war ein bißchen ärgerlich, daß er ihn gemacht hatte und nicht ich. Das hat er gemerkt und hat zu mir gesagt: ‚Herr Barthélemy, obwohl Sie ja keine Bilder restaurieren, würden Sie – bei diesem hier und für mich – eine Ausnahme machen?‘ Am nächsten Tag hab ich das Bild gereinigt. Er hatte sich nicht getäuscht: sobald der Hintergrund von diesem scheußlichen Firnis befreit war, lasen wir auf der Wand neben der Landkarte die Signatur, die das Meisterwerk als authentisch beglaubigte. Das ist die Geschichte. Was danach kommt, ist banal: das Bild wurde fotografiert und veröffentlicht. Auf meinen Rat hin hat Herr Laspeyres den Staatlichen Museen seine drei schönsten Gemälde vermacht, unter Vorbehalt des Nießbrauchs auf Lebenszeit. Als er 1921 starb, ist das ‚Nackte Mädchen‘ in den Louvre gekommen. Wenn es mir nun eingefallen wäre, in dem Laden in der Rue de Seine zwischen den Bildern und nicht in den Graphiken herumzustöbern, dann verdankte der Louvre das ‚Nackte Mädchen‘ mir!“

„Ein bißchen verdankt er es Ihnen doch“, schloß der Kommissar, auf die Armbanduhr sehend. „Und Verwandte hat er keine gehabt, der Herr Laspeyres?“

„Aber ja, ziemlich weit entfernt verwandte Neffen, glaub ich.“

„Haben Sie die kennengelernt?“

„Nein, der Stadtrat hat sie zwei- oder dreimal erwähnt, aber ich weiß nicht einmal mehr, ob sie den gleichen Namen trugen wie er.“

Der Kommissar verlangte die Rechnung; Barthélemy zog seine Brieftasche, aber Gardel protestierte: „Machen Sie keine Witze, eingeladen habe doch ich Sie!“

„Nun, dann versprechen Sie mir, daß wir wieder einmal zusammen essen?“

„Wenn ich das ‚Nackte Mädchen‘ wiederhabe“, sagte der Kommissar einwilligend und sah dabei seinen Gast an, um festzustellen, ob sich der kleine ironische Ausdruck von vorhin wieder zeigte.

„Wenn Sie wollen, und je eher, desto mehr würde es mich freuen“, erklärte der Kopist mit offenem Blick.

3

Im Hauseingang von Nr. 17 in der Rue de l'Université blieb der Kommissar einen Augenblick stehen, um eine dicke, getigerte Katze zu streicheln. Dann fragte er die Concierge: „Die Wohnung von Stadtrat Laspeyres, bitte?"

„Aber der ist doch schon seit 'ner halben Ewigkeit tot, der Stadtrat! Da wohnt sein Neffe jetzt, Herr Berthollet."

„Ganz recht, Herr Berthollet; zu dem möchte ich ja."

„Erster Stock, Monsieur. Drücken Sie feste auf die Klingel, die geht nicht immer."

Tatsächlich kam erst beim drittenmal jemand an die Tür. Der Kommissar wurde in einen Salon von fünf oder sechs Meter Deckenhöhe geführt. Ein Durcheinander von steifen Empirestühlen mit grünglänzenden Seidenbezügen und Régencesesseln, deren abgewetzter Stoff, wie durch Sackleinen hindurch, verblaßte Blumen erkennen ließ. An den Wänden hingen kleine Bilder, die schwer zu erkennen waren, in drei Reihen übereinander. Mitten in einem Feld der Wandtäfelung war das dunklere Viereck eines abgehängten Bildes zu erkennen; ein kleiner, mit einer Reißzwecke darauf befestigter Zettel hing in der Mitte der Fläche. Gardel trat näher und las mit vorgestrecktem Hals: „Hier hing das vom Louvre entwendete ‚Nackte Mädchen' von Vermeer."

Hinter Gardel knarrte das Parkett; der Kommissar fühlte, daß ihn jemand seit einem Weilchen beobachtet hatte, richtete sich geniert auf und drehte sich um. „Zweifellos Herr Berthollet?"

Ein Mann in den Vierzigern, groß, ein wenig gebeugt, mit schütterem Haar, eine Perle in der Krawatte, stand mitten im Salon. „Der bin ich. Mit wem habe ich die Ehre?"

„Kriminalkommissar Gardel."

Der Herr bot ihm sehr liebenswürdig einen Sessel an. Als sie rechts und links von dem Kamin Platz genommen hatten, spielte eine Louis-XVI-Pendüle ein kleines Menuett und pinkte fünf Schläge. Es war halb vier.

„Sie geht nicht sehr genau", entschuldigte sich Herr Berthollet. „Wenn ich sie behalte, lass' ich sie reparieren."

Im Geist sah Gardel den kurzen Satz auf dem Datenblatt mit den Auskünften, das er sich hatte geben lassen, ehe er hergekommen war: „Berthollet, Hector, 44, Witwer, 1 Tochter (18), 1 Sohn (12). Früher Vertreter der Sparversicherungs-AG, z. Z. ohne Anstellung. Scheint seine Einkünfte hauptsächlich aus dem Verkauf von Möbeln und Antiquitäten zu beziehen." Tatsächlich hätte dieser riesige Salon ebensogut der Hinterraum eines Altwarenhändlers sein können. Die Sofas, Sessel und Lehnstühle gehörten zu vier verschiedenen Garnituren, und auf jeder Kommode standen oder lagen drei- oder viermal mehr Bibelots herum – Uhren, Vasen, Leuchter, Figürchen – als in einer normal eingerichteten Wohnung.

„Sie haben da", begann Gardel, „Möbel und Kunstgegenstände, die mir sehr schön zu sein scheinen, soweit ich das selbst beurteilen kann."

Im stillen fiel ihm aber doch der letzte Satz des Datenblattes wieder ein: „Finanzlage prekär; Tochter besucht Kurse am Konservatorium, Vater geht jede Woche zum Rennen, Lieferanten werden oft verspätet bezahlt."

„Wissen Sie", antwortete Berthollet, „ich kaufe, ich tausche, ich verkaufe. Mein Onkel hat Bilder gesammelt, aber außerdem noch eine Menge anderes. Sie können sich nicht vorstellen, was für eine Rummelbude wir hier vorgefunden haben! Um einzuziehen, mußten wir erst Platz schaffen. Meine arme Frau hatte für das alte Genre nichts übrig. Hätte ich auf sie gehört, dann hätten wir alles für einen Apfel und ein Butterbrot weggeben können. Ich wollte mich dann aber doch nicht von den Antiquitätenhändlern übers Ohr hauen lassen, habe also ihre Tricks gelernt, bin in die Versteigerungssäle gegangen, habe den Händlern in ihren Trödelläden bei der Arbeit zugesehen und habe bald rausgehabt, was jedes Objekt so etwa bringen könnte. Jetzt schlag ich mich ganz gut durch."

„Im Grunde betreiben Sie ein ganz amüsantes Geschäft", sagte Gardel. „Sind sozusagen immer auf der Jagd nach Objekten und entdecken dabei Hübsches, während es sich für mich um Menschenjagd handelt, und wenn man dann was findet, ist es Gesindel."

Berthollet lächelte höflich. „Das muß doch auch interessant sein!"

„Ach, nicht immer. Dieses ‚Nackte Mädchen' von Vermeer hat

mir schon allerhand Kummer gemacht. Aber wir sehen jetzt allmählich klarer."

Sein Gegenüber zuckte nicht mit der Wimper. „Und Sie glauben, ich könnte Ihnen bei Ihren Recherchen von Nutzen sein?"

„Ja, um einige Einzelheiten präziser zu fassen, um die Spuren abzugrenzen. Ich bin so neugierig gewesen, das Schildchen zu lesen, das Sie da angeheftet haben, wo das ‚Nackte Mädchen' von Vermeer einmal war. Haben Sie solche Zettel auch an die Plätze der anderen dem Louvre vermachten Bilder getan?"

„Nein, die wären jedes nur dreihunderttausend Franc wert, wenn sie im Hôtel Drouot zur Versteigerung kämen. Der Vermeer käme auf sechs Millionen, und diese Idioten im Louvre haben ihn sausen lassen!"

Gardel ging zum Angriff über: „Und Sie hätten es verkauft, wenn Ihr Herr Onkel es Ihnen vermacht hätte?"

Berthollet musterte ihn erstaunt: „Man muß die Malerei schon sehr lieben, um ein Gemälde im Haus zu behalten, das sechs Millionen wert ist!"

„Herr Laspeyres hat sich dem Louvre gegenüber als sehr großzügig erwiesen!"

Wütend unterbrach ihn Berthollet: „Aber der dachte doch gar nicht daran! Das war doch ein alter Trottel, einer von seinen Freunden, der ihm diese Idee eingeredet hat! Ein gewisser Barthélemy, ein hirnverbrannter Kerl, der sich mit meinem Onkel immer im Museum getroffen hat. Meiner Ansicht nach wurde der von den Beaux-Arts dafür bezahlt, daß er ihnen half, sich das ‚Nackte Mädchen' zu geiern! Und Komplimente vorn und hinten, und ‚Herr Stadtrat, durch das Geschenk des Bildes an Frankreich wird Ihr Name auf die Nachwelt kommen ...!' Die Nachwelt – glauben Sie an die? Da wird es ein anderes Publikum geben, das ganz einfach auf das von heute gefolgt ist – und kein bißchen weniger idiotisch sein wird."

„Angesichts unserer lieben Jugend fürchte ich sogar, daß es das noch mehr sein wird!"

„Na schön; mein Onkel, der hat an das alles geglaubt, an die Nachwelt; dieser Barthélemy hat ihm derartig den Kopf verdreht, daß die Bilder mir durch die Lappen gegangen sind. Aber schließlich, wenn Sie eine Fährte haben, findet sich das ‚Nackte Mädchen' vielleicht ja wieder an! Ein Vermeer dieser Klasse verkauft sich nicht wie ein Lehnsessel! Mich geht es ja nichts an, aber ich stelle mir doch vor, daß der Betreffende das Ding nicht gedreht hat, um das Bild weiterzuverkaufen. Da denk ich eher an einen Vogeligen, einen Verrückten. Als das ‚Nackte Mädchen' noch hier bei meinem Onkel hing, sind manchmal Leute gekommen, um es zu besuchen, wie eine lebende Person."

„Und erinnern Sie sich noch an Namen? Da könnten Sie mir helfen."

„Zwei oder drei alte Freunde meines Onkels, Stadträte, die heute schon tot sein müssen; ein General, dessen Namen ich vergessen habe, und dann natürlich dieser dämliche Vater Barthélemy, der das Bild zwei- oder dreimal kopiert hat."

„Kopiert hat er's? Sind Sie dessen sicher?" fragte Gardel so unbeteiligt wie möglich. „Ich dachte, ein derartiges Gemälde lasse sich gar nicht kopieren!"

„So sicher, wie ich Sie vor mir habe." Berthollet lächelte verächtlich. „Ein Kopist ist ein Fotograf. Haben Sie schon mal davon gehört, daß eine Frau zu hübsch wäre, um fotografiert zu werden? Nein – na, und mit einem Meisterwerk der Malerei ist es das gleiche."

„Ich danke Ihnen, Herr Berthollet. Wenn ich Ihrer noch bedürfen sollte, gebe ich Ihnen Bescheid."

Als Gardel bei Berthollet wegging, sah er auf seine Uhr: es war halb sechs. Der Louvre war zu. Gegen sechs kämen die Inspektoren, um ihren Rapport zu machen. „Hab ich also Zeit genug, bis zum Quai des Orfèvres zu Fuß zu gehen. Nachdenken kann ich unterwegs."

Er ging die Rue des Saints-Pères hinunter und dann am Seine-Quai entlang an den Buchkästen der Antiquare. Eine Stunde zuvor noch war der Kommissar gegen einen halb durchsichtigen Vorhang gerannt, hatte sich in ein riesiges Spinnwebnetz verklebt gefühlt. Und jetzt hatte eine unbedeutende Äußerung den Nebel durchstoßen: „... dieser dämliche Barthélemy, der das Bild zwei-, dreimal kopiert hat." Nun, zu Gardel hatte der Kopist das Gegenteil gesagt: „Nie!" Weil so etwas nicht zu kopieren sei. Also hatte er gelogen. Da lag der „Bruch" – das, wonach zu forschen die jungen Inspektoren bei jeder Untersuchung geschult wurden. Der „Bruch“: das ist das nicht nachweisbare Alibi; das Mißverhältnis zwischen Ausgaben und Einkünften eines Privatmannes und auch die kleine Lüge, die schlagartig den Zeugen zum Angeklagten macht. Aber was gab es an Positivem? Genaugenommen nichts. Ein Widerspruch in den Antworten Barthélemys blieb für den Augenblick das einzige konstruktive Element der Untersuchung.

Auf dem Pont-Neuf stützte Gardel die Ellbogen auf die Brüstung und blickte die Seine hinauf. Ein Schlepper kam mit Sandkähnen flußabwärts. Barthélemy hatte ihn angeflaust, das stand fest. Überdies schien er sich beim Mittagessen im „Bœuf à la Mode“ über ihn lustig gemacht zu haben.

Ja und – was bewies das schon? Daß der Kopist den Vermeer gestohlen hatte? Wollte Gardel diese Ansicht gegenüber dem Leiter der Kriminalpolizei äußern, so würde der nur die Achseln zucken. Seit siebzehn Tagen war das Bild jetzt verschwunden, die Untersuchung trat in das bekannte zweite Stadium, in dem allein noch ein Zufall zu einer Aufklärung führen kann, weil das Mißtrauen der Schuldigen im Gefühl der Straflosigkeit ihres Tuns allmählich erlahmt. Also – nichts übers Knie brechen, die Aufmerksamkeit des Kopisten nicht wecken!

Gardel sah ein Weilchen den Anglern zu, die die Schnüre ins Wasser hängen ließen. „Wenn die“, sagte er sich, „per Zufall einen Fisch fangen sollten, muß ihnen das doch furchtbar peinlich sein! Übrigens fangen sie bestimmt von denen etwa genausoviel wie wir an Verbrechern!“

Im selben Moment zog einer von den Anglern einen Weißfisch von der Größe eines kleinen Fingers aus dem Wasser; die anderen eilten herbei, um den Fänger zu beglückwünschen. „Erstaunliche Prophezeiung“, überlegte Gardel; halblaut setzte er hinzu: „Wie blöd ich nachgerade werde!“

Im Polizeipräsidium ging Gardel nach oben in sein Büro. Seine beiden Inspektoren saßen ruhig beim Kartenspiel und warteten auf ihn. Er gab ihnen kurze Anweisungen. „Morgen fahre ich aufs Land. Ihr nehmt euch also zwei oder drei Mann mit und richtet euch bis zu meiner Rückkehr so ein, daß ihr den Vater Barthélemy auch keine Minute aus den Augen verliert!“

„Ach, oje!“ brummte Pontois. „Der! Dem bin ich nicht grün! Der hat schon mehr als einmal, wo er uns im Louvre gesehn hat, so ’n Gesicht gemacht, wie wenn er sich über uns mokierte. Also kapiert – der geht uns nicht durch die Lappen.“

4

Am nächsten Morgen nahm Kommissar Gardel einen Zug um acht Uhr siebzehn vom Bahnhof Montparnasse. Ein rascher Blick in die Zeitungen informierte ihn, daß von dem „Nackten Mädchen“ nicht mehr die Rede war. Außer in einem Blatt jedoch, das auf Seite drei einen Leserbrief veröffentlichte, der mit dem Pseudonym Curiosus unterzeichnet war. Gardel las ihn anfangs zerstreut, dann aber sehr aufmerksam. Curiosus schrieb:

> „Ich verstehe nicht, wieso die Polizei so wenig neugierig ist. Wenn ein Mensch verschwindet, befragt man alle, die ihn kannten. Ein Gemälde verschwindet, und niemand kommt auch nur auf den Gedanken, diejenigen auszufragen, die mit der Geschichte des Bildes zu tun hatten! Als Steuerzahler, als Kunstfreunde haben wir ein Recht, mehr zu fordern. Übrigens haben die Zeitungen von einem Vergißmeinnicht gesprochen, das sich hinter dem leeren Rahmen befunden habe. In der Blumensprache bedeutet es, wie alle Welt weiß, eine Mahnung. Was will der Hinweis bei diesem Diebstahl besagen? Nichts, steht in der Presse. ‚Nichts!‘ ist schnell gesagt. Muß man darin aber nicht den Beweis dafür sehen, daß der Dieb bereits in die Geschichte des Bildes hineingezogen wurde, daß er sich für das Opfer einer Undankbarkeit, einer Ungerechtigkeit hält, kurz – man forsche doch nach, zum Teufel ...“

Gardel fing zu überlegen an. Dieser Brief stammte zweifellos aus derselben Quelle wie der mit der Frage nach Laspeyres. Er wies darauf hin, daß jemand die Untersuchung auf die Personen lenken wollte, die zu irgendeinem Zeitpunkt die Laufbahn des Bildes geschnitten hatten.

„Doch sonnenklar“, knurrte der Kommissar. „Und ich werd einen ganzen Tag in La Ville-aux-Nonnains vertrödeln, um Nachforschungen hinsichtlich der ländlichen Neigungen von Vater Barthélemy anzustellen! Wäre wesentlich einfacher gewesen, Haussuchung bei ihm zu halten!“

Allerdings, aber Gardel hielt auf eine gewisse Eleganz in seinem Gewerbe; und die Wohnung eines Herrn zu durchsuchen – der sich ihm gleich zu Anfang der Affäre so liebenswürdig zur Verfügung gestellt hatte –, nur weil er angegeben hatte, er habe ein Bild nicht kopiert, während eine ziemlich fragwürdige Persönlichkeit das Gegenteil behauptete – das war eben nicht elegant. Im übrigen würde dieser Tag auf dem Lande ihm erlauben, Ordnung in seine Gedanken zu bringen ...

In La Loupe mußte man aussteigen; ein Autobus fuhr von dort nach La Ville-aux-Nonnains. Gardel setzte sich mitten zwischen dicke Bauersfrauen, die Butterlaibe und Käfige mit Junghühnern auf dem Schoß hatten. Die Gegend war gar nicht häßlich, ein wenig feucht, mit weiß eingezäunten Weiden, ein paar schönen Hochwäldern und monotonen Gehölzen. Um halb zwölf kam der Bus in La Ville-aux-Nonnains an und hielt auf dem Kirchplatz. Ein spätromanischer Glockenturm aus dem 13. Jahrhundert, ein Lindenviereck aus dem 18. und ein Frontsoldat in Bronze aus dem 20. Jahrhundert: jedes Zeitalter tut sein möglichstes. Der Busschaffner gab Gardel Auskunft: „Um vier fahren wir zurück, zum Sechs-Uhr-Zug. Wenn Sie hier zu Mittag essen wollen, empfehl ich Ihnen die ‚Gebratene Grundel‘. Wenn die da Hühnchen à la crème haben, garantier ich Ihnen was Ausgezeichnetes."

Die Recherchen dauerten nicht lang. Der Bürgermeister war auf dem Acker, aber der Feldhüter und das Postfräulein informierten ihn rasch. Weder er noch sie kannten einen Barthélemy, und beide konnten versichern, daß er niemals in der Gemeinde wohnhaft gewesen sei.

„Und Sie wohnen schon lange hier?" fragte Gardel, nun doch etwas verwirrt.

„Sind ja von hier", erklärte ihm der Feldhüter. „Das macht also bei mir sechsundfuffzig Jahr und beim Fräulein Posthalterin –"

„Neunundzwanzig", ergänzte das Fräulein errötend.

„Züge nach Paris gibt es wohl vor sechs Uhr keine, Mademoiselle, nicht wahr?" fragte der Kommissar.

„Doch, Monsieur. Da wäre der Eilzug um drei Uhr zwölf von La Loupe aus."

„Aber zu dem fährt kein Bus –?"

„Nein, Monsieur, aber es kommt nur ganz selten vor, daß Herr

Beauverger, der Metzger, nicht hinfährt; der würde Sie bestimmt in seinem Lieferwagen mitnehmen. Soll ich ihn anrufen?"

„Aber bitte, Mademoiselle", sagte Gardel, den die Aussicht, noch vor der Nacht wieder nach Paris zu kommen, aufheiterte.

Sie war liebenswürdig, die Posthalterin; hübsche Augen! Ihr Büro war nett eingerichtet; drei Teerosen standen in einer Vase, und unter dem Plakat „Tritt ein bei den Kolonialtruppen!" hing ein Foto von Clark Gable. Sie lächelte ins Telefon und machte kleine Handbewegungen, als ob Monsieur Beauverger am anderen Ende der Leitung sie sehen könnte. Es ließ sich alles einrichten; er werde den Herrn aus Paris gern um Viertel nach zwei mitnehmen.

„Wie soll ich Ihnen danken, Mademoiselle? Wenn ich es wagte, würde ich Sie bitten, mit mir in der ‚Gebratenen Grundel' zu Mittag zu essen."

Das Fräulein wurde rot und beinah richtig hübsch. „Oh, Monsieur, Sie werden doch nicht – ich wohne bei Mama!"

Er entschuldigte sich und sagte Lebewohl.

In der „Gebratenen Grundel" sagte die Wirtin zunächst einmal, zu essen gebe es nichts; dann, daß man ihn, wenn er schon um zwei Uhr wieder fortwolle, so schnell nicht bedienen könne; aber während dieses Gesprächs legte das Serviermädchen schon ein Gedeck für ihn auf das Wachstuch. Gardel bekam gebratenes Hack vorgesetzt, ein Omelett mit Morcheln, Forellen à la Meunière, ein Hühnchen à la crème mit Prinzeßbohnen; das Ganze begleitet – leider! – von einem Burgunder, der aus Pyrenäenkrätzer und Algerischem gepanscht war. Er aß rasch und hatte dabei das Gefühl, mit jedem Bissen an dem Spaß zu kauen, den Vater Barthélemy ihm eingebrockt hatte. Er war nach La Ville-aux-Nonnains gekommen, um Gründe für seinen Verdacht gegen den Kopisten zu finden. Was das anging, war er reichlich bedient worden!

5

Auf seinem Schreibtisch im Polizeipräsidium fand Gardel eine Reihe von Nachrichten seiner mit der Beschattung Barthélemys beauftragten Inspektoren vor. Der Kopist hatte seine Wohnung in der Rue de l'Ancienne Comédie 28 um neun Uhr fünfzehn verlassen, mehrere Zeitungen (das Wort „mehrere“ war unterstrichen) gekauft und im „L'Ami Ferdinand“ an der Theke einen schwarzen Kaffee nebst zwei Hörnchen zu sich genommen. Nach der Ankunft im Louvre hatte er sich sogleich an die Arbeit gesetzt. Die folgende Meldung schilderte Einzelheiten:

„Hr. Barthélemy aß mittags in der Rue des Petits-Champs: Vorspeise, Kalbskotelett Mailänder Art, Nachtisch. Las die Zeitungen mit größter Aufmerksamkeit. Kehrte um zwei Uhr in den Louvre zurück; fragte den einen der mit der Überwachung des Kabinetts XIV betrauten Inspektoren, ob es hinsichtlich des Vermeer nichts Neues gebe, und fügte hinzu: ‚Den Herrn Gardel, den sieht man gar nicht mehr; wir sollten zusammen essen gehen, aber jetzt ist es schon acht Tage her, daß er nicht mehr hereingeschaut hat. Interessiert ihn nicht mehr, das ›Nackte Mädchen‹! Und ist doch eine so schöne Sache!‘“

An dieser Stelle meinte Gardel, vor Wut zu ersticken. Barthélemy hatte ihn – das stand jetzt fest – vom Anfang der Untersuchung an hinters Licht geführt. Wenn er das Bild auch nicht selbst gestohlen hatte, so hätte der Kommissar doch schwören mögen, daß er den Dieb kannte und mit einem Gusto ganz besonderer Art zusah, wie die Untersuchung nicht vom Fleck kam und die Polizei sich verfranzte. Aber damit war jetzt Schluß! Der würde ein bißchen weniger den Schlauen mimen, wenn er mal zwölf Stunden lang in der Préfecture auf dem Stühlchen gesessen hätte, mit zwei oder drei Jungens, die sich die ganze Nacht über im Verhör abwechselten!

Das Telefon ging. Es war Pontois: „Es ist fünf Uhr fünfzehn. Der Louvre macht zu, Barthélemy geht.“

„Prima, Pontois. Lassen Sie ihn auf keinen Fall aus den Augen. Falls er nach Haus geht, benachrichtigen Sie mich. Ich möchte den braven Bürgersmann doch mal in seinem Daheim aufsuchen.“

„Wird auch Zeit! Der gefällt mir nicht, der Bruder!“

Eine halbe Stunde später rief er von neuem an: „Es ist soweit, Chef, der Bursche ist zu Haus.“

„Ja, ich komme; sollte er inzwischen weggehen wollen, dann begegnen Sie ihm wie per Zufall im Treppenhaus, sagen Sie ihm, ich schickte Sie, und halten Sie ihn auf, bis ich da bin.“

Am Quai nahm sich Gardel ein Taxi in die Rue de l'Ancienne

Comédie. Er ließ es vor Nummer 24 halten. Ein Lokal; durch die Scheiben sah er zwei Gäste, die Domino spielten und ihm ganz nach Inspektoren aussahen. Pontois war in der Haustür von Nr. 28 ganz in ein Gespräch mit einem Glaser vertieft, der eine Scheibe in die Tür der Obsthändlerin einsetzte. Schnell informierte der Kommissar sich. „Zweiter Stock links? Keine Lieferantentreppe? Nein, na, also dann mal ran!"

Gardel stieg die Treppe hinauf, deren Stufen unter seinem Gewicht knarrten. Im zweiten Stock klingelte er links; einige Augenblicke vergingen, die ihm sehr lang vorkamen, er klingelte nochmals, man hörte schwere Schritte, die Tür öffnete sich, Barthélemy erschien.

„Sieh da, Herr Gardel", sagte er mit etwas zu erstaunter Miene. „Was für eine nette Überraschung! Entschuldigen Sie, daß ich Sie habe warten lassen, ich komme in diesem Moment vom Louvre nach Haus und habe mir eben die Hände gewaschen. Sie wissen ja, die Farben! Aber da ist ja auch Herr Pontois! Bemühen Sie sich doch bitte herein, die Herren."

Sie traten in einen Raum, der zugleich Empfangssalon und Eßzimmer war; der Kopist bat sie, sich zu setzen. „Sie nehmen doch eine Kleinigkeit", schlug er vor.

„Danke", sagte Gardel ablehnend, „ich bin in Eile und habe heut schon sehr viel Zeit verloren."

„Immer noch mit Ihrer Untersuchung! Man sieht Sie im Louvre überhaupt nicht mehr."

„Stellen Sie sich vor: ich bin heute im Departement Orne gewesen, in La Ville-aux-Nonnains!"

„Ach!" bemerkte Barthélemy interessiert, als hörte er diesen Namen zum erstenmal.

„La Ville-aux-Nonnains", wiederholte Gardel. „Sie wissen, in Orne, ein reizendes Dörfchen, wo im Sommer so viele Angler sind! Sagt Ihnen das nichts?"

„Aber durchaus nichts!"

Der Kommissar hätte ihn beinah am Kragen gepackt, beherrschte sich jedoch und fuhr mit Nachdruck fort: „Mir ist doch, als hätten Sie mir davon erzählt, als wir im ‚Bœuf à la Mode' zusammen Mittag gegessen haben!"

„Ich erinnere mich nicht, aber das ist ja nicht so wichtig."

„Wichtiger, als Sie denken, mein lieber Herr Barthélemy. Alles in dieser Angelegenheit ist von Wichtigkeit."

„Welche Angelegenheit?" fragte der Maler mit einer erbitternden Naivität.

„Erinnern Sie sich auch nicht mehr daran, daß man das ‚Nackte Mädchen' im Louvre gestohlen hat?"

„Gewiß doch, aber ich sehe keinen Zusammenhang zwischen La Ville de – wie sagten Sie? – La Ville-"

Gardel explodierte: „aux-Nonnains!! Glauben Sie, daß Sie mich noch lang für blöd verkaufen können?!"

Der Maler wies das mit einer Gebärde von sich: „Ich? Sie für blöd verkaufen? Ich, der Ihnen in dieser Affäre dauernd geholfen hat? Alle Auskünfte, die ich nur beitragen konnte, haben Sie von mir bekommen!"

„Also reden wir mal von diesen Auskünften. Sie haben mir positiv erklärt, das ‚Nackte Mädchen' niemals kopiert zu haben."

„Ich habe das ‚Nackte Mädchen' nie kopiert, das kann ich Ihnen schwören!"

„Mir ist das Gegenteil gesagt worden."

„Dann hat man Sie getäuscht. Im übrigen hat das, diese Frage, nichts mit dem Diebstahl zu tun."

„Sie wollen uns doch wohl nicht noch unseren Beruf beibringen?" fiel hier Pontois ein.

Barthélemy kümmerte sich überhaupt nicht um ihn und begann, zu Gardel gewandt, von neuem: „Und ich bin immer noch bereit, Ihnen im begrenzten Rahmen meiner Möglichkeiten zu helfen; aber auch dann müßten Sie mir sagen, was Sie wissen wollen."

„Was ich wissen will?!" schrie der Kommissar, „wissen will ich, wo das ‚Nackte Mädchen' ist!"

„Wo das ‚Nackte Mädchen' ist", kam's als Widerhall von Pontois. Und schon klirrte ein Paar vernickelter Handschellen anmutig in seinen Händen.

„Das ‚Nackte Mädchen', meine Herren – daß Sie das aber auch nicht früher gesagt haben! Wollen Sie sich die Mühe machen, mir in mein Schlafzimmer zu folgen?"

Er erhob sich, ging zu einer kleinen Tür und öffnete sie. In der Faust des Inspektors befand sich an Stelle der Handschellen ein Browning.

„Sie haben nach dem ‚Nackten Mädchen' gefragt. Da ist es, meine Herren!" und Barthélemy zeigte auf die Wand im Hintergrund.

„Ha?" machte Gardel.

„Na jetzt aber!" rief Pontois aus.

An der Schlafzimmerwand hingen sechs ungerahmte Bilder, sechs einander völlig gleiche Gemälde. Während Pontois den Kopisten bewachte, trat der Kommissar näher und betrachtete das ihm nächste Bild: Rechts ein großer Hut, eine Schulter mit gebauschtem Ärmel, ein dunkler Rücken, die Rückseite eines Louis-XIII-Stuhles mit Tierköpfen. Alles Licht lag auf der linken Seite des Bildes, floß durch ein großes, halboffenes Glasfenster herein, breitete sich über eine große Landkarte, brach sich in den Falten eines saphirfarbenen Vorhangs, fing sich in den Fransen eines Orientteppichs und konzentrierte sich auf dem Körper einer lächelnd daliegenden Frau, einer Blondine mit perlmuttfarbener Haut. Und die sechs Bilder stimmten in allem absolut miteinander überein.

Gardel drehte sich um. Barthélemy schien mit freundlichem Lächeln auf ein Kompliment zu warten.

„Welches ist das Original?"

Mit einer umfassenden Gebärde wies Barthélemy auf alle sechs Bilder zugleich. Der ist verrückt, dachte der Kommissar und begann etwas sanfter von neuem: „Verstehen wir uns doch einmal richtig. Ich habe sechs Leinwände mit dem ‚Nackten Mädchen' vor mir. Auf Leinwand ist es doch gemalt, nicht?"

„Alle Vermeers, mit einer übrigens zweifelhaften Ausnahme, sind auf Leinen gemalt."

„Sehr schön, also gut. Ist das ‚Nackte Mädchen', das im Louvre hing, mit darunter?"

„Gewiß doch, ich hab's ja abgehängt und hierhergebracht."

„Handschellen, Chef?" fragte Inspektor Pontois.

„Wir haben Zeit. Notieren Sie lieber, was er sagt! Sie geben also zu, im Louvre das ‚Nackte Mädchen' von Vermeer van Delft gestohlen zu haben?"

Langsam, aber entschieden schüttelte Barthélemy zum Zeichen der Verneinung den Kopf.

„Eben haben Sie doch das Gegenteil gesagt! Ich fange noch mal von vorn an: Unter diesen sechs Gemälden befindet sich das

‚Nackte Mädchen', das Ihr Freund Laspeyres dem Louvre vermacht hat."

„Ganz richtig, Herr Kommissar, ganz recht."

„Gut, Pontois, schreiben Sie? Und dieses Bild gestehen Sie abgehängt und hierhergebracht zu haben?"

„Gewiß, Herr Kommissar."

„Gut. Meine Aufgabe hier ist erledigt, das Bild ist wieder da, Ihr Geständnis habe ich, Sie folgen uns. Sie werden dem Untersuchungsrichter auseinandersetzen, warum Sie das ‚Nackte Mädchen' von Vermeer gestohlen haben."

„Aber Herr Kommissar – nie im Leben hab ich das Vermeersche ‚Nackte Mädchen' gestohlen!"

Gardel und Pontois tauschten einen beunruhigten Blick, den der Kopist auffing. „Beruhigen Sie sich, meine Herren, ich bin nicht verrückt. Das Bild aus dem Louvre ist ganz richtig wieder da, und Ihre Untersuchung hat ein glanzvolles Ende gefunden – würde ich selbst sagen, Herr Gardel, wenn ich nicht fürchtete, Ihre Bescheidenheit zu verletzen. Aber das ‚Nackte Mädchen' von Vermeer – nein! Das habe ich nicht gestohlen!"

„Also, das ist doch –!" fuhr der Kommissar los. „Sie halten uns wohl für Hornochsen, daß Sie von der einen zur andern Minute das Gegenteil behaupten! Sie haben im Louvre das ‚Nackte Mädchen' von Vermeer abgehängt und behaup–"

„Ich habe im Louvre nicht Vermeers ‚Nacktes Mädchen' abgehängt, aus dem ganz einfachen Grunde, daß diese ‚Nackte' von mir, von Barthélemy, gemalt worden ist und nicht von Vermeer van Delft!"

„Fassen wir's kurz zusammen", sagte der Polizeipräsident zu Gardel und wies auf die sechs Gemälde, die im Halbkreis um seinen Schreibtisch auf sechs Stühlen standen. „Unter diesen sechs ‚Nackten', hat Ihnen Barthélemy erklärt, befindet sich auch das vom Louvre, und gemalt hätte er sie alle sechs?"

„Ja. Drei vor dem Louvre-Bild und dann noch zwei. Er behauptet sogar, das vorletzte wäre das beste von allen."

„Und hat sich geweigert, Ihnen das Bild des Museums zu bezeichnen?"

„Ja, Herr Präfekt."

Der Herr Präfekt tat mit dem flachen Lineal einen fürchterlichen Schlag auf seinen Schreibtisch und tobte: „Wirklich ein Dickschädel! Und Herr Bernard kommt und kommt nicht!"

Der Leiter der Kriminalpolizei erwiderte: „Der Herr Bernard sollte um acht zum Galadiner der Tiermaler in der Katzenausstellung sein. Als wir die Beaux-Arts endlich telefonisch erreicht hatten, war er eben weg, erfährt es also erst –"

Aber das Telefon schnarrte, der Präfekt nahm den Hörer auf. „Hallo? Ah, Sie sind's, lieber Generaldirektor! Tut mir sehr leid, Sie stören zu müssen. Es wäre unbedingt erforderlich, daß Sie auf einen Sprung herüber ins Polizeipräsidium kämen! Ja, jetzt. Von äußerster Wichtigkeit. Das ‚Nackte Mädchen'. Ich kann Ihnen am Apparat nicht mehr darüber sagen. Nein, nichts Schlechtes. Ich erwarte Sie. Danke!"

Der Herr Präfekt legte auf und lächelte. „Nichts Schlechtes... Kommt auf den Standpunkt an. Für uns stimmt es: Das Bild ist wieder da, den Schuldigen haben wir. Für die Beaux-Arts sieht es schlechter aus, denn schließlich haben die seit Jahren als Vermeer einen – wie heißt er doch gleich? – also einen Barthélemy im Katalog aufgeführt. Und der Bock, den sie geschossen haben, ist nicht von Pappe! Berühmtes Bild, in den Louvre-Führern mit mindestens drei Sternen ausgezeichnet wie die Luxusrestaurants im Michelin – schöne Geschichte! Aber sagen Sie mir doch, Gardel, plötzlich komm ich drauf: Was wäre, wenn Ihnen Ihr Barthélemy einen Bären aufgebunden hätte?"

„Herr Polizeipräsident, grade deshalb habe ich ja vorgeschlagen, ihn in Gegenwart des Herrn Direktors der Beaux-Arts aussagen zu lassen!"

Der Präfekt überlegte einen Augenblick. „Sie haben recht. Falls die Herren ihr Bild nicht herauskennen, schließen wir unsere Untersuchung ab, und Ihr Eulenspiegel wird eingelocht. Finden sie es, dann sollen sie selber zusehen, wie sie erklären wollen, daß sie sich so blamiert haben."

Der Amtsdiener meldete den Direktor der Beaux-Arts. Der Polizeipräsident ging ihm entgegen: „Mein lieber Herr Generaldirektor! Ich schäme mich, Ihnen diese Störung aufzunötigen, aber die Sache ist der Mühe wert." Und indem er Herrn Bernard in die Mitte des Raumes geleitete, hieß er ihn plötzlich sich umdrehen und verkündete ihm: „Bitte sehr, hier ist das ‚Nackte Mädchen'!"

Herr Bernard fuhr sich mit der Hand über die Stirn, als schwindle ihn, und stützte sich auf den schweren Mahagonischreibtisch.

„Aber hier sehe ich doch sechs! Wo ist das richtige?"

„Darauf könnte ich Ihnen mit den Zeilen von Corneille oder Racine – ich weiß es nicht mehr – antworten: ‚Errate, wenn du es vermagst, und wähle, wenn du's wagst!' Aber das tu ich nicht; wir haben den Dieb, er hat es dem Kommissar Gardel gestanden. Wir haben ihn ohne Ihre Gegenwart nicht weiter verhören wollen. Möchten Sie, daß man ihn hereinbringt?"

„Danke, ja", stieß Herr Bernard hervor, der langsam zu sich kam. Zwischen zwei Inspektoren wurde Barthélemy hereingeführt. Sehr höflich verneigte er sich ins Leere.

„Ich habe Wert darauf gelegt, Sie in Anwesenheit des Herrn Generaldirektors der Beaux-Arts zu vernehmen. Sind Sie imstande, uns Erklärungen zu geben?"

„Das ist mein innigster Wunsch, Herr Polizeipräsident! Wenn Sie meine Darlegungen schriftlich festhalten lassen wollen, bin ich bereit, sie zu unterschreiben."

Der Präfekt klingelte, ein Stenograph erschien.

„Sind Sie damit einverstanden, in Abwesenheit eines Rechtsanwaltes zu sprechen?"

„Wozu ein Anwalt? Wessen bin ich schuldig? Ich werde Ihnen alles sagen, bitte aber um Entschuldigung, wenn ich etwas weit aushole."

Man setzte sich, mit Ausnahme von Barthélemy und seinen beiden Bewachern; der Präfekt nahm eine gleichmütig-neutrale Haltung ein, beobachtete dabei jedoch aus den Augenwinkeln die Reaktionen des Generaldirektors.

„Ich höre, Barthélemy."

„Nun, meine Herren, ich bin in Paris, im siebenten Arrondissement, geboren und habe dort stets gelebt. Mein Vater war Arzt, mein Großvater Restaurator; meine Mutter war die Tochter eines Verlegers. Wohlhabenheit also von beiden Seiten. Meine Eltern wollten mich aufs Polytechnikum schicken, aber Mathematik ist nie meine Stärke gewesen."

Herr Bernard hustete, hob die Hand, um ihn zu unterbrechen,

aber der Präfekt kam ihm zuvor: „Reden Sie lieber vom Diebstahl des Vermeer."

„Entschuldigen Sie, Herr Polizeipräsident, ich dachte, Herr Kommissar Gardel habe Ihnen schon auseinandergesetzt, daß es niemals einen Diebstahl oder einen Vermeer gegeben hat."

„Wieso! Weder Diebstahl noch Vermeer?" fuhr Herr Bernard los.

„Gut, ich fasse mich kurz. Ich habe mich im Zeichnen und Malen geübt; mit zwanzig hab ich mich um die Aufnahme an der Kunstakademie beworben, man hat mich durchfallen lassen, diese Ungerechtigkeit hat mich empört."

„Zur Sache!" unterbrach der Polizeipräsident ihn grob. „Wir wollen doch nicht die ganze Nacht hier damit verbringen, uns Ihren Lebenslauf anzuhören. Und außerdem ist es ziemlich leicht, von Ungerechtigkeit zu reden!"

„Gut, sagen wir also Fehlschlag. Dieser Fehlschlag hat mir die ganze offizielle Seite des Akademiebetriebes verleidet. Entschuldigen Sie bitte, Herr Generaldirektor! ..."

„Schon gut, sprechen wir von dem gestohlenen Bild."

„Wieder dieses Wort ‚gestohlen'! Na gut, lassen wir's. Da ist es, Ihr ‚Nacktes Mädchen', auf einem von diesen Stühlen! Von hier aus könnte ich Ihnen nicht sagen, welches es ist. Seien Sie aber unbesorgt, Herr Generaldirektor, das ‚Nackte Mädchen', das ich Stadtrat Laspeyres habe kaufen und dann dem Louvre stiften lassen, das zeige ich Ihnen."

Herr Bernard spottete: „Sie haben in dieser Affäre sehr viel ‚tun lassen'!"

„Immerhin – die Hauptsache in dieser Affäre, das ‚Nackte Mädchen', habe ich selber gemacht!"

„Aber der ist doch verrückt!" Herr Bernard brach in schallendes Gelächter aus. Da er damit jedoch keinen Anklang fand, blickte er forschend den Präfekten, den Leiter der Kriminalpolizei und den Kommissar Gardel an. Alle blieben sie ungerührt, und so fing er, allmählich leiser werdend, wieder an: „Er ist doch verrückt – sagen Sie mir, daß er verrückt ist!"

„Nein, verrückt bin ich nicht. Ich sagte Ihnen bereits, daß mich nach dem Durchfall bei der Akademie der amtliche Kunstbetrieb anwiderte. Nicht aber die Malerei! Und so habe ich weitergearbeitet. Da ich die moderne Art nicht mochte, all diese Impressionisten, diese Kubisten, kam es für mich gar nicht in Frage, nach Montparnasse zu gehen, und anstatt bei irgendeinem Herrn Dingsda zu studieren, ging ich also einfach auf dem anderen Seineufer zu Raffael und Rembrandt. Das ist mir keineswegs schlecht bekommen, und als ich das Gefühl hatte, soweit zu sein, habe ich meine kleine Demonstration riskiert, um zu zeigen, auf welche Art und Weise jemand, der an der Kunstakademie durchgerasselt ist, doch zu seinen Lebzeiten schon in den Louvre kommen kann. Jahrelang, Herr Generaldirektor, haben Sie in Kabinett XIV unter dem Pseudonym Vermeer van Delft ein Gemälde Ihres sehr ergebenen Dieners ausgestellt, einen Barthélemy also!"

„Aber das ist doch Wahnwitz, diese Geschichte!" jammerte der Herr Generaldirektor der Beaux-Arts.

„Oh, ich habe Geduld geübt, habe Jahre hindurch gewartet. Es ist hart, mit ansehen zu müssen, wie die Leute etwas bewundern, das man selbst gemacht hat, und sich doch nicht nennen zu dürfen, nicht sagen zu können: ‚Dieser Vorhang, dieser Teppich, die sind von *mir* gemalt!'"

Durchs Reden angeregt, näherte er sich den Bildern und nahm aufs Geratewohl eines davon in die Hand. „Diese milchweißen Fleischtöne, was ich mich mit denen abgeplagt habe!"

„Lassen Sie ihn das Bild nicht anfassen!" flehte Herr Bernard.

„Haben Sie etwa Angst, daß ich's beschädige? Ich mach Ihnen ein neues dafür. Eins mehr oder weniger ... Wie ich Ihnen schon sagte, habe ich mich jahrelang geduldet, mochte dann aber nicht länger warten. Ich konnte ja drüber sterben, und so habe ich meinen Entschluß gefaßt. Ich habe das Bild abgehängt – hab's unter den Arm genommen, zusammen mit einem frisch bespannten Keilrahmen im gleichen Format, und bin damit ruhig hinaus, wie alle Vormittage. Ein Detail – das kleine Vergißmeinnicht! Das sollte heißen: ‚Vergeßt doch den wackren Unbekannten nicht, der dieses Meisterstück gemalt hat!' Und ich glaube", schloß der Kopist, indem er Gardel freundlich ansah, „daß Herr Kommissar Gardel an Hand dieses bescheidenen Anhaltspunktes die ganze Angelegenheit entwirrt hat."

Gardels Lächeln war ein wenig geniert; wesentlich offener zeigte es sich auf den Gesichtern des Leiters der Kriminalpolizei und des

Polizeipräfekten. Nahmen nun die Polizeigewaltigen offenbar die Sache gut gelaunt auf, so schienen dagegen die Beaux-Arts weniger zufriedengestellt; der Generaldirektor hatte Einwände:

„Für all das gibt es aber doch nicht mal den Schatten eines Beweises! Der Erwerb des Bildes durch den Stadtrat Laspeyres –"

„Oh, es war wesentlich einfacher, das ‚Nackte Mädchen' bei einem mir befreundeten Antiquitätenhändler zu placieren und den Stadtrat mit der Nase draufzustupsen, als das Bild selbst zu malen, das versichere ich Ihnen!"

„Ach wo, gehn Sie, das haben Sie nie gemalt! Kopiert, gar nicht schlecht kopiert, von mir aus, ja, aber zwischen einer Kopie und einem Original ist ein himmelweiter Unterschied!"

„Und ob, Herr Generaldirektor! Wenn Sie bitte den Herren den Unterschied zeigen wollten ...?"

„Allerdings werd ich ihnen den zeigen, und zwar sofort!"

Herr Bernard erhob sich und prüfte eingehend das auf dem ersten Stuhl stehende Gemälde, zuerst die Vorderseite mit der rissigen Farbschicht, dann die Rückseite: alte Leinwand. Das zweite: rissige Farbschicht, alte Leinwand. Das dritte: rissige Farbschicht, alte Leinwand. Dabei spürte er an der Herzspitze den so unangenehmen Zangenkniff, der ihn bisweilen anfiel. „Nichts Ernstes", hatte Professor Giroud diagnostiziert, aber weiß man's denn jemals? Er war drauf und dran, sich hier lächerlich zu machen. Der Polizeipräsident hatte ihm eine Falle gestellt! Vielleicht war seine Rede anläßlich der letzten Kunstausstellung der Polizeibeamten nicht enthusiastisch genug gewesen? Wendig versuchte er, sich aus der Schlinge zu ziehen:

„Unsere Experten werden das besser sehen können als ich. Alte Malerei ist nie mein Fach gewesen, ich habe mich zeit meines Lebens mit moderner Kunst beschäftigt."

Worauf Vater Barthélemy ihn mit diskretem Mitleid betrachtete und vorschlug: „Falls es Sie interessiert, zeige ich Ihnen – im Louvre und in anderen Museen – zwei oder drei Corots und ebenso viele Sisleys, deren Maler ich gut gekannt habe. Der trank zwar zuviel Pernod, aber was für geschickte Finger der hatte! Die Maler des 19. Jahrhunderts, die haben allesamt nie so viel produziert wie nach ihrem Tode."

„Kommen wir zum Schluß!" unterbrach ihn der Präfekt schneidend. „Sie halten Ihre Behauptung, der Maler des ‚Nackten Mädchens' zu sein, aufrecht, Barthélemy; Sie gestehen, das Bild aus dem Louvre entfernt zu haben, Sie versichern, daß es sich unter diesen hier befindet und daß die anderen fünf keine Kopien, sondern Repliken sind?"

„Ganz recht, Herr Polizeipräsident."

„Wollen Sie uns das richtige zeigen?"

„Das aus dem Louvre ist meiner Ansicht nach nicht das beste; ich habe seither was Besseres gemacht, aber ich zeig es Ihnen." Er überflog die Bilder und sagte beim dritten von rechts dann: „Hier, meine Herren, das ‚Nackte Mädchen' des Louvre, von dem französischen Maler Barthélemy!"

„Woran erkennen Sie es?"

„Na! Eine Mutter kennt ja ihre Zwillinge auch auseinander, aber es ist ganz einfach: Sie sehen da unten an der Wand im Hintergrund die Delfter Kacheln; die vierte stellt das Martyrium meines Namensheiligen dar, des Apostels Bartholomäus, der bei lebendigem Leib geschunden wurde. Das bedeutet, daß es das vierte ‚Nackte Mädchen' ist, das ich gemalt habe. Das fünfte" (er suchte zwischen den andern Bildern und nahm das von ganz rechts) „– sehen Sie, die gleiche Zeichnung, aber diesmal auf der fünften Kachel und noch viel schöner! Und wenn ich es wagen darf, den Beaux-Arts einen Rat zu geben, Herr Generaldirektor, dann den, doch lieber dieses hier zu behalten."

„Gut", sagte der Polizeipräsident, „ich danke Ihnen. Sie gehen jetzt nach nebenan, während Ihre Aussagen getippt werden. Und danach kommen Sie und unterschreiben."

Der Kopist ging hinaus, die vier Herren sahen einander fragend an. Schließlich brach der Generaldirektor das lastende Schweigen: „Und was machen wir jetzt?"

„Unsere Rolle", bemerkte der Präfekt, „scheint beendet, es bleibt nur noch nachzuprüfen, ob dieses Bild wirklich das aus Ihren Sammlungen ist. Der Trick mit den Delfter Kacheln und dem Martyrium des heiligen Bartholomäus –"

„– beweist nicht viel", unterbrach ihn Bernard. „Aber wir haben im Laboratorium des Louvre Fotografien des Bildes. Nichts einfacher, als die Vergrößerungen mit den Aufnahmen zu vergleichen, die man von diesem hier machen wird."

„Und um zu erfahren, ob es ein Vermeer oder ein Barthélemy ist?"

„An die Geschichte glaube ich, je länger, desto weniger! Wenn das Bild erst einmal von den Experten identifiziert ist, kann Barthélemy von seinem Gefängnis aus ruhig behaupten, es sei von ihm. Alles wird nur lachen!"

„Es sei denn", ließ Gardel bescheiden einfließen, „es gäbe auf dem Bild noch weitere Fußangeln, andere Schlüsselzeichen, Dinge also, die nur ihm bekannt wären und die er enthüllen könnte, wann es ihm paßt."

Generaldirektor Bernard warf ihm einen giftigen Blick zu. „Sie halten ihn also für einen ganz Geriebenen, Ihren Barthélemy! Vergessen Sie nicht, daß das Bild bei seiner Aufnahme in den Louvre begutachtet worden ist und daß der Prüfungsausschuß der Staatlichen Sammlungen –"

„Aber ja doch, Herr Generaldirektor. Davon versteh ich nichts, aber der Spaßvogel hat zehn Jahre drauf verwendet, um die Sache einzufädeln, die Gutachter haben zehn Stunden gebraucht, der Museumsausschuß zehn Minuten – ziehen Sie also selbst Ihre Schlüsse."

„Ich ziehe überhaupt keinen", erwiderte Herr Bernard pikiert. „Worauf wollen Sie hinaus?"

Gardel machte eine ausweichende Gebärde und schwieg, konnte sich jedoch eines Lächelns nicht enthalten, als er daran dachte, auf welche Weise ihn die zwei anonymen Briefe damals auf die rechte Spur gebracht hatten. Und soeben hatte Barthélemy sie noch signiert, mit seiner kleinen Anspielung auf das Vergißmeinnicht. Man konnte beruhigt sein: der hatte seine Sicherheitsvorkehrungen getroffen, der Alte mit seiner Unschuldsmiene!

6

Am nächsten Tag machte man sich im Louvre an die Begutachtung. In den Räumen des Laboratoriums hatte Generaldirektor Bernard die Herren Ancelin und Kahn-Valmy sowie den ehrwürdigen Herrn Grandidier zusammengeholt, den Verfasser der „Geschichte der niederländischen Malerei", dessen Ansehen nur immer noch zunahm, seit er seine Sehkraft fast gänzlich eingebüßt hatte, dessen Gedächtnis jedoch phänomenal geblieben war.

Die Laborleute in ihren weißen Kitteln waren emsig tätig. Man machte Aufnahmen aus der gleichen Entfernung und dem gleichen Winkel wie bei den Fotografien von 1921. Während sie entwickelt wurden, erzählte Herr Grandidier Histörchen von Fälschungen und Fälschern. Solang es sich dabei um Ägypten und das Rom der Kaiserzeit handelte, lachten die anderen Herren recht herzlich, aber in dem Maße, wie diese Anekdoten sich der Neuzeit näherten und in ihnen häufiger von Museumskonservatoren die Rede war, die sich von Händlern hatten betrügen lassen, wurden ihre Mienen verschlossen; der unerschöpfliche Greis fuhr indessen fort:

„Dieser Konservator aus Philadelphia hatte in Florenz hundertzwanzigtausend Lire für eine Madonna bezahlt, die er Andrea del Sarto zuschrieb. Um das italienische Gesetz zu umgehen, das die Ausfuhr alter Kunstobjekte verbot, ließ er auf das Gemälde ganz leicht ein Seestück mit Fischerbooten pinseln. Als er wieder in Amerika war, ließ er die Schmiererei entfernen. Die Madonna kam sehr schnell wieder zum Vorschein, und alles geriet bereits in Verzückung – aber leider erschienen als Umrahmung des zarten Antlitzes auch zwei furchterregende Schnurrbartspitzen. Man setzte die Reinigung fort, und als sie abgeschlossen war, sah sich der unselige Konservator dem Porträt des Königs Viktor Emanuel gegenüber! Aber ich gerate ins Schwatzen... Summa summarum wollen Sie doch wissen, ob dieses Bild wirklich das Ihrige ist –? Ich kann Ihnen mit meinen erbärmlichen Augen keine große Hilfe sein, aber es gibt dafür ja die Apparate – das mechanische Auge der Fotografie ist doch so großartig!"

Die ersten Abzüge waren bereits trocken, man machte dunkel und zeigte im Vergrößerungsprojektor das Gesicht des ‚Nackten Mädchens'. Die Haarrisse wirkten wie tiefe Ritzen, die Pinselstriche wie Furchen. Man hantierte mit Verschlüssen und Kassetten, auf dem Bildschirm glitt das gigantische Gesicht nach links, und rechts erschien ein damit identisches. Der Vorführer erklärte: „Rechts die Aufnahme von 1921; links die, die wir eben gemacht haben."

Im Halbdunkel starrten die Herren hin. Langsam näherten sich die beiden Riesendamen gegenseitig, ihre Gesichtszüge durchdran-

gen sich in einer unentwirrbaren Verflechtung, und plötzlich war nur noch ein einziges Bild da, ebenso deutlich wie zuvor die zwei Einzelprojektionen für sich.

„Wunderbar!" freute sich Ancelin. „Zu einem verschmolzen, die beiden Bilder."

„Unbezweifelbar", folgerte Herr Bernard, „das ist unser, Verzeihung: Ihr Bild."

„Kurz gesagt also das Bild vom Louvre", begann Herr Ancelin wieder. „Die kleinsten Details stimmen völlig überein, bis zu den Haarrissen! Großartig!"

„Noch kein Grund zu Freudentänzen", schnappte Bernard, „versichre ich Ihnen!" Zu den Fotografen sagte er: „Ich danke Ihnen ... Lieber Herr Ancelin, wollen wir mit unserm Bild in Ihr Büro hinübergehen ..."

Im Amtszimmer des Verwaltungsdirektors Ancelin blieb Bernard einen Augenblick versonnen an dem offenen Fenster über der Seine stehen. Die Pappeln zitterten im Wind, kleine Böen streiften das Wasser. In der Stille stellte sich Ancelin vor das Bild hin, das auf einer Staffelei stand, und murmelte: „Das wiederaufgefundene ‚Nackte Mädchen'!"

Der Herr Generaldirektor machte abrupt das Fenster zu und brummte: „Das Gemälde, das Sie das ‚Nackte Mädchen' von Vermeer nannten, ist wieder da, ja. Es war von einem Kopisten entwendet worden, was – nebenbei bemerkt – zeigt, daß Sie diese Kopisten überhaupt nicht kontrollieren! Nur behauptet dieser eine, der Urheber des Gemäldes zu sein. Er nennt sich Barthélemy."

„Aber das ist doch unmöglich!" riefen wie aus einem Munde der Herr Verwaltungsdirektor des Louvre und der Hauptkonservator der Gemäldeabteilung.

„Ach, sieh mal an", stieß Herr Grandidier hervor, „den kenn ich gut, den kleinen Barthélemy! Der hat die Niederländer fleißig studiert ... Dem habe ich oft Bücher geliehen", fügte der alte Gelehrte hinzu.

Ancelin fragte mit Nachdruck: „Aber welche Beweise bietet er denn dafür?"

„Eine Delfter Kachel, unten an der Wand im Hintergrund, die offenbar das Martyrium des heiligen Bartholomäus darstellt."

„Man könnte recherchieren, ob dies Motiv in den Delfter

Fayencefabriken des 17. Jahrhunderts verwendet worden ist", schlug Grandidier vor. „Aber wozu? Falls man es wirklich nachweist, bedeutet das doch nicht gleich, daß Barthélemy es nicht doch kopiert hat, und findet es sich nicht, darf man nicht vergessen, daß es keine völlig umfassende Publikation über dieses Gebiet gibt."

„Demnach werden wir also niemals damit fertig", knurrte Herr Bernard. „Aber als das Bild in den Louvre gekommen ist, 1921, wie hat man es da authentifiziert?"

„Ich war damals in der Antikenabteilung als Hilfskonservator", rechtfertigte sich Herr Ancelin.

„Ich habe über meiner Arbeit für die Lizentiatenprüfung gesessen", schloß sich ihm Herr Kahn-Valmy an.

„Ich bin auf einer Vortragsreise gewesen", setzte Herr Grandidier hinzu, „und nach meiner Rückkehr bin ich von niemand um meine Meinung gefragt worden."

„Ja, und ich war", schloß Herr Bernard, „Unterpräfekt von Saint-Gaudens. Was nicht hindert, daß wir alle, mit Ausnahme von Herrn Grandidier, der nicht der Verwaltung angehört, Gefahr laufen, morgen als Trottel dazustehen. Nun, der beste Weg, das zu umgehen, ist der, sofort volle Klarheit zu schaffen."

Er wählte die Telefonnummer des Polizeipräsidiums. Eine Viertelstunde später trat lächelnd Kommissar Gardel ein. „Guten Tag, meine Herren. Barthélemy ist unten im Taxi mit zwei Inspektoren. Wollen Sie sofort mit ihm sprechen?"

„Je eher, desto besser!" sagte Bernard zustimmend. „Was halten Sie davon, Monsieur Grandidier?"

Der Alte, die Brille auf die Stirn hochgeschoben, in der Hand eine Lupe, war ganz in die Betrachtung des „Nackten Mädchens" vertieft. „Barthélemy auszufragen? Ja, gewiß doch! Sie können sich ja denken, daß, wenn er das Bild gemalt hat, bestimmt die Zahl der versteckten Tricks und der Geheimsignaturen noch viel größer ist!"

„Er wird nichts verraten", murmelte Ancelin, dem plötzlich wieder einfiel, daß er in seinem Vorwort zum „Praktischen Führer durch den Louvre" das „Nackte Mädchen" als eine der Perlen des Museums erwähnt hatte.

„Nur zuviel wird er sagen!" jammerte Kahn-Valmy, der in

der *Zeitschrift für alte und moderne Kunst* erst ganz kürzlich am Beispiel des „Nackten Mädchens“ nachgewiesen hatte, daß die Niederländer ebenso befähigt wie die Italiener zur Darstellung weiblicher Akte gewesen seien und daß allein die klimatischen Bedingungen die Seltenheit nackter Gestalten in ihrer Malerei erklärten.

Man brachte Barthélemy herein. Sehr gemütlich grüßte er und streifte dann mit einem Blick die auf dem Tisch ausgelegten, noch feuchten Fotos. „Ich nehme an, meine Herren, daß Sie sich hinsichtlich der Identität meines ‚Nackten Mädchens‘ eine feste Meinung gebildet haben – daß keinerlei Zweifel mehr bestehen.“

„Kehren Sie hier doch die Rollen nicht um“, unterbrach ihn Bernard. „Fragen haben wir an *Sie* zu richten!“

„Bitte, aber bitte, Herr Generaldirektor!“

„Nun gut. Wir wollen wissen, ob dieses Gemälde wirklich von Ihnen ist. Der geschundene Heilige beweist noch nichts. Gibt es denn nichts als dieses eine Kennzeichen?“

Das Lächeln Barthélemys wurde weniger liebenswürdig. „Sie haben also nichts weiter gefunden? Man muß Ihnen wohl alles vorkauen. Suchen Sie, meine Herren, suchen Sie! Letzten Endes werden Sie ja dafür bezahlt, daß Sie die Bilder untersuchen!“

„Sie vergessen, mit wem Sie reden!“

Aber Herr Grandidier legte sich mit seiner kleinen, trocknen Stimme ins Mittel: „Würden Sie mir gestatten? Ich kenne Herrn Barthélemy seit dreißig Jahren; und außerdem bin ich in der Sache nicht betroffen. Ich habe zwar zehn Aufsätze über Vermeer geschrieben, habe jedoch meinerseits niemals ein Wort über dieses ‚Nackte Mädchen‘ gesagt. Wollen wir uns darüber mal ein wenig unterhalten, lieber Barthélemy?“

„Ja, wieso denn, Meister?“

„Also, nicht wahr?“ begann der Alte von neuem. „Betrachten wir das Bild doch mal zusammen! Soll ich Ihnen sagen, was ich davon halte? Im Grunde genommen hatte Vermeer keinerlei Phantasie! Dieses Glasfenster links ist auf dem Bild im Berliner Museum zu sehen, wo eine junge Dame ein Glas Wein trinkt. Die Landkarte im Hintergrund ist die der Niederlande vom ‚Soldaten und dem jungen Mädchen‘ in der Sammlung Frick in New York. Den unteren Teil der Landkarte kann man auf der ‚Briefleserin‘

in Amsterdam sehen, und mit Löwenkopfstühlen sind sieben von acht Interieurs bei Vermeer möbliert. Der türkische Teppich ist der gleiche wie auf dem ‚Schlafenden Mädchen' im Metropolitan Museum in New York. Der Hocker und die Staffelei sind die gleichen wie auf dem ‚Maleratelier' in der Sammlung Czernin in Wien. Was die Delfter Kacheln anbelangt, so bilden sie auf mehreren Gemälden den unteren Wandabschluß, besonders bei der ‚Stehenden Spinettspielerin' in London. Das heißt zusammengenommen, daß dieses Bild aus Elementen zusammengesetzt ist, die sämtliche Vermeerschen Interieurs ausmachen. Demnach würden Intelligenz und Geschicklichkeit genügen, um eine derartige Komposition auszuführen. Sind wir uns darüber einig, Barthélemy?"

„Wie sollte man mit Ihnen nicht einig sein, Meister?"

„Was mir jedoch gegen den Strich geht, das ist das Mädchen selbst, das Gesicht, dieser üppige Körper! In der niederländischen Malerei gibt es nichts Derartiges. Reden wir offen miteinander, mein Guter – wo haben Sie das her? Ein Modell ist das doch jedenfalls nicht gewesen, bei dem Sie diese Kontur der Hüften, diese Schultern gefunden haben!"

„Ach, Meister, wenn Sie Albertine gekannt hätten!"

„Albertine?"

„Ja. Die Tochter von meiner Concierge. Sie war zwanzig, sie liebte mich, wir fuhren immer zusammen hinaus nach La Villeaux-Nonnains. 1906 ist sie gestorben. Nur vergilbte Fotografien sind mir von ihr erhalten geblieben und die sechs ‚Nackten Mädchen'." Seine Stimme bebte, zwischen den Wimpern quoll eine Träne.

„Ich glaube Ihnen das", sagte der Alte, „aber die Herren hier . . ."

Eine Handbewegung des Kopisten drückte seine Gleichgültigkeit aus: „Ach, die Herren da . . ."

„Und dennoch bedarf es eines materiellen Beweises", begann Herr Grandidier wieder. „Sie haben das Bild nicht signiert?"

„Allerdings, viermal. Suchen Sie da auf der Karte im Hintergrund, rechts und links vom Alten Rhein, die beiden Städte, eine unter der anderen, Barth und Olomaeus. Mit der Lupe sind sie deutlich lesbar."

Nacheinander beugten die Herren sich über das Bild und lasen durch die Lupe den Namen „Bartholomaeus".

„Die übrigen Kennzeichnungen sind weniger leicht zu sehen. Wenn es aber nötig ist, zeige ich sie Ihnen."

„Aber schließlich – was haben Sie damit bezweckt?" fragte Ancelin, der nun weder das Bild noch Generaldirektor Bernard mehr sah, sondern nur noch sein Vorwort: „Als Meisterwerk des Nordens bildet das ‚Nackte Mädchen' mit der ‚Mona Lisa', dem Meisterwerk Italiens, und der ‚Einschiffung nach Kythera', dem Meisterwerk Frankreichs, ein blendendhelles Dreigestirn ..."

„Noch zu Lebzeiten in den Louvre zu kommen, aus Rache an der Aufnahmejury der Akademie, und um meine liebe Albertine unsterblich zu machen. Nun, ich weiß nicht, Herr Generaldirektor, wie Sie die Sache der Öffentlichkeit mitteilen wollen; ich, meinerseits, habe an sicherem Ort eine vollständige Darlegung der Affäre mit allen fotografischen Beweisstücken deponiert, die gleichzeitig in der Schweiz, in Belgien und den Vereinigten Staaten veröffentlicht werden wird. Wohlgemerkt wäre es mir ebenso recht, wenn wir uns einigten, wenn Sie das bitte bedenken wollen."

Herr Bernard gab ein Zeichen, daß die Unterredung beendet sei, und die beiden Inspektoren führten den Kopisten hinaus.

„Also", fragte Kommissar Gardel, „was soll ich dem Polizeipräsidenten sagen?"

„Ich fahre heute abend bei ihm vorbei. Meiner Ansicht nach sollten wir die Wahrheit sagen. Ja!" erklärte er angesichts der kläglichen Mienen seiner Mitarbeiter, „die Wahrheit! Wir müßten jedoch wissen, wie sie darzustellen wäre, und deswegen: unbedingte Verschwiegenheit, nicht wahr, zumindest bis morgen!"

Ancelin und Kahn-Valmy gaben mit einer beredten Grimasse zu verstehen, daß sie persönlich sich auch gern zu ewiger Verschwiegenheit verpflichten würden. „Wir sind uns also einig", betonte Herr Bernard nochmals, „bis morgen absolutes Schweigen! Und morgen die absolute Wahrheit! Absolutes Schweigen, absolute Wahrheit. Das ist mein Rezept. Die Sitzung ist beendet."

Bernard, der Herr Generaldirektor, besaß am Boulevard de Courcelles eine Wohnung, deren komfortable Häßlichkeit und großbürgerlicher Luxus einem Lust auf eine Feuersbrunst machen konnten. Es mangelte hier an nichts: Sèvres-Vasen, Bronzen und wertvoller Schnickschnack in Vitrinen. Inmitten dieser Schätze lebte Madame Bernard, eine imposante Wasserstoffsuperoxyd-Blondine, ohne Kinder, aber mit dem Pekinesen Ming, der die Kleider der Damen anknabberte, und der Siamkatze Thi-Ba, der Verwüsterin der Stuhlbezüge. Madame empfing mittwochs; man musizierte, man trug Gedichte vor, die Damen gerieten bei Fauréschen Weisen aus dem Häuschen, fanden die Petits fours jedoch mäßig.

Der Generaldirektor hatte seine Schlüssel vergessen und klingelte daher. Das wütende Gekläff von Ming erschütterte das ganze Appartement.

Mistvieh, dachte er und legte seinen Hut auf einem Sessel ab, aus dem sofort die Katze auf und davon sauste.

„Sind Sie es, mon ami?" fragte Madame. „Sie haben Ihren Schlüssel vergessen, wie immer, wenn Sie das Jackett wechseln. Was gibt es Neues in den Beaux-Arts? Haben Sie an das Ehrenkreuz für den jungen Theillard gedacht? Ich habe es seiner Mutter fest versprochen! Mir fällt das gerade ein, weil sie mir heute früh einen riesigen Kasten Pralinen geschickt hat. Sie sind köstlich, morgen werde ich wieder Gallenschmerzen haben, das steht schon fest!"

„Um Frau Theillard, ihren Sohn und seine Ehrenlegion geht's nicht! Ich habe keinen Fuß in die Akademie gesetzt, heute vormittag. Das ‚Nackte Mädchen' ist wieder da."

„Na um so besser, dann ist nicht mehr die Rede davon!"

„Ich fürchte, doch! Stellen Sie sich vor: es ist eine Fälschung! Man hat es bei einem alten Kopisten wiedergefunden, der gestanden hat, es gemalt zu haben – mit dem Erfolg, daß der Louvre jetzt seit 1921 das Bild eines gewissen Barthélemy unter dem Namen Vermeer gezeigt hat! Was für ein Haufen Schafsköpfe, das ganze Museumsvolk!"

„Und totschweigen läßt sich die Sache nicht?"

„Nein. Angeblich soll die Wahrheit gesagt werden. Um so schlimmer für Ancelin!"

„Für Ancelin, nun schön. Aber Sie sagten doch, das Bild sei 1921 in den Louvre gekommen?"

„Ja, und damals hätten sie sich es ja genau ansehn können, die Idioten!"

„Und wer war Hauptkonservator der Gemäldeabteilung des Louvre im Jahr 1921? Das haben Sie zweifellos ebenso vergessen wie Ihren Schlüssel. Mein Vater war es! Meinen armen Vater bezeichnen Sie als Idioten! Einen Mann, dem Sie Ihre ganze Karriere verdanken! Ohne ihn, ohne mich wären Sie eines Tages als Präfekt in der Provinz pensioniert worden ..."

Mehrmals versuchte Herr Bernard ihren Redestrom zu unterbrechen. Schließlich hielt er's nicht mehr aus und schlug mit der Faust auf den Stutzflügel. Die Saiten erdröhnten, eine Vase mit Päonien geriet auf ihrem Podest ins Wackeln. Madame fing sie eben noch auf und bekam dabei Wasser auf ihr Kleid. Bernard massierte sich das Handgelenk, weil er sich weh getan hatte, und bat um Verzeihung: „Aber meine Beste, ich habe doch noch gar nichts gesagt!"

Madame Bernard explodierte von neuem. „Noch gar nichts gesagt! ‚Noch' ist prächtig! Aber das müssen Sie wissen: finden Sie keine Mittel und Wege, die Sache einzurenken, dann richte ich mein Leben lang kein einziges Wort mehr an Sie! Es soll von einer Farges-Gayraud nicht heißen, sie habe ihren Vater beleidigen lassen! Gehn Sie – ich speise in meinem Zimmer!"

Mit diesen Worten verließ Madame Bernard den Salon; ihr folgten Ming und Thi-Ba, die Katze.

Um vier Uhr waren der Polizeipräsident, der Generaldirektor der Beaux-Arts, der Leiter der Kriminalpolizei und Kommissar Gardel aufs neue versammelt. Herr Bernard hatte die Situation kurz umrissen und dem Polizeipräsidenten die Vorzüge des Schweigegebots hervorgehoben. Für das Polizeipräsidium sei der wiedergefundene Vermeer tausendmal mehr wert als eine entlarvte Fälschung. Für die Staatlichen Sammlungen sei es aufs Allerentschiedenste vorzuziehen, daß das Gemälde auf seinen alten Platz zurückkehre; wo nicht – welcher Schlag für die französische Kunstwissenschaft!

„Welcher Prestigeverlust für unsere künstlerische Geltung, welches Hohngelächter in den auf uns eifersüchtigen Ländern! Bedarf es noch weiterer Ausführungen?"

„Nein, ganz gewiß nicht", antwortete der Präfekt beschwichtigend. „Wie aber wollen Sie eine so enorme Affäre vertuschen?

Zunächst wäre einmal nötig, daß dieser Bursche, dieser Barthélemy, den Schnabel hielte. Nun hat der aber eine solche Höllenmaschine nicht bloß montiert, um sie sich von uns entschärfen zu lassen! Und außerdem – sind Sie sicher, daß niemand anderes was sagt?"

„Außer uns gibt es nur noch zwei Personen, die Bescheid wissen", erklärte Bernard. „Ancelin und Kahn-Valmy. Niemandem ist so sehr wie denen an einem Totschweigen gelegen."

„Na, ich werd's also gern versuchen; reden wir mit Barthélemy. Aber es wäre gut, daß es nicht den Anschein hätte, als ob Sie der Sache allzu großes Gewicht beimäßen. Nicht als Bittende erscheinen, darauf kommt es an!"

Der Polizeichef ließ den Kopisten hereinführen und ging sogleich zum Angriff über: „Mein Kompliment, Herr Barthélemy! Sie haben alle Welt an der Nase herumgeführt – den Louvre jahrelang und uns drei Wochen. Aber die besten Scherze müssen mal ein Ende haben. Mir mißfiele es, Sie zu einem Jahr Gefängnis verurteilt zu sehen."

„Was macht das, Herr Präfekt, wenn man mich nur als großen Maler anerkennt?"

„Gewiß, aber wird man sich allgemein dazu bereit finden? Was unter dem Namen Vermeers bewundert worden ist, wird man das dann unter dem Ihrigen bewundern? Um die Herren im Louvre noch mehr zu plagen, wird man schreiben, Ihr Bild sei eine Pfuscherei, daß man wirklich blind habe sein müssen, um die Fälschung nicht schon aus zwanzig Meter Entfernung zu sehen! Und dann hebt man das ‚Nackte Mädchen' oben in einem Louvre-Speicher auf, die fünf anderen kommen unter gerichtlichen Verschluß, und wenn Sie aus dem Gefängnis entlassen sind, bekommen Sie in keinem Museum mehr Zutritt. Sie können dann ruhig immer noch Sonnenuntergänge vom Pont des Arts aus malen und sich von den Straßenjungen hänseln lassen."

„Wohinaus wollen Sie damit, Herr Präfekt?"

„Ich? Nirgendwohin. Ich zeige Ihnen nur, wohin falsche Überlegungen Sie geführt haben. Bei Ihrem Talent hätten Sie Besseres vermocht."

„Was zu bedauern ist", bemerkte Herr Bernard mit Nachdruck.

„Bedenken Sie, meine Herren", fuhr der Polizeipräfekt fort,

„daß der Skandal zur Not noch vermieden werden könnte; aber es ist nur allzu offensichtlich, daß Herr Barthélemy ihn genießt! Und Sie hätten den Louvre geliebt, behaupten Sie, Monsieur!? Aber es ist, als ob Sie diesen Louvre – den Sie, wohlgemerkt, niemals wieder betreten werden – in Brand gesteckt hätten! Ein Vandale sind Sie, ein Vandale!"

„Wehe aber", sprach sentenziöserweise Herr Bernard, „weh aber dem Menschen, durch welchen Ärgernis kommet!"

„Wenn Ihre Professoraltrottel an der Kunstakademie mich nicht durch die Aufnahmeprüfung hätten rasseln lassen, wäre das alles nicht passiert!"

Der Polizeipräsident warf Herrn Bernard einen Seitenblick zu. Der zauderte aber noch, und so fuhr der Präsident fort: „Aber eine Ungerechtigkeit läßt sich immer noch wiedergutmachen, nicht wahr, mein lieber Generaldirektor?"

„Sicherlich, gewiß doch! Hören Sie, Herr Barthélemy: An der Ungerechtigkeit, die Ihnen damals widerfahren ist, bin ich unschuldig. Aber mir scheint, daß es, um Ihrem Talent Anerkennung zu verschaffen, andere Mittel und Wege gibt, die weniger brutal sind als eine Entehrung des Louvre."

„Und zwar welche?" parierte Barthélemy. „An der Kunstakademie kann man mich als Schüler nicht aufnehmen, über das Alter bin ich hinaus."

„Ja, aber wenn ich Sie an diese Akademie, die Sie als Schüler nicht haben beziehen dürfen, als Professor berufen würde?"

Barthélemy sprang auf: „Mich zum Professor an die Kunstakademie berufen? Professor wofür?"

„Malerei; ein Lehrstuhl ist im Augenblick grade vakant."

„Und das ‚Nackte Mädchen' kommt wieder in den Louvre?"

„Ja, unter dem Namen Vermeer, versteht sich."

„Und die fünf anderen?"

„Sie werden ja wohl nicht von uns verlangen, daß wir mit denen eine Ausstellung veranstalten!"

„Nein, aber das fünfte hätte ich gern behalten – das, auf dem Albertine am ähnlichsten ist."

„Also akzeptieren Sie?" fragte der Polizeipräsident. „Sie geben uns Ihr Wort: Schweigen auf der ganzen Linie –?"

„Ich akzeptiere. Sie haben mein Wort."

DER Unterrichtsminister erteilte sofort seine Genehmigung. Bernard ließ sich von ihm die Ernennung Barthélemys zum Professor der Malerei an der Staatlichen Kunstakademie unterzeichnen und fuhr dann in den Louvre, wo Ancelin und Kahn-Valmy ihm ewige Verschwiegenheit und unauslöschliche Dankbarkeit schworen.

Kriminalkommissar Gardel ließ seinerseits das ‚Nackte Mädchen', unter schmutziger Wäsche in einem alten Koffer versteckt, bei einem Hehler und alten Polizeispitzel deponieren. Eine Stunde später führte dieser ehrbare Handelsmann die Polizei an der Hand bis zu dem Gemälde. Einer nochmaligen Expertise bedurfte es nicht, die vom Vormittag stimmte durchaus, man hatte nur die Erklärungen des Hehlers um einen Tag vorzudatieren brauchen. Nachts um zwölf war alles soweit. Barthélemy hatte dem Polizeipräsidenten die Ordner mit seinen Dokumenten gebracht, sein Ernennungsschreiben war an das *Journal Officiel* abgegangen. Herr Bernard kehrte nach Haus zurück, todmüde, aber strahlend.

„Gut durchgespielt", geruhte seine Gattin ihm zu sagen. „Übrigens, das Kreuz für den jungen Theillard hat noch Zeit bis zum 1. Januar."

AM NÄCHSTEN Morgen empfing der Unterrichtsminister die Presseleute und erzählte ihnen, wie Kommissar Gardel (der übrigens außer der Reihe für die Ehrenlegion vorgeschlagen worden war) das Gemälde wiederentdeckt habe. Der kleine Bericht gefiel allgemein, es gab Champagner, und man ging in rosiger Stimmung auseinander. Als der letzte Zeitungsmann weg war, verabschiedete sich Herr Bernard von dem Minister. Da fiel ihm, als er den Fuß schon auf dem Trittbrett seines Autos hatte, plötzlich ein, wie er tags zuvor dem alten Grandidier beim Einsteigen geholfen hatte.

„Mein Gott!" rief er aus. „Ich habe ja vergessen, Grandidier zu benachrichtigen!"

Der Alte wohnte nur drei Schritt vom Ministerium entfernt, Bernard fuhr sofort hin, stieg in den 1. Stock hinauf, klingelte. Das alte Hausmädchen machte ihm auf.

„Ist Herr Grandidier zu Hause?"

„Gewiß, Herr Generaldirektor. Sie wissen ja, daß er kaum noch ausgeht, der Arme. Er ist früh aufgestanden und arbeitet jetzt. Wollen Sie bitte hereinkommen."

Sie klopfte diskret an die Tür zur Bibliothek, aber man hörte keine Antwort.

„Sie haben nicht laut genug geklopft!“

„Oh, Monsieur! Herr Grandidier sieht zwar nicht allzugut, aber taub ist er nicht!“ Und sie pochte nochmals.

Stille. Keine Antwort ließ sich von drinnen vernehmen.

„Das beunruhigt mich“, flüsterte sie.

„Gehen wir doch hinein“, sagte Herr Bernard.

Er öffnete die Tür. Auf dem Arbeitstisch, der von Büchern, Papieren und Zeichnungen übervoll war, lag eine große Fotografie des „Nackten Mädchens“ von Vermeer, und Herrn Grandidiers Kopf ruhte auf der Tischplatte, mit dem Kinn auf der Fotografie. Seine Augen waren starr, sein Antlitz lächelte über eine Erinnerung von einst oder eine Bosheit von gestern, und seine Rechte, eine Gänsefeder haltend, hatte mitten in der Zeile aufgehalten:

> An den hochverehrten Commendatore Antonio Cantarini
> Museo degli Uffizi, Florenz
>
> Bester Freund,
>
> ein von mir gegebenes Versprechen, vor heute morgen nichts zu sagen, hat mich daran gehindert, Ihnen schon gestern abend eine hinreißende Geschichte zu schreiben. Das ‚Nackte Mädchen‘ von Vermeer, auf das der Louvre so stolz war und über das mein alter Herzensfeind, der arme Farges-Gayraud, eine so lächerliche Broschüre geschrieben hat, ist nichts weiter als eine Fälschung. Und zwar hat ein gewisser Barthé–

„Mein Gott“, ächzte das Hausmädchen und bekreuzigte sich. „Monsieur ist tot! Ich geh einen Priester holen.“

„Gehen Sie, meine Gute ... Ich wache indessen bei ihm.“

Herr Bernard beugte sich über den Toten und schloß ihm – nicht ohne Mühe – die Augen. Dann nahm er den angefangenen Brief, faltete ihn zweimal zusammen und steckte ihn bedächtig in seine Brieftasche.

PHOTO GAMMA/J. GAUMY

Jean Mistler

Er wurde 1897 in Sorèze geboren und stammt aus einer Elsässer Familie, die nach der Niederlage von 1871 ihre Provinz verließ und sich im Departement Tarn in Südfrankreich ansiedelte. Von Anbeginn seiner glanzvollen Laufbahn teilte Mistler sein Leben zwischen zwei Berufen – der eine drängte ihn zu den tiefgründigen Freuden literarischer Schöpfung, der andere führte ihn zu einer sehr aktiven Tätigkeit im öffentlichen Leben.

Er geht zunächst nach Paris, um sich am Gymnasium Henri IV. unter der strengen Zucht des Philosophen Alain für die Aufnahme in das Lehrerseminar vorzubereiten; unterbricht sein Studium aber 1915 und kämpft zwei Jahre lang an der Front. Nach Kriegsende besteht er mit Glanz die Schlußexamen, verläßt die Hochschule als Oberlehrer und reist nach Budapest, um dort an der Universität Vorlesungen zu halten. Als er vier Jahre später nach Frankreich zurückkehrt, bietet ihm das Außenministerium in seiner Kulturabteilung den bis dahin von dem berühmten Diplomaten und Schriftsteller Paul Morand innegehabten Platz an. Im selben Jahr noch veröffentlicht er seinen ersten Roman.

Die Politik zieht ihn an. 1928 zum Abgeordneten des Departements Aude gewählt, dreimal Minister (besonders für die Beaux-Arts), Delegierter Frankreichs im Völkerbund, wird er schließlich Präsident des Außenpolitischen Parlamentsausschusses und bemüht sich als solcher vergebens um die Erhaltung des Friedens.

Die Kriegserklärung von 1939 setzt seiner politischen Tätigkeit ein Ende. Er widmet sich von nun an völlig der Literatur. Während er elf Jahre das „Haus des französischen Buches“ leitet, dann weitere sechs Jahre die allgemeine Literaturabteilung eines großen Verlages, besorgt er das literaturkritische Feuilleton der Zeitung *l'Aurore* und publiziert den größten Teil seiner eigenen Werke: Romane, Novellen, Erinnerungen und Essays markieren diese fruchtbare und an Ehrungen reiche Laufbahn, die 1966 in seiner Wahl zum Mitglied der Académie Française gipfelte, an der er seit 1973 das Amt eines Ständigen Sekretärs bekleidet.

Die ungekürzten deutschen Ausgaben von „Kollisionskurs“, „Kleine Welt im Tessin“ und „Colorado Saga“ sind im Buchhandel erhältlich